胡适文集 ⑩

欧阳哲生 编

胡适集外学术文集

北京大学出版社
PEKING UNIVERSITY PRESS

"不畏浮云遮望眼,自缘身在最高层",这两句王荆公的诗为胡适所喜读,此时他的神态颇显示出这样的自信。

上：1942年9月18日胡适卸任驻美大使，使馆同人欢送胡适离开华盛顿。
下：1946年胡适（中）回到北平时，与傅斯年（左）、李宗仁（右）合影。

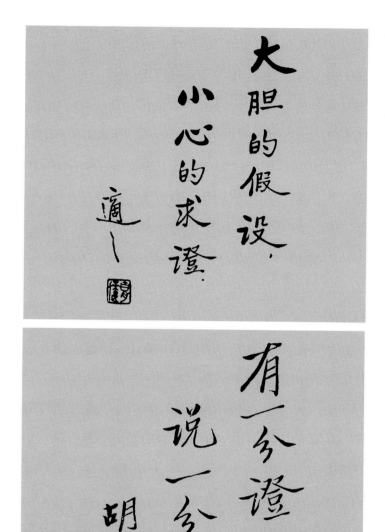

胡适最喜爱的两句治学格言。

上：1946年9月，胡适与傅斯年（左一）、胡祖望在北平。

下：1959年1月，胡适（右二）与梅贻琦（右一）、陈诚（左二）等在台湾中南部参观地方建设时留影。

1959年12月17日胡适在雾峰校书。

第十册说明

本册收入《胡适文存》和各种单行本著作以外发表的学术论文、读书札记、评论和各种杂文,并酌情收入了部分胡适生前未发表的学术文稿。所收文章上起1918年,下迄1962年。大致按类分卷,卷一中国语言文学,卷二历史,卷三哲学,卷四禅宗史,卷五《水经注》研究,卷六评论与杂文。

《胡适手稿》、《胡适遗稿及秘藏书信》保留了大量胡适生前未发表的文稿、讲稿。从四五十年代以来,胡适在《水经注》的研究上花了很大气力,这方面的文稿数量也相当多,限于篇幅,这里只选收了其中一部分,谨此说明。

目录

卷一
"的"字的用法/3
再论"的"字/8
三论"的"字/13
《白话诗研究集》纲要/15
狸猫换太子故事的演变/16
朱敦儒小传/25
《孔雀东南飞》的年代/27
白话诗人王梵志/35
《周南》新解/40
魔合罗/58
蒲松龄的生年考(一)/63
读曲小记(一)/65
读曲小记(二)(《皇元风雅》里的曲史材料)/70
读曲小记(三)(刘时中)/72
蒲松龄注意折狱/75
记但明伦道光壬寅(1842)刻的《聊斋志异新评》/76
记金圣叹刻本《水浒传》里避讳的谨严/82
"乍可"/86
俞平伯的《红楼梦辨》/87
王梵志的《道情》诗/91
"深沙神"在唐朝的盛行/92
《永宪录》里与《红楼梦》故事有关的事/93

清圣祖的保母不止曹寅母一人/97
所谓"曹雪芹小象"的谜/99
康熙朝的杭州织造/105
《四进士》戏本/109
"十殿阎王"/111

卷二

南宋初年的军费/117
叶天寥年谱(读书小记之一)/119
罗壮勇公年谱(读书小记之二)/122
《汉书·地理志》的诗古义/124
曹魏外官的"任子"制/127
曹操创立的"校事"制/129
孙吴的"校事"制/132
两汉人临文不讳考/138
读陈垣《史讳举例》论汉讳诸条/150
八股的起原/159
补记曹魏的"校事"/162
《群书治要》里的《晋书》/165
海外读书笔记/167
范缜、萧琛、范云的年岁/180
考范缜发表《神灭论》在梁天监六年/183
考据学的责任与方法/187
《易林》断归崔篆的判决书(考证学方法论举例)/195
记《永乐大典目录》六十卷/220
说"史"/227
注《汉书》的薛瓒/231
关于江阴南菁书院的史料/257
论初唐盛唐还没有雕板书/263

卷三

惠施公孙龙之哲学／273
庄子哲学浅释／289
杜威之道德教育／304
《淮南子》的哲学／310
记费密的学说（读费氏《弘道书》的笔记）／321
演化论与存疑主义／327
哲学史各班论文题目／333
王充的《论衡》／336
颜李学派的程廷祚／355
中国思想史纲要／387
《朱子语类》的历史／393
记郭象的自然主义／402
《吕氏春秋》可能是二十六篇被割裂成为一百六十篇的／404
考朱子答廖子晦最后一书的年份／407
《朱子语略》二十卷（中央图书馆藏）／411
朱子论"尊君卑臣"（札记卡片）／415

卷四

《六祖坛经》原作《檀经》考／423
新校定的敦煌写本神会和尚遗著两种／426
记美国普林斯敦大学的葛思德东方书库藏的
　　《碛砂藏经》原本／487
三勘《虚云和尚年谱》／494
能禅师与韶州广果寺／497
《全唐文》里的禅宗假史料／500
神会和尚语录的第三个敦煌写本：《南阳和尚
　　问答杂征义》（刘澄集）／503
《金石录》里的禅宗传法史料／537

《佛法金汤编》记朱熹与开善、道谦的关系/539
所谓"六祖呈心偈"的演变/543

卷五
戴震对江永的始终敬礼/547
评郑德坤编《水经注引得》/550
跋戴震自定《水经》的《附考》(戴氏未见全赵两家
　　《水经注》的证据)/553
论杨守敬判断《水经注》案的谬妄(答卢慎之先生)/557
伪全校本《水经注》诬告沈炳巽并且侮辱全祖望
　　(《水经注》校勘杂记之一)/564
伪全校本假托宋本而留下作伪的铁证
　　(《水经注》校勘杂记之二)/566
《水经注》的校订史可以说明校勘学方法/567
再跋戴震自定《水经》的《附考》(戴氏未见全赵两家
　　《水经注》的证据)/570
戴震自定《水经》一卷的现存两本/576
跋杨守敬论《水经注》案的手札两封/590
记赵一清的《水经注》的第一次写定本(天津图书馆藏的
　　赵一清全祖望的《水经注》稿本第一跋)/600
《水经注》版本展览目录(北京大学五十周年纪念)/611
跋奉化孙锵原校的薛福成、董沛刻的《全氏七校水经注》/626
关于宋明刊本《水经注》/629
所谓"全氏双韭山房三世校本"《水经注》/634
试考《水经注》写成的年岁/653
戴震的官本《水经注》最早引起的猜疑/663

卷六
旅京杂记/667
《中国今后之文字问题》的附识/672

《论 Esperanto》按语/673

文学的考据/674

胡思聪的《一片哭声》按语/675

一篇绝妙的平民文学/676

诗中丑的字句/677

骂人/678

浅薄无聊的创作/681

译书/682

翻译之难/685

新月社灯谜/687

胡说(一)/688

"老章又反叛了!"/691

介绍几部新出的史学书/695

"软体动物"的公演/704

《茶花女》的小说与剧本/706

评柳诒徵编著《中国文化史》/708

《歌谣周刊》复刊词/712

全国歌谣调查的建议/716

黄谷仙论文审查报告/719

《文史》的引子/722

京师大学堂开办的日期(北大的校庆究竟应该在那一天?)/723

卷 一

"的"字的用法

记者：

前天承你送我一段"止水"君论"的"字的"余谭"。我觉得他说的"把的字专让给术语去用、把底字来做助语用"虽然比《晨报》现在一律用"底"字的办法好一点，但是他这种说法实在还不精细。他说的"术语"和"助词"都是很含糊的名词，不能使人了解。我本想做一篇文字来讨论这个"的"字，无奈我现在实在太忙了，只好把三四年前论"的"字的一段札记转送给你登出，先供大家的参考。

又"止水"君说"术语用底的字大概从鹄的引申来底"。这话不然。"的"字即是文言的"之"字和"者"字。古无舌上的音，之字读如台，者字读如都，都是舌头的音，和"的"字同一个声母。后来文言的"之""者"两字变成舌上音，而白话没有变，仍是舌头音，故成"的""地""底"三个字。后来又并一个"的"字（《水浒》里还有分别）。其实一个的字尽够了。不得已的时候，可加一个"之"字。如"美国之民治的发展"。依我个人看来，"底"字尽可不必用。如必欲用"底"字，应该规定详细的用法，决不是"术语""助词"两种区别就够了的。请问"止水"君，以为如何？

胡　适

附："的"字的文法

的字宋人读作上声，故用底字。如罗仲素曰，"天下无不是底父母"。陆象山则底的两字并用，如下列二例是也。

防闲古人亦有之。但他底防闲，与吾友别。（一）
论语中多有无头柄的说话。（二）

的字之文法,甚足资研究。盖此字之用,可代文言之者字、之字、所字。细析之,凡得九种用法。

（一）的字用如之字,置于二名之间,以示后名属于前名。

（例）子上之母死于卫。（《礼记》）

卖枣糕徐三的老婆。（《水浒传》）

（二）的字用如之字,凡名词前有二以上之形容词,则用之字的字,以示其用又以稍舒文气也。

（例）膏腴之地。忠孝之人。

天下无不是的父母。

（三）的字用如者字,置于形容词之后,以代被形容之名词。此类用法,其所形容之事物必为泛举全类而言。其事物为何,又皆为言者听者所共晓。故以者字的字代之足矣。

（例）老者安之。少者怀之。（《论语》）

老的老。少的少。

（四）的字用如者字,置于一句或一读之末,为本读中动词之起词。

（例）杀人者死,伤人者抵罪。（《史记》）

那卖油的姓秦。（《今古奇观》）

右（上）例"杀人者""卖油的"两读,皆用如名词,为句中起词。

（五）的字用如者字,与第四用法略同。惟所在之读,非用如名词,而惟用如形容词或表词耳。

（例）而立宛贵人之故待遇汉使善者,名昧蔡,以为宛王。（《史记·大宛传》）

取诸人以为善,是与人为善者也。（《孟子》）

一个和尚,叫老丈做干爷的,送来。（《水浒传》）

黄道台便晓得这电报是两江督幕里一个亲戚,姓王号仲荃的,得了风声,知会他的。（《官场现形记》）

右（上）例中"叫老丈做干爷的"一读,乃形容和尚者也。"姓王号仲荃的"一读,形容亲戚者也。"两江督幕里一个亲戚……知会他的"一长读,乃是字之表词也。

（六）的字用如之字，凡名词前之形容词若为一读，则以之字的字间之。其用略如第二用法，惟在彼则名词前之形容词皆不成为读耳（凡有起词语词而辞意未全者曰读）。

（例）好名之人，能让千乘之国。（《孟子》）

你这与奴才作奴才的奴才。（《水浒传》）

右（上）例"好名之人"犹言人之好名者。"好名"为一读，以形容人字。"与奴才做奴才的"为一读，以示其为何等之奴才也。

（七）的字用如所字，所字与者字同是承转代名词，惟者字常为主次（即起词）而所字常为宾次（即止词）。

（例）问此诗是何人所作。

问这诗是谁做的。

何所为（为的什么）

天杀的（天所杀）。雷打的（雷所打）。

此用法之最有趣者，乃在止词之位置。古文用所字，常位于动词介字之前。如"视其所以。观其所由。察其所安"。所字为以字由字安字之止词，而位于其前。今文用的字，则止词变而位于数词之后。读者观于"天杀的"与"天所杀"二语之别，可知文法之变迁矣。

在文字史上，此种文法变迁，乃一种大事，其重要正如政治史上之朝代兴亡。上所述承转代名词之读之止词位置，乃由正格变为变格，复由变格改为正格者也。汉文句法正格如下式。

（一）起词（二）语词（三）止词或表词

（例）子（起词）见（语词）南子（止词）。

孔子（起词）行（语词）。

我（起词）为（语词）我（表词）。

子上之母（起词）死（语词）于（介词）卫（司词）。

此正格也。读中用承转代名者所两字，则为变格。

变格一　者字读

顺（者之语词）天（顺之止词）者（顺之起词）存。（全句之语词其起词为顺天者三字）

右（上）例之式为

（一）语词（二）止词（三）起词

变格二　所字读

　　十目(起词)所(止词)视(语词)。十手所指。

右(上)例之式为

　　（一）起词（二）止词（三）语词

（注）变格此外尚有他种。今不具述。

者字变为的字,而文法不变。

　　（例）杀人者死。

　　　　打虎的来了。

所字变为的字,其文法复变为正格。

　　（例）谁所作。

　　　　谁作的。

　　（八）的字尚有一种用法,大可补文言之缺点,则用为"表词的形容词"是也。形容词有两种用法,一为名词的,以加于名词之前。如好人、疯狗是也。一为表词的,以加于语词之后。如"这书是我的朋友的"、"此用法为表词的"是也。文言中有时用"者也"二字,有时竟单用形容词,而不用动词。例如：

　　此人甚孝。其味酸。

　　此乃用如表词者也。

然不如用的字之直截了当矣。如云"此形容词之用法为表词的,而非名词的"。若不用的字,则须费几许周折,始能达意。今之浅人或以此种用法为由日本文输入,遂故意避而不用。不知此实由汉文者字展转变化而来,久成日用之文法。既能应用,即不为俗,何须避而不用也。

　　（九）的字亦可用于状词之末,此亦文言之所不及也。例如：

　　姓方的便渐渐的不敌了。

　　便在大门外头,当街爬下,绷冬绷冬的磕了三个头。

　　嘴里不住的自言自语。（均见《官场现形记》）

"渐渐的""绷冬绷冬的""不住的"皆状词之顿也。读者试将第二例译为文言,便知白话之胜于文言。文言之长,白话皆可及之。白话之长,有非文言所能企及者矣。

如此用法之的字,在宋元时,皆作"地"字。例如下:

(宋)若某则不识一字,亦须还我堂堂地做个人。(《陆象山语录》)

(元)只见乱树背后,扑地一声响。(《水浒》)

只听得一声响,簌簌地将那树连枝带叶打将下来。(同)

武松把左手紧紧地揪住顶花皮。(同)

"堂堂地""扑地""簌簌地""紧紧地"皆状词之顿也。今皆作的字矣。

(原载1919年11月12日《晨报副刊》)

再论"的"字

记者：

我那一封论"的"字的通信，引出了止水先生和周建侯先生的几篇讨论，这是我很满意的事。

我的原信也并不是绝对的反对止水先生的"的底分职论"。所以我说"如必欲用底字，应该规定详细的用法，决不是'术语''助词'两种区别就够了的"。我的意思是说"术语"所包甚广，凡学术上的专门名词都叫做"术语"，故不成文法上的区别。至于"助词"乃是中国从前没有文法学的术语的时代所用的浑沌名词，在现在更没有存在的价值。我所讲的"详细的用法"，就是要讲研究文法学的人依照"的"字的各种用法，——略如我原信所举九种——指定哪几种是该用"之"字的，哪几种是该用"的"字的，哪几种是该用"底"字的。止水先生答书未免有几句误解的话。

止水先生和建侯先生的主张大概如下：

（1）我所举第一至第七种用法，他们两位都主张用"底"字。

（2）第八种，他们都主张用"的"字。

（3）第九种，止水先生主张（？）用"底"字。建侯先生主张用"地"字。

我做诗，有时候也用"地"字。例如"只有你在那杨柳高头依旧亮晶晶地"，"静悄悄地黑夜"，"那天正孤孤凄凄地坐大门里"。这可证明我并不曾绝对的反对这种分职的主张。不过这种（第九种）用法是很分明的，很不容易混淆的，所以用"的"和用"地"其实没有什么关系。

至于第一到第七种用法,他们两人都要用"底"字。既然都用"底"字,这便和都用"的"字同样的没有"分职"的区别。所以这七种也不成什么争论的问题。

现在所争的单是一个问题:"止水先生所谓术语用的'的'字,是否应该特别提出来,另用一个区别的字?"

先看止水先生的说法:

> 我因为这个"日本化"底"的"字,有时用如形容词底(例如理想的公园),有时用如状词底(例如利他的运动),所以把他分为"术语用"一类,存他母家底面目,都用"的"字。

止水先生的区别,依我看来,实在还免不了"很含糊"三个字的形容词。即如他举的例:"利他的运动",那"利他的"三个字何尝是状词?"运动"是名词,"利他的"自然是形容词。若分析起来,"利他的运动"在文法上和"谋国之忠,知人之明","伤天害理的事",有什么分别? 这何尝是"日本化底"呢?

止水先生新著一篇《二学生》,全篇只有"好像吹得那家外路窑突突的乱动"一句里用了一个"的"字。但是"突突的"是一个状词,属于我所说的第九种用法,也不是"日本化底"。

再看止水先生说这种"术语用"的"的"字的特别性:

> 别种用法底"的"字,和他上头底字,是"关系的"(适之君所举一至七底例都是如此)。这种用法底"的"字,和他上头底字,是"合成的"而非关系的。

> 换句话说,就是"的"合起上头底字,成一个词。他没有自为一词的单独性,所以他底下可以加"丿",也可以加"之",也可以加"底"而不嫌其"不词"。

> 中国文言里除名词之外,从没有用过"的"字底。拿这种"的"字入文,也是认识他底特别性,才有这个创举。

我把这一节分作三段,再加一点意见。

第一,先论"合成的"与"关系的"两种区别。止水先生说我所举的一至七例都是"关系的"。这话不很对。第二例"天下无不是的父母","不是的"的"的"字也可以算是"合成的",因为这三个字,实在是一个不可分析的"词"。把这三个字改作表词的用法(如"这是是的呢?还是不是的呢?"),就可明白了。又如第三例"老的老、少的少",这两个"的"字也是不能分开的(文言中"者"字如此用法,也不可分开)。至于第九例"绷冬绷冬的"之类,更不用说了。如此看来,"合成的"并不是这一种的字的特别性了。

(注)我做那篇"的字之法"时,在民国三四年,那时我还脱不了《马氏文通》的影响,故仍用"分析"的方法来说第一、二、三、四、八、九种用法。现在我研究文法的根本态度大变了。我现在主张"与其分析,不如综合"八个字。不但上文所举"不是的"、"老的"、"少的"、"绷冬绷冬的",应该看作一个"词"。连"我的"、"卖油的"、"打虎的"、"表词的",都应该认作一个"词",这些"的"字,都是一种语尾。

第二,日本文于"自由的""理想的"等词之后可加"ノ",这是日本笨伯"屋上架屋"的笨法子,我们何必学他!我们现在的问题,是研究中国的白话文法,并不是替中国改造新文法。止水、建侯两先生的"社会的底科学"、"理想的底公园",都是借日本文来替中国改造文法。这个并不是我们研究文法的人的事业。

第三,止水先生说"中国文言里除名词之外从没有用过'的'字的"。这也是考据不精的话。其实"中国文言"里本来又何尝用过我们所讨论的"的"字!这一层也有沈兼士先生的通信说过,我也不讨论了。

以上是讨论止水先生论"术语用"的"的"字的特别性。简单一句话,这种"的"字并没有什么特别性,也不是"日本化底",是中国白话本来有的。

如今再说我的私见。止水先生说的这种"的"字,有两种用法。(一)是用在名词之前,如"利他的运动",是一种寻常的形容词,属于我举的第二例。(二)是用在表词之后,如《儒林外史》上"本家的产业是卖不断的",是"表词的形容词",属于我举的第八例。

用在表词之后的"的"字,最分明,最不容混淆,并不发生困难。故我主张仍用"的"字。

用在名词之前的"的"字,有时能发生困难。如"利他的运动"和"理想的公园"一类的例,并不发生困难。但是"平民的衣食住"可作"平民所有的衣食住"解,也可作"平民样子的衣食住"解,就发生困难了。"社会的经验"、"表词的形容词",都是这一类。这类字所以发生困难,只因为"的"前面的字是常用的名词,故这种"的"字可用作表示"所有"的语尾,又可用作复式形容词的语尾。

这是"的"字所以发生问题的简明说法。其余说法都是支节。

我是承认这种困难的,故我的原信说:不得已的时候,可加一个之字,如"美国之民治的发展"。现在拟几条细则如下:

(1)凡名词之前的复式形容词,有"的"字作语尾的,一律用"的"字。(例)利他的运动、平民的生活、绅士的架子、社会的经验。

(2)上项复式形容词有时也可把语尾"的"字省去,做成一个复合名词。如"平民生活"、"社会经验"、"社会科学"、"绅士架子"。但遇不可省时,必用"的"字,如"历史的地理"(historical geography)。

(3)凡名词之后的"的"字,用作表示"所有"的语尾的,若是容易与同形的形容词语尾相混,可改用文言的"之"字,读如之字。(例)平民之衣食住、社会之经验、表词之形容语。

(注)这一条有三个限制:(一)限于"名词"之后。故代名词之后(如"你的"),不生问题。(二)限于"容易与同形的形容词语尾相混"的时候。故没有困难的时候,尽可还用"的"字,如"美国的宪法","的字的文法"。(三)最重要的是限于"用作表示'所有'的语尾的"。故上文(1)(2)两条不在此例内。

以上是我对于这种有时发生困难的"的"字的主张。总而言之,除了这一种极少数的"的"字不得已的时候可用"之"字,其余的种种用法,我主张一律用"的"字。

此外还有几句话。第一,我感谢建侯先生更正我说第九种"的"字的来历。他说这种状词的"的"字是"然"字变的。这话我前二年的札记上也曾说过。但是他引《墨经》"倠、所然也"却错了。《尔雅·释言》说,"倠、贰也"。郭注,"倠次为副贰"。《周礼》注,"贰、副也"。倠即是我们现在所谓"副本"。《墨经》原文是"法、所若而然也。俔、所然也"。譬如铸钱，铜模是法，铸出的钱是俔。俔同"儿"是没有关系的。"然"又转为"尔"，也是状词的语尾，如"徐徐尔、纵纵尔"。后来"尔"变为"儿"。现在徽州人说"慢慢尔、轻轻尔"，歙县人读如"儿"，绩溪人读如"你"。

第二，我对"鹄的引申"的话，是不敢附和的。但是我赞成兼士先生"高谈训诂徒事纷扰"的话，所以也不谈了。

第三，钱玄同先生三条办法，他自己已取消了 AC 两条，本可不必讨论了。但是建侯先生和黎劭西先生最赞成他原拟的三条，故不能不加一两句批评。(1)用"底"、"地"和"的"字声音上实在没有什么分别，说话时等于没有区别。白话不但要写得出，还要听起来有分别。(2)的字的困难，有一个"之"字已可解决了，用不着"底"、"地"等字。(3)建侯先生主张把"底"、"地"、"的"三个字读成上、去、入三声。但是中国北部读这三声是很难分别的。况且"的"字无论如何用法，都是用在不当特别读得分明的地方，决不能有这样微细的分别。(4)至于建侯先生说，"宋人先'的'而用'底'，何尝不是早就约定俗成"。这也错了。宋人或用"底"，或用"的"，并不曾到"约定俗成"的地位。况且荀卿说的约定俗成，乃是指每一个时代的约定俗成，并不是指八九百年前的成俗。

第四，陈独秀先生的讨论，我不幸不曾看见（因为昨天的《晨报》没有送到我家），但是我想我上文所说的话，大旨也许可以适用到他的主张上去。

十一月二十三夜　胡适

（原载 1919 年 11 月 25 日《晨报副刊》）

三论"的"字

我在《的字的文法》一篇里,曾说"的"字的文法变迁在文字史上乃是一种大事,其重要正如政治史上的朝代兴亡。现在我们在《晨报》上讨论这一个字,何止做了几万字的文章!历史上能有几个朝代的兴亡当得起我们这许多的文字吗?

我昨晚做了一篇《再论的字》的文章,今早送给《晨报》。今早承《晨报》补送一份前两天登出的陈独秀先生的文章。我看了这篇文章,很懊悔我不曾先看了他的讨论然后下笔。他这篇文章的主张,和我有同的,有异的。我不能不简单再说几句话。

先说独秀先生和我相同的地方。他认清"的"字所以发生困难的原因是在于两名词之间的"的"字。这是我们相同的。不过他把这个"的"字当作介词,我把他当作一种表示"所有"(物主)的语尾。这是一点小小的不同。

但是这一点小不同,倒也很重要。他说"徐三的老婆"一例的"的"字是介词,"我的""他的"的"的"字却是"物主的形容词"之语尾。请问"徐三的老婆"与"他的老婆",在文法上有什么不同?所以我主张把这个发生困难的"的"字,认作一种表示"物主"的语尾。

"平民的生活"一类的词所以发生困难,正因为这种词可以表示"平民所有的生活",又可以表示"平民式的生活"。前一种是表示物主的,后一种是表示性质的。两种都是形容词,两个"的"字都是语尾。所以我主张用"之"字代前一个"的"字,以别于后一个"的"字。

独秀先生把前一个"的"字认作介词,说是和英文 of 法文 de 相同。这话固然不错。但是后一个"的"字(表示性质的)也可以说是介词。介词上加名词,也可以作形容词用。"千乘之国"便是一例。

正如英文 Law of nature 里面的 of nature 是形容 Law 字的。所以我以为这两个"的"字之词品相同,不当说一个是介词,一个是语尾。虽然可以说两个都是介词,但是因为我主张"与其分析,不如综合",故我把两个"的"字都认作语尾,不过他们所表示的有点不同罢了。

这一层说明白了,我再说我们两人主张的区别法之根本不同。他的主张是:

  A. 介词(即我说的"用在名词之后,表示物主的语尾")该用"底"。

  B. 状词该用"地"。

  C. 形容词之语尾该用"的"。

我的主张是:

  A. "的"字用在名词之后,表示物主的语尾,倘若和表示性质的形容词之同形的语尾容易相混,可以改用"之"字。

  B. 其余一切"的"字,都用"的"字。

我所以不赞成他的主张,有三种理由。

第一,底、的、地三字的发音太相近了,说话时还是没有分别。故用"底"、"地"在纸上虽有分别,在嘴里等于无分别。

第二,状词"的"字,不容易混乱,不发生困难,尽可不必区别。

第三,遇有必要区别的时候(他的 A 条和我的 A 条),用"之"字有三种好处,(1)发音有别,(2)笔画简易,(3)"之"字比"底"字更通行。

此外我对于他论"的"字之文法,还有应该商量的地方。我想将"的字论",专论文法上的分析。此时不能细谈了。

11 月 24 日夜

(收入 1919 年 11 月 26 日《晨报副刊》)

《白话诗研究集》纲要

上卷　　序子
　　　　凡例
　　　　白话诗研究集琐录
　　　　　　目录
　　　　　　旧诗应改革的理由至诗的定义
　　　　诗谈选
　　　　被选诸君的姓名
　　　　自吴弱男至周无
下卷　　诗
　　　　目录
　　　　游观类　社交类　生活类　时评类　新潮类　杂记类
　　　　目录跋语
　　　　诗选
　　　　被选诸君的姓名
　　　　自陈衡哲至易家嬟
　　　　　　撰著者　谢楚桢　胡　适　康白情
　　　　　　鉴阅者　易家钺　周作人　黎锦熙　蔡孑民

（原载 1920 年 10 月 29 日《晨报副刊》，
署名胡适、谢楚桢、康白情合拟）

狸猫换太子故事的演变

宋仁宗生母李宸妃的故事,在当日是一件大案,在后世遂成为一大传说,元人演为杂剧,明人演为小说,至《三侠五义》而这个故事变的更完备了;狸猫换太子在前清已成了通行的戏剧(包括断后,审郭槐等出),到近年竟演成了连台几十本的长剧了。这个故事的演变也颇有研究的价值。

《宋史》卷二四二云:

> 李宸妃,杭州人也。……初入宫,为章献太后(刘后)侍儿。庄重寡言,真宗以为司寝。既有娠,从帝临砌台,玉钗坠,妃恶之。帝心卜:"钗完,当为男子。"左右取以进,钗果不毁。帝甚喜。已而生仁宗。……仁宗即位,为顺容,从守永定陵。……
>
> 初仁宗在襁褓,章献(刘后)以为己子,使杨淑妃保视之。仁宗即位,妃嘿处先朝嫔御中,未尝自异。人畏太后,亦无敢言者。终太后世,仁宗不自知为妃所出也。
>
> 明道元年,疾革,进位宸妃。薨,年四十六。初章献太后欲以宫人礼治丧于外。丞相吕夷简奏礼宜从厚。太后遽引帝起。有顷,独坐帘下,召夷简问曰,"一宫人死,相公云云,何欤?"夷简曰,"臣待罪宰相,事无内外,无不当预"。太后怒曰,"相公欲离间吾母子耶?"夷简从容对曰,"陛下不以刘氏为念,臣不敢言。尚念刘氏,则丧礼宜从厚"。太后悟,遽曰,"宫人,李宸妃也。且奈何?"夷简乃请治丧用一品礼,殡洪福院。夷简又谓入内都知罗崇勋曰,"宸妃当以后服敛,用水银实棺。异时勿谓夷简未尝道及"。崇勋如其言。
>
> 后章献太后崩,燕王为仁宗言,"陛下乃李宸妃所生,妃死

以非命"。仁宗号恸,顿毁,不视朝累日,下哀痛之诏自责,尊宸妃为皇太后,谥庄懿(后改章懿)。幸洪福寺祭告,易梓宫,亲哭视之,妃玉色如生,冠服如皇太后:以水银养之,故不坏。仁宗叹曰,"人言其可信哉?"遇刘氏加厚。

这传里记李宸妃一案,可算是很直率的了。章献刘后乃是宋史上一个很有才干的妇人;真宗晚年,她已预闻政事了;真宗死后,仁宗幼弱,刘氏临朝专政,前后当国至十一年之久。李宸妃本是她的侍儿,如何敢和她抵抗?所以宸妃终身不敢认仁宗是她生的,别人也不敢替她说话。宸妃死于明道元年,刘后死于明道二年。刘后死后,方有人说明此事。当时有人疑宸妃死于非命,但开棺验看已可证宸妃不曾遭谋害;况且刘后如要谋害她,何必等到仁宗即位十年之后?但当时仁宗下哀痛之诏自责,又开棺改葬,追谥陪葬,这些大举动都可以引起全国的注意,唤起全国的同情,于是种种传说也就纷纷发生,历八九百年而不衰。

宋人王铚作《默记》,也曾记此事,可与《宋史》所记相参证:

> 章懿李太后生昭陵(仁宗),而终章献之世,不知章懿为母也。章懿卒,先殡奉天寺。昭陵以章献之崩,号泣过度。章惠太后(即杨淑妃)劝帝曰,"此非帝母;帝自有母宸妃李氏,已卒,在奉先寺殡之"。仁宗即以犊车亟走奉先寺,撤殡观之。在一大井上,四铁索维之。既启棺,而形容如生,略不坏也。时已遣兵图章献之第矣;既启棺,知非鸩死,乃罢遣之。(涵芬楼本,上,页七)

王铚生当哲宗徽宗时,见闻较确;他的记载很可代表当时的传说。然而他的记载已有几点和《宋史》不同:

(1)宸妃死后,殡于洪福院;《默记》作奉先寺(《仁宗本纪》作法福院)。

(2)宋史记告仁宗者为燕王,而《默记》说是杨淑妃。

(3)《默记》记仁宗"即以犊车亟走奉先寺",这种具体的写法便已是民间传说的风味了。(据《仁宗本纪》,追尊宸妃在三月,幸法福寺在九月。)

《默记》又记有两件事,和宸妃的故事都有点关系。其一为张茂实的历史:

> 张茂实太尉,章圣(真宗)之子,尚宫朱氏所生。章圣畏惧刘后,凡后宫生皇子公主,俱不留。以与内侍张景宗,令养视,遂冒姓张。既长,景宗奏授三班奉职;入谢日,章圣曰,"孩儿早许大也"。昭陵(仁宗)出阁,以为春坊谒者,后擢用副富郑公使虏,作殿前步帅。……
>
> 厚陵(英宗)为皇太子,茂实入朝,至东华门外,居民繁用者迎马首连呼曰,"亏你太尉!"茂实惶恐,执诣有司,以为狂人而黥配之。其实非狂也。
>
> 茂实缘此求外郡。至厚陵即位,……自知蔡州坐事移曹州忧恐以卒,谥勤惠。
>
> 滕元发言,尝因其病问之,至卧内。茂实岸帻起坐,其头角巉然,真龙种也,全类奇表。盖本朝内臣养子未有大用至节帅者。于此可验矣。(上,页十二)

其二为记冷青之狱:

> 皇裕二年有狂人冷青言母王氏,本宫人,因禁中火,出外,已尝得幸有娠,嫁冷绪而后生青。……诣府自陈,并妄以英宗(涵芬楼本误作神宗)与其母绣抱肚为验。知府钱明逸……以狂人,置不问,止送汝州编管。
>
> 推官韩绛上言,"青留外非便,宜案正其罪,以绝群疑"。翰林学士赵概亦言,"青果然,岂宜出外?若其妄言,则匹夫而希天子之位,法所当诛",遂命概并包拯按得奸状,……处死。钱明逸落翰林学士,以大龙图知蔡州;府推张式李舜元皆补外。世妄以宰相陈执中希温成(仁宗的张贵妃,死后追册为温仁皇后)旨为此,故诛青时,京师昏雾四塞。殊不知执中已罢,是时宰相乃文富二贤相,处大事岂有误哉?(下,页四)

这两件事都很可注意。前条说民人繁用迎着张茂实的马首喊叫。后条说民间传说诛冷青时京师昏雾四塞。这都可见当时民间对刘后的不满意,对于被她冤屈的人,不平。这种心理的反感便是李宸妃故事一类的传说所以流行而传播久远的原因。张茂实和冷青的两案究竟在可信可疑之间,故不能成为动听的故事。李宸妃的一案,事实分明,沉冤至二十年之久,宸妃终身不敢认儿子,仁宗二十三年不知生母为谁(仁宗生于1010,刘后死于1033);及至昭雪之时,皇帝下诏自责,闹到开棺改葬,震动全国的耳目:——这样的大案子自然最容易流传,最容易变成街谈巷议的资料,最容易添枝添叶,以讹传讹,渐渐地失掉本来面目,渐渐地神话化。

《宋史》记宸妃有娠时玉钗的卜卦,已是一种神话了。坠钗时的"心卜",谁人听见?谁人传出?可见李宸妃的传记已采有神话化的材料了。元朝有无名氏做的"李美人御苑拾弹丸,金水桥陈琳抱妆盒"杂剧,可以表见宋元之间这个故事已变到什么样子。此剧情节如下:

楔子:真宗依太史官王弘之奏,打造金弹丸一枚,向东南方打去,令六宫妃嫔各自寻觅!拾得金丸者,必生贤嗣。

第一折:李美人拾得金丸,真宗遂到西宫游幸。

第二折:李美人生下一子,刘皇后命寇承御去把孩子骗出来弄死。寇承御骗出了太子,只见"红光紫雾罩定太子身上";遂和陈琳定计,把太子放在黄封妆盒里,偷送出宫,交与八大王抚养。恰巧刘皇后走过金水桥,撞见陈琳,盘问妆盒内装的何物,几乎揭开盒盖。幸得真宗请刘后回宫,陈琳才得脱身。

楔子:陈琳把太子送到南清宫,交与八大王。

第三折:八大王领太子去见真宗;刘后见他面似李美人,遂生疑心,回宫拷问寇承御,寇承御熬刑不过,撞阶而死。

第四折:真宗病重时,命取楚王(即八大王)第十二子承继大统,即是陈琳抱出的太子。太子即位后,细问陈琳,才知李美人为生母。那时刘后与李美人都活着,仁宗不忍追究,只"将西宫改为合德宫——奉李美人为纯圣皇太后,寡人每日问安视膳"。

这里的李宸妃故事有可注意的几点:(1)玉钗之卜已变成了金

弹之卜，神话的意味更重了。（2）"红光紫雾"的神话。（3）写刘皇后要害死太子，与《宋史》说刘后养为己子大不同。这可见民间传说不知不觉地已加重了刘后的罪过，与古史上随时加重桀纣的罪过一样。（4）造出了一个寇承御和一个陈琳，但此时还没有郭槐。（5）李美人生子，由陈琳送与八大王抚养，后来入继大统；这也可见民间传说不愿意刘后有爱护仁宗之功，所以不知不觉地把这件功劳让与八大王了。（6）仁宗问出这案始末时，刘后与李妃都还不曾死。这也可见民间心理希望李妃享点后福，故把一件悲剧改成一件喜剧了。（7）没有狸猫换太子的话，只说"诈传万岁爷要看，诓出宫来"。（8）没有包公的事。这时期里，这个故事还很简单；用不着郭槐，也用不着包龙图的侦探术。

我们再看包公案里的李宸妃故事，便不同了。包公案的桑林镇一条说包公自陈州赈济回来，到桑林镇歇马放告。有一个住破窑的婆子来告状，那婆子两目昏眊，衣服垢污，放声大哭，诉说前事。其情节如下：

（1）李妃生下一子，刘妃也生下一女。六宫大使郭槐作弊，把女儿换了儿子。

（2）李妃一时气闷，误死女儿，被困冷宫。有张园子知此事冤屈，见天子游苑，略说情由：被郭槐报知刘后，绞死张园子，杀他一十八口。

（3）真宗死后，仁宗登极，大赦冷宫罪人，李妃方得出宫，来到桑林镇乞食度日。

（4）有何证据呢？婆子说生下太子时，两手不开；挽开看时，左手有"山河"二字，右手有"社稷"二字。

（5）后来审问郭槐，郭槐抵死不招。包公用计，使仁宗假扮阎罗天子，包公自扮判官，郭槐说出真情，罪案定妥。

（6）李后入宫，"母子二人悲喜交集，文武庆贺。"仁宗要刘后受油熬之刑，包公劝止，只"着人将丈二白帕绞死。"郭槐受鼎镬之刑。

这是这个故事在明清之间的大概模样，里面有几点可注意：

（1）造出了一个坏人郭槐和一个好人张园子,却没有寇承御与陈琳。

（2）包公成了此案的承审官与侦探家。

（3）八大王抚养的话抛弃了,变为男女对换的法子,但还没有狸猫之计。

（4）李妃受的冷宫与破窑之苦,是元曲里没有的。先写她很痛苦,方可反衬出她晚年的福气。

（5）破案后,李后享福,刘后受绞死之刑。这也可见民众心理。

我们可以把宋,元,明三个时期的李宸妃故事的主要分子列为一个比较表——

	主　文	坏人	好人	破案人	结　局
宋	刘后养李氏子为己子			燕王（宋史）杨淑妃（《默记》）	追尊李妃为太后,与刘后平等。
元	刘后要杀李氏子,遇救而免,养于八大王家。	刘后	寇承御 陈琳 八大王	陈　琳	两后并奉养。
明	刘后生女,换了李氏所生子。	刘后 郭槐	张园子	包　公	李后尊荣,刘后绞死。

《三侠五义》里的"狸猫换太子"故事,是把元明两种故事参合起来,调和折衷,组成一种新传说,遂成为李宸妃故事的定本。（看本书第一回及第十五至十九回）我们看上面的表,可以知道这个故事有两种很不同的传说；这两种传说不像是同出一源逐渐变成的,乃是两种独立的传说。前一种元曲抱妆盒——和宋史还相去不很远,大概是宋元之间民间演变的传说。后一种——包公案——是一个不懂得历史掌故的人编造出来的,他只晓得宋朝有这件事,他也不曾读过宋史,也不曾读过元曲,所以凭空造出一条包公断后的故事来,这两种不同的传说,一种靠戏本的流传,一种靠小说的风行,都占有相当的势力。后来的李宸妃故事遂不得不选择调和,演为一种折衷的定本。

《三侠五义》里的李宸妃故事的情节如下。

（1）钦天监文彦博奏道"夜观天象，见天狗星犯阙，恐于储君不利"。时李刘二妃俱各有娠，真宗因各赐玉玺龙袱一个，镇压天狗星；又各赐金丸一枚，内藏九曲珠子一颗，将二妃姓名刻在上面，随身佩带。

（2）李妃生下一子，刘妃与郭槐定计，将狸猫剥去皮毛，换出太子，叫寇珠送到锁金亭用裙带勒死。

（3）寇珠与陈琳定计，把太子放在妆盒里，偷送出宫。路上遇见郭槐与刘妃，几乎被他们查出。

（4）八大王收藏太子，养为己子。

（5）李妃因产出妖孽，贬入冷宫。刘妃生下一子，立为太子。

（6）刘妃所生子六岁时得病死了，真宗因立八大王之第三子为太子，即是李妃所生。太子无意中路过冷宫，见着李妃，怜她受苦，回去替她求情。刘后生疑，拷问寇珠，寇珠撞阶而死。

（7）刘后对真宗说李妃怨恨咒诅，真宗大怒，赐白绫七尺令她自尽。幸得小太监余忠替死，李妃扮作余忠逃至陈州安身。

（8）包公自陈州回来，在草州桥歇马放告。有住破窑的瞎婆子来告状，诉说前事，始知为李宸妃，有龙袱金丸为证。

（9）包公之妻李夫人用"古今盆"医好李妃的双目。李妃先见八大王的狄后，说明来历；狄后引她见仁宗，母子相认。

（10）包公承审郭槐，郭槐熬刑不招。包公灌醉郭槐，假装罗殿开审，套出郭槐的口供，方能定案。

（11）刘后正在病危的时候，闻知此事，病遂不起。

这个故事把元明两朝不同的传说的重要分子都容纳在里面了。抱妆盒杂剧里的分子是：

（1）金弹丸变成了藏珠的金丸了。

（2）寇承御得一个新名字，名寇珠。

（3）陈琳不曾变。

（4）抱妆盒的故事仍保存了。

（5）八大王仍旧。

（6）寇承御骗太子，元戏不曾详说；此处改为郭槐与产婆尤氏用狸猫换出太子。

（7）陈琳捧妆盒出宫之时，路上遇刘妃查问。此一节全用元戏的结构。

但包公案的说法也被采取了不少部分：

（1）郭槐成了重要脚色。
（2）包公成了重要脚色。
（3）用女换男，改为用狸猫换太子。
（4）冷宫与破窑的话都被采取了。
（5）瞎婆子告状的部分。
（6）审郭槐假扮阎罗王部分。

此外便是新添的部分了：

（1）狸猫换太子是新添的。
（2）刘后也生一子，六岁而死是新添的。
（3）产婆尤氏，冷宫总管秦凤，替死太监余忠是新添的。张园子太寒伧了，所以他和他的一十八口都被淘汰了。
（4）李夫人医治李妃双目复明是新添的。
（5）狄后的转达，是新添的。

我们看这一个故事在九百年中变迁沿革的历史，可以得一个很好教训。传说的生长，就同滚雪球一样，越滚越大。最初只有一个简单的故事作一个中心的"母题"（motif）你添一枝，他添一叶，便像个样子了。后来经过众口的传说，经过评话家的敷演，经过戏曲家的剪裁结构，经过小说家的修饰，这个故事便一天一天的改变面目；内容更丰富了，情节更精细圆满了，曲折更多了，人物更有生气了，《宋史》后妃传的六百个字在八九百年内竟演成一部大书，竟演成了几十本的连台长戏。这件事的本身本不值得多大的研究。但这个故事的生长变迁，来历分明，最容易研究，最容易使我们了解一个传说怎样变迁沿革的步骤。这个故事不过是传说生长史的一个有趣味的实例。此事虽小，可以喻大。包公身上堆着许多有主名或无主名的奇案，正如黄帝周公身上堆着许多大发明大制作一样。李宸妃故事的变迁沿革也就同尧舜桀纣等等古史传说的变迁沿革一样，也就同井田禅让等等古史传说的变迁沿革一样。就以井田来说罢。孟子只说了几句不明不白的井田论;后来的汉儒你加一点,他加一点,三四百年后便成了一种详密的井田制度,就像古代真有过这样的一种制度了(看《胡适文存》卷二,页二六四——二八一)。尧舜桀纣的传说也是如此的。古人说的好,"爱人若将加诸膝。恶人若将坠诸渊"。人情大抵如此。古人又说,"纣之不善,不如是之甚也。是以君子恶居下流,天下之恶皆归之"。古人把一切罪恶都堆到桀纣身上,就同古人把一切美德都堆到尧舜身上一样。这多是一点一点地加添起来的,同李宸妃的故事的生长一样。尧舜就是李宸妃,桀纣就是刘皇后。稷契皋陶就是寇珠、陈琳、余忠、张园子,飞廉、恶来、妲己、妹喜就是郭槐尤氏。许由、巢父、伯夷、叔齐也不过像玉钗金弹,红光紫雾,随人的心理随时添的枝叶罢了。我曾说:

  其实古史上的故事没有一件不曾经过这样的演进,也没有一件不可用这个历史演进方法去研究。尧舜禹的故事,黄帝神农庖牺的故事,汤的故事,伊尹的故事,后稷的故事,文王的故事,太公周公的故事,都可以做这个方法的实验品。(《胡适文存二集》卷一,页一五三——一五七)

(原载 1925 年 3 月 14 日、21 日《现代评论》
第 1 卷第 14、15 期)

朱敦儒小传

朱敦儒,字希真,洛阳人。少年时以布衣负重名。靖康时(1126),召至京师,不肯就官,辞还山。南渡后,寓居嘉禾。高宗召他,他又辞。避乱客南雄州,屡次征召,方才应征。赐进士出身,为秘书省正字,迁两浙东路提点刑狱,后被人劾罢。绍兴十九年(1149),他上书告归,秦桧当国时,喜欢奖用诗人,他的儿子秦熺也好文学;于是除敦儒为鸿胪少卿。秦桧死后(1155),他也废黜了。(《宋史》四四)

他的生死年岁不可考。他的《樵歌》三卷里,只有两首词有甲子可考。最早的是政和丁酉(1117)洛阳西内造成,他代洛阳人作望幸之曲(望海潮题)。又绍兴丁丑(1157)有中秋赏月的柳梢青词。此外无甲子可考的有"七十衰翁,告老归来"(沁园春),"好笑衰翁年纪,不觉七十有四"(如梦令),"屈指八旬将到"(西江月),"今年生日,庆一百省岁"(洞仙歌)。大概他活到九十多岁。《宋史》说他绍兴十九年(1149)告归;以"七十衰翁,告老归来"之句参考起来,他大概生于神宗元丰初年,约当1080;死于孝宗淳熙初年,约当1175。

《宋史》称他"素工诗及乐府,婉丽清畅"。汪叔耕说他的词"多尘外之想;虽杂以微尘,而其清气自不可没"。《花庵词选》说他"天资旷逸,有神仙风致"。

他的《樵歌》三卷,有王氏四印斋刻本,朱氏彊邨丛书本。我们看他的词,可分三个时期。第一是南渡以前的少年时期,"轻红遍写鸳鸯带,浓碧争斟翡翠巵"的时期。第二是南渡时期,颇多家国的感慨,身世的悲哀,"南北东西处处愁;独倚阑干遍"的时期。第三是他晚年闲居的时期。这时候,他已很老了,饱经世故,变成了一个乐天自适的词人:"老来可喜,是历遍人间,谙知物外;看透虚空,把恨海愁山一齐挼碎。免被花迷,不为酒困,到处惺惺地。"这一个时期的词有他独到的意境,独到的技术。词中之有《樵歌》,很像诗中之有《击壤集》(邵雍的诗集)。但以文学的价值而论,朱敦儒远胜邵雍了。将他比陶潜,或更确切罢?

(原载1926年10月15日北新书局出版的《樵歌》)

《孔雀东南飞》的年代

《孔雀东南飞》的全诗凡三百五十五句,一千七百六十五个字。此诗初见于《玉台新咏》,有序云:

> 汉末建安中(196—220),庐江府小吏焦仲卿妻刘氏为仲卿母所遣,自誓不嫁。其家迫之,乃投水而死。仲卿闻之,亦自缢于庭树,时人伤之,为诗云尔。

《玉台新咏》把此诗列在繁钦曹丕之间。故近人丁福保先生把此诗收入《全汉诗》,谢无量先生作《中国大文学史》(第三编第八章第五节)也说是"大抵建安时人所为耳"。这都由于深信原序中"时人伤之,为诗云尔"一句话。至近年始有人怀疑此说。梁启超先生说:

> 像《孔雀东南飞》和《木兰诗》一类的作品,都起于六朝,前此都无有。(见他的《印度与中国文化之亲属关系》讲演,引见陆侃如《孔雀东南飞考证》)

他疑心这一类的作品是受了《佛本行赞》一类的佛教文学的影响以后作品。他说他对这问题,别有考证。他的考证虽然没有发表,我们却不妨先略略讨论这个问题。陆侃如先生也信此说,他说:

> 假使没有宝云(《佛本行经》译者)与无谶(《佛所行赞》译者)的介绍,《孔雀东南飞》也许到现在还未出世呢,更不用说汉代了。(《孔雀东南飞考证》,《国学月报》第三期)

我对佛教文学在中国文学上发生的绝大影响,是充分承认的。但我不能信《孔雀东南飞》是受了《佛本行赞》一类的书的影响以后的作品。我以为《孔雀东南飞》之作是在佛教盛行于中国以前。

第一,《孔雀东南飞》全文没有一点佛教思想的影响的痕迹。这是很可注意的。凡一种外来的宗教的输入,他的几个基本教义的流行必定远在他的文学形式发生影响之前。这是我们可以用一切宗教史和文化史来证明的。即如眼前一百年中,轮船火车煤油电灯以至于摩托车无线电都来了,然而文人阶级学西洋文学的影响却还是最近一二十年的事,至于民间的文学竟可说是至今还丝毫不曾受着西洋文学的影响。你去分析《狸猫换太子》,《济公活佛》,等等俗戏,可寻得出一分一毫的西洋文学的影响吗?——《孔雀东南飞》写的是一件生离死别的大悲剧,如果真是作于佛教盛行以后,至少应该有"来生","轮回","往生"一类的希望。(如白居易《长恨歌》便有"在天愿为比翼鸟,在地愿为连理枝";"但教心似金钿坚,天上人间会相见"的话。如元稹的悼亡诗便有"他生缘会更难期","也曾因梦送钱财"的话)。然而此诗写焦仲卿夫妇的离别只说:

> 卿当日胜贵,吾独向黄泉。
> 黄泉下相见,勿违今日言。
> 生人作死别,恨恨那可论?
> 念与世间辞,千万不复全。
> 我命绝今日,魂去尸长留。
> ……府吏闻此事,心知长别离。

写焦仲卿别他的母亲,也只说:

> 儿今日冥冥,令母在后单。故作不良计,勿复怨鬼神。

这都是中国旧宗教里的见解,完全没有佛教的痕迹。一千七八百字的悲剧长诗里丝毫没有佛教的影子,我们如何能说他的形式体裁是佛教文学的产儿呢?

第二,《佛所行赞》,《普曜经》等等长篇故事译出之后,并不曾发生多大的影响。梁启超先生说:

> 《佛本行赞》译成华文以后也是风靡一时,六朝名士几于人人共读。

这是毫无根据的话。这一类的故事诗,文字俚俗,辞意烦复,和"六朝名士"的文学风尚相去最远。六朝名士所能了解欣赏的乃是道安、慧远、支遁、僧肇一流的玄理,决不能欣赏这种几万言的俗文长篇记事。《法华经》与《维摩诘经》一类的名译也不能不待至第六世纪以后方才风行。这都是由于思想习惯的不同与文学风尚的不同,都是不可勉强的。所以我们综观六朝的文学,只看见惠休、宝月一班和尚的名士化,而不看见六朝名士的和尚化。所以梁、陆诸君重视《佛本行经》一类佛典的文学影响,是想像之谈,怕不足信罢?

陆侃如先生举出几条证据来证明《孔雀东南飞》是六朝的作品。我们现在要讨论这些证据是否充分。

本篇末段有"合葬华山傍"的话,所以陆先生起了一个疑问,何以庐江的焦氏夫妇要葬到西岳华山呢?因此他便联想到乐府里《华山畿》二十五篇。《乐府诗集》引《古今乐录》云:

> 《华山畿》者,宋少帝时《懊恼》一曲,亦变曲也。少帝时,南徐一士子从华山畿往云阳。见客舍有女子,年十八九,悦之;无因,遂感心疾。母问其故,具以启母。母为至华山寻访,见女,具以闻,感之,因脱蔽膝,令母密置其席下,卧之当已。少日,果差。忽举席见蔽膝而抱持,遂吞食而死。气欲绝,谓母曰,"葬时,车载从华山度"。母从其意。比至女门,牛不肯前,打拍不动。女曰,"且待须臾!"妆点沐浴,既而出,歌曰:
>
> 华山畿!
> 君既为侬死,
> 独活为谁施!
> 欢若见怜时,
> 棺木为侬开!
>
> 棺应声开,女透入棺,家人叩打,无如之何。乃合葬,呼曰"神女冢"。

陆先生从这篇序里得着一个大胆的结论。他说:

> 这件哀怨的故事,在五六世纪时是很普遍的,故发生了二十五篇的民歌。华山畿的神女冢也许变成殉情者的葬地的公名,故《孔雀东南飞》的作者叙述仲卿夫妇合葬时,便用了一个眼前的典故,遂使千余年后的读者们索解无从。但这一点便明明白白的指示我们说,《孔雀东南飞》是作于《华山畿》以后的。

陆先生的结论是很可疑的。《孔雀东南飞》的夫妇,陆先生断定他们不会葬在西岳华山。难道南徐士子的棺材却可以从西岳华山经过吗?南徐州治在现今的丹徒县,云阳在现今的丹阳县。华山大概即是丹阳之南的花山,今属高淳县。云阳可以有华山,何以见得庐江不能有华山呢?两处的华山大概都是本地的小地名,与西岳华山全无关系,两华山彼此也可以完全没有关系。故根据《华山畿》的神话来证明《孔雀东南飞》的年代,怕不可能罢?

陆先生又指出本篇"新妇入青庐"的话,说,据段成式《酉阳杂俎》卷一,"青庐"是"北朝结婚时的特别名词"。但他所引《酉阳杂俎》一条所谓"礼异",似指下文"夫家领百余人……挟车俱呼"以及"妇家亲宾妇女……以杖打聟,至有大委顿者"的奇异风俗而言。"青布幔为屋,在门内外,谓之青庐",不过如今日北方喜事人家的"搭棚",没有什么特别之处。况且陆先生自己又引《北史》卷八说北齐幼主

　　御马则藉以毡罽,食物有十余种;将合牝牡,则设青庐,具牢馔而亲观之。

这也不过如今的搭棚看戏。这种布棚也叫做"青庐",可见"青庐"未必是"北朝结婚时的特别名词"了。

陆先生又用"四角龙子幡",说这是南朝的风尚。这是很不相干的证据,因为陆先生所举的材料都不能证实"龙子幡"为以前所无。况且"青庐"若是北朝异俗,"龙子幡"又是南朝风尚,那么,在那南北分隔的五六世纪,何以南朝风尚与北朝异礼会同时出现于一篇诗里呢?

所以我想,梁启超先生从佛教文学的影响上推想此诗作于六朝,陆侃如先生根据"华山","青庐","龙子幡"等,推定此诗作于宋少帝(423—424)与徐陵(死于583)之间,这些主张大概都不能成立。

我以为《孔雀东南飞》的创作大概去那个故事本身的年代不远,大概在建安以后不远,约当三世纪的中叶。但我深信这篇故事诗流传在民间,经过三百多年之久(230—550)方才收在《玉台新咏》里,方才有最后的写定,其间自然经过了无数民众的增减修削,滚上了不

少的"本地风光"(如"青庐""龙子幡"之类),吸收了不少的无名诗人的天才与风格,终于变成一篇不朽的杰作。

"孔雀东南飞,五里一裴回。"——这自然是民歌的"起头"。当时大概有《孔雀东南飞》的古乐曲调子。曹丕的《临高台》末段云:

> 鹄欲南游,雌不能随。
> 我欲衔汝,口噤不能开。
> 欲负之,毛衣摧颓。
> 五里一顾,六里徘徊。

这岂但是首句与末句的文字上的偶合吗?这里譬喻的是男子不能庇护他心爱的妇人,欲言而口噤不能开,欲负她同逃而无力,只能哀鸣瞻顾而已。这大概就是当日民间的《孔雀东南飞》(或《黄鹄东南飞》?)曲调的本文的一部分。民间的歌者,因为感觉这首古歌辞的寓意恰合焦仲卿的故事的情节,故用他来做"起头"。久而久之,这段起头曲遂被缩短到十个字了。然而这十个字的"起头"却给我们留下了此诗创作时代的一点点暗示。

曹丕死于226年,他也是建安时代的一个大诗人,正当焦仲卿故事产生的时代。所以我们假定此诗之初作去此时大概不远。

若这故事产生于三世纪之初,而此诗作于五六世纪(如梁、陆诸先生所说),那么,当那个没有刻板印书的时代,当那个长期纷乱割据的时代,这个故事怎样流传到二三百年后的诗人手里呢?所以我们直截假定故事发生之后不久民间就有《孔雀东南飞》的故事诗起来,一直流传演变,直到《玉台新咏》的写定。

自然,我这个说法也有大疑难。但梁先生与陆先生举出的几点都不是疑难。例如他们说:这一类的作品都起于六朝,前此却无有。依我们的研究,汉魏之间有蔡琰的《悲愤》,有左延年与傅玄的《秦女休》,故事诗已到了文人阶级了,那能断定民间没有这一类的作品呢?(《秋胡行》当是关于秋胡的故事诗,《淮南王篇》当是说淮南王成仙的故事诗。可惜本辞都不传了。)至于陆先生说此诗"描写服饰及叙述谈话都非常详尽,为古代诗歌里所没有的",此说也不成问题。描写服饰莫如《日出东南隅》与辛延年的《羽林郎》;叙述谈话莫如《日出东南隅》与《孤儿行》。这是谁也不能否认的。

我的大疑难是，如果《孔雀东南飞》作于三世纪，何以魏、晋、宋、齐的文学批评家——从曹丕的《典论》以至于刘勰的《文心雕龙》及钟嵘的诗品——都不提起这一篇杰作呢？这岂非此诗晚出的铁证吗？

其实这也不难解释。《孔雀东南飞》在当日实在是一篇白话的长篇民歌，质朴之中，夹着不少土气。至今还显出不少的鄙俚字句，因为太质朴了，不容易得当时文人的欣赏。魏、晋以下，文人阶级的文学渐趋向形式的方面，字句要绮丽，声律要讲究，对偶要工整。汉魏民歌带来的一点新生命，渐渐又干枯了。文学又走上僵死的路上去了。到了齐、梁之际，隶事（用典）之风盛行，声律之论更密，文人的心力转到"平头，上尾，蜂腰，鹤膝"种种把戏上去，正统文学的生气枯尽了。作文学批评的人受了时代的影响，故很少能赏识民间的俗歌的。钟嵘作《诗品》（嵘死于520左右），评论百二十二人的诗，竟不提及乐府歌辞。他分诗人为三品：陆机、潘岳、谢灵运都在上品，而陶潜、鲍照都在中品，可以想见他的文学赏鉴力了。他们对于陶潜、鲍照还不能赏识，何况《孔雀东南飞》那样朴实俚俗的白话诗呢？两汉的乐府歌辞要等到建安时代方才得着曹氏父子的提倡。魏晋南北朝的乐府歌辞要等到陈、隋之际方才得着充分的赏识。故《孔雀东南飞》不见称于刘勰、钟嵘，不见收于《文选》，直到六世纪下半徐陵编《玉台新咏》始被采录，并不算是很可怪诧的事。

后　记

这是我新作的《白话文学史》第六章《故事诗的起来》的一部分。我因为要征求研究此问题的学者的意见，故先提出发表。

这一章印成之后，我又发现一点新证据，也附录在这里。

我在本文里引曹丕《临高台》"鹄欲南游，雌不能随。……五里一顾，十里徘徊"一段，并说"这大概就是当日民间的《孔雀东南飞》（或《黄鹄东南飞》？）曲词的本文的一部分。民间的歌者，因为感觉这首古歌词的寓意恰合焦仲卿的故事的情节，故用他来做'起头'。久而久之，这段起头曲遂被缩短到十个字了"。

我现在检得曹丕的这首诗歌果然是删改民间流传的歌辞,本辞也载在《玉台新咏》里,其辞云:

> 飞来双白鹄,乃从西北来。十十将五五,罗列行不齐。忽然卒疲病,不能飞相随。五里一反顾,六里一徘徊。吾欲衔汝去,口噤不能开。吾将负汝去,羽毛日摧颓。乐哉新相知,忧来生别离。峙嶪顾群侣,泪落纵横垂。今日乐相乐,延年万岁期。

此诗又收在《乐府诗集》里,其辞颇有异同,我们也抄在这里:

> 飞来双白鹄,乃从西北来。十十五五,罗列行行。妻卒被病,行不能相随。五里一反顾,六里一徘徊。吾欲衔汝去,口噤不能开。吾欲负汝去,毛羽何摧颓!乐哉新相知,忧来生别离,峙嶪顾群侣,泪下不自知。念与君离别,气结不能言。各各重自爱,远道归还难。妾当守空房,闭门下重关。若生当相见,亡者会黄泉。今日乐相乐,延年万岁期。

这是汉朝乐府的瑟调歌,曹丕采取此歌的大意,改为长短句,作为新乐府《临高台》的一部分。而本辞仍旧流传在民间,"双白鹄"已讹成"孔雀"了,但"东南飞"仍保存"从西北来"的原意。曹丕原诗前段有"中有黄鹄往且翻","白鹄"也已变成了"黄鹄"。民间歌辞靠口唱相传,字句的讹错是免不了的,但"母题"(Motif)依旧保留不变。故从汉乐府到郭茂倩,这歌辞虽有许多改动,而"母题"始终不变。这个"母题"恰合焦仲卿夫妇的故事,故编《孔雀东南飞》的民间诗人遂用这一只歌作引子。最初的引子必不止这十个字,大概至少像这个样子:

> 孔雀东南飞,五里一徘徊。
> 吾欲衔汝去,口噤不能开。
> 吾欲负汝去,毛羽何摧颓!

流传日久,这段开篇因为是当日人人知道的曲子,遂被缩短只剩开头两句了。又久而久之,这只古歌虽然还存在乐府里,而在民间却被那篇更伟大的长故事诗吞没了。故徐陵选《孔雀东南飞》全诗时,开篇的一段也只有这十个字。一千多年以来,这十个字遂成不可解的疑案。然而这十个字的保存究竟给我们留下了一点时代的暗示,使我们知道焦仲卿妻的故事诗的创作大概在《双白鹄》的古歌还流传在民间但已讹成《孔雀东南飞》的时候；其时代自然在建安之后,但去焦仲卿故事发生之后必不很远。

(原载 1927 年 10 月 15 日《现代评论》第 6 卷第 149 期)

白话诗人王梵志

宋人笔记里屡次提起王梵志的诗,读者往往不大注意,都以为他是宋朝一个打油诗人。谁也想不到他是唐朝的人,更想不到他是隋末唐初的人!《全唐诗》里也不曾收他的诗。

去年我在巴黎检读伯希和先生(M. Paul Pelliot)从甘肃敦煌莫高窟带回去的六朝唐五代人的写本,检得三个残卷,都是王梵志的诗。三卷都有年代,最早的是后汉乾祐二年己酉(西历949),最晚的是宋太祖开宝壬申(972)。我才知道王梵志是唐人。

后来又在巴黎读唐写本《历代法宝记》,其中有成都保唐寺和尚无住的语录长卷,引有王梵志的诗。无住死于大历九年(774),可见盛唐时期,王梵志的诗已通行很远了。我才知道王梵志是唐朝初期的人。

后来我回国之后,又检得《太平广记》卷八十二有"王梵志"一条,记有他的年代与生地,注云"出《史遗》"。后来又检得唐人冯翊《桂苑丛谈》也有此条,文字大同小异,大概同出于一个来源。今钞《太平广记》的原文,而附注冯氏所记异文于下:

> 王梵志,卫州黎阳人也。黎阳城东十五里有王德祖,当隋文帝时(冯本作"当隋之时"),家有林檎树,生瘿大如斗。经三年〔其瘿〕(冯本有此二字)朽烂,德祖见之,乃剖(冯作"撤")其皮,遂见一孩儿抱胎而〔出〕(冯本有此字)。德祖收养之。至七岁,能语,〔问〕曰"谁人育我?复何(冯作'及问')姓名?"德祖具以实语之。因名曰"林木梵天"(冯作"因林木而生曰梵天"),后改曰"梵志"(冯无"梵"字)。曰"王家育我(冯作'我家长育',似误)可姓王也"。梵志乃作诗示人,甚有义旨。冯无

"梵志乃"三字,示作"讽"。

冯翊《桂苑丛谈》多记咸通(860—873)乾符(874—879)间事,有一条写"僖宗末",又一条写"吴王收复浙右之岁";吴王即杨行密,死于905年。冯翊此书当作于900年左右,在《太平广记》编纂(978)之前约八十年。

此条虽近于神话,然有三点似可信:(一)王梵志生于卫州黎阳,当现在河南浚县。(二)他生于隋朝,约当六世纪之末,约600年。(三)此条可见唐朝有王梵志的神话,可证他的诗盛行民间,引起神话式的传说。

以《历代法宝记》证之,旧说所记梵志的年代似不为过早。他生于隋朝,死于唐高宗时(约660—670),故八世纪的一个四川和尚得引用他的诗句。

据敦煌写本上的记载,梵志的诗共有三卷。上卷有三个残本,

(一)开宝壬申(972)阎海真写本。

(二)□□己酉(当是乾祐二年己酉,949)高文□写本,只有十几行。

(三)乾祐二年己酉(949)樊文升写本,此本我未见原本,曾借钞董康先生钞日本羽田亨博士摄影本。

中卷无传本。下卷只有一个残本,为汉天福三年庚戌(当作乾祐三年,950,天福只有一年)金光明寺僧写本。

以上四残卷均在巴黎法国图书馆。我的朋友刘半农先生近拟印行《敦煌掇琐》一书,其中的王梵志诗即是上述的阎海真写上卷本。

上卷别名"夫子训世词",多是日用常识的格言诗,很像应璩的《百一诗》的格式。其诗多没有文学趣味,我们略选几首作例:

(一)

黄金未是宝,学问胜珍珠。丈夫无伎艺,虚沾一世人。

(二)

得他一束绢,还他一束罗,计时应大重,直为岁年多。

(三)

有势不烦意,欺他必自危。但看木里火,出则自烧伊。

下卷极多好诗,我们选钞几首作例:

(四)

吾有十亩田,种在南山坡。青松四五树,绿豆两三窠。热即池中浴,凉便岸上歌。遨游自取足,谁能奈我何?

(五)

我见那汉死,肚里热如火。不是惜那汉,恐畏还到我。

(六)

共受虚假身,共禀太虚气。死去虽更生,回来尽不记。以此好寻思,百事淡无味。不如慰俗心,时时一倒醉。

(七)

草屋足风尘,床无破毡卧。客来且唤入,地铺稿荐坐。家里元无炭,柳麻且吹火。白酒瓦钵藏,铛子两脚破。鹿脯三四条,石盐五六课。看客只宁馨,从你痛笑我。(课当是"颗"字,"宁馨"即是"那哼?"即是"那么样?")

以上是从巴黎藏的古写本选出的。在中国现存的材料里,我又辑到一些,计

费衮《梁谿漫志》卷十,有八首。

胡仔《苕溪渔隐丛话》前集卷五十六,有两首。《诗话总龟》同。共计十首,皆不见于敦煌写本,或是《王梵志诗》中卷原文;其中有一部分(如费衮所录)也许是出于北宋人假托的。

胡仔引黄山谷所称许的梵志诗两首,都是绝好的诗,也钞在这里:

(八)

梵志翻著袜,人皆道是错。乍可刺你眼,不可隐我脚。

此诗最受宋朝文人的赞叹。如陈善《扪虱新话》卷五说:

知梵志"翻著袜"法,则可以作文。

如慧洪《林间录》云:

子尝爱王梵志诗云:

梵志翻著袜,人皆谓我错。宁可刺我眼,不可隐我脚。

慧洪本与山谷所记有三个字不同。我以为应从山谷本。"乍可"乃是唐人俗话。如高适诗云：

> 我本渔樵孟诸野,一生自是悠悠者。乍可狂歌大泽中,宁堪作吏风尘下?

可以为证。

山谷所记第二首也是好诗：

(九)

> 城外土馒头,馅草在城里。一人吃一个,莫嫌没滋味。

山谷评此诗道：

> 已且为土馒头,尚谁食之?今改：

> 预先著酒浇,使教有滋味。

《诗话总龟》(《四部丛刊》本)引此条,也说是山谷改这两句;大概《总龟》是根据《苕溪渔隐丛话》的。但宋僧晓莹《云卧记谭》卷上引圆悟禅师的话却说这两句是苏东坡改的。圆悟即克勤,他嫌东坡改的不好,他竟改作一首如下：

> 城外土馒头,䭃(即"馅"的本字)草在城里。著群(?)哭相送,入在土皮里。次第作䭃草,相送无穷已。以兹警世人,莫开眼瞌睡!

这样改诗,真是克勤和尚"开眼瞌睡"呵!

费衮所录八首,三首为七言,五首为五言。我们选两首作例：

(十)

> 世无百年人,强作千年调。打铁作门限,鬼见拍手笑。

慧洪《林间录》引此诗,说是寒山子的诗,其文也有异同,如下：

> 人是黑头虫,刚作千年调。铸铁作门限,鬼见拍手笑。

今本《寒山诗集》无此诗。

(十一)

> 他人骄[骑]大马,我独跨驴子。回顾担柴汉,心下较些子。

这本是新作《白话文学史》第十一章里的材料。因有一些材料不便收入《文学史》里去;又因本章付印之后,我又寻的一点新材料,故写成此文,在这里发表。我在客中,藏书甚少,搜集不广。倘蒙国内外读者把关于王梵志的新材料钞寄给我,我十分欢迎。

胡适

(原载1927年12月3日《现代评论》
第6卷第156期)

《周南》新解

目次

一　《关雎》　　七　《兔罝》
二　《葛覃》　　八　《芣苢》
三　《卷耳》　　九　《汉广》
四　《樛木》　　十　《汝坟》
五　《螽斯》　　十一　《麟之趾》
六　《桃夭》

一　关雎

一　关关雎⁽¹⁾鸠,在河之洲⁽²⁾。
　　窈窕淑女,君子好逑⁽³⁾。

二　参差荇⁽⁴⁾菜,左右流⁽⁵⁾之。
　　窈窕淑女,寤寐求之。

三　求之不得,寤寐思服⁽⁶⁾;
　　悠哉! 悠哉! 辗转反侧。

四　参差荇菜,左右采之。
　　窈窕淑女,琴瑟友之。

五　参差荇菜,左右芼⁽⁷⁾之。
　　窈窕淑女,钟鼓乐之。

（1）雎鸠是一种水鸟。

（2）洲是水中可居的地方，《说文》引《诗》作"州"。

（3）逑，本作"仇"，都有俦伴的意思。参看《兔罝篇》"公侯好仇"。

（4）荇菜是一种水草。

（5）流字下有止词"之"，自然是一个外动词。古训为"求"。马瑞辰说："《尔雅·释诂》'流，择也。'流通作摎。《后汉书·张衡传》注，'摎，求也'。求义同取。《广雅·释言》'摎，捋也。'捋，谓取之也。"马说甚是。流即摎字，今南方人从水中取物，叫做摎；如说，用爪篱摎饮。北方人读为捞。

（6）服也是思念：《庄子》田子方曰，"吾服女也甚忘。"郭象注，"服者，思存之谓也。"（用胡承珙说）

（7）芼，《广雅·释诂》训为取。《说文》，"覒择也。读若苗"。《毛传》训芼为择，与覒同义。芼即今"摸"字。《玉篇》引《诗》，芼即作覒。（陈《疏》）

《关雎》说：

（旧说）

1. 司马迁："周道缺，诗人本之衽席，《关雎》作。"

2. 扬雄："周康之时，《关雎》……伤始乱。"

3.《汉书·杜钦传》："佩玉晏鸣，《关雎》叹之。"

李奇注："后夫人鸡鸣佩玉去君所，周康王后不然，诗人叹而伤之。"（《杨赐传》及《列女传》略同。旧说，此是《鲁诗》之说。）

4.《韩诗序》："刺时也。"《后汉书·明帝纪》及《冯衍传》注皆引薛汉《韩诗章句》说："今时大人内倾于色，贤人见其萌，故咏《关雎》，说淑女，正容仪，以刺时也。"

5.《齐诗传》："康王政衰之诗。"

6.《毛诗序》："后妃之德也，风之始也，所以风天下而正夫妇也，故用之乡人焉，用之邦国焉。"

7. 朱熹："周之文王生有圣德，又得圣女姒氏以为之配；宫中之人于其始至，见其有幽闲贞静之德，故作是诗。"

8. 姚际恒:"当时诗人美世子娶妃初昏之作。"
9. 崔述:"此篇乃君子自求良配,而他人代写其哀乐之情耳。"
10. 龚橙:"思得淑女配君子也。"
11. 方玉润:"乐淑女以配君子也。……风者,皆采自民间……此盖周邑之咏初昏者。"

(今说)

这一篇写一个男子思念一个女子,睡梦里想他,用音乐来挑动他。后人惯用此诗来贺初婚,故不知不觉的把这个初婚的意思读进诗里去。

二 葛覃

一 葛之覃$^{(1)}$兮,施于中谷,
　　维$^{(2)}$,叶萋萋。黄鸟于$^{(3)}$飞,
　　集于灌$^{(4)}$木,其鸣喈喈。
二 葛之覃兮,施于中谷,
　　维叶莫莫。是$^{(5)}$刈是濩,
　　为$^{(6)}$絺为绤,服之无斁$^{(7)}$。
三 言$^{(8)}$告师氏,言告言归!
　　薄$^{(9)}$污$^{(10)}$我私$^{(11)}$,薄浣我衣:——
　　害$^{(12)}$浣,害否!归宁$^{(13)}$父母$^{(14)}$!

(1) 覃有延长之意。

(2) "维"是一种感叹词,略同今人说"啊""哦"。老子说:"唯之与阿,相去几何?"此字往往用在诗中,凑足音节,无甚意义。读时当把此字作一个小顿。"维,叶萋萋",犹我们今日说,"叶子多密啊"。

(3) 这个"于"字,古人都不注意,其实很难懂。他和"施于""集于"的于字不同,同类的例是:

　　黄鸟于飞,(飞焉。在那儿飞)
　　之子于归,(归焉)

四国于蕃,(蕃焉)
四方于宣,(宣焉)
狖犹于襄,(乃襄)
狖犹于夷,(乃夷)
王于出征,
王于行师,
于彊于理,(《江汉》,参考《绵》"乃彊乃理")。

本来"焉"字有两个用法(作疑问副词用是第三种用法):一用在他所形容的字之后,一用在他所形容的字之前:

忠焉能勿诲乎?
信不足焉(乃)有不信。

上古文法中这两个用法都用"于"字,但都用在所形容的字之前。

(4)灌木是丛生的树木。
(5)濩是煮。两个"是"字都是倒置的止词。
(6)葛布细的叫做絺,粗的叫做绤。
(7)斁厌也。
(8)《诗》中"言"字有两种用法。一是位在两个动词之间,做一种连词,等于"而"字。如后文"驾言出游",即是"驾而出游"。一是在动词之前,等于"乃"字。此处三个"言"字,皆当作"乃"字解。

乃告师氏,乃告乃归。

两句连用三个"乃"字,写一种高兴的神情,与末二句一种神气。

(9) 薄,等于"甫"字。就是白话里的"刚才"。参看(八)篇注。(2)

(10)"污"即是垢污。此字与下文"浣"字相对,颇引起疑问,所以郑玄训为"烦捪之",朱熹沿郑说,谓"烦捪之以去其污,犹治乱而曰乱也"。我以为此字本无问题,下文云:"害浣,害否,"正是一浣一污,何必强为曲说?

(11) 私是女子穿的里衣。
(12) 害即是"曷"字,即是"何"字,都是一声之转。
(13) 宁是问安问好。"归宁父母"是回去看看父母安好不。后人说"归宁",单指嫁出的女子回母家,那是错的。

(14)此一章可以白话译之如下:

　　乃告师氏,
　　乃告乃归!
　　刚穿污了我的里衣,
　　刚洗了我的衫子:——
　　管他呢!洗不洗碍什么!
　　咱要回家看爷娘去了!

《葛覃》说:

(旧说)

1.《毛传序》:"后妃之本也。……"

2. 朱熹:"后妃既成絺绤而赋其事。"

3. 姚际恒:"诗人指后妃治葛之事而咏之,以见后妃富贵不忘贫贱也。"

4. 戴霞:"不忘女功也。"

5. 龚橙:"妇事也。"

6. 方玉润:"因归宁而敦妇本也。……后纵勤劳,岂必亲手是刈是濩?后即节俭,亦不至归宁尚服浣衣。……盖此亦采之民间,与《关雎》同为房中乐。前咏初婚,此赋归宁耳。"

(今说)

这一篇是葛布女工之歌。后世误用"归宁"二字,以为专指女嫁后回母家,遂生种种误解。

三　卷耳

一　采采卷[1]耳,不盈顷筐[2]。
　　嗟我怀人,置彼周行[3]。
　　　……

二　陟彼崔嵬[4],我马虺隤[5]。
　　我姑酌彼金罍,维以不永怀!

三　陟彼高冈,我马玄黄。
　　我姑酌彼兕[6]觥,维以不永伤!

四　陟彼砠[7]矣,我马瘏[8]矣!
　　我仆痡[9]矣!云何[10]吁[11]矣?

(1) 卷耳是一种菜。
(2) 顷即"倾"字。顷筐即口浅的筐。
(3) "周行"是大路。
(4) "崔嵬"是有石的土山。
(5) "虺隤"是疲乏的样子。
(6) 兕是野牛。兕觥是牛角的杯子。
(7) 砠,《说文》引《诗》作"岨"。砠是有土的石山。
(8) 瘏也是疲乏,今吴人说"衰瘏"。
(9) 痡是"疲"的古字。
(10) "云何"即是"如何"。
(11) 吁,《尔雅》注引《诗》作"盱"。训作忧。《尔雅·释文》盱本作"忏"。《说文》:"忏,忧也,""云何盱矣"即是"怎样的愁呵!"

《卷耳》说:
(旧说)
1.《左传》襄公十五年,"君子谓楚于是乎能官人。官人,国之急也。能官人,则民无觎心。《诗》云:'嗟我怀人,寘彼周行'。王及公侯伯子男采卫大夫各居其列,所谓周行也。"(《左传》本不大可靠。《左传》里的"君子曰……"更不可靠。大概多是汉朝腐儒加的谬论。)
2.《毛传序》:"后妃之志也。又当辅佐君子,求贤审官,知足下之勤劳,内有进贤之志而无险诐私谒之心;朝夕思念,至于忧勤也。"
3.朱熹:"后妃以君子不在而思念之,故赋此诗。"
4.杨慎:"妇人思夫而陟冈饮酒,携仆徂望,虽曰言之,亦伤于大义矣,原诗人之旨,以后妃思文王之行役而言也。陟冈者,文王陟之。……盖身在闺门而思在道路,若后世诗词所谓'计程应说到凉州'耳。"

5. 姚际恒:"且当依《左传》,谓文王求贤官人,以其道远未至,闵其在途辛苦而作。"

6. 戴震:"感念于君子行迈之忧劳而作也。"

7. 龚橙:"妇人思行役之夫,忘其妇事,不思独酌也。"

8. 方玉润:"此诗当是妇人念夫行役而悯其劳苦之作。"

(今说)

这一篇是妇人念夫,想像他旅行的情状。

四 樛木

一　南有樛(1)木,葛藟累之。
　　乐只(2)君子,福履(3)绥(4)之!

二　南有樛木,葛藟荒(5)之。
　　乐只君子,福履将(6)之!

三　南有樛木,葛藟萦之。
　　乐只君子,福履成之!

(1)樛字,马融本及《韩诗》本皆作"朻"。《说文》,"朻,高木也"。(参看马瑞辰说。)后人说"乔木",是声音之转。

(2)"只"即是后来"哉"字。《诗》中有时写作"旨"字。"乐只"可译为"乐呵!"

(3)"履"古训为禄。"福履"即是"福禄"。参看《鸳鸯》篇"福禄绥之"。

(4)"绥"字同"妥",古训为安。

(5)"荒"古训为奄,奄与掩同,有蒙密之义;《说文》,"荒,芜也。一曰草掩地也"(用胡承珙说)。

（6）"将"，《郑笺》训为扶助。朱熹从之。

《樛木》说：

（旧说）

1. 《毛传序》："后妃逮下也，言能逮下而无嫉妒之心焉。"
2. 朱熹："后妃能逮下而无嫉妒之心，故众妾乐其德而称颂之。"
3. 姚际恒用伪《诗传》说："南国诸侯慕文王之化而归心于周。"（姚氏不信伪《诗传》，断为丰坊假造的，但偶取其说。）
4. 戴震："下美上之诗也。"
5. 崔述："此……上惠恤其下而下爱敬其上之诗，……未有以见必为女子而非男子也。"
6. 龚橙："妇人乐得配君子也。"
7. 方玉润："祝所天也。"

（今说）

这是下人祝颂上人的诗，不像妇人的口气。

五　螽斯

一　螽(1)斯羽(2)诜诜(3)兮，宜尔子孙振振(4)兮！

二　螽斯羽薨薨(5)薨兮，宜尔子孙绳绳(6)兮！

三　螽斯羽揖揖(7)兮，宜尔子孙蛰蛰(8)兮！

（1）螽斯，古说即是蝗。
（2）旧读"螽斯羽"三字为一顿。陈奂说"螽斯羽"与"麟之趾"句法相同。若如陈说，是"斯"字等于介词"之"字。今从武亿说，把"羽"字连下读，"羽"字似是动词，作飞字解。
（3）诜诜，众多也。《说文》（古本）作"𪁗"，《皇皇者华》篇作"駪駪"，或作"莘莘"，或作"侁侁"。《桑柔》篇作"甡甡"。
（4）振振，众盛也。（从马瑞辰说。）
（5）薨薨，形容群飞之形状。《齐风·鸡鸣》"虫飞薨薨"。

（6）绳绳，古训作戒慎之意。（看陈奂《疏》）马瑞辰引《抑》篇"子孙绳绳"，解作"相继之盛"，亦可通。

（7）"揖揖"，等于"集集"。《广雅》，"集集，众也"。

（8）蛰蛰，古训为和集。

《螽斯》说：

（旧说）

1. 《韩诗外传》："言贤母使子贤也。"
2. 《毛传序》："后妃子孙众多也。言若螽斯不妒忌则子孙众多也。"
3. 朱熹："后妃不妒忌而子孙众多，故众妾以螽斯之群处和集而子孙众多美之。"
4. 姚际恒："《小序》言后妃子孙众多，近是。"
5. 戴震："亦下美上也。"
6. 崔述："上惠恤其下而下敬爱其上之诗。"
7. 龚橙："妇人宜子也。"
8. 方玉润："美多男也。"

（今说）

这一篇似是祝颂人多子孙之诗。

六　桃夭

一　桃之夭夭，灼灼其华。
　　之[(1)]子于[(2)]归，宜其室家！

二　桃之夭夭，有蕡[(3)]其实。
　　之子于归，宜其家室！

三　桃之夭夭，其叶蓁蓁。
　　之子于归，宜其家人！

（1）"之"就是这个。"之子"就是这个（女）孩子。

（2）"于归"的"于"字，等于"焉"字，说见（二）篇注（3）。"于归"就是"归焉"。

（3）"蕡"形容桃实之大。"有蕡其实"，是说"桃子有大的了。"《说文》，"颁，大头也"。蕡古音同颁。

《桃夭》说：

（旧说）

1. 《毛传序》："桃夭，后妃之所致也。不妒忌则男女以正，婚姻以时，国无鳏民也。"

2. 朱熹："文王之化，自家而国，男女以正，婚姻以时，故诗人因所见以起兴，而叹其女子之贤，知其必有以宜其室家也。"

3. 姚际恒："每篇必属后妃，竟成习套。……大姒之世安能使女子尽贤，凡于归者皆宜室宜家乎？……《集传》单指文王，终觉偏。……愚意此指王之公族之女而言，诗人于其始嫁而叹美之。"

4. 戴震："歌于嫁子之诗也。"

5. 龚橙："男女及时也。"

6. 方玉润："此亦咏新昏诗，……如后世催妆生筵等词。"

（今说）

戴震、方玉润之说最有理。

七　兔罝

　　一　肃肃⁽¹⁾兔罝,⁽²⁾椓之⁽³⁾丁丁。
　　　　赳赳武夫,公侯干城⁽⁴⁾。

　　二　肃肃兔罝,施于中逵⁽⁵⁾。
　　　　赳赳武夫,公侯好仇⁽⁶⁾。

　　三　肃肃兔罝,施于中林。
　　　　赳赳武夫,公侯腹心。

（1）"肃肃"，这个副词在诗里有好几种的意义。此处古训为"敬"，实无道理。朱熹训为"整饬貌"，也不很满人意。《鸿雁》篇

"肃肃其羽",《鸨羽》篇"肃肃鸨羽",《毛传》俱训为"羽声"。此处大概也是一种摹仿声音的副词。鸟羽在空中飞时,有肃肃的声音。兔罝在空中吹动,有肃肃之声。

（2）罝是网。

（3）椓是敲击。

（4）干即"扞"字,"干城"是保障护卫的意思。

（5）逵是交叉的路。

（6）仇是俦伴,参见《关雎》篇。又《无衣》篇"与子同仇"。

《兔罝》说：

（旧说）

1. 刘向《列女传》："安贫贱而不怠于道。"

2. 《毛传序》："后妃之化也：《关雎》之化行,则莫不好德,贤人众多也。"

3. 朱熹："化行俗美,贤才众多,虽罝兔之野人而其才之可用犹如此。故诗人因其所事以起兴而美之。而文王德化之盛,因可见矣。"

4. 金履祥："案《墨子》书：'文王举闳夭泰颠于罝网之中,授之政,西土服。'此与《兔罝》之诗辞意吻合,计此诗必为此事而作也。"丰坊伪《诗传》。"文王得良臣于野,周人美之,赋《兔罝》",又伪《诗说》历举太颠、闳夭、散宜生皆根据金氏之说。戴震、姚际恒亦从此说。

5. 崔述："余玩其词,似有惋惜之意,殊不类盛世之音。……世胄常蹑高位而寒畯苦无进身之阶。……故诗人惜之。……"

6. 龚橙："妇人美丈夫也。"

7. 方玉润："窃意此必羽林卫士,扈跸游猎,英姿伟抱,奇杰魁梧；遥而望之,无非公侯妙选。识者于此,有以知西伯异世之必昌。……诗人咏之,亦以为王气钟灵转盛乎此耳。"

（今说）

这一篇写封建时代那些作侯家鹰犬的武士的生活。看"好仇""腹心"等字样可见。

八 芣苢

一　采采芣苢,⁽¹⁾薄⁽²⁾言采之。
　　采采芣苢,薄言有之。⁽³⁾

二　采采芣苢,薄言掇之。⁽⁴⁾
　　采采芣苢,薄言捋之。⁽⁵⁾

三　采采芣苢,薄言袺之。⁽⁶⁾
　　采采芣苢,薄言襭⁽⁷⁾之。

（1）芣苢,古训为车前,又训为泽泻,不知究竟是什么。《释文》,苢本作苡。

（2）薄训为甫,言训为乃。"薄言"即"甫乃"即是现在说的"刚刚""正在"。此节译为白话,当为"采采芣苢,正在采呢。采采芣苢,正在有呢"。

（3）有,古训为藏取。

（4）掇是拾取,已落的,只须拾起。

（5）捋,戴震说:"一手持其穗,一手捋取之。"《说文》,"𢯲,五指𢯲也"。徽州至今有此字;如采桑叶,一手执枝。一手五指从杪往下拉,叶便落下,谓之捋。戴震是徽州人,故知此为古义。

（6）袺,古训为执衽。是衣裳的边。朱熹说:"袺。以衣贮之而执其衽。"朱是徽州人,今徽州犹有此语。如说,"我抛给你,你用衫裾袺着。"袺字今读如决。

（7）襭,《释文》一本作撷。古训"扱衽曰襭"。朱熹说,"以衣贮之,而扱其衽于带间也"。

《芣苢》说:

（旧说）

1. 刘向《列女传》:"蔡人之妻者,宋人之女也。既嫁而夫有恶疾,其母将改嫁之。女……终不听。其母乃作《芣苢》之诗。"

2. 薛汉《韩诗章句》:"苤苢,泽泻也。诗人伤其君子有恶疾,人道不通,求已不得,发愤而作。……"(《文选》刘孝标《辨命论》注引。又吕延济注引《韩诗》"苤苢,伤夫有恶疾也"。)

3. 《毛传序》:"苤苢,后妃之美也。和平,则妇人乐有子矣。"

4. 朱熹:"化行俗美,家室和平,妇人无事。相与乐此苤苢,而赋其事以相乐也。"

5. 丰坊伪《诗传》:"文王之时,万民和乐;童儿歌谣,赋《苤苢》。"又为伪《诗说·苤苢》,"儿童斗草嬉戏歌谣之词"。

6. 龚橙:"宋女嫁于蔡,伤夫有恶疾也。"

7. 方玉润:"此诗即当时竹枝词也。""读者试平心静气涵咏此诗。恍听田家妇女三三五五,于平原绣野和风丽日之中,群歌互答,余音袅袅……唐人《竹枝》《柳枝》《櫂歌》等词,类多以方言入韵语,自觉其愈俗愈雅,愈无故实而愈可以咏歌。……知乎此,则可以与论是诗之旨矣。"

(今说)

方玉润修正朱熹之说有理。

九 汉广

一 南有乔木,不可休思。[1]
　　汉[2]有游女,不可求思。
　　汉之广矣,不可泳思。
　　江[3]之永矣,不可方[4]思。

二 翘翘错[5]薪。言[6]刈其楚。[7]
　　之子于归,言秣[8]其马。
　　汉之广矣,不可泳思。
　　江之永矣,不可方思。

三 翘翘错薪,言刈其蒌。[9]
　　之子于归。言秣其驹。

汉之广矣，不可泳思。
江之永矣，不可方思。

（1）"思"是一种煞尾的助词，与"兮""猗"同。
（2）汉是今之汉水。
（3）江是今之长江。注意这些地理名训。
（4）"方"古训"泭"。《说文》，"泭，编木以渡也。"《释文》引郭璞说："木曰箄，竹曰筏，小筏曰泭。"
（5）"错"，古训为"杂"。陈奂说："错之为言簇簇也。"
（6）"言"训为"乃"。
（7）"楚"，木名。
（8）"秣"是喂养。
（9）"蒌"是蒌蒿，即芦柴。蒌即芦字。

《汉广》说：
（旧说）
1. 《韩诗》："《汉广》，悦人也。"
2. 薛汉《韩诗章句》："游女，谓汉神也。言汉神时见，不可求而得之。"（《文选》嵇康《琴赋》注引。）
3. 《毛传序》："《汉广》，德广所及也。文王之道被于南国，美化行乎江汉之域，无思犯礼，求而不可得也。"（此序文理不通。）
4. 朱熹："文王之化自近而远，先及于江汉之间，而有以变其淫乱之俗。故其出游之女，人望见之，而知其端庄静一，非复前日之可求矣，因以乔木起兴，江汉为比，而反复咏叹之也。"
5. 姚际恒："大抵谓男女皆守以正，为得。"
6. 崔述："此诗乃周衰时作；虽不能闲于礼，而尚未敢大溃其防，有先王之遗泽焉。"
7. 方玉润："此诗即为刘楚刘蒌而作，所谓樵唱也。近世楚粤滇黔间樵子入山，多唱山讴，响应林谷。盖劳者善歌，所以忘劳耳。其词大抵男女相赠答，私心爱慕之情，有近乎淫者，亦有以礼自持者。文在雅俗之间，而音节则自然天籁也。"

(今说)

这一篇不容易猜测。旧说诸家,方玉润最大胆,也最有理。读者可自己斟酌。

十　汝坟

一　遵彼汝⁽¹⁾坟,伐其条⁽²⁾枚。
　　未见君子,惄⁽³⁾如调⁽⁴⁾饥。

二　遵彼汝坟,伐其条肄。⁽⁵⁾
　　既见君子,不我⁽⁶⁾遐弃。

三　鲂鱼赪⁽⁷⁾尾,王室如毁。
　　虽则如毁,父母孔⁽⁸⁾迩。⁽⁹⁾

(1) 汝水即今汝河,自河南流入安徽北部,入淮河。坟,是大的防,《说文》作"坋",今名为"坝"。坟,坋,防,坝,古同声母,皆同源之字。

(2) 条是小树枝,枚是树身。参看《终南》篇。

(3) 惄:《韩诗》作"愵"。《说文》"愵忧貌"惄是一个形容词。

(4) 调是"朝"的假借字。古音调朝同音,故可假借。"调饥"即是早晨的饥饿。

(5) 肄是斩而复生的树枝。

(6) 注意这个止词"我"在"不"字之下,表词之上。凡代名词作止词时,在否定句中,止词须倒装在表词之前,否定副词或否定代词之后。

(7) 赪是变红了。

(8) "孔"即是现在的副词,"甚""很"。

(9) "迩"即是"近","孔迩"即是"很近"。

《汝坟》说:

(旧说)

1. 《韩诗序》:"《汝坟》,辞家也。"薛汉《韩诗章句》:"鱼劳则尾赤,君子劳苦则颜色变。王室政教为烈火矣,犹冒鲔而仕者,以父母甚迫近饥寒之忧,为此禄仕。"(皆《后汉[书]·周磐传》注引)

2. 刘向《烈女传》:"周南大夫……受命平治水土,过时不来。妻恐其懈于王事,盖与其邻人陈素所与大夫言,国家多难,惟勉强之,无有谴怒,遗父母忧……乃作诗曰:鲂鱼赪尾……"

3. 《毛诗序》:"《汝坟》,道化行也,文王之化行乎汝坟之国,妇人能闵其君子,犹勉之以正也。"

4. 朱熹:"汝坟之国亦先被文王之化者,故妇人喜其君子行役而归,因记其未归之时思望之情如此而追赋之也。……'王室'指纣所都也。'父母'指文王也。"

5. 丰坊《伪诗传》:"受辛无道,商人慕文王而归之,贱《汝坟》。"又《伪诗说》:《汝坟》,商人苦纣之虐,归心文王,而作是诗。"

6. 崔述:"此乃东迁后诗。王室如毁,即指骊山乱亡之事。父母孔迩,即承上章君子而言。汝水之源在周东都畿内。盖畿内之大夫有惠于民者,……避乱而归其邑,……民得见之,故伤王室之如毁而转幸父母之孔迩也。"

7. 龚橙:"妇人思行役也。"

8. 方玉润:"南国归心也。"

(今说)

这是乱世女子流离之后,嫁了丈夫,回想那逼近王室之父母,故作此歌。

十一 麟之趾

一 麟⁽¹⁾之趾⁽²⁾,振振⁽³⁾公子。
——于⁽⁴⁾嗟麟兮!

二 麟之定,⁽⁵⁾振振公姓。
——于嗟麟兮!

三　麟之角,振振公族。
　　——于嗟麟兮!

（1）麟大概是古代神话里的一种神兽。汉代的迂儒,迷信天人感应之说,造出种种说法。有人说,"麟,麇身,牛尾,一角。"(《尔雅》)有人说:"麟,麇身,牛尾,马蹄,有五彩,腹下黄,高丈二。"(京房《易传》)有人说:"麟信而应礼。"(《毛传》)有人说:"视明礼修,则麒麟至。"(服虔《左传注》)有人说:"麟角之末有肉,示有武而不用。"(郑玄《笺》)有人说:"麟音中钟吕,行中规距;游必择地,详而后处;不履生虫,不践生草;不群居,不侣行;不入陷阱,不罹罗网;王者至仁,则出。"(晋陆机《草木疏》)大概这种神话,越传越添多枝叶,与此诗无关。此诗不过运用麟足比公子,额比公姓,角比公族,没有什么深意。汉以前的古书,也不说麟的神话,我们不要用汉代的儒家迷信来解释汉以前的民间神话。

（2）"趾"是脚。

（3）"振振,众盛也。"

（4）这个"于"字等于"吁"字。

（5）"定"即是现今的"顶"字。古训为"题",又或作"颠",都是同声的同源字。

《麟之趾》说:

(旧说)

1. 《毛传序》:"麟之趾,《关雎》之应也。《关雎》之化行,则天下无犯非礼;虽衰世之公子,皆信厚如'麟趾'之时也。"(此序末句文理不通,什么叫做"麟趾之时"!)

2. 朱熹:"文王后妃德修于身而子孙宗族皆化于善,故诗人以麟之趾兴公之子,言麟性仁厚,故其趾亦仁厚;文王后妃仁厚,故其子亦仁厚。然言之不足,故又嗟叹之,言'是乃麟也,仍必麇身牛尾而马蹄,然后为王者之瑞哉?'"

3. 姚际恒:"此诗只以麟比王之子孙族人。盖麟为神兽,世不常出,王之子孙,亦各非常人,所以兴比而叹美之耳。"

4. 龚橙:"美公族也。"

5. 方玉润:"杜诗云,'高帝子孙尽隆准,龙种自与常人殊',可为此诗下一注脚。"

(今说)

姚际恒说似最近理。但此诗的末句并不像叹美的口气,故朱熹不能不费大气力来解说他。依我看来,这诗很像讥刺贵族的诗,颇像是说:这班公族的后辈已很不像样了,已算不得麟了,只剩得麟的一条腿,一只角了。译为白话,可说:

这些公子爷们呵,

总算麟的一条腿呵,

可怜的麟呵!

(原载1931年6月10日《青年界》第1卷第4号)

魔合罗

《元曲选》辛集下有《魔合罗》一剧，用泥塑的魔合罗像为全案线索。十几年前，以为"魔合罗"即是"吗噶唎"，即"吗哈噶拉"，即"魔诃迦罗"（Mahakulu），即"大黑天"。那时候我遇见日本学者上田恭辅先生，他是专研究"大黑天"的，我曾请他注意"魔合罗"的来历。

今夜读吴昌龄《西游记》第十九出有云：

（行者云）小鬼，对恁公主说：大唐三藏国师摩合罗俊徒弟孙悟空来求见。

如此说来，魔合罗的塑像必是很"俊"的，必非那狞恶的"大黑天"之像。因重读《魔合罗》剧，始知元朝民间小儿女于七月七日供"魔合罗"，为乞巧之用，其神为美女像，故《游记》有"魔合罗俊徒弟"之语。试看《魔合罗》剧原文：

（张千云）明日是七月七。

（旦云）孔目哥哥，我想起来也。当年正是七月七，有一个卖魔合罗的，寄信来，又与了我一个魔合罗儿。

又上文云：

（高山云）每年家赶这七月七入城来卖一担魔合罗。

可见魔合罗是七月七日供的。原文张鼎唱：

你曾把愚痴的小孩提教诲，教诲的心聪慧。若把这冤屈事说与勘官知，不强似你教幼女演裁缝，劝佳人学绣刺？……你若出脱了这妇含冤，我教人将你享祭，煞强如小儿博戏。

我与你曲湾湾画翠眉，宽绰绰穿绛衣，明晃晃凤冠霞帔，妆严的你这样何为？你若是到七月七，那其间，乞巧的将你做一家儿燕喜。你可便显神通,百事依随。比及你露十指玉笋穿针线,你怎不起一点朱唇说是非,教万代人知?

　　枉塑你似观音像仪,怎无那半点儿慈悲面皮!

可见这种泥像是女像,"似观音像仪",给女孩儿们用来乞巧的。

　　这当然是那旧七夕故事的"天孙"、"织女"的转变。但为什么她被叫做"魔合罗"呢?

　　我想这女像的魔合罗是印度的"大黑天"演变出来的,与观音的演变成女像是同一个道理。

　　摩诃迦罗(大黑天,大黑神)有显、密二教的不同说法。密教的大黑天为"军神",为"战斗神",一面八臂,以毒蛇穿人髑髅为璎珞,作大忿形状,脚下踏着一个女人(看慧琳《一切经音义》十)。北京喇嘛庙里都供有这个大黑天。

　　显教的大黑神,来源早于密教的大黑天。义净《南海寄归内法传》卷一说:"西方诸大寺处,咸于食厨柱侧,或在大库门前,雕木表形,或二尺三尺为神王状,坐把金囊,却踞小床,一脚垂地。每将油拭,黑色为形,号曰莫诃歌罗,即大黑神也。古代相承,云是大天之部属,性爱三宝,护持五众,使无损耗。来者称情,但至食时,厨家每荐香火,所有饮食随列于前。"

　　这是两个性质很不同的神,最初也许同出于一个来源,随着时代的宗教潮流,或地方迷信的变化升沉,就成了两个绝不同的神了。印度的神道往往有很奇特的升沉变化,如阎摩罗(Jamarala)本是一个极乐天上的主宰,后来逐渐变成了地狱里的阎罗王!密教来源虽然也很古,但密教种种下流崇拜的盛行乃是佛教衰落时期的现象。大概最初在中国流行的是那个护持五众的福神大黑天。义净的《南海归内法传》说的很明白:

　　　　淮北虽复先无,江南多有置处。求者效验,神道非虚。

义净此书寄归在武后天授三年(692),可见中国佛教徒供奉大黑神是很早的。到蒙古征服中国时,至少已有五六百年了。在这个长时期里,这个司福禄的黑神,逐渐变成了女像,后来竟替代那施与小儿女技巧的天孙了。

在义净的《内法传》里,我们还可以寻得这个大黑神何以变成女相的一个可能的原因。义净在叙述大黑神之前,先说印度人斋僧时,行食奉僧众之末:

> 安食一盘,以供呵利底母(Haritr)。其母先身因事发愿,食王舍城所有儿子,因其邪愿舍身,遂生药叉(即夜叉 yaksu)之内,生五百儿,日日每餐王舍城男女。诸人白佛,佛遂藏其稚子,名曰爱儿。触处觅之,佛边方得。世尊告曰:"汝怜爱儿乎?汝子五百,一尚见怜。况复余人,一二而已。"佛因化之,令受五戒,为邬波斯迦(优婆塞 Upasrka),因请佛曰:"我儿五百,今何食焉?"佛言:"苾刍等住处寺家,日日每设祭食,令汝等充餐。"
>
> 故西方诸寺,每于门屋处,或在食厨边,塑画母形,抱一儿子,于其膝下,或五或三,以表其像。每日于前盛陈供养。其母乃是四天王之众,大丰势力。其有疾病无儿息者,飨食荐之,咸皆遂愿。广缘如律,此陈大意耳。神州先有,名鬼子母焉。

我疑心这个食厨边的鬼子母和那个食厨柱侧的大黑神渐渐并作了一个神。在一个时期,那两个神各有原来名字;后来混合的神像变成了女相,而名字仍叫"摩合罗"。因为中国民众不懂梵文原意,不知"魔合罗"、"大黑",就继续叫那个美人像做魔合罗。在元朝,这个女神是施巧之神;但我们可以猜想那个送子观音也是从鬼子母演变出来的。

关于那个密教的"大黑天",我们知道在元朝极盛时代,摩诃葛刺(大黑天)的崇拜,由国师胆巴(即丹巴)的提倡,渐渐在中国各地建立祠庙。《元史·释老传》(卷二〇二)有《丹巴传》,中说:

> 元贞间(1295—1296)海都犯西番界,成宗命丹巴祷于玛哈噶拉神,已而捷书果至。

元僧念常的《佛祖历代通载》卷三十五有胆巴的详传,说他"祖父七世事神(大黑神)甚谨,随祷而应";元兵南下,自襄阳以至常州,多得"黑神"之助。"民罔知故,实乃摩诃葛刺神也"。至元乙亥

(1275),有旨建神庙于涿之阳。

> 有枢使月的迷失,……其妻得奇疾,……师临其家,……以所持数珠加患者身,惊泣乃苏,旦曰:"梦中见黑恶形人,释我而去。"

海都军犯西番界事,也见于此传:

> 元贞乙未(1295),……遣使诏师问曰:"海都军马犯西番界,师于佛事中能退降否?"奏曰:"但祷摩诃葛剌,自然有验。"复问曰:"于何处建坛?"对曰:"高梁河西北瓮山有寺,僻静,可习禅观。"敕省府供给严护。……于是建曼拿罗,依法作观。未几捷报至,上大悦。……

> 癸卯(1303)五年卒。……世寿七十有四,僧腊六十二。秘密之教,彼土以大持金刚为始祖,累传至师益显,故有金刚上师之号焉。

这可见喇嘛教带来的大黑天,在十三世纪的晚期,还是初次进入中国,民间还不知道。又看月的迷失之妻的故事,可知喇嘛教的大黑神是一个"黑恶形人",和那作美女像的魔合罗不是一件事。魔合罗是从那早就流行中国的食厨大黑神演变出来的。

《魔合罗》杂剧中张鼎说:

> 张千,将这老子打上八十,为他不应塑魔合罗。

好像在那时候,塑卖魔合罗已是要被罚的了。这也许是因为那个施巧的女魔合罗的名字和那战斗神摩诃葛剌相同而引起了喇嘛教的注意。久而久之,那个女魔合罗好像就变成了送子观音,而北方的小儿女就只知道八月中秋的兔儿爷,而不知道七月七的美丽的魔合罗了。

后 记

《京本通俗小说》的《碾玉观音》一篇,说咸安郡王寻出一块美玉来,问门下碾玉待诏道:"这块玉好做什么?"内中一个道:"这块玉上尖下圆,好做一个摩侯罗儿。"郡王道:"摩侯罗儿只是七月七日乞巧使得,寻常间又无用处。"此段可与《魔合罗》杂剧互证。

《碾玉观音》一篇说的是"绍兴年间行在"的事,称临安为"行在",可见此篇作于南宋时代。

1935,5,30 夜

(原载 1935 年 6 月 6 日天津《益世报·读书周刊》第 1 期)

蒲松龄的生年考(一)

记者先生:近来报纸上时常发现有抄袭别人的文字送到报馆骗钱的,但昨今两日(七月二十九、三十《北晨·艺圃》内发表署名"履道"的一篇《蒲松龄死年辨》,则尤为荒谬诈欺的怪例,我不能不责备编辑先生太疏忽了,竟使这种冒充考证的诈欺文字,得占贵报两天的篇幅,这篇文字是指名驳我的,所以我要求先生把我这封信登载"艺圃"栏内。

"履道"的文字,谬误百出,错谬尚可恕,捏造证据而诈欺取财,是不可恕的。

先指出一个最荒谬的诈欺行为。此文冒充要驳正我的《辨伪举例》的蒲松龄死时七十六岁之说,他要证明"八十六岁"之说。但此文中说:蒲松龄既生于崇祯十三年,卒于康熙五十四年,正为八十六年。先生,这位投稿的"履道"未免太瞧不起贵报编辑先生和读者们的考证本领了!崇祯十三年(西历1640)到康熙五十四年(1715),可不是恰恰七十六岁吗?那里来的八十六呢?编辑室里也许没有中西合历的年表可查,但崇祯只有十七年,减去十三年,还有四年(中国习惯算五岁),加上顺治十八年(元年即崇祯十七年),再加上康熙五十四年,5 + 17 + 54 = 76。

是不是七十六岁呢?这是中学生应有的近代历史常识。"履道"先生简直是欺编辑先生和读者连这点常识也没有,所以他大胆来骗贵报的稿费了!

此外的诈欺行为,最大的是:(1)他捏造出"淄川汤望撰"的《蒲松龄先生墓表》的名目。何以知其捏造呢?因为他引了此文末段七十七个字,而这七十七字全是张元的《柳泉蒲先生墓表》之文。"汤望"之名是捏造的。

（2）他捏造出一部"乾隆二十八年仲夏二树堂板"的《聊斋文集》的名目。我敢断言天地间没有这部书。《聊斋志异》小说是乾隆三十一年始有刻本的。他的文集到近年始有排印本。

（3）他捏造出一部《严西仲淄川蒲松龄先生年谱》的名目。因为他"引"此谱的文句都是捏造的。

（4）他捏造出一部《恩荣轩蒲松龄别集》的名目。因为他"引"所谓《别集》的诗题都是石印本"聊斋诗集"里的诗，都在我已证明全属伪造的二百六十二首歪诗之内。

（5）他又捏造出一部《清代詹纯甫所著之聊斋外集》的名目，因为天下没有人能"著"一部《聊斋外集》！

最后，我可以报告，张元的《柳泉蒲先生墓表》，至今还在淄川，全碑完整，我已得着两份拓本，碑文中正作"以康熙五十四年正月二十二日卒，享年七十六"。八十六岁是错的，现在已无可疑了。

胡适　二十四，七，三十

再启者：我的《辨伪举例》是我生平最得意的一篇考证学的小品文字，最初登在《新月》第四卷一号，现在已不易得；后来改题为《蒲松龄的生年考》，收在亚东图书馆本《醒世姻缘》的附录里。今送呈一册，此文最可作初学考证者的教科书读。贵报登此诈欺文字，毁坏我的考证名誉，可否请重登此文，以赎失察之罪？

（原载1935年8月5日《北平晨报·艺圃》。本文的
（二）、（三）、（四），即胡适的《辨伪举例》一文，
已收入《胡适论学近著》，故此处未录）

读曲小记(一)

一 关汉卿不是金遗民

《录鬼簿》说:"关汉卿,大都人,太医院尹,号已斋叟。"这里本没有说他是金朝的遗民。蒋仲舒《尧山堂外纪》始说:"金末为太医院尹,金亡不仕。"任中敏先生的《元曲三百首》沿用蒋说。

王国维先生在《宋元戏曲考》第九章曾讨论关汉卿的年代。他引杨铁崖《元宫词》云:

> 开国遗音乐府传,白翎飞上十三弦。大金优谏关卿在,《伊尹扶汤》进剧编。

王先生推想《伊尹扶汤》是汉卿所编杂剧之一。因此,王先生相信关汉卿"固逮事金源矣"。王先生又引《尧山堂外纪》之说,颇疑其言"不知所据";但他又引《辍耕录》(二十三),知"汉卿至中统初尚存。案自金亡(1234)至元中统元年(1260),凡二十六年。果使金亡不仕,则似无于元代进杂剧之理。宁视汉卿生于金代,仕元为太医院尹,为稍当也。"

王先生颇信宁献王《太和正音谱》说关汉卿"初为杂剧之始"的话,故他的结论是:"杂剧苟为汉卿所创,则其创作之时,必在金天兴与元中统间(1232—1263)二三十年之中。此可略得而推测者也。"

郑振铎先生(《中国文学史》四十六章)也曾考汉卿的年代,对于旧说稍有修正。他说:

> 汉卿有套曲《一枝花》一首,题作"杭州景者",曾有"大元朝新附国,亡宋家旧华夷"之语,藉此可知其到过杭州,且可知其系作于宋亡(1278)之后。

《录鬼簿》称汉卿为已死名公才人,且列之篇首,则其卒年至迟当在1300年之前。其生年至迟当在金亡之前的二十年（即1214年）。

郑先生的考订，远胜于旧日诸家之说。但他还不能抛弃杨铁崖、蒋仲舒诸人的妄说，所以他还要把汉卿的生年放在金亡之前二十年。

其实杨铁崖（1296—1370）的年代已晚，他的"大金优谏"一句诗，是不可靠的。蒋仲舒更不可信了。关于关汉卿的史料，比较可信的，止有《辍耕录》卷二十三记"嗓"字一条，使我们知道他死在王和卿之后。王和卿在中统初（约1260）作咏大蝴蝶小令，见于《辍耕录》此条，称"大名王和卿"。此条记他"坐逝"，但无年代。王恽的《中堂事记》，记中统元年（1260）初设中书省时的官属，其中"架阁库官"二人之一为"王和卿，太原人"。年代相近，似可信即是此人。《辍耕录》记他的大名籍贯未必无误。《辍耕录》说：

或戏关云："你被王和卿轻侮半世，死后方还得一筹。"

似乎王和卿的死，远在咏蝴蝶小令使"其名益著"之后。

郑振铎先生根据汉卿"杭州景"套曲，考定他到杭州，在1278年宋亡之后，是很对的。但他说汉卿的"卒年至迟当在1300之前"，还嫌太早。

关汉卿有《大德歌》十首，此调以元成宗的"大德"年号为名，必在"大德"晚年。大德凡十一年（1297—1307），而汉卿曲子中云：

吹一个，弹一个，唱新行大德歌。

这可见他的死年至早当在1307左右。此时上距金亡已七十四年了。

故我们必须承认关汉卿是死在十四世纪初期的人，上距金亡已七八十年，他决不是金源遗老，也决不是"大金优谏"。

他的年代既定，我们可以知道不会是"初为杂剧之始"。杂剧的起始问题，我们还得重新研究。

二 严忠济

任中敏先生在他校订的《阳春白雪》里，和他的《元曲三百首》里，都误注严忠济之名为严实。严忠济是严实的儿子，《元史》卷一四八有他们父子的传。

严实字武叔,泰康长清人,少年时为侠少之魁,金朝东平行台命为百户,有功权长清令。1218年,他降宋,宋授为济南治中,分兵四出,尽克太行以东。1220年,他率领彰德、大名、磁、洺、恩、博、滑、浚等州三十万户,投降蒙古太师木华黎,木华黎拜实为金紫光禄大夫,行尚书省事。此后他连攻曹、濮、单三州,又占取东平。蒙古之有河北、山东,实之功最大。

金之后,蒙古封他为东平路行军万户。

他虽是猛将,但不嗜杀,所至保全人民甚多,《元史》称为"宽厚长者"。

1240年死,年五十九。"远近悲悼,野哭巷祭,旬月不已。"《遗山集》卷二六有碑文二篇。

严忠济字紫芝,实之第二子。1240年袭为东平路行军万户。政治"为诸道第一"。中统二年(1261),有人说他威名太盛,召还京师,以弟忠范代他。

至元二十三年,特授中书左丞,行江浙省事,他以老辞不就。三十年(1293)死。

王恽的《中堂事记》记严忠济的被召还,是因为忽必烈听了严忠范的谗言。此事可补《元史》本传之阙。

三 白无咎

王国维先生注《录鬼簿》"白无咎学士"条云:"案学士名贲,白珽子。"

此注大误。静庵先生所据不知是何书。但白珽是钱塘人,据梁廷灿的《名人生卒年表》(页九二)生于1248,死于1328。白贲是北方人,他死时,白珽还没有生哩!

白无咎名贲,是白仁甫的伯父("白贲无咎"见于《周易·贲卦》爻词)。元好问的《善人白公墓表》(《遗山集》二四)云:

公讳某,字全道,姓白氏,其家于河曲者不知其几昭穆矣。……

> 崇庆壬申(1212)避地太谷,不幸遘疾,春秋六十有九,终于寓舍。……
>
> 子男五人:长曰彦升,……次曰贲,广览强记。尤精于《左氏》,至于禅学道书岐黄之说,无不精诣。弱冠中泰和三年(1203)词赋进士第,历怀宁主簿,岐山令。远业未究而成殂谢,士论惜之。次曰华,贞祐三年(1215)进士,历省掾,入翰林,仕至枢密院判官,右司郎中。

这里的白贲,就是白无咎。白华就是白文举,《遗山集》中称为"白枢判兄",就是白仁甫的父亲(《金史》卷一一四有详传)。白无咎二十岁中泰和三年进士,可推知他生在1183或1184,比元好问还大七岁。他死的很早,约在三十岁左右(约1213)。他终于县令,不应称"学士"。

他是金朝人,死在金亡之前约二十年。

《中州集》卷九另有一个白贲,有诗一首,小传云:"贲,汴人,自号'决寿老',自上世以来,至其孙渊,俱以经学显。"

冯海粟(子振)和《鹦鹉曲》自序云:

> 白无咎有《鹦鹉曲》云:"侬家鹦鹉洲边住,是个不识字渔父。浪花中一叶扁舟,睡煞江南烟雨。觉来时满眼青山(《阳春白雪》选此曲,山字下有"暮"字),抖擞绿蓑归去。算从前错怨天公,甚也有安排我处!"余壬寅岁(1302)留上京,……诸公举酒索余和之。

按此调原名《黑漆弩》,杨朝英初选《阳春白雪》收此曲,说是"无名氏"作。《阳春白雪》有贯酸斋序,酸斋死在1326,此选当在其前。冯海粟在大德时说此曲是白无咎作,不知何据。冯海粟连和三十多首,都收在杨朝英续选的《太平乐府》里。《太平乐府》有至正辛卯(1351)邓子晋序,序中云:

> 是编首采海粟所和白仁甫《黑漆弩》为之始,盖嘉其字按四声,字字不苟,辞壮而丽,不淫不伤。

这可见十四世纪的人往往把白仁甫和白无咎混作一个人,已不知道他们的伯父侄儿的关系了。

白无咎死在金亡之前,他不曾走到江南去,故此词不是白无咎之作。白仁甫曾到襄、鄂,曾久居金陵。也许此曲真是白仁甫作的。

(原载 1936 年 3 月 19 日天津《益世报·读书周刊》第 41 期)

读曲小记(二)
《皇元风雅》里的曲史材料

《皇元风雅》六卷,《后集》六卷,孙存吾编,有至元二年(1336)虞集序及谢升孙序(《四部丛刊》影高丽仿元刊本)。此选实在比别种"元人选元诗"高明的多,谢序有云:

> 我朝混一海宇,方科举未兴时,天下能言之士一寄其情性于诗。

此言虽非为戏曲发的,但大可应用到戏曲上去。又云:

> 吾尝以为中土之诗沉深浑厚不为绮丽语,南人诗尚兴趣,求工于景□间。此固关乎风气之殊,而语其到处则不可以优劣分也。

此语也可用来评论元曲。

这书里有许多曲家的诗,其在《录鬼簿》上有名而无专集,流传于后者,有这些:

王继学	参政	东平人	四首
马昂夫	达鲁花赤		一首
曹子贞	礼部尚书	东平人	二首
张小山	四明人		二首
张鸣善	平阳人		七首
复斋陈以仁	三山		三首
郝天挺			一首
卢疏斋			四首
贯酸斋			十四首
阎静轩	(《簿》作阎彦举学士)		一首

滕玉霄	二十首
冯海粟	四首
刘时中	三首

这书卷四有赵半间的《勾栏曲》,也是有趣的戏曲史料,故钞在这里:

勾栏曲

街头群儿昼聚嬉,吹箫挝鼓悬锦旗。粉面少年金缕衣,青鬟拥出双蛾眉。骏翁前趋罵母诮,丑姬妒嗔狂客笑。虬髯奋戟武略雄,蜂腰东翠歌唇小。眼前勾作名利场,东驰西骛何苍惶!栖栖犹是蓬蒿客,须臾唤作薇垣郎!新欢未作愁已作,危涂堕马千寻壑。关山万里客心寒,妻子衰灯双泪落。纷然四座莫浪悲,是醒是梦俱堪疑。红铅洗尽歌管歇,认渠元是街头儿。

此诗写勾栏的情形,可与杜善夫的《耍孩儿》曲相印证。也可与《水浒传》雷横打白秀英一回相印证。近日南京国学图书馆影印的《元明杂剧》中有《蓝采和》一剧使我们得着不少的勾栏材料。

1937,3,12

赵半间不知何许人,此集选他十首诗,诗多可诵。其《宿村庄》一首末云:

且持竹根枕,卧听苍松号。纸衾稳蒙首,背痒不得搔。须臾作奇梦,小艇飞洪涛。惊觉白满榻,晴月窗前高。

甚有风趣。又《题十六罗汉看手卷图》云:

本不立文字,聚看看底事。一只眼犹多,何用三十二?顽皮可喜。

(原载 1937 年 3 月 18 日天津《益世报·读书周刊》第 91 期)

读曲小记(三)
刘时中

《录鬼簿》的"刘时中待制",王国维校注云:

> 案杨朝英《阳春白雪》,刘时中号逋斋,又云"古洪刘时中",则南昌人也。元又有二刘时中,一见世祖本纪,一见《遂昌杂录》,均非此人。

任中敏《元曲三百首》附录云:

> 刘致字时中,洪都人,一谓石州宁乡人,仕永新州判,历翰林待制,出为浙江省都事,卒,贫无以葬。

王先生注考之未详,任先生之说大概根据于《元诗选》三集之戊集。《元诗选》有刘致小传,所据有二,一为姚燧所作《怀集令刘君墓志铭》(《牧庵集》二十八),一为《辍耕录》卷九"王眉叟"条。

姚燧为刘致的父亲刘彦文作墓志,略说:

> 君讳彦文,字子章,石州宁乡人(山西旧汾州府属中阳县),年二十八筮仕,当中统三年(1262)而知堂印。……后为郴之录事。又为广州之怀集令。……至元二十六年卒(1289),权殡长沙佛宇。

姚燧作此文在大德戊戌(1298),他那时在长沙。刘致拿自己所作文字去请教,姚燧很赏识他,说他"为辞清拔弘艳,为之不已可进乎古人之域"。从此刘致就做了姚燧的一个最忠心的弟子。今聚珍版本《牧庵集》不但有许多和刘时中的诗词,卷尾还有刘致所作《牧庵年谱》(《集》与《年谱》都出于《永乐大典》),《年谱》里有许多关于刘时中的材料。

刘致是石州宁乡人,流寓于长沙。《阳春白雪》称"古决刘时中",大概是因为他曾做永新州判,永新在江西,他就被误认作江西人了。

《牧庵年谱》中说:

> 大德二年(1298),先生六十一岁。……有致《先怀集府君墓铭》。……致以是年始拜先生于潭,举致湖南宪府吏云。
>
> 大德三年(1299),先生六十二岁,寓武昌。……致时为湖南宪府吏,疏斋(卢挚)除湖南宪,致乘传请上至武昌与先生会。先生喜,分题赋平章刘公三堂,先生得"清风",疏斋"垂绅",致乔"益壮"焉。
>
> 大德九年(1305),先生六十八岁。居龙兴。……八月望日至西山翠岩寺,致同行。饮酒乐甚,先生赋《临江仙》,致与祝静得有和,致又反和之,先生亦有答者。……又架水物为梯凳,俾致跨水题名丹井崖石之上。致云:"是以章子厚待我也。"诸公为之一笑。先生持酒相劳。
>
> 九月先生移疾北归,至吴城山。阎子济取"吴城山"三字与静得约致分韵赋《临江仙》,以写攀恋之意。
>
> 至大元年(1308),先生七十一岁。二月先生舟过高邮,有次致韵诸诗,并勉致进德无怠等诗(皆见《牧庵集》)。致侍舟行,至崔镇水驿而别。
>
> 至大三年(1310),先生七十三岁。是年举致为汴省椽。
>
> 至大四年(1311),先生七十四岁……以承旨召,病不克赴。十月至京口,买舟西归,致与先生别仪真,遂成长别。

再过两年,姚燧就死了(1313)。

聚珍版本《牧庵集》有鄱阳吴善的序,中说:

> 至顺壬申(1332),公之门人翰林待制刘公时中始以公之全集自中书移命江浙以郡县赡学钱命工锓木,大惠后学。

姚燧的年谱必是附在这部全集后面付刻的。姚死之次年即复行科举,大概刘致是从科举得第,做到翰林待制的。从他父亲死时(1289)到至顺壬申,已是四十三年了,他大概已是六十多岁的人了。

他出外做浙江省都事,死在杭州,葬在德清,见于《辍耕录》九:

浙省都事刘君时中(致)者,海内名士也,既卒,贫无以为葬。〔王眉叟〕(时管领杭州之开元官)躬往吊哭,周事遗孤,举其柩葬于德清县,与己之寿穴相近,春秋祭扫不怠。

我们暂定他死时至晚约在后至元之末(1340)。

1937,3,16

(原载1937年4月8日天津《益世报·读书周刊》第94期)

蒲松龄注意折狱

聊斋最注意折狱,故《志异》中有这些折狱的故事:

《冤狱》(九)附长论　　　　　《胭脂》(十四)(施愚山事)
《郭安》(十五)附王渔洋跋　　于中丞(成龙)(十六)
《折狱》二事(十六)(费祎祉事)《诗谳》(十六)(周亮工事)
《老龙船户》(十六)(朱宏祚事)《太原狱》(十六)(孙宗元事)
《新郑狱》(十六)(石曰琮事)

赵起杲初刻原只选了十四卷,后来才补刻两卷。若依原议,这十篇只留前两篇,岂不太可惜!

(收入《胡适手稿》第九集)

记但明伦道光壬寅(1842)刻的《聊斋志异新评》

去年12月,我买到了传教士累莲裳(Rolect Lilley)的藏书,其中有但明伦的《聊斋志异新评》,十六册,是道光壬寅(1842)刻的,已在百年前了(鲍廷博、赵起杲的原刻本,葛思德书库有一部,我已见了)。

累君在中国八年(1867—1875),他买此书当在七十多年前,故此书为但氏初刻无可疑。但套印红色的句读,浓圈,与眉批夹缝批(《新评》),已稍有损坏(十卷,页三十二,红版缺),但不失为刻成后十多年中的印本,故可宝爱。

《聊斋》初刻在乾隆丙戌(1766),刻者为赵起杲,时为严州府知府;鲍廷博助他刊刻,赵序中说:

> 此书之成,出资勷事者鲍子以文;校雠更正者则余君蓉裳,郁君佩先,暨予弟皋亭也。

此本卷四(叶七十三)《金和尚》篇之尾有鲍廷博一跋:

> 予闻之荷邨先生云,"和尚盖绍兴某县人,少时与侄某流寓青州。……"荷邨先生言其名字爵里及其他琐事甚悉。尝以柳泉此传未尽得实,付梓后欲别为小纪以正之。刻甫竣,而先生遽捐馆舍。予述焉不详,姑撮其大凡如此。
>
> 丙戌六月二十七日天都鲍廷博书于严陵舟次。

赵氏刻书序的年月是

> 乾隆丙戌端阳前二日,莱阳后学赵起杲书于睦州官舍。

荷邨是赵字,余集《题词》有小序,说,"及公卒之前十日,自制序文,复草例言数则",可见赵氏五月三日作序,五月十三日已死了。

此本原刻有墨字注,附于各篇之后。但可注意者:(1)此注仅释典故,而不及留仙的同乡朋友。石印本附注有许多关于淄川人物的故事。例如卷十《马介甫》篇注:"毕公权,名世持,淄川人,康熙戊午解元。"此本无此注。(2)此注不知是谁做的。赵起杲"刻《聊斋志异》例言"不提其刻本有附注。但明伦自序(壬寅)也不提及。商务印书馆铅印本每卷首题作者,评者(王士正治上),"新评"者(广顺但明伦云湖),及"注释"者(文登吕湛恩叔清)。

鲍刻(赵刻)出世后,不久即有翻刻加注的本子。但氏刻本是兼采两本,自加"新评",用红墨两色套板印行。他的"新评"没有什么新意思。但他收的注释是很有用的。后来吕注本加添了许多山东方志的材料,就更有用了。石印本的注释更加多了。商务铅印保存但氏"新评"的全部(眉评,尾总评及原夹评改的双行小字评),但注释似不如石印本之多。

杨复吉的《梦阑琐笔》说:

> 蒲留仙《聊斋志异》脱稿后百年,无人任剞劂。乾隆乙酉(1765)、丙戌(1766),楚中浙中同时授梓。楚本为王令君某,浙本为赵太守起杲所刊。(《昭代丛书》癸集)

我颇疑心此楚本是翻刻鲍本,又加附注,托名"王令君某",又故意将刻书年月提早一年,以避翻刻鲍本之嫌。

我未见最初刻的鲍本,也未见"楚中王刻"本。这部但刻本卷首收有:

(1)豹岩樵史唐梦赉序

(2)紫霞道人高珩序

(3)刻《聊斋志异》"例言"(十条)莱阳赵起杲清曜

(4)自序 但明伦("道光二十二年夏五月广顺但明伦识于两淮运署之题襟馆")

(5)蒲立悳(留仙之孙)乾隆五年(1740)序

(6)赵起杲刻书自序(乾隆丙戌〔卅一年,1766〕端阳前二日)

(7)《淄川县志・聊斋小传》

(8)聊斋自志("康熙己未十八年〔1679〕,春日柳泉居士题")

这八件附件往往有材料可助考证。

如唐梦赉序中说：

> 留仙蒲子幼而颖异，长而特达，……能为载记之言。于制举业之暇，凡所闻见。辄为笔记，大要多鬼狐怪异之事。向得其一卷，辄为同人取去。今再得其一卷阅之，凡为余所习知者，十之三四。

这是他的同时朋友的话，值得注意的。他的孙子立惪也说他于耳目所睹记，里巷所流传，同人之籍录，随笔撰次，而为此书。

又如赵刻自序记他收得《志异》稿本的经过：

（1）丙寅冬（乾隆十一，1746）吾友周季和自济南解馆归，以手录……《聊斋志异》二册相贻，深以卷帙繁多，不能全钞为憾。

（2）丁丑春（乾隆廿三，1757）携至都门，为王子闰轩攫去。

（3）后予官闽中，……郑荔芗先生曾官吾乡，……有藏本，……丐得之，命侍史录正副二本，披阅之下，似与季和本稍异。

（4）后三年，再至都门，闰轩出原钞本细加校对，又从吴君颖思假钞本勘定，各有异同。始知荔芗当年得于其家者，实原藁也。

（5）癸未（廿八年，1763）官武林，友人鲍以文屡怂恿予付梓，因循未果。后借钞者众，藏本不能遍应，遂勉成以公同好。

这是很有用的《志异》底本史料。

"例言"十条也有史料：

（1）是编初名《鬼狐传》，后……乃增益他条，名之曰《志异》。有名《聊斋杂志》者，乃张此亭臆改，且多删汰，非原书矣。兹刻一仍其旧。（二）

（2）是编向无刊本，诸家传钞各有点窜。其间字斟句酌，词旨简严者，有之。然求其浩汗疏宕，有一种粗服乱头之致，往往不逮原本。兹刻悉仍原稿。（四）

（3）是书传钞既屡，别风淮雨触处都有，今悉加校正。其中

文理不顺者,间为更定一二字。至其编次前后,各本不同。兹刻只就多寡,酌分卷帙,实无从考其原目也。(七)

(4)原本凡十六卷(适按:《墓表》作八卷)。初但选其尤雅者,厘为十二卷。刊既竣,再阅其余,复爱莫能舍,遂续刻之。卷目一如其旧云。(八)

(5)"卷中有单章双句(?)意味平浅者,删之。计四十八条。从张本补入者,凡二条。……(九)

此五条都可供版本史料。

还有两条也可助考证。第十条云:

闻之张君西圃云,济南朱氏家藏《志异》数十卷。行将访求。……(十)

赵氏原意但说,有此一个未见本而已。此即《梦阑琐笔》"《志异》有未刊者数百余篇,当藏于家,"的来源。《琐笔》记此条,文理不甚分明,曾给我不少麻烦。(《论学杂著》页三四七——三四八;又三九一——三九二)如记此《志异》未刊稿,《琐笔》所记甚不可靠。(蒲立惪序作于乾隆五年,说留仙"为诗赋歌行,……撰古文辞,……皆各数百篇,藏于家"。此亦杨氏《琐笔》致误的一个来源。)

又有一条"例言"说:

编中所载事迹有不尽无征者,如《姊妹易嫁》、《金和尚》诸篇是也。然传闻异辞,难成信史。《渔洋谈异》多所采摭,亦相迳庭。至《大力将军》一则,亦与《觚剩·雪遘》差别。因并录之,以见大略。(六)

《金和尚》一篇,有乾隆丙戌六月廿七日鲍以文跋。《大力将军》一篇,附录《觚剩》一条全文。《姊妹易嫁》一篇之后,有任城孙扩图一跋,说他在乾隆壬戌(七年,1742)与毛文简(乾隆元年修的《山东通志》卷廿八,叶十八,"毛纪,字继之,掖县人。成化丁未进士,历官礼部尚书,兼大学士,入阁典机务。武宗南狩,居守。武宗崩,同杨廷和等擒江彬,定策迎立世宗。后以议大礼忤旨求去。既归,杜门不出。……卒赠太保,谥文简。")的后人共修《掖县志》,"曾亲至毛氏新旧两茔,览其碑表,征事实焉"。此跋考订《志异》所记多不实。如文简父名敏,以孝廉任杭州府学教授,生五子,年八十余,文简官少宰,受封而卒。《志异》记其父常为人牧羊,溺水死,皆不实。孙跋又说,"毛家茔地自赵宋时沿葬,历有达者;至文简卒,始卜西山新阡"。《志异》记毛父大水中溺死,其地为邑世族张姓新阡,张家得梦兆,即使死者"就故圹窆焉"。此亦不确。孙跋记文简夫人姓宫氏,其姊"陋文简无貌,临嫁而悔,妹遂代姊妇文简",《志异》记夫人姓张,亦不实。孙跋甚可读,坊间石印本及铅印本仍保存此跋。

但明伦自序中说他"髫龄时得《聊斋志异》读之,不忍释手",又说他"岁己卯(嘉庆二十四,1819)入词垣,先后典楚、浙试,……取是书随笔加点,载以臆说"。自序作于两淮运署。此都可考见他的事迹大概。我检房兆楹、杜联喆两君的《清进士题名碑录》(页149),但明伦,贵州广顺州人,嘉庆二十四年二甲四十九名进士,馆选,与他自序相合。

胡适　卅四,七,十三

今天决定将此本送人,故摘记此本中可记者于此。

《春在堂随笔》六,有一条云:

《聊斋志异》……世所传本皆十六卷,但云湖前辈评本亦然。今乃又见乾隆间余历亭、王约轩摘钞本,分十八卷,以类相从。首孝,次弟,终仙鬼狐妖,凡分门类二十有六,字句微有异同,且有一二条为今本所无者。卷首有乾隆丁亥(三十二年,1767)横山王金范序。其略云:

柳泉蒲子以玩世之意,作觉世之言。其书汗漫,亥豕既多,甲乙紊乱。又以未经付梓,钞写传讹,寝失其旧。己亥春(己亥为康熙五十八年,1719。不知有误否?疑是丁亥,当检俞氏书考之),余结事历亭,同姓约轩假得曾氏家藏钞本,删繁就简,分门别类,几阅寒暑,始得成帙。……

然则其书亦旧本也。其异同处多不如今本,不知谁是留仙真迹?……又删"异史氏曰"四字,其评语亦不全。……

曲园误读"余给事历亭"五字,以"余历亭"三字为人姓名。鲁迅钞此段,也加单线作人姓名(《小说旧闻钞》,页94—95)。皆误也。曲园记此本原序,但没有说明此本是否已刻。此本若是刻本,可能即是杨复吉所记的"乾隆乙酉(三十年)楚中王令君某"的刻本。

横山为古县名,萧梁之横山在今天长县;西魏置戟城县,后改横山,在今湖北随县;唐之横山在今广西百色县。民国之横山县则在陕北,明之怀远堡,清之怀远县也。作序者"横山王金范",难道即是"楚中王令君"吗?

我姑且钞存曲园所记此本情形,为将来考订之用。

卅四,七,廿一下午
(收入《胡适手稿》第九集)

记金圣叹刻本《水浒传》里避讳的谨严

前些时,我偶然翻开亡友刘半农影印的金圣叹批刻本《水浒传》(民国二十三年中华书局发行)。我看的是"生辰纲"的一大段,我正看的起劲,忽然我的历史考据癖打断了我的文章欣赏!我忽然发现了这部崇祯十四年刻的《水浒传》原来处处严避明朝皇帝的名讳,可以说是明末刻书避讳的一种样本或范本。

最早引起我注意的,是这个本子里一切"常"字都改成了"尝"字。例如"三阮撞筹"一回里。

（1）若是每尝,要三五十尾也有。(卷十九,十)

（2）我也尝尝这般思量。(卷十九,十六)

这似乎不是无意的罢。我就看下去,下面两卷就有：

（3）你尝说这个人十分了得。(卷二十,九)

（4）闲尝有酒有食只和别人快活。(卷二十一,卅一)

（5）我只要尝情便了。(卷廿一,卅二)

我再翻看前面几卷,单就"楔子"一回里,就有几些例子：

（6）寻尝巷陌陈罗绮。(开卷引邵雍诗,卷五,四)

（7）这代祖师,道行非尝,……贫道等时尝亦难得见。(卷五,十,又同卷十六叶"道行非尝")

（8）走了魔君,非尝利害。(卷五,十八)

我再翻看金圣叹的第三篇自序,也有这些：

（9）然而胆未坚刚,终亦不能尝读。(卷一,十七)

（10）而犹如尝儿之泛览者。(卷一,二十三)

再看金圣叹做的施耐庵自序,也有这些例子：

(11) 大率日以六七人来为尝矣。(卷四,二)

(12) 事在性情之际,世人多忙,未曾尝闻也。(卷四,二)

这些例子都可以表示这个刻本用"尝"字代替"常"字不是偶然的错误,乃是有意的避讳。

明朝刻书,本来不避皇帝名讳。到了崇祯三年,礼部奉旨颁行天下,避太祖成祖庙讳,及孝、武、世、穆、神、光、熹七种庙讳(见《日知录》卷廿三)。这时候天下已大乱,十四年后明朝就颠覆了。在这短短的十几年之中,很不容易推行这种繁难的避讳制度。所以严格避讳的明末刻书,我们看见的很少。见于记载的,如钱大昕说的"明季刻本书,太常寺作太尝寺,常熟作尝熟";如钱谦益的《初学集》刻于崇祯十六年,常字都作尝字,故常州作尝州,中常侍作中尝侍。因为明光宗名叫常洛,故常字避讳,改作"尝"字。所以我最早就注意到金圣叹刻的《水浒传》的"常"字都改成"尝"字,必也是避讳了。

我举的十二例,证明此本讳避"常"字最严,毫无可疑。但我要进一步试探,这部金圣叹刻本是不是同样严格的讳避其他明朝皇帝的名字?

崇祯三年的谕旨要避二祖七宗的庙讳。二祖是太祖名元璋,成祖名棣,璋字棣字都是《水浒传》里看不见的字。七宗是:

(1) 孝宗　名祐樘　　(2) 武宗　名厚照

(3) 世宗　名厚熜　　(4) 穆宗　名载垕

(5) 神宗　名翊钧　　(6) 光宗　名常洛　　(7) 熹宗　名由校

(附) 毅宗　(即当时的崇祯帝)名由检

光宗的常字,已经说过了。"樘"、"熜"、"垕"都是《水浒传》没有的字,我查金圣叹刻的《水浒传》讳避"照"字,"校"字,"检"字,都很严格。

"照"字都改作"炤"字:例如:

(1) 火把点着,将来打一炤时。(卷五,十九)

(2) 炤那石碣上时。(同)

(3) 炤那背后时。(同)

(4) 月光微微炤在身上。(卷六,四十一)

（5）火把光中炤见钢叉朴刀五股叉留客住摆得似麻林一般。（卷六，四十三）

（6）也炤管着他头面。（卷十一，十八）

（7）明晃晃炤着三二十个火把。（卷二十二，二十）

（8）火光炤得如同白日。（卷二十二，二十）

这都是避正德帝的庙讳，百廿回本《水浒传》都作"照"字。

"校"字都改作"较"字，例如：

（1）左右两边齐臻臻地排着……牙将较尉……前后周围恶狠狠地列着百员将较。（卷十六、十八）

（2）帐前见有许多军较。（卷十七、十八）

（3）关胜便唤小较快牵我马来。（卷六十八、九）

这几处"较"字，百廿回本《水浒传》都作"校"，可见圣叹刻本有意避天启帝的庙讳。

"检"字都改作"简"字，例如

（1）让位与赵简点登基（卷五，五）

（2）一员了得事的捕盗巡简（卷二十三，四）

（3）次日那捕盗巡简领了济州府帖文（同卷二十三用"巡简"共八处，不全举）

（4）点简共夺得六百余匹好马（卷廿四，十三）

（5）取尸首登场简验了（卷廿六）

（6）又有两个巡简（卷五四，廿三）你看我叫过两个巡简过来相见（同卷，廿三），扮巡简的是戴宗杨林（同上）

（7）关胜见做蒲东巡简（卷六十七，十九）来到蒲东巡简司前下马（同卷，廿）

在这许多例子里，"赵简点"当然是赵检点，"巡简"当然是巡检，"点简"当然是点检，"简验"当然是"检验"。百廿回本《水浒传》都作"检"。金圣叹刻本作"简"，都是讳避当时崇祯皇帝的御名。

但金圣叹刻本对于避讳有一个很明白的例外，就是不避万历帝名字"翊钧"的钧字。例如：

（1）奉着经略相公钧旨。（卷七，十八）

(2) 相公钧旨分付,酒家谁敢问他。(卷七,十九)

全书用"钧旨"、"钧帖"凡几十处,如卷十一、卷十二、卷十七、卷二十一、卷二十二、都不避讳换字。这一点颇不可懂。当时是否有避讳"钧"字的规定,我现在还不曾查明。

总结起来说,明朝避讳最宽,本是最可称赞的一件事。万历时沈德符《野获编》曾说:

> 避讳一事,本朝最轻。如太祖御讳下一字(璋),当时即不避。宣宗(名瞻基)英宗(名祁镇)庙讳下一字,士民至今用之。又今禁城北门名厚载,二字俱犯世宗、穆宗庙讳上一字。今上(神宗)皇贵妃郑氏所居官曰翊坤官,上一字即今上御名,而内外所称,章疏所列,俱公然直呼,恬不为怪,亦无一人议及之。

这是超越前代的改革。谁知道了明朝末年,忽然又来这一套复古把戏,又要避二祖七宗的庙讳了!最有趣味的是避讳最严格的模范刻本偏偏是那位提倡白话文学,公然宣言"《水浒》胜似《史记》",公然承认"天下文章无出《水浒》右者"的金圣叹雕刻的《水浒传》!这真可以给陈垣先生的《史讳举例》添一组最好玩的新例了。

三六,十,二,夜半后

(原载 1947 年 11 月 14 日天津《大公报·文史周刊》第 40 期)

"乍可"

王梵志诗：
> 梵志翻着袜，人皆道是错。
> 乍可刺你眼，不可隐我脚。

"乍可"就是现在说"宁可"。南宗和尚慧洪引此诗，已改作"宁可"。

"乍可"是唐时北方人常说的话。高适（765年死）诗：
> 我本渔樵孟诸野，一生自是悠悠者。
> 乍可狂歌草泽中，宁堪作吏风尘下？……

这里"乍"字等于今时的"宁"，而下句的"宁"等于今时的"那"，或"那么"。

今夜翻《太平广记》百四七"裴有敵"条。夏荣劝裴有敵的夫人要"崇福"以"禳"祸。夫人问："禳须何物？"夏荣说："使君娶二姬以压之，出三年则危过矣。"……夫人怒曰："乍可死！此事不相当也。"此事出于《朝野佥载》，正是七世纪至八世纪之间的书。

1955，6，27

（收入《胡适手稿》第九集）

俞平伯的《红楼梦辨》

林语堂先生从哥大图书馆借出一本俞平伯的《红楼梦辨》原版,是民国十二年(1923)四月出版的,纸张已破烂到不可手触的状态了,所以哥大图书馆已不许出借,语堂托了馆里职员代他借得。

三十多年没看见这本书了,今天见了颇感觉兴趣。有一些记录,在当年不觉得有何特别意义,在三十多年后就很有历史意味了。

如顾颉刚序中说《红楼梦辨》的历史,从我的《红楼梦考证》的初稿(1921年3月下旬)写成之后,那时候北京国立学校正为了索薪罢课,颉刚有工夫常到京师图书馆去替我查书。

> 平伯向来欢喜读《红楼梦》,……常到我的寓里探询我们找到的材料。……我同居的潘介泉是熟读《红楼梦》的人,我们有什么不晓得的地方,问了他,他总可以回答出来。我南旋的前几天,平伯、介泉和我到华乐园去看戏。我们到了园中,只管翻看《楝亭诗集》,杂讲《红楼梦》,几乎不曾看戏。……

颉刚记平伯给他的第一封信是在4月27日,那时颉刚已回南。

> 从此以后,我们一星期必作一长信,适之先生和我也常常通信。……适之先生常常有新的材料发见;但我和平伯都没找着历史上的材料,所以专在《红楼梦》的本文上用力,尤其注意的是高鹗的续书。平伯来信屡屡对于高鹗不得曹雪芹原意之处痛加攻击。我因为受了阎若璩辨《古文尚书》的暗示,专想寻出高鹗续作的根据,看后四十回与前八十回如何联络。我的结论是:高氏续作之先,曾对于本文用过一番功夫,因误会而弄错固是不

> 免,但他决不敢自出主张,变换曹雪芹的意思。

平伯……很反对我,说我做高鹗的辨护士。他到后来说:

> 弟不敢菲薄兰墅,却认定他与雪芹的性格差得太远了,不适宜于续《红楼梦》(6月18日)。

后来他又说:

> 我向来对于兰墅深致不满,对于他假传圣旨这一点尤不满意。现在却不然了。那些社会上的糊涂虫,非拿"原书"、"孤本"这类鬼话吓他们一下不可。不然,他们正发了"团圆"迷,高君所补不够他们的一骂呢!(8月8日)

这都是1921年(民国十年)的事。颉刚说,他们(可能我在内)的信稿,不到四个月,已经装钉成好几本。

我的《红楼梦考证》初稿的年月是民国十年(1921)三月廿七。我的《考证》(改定稿)是同年十一月十二写定的。平伯、颉刚的讨论,——实在是他们和我三个人的讨论,——曾使我得到很多好处。其中一个最明显的益处是我在初稿里颇相信程伟元活字本序里"原本目录一百二十卷"一句话,我曾推想当时各种钞本之中大概有些是有后四十回的目录的,我在《改定稿》里就"很有点怀疑了",并且引了平伯举出的三个理由来证明后四十回的回目也是高鹗补作的。平伯的三个理由:(一)和第一回自叙的话不合,(二)湘云的丢开,(三)不合作文时的程序。我接着指出小红,香菱,凤姐三人在后四十回里的地位与结局似乎都不是雪芹的原意。

颉刚序文里提到"去年(1922)二月,蔡子民先生发表他对于《红楼梦考证》的答辨"。此指蔡先生的《石头记索隐》第六版自序,我竟不记得此序出版的年月了。我的答复的年月是十一年(1922)五月十日。

颉刚序中说到:

> 平伯看见了(蔡先生)这篇,就在《时事新报》上发表一篇回驳的文字,同时他寄我一信,告我一点大概,并希望我和他合做《红楼梦》的辨证,就把当时的通信整理成为一部书。……

> 我三月中南旋,平伯就于四月中从杭州来(苏州)看我。……我……劝他独力担任这事。……夏初平伯到美国去,在上海候船,……那时他的全稿已完成了,交与我代他觅钞写的人,并切嘱我代他校勘。……(后来)平伯又因病回国了,我就把全稿寄回北京,请他自校。

颉刚的序的年月是1923,3月5日。平伯自己的《引论》题着"1922,7,8"。全书出版的年月是十二年(1923)四月。

颉刚序中末节表示三个愿望。其第一段最可以表示当时一辈学人对于我的《红楼梦考证》的"研究的方法"的态度:

> ……红学研究了近一百年,没有什么成绩。适之先生做了《红楼梦考证》之后,不过一年,就有这一部系统完备的著作。这并不是从前人特别糊涂,我们特别聪颖,只是研究的方法改过来了。从前人的研究方法不注重于实际的材料而注重于猜度力的敏锐,所以他们专喜欢用冥想去求解释。……
>
> 我们处处把(用?)实际的材料做前导,虽是知道的事实很不完备,但这些事实总是极确实的,别人打不掉的。我希望大家看着旧红学的打倒,新红学的成立,从此悟得一个研究学问的方法,知道从前人做学问,所谓方法实不成为方法,所以根基不坚,为之百年而不足者,毁之一旦而有余。现在既有正确的科学方法可以应用了,比了古人真不知便宜了多少。

颉刚此段实在说的不清楚,但最可以表示当时我的"徒弟们"对于"研究方法改过来了"这一件事实,确曾感觉很大的兴奋。颉刚在此一段说到"正确的科学方法",他在下一段又说到"希望大家……(读这部《红楼梦辨》)而能感受到一点学问气息,知道小说中作者的品性,文字的异同,版本的先后,都是可以仔细研究的东西,无形之中养成了他们的历史观念和科学方法。……"他在序文前半又曾提到他们想"合办一个研究《红楼梦》的月刊,内容分论文,通信,遗著丛刊,板本校勘记等。论文与通信又分两类:(一)用历史的方法做考证的,(二)用文学的眼光做批评的。他(平伯)愿意把许多《红楼梦》的本子聚集拢来校勘,以为校勘的结果一定可以得到许多新见解。……"

平伯此书的最精采的部分都可以说是从本子的校勘上得来的结果。

1957,7,23夜半记念颉刚、平伯两个《红楼梦》同志。适之

（收入《胡适手稿》第九集）

王梵志的《道情》诗

我在《白话文学史》里特别注意王梵志的白话诗,曾从各种诗话笔记里辑出他的诗,又从敦煌出现(巴黎和伦敦藏的)的四种王梵志诗集里选出他的诗(《白话文学史》页二二九——二三六)。

今天偶然读皎然和尚的《诗式》,其论"跌宕格二品",分"越俗"与"骇俗"二品,其"骇俗"条云:

其道如楚有接舆,鲁有原壤,外示惊俗之貌,内藏达人之度。……王梵志《道情》诗:

我昔未生时,冥冥无所知。
天公强生我,生我复何为?
无衣使我寒,无食使我饥。
还你天公我,还我未生时。

贺知章《放达》诗:

落花真好些,一醉一回颠。……

王梵志此诗确是好白话诗,最末两行更是大胆的好句子。我当年竟不曾知道这首诗,可算是太疏忽了(皎然与韦应物同时,是八世纪后期人)。

1959,2,13

(收入《胡适手稿》第九集)

"深沙神"在唐朝的盛行

　　日本保存的《大唐三藏取经诗话》是小说《西游记》的一个最早的形式,此书分十七章,其第八章说玄奘遇见深沙神的故事,大意说玄奘前身两世取经,中途都被深沙神吃了。此次深沙神化了一道金桥,使玄奘一行七人从金桥上过,过了深沙。

　　这个深沙的神就是《西游记》里的沙和尚的最早形式。他原来是那大沙漠的大神。

　　唐朝有崇拜"深沙神王"的风气,见于日本入唐求法的几位大师的目录。

　　常晓的承和六年(839)请来目录里有:"《深沙神记》并《念诵法》一卷"。

　　又有:"深沙神王像一躯"。

　　常晓说:

　　　　右唐代玄奘三藏远涉五天,感得此神。此是北方多闻天王化身也,今唐国人总重此神救灾成益,其验现前,无有一人不依行者。寺里,人家,皆在(有?)此神,自见灵验,实不思议,具事如记文。请来如件。

圆珍的诸录里(大中八年及大中十一年,854—857)也有:

　　《深沙神王记》一卷

安然(延喜二年,902)的综合的《真言密教部类总录》也有:

　　《深沙神记》并《念诵法》一卷(晓)

　　深沙神王像一躯(晓)

1959,5,9
(收入《胡适手稿》第八集)

《永宪录》里与《红楼梦》故事有关的事①

(一) 胡凤翚妻年氏与肃敏贵妃年氏

《永宪录》卷四:雍正四年丙午,春二月:

> 督理苏州织造兼监浒墅关税胡凤翚革职,与妻年氏、妾卢氏雉经死。
>
> 凤翚前为宜兴令,巡抚张伯行大计罢之。上即位,特起内务府郎中。妻与温肃皇贵妃(温肃卷三作肃敏。按《爱新觉罗宗谱》所载为"敦肃皇贵妃年氏",是则既非"温肃",亦非"肃敏")为姊妹。至是饬回京,惧罪死。

四年九月:

> 江苏巡抚张楷奉召至京,绑赴刑部。
>
> 上谕:……张楷……大奸大诈,不知君父之义,……荒唐悖谬,其心不可测。着将张楷锁拿。各项情节发与九卿审拟具奏。

冬十二月:

> 张楷罪斩。赦免。籍其父兄子侄入怡亲王辛者库。
>
> 楷所犯七罪:……一、纵容胡凤翚自缢身故。……一,奉旨驰驲,乃乘轿徐行。一,侵用官税二万两。一,奏章纸色沾染,改变面页僵纶。以大不敬,拟斩立决。
>
> 十三年,今上登极复官。"乾隆"六年巡抚安徽。

"纵容胡凤翚自缢"是张楷七大罪之一!

---

① 编者按:据胡颂平《胡适之先生年谱长编初稿》记载,此文暂系 1960 年 4 月 24 日。

苏州织造胡凤翚之妻年氏是"与温肃皇贵妃为姊妹"。这一对年家姊妹都是年遐龄的女儿，年羹尧的姊妹。《永宪录》卷三，雍正三年九月：

> 逮年羹尧至京。
>
> 上遣议政大臣，内监，中书等至杭，会署将军诚亲王长史兼副都统鄂密达，署巡抚……傅敏至年羹尧家。上链反绑，讯问口供，封贮资财。械羹尧子五人及年寿家人王德……等赴京。

十一月乙未朔：

> 上驻跸圆明园。
>
> 丁酉，上回銮进宫。贵妃年氏以不怿留圆明园。
>
> 年羹尧械系至京。
>
> 上谕大学士九卿，将关系年羹尧一切事件详行查看，问写问话，交与提督阿齐图讯问。……
>
> 年羹尧圈在允䄉空府。年寿交刑部。其家口令希尧给与饮食。闻国法圈禁有数等：有以地圈者，高墙固之。有以屋圈者，一室之外，不能移步。有坐圈者，接膝而坐，莫能举足。有立圈者，四围并肩而立，更番迭换，罪人居中，不数日，委顿不支矣。又重罪颈、手、足上九条铁链，即不看守，亦寸步难前也。
>
> 壬子，冬至，上祀天于圜丘。
>
> 上幸圆明园。
>
> 丙辰，贵妃年氏薨于圆明园，诏追册为皇贵妃。
>
> 赐皇贵妃年氏谥肃敏。
>
> 辛酉，葬肃敏皇贵妃。
>
> ……按肃敏未知诞于何族。一云遐龄之抚女。

十二月甲子朔：

> 癸酉，……议政大臣等审术士邹鲁与年羹尧谋逆情实拟罪。（印本二四四——二四八）
>
> 议政大臣等胪列年羹尧九十二大罪，请诛大逆以正国法。（印本二四八——二五三）
>
> ……大逆之罪五，欺罔之罪九，僭越之罪十六，狂悖之罪十

三,专擅之罪六,贪黩之罪十八,侵蚀之罪十五,忌刻之罪四。……

赐年羹尧自尽。斩年富、邹鲁于市。余从宽戍免有差。

看年羹尧案与年妃的关系,可知年妃是自杀的,或是被雍正逼死的;又可知胡凤翚与其妻年氏也是死在年案里的。张楷"纵容胡凤翚〔夫妇〕自缢",当然是大罪了。

胡凤翚死在雍正四年二月。看《永宪录》所记,可知他以内务府郎中出任苏州织造,是在"上即位"的时期,即是在康熙六十一年,或雍正元年。那时胡凤翚是接李煦的任的。

(二) 李煦

卷四,雍正四年二月:

和硕康亲王冲安等疏廉亲王允禩不孝不忠诸罪。命宽免其死。告祭太庙,废允禩、允禟为庶人。

令庶人允禩妻自尽,仍散骨以伏其辜。散骨谓扬灰也。

三月:

宗人府请于玉牒除允禩、允禟,吴尔詹子孙世系,更名隶各旗佐领下。

发庶人允禩归正蓝旗卓鼐佐领下。改允禩名阿其那,弘旺(允禩子)名菩(一作□)萨保。

四月:

治结党罪,革郡王允䄉襭爵。
改庶人允禟名塞思黑。

五月:

甲辰,……暴阿其那、塞思黑等恶迹,颁示中外(看二八〇——二八一查弼纳供词。又二八一——二八四,颁示中外之文)。

九月:

塞思黑死于保定。
阿其那死于监所。

《永宪录》续编:雍正五年丁未,春三月:

> 原苏州织造削籍李煦馈阿其那侍婢事觉,再下诏狱。辞连故江督赫寿,并逮其子宁保。

此条可见李煦到雍正五年(1727)还活着,又可见他早已"削籍"了,又下过狱了,故此次是"再下诏狱"。

阿其那即是允禩。塞思黑是允禟。满洲语,阿其那是杂种狗,塞思黑是猪。李煦第一次"削籍","下狱",可能还被抄家,大概是完全为了亏空(看我的《红楼梦考证》引的《雍正朱批谕旨》第四十八册雍正元年胡凤翚奏折,及第十三册谢赐履奏折)。当时(雍正元年)允禩封廉亲王,同怡亲王及隆科多、马齐"总理事务";允禩兼掌工部,表面上正是最威风的时候。

但李煦第二次(雍正五年)的"再下诏狱",则是完全为了"馈允禩侍婢"的事。《永宪录》没有记此次狱事的下场,但那下场是可以推想而知的了。

(三) 曹頫①

(收入《胡适手稿》第九集)

---

① 原稿未写完,下缺。

清圣祖的保母不止曹寅母一人

《永宪录》续编(排印本三九〇)记雍正五年十二月,"督理江宁、杭州织造曹頫、孙文成并罢"条下说:

> (曹)頫之祖□□(当作"曹玺")与伯寅相继为织造将四十年。寅字子清,号荔轩,奉天旗人,有诗才,颇擅风雅。母为圣祖保母,二女皆为王妃。及卒,子颙嗣其职。颙又卒,令頫补其缺,以养两世孀妇。因亏空罢任。封其家资,止银数两,钱数千,质票值千金而已,上闻之恻然。

曹寅的"母为圣祖保母",止见于《永宪录》。

《永宪录》卷四(三〇四——三〇七)查嗣庭"大逆不道罪"条下,附记两江总督噶礼的事,有小注云:

> 礼之母,圣祖保母也。……

此可见清圣祖的保母不止一个人。

又曹寅"二女为王妃",其中一女是平郡王纳尔苏之妃,是可考的。房兆楹先生查《爱新觉罗宗谱》(本院近代史所藏)乙册三二〇七——八代善下第六代:

> 纳尔苏
> 康二九(1690)九月十一生。
> 1701(康四〇)十月袭平郡王。
> 1726(雍四)七月因罪革退王爵。
> 1740(乾五)庚甲九月五日死,照郡王品级殡葬。
> 嫡福晋曹佳氏,通政使曹寅女。

又第七代:纳尔苏七子:

> 长子平敏郡王福彭

1708（康四七）六月廿六日生
母曹佳氏，曹寅女。
1726（雍四）七月　　　　袭平郡王
1732（雍十）　　　　　　管厢蓝满都统
　　　又　　闰五月　　　宗人府右宗正
1733（雍十一）　　　　　玉牒馆总裁
　　　又　　四月　　　　军机处行走
　　　　　　八月　　　　定边大将军
1735（雍十三）十一月　　协办总理事务
1736（乾一）　　　　　　正白满（都统）
1737（乾二）　　　　　　修盛京三陵
　　　　　　闰九月　　　满火器营
　　　　　　十月　　　　调正黄满（都统）
1738（乾三）七月　　　　擢任议政
1748（乾十三）十一月十三日　　卒，年四十一

纳尔苏七子之中，曹佳氏出者尚有：

四子，固山贝子品级福秀，1710（康四九）闰七月廿六日生
1730 二月三等侍卫
1741 七月因病告退
1755 七月卒，年四十六
六子福靖，三等侍卫，奉国将军
1715（康五四）九月生，
1759 四月死，年四十五
七子福端，
1717（康五六）七月生
1730，八月死，年十四

余三子皆庶出。

　　曹寅的外孙福彭得大位，掌大权，可以算是曹家的一个"外护"。福彭死后，曹家就没有可以保护他们的力量了。

（收入《胡适手稿》第九集）

所谓"曹雪芹小象"的谜

近年大陆上出版的一些有关《红楼梦》的书里,往往提到一幅所谓《曹雪芹小照》,有时竟印出那个小照的照片,题作"乾隆间王冈绘曹霑(雪芹)小象"。

这是一件很有问题的文学史料,所以我要写出我所知道的这幅图画的故事。

最早相信这个"小照"的,似是《红楼梦新证》的作者周汝昌。周君未见"小照",他只相信陶心如在民国三十八年对他说的一段很离奇的报告。陶君说他民国廿二年在一个人家看见一件"曹雪芹行乐图";是一条直幅,到民国廿四年他又在一个李君家看见一个横幅手卷,画的正是曹雪芹。上方题云"壬午三月",……幅后有二同时人之题句,其余皆不能复忆。再后则有叶恭绰大段跋语。……周汝昌深信此说,故他的《新证》第六章《史料编年》在乾隆二十七年,有这一幅记载:

1762 乾隆二十七年壬午

曹霑三十九岁

三月,绘小照。(《新证》页四三二——三三)

周汝昌的《红楼梦新证》是 1953 年出版的,这是最早受欺的一个人。

1955 年 4 月,大陆上有个"文学古籍刊行社"把燕京大学图书馆的徐星署家原藏而后归王克敏收藏的《脂砚斋重评石头记庚辰四阅评过》本,用朱墨两色影印出来了。

这个影印本《脂砚斋重评石头记》第一册的目录之前,有影印的一幅所谓曹雪芹小象,画着一个有微须的胖胖的人,坐在竹林外边的

石头上。画是横幅,下面有铅字一行:

　　乾隆间王冈绘曹霑(雪芹)小象(一名幽篁图)

此本前面有"文学古籍刊行社编辑部"的"出版说明"十一行,但没有一字提及这幅所谓"曹霑小象"的来历。

　　这是第二批受欺的一群人。

　　1958年1月,大陆上有个"古典文学出版社"出版了一本吴恩裕的《有关曹雪芹八种》。此书就把那幅所谓"曹雪芹小象"用绿色影印作封面。

　　吴恩裕此书的第八篇是《考稗小记》三十六页。第一条记的就是这幅所谓"曹雪芹画象"的来历,我摘录在这里:

　　1954年6月16日人民文学出版社某君抄寄《曹雪芹画象照片附识》云:

　　此图右下角款云:"旅云王冈写"。小印二方,朱文"冈","南石"。图为上海李祖涵氏旧藏,曾刊于《美术周刊》。李氏有题语,略云:"王南石名冈,南汇人,黄本复弟子,乾隆庚寅卒。见《画史汇传》。象后题咏有皇八子(有"宜园"印)、钱大昕、倪承宽、那穆齐礼、钱载、观保、蔡以台、谢墉等题。

　　案《美术周刊》出版处及期号俱不详。此项题语乃李氏致函某氏所自述者。又藏者致某氏函云:

　　乾隆题者八人中,其一上款署"雪琴",其七上款署"雪芹"。

　　裕案:又有人云:左上方有"壬午春三月"数字。……据云,乾隆时题诗者远不止此八人。……1955年,张国淦先生曾为余函李祖涵,索录题诗,李曾复允,惟终未见寄。1956年,张国淦先生又转请翁文灏商于李,亦卒无消息。此一文学巨人之重要资料,遂不可得。(页八七至八八)

后面又有吴君略考题咏诸人的事迹。他在谢墉一条下很武断的说:

　　谢墉字崑成,浙江嘉善人。乾隆二十七年,曾为雪芹画象题句。(页八九)

吴君在别处(页七七至七八)又说:

　　据我关于"虎门"的考证,可知曹雪芹和敦诚、敦敏兄弟的结识是在所谓"虎门",就是北京宣武门内绒线胡同的右翼宗学,……大约是乾隆九年……直到乾隆十九年……这一段期间之内,在这一时期中,后来乾隆二十七年为曹雪芹题象的观保正做内阁学士兼管国子监务,钱大昕和倪承宽都于乾隆十九年中进士,谢墉和钱载则是十七年中的进士,那穆齐礼和蔡以台是二十二年的进士。他们题雪芹象,上款都称"兄"。

吴恩裕没有看见那幅画的许多题咏,就相信这些名人题咏的真是曹雪芹的小象,并且"上款都称兄",并且都在曹雪芹死的那一年,——乾隆二十七年壬午!

吴君引的李祖涵题语里说的题画象的八人之中,有一位"皇八子",那就是清高宗的第八个儿子仪郡王(后为仪亲王)永璇,生于乾隆十一年丙寅,当乾隆二十七年,永璇还只有十七岁。难道他题"曹雪芹小象",上款也称"兄"吗!

吴君很老实的说他曾托张国淦写信给李祖涵,请他钞寄这幅画象上的许多名人题咏。后来张国淦又转托翁文灏写信给李君,但李君始终不曾钞寄这些题咏。

可怜这些富于信心的人们,他们何不想想:收藏这幅画象的李祖涵君(应作"祖韩",不应作"祖涵")为什么始终不肯钞寄那许多乾隆朝名人的题咏呢?

吴恩裕、俞平伯、张国淦诸君是第三批受欺的一群人。

以上略述大陆上研究《红楼梦》的人们相信这幅所谓"曹雪芹小象"的情形。

现在我要说明这幅小象的真相。

(一)这幅画上画的人,别号"雪芹",又称"雪琴"。但别无证件可以证明他姓曹。

(二)收藏此画的人是宁波李祖韩,他买得此画在三十多年前。

(三)在三十年前,我见此画时,那个很长的手卷上还保存着许多乾隆时代的名人的题咏。吴恩裕引李祖韩说的题咏的八人是:

皇八子(有"宜园"印),即仪郡王永璇。

钱大昕,江苏嘉定人。

倪承宽,浙江仁和人。

那穆齐礼,镶红旗满洲人。

钱载,浙江秀水人。

观保,正白旗满洲人。

蔡以台,浙江嘉善人。

谢墉,浙江嘉善人。

这八人之外,还有别人的题咏,我现在记得的,好像还有这两人:

陈兆仑,浙江钱塘人。

秦大士,江苏江宁人(乾隆十七年状元)。

(四)我在三十年前看了这些题咏,就对此画的主人李祖韩君说:"画中的人号雪芹,但不是曹雪芹。他大概是一位翰林前辈,可能还是'上书房'的皇子师傅,所以这画有皇八子的题咏,并且有'上书房'先后做过皇子师傅的名翰林如陈句山(兆仑)、钱箨石(载)、钱晓征(大昕)诸人的题咏。题咏的人多数是浙江、江苏的名人,很可能此公也是江浙人。总而言之,这位掇高科、享清福的翰林公,决不是那位'风尘碌碌,一事无成',晚年过那'蓬牖茅椽,绳床瓦灶'生活的《红楼梦》作者。"

最后,我要追记我在三十多年前亲自看见这幅小象的故事。我的日记不在手边,我记不得正确的年月了。只记得那年(民国十八年?)教育部在上海开了一个书画展览会,郭有守君邀我去参观。我走了展览会的一部分,遇着李祖韩君,他喊道:"适之,你来看曹雪芹的小照!"

我当然很高兴的走过去。祖韩让我打开整个手卷,仔细看了卷上的许多乾隆时代名人的题咏。那些题咏的口气都是称赞一位翰林前辈的话。皇八子的题咏更是绝对不像题一个穷愁潦倒的文人的小照的话。钱大昕、钱载、陈兆仑几位大名士的手笔当然更引起了我的注意。

我看了那些题咏,我毫不迟疑的告诉李祖韩君:画上的人别号雪芹,又称雪琴,但不姓曹。这个人大概是一位翰林先生,大概还做过"上书房"的皇子师傅。那些题咏,没有一篇可以叫我们相信题咏的对象是那位"于今环堵蓬蒿屯",在贫病中发愤写小说卖钱过活的曹雪芹。

李祖韩君听了我的话,当然很失望。一个收藏古董的人往往不肯轻易承认他上了当,买错了某件书画。何况收藏得《红楼梦》作者曹雪芹的遗象是多么有趣味的一件雅事!是多么可喜的一件韵事!所以我们很可以了解李君为什么至今不愿意完全抛弃这个曹雪芹的小象,为什么不肯轻易接受我在三十年前就认为毫无可疑的看法。我们也可以了解为什么这三十年里还时常有人看见那幅所谓"曹雪芹小象"的照片。

在三十年前,我还寄住在上海时,叶恭绰君就曾寄一张"曹雪芹小象"的照片给我。他曾搜集许多清代学人的遗像,编作《清代学者象传》,第一集早已印行了,他还想搜集第二集,所以他注意到李祖韩藏的"曹雪芹小象"。我曾把我的意见告诉叶君。

爱读《红楼梦》的人当然都想看看贾宝玉是个什么样子。如果贾宝玉是作者曹雪芹自己的影子,那就怪不得《红楼梦》的读者都想看看曹雪芹的小照是个什么样子了。这种心情正是李祖韩舍不得否认那幅小照的心理背景,也正是周汝昌、吴恩裕那么容易接受那幅小象的心理背景。

我回想三十年前初次看见那个手卷的时候,我就不记得曾看见那幅画上有"旅云王冈写"的一行题字,也不记得画上有王冈的两个图章。我也没有看见那画上还有"壬午春三月"一行字。三十年前叶恭绰君写信给我,也没有提到那两行字和两个印章。

我至今相信李祖韩君不是存心作伪的人。很可能是他和他的朋友们只把这幅小照看作一件有趣味的小玩意儿,不妨你来添上一行画家王冈的题名,他来添上两颗小印章;你又记得曹雪芹死在"壬午除夕",也不妨在画上添上"壬午春三月"五个字,——岂不更有趣味吗?岂不更好玩吗?这样添花添叶的一幅"乾隆间王冈绘曹霑(雪芹)小象"的照片多张,不妨在几个朋友手里留着玩玩,就这样留传出去了。

我至今懊悔我在三十年前没有请祖韩把全卷的题咏都钞一份给

我做从容考证的材料。我现在写这篇回忆,并没有责怪祖韩的意思。我只要指出,祖韩至今不肯发表那些题咏的墨迹与内容,这就等于埋没可供考证的资料,这就等于有心作伪了。所以我希望在不远的将来,祖韩能把那个手卷上许多乾隆名士的题咏全部影印出来,让大家有个机会可以平心评判他们题咏的对象是不是《红楼梦》的作者曹雪芹。

1960 年 11 月 22 日夜,在南港。

(原载 1961 年 1 月《海外论坛》月刊第 2 卷第 1 期,又载 1961 年 4 月 15 日台北《新时代》第 1 卷第 4 期)

康熙朝的杭州织造

《掌故丛编》二十九期有苏州织造李煦密折二十件,其康熙四十年三月一折云:

> ……去年十一月内奉旨,三处织造会议一人往东洋去,钦此钦遵。……今年正月传集江宁织造臣曹寅,杭州织造臣敖福合,公同会议得杭州织造乌林达莫尔森可以去得,令他前往。但出洋例候风信,于五月内方可开船。现在料理船只,以便至期起行。

又六月折云:

> ……臣煦等恐从宁波出海商舶颇多,似有招摇,议从上海出去,隐蔽为便。莫尔森于五月二十八日自杭至苏,六月初四日在上海开船前往矣。

又十月折云:

> ……莫尔森于十月初六日回至宁波,十一日至杭州,十五日至苏州,十六日即从苏州起行进京。

这三折可见当时中国与日本之间的商舶往来的便利,又可见苏、杭两织造兼营对外国的商业贸易。《红楼梦》十六回凤姐儿说:

> 我们王府里也预备过(接驾)一次。那时我爷爷专管各国进贡朝贺的事,凡有外国人来,都是我们家养活,粤、闽、滇、浙所有的洋船货物都是我们家的。

赵嬷嬷道:

> 那是谁不知道的?如今还有个俗语儿呢,说,"东海少了白玉床,龙王来请金陵王"。这说的就是奶奶府上了。

这些话不是没有历史背景的。

乾隆元年刻成的《浙江通志》（民国廿三年商务影印光绪廿五年浙江官书局重刊本）一百廿一，织造府的织官表如下：

   金遇知　　　　　康熙八年任
   敖福合　　　　　康熙卅一年任
   孙文成　　　　　康熙四十五年任
   李秉忠　　　　　雍正六年任
   许梦闳　　　　　雍正六年任
   隆　昇　　　　　雍正九年任

《通志》不记此诸人之籍贯资历。孙文成可能也是曹寅家的亲戚，《永宪录》说曹寅的母亲孙氏是康熙帝的保母。康熙帝三十八年南巡：

  驻跸金陵尚衣署中，时内部郎中臣曹寅之母封一品夫人，孙氏叩颡墀下，兼得候皇太后起居，问其年已六十有八，衷宸益加欣悦，遂书"萱瑞堂"以赐之。（毛际可《安序堂文钞》十七，《萱瑞堂记》）

冯景也有记文：

  ……康熙己卯夏四月，皇帝南巡回驭，止跸于江宁织造臣曹寅之府。寅绍父官，实维亲臣、世臣，故奉其寿母孙氏朝谒。上见之，色喜，且劳之曰，"此吾家老人也"。赏赉甚厚，……遂御书"萱瑞堂"三大字以赐。……（《解春集文钞》四，《萱瑞堂记》。以上两件，均引见周汝昌《新证》页三一七——三一九）

《永宪录》说曹寅母为圣祖保母，似不是没有根据的话。孙文成可能是孙氏的一家？曹寅康熙四十五年七月初一折云："蒙圣旨令臣孙文成传谕臣曹寅：三处织造视同一体，须要和气。若有一人行事不端，两个人说他，改过便罢；若不悛改，就会参他。不可学敖福合妄为。钦此。……臣寅……谨记训旨，刻不敢忘。从前三处委实参差不齐，难逃天鉴。今蒙训旨，臣等虽即草木昆虫，亦知仰感圣化。况孙文成系臣在库上时曾经保举，实知其人，自然精白乃心，共襄公事。……"（《文献丛编》第十辑）此折未说孙文成是曹寅的亲戚，止说"系臣在库上时曾经保举，实知其人"。

当再查《浙江通志》，看看敖福合的事，看他如何"妄为"。

1961，5，21 夜

后　记

《浙江通志》五二，《水利》一，杭州府"城内河"：

> 大河旧为盐桥运河，小河旧为市河。……西河旧为清湖河，东运河旧为菜市河。……康熙廿三年钱塘裘炳泓具呈请开城河，有"城内河道日就淤塞，殆三百余年矣"之语。廿四年巡抚赵士麟力行开浚，自起工至迄工，仅六月。邵远平有《浚河记》，记赵公开河的成绩："其已塞而全疏者，……凡十二里，以丈计者一千四百四十有奇。其流浅而浚者，凡二十五里，以丈计者三千一百有奇，黄白金以两计者凡二万有余，役以工计者凡二十余万。……使三百年久湮之美利一旦尽复，而吾杭人如鲠得吐，如痹得仁，欣然有乐生之渐！"

此下记织造孙文成开河事：

> （康熙）四十四年，织造孙文成议辟涌金水门，引水入城，自溜水桥开河，广五尺，深八尺，至三桥，折而南，又转东至府前，以备圣驾南巡御舟出入焉。

又卷三十，公署一：

> 织造府在太平坊。……国朝撤中官而掌以内务府官，织造御用袍服。顺治四年，督理杭苏织造工部侍郎陈有明重修。

注引陈有明《织造府碑记》：

> 织造有东西两府。东府为驻扎之地，西府则专设机张。西府圮坏过多，悉为整理。……复于东府，自堂帘卧室之侧，悉置匠作，以供织挽。荒芜整顿，焕然一新。

此后叙孙文成捐修东府事：

> 康熙四十五年，织造孙文成捐修东府，预备圣祖南巡驻跸，绘图勒石焉。复于大门之外购买民地，开浚城河，以达涌金门。大门内为仪门，为通道，为大堂。……后有二堂。堂后为宅门，为衙堂，为内宅门，为住房，为大库。府之外，复有织染、总织、西

府三局。年久倾圮,雍正八年织造许梦闳捐资重葺。

合看两卷所记,似孙文成开城河水入城"至府前"是到织造府前。

1961,5,23

《浙江通志》卷一百廿一职官十一

织造府(排在总督,巡抚都察院,提督学政,巡按御史,巡盐御史之下;而在北关、南关监督,海关监督,布政使,按察使之上!)

哈士	康熙元年任	
桑格	康熙二年任	
常明	康熙三年任	
金遇知	康熙八年任	
敖福合	康熙卅一年任	
孙文成	康熙四十五年任	
李秉忠	雍正六年任	
许梦闳	雍正六年任	七年兼管理北南关监督
隆昇	雍正九年任	九年兼管理北南关监督

(收入《胡适手稿》第九集)

《四进士》戏本

齐如山先生借给我《戏典》第一集(上海中央书店1948年出版),有《四进士》戏本(页一七四——二一八),虽不是全本,已够详细了。

"四进士"者,毛朋、田伦、顾读、刘廷俊四人,皆是新进士,因愤恨奸臣索贿留难,四人结义立誓,相约不得行贿枉法。戏中田伦(已放江西巡按,未上任)对他母亲说:

> 当初我四人在京结拜,得中进士。可恨奸贼专权,不放我四人帘外(?)为官,多亏工部梅老先生保举,才放我四人外出为官。奸贼不服,又差校尉沿途拿我兄弟情弊。我四人行至双塔寺,对天盟誓,不许官里过财,弊案(?)准情,贪赃卖放:如有此情,买棺木一口,仰面还乡。……

又顾读(汝南广兵传道,驻信阳州)说:

> 想当年我四人在京结拜,双塔寺盟誓;不许官里过财,弊案准情,贪赃卖放:如有此事,买棺木一口,仰面还乡。

这是四进士的盟誓。

后来此四人前途不同。刘廷俊做河南汝宁府上泽县知县,好酒,不理民事。县中发生了姚廷春与妻田氏毒死姚廷美的案子,"本县太爷不与(姚廷美之妻)杨素贞作主"。姚廷春夫妇又串同素贞的哥哥杨青,将素贞卖给南京人杨春为妻。

第一场就是杨青卖妹,素贞不敢跟杨春回去,路遇微服私访的新任河南巡抚毛朋,扮的是算命先生。素贞诉苦之后,杨春情愿扯碎婚书,认素贞为妹,替她告状。毛朋代写状子,——"为侵害谋产,掠吞串卖事"——他们准备到信阳州道台衙门去"越州告状"。

此戏是"社会问题戏剧"的意味的。主要的一个观念是说个人被外力逼迫，犯法，犯罪，往往出于不得已。如姚田氏回家求她兄弟田伦写信给顾读求情，田伦不肯。她请母亲代求，他还不肯，他明白的说明他们有双塔寺的盟约。但他姊姊强扯母亲跪下，田伦不得已，才写信，并送三百银子押书。

又如顾读接到田伦的信与银子，他不肯受，也提到双塔寺的盟约。但银子被师爷拿走了，他只好用刑逼杨素贞招供"害死亲夫"。宋士杰喊冤，说"大人的官司审得不公：原告收监，被告放回，你是那些儿公道！"

此剧写田伦、顾读犯罪都出于不得已。戏文前半不可得见了，其中写刘廷俊不与受冤人民作主，不知如何写法。

当然，那个时代的人不会有我们今日的看法，不会主张个人犯罪，应该由社会分担其责任。如此戏中写田伦写信时，暗中文昌帝君上场，"奉玉旨摘去田伦官星"，这分明是说，尽管出于不得已，犯罪仍由自己负责！故后来案发之后，田、顾二人皆问斩。可见编戏的人虽然懂得这两人犯法、违誓，皆出于被逼迫，但他还不懂得这里面的"社会责任"的真问题。如田伦说的"这封书小弟不肯写，因母命难违"，这就是编戏的人不敢进一步考问真问题了。

此戏的不平凡处是写戏中主角乃是一个"曾在道台衙门当过一名刑房书吏"的宋士杰。末尾毛按院唱："宋士杰说话真直性，说来本院如哑人。……你可算说不倒的一个老先生！"在旧戏里，很少见这样好的句子。

五十四五年前，我在上海做学生，程鉴泉请我看戏。我第一次看到《四进士》，就觉得这出戏编的好，并且很有意思。今天因感如山老人的好意，我写这段笔记。

1961，5，24

（收入《胡适手稿》第九集）

"十殿阎王"

病床上看《聊斋志异》的吕湛恩注本,此公的注释很有用;特别是他充分运用了山东各县的方志,注明蒲留仙的朋友、老师、同乡、先辈的姓名事略,给了我们绝大的方便。

但吕注有些标出待注而无注的掌故,我看了往往忍不住大笑!如卷十六刘全"内塑刘全献瓜像",注揭出"刘全献瓜"而无注。如卷十五阎罗宴,"王者曰,我忤官王也"。注揭出"忤官王"而无注。此两条皆是我们多看小说的人熟知的"典故",而博学多闻的吕湛恩先生竟不知道!

"刘全献瓜"的故事见于小说《西游记》第十一回。

忤官王又作"仵官王",是道教的十殿阎王之一。《西游记》第三回及第十一回记"十殿阎王",忤官王列在第四。又第五十八回记十殿阎王,忤官王分明列在"九殿"。

今记五十八回的十殿的次第如下:

  第一殿秦广王 第二殿楚江王
  第三殿宋帝王 第四殿卞城王
  第五殿阎罗王 第六殿平等王
  第七殿泰山王 第八殿都市王
  第九殿忤官王 第十殿转轮王

吕湛恩是文登人,字叔清。有暇时当一考他的事迹。

1961,7,18 戏记
(收入《胡适手稿》第八集)

今天翻《辞源》的"十王"条,但记"佛家说,地下有十王,各司地狱,如

秦广王,楚江王之类,俗称'十殿阎王'。"其下引宋无名氏《鬼董》:

> 佛言琰魔罗,盖主揍落迦者,止一琰魔罗王耳。阎罗盖琰魔罗之讹也。余十八王见于《阿含》等经,名皆梵语,王主一狱,乃阎罗僚,义不得差肩。十王之说不知起于何时,当是僧徒为此以惑愚民耳。

《鬼董》说的,大致不错。琰魔罗、阎罗,梵语是 Yama-naja,原是"二十天"(deva)的第二十天,后来演变为"地狱"(Narakiu,捺落迦)的主者。"地狱"又名 Niruya,译音为泥犁。安世高译有《十八泥梨经》。元魏时菩提流支译《正法念处经》七十卷,其六至十五卷为"地狱品",是描写地狱种种罪罚最详细的经典。"十王"止"阎罗"是梵名,余如"秦广王"等似都是中国僧徒捏造的名字。

台北近出的《佛学大辞典》有"十王"条,其次序为:

一、秦广王 二、初江王
三、宋帝王 四、伍官王
五、阎罗王 六、变成王
七、泰山府君 八、平等王
九、都市王 十、转轮王

又云,"见《十王经》。"又云,"此十王各有本地,见《梵汉对映私钞》。"

《辞海》有《十王》条,其次序与《佛学大辞典》相同,第二也作"初江王";第四作"五官王",第七则作"泰山王",第十则作"五道转轮王"。

《辞海》此条又说:

> 按据《梵汉对映私钞》,谓有十三佛于冥界示现为十三王,前十王即世传之十王,其十一为莲华王,十二为祇园王,十三为法界王。……

《续藏经》二编乙第廿三套第四册收有:

《佛说地藏菩萨发心因缘十王经》
"成都麻(府?)大圣慈恩寺沙门藏川述"
《佛说预修十王生七经》

"成都府大圣慈寺沙门藏川述"

两部都是伪经。前者即所谓《佛说十王经》,其尾有跋云:

> 右本,末记曰:严佛调三藏云,此经梵本……先书竹帛,然后修习,从北天竺,到支那国。大圣文殊……为许流通。时天圣十年十一月也。……小苾刍原孚……入梓。……

天圣十年(一〇三二)十一月改元明道。这条"末记"可考见此本刻行者的主名与时代。

此经文字很繁笨不通。后者比较简明可读。题作《佛说预修十王生七经》,又作《佛说阎罗王授记四众逆修生七往生净土经》。

《十王经》的"十王"各注一位菩萨

一、秦广王 不动明王

二、初江王 释迦如来

三、宋帝王 文殊菩萨

四、五官王 普贤菩萨

五、阎魔王 地藏菩萨

此一"国"——阎魔罗国记叙最详,其中有咒有颂,似是出于一部较原始的《阎魔罗王经》?

六、变成王 弥勒菩萨

七、太山王 药师如业

八、平等王 观世音菩萨

九、都市王 阿閦如来

十、五道转轮王 阿弥陀佛

《十王生七经》的"如是我闻"一节,说佛"临般涅槃时,举身放光,普照大众,及诸菩萨摩诃萨,天神,龙王,天王帝释,四天大王,大梵天王,阿修罗王,诸大国王,阎罗天子,大山府君,司命司录,五道大神,……"这里的"大山府君"即中国古代民间信仰中的泰山府君。"司命司录"也是中国道教的信仰。

今夜重翻 Dr. Lionel Giles " Descriptive Catalogue Of the Chinese Mss. from Tunhuang in the British Museum",始知敦煌出来的写本之中,已有《佛说阎罗王受记令四众逆修生七斋功德往生净土经》,伦

敦所存有十一本之多,(S.3147,5585,4890,2489,2815,5450,5544,5531,4530,S.4805,6230)

又有《佛说十王经》一本,S.3661,有彩色画秦广王各殿受苦刑之状。

此中S.6230卷子题"同光四年丙戌岁六月日写"(926),可见"十王"之名起来在五代之前。

# 卷 二

南宋初年的军费

宋高宗与秦桧主张和议,确有不得已的苦衷。周密《齐东野语》曾略说此意,其言颇平允。今读庄绰《鸡肋编》,中有记南渡军费二条,可供参考:

绍兴中统兵有神武五军,及刘光世、韩世忠、张俊三大帅,都计无二十万众。而刘军不及三之一,月费

米三万石,

钱二十八万贯,

比之行在诸军之费,米减万余石,而钱二三万缗。盖人虽少而官资率高,且莫能究其实也(中·页26)。

建炎之后,除殿前马步三帅外,诸将兵统于御营使司,后分为神武五军。刘光世、韩世忠、张俊、王瓒、杨沂中为五帅。刘太傅一军在池阳,月费

钱二十六万七千六百九十贯三百文。(一十万四千贯系朝廷应副、余仰漕司也。)

米二万五千九百三十八石,三斗。

粮米七千九百六十六石八斗。

草六万四百八十束。

料六千四十八石。

而激赏回易之费不在焉。

韩军不知其实,但朝廷应副钱月二十一万余贯,则五军可略见矣。

至绍兴中,吴玠一军在蜀,岁用至四千万。

绍兴八年,余在鄂州,见岳侯军月用

> 钱五十六万缗,
> 米七万余石,
> 比刘军又加倍矣。而马刍秣不与焉。(下·页四)

前一条后附论云:

> 时天下州郡没于胡虏,据于僭伪;四川自供给军;淮南江湖荒残盗贼。朝廷所仰,惟二浙闽广江南,才平时分配之一。兵费反逾前日。此民之所以重困,而官吏多不请俸,或倚阁人有饥寒之叹也。(中·页26)

此实南宋不能不议和的主要原因。秦桧有大功而世人唾骂他至于今日,真是冤枉。

《中兴系年录》云

> 绍兴十二年右司鲍琚总领鄂州大军钱粮。先是琚奏岳飞军中利源,鄂州并公使,激赏,备边,回易,十四库岁次息钱一百六十万五千余缗。诏以鄂州七酒库隶田师中为军需,余令总所桩收。(王鹏运《花间集跋引》)

刘军仰给于漕司,岳军取给于酒库,此与今日军人靠盐税鸦片为利源者颇相同。

十三,十,三十

(原载1925年1月3日《现代评论》第1卷第4期)

叶天寥年谱（刘承幹刻本）
读书小记之一

读叶绍袁的年谱，1913年刘承幹刻的，此谱分三个部分：

1.《叶天寥年谱》 作于1638年。起万历十七年（1589）至崇祯十年（1637）。

2.《续谱》 始于1640年。起崇祯十一年（1638）至顺治乙酉（1645）。

3.《年谱别记》 万历廿六年（1598）至乙酉（1645）。

此谱的最早部分很不佳，浮辞甚多，骈体尤可厌，故几年前我两次都读不下去。如云：

> 十五岁，芄支之佩，初试于邑。……六月，采芹于泮。方朔之年未能学剑；舒祺之岁仅补黑衣。是年识管西溟先生，阙党之训受教多矣。
>
> 十六岁……是秋七月迄于九月，一疾甚危，几乎不起。虽同赵歧之困，终幸挚虞之寥。
>
> 十七岁……赋迫冰之什。内人窈窕方茂，玉质始盛；令姿淑德，初来王湛之家；览镜操琴、遂以秦嘉之妇。太宜人数载愁怀。斯焉开色矣。是年仍读书司马公家以宴尔暂归。

此种文字还够不上一个通字、怪不得我厌恶他。但后来所记，文字上大有进步。我今天看完了，才觉得周启明先生的赏鉴不差。此谱可算是一部好的自传。他记他的家事——八子四女的家庭——颇详，似是一个有肺痨的家庭。此谱最重要的有几点：

（一）写明末士大夫的风气很可供史料：如云：

> 余自通籍后，郡试童子取价八十金，或五六十金。余凡诸

侄,诸侄孙,及同年故人之子,不及寸铢。俱先后列荐剡。有即青其衿者,有至于再者。当数隘价高之日,余虽贫,置之不一介念也。(《谱》三三)

又如云:

邑侯章公既以捐俸十金助我矣,又蒙致一札云:"文宗方校佩觿之俊,故浙闱同籍也。可以托童子一人,或得二三百金,足了丧中诸事。"余甚心感之,然余所托者一至戚之贫士,使青其子衿,我橐萧然如故也。(《谱》三七)

又如云:

九月中有乡民讼者,求余腴通司理。孝将居间,约三十金酬焉。是日(孝将使至),先以十金来,止九折耳。而孝将札言己之穷境潦倒,不堪为怀,云遍觅五金,聊欲供除夕柴火,遣童入市,自袖出遗之地,不知何人拾去矣。语甚愤戾多怨。余即分五金寄孝将,代为此僮偿之;而以四金为儿辈共椒盘数日夕。其又二十金,则孝将取之为金陵秋试游资,余亦不复问也。(《续谱》一一)

又如甲申思宗殉国后,其年九月,

顾汉石令钱塘,留余,俟有所获而归。余因揲著。当得几数?遇风火鼎,卦爻俱不动。余曰,鼎三也,亦有五鼎九鼎,众多则九耳。除去居间及家人辈十金,共八十金,则离三巽五为八也。卦名卦位无所不验,亦奇矣哉!(《别记》三八)

最后一事,《续谱》中记云:

顾汉石令钱塘,因从径山至杭。居西湖十余日。……刑名疏简,仅获八十金。(一九)

此种事皆是社会政治史料。

(二)写明朝名士思想之陋,迷信之深,皆有史料功用。如写他信风水,信梦,信占卦,信佛,信神仙,信圆光,都有赤裸裸的记载。我且举风水为例:

三十八岁……十一月奉先大夫葬于大珠字墟新阡,砂水亦甚明秀,而龙既不真,水又直去不顾,且年坐三煞,家门烈祸遂不

可言矣。思之怅悔何极哉？（《谱》七一）

其后他家死了一妻,三子,二女,他归罪于大珠坟地;五十三岁时,他自己去寻得踞湖山地,详记其风水之佳(《续谱》八、九);隔了两年,又请"名重海内"之江右刘伯龙去相地,刘说踞湖山地大吉,大珠不吉。

于是不得不思所以迁之。若早遇伯龙而迁,岂有诸惨戚事耶？窃为抱恨以终身矣(《续谱》一三)。

他的迷信之深,完全是一个中古思想的代表。《别记》有云：

先是,乙亥四月,八儿儴患惊风痫疾,内人遣俗往求泐公。泐公云,"不但儴不生也,君家雁行还有凋伤,亟须以黄绢画准提菩萨像,朝夕礼拜,持诵《准提咒》不辍,庶可保耳。"随即依法行之。迨九月,内人亡。又越年,而儿辈怠于礼诵矣。不意庚辰即自俗当之,伤哉！(《别记》二八——二九)

泐公是当时的大和尚,其陋如此！叶天寥是当时的苏州大名士,其陋又如此！

他还有《甲行日注》八卷,也有刘承幹刻本。《日注》记他做和尚(1645)以后的事。其中写明亡后许多遗民的生活,也可供史家参考。

（原载1934年4月20日《人间世》第2期）

罗壮勇公年谱（汪氏振绮堂刻本）
读书小记之二

郑奠（石君）先生送来《罗壮勇公年谱》，罗思举自撰。他是四川东乡人，做盗贼出身，后来白莲教乱时，他领乡勇作战，立功最高，历官做到湖北提督。此传止于道光十八年（1838），他生于乾隆甲申（1764），绝笔时已七十四岁了。

卷尾自跋云：

> 窃余自幼运途偃蹇，所作所为，不敢自讳。及在军营十有余载，大小战攻数百余次，难以细叙。仅将紧要大仗，及定计生擒逆首，并攻破处所，略志之。……

他记他幼年作贼，甚至被他二叔活埋，都毫不讳饰。书中大体用白话，文字甚朴素，在自传中为第一流作品。

书中记白莲教事最详，此教亦抱有"兴汉灭满"的宗旨（上，页二八），书中又记罗其清说：

> 一人连十，十人连百，百人连千，千凑成万，即是白莲教也。

据此可知"白莲"似是"百连"的隐语。

书中记官兵之腐败，战事杀戮之惨，都是重要史料。嘉庆六年（1801），他跟七十五作战，官兵屯扎茅平，缺粮，实属无法。余上前回明，令所获三千五百多贼人剥杀煮食。七大人应允，每日将所获贼人立斩，均剥肉煮食。

他们把三千五百多人都煮吃完了，

> 粮仍未到，人肉用完，各兵饿急，将贼之头脑尸骸肾囊等类，一并割食。惟茎物一昼一夜硬煮不烂，口嚼不断，似乎绵絮。

(下,页五)

谁想我们贵国到了十九世纪初年还是这样野蛮的吃人民族!

七十五**被魁伦奏参拿问,他注云:

> 贼窜阶州文县。我兵追剿,因兵勇粮饷缺乏,衣食俱无。各兵无奈,在途中打捞度日;复将狗子剥皮,作成蓑衣披上,棕作裹脚,足踏草鞋。沿途人民谣曰:
> "宁遇白莲教匪之贼,
> 不遇七大人叫化之兵"。
> 七军门屡次禀催,……粮饷仍不运到。以致兵勇缓程行走。

(下,页十)

此种描写,真不易得。罗思举的兵有"叫化子"之名,而最能打仗。他自记云:

> 众兵随七军门,半载未领粮饷,均披狗皮,未免形色憔悴,故〔德侯爷(德楞泰)之兵〕笑之。(下,十一)

而他

> 瞥见侯爷七大人所带之兵,矛杆上下均用银箍嵌上。(有嵌十数道及二十道不等,暇时在买卖街市饮酒作乐。)

这种情形之下,他的兵还肯打仗,真是奇事。

他记索伦兵的暴行,闹成乡勇兵变,也记的很详细。(下,页十五——十六)

(原载1934年5月5日《人间世》第3期)

《汉书·地理志》的诗古义

《汉书·地理志》分两部分,第一部分记郡、国、县,及其户口;第二部分记各地的人情风俗。这第二部分根据刘向和丞相张禹的属吏颍川朱赣的材料,其中很有许多有趣的观察。他们把天下郡国略依统一以前的各国疆域,分作几个大区域;其有古风诗之地,往往引《风》诗以证风俗。其说《诗》,颇保存古义古说,往往与《毛诗》不同,也有很值得采择的议论。

如说邶、鄘、卫三国《风》云:

> 河内本殷之旧都。周既灭殷,分其畿内为三国。《诗》风邶、庸、卫国是也。
>
> 邶以封纣子武庚;鄘,管叔尹之;卫,蔡叔尹之,以监殷民,谓之三监。故《书序》曰:武王崩,三监畔。周公诛之,尽以其地封弟康叔,号曰孟侯,以夹辅周室。迁邶鄘之民众离邑。故邶庸卫三国之诗相与同风。《邶》诗曰,"在浚之下"(《凯风》),《鄘》曰,"在浚之郊"(《干旄》)。《邶》又曰,"亦流于淇"(《泉水》)"河水洋洋"(师古曰,今《邶》诗无此句)。《鄘》曰,"送我淇上"(《桑中》),"在彼中河"(《柏舟》)。《卫》曰,"瞻彼淇奥"(《淇奥》),"河水洋洋"(《硕人》)。

这样引诗中地理来证历史,其方法甚可取。我在二十年前曾用这方法来说《周南·召南》的地理。又如云:

> 魏国……在晋之南,河曲。故其诗曰,"彼汾一曲"(《汾沮洳》),置诸河之侧(《伐檀》)。

这里用同样的方法。

最可注意的是《地理志》引的《齐风》:

临菑名营丘。故《齐诗》曰:"子之营兮,遭我虖峱之间兮。"又曰,"俟我于著乎而!"此亦其舒缓之体也。

师古注曰:

《齐国风·营》诗之辞也。《毛诗》作还,《齐诗》作营,之,往也。峱,山名也,字或作猲,亦作巎,音皆乃高反。言往适营丘而相逢于峱山也。

又曰:

《齐国风·著》诗之辞也。著,地名,即济南郡著县也。乎而,语助也。一曰,门屏之间曰著。

齐人说齐诗,这种说法颇值得研究。《营》诗,今通行毛诗本,皆作《还》。据《释文》,"《韩诗》作嫙,嫙,好貌。"《毛传》:"还,便捷之貌"。毛韩俱作形容字解,而《齐诗》说独作地名解。《齐诗》说把"之"作往解,在文法上似比毛韩两家更通顺一点。此诗三章,文例相同;若第一章"之营"作"往营丘",则第二三章之"茂"与"昌"皆当作地名解,可以如此标读:

子之营兮,遭我乎猲之间兮。
子之茂兮,遭我乎猲之道兮。
子之昌兮,遭我乎猲之阳兮。

营字如何能与"间"、"肩"、"环"为韵呢?按臣瓒注《地理志》北海郡营陵县云:

营丘,即临淄也。
营陵,《春秋》谓之缘陵。

此诗句句用韵,齐诗作营,当读如缘,始可协韵。

著诗之"著",《毛诗传》解作"门屏之间"。若依《齐诗》说解作地名(《地理志》济南郡有著县,师古音竹庶反,又直庶反),则三章同例之字亦应作地名解了:

俟我于著乎而?
俟我于庭乎而?
俟我于堂乎而?

堂,棠,是齐地名。昌即昌城,昌国,也是齐地名。茂,庭,当皆是齐地,但不知齐诗家如何说法。

我在十多年前,曾指出

  笃公刘,于胥斯原。

  笃公刘,于京斯依。

  笃公刘,于豳斯馆。

三句文法相同。豳,京,既是地名;胥亦是地名。以此推之,"爰及姜女,聿来胥宇",胥是地名,更无可疑。此方法即是王念孙父子用"终温且惠","终窭且贫"的文法来解说"终风且暴"的方法。今读《齐诗》古说,附带引申此例。

三二,三,廿五夜

编者案:这篇文章是三十二年胡先生在海外所作的一篇笔记,因为他看了本刊第四期沈兼士先生的读书随笔"子之还兮"一条,很感兴趣,而送给沈先生看的。他给沈先生的信上说:"昨读大著《读书随笔》两则,其第一则论'解果'、'蟹堁'、'间介',是很重要的发现,佩服佩服。关于'子之还兮'一条,我曾赞成齐诗之说,因为此句关键在于齐诗把'之'字看作'往也',在文法上似胜于韩毛。附带的一点,《齐诗》把'俟我于著乎而'的'著'也解作地名,我也觉得有理。……送上《海外读书杂记》一则,乞赐正。"云云。现在兼士先生取得他的同意,惠赐本刊发表,盛意可感,统此致谢。

(原载1946年9月18日《经世日报·读书周刊》第6期)

曹魏外官的"任子"制

曹操、曹丕用欺诈建国,用"校事"官来侦察吏民,用"任子"制来牵制外郡疆吏。这种政制的中心是一种猜疑的态度。曹操虽多猜忌,还有时故意做出大度的行为。曹丕的气度更狭窄,他对他自己的弟兄都绝不信任,用种种刻薄的手段来制裁监视他们。所以他对外人,更多猜忌,更用监视牵制的手段。"校事"之制,在黄初初年"举吏民奸罪以万数"(见《高柔传》),其监察侦探之严刻可想。

此外,又有重要州郡外官必须留儿子在京师,作为押质,名为"任子"。汉朝所谓"任子",是二千石以上官的一种权利,"吏二千石以上视事满三年者,得任同产若子一人为郎"。《汉书》颜师古注云,"任者,保也"。保是保举。曹魏的"任子"是外官送儿子去作押品,这"任"字是一种责任,一种担负。读史者不明曹魏"任子"的特殊意义,故不注意这制度的残酷性质。《魏志》说此制最明白的是《王观传》(卷二十四):

> 文帝践阼,(观)……出为南阳,涿郡太守。……明帝即位。下诏书使郡县条为"剧","中平"。主者欲言郡为"中平"。观教曰:"此郡(涿郡)滨近外虏,数有寇害,云何不为'剧'郡?"主者曰,"若郡为'外剧',恐于明府有任子。"观曰,"夫君者,所以为民也。今郡在'外剧',则于役条当有降差。岂可为太守之私而负一郡之民乎?"遂言为"外剧"郡。后送"任子"诣邺。时观但有一子,而又幼弱。其公心如此。

试看《魏志》第二十八卷里造反的诸大将,无不有任子在邺都或洛阳的,王凌要起兵,先遣舍人到洛阳通告他的儿子王广。毌丘俭要起兵,先通知在京师的儿子毌丘甸,甸带了家属私逃到新安灵山上,后来也被捉来杀了。邓艾死时,"余子在洛阳者悉诛"。最可注意的是钟会。钟会没有儿子,他养"兄子毅"为子,留在京师为任子,后来也被杀了。《会传》云:

> 初文王(司马昭)欲遣会伐蜀,西曹属邵悌求见,曰,"今遣钟会率十余万众伐蜀。愚谓会单身无重任,不若使余人行"。
>
> 文王笑曰:"我宁当复不知此邪?……灭蜀之后,……若作恶,只自灭族耳。卿不须忧。此慎莫使人闻也。"

钟会"单身无重任",就是说他没有亲生的儿子,没有重要的担保物。若不明"任子"之制,此语就不可懂了。

三十二,六,二十三

(原载 1947 年 2 月 5 日天津《大公报·文史周刊》)

曹操创立的"校事"制

曹操创立"校事"之官,最近于后世所谓"特务政治侦探"。故略考其制度。

鱼豢《魏略》云:

抚军都尉,秩比二千石。本校事官。始太祖欲广耳目,使卢洪赵达二人主刺举,多所陷入。故于时军中为之语曰:

不畏曹公,但畏卢洪。

卢洪尚可,赵达杀我。

后达竟为人迫死。(《御览》二四一引《魏略》)

《魏志》(十四)《高柔传》云:

(柔)复还为法曹掾。时置校事卢洪赵达等,使察群下。柔谏曰:"设官分职,各有所司。今置'校事',既非居上信下之旨,又达等数以憎爱擅作威福,宜检治之。"

太祖曰,"卿知达等恐不如吾也。要能刺举而办众事。使贤人君子为之,则不能也。昔叔孙通用群盗,良有以也。"

达等后奸利发,太祖杀之,以谢于柔。

但"校事"的制度还是继续存在的。《高柔传》又说:

文帝践阼,以柔为治书侍御史,赐爵关内侯,转加治书执法。……

校事刘慈等,自黄初初(220—222)数年之间,举吏民奸罪以万数。柔皆请惩(征?)虚实。其余小小挂法者,不过罚金。

同传又说:

明帝即位(227)。……时猎法甚峻。宜阳典农刘龟窃于禁内射兔,其功曹张京诣校事言之。帝匿京名,收龟付狱。柔表请告者名。帝大怒曰,"……吾岂妄收龟耶?"柔曰,"廷尉,天下之平也。安得以至尊喜怒而毁法乎?"重复为奏。……帝意寤,乃下京名。即还讯,各当其罪。

鱼豢《魏略》也说:

> 沐并,……丞相召署军谋掾。黄初中,为成皋令。校事刘肇出过县,遣人呼县吏,求索藁谷。是时蝗旱,官无有见;未办之间,肇人从入并之阁下,哅呼骂吏。并怒,因蹋履提刀而出,多从吏。并欲收肇。肇觉知驱走,具以状闻。有诏:"肇为牧司爪牙吏,而并欲收缚,无所忌惮。自恃清名邪?"遂收,欲杀之。(《魏志》二十三注引)

以上各条,可见文帝明帝时"校事"官的存在,又可见他们的威风可怕。

校事官直到曹氏的大势已崩溃的时候,直到司马懿杀了曹爽一班大臣之后,才因程晓的奏疏,决定废除。《程晓(程昱的孙子)传》中说:

> 晓,嘉平中(249—253)为黄门侍郎。时校事放横。晓上疏曰:"……远览前志,近观秦汉,虽官名改易,职司不同,至于崇上抑下,显明分例,其致一也。初无校事之官干与庶政者也。昔武皇帝大业草创,众官未备,而军旅勤苦,民心不安,乃有小罪,不可不察,故置'校事',取其一切耳。然检御有方,不至纵恣也。此霸世之权宜,非帝王之正典。其后渐蒙见任,复为疾病,转相因仍,莫正其本,遂令上察宗庙,下摄众司,官无局业,职无分限,随意任情,唯心所适。法造于笔端,不依科诏;狱成于门下,不顾覆讯。其选官属,以谨慎为粗疏,以谀词为贤能。其治事,以刻暴为公严,以循理为怯弱。外则托天威以为声势,内则聚群奸以为腹心。大臣耻与分势,含忍而不言;小人畏其锋芒,郁结而无告。至使尹摸(此事不见《魏志》。参看《晋书·何曾传》。摸《晋书》作模。)公于目下肆其奸慝。罪恶之著,行路皆知。纤恶之过,积年不闻。……今外有公卿将校总统诸署,内有侍中尚书综理万机,司隶校尉督察京辇,御史中丞董摄宫殿:皆

高选贤才,以充其职;申明科诏,以督其违。若此诸贤尤不足任,校事小吏益不足信。若此诸贤各思尽忠,校事区区亦复无益。若更高选国士,以为校事,则是中丞司隶重增一官耳。若如旧选,尹摸之奸今复发矣,进退推算,无所用之。……若使政治得失必感天地,臣恐水旱之灾未必非校事之由也。曹共公远君子,近小人,国风托以为刺。卫献公舍大臣,与小臣谋,定姜谓之有罪。纵令校事有益,以礼义言之,尚伤大臣之心。况奸回暴露而复不罢,是衮阙不补,迷而不返也。"

于是遂罢校事官。(《魏志》十四,《程昱附传》)

总计"校事"官的存在约有五十年的历史。曹操曹丕用这制度来侦察反动,剪除异己。但后来校事官虽然仍旧存在,仍旧"放横",然而司马氏早已抓住大权了,早已得着人心了,曹氏的帝室大权早已倾移了。校事官废除之后,不过十年魏朝就完全倒了。

三十二年六月二十二日

《资治通鉴》于吴国校事吕壹一案,记载颇详细(卷七十四)。但《通鉴》不提及魏国的校事制。

三十二年七月一日

(原载1947年1月29日天津《大公报·文史周刊》)

孙吴的"校事"制

我曾指出曹魏的"校事"是一种特别政治侦探机关。此制创于曹操。孙权在江南也曾效行,后来废止了;到孙皓时代,又恢复"校事"制。《吴志》里有许多关于"校事"制的材料,我钞在这里。

《陆凯传》(《吴志》十六)有陆凯谏孙皓二十事,其第十八事云:

夫校事吏,民之仇也。先帝末年虽有吕壹钱钦,寻皆诛夷,以谢百姓。今复张立校曹,纵吏言事。是不遵先帝,十八也。

孙皓时代的"校事"制,《吴》书记载不详,仅有此条明说孙皓恢复孙权的校事制,又明说"校事吏,民之仇也"。故先列此条为孙吴"校事"制的总纲。此条说孙权时代的"校事"有吕壹钱钦两人。钱钦事似无可考。《吴志》记"校事"各条,都是吕壹的事。《顾雍传》又提及秦博,也无可考。

《孙权传》(《吴志》二)于赤乌元年(238)记着:

初权信任"校事"吕壹。壹性苛惨,用法深刻。太子登数谏,权不纳。大臣由是莫敢言。后壹奸罪发露,伏诛。权引咎责躬,乃使中书郎袁礼告谢诸大将,因问时事所当损益。礼还,复有诏责数诸葛瑾,步骘,朱然,吕岱等,曰:

袁礼还,云与子瑜(瑾)子山(骘)义封(然)定公相见,并以时事当有所先后,各自以不掌民事,不肯便有所陈,悉推之伯言(陆逊)承明(潘濬)。伯言承明见礼,泣涕恳恻,辞旨辛苦,至乃怀执危怖,有不自安之心。闻此怅然,深自刻怪。何者?夫惟圣人能无过行,明者能自见耳。人之举厝,何能悉中?独当己有以伤拒众意,忽不自觉,故诸君有嫌难耳。不尔,何缘乃至于此乎?自孤兴军五十年,所赋役,凡百皆出于民。天下未定,孽类犹存;

士民勤苦,诚所贯知。然劳百姓不得已耳。与诸君从事,自少至长,发有二色,以谓表里足以明露,公私分计足用相保,尽言直谏,所望诸君。拾遗补阙,孤亦望之。……诸君与孤从事,虽君臣义存,犹谓骨肉不复是过。荣福喜戚相与共之。忠不匿情,智无遗计。事统是非,诸君岂得从容而已哉?同船济水,将谁与易?齐桓,诸侯之霸者耳,有善,管子未尝不叹,有过,未尝不谏。谏而不得,终谏不止。今孤自省无桓公之德,而诸君谏诤未出于口,仍执嫌难。以此言之,孤于齐桓良优,未知诸君于管子何如耳!

久不相见,因事当笑,共定大业,整齐天下,当复有谁?凡百事要,所当损益,乐闻异计,匡所不逮。

此段文字可以使我们想像当日"吕壹事件"的严重。吕壹已死,孙权派袁礼去访问各大将,征求他们的意见,而各大将还不敢说话,都向兼掌民事的两位大臣(陆逊、潘濬)身上推托。孙权自己也感觉这情形的可虑,所以写这道恳切悔过的手诏给各大将。孙权肯这样自责,究竟不失为一个豪杰。

孙权手诏自责一件事,陆逊、潘濬、诸葛瑾三人传中都提及,也可见其重要性。今杂采各传所记"校事"吕壹的事迹,记在这里:

吕壹的本官是中书,"校事"是他的兼职。中书是君主的秘书。东汉自光武以后不设丞相,三公的地位虽高,而实权在尚书。曹操作丞相魏公魏王时,置秘书令丞,典尚书奏事,就把汉廷的尚书的实权拿过来,放在丞相之下了。曹丕做了皇帝,改秘书为中书,以刘放为中书监,孙资为中书令。从此以后,中书遂成了要官。孙权虽有丞相,政权也在中书,这也是模仿魏制的一点。中书是君主的秘书省,当然对外面的将相有疑忌的态度。"校事"之制,是采取曹魏的"校事"官,而附属在中书。故《顾雍传》(《吴志》七)说:

吕壹秦博为中书,典校诸官府及州部文书。

《步骘传》(《志》七)也说:

中书吕壹典校文书,多所纠举。

《陆逊传》(《志》十三)也说:

> 中书典校吕壹窃弄权柄,擅作威福。

《是仪传》(《志》十七)称

> 典校郎吕壹。

但"校事"本是钞袭魏国的旧制,故吴人也往往省称此官为"校事"。故《孙权传》与《陆凯传》都称"校事",《潘濬传》(《志》十六)也称

> 校事吕壹操弄权柄。

总合以上各传看来,这个官的全名大概叫做"中书典校郎",或称"典校诸官府及州部文书事"。省称为"校事"。

《诸葛恪传》(《志》十九)说:

> 孙权死后(252),太子亮即位,恪更拜太傅。于是罢视听,息校官,原逋责,除关税,事崇恩泽,众莫不悦。

"校官"即是典校事的官。"视听"即是"校事"的工作,即是现代话的"侦探"。《资治通鉴》卷七十五记此事,"罢视听,息校官"下,胡三省注云:

> 吴主权置校官,典校诸官府及州郡文书,专任以为耳目。今"息校官",即所谓"罢视听"也。

胡注是不错的。

《顾雍传》说:

> 雍代孙邵为丞相。……久之,吕壹秦博为中书,典校诸官府及州部文书。壹等因此渐作威福,遂造作榷酤障管之利,举罪纠奸,纤介必闻。重以深案丑诋,毁短大臣,排陷无辜。雍等皆见举白,用被谴让。

《潘濬传》(《志》十六)说:

> 时校事吕壹操弄威柄,奏按丞相顾雍,左将军朱据等,皆见禁止。

朱据"尚公主",是孙权的女婿。吕壹可以攀倒顾雍朱据,可见他的威风真是无比的了。

顾雍一案的下落,详见《潘濬传》:

> 黄门侍郎谢厷语次问壹:"顾公事何如?"壹答:"不能佳。"厷又问:"若此公免退,谁当代之?"壹未答厷,厷曰:"得无潘太

常得之乎？"(吴制,丞相之下即为太常。顾雍亦是由太常为丞相。)壹良久曰:"君语近之也。"玄谓曰:"潘太常常切齿于君,但道远无因耳(浚驻武昌)。今日代顾公,恐明日便击君矣。"壹大惧,遂解散雍事。

顾雍是文官作丞相,所以吕壹不怕他。潘浚有兵权,所以吕壹不愿意他来作丞相。浚传又说:

> 浚求朝,诣建业,欲尽辞极谏,至,闻太子登已数言之,而不见从。浚乃大请百寮,欲因会手刃杀壹,以身当之,为国除患。壹密闻知,称疾不行。浚乃进见,无不陈壹之奸也。由此壹宠渐衰,后遂诛戮。权引咎责躬,因诮让大臣,语在权传。

《陆逊传》(《志》十三)说:

> 时中书典校吕壹窃弄权柄,擅作威福。逊与太常潘浚同心忧之,言至流涕。后权诛壹,深自责,语在权传。

这两个握兵权的大将都无法对付吕壹,只能"言至流涕"！

《是仪传》(《志》十七)记刁嘉一案:

> 典校郎吕壹诬白故江夏太守刁嘉谤讪国政。权怒,收嘉系狱,悉验问时同坐人。皆怖畏壹,并言闻之。仪独云无闻。于是见穷诘累日,诏旨转厉,群臣为之屏息。仪对曰,"今刀锯已在臣颈,臣何敢为嘉隐讳,自取夷灭？……顾以闻知当有本末,据实答问。"辞不倾移。权遂舍之,嘉亦得免。

"谤讪国政"正是特别政治侦探的主要目标。

《是仪传》又说:

> 吕壹白将相大臣,或一人以罪闻者数四,独无以白仪。

这可见"校事"的工作是报告将相大臣的罪过。

《步骘传》(《志》七)说:

> 中书吕壹典校文书,多所纠举。骘(时为骠骑将军,都督西陵)上疏曰:"伏闻诸典校挢挶细微,吹毛求瑕,重案深诬,趣欲陷人,以成威福。无罪无辜,横受大刑。使民踢天蹐地,谁不战慄？……"又曰:"天子父天母地,故宫室百官动法列宿。若施政令钦顺时节,官得其人,则阴阳和平,七曜循度。至于今日,官

寮多阙,虽有大臣,复不信任。如此,天地焉得无变?故频年枯旱,亢阳之应也。又嘉禾五年(236)五月十四日,赤乌二年(239)正月一日及二十七日,地皆震动。地,阴类,臣之象。阴气盛,故动,臣下专政之故也。夫天地见异,所以警悟人主,可不深思其意哉?"

又曰:"丞相顾雍,上大将军陆逊,太常潘濬,忧深责重,志在竭诚,夙夜兢兢,寝食不宁,念欲安国利民,建长久之计。……宜各委任,不使他官监其所司,责其成效,课其负殿。此二臣者,思虑不到则已,岂敢专擅威福欺负所天乎?"又曰:"县赏以显善,设刑以威奸,任贤而使能:审明于法术,则何功而不成?何事而不办?何听而不闻?何视而不睹哉?若今郡守百里皆得其人,共相经纬,如是,庶政岂不康哉?窃闻诸县,并有备吏,吏多民烦,俗以之弊。但小人因缘衔命,不务奉公,而作威福,无益视听,更为民害。愚以为可一切罢去。"权亦觉悟,遂诛吕壹。

步骘的奏疏使我们知道"校事"之制起于不信任将相大臣,所以要派"他官监其所司,责其成效,课其负殿"。内则丞相顾雍,外则陆逊潘濬,都受这种监视。此疏又可使我们知道"校事"的专员分布在各郡县,故说"诸县并有备吏,……无益视听,更为民害"。"视听"就是"包打听"。

《孙权传》记吕壹被诛杀及孙权的责己手诏,都在赤乌元年(238),故《资治通鉴》(卷七十四)记此两事也系在此年(即魏景初二年)但步骘疏中提到赤乌二年正月的两次地震,可见吕壹之死决不在赤乌元年,至早要移在赤乌二年正月以后。孙权诏中有"自孤兴军五十年"的话,孙权生于汉灵帝光和五年(182)孙坚起兵讨董卓,那时孙权只九岁(190)。孙策平定江东时,他十五岁(196),作阳羡长;后来作奉义都尉,从孙策征刘勋,征黄祖,那时他十八岁(199)。次年,孙策死了,他接他的事,那时他十九岁(200)。就从他十五岁(196)计算起,到赤乌二年(239),也只有四十三年。(那时他五十八岁)。大概他从他父亲孙坚起兵时算起,才有"五十年"的约数。责己诏中提及潘濬,濬死在赤乌二年。故孙权杀吕壹,下诏自责,都在赤乌二年的下半。《孙权传》与《资治通鉴》都错了一年。

吕壹的倒败被杀,是由于朱据一案。《朱据传》(《志》十二)说:

> 黄龙元年(229)权迁都建业,征据尚公主,拜左将军,封云阳侯。……嘉禾中,始铸大钱,一当五百。后据部曲应受三万缗。工王遂诈而受之。典校吕壹疑据实取,考问主者,死于杖下。据哀其无辜,具棺敛之。壹又表据吏为据隐,故厚其殡。权数责问据,据无以自明,藉草待罪。数月,典军吏刘助觉言王遂所取。权大感寤,曰,"朱据(他的女婿)见枉,况吏民乎?"乃穷治壹罪。赏助百万。

《顾雍传》记吕壹的下场情形如下:

> 后壹奸罪发露,收系廷尉。雍往断狱,壹以囚见。雍和颜色,问其辞状。临出,又谓壹曰,"君意得无欲有所道?"壹叩头无言。
>
> 时尚书郎怀叙面詈辱壹。雍责叙曰,"官有正法,何至于此?"(顾雍死在赤乌六年十一月。)

《阚泽传》(《志》八)说:

> 初以吕壹奸罪发闻,有司穷治,奏以大辟。或以为宜加焚裂,用彰元恶。权以访泽,泽曰,"盛明之世不宜复有此刑。"权从之。

吕壹死在赤乌二年(239)。此后十多年中,"校事"制还继续存在。直到孙权死后(252),诸葛恪当政,才"罢视听,息校官"。废止十二年之后,孙皓即位(264),又恢复"校事"制。

三十二,七,一——二

(原载1947年2月12日天津《大公报·文史周刊》)

两汉人临文不讳考

> 今人避讳,更急于古。(《颜氏家训》)

两汉的君主名字究竟是如何讳避的?当时尊重的《礼经》里说的"诗书不讳,临文不讳",究竟能不能实行?后世的严格避讳的标准,究竟能不能适用到两汉文献的研究?近世学者曾试用避讳来考订汉人作品的年代,这方法究竟有几分可靠性?

许慎《说文解字》示部的第一个字是这样的:

祜　上讳

徐锴说:

> 臣锴按此字后汉安帝名。臣不可议君父之名,故言"上讳"。又按前汉诸庙讳,慎皆议而不阙。此盖彼时之制,臣所不能测知。

徐锴的话最为谨慎有分寸。《说文》称"上讳"的字只有五个:禾部的秀(光武帝名),艸部的莊(明帝名),火部的炟(章帝名),戈部的肈(和帝名),示部的祜,都是后汉最早五帝之名。而前汉诸帝之名,如邦字,盈字,恒字,启字,彻字,骜字,欣字,衎字等,《说文》"皆议而不阙"。所以徐锴归纳起来说,许慎于后汉诸帝之名,其字皆"不解说而最在前"(此莊字下锴说。最在前,如祜字在示部最前,莊字在艸部最前);但前汉诸帝名,则"皆议而不阙"。

段玉裁就不能这样谨慎了。他在"祜"字下注云:

> 言"上讳"者五……秀,莊,炟,肈,祜。……殇帝(和帝之后,安帝之前)名隆,不与焉。伏侯《古今注》曰,"隆之字曰盛",亦当言"上讳",明矣。而《五经异议》云,"汉幼小诸帝皆不庙祭,而祭于陵"。既不庙祭矣,则不讳可知。此许冲奏上时于隆

字不曰"上讳"所由也(许慎病时,其子许冲奏上《说文》,在建光元年,西历121)。讳止于世祖者?《记》曰:"既卒哭,宰夫执木铎以徇于宫曰:'舍故而讳新'。""故"谓高祖之父当迁者。杜预亦言,"自父至高祖,皆不敢斥言"。计许君卒于恭宗(安帝)已后,自恭宗至世祖适五世。世祖已上,虽高帝不讳。盖汉制也。

段玉裁归纳到"讳尽于五世"的一条"汉制",又说"世祖已上,虽高帝不讳"。后一条,《说文》可证。前一条则还不能确定。因为安帝到世祖恰恰止有五世,我们不知第六世顺帝时是否就不讳"秀"字了。故我们至多可以说,依《说文》称"上讳"之例,后汉人避讳似乎"止于世祖",世祖以上,"虽高帝不讳"。

避讳的方法是怎样的呢?

徐锴说,许慎于后汉诸帝讳皆"不解说而最在前"。段玉裁说:"此书之例,当是不书其字,但书'上讳'二字。书其字则非讳也。今本有篆文者,后人补之。不书,故其诂训形声俱不言"。

但许氏在"莊"字下云:

> 莊,上讳。㊧,古文莊。

段氏武断的说:

> 莊字篆文本不书。今书之者,后人补也。然则录古文,注之曰"古文莊",亦恐后人之所加。

段氏之说不免是用后世避讳之例来推测《说文》。其说在情理上实在讲不通。例如禾部有:

> 秀,上讳。
>
> 稼,禾之秀实为稼。
>
> 采,禾成秀,从禾,爪声(此依徐锴。段本改作"采,禾成秀,人所收者也。从爪禾")。穗,俗从禾,惠声。

又艸部有:

> 莠,禾粟下扬生莠也,从艸,秀声。
>
> 葰,茅秀也。
>
> 蒹,萑之未秀者。

若依段玉裁之说,这些"秀"字在许慎原文难道都是"不书其字"吗?

何则？"书其字则非讳也"！所以我说段说是说不通的。

我们看上举"秀"字各条，不能不推想后汉学者著书作文大概能实行"诗书不讳，临文不讳"的礼文。如《说文》原文必是"祜，上讳"；"肇，上讳"，决无"不书其字"之理，又如"莊，上讳，奘，古文莊"，亦必是原文如此，正如禾部艸部诸字《说文》中屡用"秀"字，连段玉裁也不敢坚持"不书其字"或用代字（如用茂字代秀字）的臆说了。

伏无忌死在桓帝时，他的《古今注》举后汉九帝的名讳和代字如下：

秀（光武帝名）之字曰茂。

莊（明帝名）之字曰严。

炟（章帝名）之字曰著。

肇（和帝名）之字曰始。

隆（殇帝名）之字曰盛。

祜（安帝名）之字曰福。

保（顺帝名）之字曰守。

炳（冲帝名）之字曰明。

缵（质帝名）之字曰继。

伏侯记此表，亦必守"临文不讳"之礼，直书无讳，决不能"不书其字"。

许慎在安帝时著书可以直书秀，莊，炟，肇，祜等字；伏无忌在桓帝时著书可以直书"保之字曰守，炳之字曰明，缵之字曰继"。这都是"诗书不讳，临文不讳"的明证。

许慎的《说文》，全不避前汉帝讳，这是徐锴、段玉裁都承认的。其实前汉人也都守"诗书不讳，临文不讳"的礼文。司马迁的《史记》的《高祖本纪》在高祖十一年明写着：

分赵山北，立子恒，以为代王。

他在《吕后本纪》也明写着：

高祖八子，……薄夫人子恒为代王。

《高纪》之末，又明写着：

> 高帝八男……次代王恒……薄太后子。

是他临文不讳文帝之名。《史记·孔子世家》引孔子的话：

> 不愤不启,举一隅不以三隅反,则弗复也。
>
> 弗乎,弗乎? 君子病殁世而名不称焉。

启是景帝之名,弗是昭帝之名。司马迁生于景帝中五年(西历前145,此据王国维的考证),昭帝立时,他不过六十岁,也许还生存(王鸣盛说)。即使他不及见昭帝之立,他不讳景帝之名,是无疑的。又《景帝纪》：

> 四年夏,立太子。立皇子彻为胶东王。七年冬,废栗太子为临江王。四月乙巳,立胶东王太后为皇后,丁巳,立胶东王为太子,名彻。

是他不讳武帝之名。以上各例可证司马迁的"临文不讳"。

《汉书·韦贤传》有他的先人韦孟的谏诗,中有"实绝我邦"句,与荒,商,光,同,为韵。又有"我邦既绝","邦事是废"二句。韦孟又有《在邹诗》,有"于异他邦"句,与恭为韵；又有"癙其外邦"句。韦孟为楚元王傅,历事元王子夷王,及孙王戊。戊死在景帝三年(前154)。这可见前汉人"诗书不讳,临文不讳",故韦孟作诗不讳刘邦之名。

汉人避讳,多依据《曲礼》及《檀弓》论讳的两条经文。《曲礼》说的最详细：

> 卒哭乃讳(郑玄注："生者不相避名。卫侯名恶,大夫有名恶,君臣同名,《春秋》不非")。礼不讳嫌名。二名不偏讳。逮事父母,则讳王父母:不逮事父母,则不讳王父母。君所,无私讳；大夫之所,有公讳。诗书不讳。临文不讳(郑注："为其失事正")。庙中不讳。……

《檀弓》说的,可以补充《曲礼》说的：

> 既卒哭,宰夫执木铎以命于宫,曰："舍故而讳新。"(郑注："故为高祖之父,当迁者也"。)

《檀弓》又说：

> 二名不偏讳,夫子之母名征在,言在不称征,言征不称在。

这几条都是两汉遵行的避讳的礼文。"不讳嫌名",故和帝名肇,而不改京兆郡名。故灵帝名宏,而弘农郡名不改,他的儿子少帝被董卓为弘农王。灵帝末年还有司空刘弘。"诗书不讳,临文不讳",故《史记》不讳高祖以下各帝名,故韦贤作诗不讳"邦"字,故许慎《说文》不讳"秀"、"莊"等字。

汉朝皇室的宗庙有"亲尽迭毁"之利,故学者又有"舍故而讳新"之说。但"故"到几代以上,则似乎没有定论。《曲礼》明说:

> 逮事父母,则讳王父母;不逮事父母,则不讳王父母。

这明说避讳至多到祖父母为止了。但郑玄注云:

> 此谓庶人。适士以上庙事祖,虽不逮事父母,犹讳祖。

这已是扩充到"庙事"的祖宗了(郑说明是曲说,因为《礼经》《礼记》都是士礼,不是庶人礼)。郑玄注《檀弓》"舍故而讳新"一句,又说:

> 故为高祖之父,当迁者也。

这就是说讳止于高祖,又推上去两代了!

魏王肃有《讳议》,保存在《通典》(一百四)里,其论古代避讳制度,甚有见地。他说:

> 《礼》曰,诗书,临文,庙中皆不讳,此乃谓不讳见在之庙,不谓已毁者也。文王名昌,武王名发。成王时《颂》曰,"克昌厥后","骏发尔私"。箕子为武王陈《洪范》曰,"而邦其昌"。厉王名胡,其子宣王时诗曰,"胡不相畏,先祖于摧!"其孙幽王时诗曰,"哀今之人,胡为虺蜴!"此则诗书不讳明验也。
>
> 案汉氏不名讳,常曰,"臣妾不得以为名字,其言事不讳",盖取诸此也。
>
> 然则《周礼》,其不讳时,则非唯诗书,临文,庙中,其余皆不讳矣。

王肃建议:

> 今可太祖(曹操)以上,去墠(即是迁庙之祖)乃不讳,讳三祖以下尽亲,如《礼》。唯诗书,临文,庙中,不讳。自此以后,虽百代,如汉故事,臣妾不得以为名字,其言事不讳。……(严可均《全三国文》)

王肃的议论,虽然是说明古制,也可以表示他想正式规定一种宽大的避讳制度。避讳之制,若限于未迁庙的五代,并且见在之庙(五代)也只限于"臣妾不得以为名字",此外则诗书不讳,临文不讳,庙中不讳,又加上言事不讳,这岂不是差不多等于没有避讳了吗?

以上考证两汉避讳的制度。王肃说的"言事不讳",其实是"临文不讳"的一方面。我想更寻一些汉人"临文不讳,诗书不讳"的绝对无可疑的证据。我想到了蔡邕的碑版文字,材料既多,作者的年代又无可疑,并且有几篇还有石刻拓本存在,大可以用来研究这避讳问题,使我们知道汉朝学者是否实行"诗书不讳,临文不讳"的条例,蔡邕生于顺帝阳嘉二年(西历133),死于献帝初平三年(192)。他的碑版文字绝大部分都作于灵帝一朝(168—189)。我现今把蔡邕的碑文中用后汉诸帝名字的文句列为一表如下(用的是严可均《全后汉文·蔡邕集》本):

碑题	碑文大致年代	引句	后汉帝讳
周䌽碑	桓帝延熹二	寔所谓天民之秀	光武帝名
蔡朗碑	似在桓帝时	栖迟不易其志	桓帝名
又		正于阿保	顺帝名
崔君夫人诔	延熹四	训以柔和,董又严刚。恕不伤爱,喜不乱莊。	明帝名
又		既隆且昌	殇帝名
郭秦碑	灵帝建宁二	保此清妙	顺帝名
东鼎铭	建宁三	保乂帝家	顺帝名
胡广夫人灵表	建宁三	失延年之报祜	安帝名
济阳宫碑	无年月	保之无疆	顺帝名
警枕铭	无年月	潜德保灵	又
胡广碑一	熹平元	蹈明德以保身	又
胡广碑二		保兹旧门	又
又		保身遗则	又
又		彪炳其文	冲帝名

(续)

又		勋格皇天,泽洽后土。	安帝名
		封建南蕃,受兹介祜。	
胡广碑三		在盈思冲,升隆以顺。	殇帝名
胡广祠堂碑铭		保赖宣叙	顺帝名
又		保公之谟	又
李咸碑	熹平四	名莫隆于不朽	殇帝名
陈球碑	光和二	树□为志	桓帝名
又		休休之志	又
又		秉心之隆	殇帝名
乔玄碑一	光和七	其性莊,疾华尚朴。	明帝名
乔玄碑阴		于其隆指	殇帝名
又		视民如保赤子	顺帝名
刘宽碑	中平二	皆不细志	桓帝名
范丹碑	中平二	志高行洁	又
杨赐碑一	光和四	居高而志降	又
杨赐碑二		在栋伊隆	殇帝名
杨赐碑三		德宜师保	顺帝名
杨赐碑四		宜建师保	又
又		保又帝家	又
又		先志载言,罔不攸该。	桓帝名
房桢碑	无年月	功隆名显	殇帝名
翟先生碑	无年月	既不降志,亦不辱身。	桓帝名
桓彬碑	无年月	辞隆从窳	殇帝名

以上共计三十六个例子,共计

  不避"秀"字   一例

  不避"莊"字   二例

  不避"隆"字   八例

  不避"祜"字   二例

  不避"保"字   十四例

  不避"炳"字   一例

  不避"志"字   八例

这不够明白无疑的证明两汉的文人、史家,确曾享受"临文不讳"的自由吗?这三十六例之中,如《崔君夫人诔》的"莊"字,与良、方、刚、臧、光为韵;如《胡广》第二碑的"祜"字,与土、载、扈、祖为韵,更可证原文没有用避讳的代字。这些灵帝时代的碑文,完全不讳安帝顺帝冲帝桓帝之名,这都是王肃所谓"不讳见在之庙"的明证。

我作这篇两汉人避讳制度的考证,有两层用意。第一,我要人知道避讳制度和它种社会制度一样,也曾经过长时期的演变,在那长期的历程上,有时变宽,有时变严,有时颇倾向合理化,有时又变的更不近人情。殷商人完全没有避讳制度。避讳起于周人,正和谥法起于周人一样,汉朝沿袭避讳的旧俗,但治礼的学者还能抬出古礼"不讳嫌名,二名不偏讳,舍故而讳新,诗书不讳,临文不讳,庙中不讳"等等消极的规定。所以汉人的避讳,虽然在历史上留下了不少的遗迹——如恒娥变成了嫦娥(文帝名恒),"禁中"改省了"省中"(元帝王后的父亲名王禁,省中之名起于其时宫内的避讳。王肃说:"至今遂以省中为称,非能为元后讳,徒以其名遂行故也")。"秀才"改成了"茂才"之类,——究竟是很宽阔的,很大度的。尤其是"诗书不讳,临文不讳"的实行,就几乎完全打消了避讳的束缚了。我们明白了两汉四百年的避讳的宽大,才可以明了三国两晋以后避讳制度的逐渐变紧,变严,变专制,变野蛮,都只是"变本加厉"的历史现象。看郑玄注《礼记》论讳各条,看王肃议讳的文字,何等宽大!何等近人情!再看王肃同时的吴帝孙休为他四个儿子取名字的诏书(《三国志·吴志·孙休传》裴松之注引《吴录》),就可知道江东的暴发户也要行古礼,竟不知不觉的开始走上"变本加厉"的路上去了。从此以后,江左南朝的士族就做出了许多避讳的丑态。——如梁朝名士谢举"闻讳必哭";臧逢世父名严,得吏民书启有称"严寒"的,他就"对之流涕"(二事均见《颜氏家训·风操篇》)。——颜之推(六世纪之末)曾说,"今人避讳,更急于古"。这是最有历史见识的判断。从两汉人的"临文不讳",一直到满清时代的行文避讳之严厉,这一个制度的古今之变,岂不是值得历史家研究解释的吗?

第二,我要人知道汉人真能做到"临文不讳,诗书不讳",要人知避讳有古今宽严的大不同,所以我们不能轻易采用后世的严格避讳标准来做考订古代文献的方法。凡做历史考据的人,必须彻底明了事物制度有沿革变迁，必须极力避免崔述所谓"以今度古"的错误方法。例如古人席地而坐，后世始有胡床，始有倚子（椅子），始有桌子，我们不能用后世桌椅时代的生活习惯来推测未有桌椅的古人的起居习惯。又如丧礼，也有古今的演变。我们不能用后世官吏奔丧"丁忧"的制度来判断汉朝官吏遇父母丧"既葬三十六日除服，起视事"的制度；更不能用后世的丧礼习惯来判断《孟子》里滕国父兄百官说的三年之丧"吾宗国鲁先君莫之行，吾先君亦莫之行"的话。避讳是古代丧礼的一个部分，也曾经过长时期的演变。不幸有些没有历史见解的学者，往往滥用后世的避讳标准来评量古代文书的时代先后，就好像他们看见一本宋版书某字题着"御讳"，某字阙笔，某字不阙，就断定此书刻在某帝之前某帝之后一样！这些学者何尝不知道这种刻书避讳的制度，在元明两朝也就经过了绝大的变化？他们何尝不知道宋元明清四朝的避讳制度就有了绝大的不同？懂得版本之学的，就都知道他们绝不能用宋版书避讳的情形来考订元刻明刻的年代。然而有些学者居然想用清朝避讳的标准来考定汉朝文书的年代！这岂不是最错误的方法吗？

我且举一个极端的例子。在一百年前左右，有一班学者忽然注意到《易林》的作者问题。山东栖霞的牟庭主张《易林》的作者是王莽时代的崔篆；赞成他的主张最热心的是山东东莱的翟云升，他刻有一部《易林校略》（道光十二年），也主张《易林》是王莽时代的崔篆作的。南方的学者如山阳的丁晏，如仪征的刘毓崧，如新阳的汪之昌，都极力主张《易林》的作者是前汉昭帝宣帝时人焦延寿，所以他们都极力反对牟庭，翟云升的主张。丁晏的《易林释文》（成于咸丰四年）有刘毓崧的几千字的长跋，全篇用汉帝名讳做标准，来证明《易林》决非崔篆作的，又用同样的标准来证明书是焦延寿作的，而成书在昭帝之时。刘毓崧的跋文太长，我摘钞他用避讳标准的部分如下：

　　① 明帝讳莊，而《易林》不避"莊"字（坤之观，泰之豫，否之既济，豫之家人），则非作于明帝时可知。

　　② 崔篆之《易林》作于光武帝建武初年，光武帝讳秀，而

《易林》不避"秀"字(需之艮,晋之比,夬之晋),断不出自篆手,则非作于光武时可知。

③ 更始讳玄,而《易林》不避"玄"字(屯之大畜),则非作于更始时可知。

④ 王莽未篡立之时已改"禁中"为"省中",以避其祖讳,而《易林》不避"禁"字(坤之否),则非作于莽时可知。

⑤《易林》不避"婴"字(屯之未济,小畜之井),且以"子婴"连言(谦之蒙,中孚之姤),则非作于孺子婴时可知。

⑥ 平帝旧讳箕子(平帝元始二年诏曰,"皇帝二名通于器物,今更名,合于古制"。箕子即播箕,故云"适于器物"。改名为衎。)而易林不避"箕"字(大畜),且以"箕子"二字连言(泰之剥,大壮之小过),则非作于平帝时可知。

⑦ 哀帝讳欣,而《易林》不避"欣"字(屯之蹇,否之履,复之损),则非作于哀帝时可知。

⑧ 成帝讳骜,其嫌名为"鳌",而《易林》不避"鳌"字(鼎之震),则非作于成帝时可知。

⑨ 元帝讳奭,而《易林》不避"奭"字(大畜之小畜,益之谦,颐之渐,艮之咸),则非作于元帝时可知。

⑩ 宣帝讳询,其嫌名为"荀",而《易林》不避"询"字(大畜之家人,明夷之临,归妹之泰),亦不避"荀"字(蛊之归妹),则非作于宣帝时可知。

⑪ 今反复研究,知其作于昭帝之时。……昭帝名弗,荀悦曰,讳弗之字曰不。《易林》六十四卦,四千九十六变,其中用"不"字者层见叠出,奚啻千余?而无一"弗"字。则作于昭帝即位以后,无疑。

⑫ 高祖讳邦,惠帝讳盈,文帝讳恒,景帝讳启,武帝讳彻。《易林》乾之坤云"害我邦国"。蒙之坤云"常盈不亡"。此之坎云"恒山浦寿"。需之兑云"牡飞门启"。大壮之临去"禄位彻天"。不避诸帝之讳者,西汉时法制尚为疏阔,惟时主之名避讳甚严。若先代之名,有因已祧不讳,有因临文不讳,可以随时变

通，故或讳或不讳，非若后世拘于一定之例。此《易林》所以止避昭帝之名而不避先代之讳也。

以上十二条，其十条用避讳证明《易林》非作于某帝时代。其第十一条因《易林》不见"弗"字，遂证明《易林》"作于昭帝即位以后无疑"。其第十二条本是一条注文，说明昭帝以上的五世先帝之名又何以不讳之故。

其实我们把这条注文来比较前面的十一条，就够发现刘毓崧方法上的自相矛盾了。《易林》不避高祖至武帝五帝之名，他说是"有因已祧不讳，有因临文不讳，可以随时变通"。那么，《易林》不讳宣、成、哀、平、光武、孝明诸帝之名，我何以不能说这也是"有因已祧不讳，有因临文不讳，可以随时变通"呢？同是不避讳，何以前一组"可以随时变通"，而后一组则可以用来考证时代了呢？况且"时主之名避讳甚严"一条规定见于何经何史呢？（"已祧不讳"一句话更是荒谬。刘毓崧难道不知"亲尽迭毁"的制度起于元帝时的贡禹，行于韦玄成，都远在昭帝以后吗？他难道不知昭帝是高帝的玄孙，还不到"亲尽"吗？）

刘毓崧的根本毛病是先有了《焦氏易林》的成见，故必须证明此书不作于昭帝之前，也不在昭帝之后，才合于焦延寿的时代。《易林》四千九十六首韵语里没有一个"弗"字，刘毓崧就说这是有意避"时主之名"，但《易林》四千九十六首里也没有一个"莽"字，刘毓崧又不承认这是有意避"时主之名"了，因为那岂不正合崔篆的时代了吗？那岂不是反替反对党添一个佐证了吗？（《诗》三百篇用"我"字至五百多次，但从不曾有一次用"吾"字作代名字。难道那几百个无名诗人，时代不同，国土不同，也都有意避讳"吾"字吗？"弗"字是复合代字；是"不之"两字缩成的复合字，必须用在外动字，又必须省略动词下的"止词"。例如"求水火无弗与者"，等于"无不与之者"。详见丁声树先生的"弗"字解？"弗"与"不"文法不同，这当然不是刘毓崧能了解的。）

我们没有这种成见，所以只能说：刘毓崧辛辛苦苦的列举《易林》不避汉讳的证据，使我们更相信汉人避讳的"法制尚疏阔"，故能实行"临文不讳"的古礼。因此,我们更相信,我们决不可用后世的严格避讳的标准来考证汉朝文献的年代。

1943,7,22 夜写成

附记 《论衡》不避汉讳

《论衡》的作者王先生于光武帝建武三年(西历27),他的书里称章帝为"今上",又提到章帝建初四年(79)到章和二年(88)的事。他那时代的帝讳不过是"秀"字,"莊"字,"炟"字。炟字(章帝名)是不会用在文字里的。所以我今天去翻《论衡》全书,用通津草堂本,专查《论衡》里有没有"秀"字和"莊"字。我查了一点钟,没有找到一个"秀"字,只寻出了《论衡》不避"莊"字至少有十六次之多。这十六个"莊"字,《率性》篇见二次(莊岳);《艺增》篇与《说日》篇各一次(春秋莊公七年);《谴告》篇见一次(楚莊王);《死伪》篇见八次(莊子义),《订鬼》篇见三次(亦是莊子义)。这也是"临文不讳"的明证。

1943,8,8 夜,胡适。

(原载 1944 年 3 月《图书季刊》新第 5 卷第 1 期)

读陈垣《史讳举例》论汉讳诸条

我写了《两汉人临文不讳考》，寄给王重民先生，请他用国会图书馆中藏书，代我一校；并请他把陈垣先生的《史讳举例》寄给我重读一遍。昨天收到《史讳举例》，翻读一遍，写这篇札记。

此书第一章《避讳改字例》有足助证我说的材料甚多。如云：

张迁碑"诗云旧国，其命维新"。开母庙石阙以开为启。则避讳改字之见于见存汉碑者。然《隶释》引汉石经《尚书》残碑，保字志字仍不避，其它东汉碑中之邦、盈、恒、启等字尤数见。犹可谓建武以前亲尽不讳也。今将建武以后诸讳字之见于见存诸碑者列下：

A 建宁四年孔彪碑"睿其玄秀"。光和四年逢盛碑"苗而不秀"。中平五年张纳功德叙"旌甄秀异"。是不避秀。

B 和平元年严䜣碑"兆自楚庄"。延熹三年孙叔敖碑"庄王置酒以为乐"。中平元年郭究碑"严莊可畏"。是不避庄。

C 延熹六年薛君碑"我君肇祖"。建安十年樊敏碑"肇祖宓戏"。是不避肇。

D 元嘉元年丁鲂碑"隆平"。永寿二年韩勑碑"袁隆"。光和二年华山亭碑"大华优隆"。是不避隆。

E 建宁二年史晨奏铭"玄德焕炳"。是不避炳。

F 熹平四年帝尧碑"缵尧之绪"。熹平六年尹宙碑"克缵祖业"。中平三年张迁碑"缵戎鸿绪"。是不避缵。

G 建宁四年刘修碑"志暾拔葵"。熹平三年娄寿碑"岐嶷有志"。中平二年曹全碑"先意承志"。是不避志。

H 建宁元年衡方碑"揽英接秀"，"肇先盖尧之苗"，"□隆宽慓","保障二城"。于秀、肇、隆、保四字皆不避。

则汉时避讳之法亦疏。六朝而后,始渐趋严密耳。

马衡曰,"闻母庙阙,亦庙名因避讳而改,后人因之,非书碑者避讳改字也"。然则张迁碑之"诗云旧国"亦所据传本如此,非书碑时避讳所改。

陈垣先生依据这些汉碑材料,也应该可以得到"两汉人临文不讳"的结论。有些时候,陈先生的结论与此甚相近,如云:

然《史记》《汉书》于诸帝讳,有避有不避。其不避固有由后人校改,然以见存东汉诸碑例之,则实有不尽避者。大约上书言事不得触犯庙讳,当为通例;至若临文不讳,诗书不讳,礼有明训,汉时近古,宜尚自由,不能以后世之例绳之。(卷八页八三)

又云:

汉宣帝元康二年诏曰:"闻古天子之名难知而易讳也。今百姓多上书触讳以犯罪者,朕甚怜之。其更讳'询',诸触讳在令前者,赦之"。此上书不得触讳之说也。灵帝时诸碑,远不避光武讳,近不避桓帝讳。此临文不讳之说也。(同上)

在这几条里,陈先生的结论很近于我的结论。他用灵帝时诸碑作证,可与我用蔡邕碑文的诸例互相印证。他不完全主张汉人临文不讳,但他承认"临文不讳,诗书不讳,礼有明训,汉时近古,宜尚自由,不能以后世之例绳之"。

陈先生深知古今避讳有宽严之别,故他主张"不得因有避讳字而遽下断语"(页八十)。例如洪迈《容斋随笔》疑扬雄《方言》为伪书,其言曰:"雄答刘歆书,称庄君平为严君平,汉讳'庄',故改曰严。《法言》于'莊'不讳,此何独讳"?陈先生引戴震《方言疏证》的话说:"洪迈不知本书不讳,而后人改之者多矣,此书下文'蜀人有杨莊者',不改莊字,独习熟于严君平之称而妄改之"(页八十),陈先生又引《四库全书》《汉隶字原》考证,因武梁祠堂画像有题"鲁莊公"的,遂疑"此祠乃武梁先世,非武梁也"(武梁碑立于桓帝元嘉元年,四库馆臣疑祠画像作于明帝以前)。陈先生说:

东汉碑不避"莊"字者多矣,因碑有"莊"字而疑为明帝以前

所立,甚不稳也。(页八一)
他这种结论,我完全赞同。

顾炎武《日知录》(二十三)说:
> 李陵诗,"独有盈尊酒",枚乘《柳赋》,"盈玉缥之清酒",又诗,"盈盈一水间"。二人皆在武昭之世,而不避讳,又可知其为后人之拟作,而不出于西京矣。

陈垣先生评此条云:
> 然以汉碑临文不讳之例例之,不能遽断为伪撰。(页七七)

这也是我赞同的态度。

但陈垣先生不肯坚决的主张汉人临文不讳的结论,故全书中对此点颇多矛盾的见解。例如他说:
> 六朝以前,避讳之例尚疏,故马班之于汉讳,陈寿之于晋讳,有避有不避。然其间亦有后人回改者。
> 《史记·周本纪》"邦内甸服,邦外侯服",《封禅书》"五岳皆在天子之邦",犯高帝讳。《殷本纪》"盈巨桥之粟",《乐书》"盈而不持则倾",犯惠帝讳。《封禅书》"北岳,恒山也",《田齐世家》"以为非恒人",犯文帝讳。《夏本纪》及《殷本纪》,《孝文本纪》,《燕世家》等皆有启字,犯景帝讳。此非避讳未尽,即后人以意改易者也。(页五六)

他又说:
> 《史记·高祖纪》于孝惠不书名。《文帝纪》于景帝不书名。乃文帝名再见于高帝纪,一见于吕后纪。此必后人所加。《景帝纪》"四年立皇子彻为胶东王","七年立胶东王为皇太子,名彻"。亦后人所加。(页六九)

他提出的三项解释,——①避讳未尽,②后人所加,③后人以意改易,——都得先假定司马迁的《史记》确是有意避讳。但我们并不能成立司马迁避讳的通则。陈先生举的两个例子,一为《高祖纪》称孝惠而不书名,一为《文帝纪》于景帝不书名。试检原文,《高祖纪》说:
> 吕公女乃吕后也,生孝惠,鲁元公主。

下文说:

> 令(老父)相两子。见孝惠曰,"夫人所以贵者,乃此男也"。相鲁元,亦皆贵。

下文说:

> 汉王……使人求家室,家室亦亡,不相得,败后乃独得孝惠。六月,立为太子。

这些地方,文字上没有单举"子盈",而不并举鲁元公主的名字的可能。史家既不知公主之名,故不能不并举男女两人的谥法了。这是文法上的需要,不是有意避讳。第二个例也不能证《文帝纪》是有意避景帝之名。原文是:

> 正月,有司言……请立太子。上曰,……是重吾不德也。谓天下何?其安之。有司曰,豫建太子所以重宗庙社稷,不忘天下也。上曰,……楚王,季父也。……吴王于朕兄也。……淮南王,弟也。……今选举焉,而曰必子,人其以朕为忘贤有德者而专于子,非所以忧天下也。朕甚不取也。有司皆固请曰,……立嗣必子,所从来远矣。……更议不宜。子某最长,纯厚慈仁,请建以为太子。上乃许之。

这是全载当时朝廷大臣的建议和文帝的答辞,所以我们不能依据"子某最长"一句直接引语,遂以为有意避讳。

前汉文字中不避帝讳的例子太多了。《史记》里不避邦字,盈字,恒字,启字的例子也太多了,我们不能不承认《史记》"临文不讳"是通则。

陈先生又举了《汉书》犯帝讳的许多例子(页五六)。其中关于不避前汉帝讳诸例,陈先生自己也曾说过"建武以前,亲尽不讳"(页一);段玉裁也有这样的说法,我们可以不必再讨论了。《汉书》中不避东汉诸帝讳诸例,陈先生举出这些:

> 《楚元王传》,"歆以建平元年改名秀",犯光武讳。《高帝纪》有庄贾,项庄;《地理志》"庄公破西戎",《艺文志》有庄子、庄夫子、庄助、庄安、庄忽奇;《郑当时传》庄字三见;《南粤传》庄字一见;《西南夷传》庄字三见;《叙传》庄字一见,犯明帝讳。非后人改易,即元文避讳有未尽。(页五六,参看页四十)

陈先生在别处(页四十)也说:
> 盖莊为汉讳,故列传改作严助、严安,严忽奇、严奇,志之或莊或严,则录自《七略》,避改有未尽,或后人回改也。

陈先生又指出:
> 《汉书·叙传》称莊子为严子,又称"老严之术",盖避汉明帝讳。(页二四)

我们看《汉书》列传把莊助改作严助,莊安改作严安;又看《叙传》里称"严子","老严之术";又看《王莽传》始终称刘歆,而不称刘秀。这都可表示班固作《汉书》时确曾有意避东汉的帝讳。这是《汉书》与《史记》不同之处。但《汉书》避讳与不避讳的诸例也正可以证明当时"临文不讳"的自由:他们可以自由避讳,也可以自由不避讳。例如《楚王传》尾说刘歆改名刘秀,此处非直用"秀"字不可,故有意不避讳。《王莽传》记西门君惠一案,其关键正在"刘秀作天子"的谶记,但传文记君惠的话,只说"刘氏当复兴,国师公主名是也"。前者是有意不避讳,后者是有意避讳。《汉书·郑当时传》更可以证明这一点。郑当时字莊。《汉书》此传全钞《史记》文,大可以全删"莊"字。然而《史记》此传用"莊"字十六次,其中十三处,班固都改了"当时",为什么他偏偏留下三处"莊"字不改呢?这三个"莊"字不是"避讳有未尽",也不是"后人改易",都是有意的不改:

> 郑当时,字莊。
> 诸公以此翕然称郑莊。
> 上曰,"吾闻'郑莊行千里不赍粮'。治行者何也?"

诸公敬重他,故称他的字"郑莊";甚至于皇帝也知道外边有"郑莊行千里不赍粮"的口号(莊粮为韵)。这两处都根据于他"字莊"一点。故《汉书》改了《史记》此传的十三个"莊"字,却不能不留这三个"莊"字。这是有意的避讳,也正是有意的不避讳,更可注意的是《汉书·叙传》上文明明改莊子为严子,改老莊为老严,而下文叙《郑当时传》,又说:

> 莊之推贤,于兹为德。

莊子改严子是有意的避讳,而叙郑当时仍称"莊",又是有意的不避讳。

我们必须明白,这些有意不避讳的地方正是当时文人史家可以"临文不讳"的铁证。这些例子都以使我们明白当时临文不讳的自由的性质。因为临文不讳,故有意的避讳只是特别表示敬意,而有意的不避讳才是实行这不讳的自由。故陈先生列举的三项解释都不够说明这些例子。

关于两汉文献的避讳问题,我们可以确定的,有这几点:
① 两汉人确能"临文不讳,诗书不讳"。
② 两汉人确能"不讳嫌名"。
③ 所谓不讳,谓"不讳见在之庙"。
④ 所谓不讳,并包见在的君主。

但"言事不讳"一项,似乎有前汉与后汉不同的制度,宣帝元康二年诏曰:"今百姓多上书触讳以犯罪者,朕甚怜之。其更讳询(宣帝原名病已,是两个最普通的字,故改名。大概当时不行"二名不偏讳"之说,故多触讳犯罪的)。诸触讳在令前者,赦之。"陈先生因此说:"大约上书言事不得触犯庙讳,当为通例。"(适按,宣帝诏书似指他本人之名,似不当解作"庙讳"。否则自己改名并不足解除困难。)总之,那时曾有上书不得触讳的禁令,并且曾有上书触讳而犯罪的许多人,这是无可疑的。那么,王肃何以敢说"案汉氏不名讳,常曰,臣妾不得以为名字,其言事不讳"呢?王肃和他父亲王朗都是经学大师,他自己更是礼学专家。他生在汉献帝初年,死在魏甘露元年(西历256),去汉亡(220)不过三十多年。他的《讳议》作于魏明帝景初三年(239),去汉亡不过二十年。他说汉朝的制度,够得上做一个当时的证人,应该比较可信。况且他说的"诗书临文庙中不讳",我们研究《史记》,《汉书》,西汉韦孟的诗,东汉王充的《论衡》,许慎的《说文》,汉灵帝时的许多碑文,都已得着无疑的证明了。所以我疑心王肃说的"汉氏不名讳(这是说,不用讳字为名),常曰,臣妾不得以为名字,其言事不讳",大概真是叙述后汉的法令,不过我们现在没有别种文献可以依据,只能承认王肃的话是一个"当时证人"的话,相当可以信任的了。

王肃的话如果可以代表后汉的法令,那么"言事不讳"一项也就不算是和宣帝元康二年的诏书相冲突了。那么后汉的书卷碑版里那样完全不避讳的自由,我们也更可以充分了解了。

陈先生这书里论汉讳的各节,还有几个小点,似乎可以修正。

① 他接受段玉裁的说法,说《说文》于光武,明帝,章帝,和帝,安帝五个名字,皆"注曰上讳,空其字不注"(页二),这一点我曾说过,是不可通的。《说文》原文并不是"空其字",只是单举篆文,称"上讳"而已。最有力的反证是《说文》禾部艸部各字用的许多"秀"字,这些"秀"字决没有"空其字"的道理。

② 他据《隶释》所引汉石经残碑的《论语》《尚书》的邦字多改为国,说是避汉讳(页十三)。石经成于熹平时,其时无仍避高祖名讳的风气,这是《汉书》,《说文》和现存汉碑都能证明的。石经的改邦为国,正如《张迁碑》的"诗云旧国",正是陈先生说的"亦所据传本如此,非书碑时避讳所改"(页二)。陈先生批评顾炎武论"前代讳"一条,也曾说:

> 今考蜀石经《毛诗》残本,……皆仍开成石经元文,未及改正,不足为"忠厚"之证。善于王肃之言曰,"汉元后父名禁,改禁中为省中,至今遂以省中为称,非能为元后讳,徒以名遂行故也"。今俗书玄弘宁贮等字,犹多缺笔,岂为清讳?因仍习惯,视为固然,忘其起于避讳矣。(页五一——五二)

蜀石经如此,熹平石经也是如此。经文改邦为国,其始固起于避讳,后来因袭为固然,并非蔡邕诸人在东汉之末仍避高祖讳也。

③ 陈先生曾指出(页十八)《史记·李斯传》有韩谈,《滑稽传》有"谈言微中",《司马相如传》有"因斯以谈",皆不讳"谈"字。但他仍信旧说,说太史公父名谈,故《史记·赵世家》改张孟谈为张孟同,《佞幸传》改赵谈为赵同(页十七)。其实前者正足以证明后者是后人妄说,谈之作同,正如《莊子·天下》篇的桓团在《列子·仲尼》篇成了韩檀,不足为司马迁避家讳之证。汉代文人并无临文避讳的风

气。班固《叙传》直称班彪,正是明证。

④ 最后,陈先生论"非避讳而以为避讳"一章,引沈兼士先生说云:

> 考两汉诸帝避讳所改之字,皆为同义互训,而无一音近相转者,《古今注》谓殇帝讳隆之字曰盛,是也,《汉书·地理志》,隆卢,应劭注,避殇帝改名林虑。疑非事实。盖隆虑之作林虑,亦犹《毛诗》隆衡之作临衡,皆是双声转语,恐无关于避讳也。(页六五)

沈先生之说,如果是确的,也可以助证上条"谈"改为"同"不是避讳。但沈先生论林虑一条似不确,他只检《地理志》,而未检《后汉书·郡国志》。《郡国志》明说,"林虑,故隆虑,殇帝改"。《郡国志》的底本是顺帝时的官书,故户口数以顺帝永和五年的户口为准,而郡国县邑的分置,也仅"至于孝顺"。其时去殇帝时甚近,似是可信。应劭注前书,似是依据当时官书也。

卅二,七,卅一夜

后　记

援庵先生此书"意欲为避讳作一总结束,而使考史者多一门路,一锁钥也"。这书的第八卷详述"历朝讳例",使人知道避讳的制度是"渐臻严密"的,其间有宋人的最严制度,又有元朝的完全不避制度,又有明朝的由最轻进到天启崇祯的稍严,又有满清一朝由顺治时不讳变成乾隆时的"以讳杀戮多人"。这个历史的沿革,是避讳学的最有趣又最有用的方面,必须严格的了解这古今的不同,避讳学才可以成史学的一种有用的"补助科学"。此第八卷乃是避讳学的历史,又是它的骨干。其第五、六、七诸卷,都是依靠这历史的骨干,讨论避讳学的功用和流弊。陈先生此书,一面是结避讳制度的总账,一面又是把避讳学做成史学的一个新工具,它的重要贡献,是我十分了解的,十分佩服的。

我的《两汉人临文不讳考》和这篇书后,都不过是在避讳学的一个小方面作一点小小的修正,目的在于限制避讳学在考据学上的滥用。涓涓的细流,至多可以替大海添万万分之一的积量罢了。

援庵先生旧居米粮库一号,我旧居米粮库四号。我们作了多年的邻居。享受了多年的论文切磋之益,他的《元典章校补》,我曾替他写两万字的长序。现在我们相隔几万里,不知何时才得重有聚首论文之乐。所以我很诚恳的把这两篇论避讳的文字奉献给我的老朋友,老邻居,陈援庵先生!

胡　适　时寓居纽约

(原载 1944 年 3 月《图书季刊》新第 5 卷第 1 期)

八股的起原

我常指出"律赋"是八股的娘家。八股文最重"破题","破题"之名亦起于"律赋"。律赋的起句必须扣住题目,故名曰"破题"。试举律赋中最有名的"破题"为例:

王安石
首善自京师赋　　　王化下究,人文内崇。繄京师首善之教,自太学亲民之功。……

苏颂
历者天地之大纪赋　昔圣王建官司地,图象知天,推历用明于大纪,考星咸自于初躔。

郑獬
圆丘象天赋　　　　礼大必简,丘圆自然,盖推尊于上帝,遂拟象于高天。

苏轼
浊醪有妙理赋　　　酒勿嫌浊,人当取醇,失忧心于昨梦,信妙理之凝神。

林希
佚道使民赋　　　　古者善政,陶乎庶民,上安行于佚道,下无惮于劳身。

以上各例,均见《宋文鉴》卷十一。唐人集中"律赋"甚多,如白居易、元稹,都有律赋,亦各有"破题"的警句。

不但"破题"是律赋与八股同有的。承题以下分股开讲,其形式都与赋体最相近。

以上是我的旧说。

今天看明刻丛书"百陵学山",其中有《黎子杂释》一卷,是"未斋黎久之大"著作的。其中有"黎近授徒都市"一条,述黎近教弟子的话:

> 经义(八股)之破题,即律诗之起句也。承题即其第二句也。小大讲,即中二联也。结题即末二句也。

此论与我的见解大致相同。"律诗"与"律赋"大致同出于一个时代。他们的结构很相同。但普通的律诗比较更自由一点。只有"试帖诗",完全与律赋的格律相同。试举白居易《宣州试"窗中列远岫"诗》为例:

> 天静秋心好,窗开晓翠通。
> 遥怜峰窈窕,不隔竹蒙笼。
> 万点窗虚室,千重叠远空。
> 列櫩攒秀气,缘隟助清空。
> 碧爱新晴后,明宜返照中。
> 宣城郡斋在,望与古时同。

又举元稹的《赋得"雨后花"》作例。

> 红芳怜静色,深与雨相宜。
> 余滴下纤蕊,残珠堕细枝。
> 浣花江上思,啼粉镜中窥。
> 念此徘徊久,风光幸一吹。

这些律诗的第一二句即是"破题"。黎说,律诗起句是破题,第二句是承题。我嫌他说的太拘太窄。如杜甫的"剑外忽传收蓟北"可说是破题,"初闻涕泪满衣裳"可说是承题。但在绝大多数的律诗里,破题实不限于第一句。即此两句杜诗,第二句写个"喜"字,仍可说是"破题"的一部分。

总之,律诗(严格的试帖的律诗)与律赋是八股文的来源,绝无可疑。律诗的局面太窄,不够发挥经义;而律赋的体裁原来就有"破题"一类的"术语",其分段转韵的篇幅格局尽够作敷演经义之用。故八股的形式最近于律赋。故我们可以说律赋是八股的生母。

世传王安石是八股的老祖宗,这是因为荆公始改科举制度,用经义替代辞赋。当时的文人都是受过律赋的训练的他们若试作经义当然不知不觉的采用或套取"律赋"的法门。经义时文出于律诗律赋,是历史上自然的趋势。

卅二,八,十八

(收入耿云志主编:《胡适遗稿及秘藏书信》第 13 册)

补记曹魏的"校事"

赵　达

《魏志》二七,《徐邈传》云:

> 魏国初建(邈)为尚书郎。时科禁酒,而邈私饮,至于沉醉。校事赵达问以曹事,邈曰,"中圣人。"达白之太祖。太祖甚怒。度辽将军鲜于辅进曰,"平日醉客谓酒清者为圣人,浊者为贤人。邈性修慎,偶醉言耳"。竟坐得免刑。

校事报告官吏私饮沉醉,正如后世的校事报告某人跳舞,某人打牌,这也是他们的职务,所谓"视听"也。

卫臻论校事

《魏志》二二,《卫臻传》云:

> 明帝即位,臻……转为右仆射,典选举如前。加侍中。……是时帝方隆意于殿舍,臻数切谏。及殿中监擅收兰台令史,臻奏案之。诏曰,"殿舍不成,吾所留心。卿推之何?"臻上疏曰:"古制侵官之法,非恶其勤事也,诚以所益者小,所堕者大也。臣每察校事,类皆如此。惧群司将遂越职,以至陵迟矣。"

卫臻虑校事侵官,将使群司越职。其实这种监视制度的结果必使群司都不敢负责办事,正与他所虑的相反。下文杜恕所论,比较近于事实。

杜恕论廉昭

《魏志》十六,《杜恕传》云:

> 乐安廉昭以才能拔擢,颇好言事。恕上书极谏曰:伏见尚书郎廉昭奏左丞曹璠,以罚当关不依诏,坐判问;又云,"诸当坐者别奏。"尚书今陈矫自奏,不敢辞罚,亦不敢以处重为恭。意至

恳恻,臣窃愍然为朝廷惜之。……(此奏文甚长,今删存其一小部分。)陛下忧劳万机,或亲灯火,而庶事不康,罚禁日弛。岂非股肱不称之明效欤?原其所由,非独臣有不尽忠,亦主有不能使。……骑都尉王才幸乐人孟思,所为不法,振动京师,而其罪状发于小吏,公卿大臣初无一言。自陛下践阼以来,司隶校尉,御史中丞,宁有举纲维以督奸宄,使朝廷肃然者邪?今之所谓贤者,尽有大官而享厚禄矣。然而奉上之节未立,向公之心不一者,委任之责不专,而俗多忌讳,故也。……陛下……反使如廉昭者扰乱其间,臣惧大臣遂将容身保位,坐观得失,为来世戒也。……夫纠擿奸宄,忠事也。然世憎小人行之者,以其不顾道理而苟求究进也。若陛下不复考其终始,必以违众近世为奉公,密行白人为尽节,焉有通人大才而更不能为此耶?诚顾道理而弗为耳。使天下皆背道而趋利,则人主之所最病者,陛下将何乐焉?胡不绝其萌乎?……

杜恕是杜预的父亲,他有《体论》八篇,是一个思想家。他论廉昭事,虽不明说他也是"校事"系统的一个人,他的议论似是针对那个"纠擿奸宄","密行白人"的校事制度的。

尹 模

《程晓传》的程晓奏罢校事制的长疏中提到一件尹模大案子,说:

> 窒于尹模公于目下肆其奸慝。罚恶之著,行路皆知。纤恶之过,积年不闻。

尹模的事,《魏志》别处没有记载,裴松之也没有注解。后来我读《晋志》三十三,《何曾传》,才发现这一条:

> 嘉平中,(曾)为司隶校尉。抚军校事尹模凭宠作威,奸利盈积。朝野畏惮,莫敢言者。曾奏劾之,朝廷称焉。

嘉平元年,司马懿废杀曹爽,从此以后,大权都在司马氏的手里了。嘉平三年,司马懿死,司马师为抚军大将军,录尚书事。四年,司马师为大将军。六年九月,司马师废魏帝曹芳为齐王。这个时代的"校事",有什么事可"校"?有什么"宠"可凭?还不是至多做点小"奸利"罢了。校事制度本是为了保卫曹家政权,铲除反对势力的机关。几十年来,这个机关竟丝毫无补于曹家的政权。曹家政权完了,只消一个文官的一纸弹章,五十年的特务政治侦探机关也就无声息的销灭了。

1943,8,31 一夜

(原载 1947 年 2 月 12 日天津《大公报·文史周刊》)

《群书治要》里的《晋书》

《晋书》的重撰在贞观二十年。其时魏征已死了三年了（魏征死在十七年正月）。魏征修成《群书治要》时，他的官还是"秘书监、巨鹿男"。他修《治要》的年代在贞观初年，约在贞观三年至六年之间（看《太宗纪》及《魏征传》。）但《治要》有《晋书》两卷（卷廿九、卅），这当然不是重修后的《晋书》了。

我看黄奭辑的各家《晋书》（《汉学堂逸书考》），参考房玄龄传说的"以臧荣绪晋书为主"一句话，再用今本唐修《晋书》对勘，我们可以猜想《群书治要》收的《晋书》是臧荣绪的《晋书》。黄奭也收《治要》的《晋书》，但题为"群书治要所载晋书"，列在"众家晋史"之内。试用《治要》的《晋书》的《刘毅传》（西晋的刘毅），与黄奭所辑臧书《刘毅传》，与今本《晋书·刘毅传》，三本相比较；再用这三本的《陶侃传》相比较；就可以知道《治要》所收的是臧荣绪的晋书，又可以知道今本《晋书》沿用臧书的文字最多。

《晋书》文字上的隽永优美，大部分因袭前人的著作。其中臧荣绪的《晋书》要算一个最重要的来源。试取黄奭辑的臧书《阮籍传》六条，其文字都与今本《晋书》全同。又如黄奭辑的《太平御览》五百十二引的臧书《王湛传》三百余字，今本《晋书·王湛传》完全采用了。此诸传为治要所未收，但可以证明唐修《晋书》确是"以臧书为主"也。

《治要》所收《晋书》，我们既考定为臧书，又知臧书为唐修《晋书》的主要底本，故可以用来校勘今本《晋书》。向来校勘《晋书》的学者，都不曾利用此《治要》本。我偶用此本的《江统传》来校今本《晋书》卷五十六的《江统传》，开卷即有所得，因细校之，竟得一本初

唐本的《徙戎论》！试举一例：《江统传》说他

> 除山阴令。时关陇屡为氐羌所扰，孟观西讨，自擒氏帅齐万年。统深惟四夷乱华，宜杜其萌，乃作《徙戎论》（宋本，殿本）。

《治要》本《晋书》作"除华阴令"，"自擒"作"生擒"。此我所谓开卷即有所得也。山阴之当作华阴，向来校《晋书》诸公都不曾看出。严可均辑《全晋文》，他已见《治要》的《晋书》了。故他作江统的小传，已改山阴为华阴。但他不曾用《治要》本细校《徙戎论》，只注明此论见于今本《晋书》，《治要》本《晋书》，《通典》（一八九）与《御览》（七九四）四书而已。此四本之中，《治要》本《晋书》为最早，尚不避太宗高宗庙讳，如下举数例，都可宝贵也：

徙戎论 （今本《晋书》）	（治要本《晋书》）
（一）咸未能以通化率导	咸未能以道化率导
（二）与华人杂处	与齐民杂处
（三）夷夏俱毙	夷夏俱弊
（四）士庶玩习	吏民玩习
（五）诚宜镇之以安豫	诚宜镇之以静默 而绥之以安豫
（六）以无谷之人	以无谷之民
（七）理之于未乱	治之于未乱
（八）今百姓失职，犹或亡叛	今晋民失职，犹或亡叛。

这里面多数的例子是避讳的例子。但第八例的原文"晋民"（就是"中国人民"）比"百姓"明白多了。

卅二，十一，十六夜

（原载1948年2月7日上海《申报·文史周刊》第9期）

海外读书笔记

（一）长安横门，汉人叫做光门

《戴东原与王凤喈书》，因孔传"光，充也"一条，"欲就一字见考古之难"，因大胆的推想《尧典》，"光被四表"古本必有作"横被四表"者。

我在二十三年前（民国九年）曾引此例作我的《清代学者治学方法》一篇的最后一个例子，说这个故事最可以代表清代学者做学问的真精神。

东原在乾隆乙亥（1755），提出"《尧典》古本必有作'横被四表'者"的大胆假设。此后几年中共得着六个证据：

（一）《后汉书·冯异传》有"横被四表昭假上下"。

（二）班固《西都赋》有"横被六合"。

（三）《王莽传》"昔唐尧横被四表"。

（四）王褒《圣主得贤臣颂》"化溢四表横被无穷"。

（五）《淮南·原道》："横四维而阴阳"。高诱注："横读桄车之桄"。

（六）李善注《魏都赋》，引《东京赋》"惠风横被"，今本《东京赋》作"惠风广被"。

这真是"大胆的假设，小心的求证"的最好例子。

今天我读《水经注》（聚珍板本）看见卷十九《渭水》注文中记长安的十二门，有：

> 北出西头第一门，本名横门，王莽更名霸都门，左幽亭如淳曰音光，故曰光门。

又《汉书·西域传·鄯善国传》云：

> 乃立尉屠耆为王,更名其国(楼兰)为鄯善。为刻印章,赐以宫女为夫人。备车骑辎重。丞相将军率百官至横门外。

注引孟康曰,"横音光"。

这不但给"横被四表"说添一证,并且可以改正东原解释此字的错误。东原的解释是:

> 横转写为桄,脱写为光。追原古初,当读"古旷反"(孙偭唐韵)。——而释文于尧典无音切,于尔疋乃"古黄反",殊少精核。

东原错在推想"横"变为"光"是先由于横桄的声同,后由于桄光的写脱。今看横门汉人叫做光门,可知黄光本同音,故或作"横被四表",或作"光被四表",与横门叫做光门,又写作光门,同是一个道理,其时四声的分别还没有严格,故光、横、广、桄皆可说是同音之字。

三二,十一,十八下午

北平崇文门,老百姓叫做哈达门,南方人看了这写法,必疑是蒙古时代的旧名。史家知此是著名海岱门保存在老百姓的嘴里呵!①

后　记

《水经注》卷八,济水篇"又北过临邑县东"下,注有云:

> 今防门北有光里。齐人言广,音与光同。即《春秋》所谓"守之广里"者也。

郦道元解说《左传》(襄十八年)此文,与杜预大异。(杜说"广里"为"广一里")其是非我们可以不论。单看注中说齐人读广如光一句话,我们可以知道在六世纪时,山东人尚有光广同音的现状。

卅三,二,十三夜

(二)郑晓——读《盐邑志林》本《古言今言类编》

郑晓《古言》有嘉靖乙丑十月(四四年,1565)《自序》,说,"正德

---

① 编者:关于崇文门的一段文字及本文后记,《大公报·文史周刊》均未刊。

丁卯(二年,1507)晓年九岁"。是他生在弘治十二年(1499)。到嘉靖乙丑,他是六十七岁。他生在陈白沙死(1500)之前一年(姜亮夫《[历代]名人年里碑传总表》,页三一一)。郑晓生1449,卒嘉靖四十五年,1566,下注"《明史》卷一百九十九"。实则《明史》本传并不记他生死年岁。姜表似是依年旧录,其源出于碑传,当不误。

这个时代正是阳明(1472—1528)学派最盛行的时代。但郑晓一生的治史,治古学,都不像那个时代的风气。他的《吾学编》全是明代的史料。他的《今言》《古言》也很有考证学的精神,《今言》更是偏重当代的历史,制度,掌故。

治思想史的,不可不注意这种不受时代影响而自开风气的人。他们的存在应该使我们对于"时代思潮","时代精神"一类的名词存一点谨慎的态度。

那个十六世纪,在理学方面当然是王守仁的时代;在政治方面是张居正的时代,可说是反理学的时代。在学术方面这正是杨慎(死1559),郑晓,王世贞(死1593),焦竑(1540—1620)的时代,正开朴学的风气。在文学方面,那个世纪一面是前后七子的复古运动,一面是归有光(死1571),唐顺之(死1560)的古文时代,一面又是《水浒》《西游》《金瓶梅》的时代。故从文学方面看来,这时代也是偏向反理学的。

郑晓《古言》有一条说:

> 宋儒有功于吾道甚多,但开口便说汉儒驳杂,又讥其训诂,恐未足以服汉儒之心。宋儒所资于汉儒者十七八。只今诸经书传注尽有不及汉儒者。宋儒议汉儒太过,近世又尊宋儒太过,今之讲学者又讥宋儒太过。(《盐邑志林》本下,二七——二八)

又说:

> 老佛虚无寂灭,是去人欲,不为一毫势利情爱所染,以故莫可绊系。……今之讲圣学者,专徇人欲,汩于势利情爱,而可非骂老佛乎?(同上,二八)

这都颇有反理学的意味,而立场甚公允。

《今言》有"正讹"诸条,可以看出郑晓治学的谨严。如云:

人言金石之文及志书可信。余尝录九卿题名，殊可笑。兵部尚书刻徐泰铁铉！时未有北京也。况铁以军功升，仍在行中。未尝任部事。嘉靖中，一时五尚书，皆经略四方，未尝至部，亦题其名！……（《盐邑志林》本，卷五。页一三——一四）

　　《南雍志》，祭酒黄佐所修，载"弘治元年谏官张九功奏言孔庭从祀，……今之儒臣……薛瑄在所当入。上命礼部会议。于是尚书周洪谟等言，……薛瑄尝与元儒刘因并欲从祀，以大学士杨士奇谓其无所著述而止"。文贞（杨士奇）卒于正统九年（甲子，1444），文清（薛）天顺元年（1457）正月入内阁，六月致仕，天顺八年甲申（1464）六月卒。何谬至此？（同上，页一四——一五）

　　于肃愍公（谦）神道碑，倪文毅公（岳）作。倪公弟阜，于公孙婿也。碑文以虏入寇京城为景泰元年，以上皇还京为辛未，辛未，景泰二年也。虏至德胜门，实正统十四年（己巳，1449）十月事；上皇入南宫，实景泰元年（庚午，1450）八月事。此名臣大功业，儒臣大制作，尚尔舛误！金石之刻岂足尽信！（同上，页十七）

这都是考证学者"实事求是"的态度，上接两宋的学风，下接钱谦益以下的考据学风。

　　郑晓对王阳明甚主公道。他曾说：

　　宸濠之役，王阳明不顾九族之祸，贼擒奏凯。……媢嫉之徒肆为诬诋，天日鉴之而已。其桶冈横水浰头之贼，连穴数省，寇叛数十年，国无大费，竟尔荡定。此功岂在靖远（王骥）威宁（王越）之下。其学术非潜心内省密自体察者，慎勿轻訾也。（《今言》六，页三——四）

又说：

　　今人专指斥阳明学术。余不知学，但知《大学》恐不可直以宋儒改本为是，而以汉儒旧本为非。此须虚心静思，乃得之。若宁藩反时，余时年二十一（正德十四年，1519，他正二十一，与右言自序所言互证),应试在杭,见诸路羽书,皆不敢指名宸濠反,或曰"江西省城有变",或曰"江西省城十分紧急",或曰"江西巡抚被害重情",或曰"南昌忽聚军马船只,传言有变"。唯阳明传报明言"江西宁王谋反,钦奉密旨会兵征讨"。安仁(?)谓阳明"学本邪说,功由诡遇",又曰"王某心事,众所共疑"。何其不谅至此!(同上,六,页四)

这是一个最公允的同时见证人的话,值得收入阳明传记里。"此须虚心静思乃得之",这是考证学的精神。

三十二,九,廿五夜

(三) 读刘世珩翻刻的宋乾道二年(1166)刻本沈括《梦溪笔谈》二十六卷

此书有癸丑十二月(1914)(民国三年一月)王秉恩一跋,又有丁巳(民国六年,1917)刘世珩一跋。此书底本原藏彭芸楣家,卷尾有彭跋,云"此书的系宋本,避讳字皆合"。刘世珩跋则云。此本"语涉宋帝皆空格,而不避宋讳"。刘跋又云陆心源"收入书目者与此行款同,而以不避宋讳为疑"。

刘刻附有王秉恩《校字记》,用番禺陶福祥校刻本,明崇祯马元调重刻宋乾道二年本,参校此本,颇详审。王秉恩指出此本避讳之字有

卷三,七叶,十四行,十五行,

房玄龄,避讳改为真龄。(二十行,二十一行,玄字皆作真。王氏未举出。)

(卷五,十五叶,十七行,李慎言,慎作植。)

卷七,十叶,十四行以下(王氏误作十二行),丸字皆避宋讳嫌名,作九。

卷九,三叶,十七行,

丸字作九。

(卷九,八叶,十六行,十九行,二十三行。丸字作九。又二十行,"广济方谓之白犬先",是"白术九"之讹。)(注校未举此叶,适

之补。)

卷二十,八叶,八行,

"慎勿辞",避讳改慎为甚。

卷二十,九叶,二十三行,

"慎不可私发",避讳改慎为甚。

卷十一,十叶,二行,

"知庐州慎县",慎作愼。马本陶本作值。(适按,下文为"尝有欧人死者",马陶本皆改"值县",属下句读。按《宋史·地理志》,庐州属有慎县,绍兴三十二年避孝宗讳,改梁县。可证此字当作慎。马本误读误改,陶校因之。王秉恩仅出愼字而无说,亦偶失检。故详记之。)

照这些字看来,此本的底本可以看作南宋乾道刻本。

此本只有二十六卷,未收《补笔谈》二卷及《续笔谈》一卷。

此本附有张文虎书后三篇,都很有用。

此本卷端署"贵池刘氏玉海堂《景宋丛书》之十五。乙卯十一月(民国四年,1915)付黄冈陶子麟刊。丙辰(五年,1916)竣。"

沈括生于宋仁宗天圣七年(1029),死于哲宗元祐八年(1093)。此据《宋史》卷三百十一。姜亮夫《历代名人总表》(页一八七)据《宋史》,而误作生于天圣八年,死于绍圣元年(1094),是偶然笔误。

他是当时一个最渊博,又最细密的科学家。我曾称他为北宋第一个有科学头脑的人。今天重读他的《笔谈》,仍觉得他的心思细密,仍感觉他的伟大。我最爱他记"阳燧"一条:

阳燧照物皆倒,中间有碍故也。算家谓之格术。如人摇橹,臬为之碍故也。若鸢飞空中,其影随鸢而移。或中间为窗隙所束,则影与鸢遂相违,鸢东则影西,鸢西则影东。又如窗隙中楼塔之影,中间为窗所束,亦皆倒垂,与阳燧一也。

阳燧面窐,以一指迫而照之,则正。渐远则无所见。过此遂倒。其无所见处,正如窗隙,橹臬,鼓碍之,本末相格,遂成摇橹之势,故举手则影愈下,下手则影愈上。此其可见(阳燧面窪,向日照之,光皆聚向内。离镜一二寸。光聚为一点,大如麻菽,着物则火发。此则腰鼓最细处也)。(《酉阳杂俎》谓海翻则塔影倒,此妄说也。影入窗隙则倒,乃其常理。)(《笔谈》卷三,叶一——二)

我读古书所谓"阳燧",终不知其形状,读此条始知阳燧是一种面洼的镜子,可以向日取火,故称阳燧。因此我又推知《墨经》所记影倒之理,正不需水晶玻璃,只是凹面铜镜,已可供试验了。

沈括的最大长处在于他能知道称量的重要。《笔谈》所记钧石一条(卷三,1)汉人饮酒一条(三,8)秦汉以前度量一条(三,9)皆是其例。卷八诸条亦是注重称量之例(十一卷,七叶"运粮"一条亦可例)。十二卷诸条,所记数字,亦是同类的例。

他的辩证,多值得注意,只是因为他的方法细密。卷十四论"音韵之学"一条,指出"玖"字"有"字多与"李"字协用;"庆"字"正"字多与"章"字协用,举例甚多。这又在吴才志朱晦庵之前了。

他在卷十八记"庆历中有布衣毕昇又为活板"一条,是中国活字起原的史料,人多知之。卷二十记祥符中方士王捷一条,说:

> 王捷本黥卒,尝以罪配沙门岛。能作黄金。有老锻工毕升曾在禁中为捷锻金。升云,其法为炉灶,使人隔墙鼓韝,盖不欲人觇其启闭也。

祥符(1008—1016)与庆历(1041—1048)相去近三十年,我疑此锻工毕升即是那作活板的毕昇。因为他是锻工,所以他能想利用燔土作字范,铸成活字。因为他曾为方士王捷作假黄金,故他有冶金试验的兴趣。(美国学者Swingle最留意《笔谈》所记活板一条。他前年对我说:毕昇的活字是金属做的;所谓胶泥刻字,乃是作铸字的范型也。此意甚新,我细思量之后,觉得他的解释很有理。火烧胶泥作字,似不合情理。也许毕昇所用是锡类。)

《笔谈》第二十,二十一两卷,颇记迷信。沈括是当时能思考的奇人,但他也不能全免那个时代的迷信。如他记佛牙舍利(二十,3)及僧文捷所畜舍利(二十,8)他都深信为神物。又如他记张忠定

（咏）预书他的死时年月日事（二十，9）记紫姑神降王纶家事（二十一，5—6），他都相信。

民国三十四年,六,八夜

（四）刘安世的"巴揽"论

刘安世的语录（马永卿编）有一条云：

> 金陵（王荆公）有三不足之说，……曰天变不足惧，祖宗不足法，人言不足恤。此三句非独为赵氏祸，乃为万世祸也。老先生尝云，"人主之势，天下无能敌者。或有过举，人臣欲回之，必思有大于此者巴揽之，庶几可回也"。今乃教人主不畏天变，不法祖宗，不恤人言，则何等不可为也？……

此条之尾，又云：

> "巴揽"两字，贤可记取，极有意思。

刘安世之论，是两千多年儒家思想的一个主要目标，但从没有人说的这样露骨的。古来君主威权之下，士大夫总想抬出一个"大于此者"来"巴揽"君主。孔子说：

> 君子有三畏！畏天命，畏大人，畏圣人之言。

"天命"与"圣人之言"都是古人抬出来"巴揽"君主的"大于此者"。董仲舒主张"以民随君，以君随天"。正是此意。汉人灾异之学，表面似甚荒谬，背后只是这一点"必思有大于此者巴揽之"的苦心。

"巴揽"似有"扣住"、"抓住"、"压住"（Check）之意。

刘安世爱用白话的动字。吕氏《童蒙训》云：

> 器之尝谓予言，当官处事须权轻重，务合道理，毋使偏重可也。夫是之谓中。因言元祐间尝谒见冯当世宣徽，当世言熙宁初与陈旸叔吕宝臣同任枢密，……吕宝臣尤善秤停事。每事之来，必秤停轻重，令得所而后已。……器之因极言"秤停"二字最吾辈当今所宜致力，二字不可不详思熟讲也。

器之即安世。"秤停"也是一个很好的白话动词。

三十二，九，十七

（五）李冶《古今注跋》"何有于我哉？"

（陆心源群书校补本）

《古今注跋》卷十有论"何有于我哉"一句的旧注四说，颇有特见。此句在《论语》凡两见：

> 《述而》篇
> 默而识之，学而不厌，诲人不倦！何有于我哉？
> 《子罕》篇
> 出则事公卿，入则事父兄，丧事不敢不勉，不为酒困：何有于我哉？

旧说有四：

（1）郑玄说：

> 无是行于我，我独有之。（疏云：它人无是行于我，我独有之。）

（2）朱熹说：（《述而》篇）

> 何有于我，言何者能有于我也。三者已非圣人之极至，而犹不敢当，则谦而又谦之辞也。（《语录》又说，此语难说，是圣人自谦我不曾有此数者。）

（3）朱熹说：（《语录》）

> 于我何有？（李云，此犹云"于我何难乎？"）

（4）南轩引汲郡吕氏说：

> 言我之道舍是三者之外复何有？

李氏评郑说为"浅陋不足论"。评第二说为"似显而幽"，又不能适用于《子罕篇》诸语。评第三说为"似纯而驳"，又用于"默而识之"则"理又相违矣"。评第四说为"似是而非"，"虽云近理，其实不能尽理"。

李氏自己的说法是：

> 据此虽主谦辞，亦主诸弟子有之。盖谓有人能为此等数事足矣，在我更复何求？犹俚语曰："怎么尽得，我更要甚？"

李氏此说，比诸家旧说似最明白清楚了。但他实在还不免"增字解经"。他把这句分作两边看:"你们怎尽得,我对你们还更苛求什么?"这当然不是这话的原意。

古人对此语,所以不能了解,都只是因为他们先有"圣人自谦"的成见。朱子的第二说,"于我何有"就不是谦辞了,竟是居之不疑了。所以朱子不敢坚持此说。其实这一说最合文理。《论语》本有同样的一句:

　　于从政乎何有?(共见四次)

这当然和"于我何有哉?"是同样的文法。翻成白话就是:

　　这在我算得什么呢?

或是:

　　这在我有什么了不得呢?

这就是说:

　　我就做到了这些事,又算得什么呢?

(六) 何有于我哉

今天用《诗经》和《论语》两书来研究"何有"与"何有于我哉"几句古代成语的用法,得看这些结论:

(1) "何有"=有什么?(此是本义,流行于"东土"各国)

　　终南何有? 有条有梅。

　　终南何有? 有纪有堂。(《秦风·终南》)

　　何有,何亡,黾勉求之。(《邶风·谷风》)

(2) 鲁语用"何有",有一种特别的习惯用法,本义还是"有什么呢?"而习惯用法有"何难之有"的意思。今将《论语》里的几种用法分开说明如下:

(a) 本义:"何□之有"=有什么□呢?

　　(甲例)君子居之,何陋之有?(九,十四)

　　(乙例)未之思也,夫何远之有?(九,三十)

　　(丙例)夫子焉不学? 而亦何常师之有?(十九,二二)

(b) "何有"=算什么呢? ="何难之有?"=有什么难处呢?

　　(丁例)能以礼让? 为国乎,何有? 不能以礼让为国,如礼

何?(四,十三)

(戊例)

季康子问,"仲由可使从政也与?"

子曰,"由也果,于从政乎何有?"

曰,"赐也可使从政也与?"

曰,"赐也达,于从政乎何有?"

曰,"求也可使从政也与?"

曰,"求也艺,于从政乎何有?"

(己例)苟正其身矣,于从政乎何有?不能正其身,如正人何?(十三,十三)

(适按,此例与丁例文法全同,可比较看。丁例的"如礼何",此例的"如正人何",两"如"字皆等于"奈"字。)

(庚例)默而识之,学而不厌,诲人不倦:何有于我哉?(七,二)

(辛例)出则事公卿,入则事父兄,丧事不敢不勉,不为酒困:何有于我哉?(九,十六)

以上八例,共十句,其实只有两类:

(A)何□之有?

(B)何有?

两类都是用疑问的口气来表示一种无疑的否定。"何陋之有?"其实是"决不会陋"。"何远之有?"其实是"决不会远"。"何常师之有?"其实是"决不必有常师"。

单用"何有"也是用疑问的口气来表示一种无疑的否定。"何有"在这些例句里,形式上是"有什么呢?"而意义其实是"决没有什么","算不得什么","决没有什么难处"。

"于从政乎何有"就是"在从政上决没有什么干不了"。

"何有于我哉?"就是"这些事于我有什么干不了?"就是说,"这些事在我算不得什么"。

旧日注家所以误解"何有于我哉?"一句,都因为他们先有一种成见,把这些话看做圣人的自谦之辞。我们把《论语》的十句"何有"

合起看来,只看见每句都是用疑问的形式来表示一个无疑的意思。本无可疑,而偏用疑问的口气,就把话变的比较客气了:这不是圣人的自谦,这只是鲁国方言的习惯用法。

三十二,十,十七夜

(七) 东汉学者的门徒有录牒

《党锢传》说:

> 李膺〔被考死后〕,妻子远徙,门生故吏及其父兄并被禁锢。时侍御史蜀郡景毅子顾为膺门徒,而未有录牒,故不及于谴。毅乃慨然曰,"本谓膺贤,遣子师之,岂可以漏夺名籍苟安而已?"遂自表免归。

这可见东汉经师学者有门徒的录牒。《儒林传·论》也说:

> 其耆名高义,开门受徒者,编牒不下万人。皆专相传祖,莫或讹杂。

"专相传祖,莫或讹杂",是说家法的系统派别。景顾"未有录牒,故不及于谴",是说这种名籍有法律上的作用。

今试抄《后汉书》里明举这种门徒名籍的各条,列为例证。

《张兴传》说:

> 弟子自远至者,著录且万人。

《牟长传》说:

> 长自为博士,及在河内(为太守),诸生讲学者常有千余人,著录前后万人。

《魏应传》说:

> 弟子自远方至,著录数千人。

《丁恭传》说:

> 诸生自远方至,著录数千人。

《楼望传》说:

> 诸生著录九千余人。

《张玄传》说:

> 〔诸生〕著录千余人。

《蔡玄传》说：

> 门徒常千人，其著录者万六千人。

以上皆见《儒林传》。

《杨厚传》（卷三十二）说：

> 厚称病求退，……归家修黄老教授，门生上名录者三千余人。

（八）时世

唐人所谓"时世"，不是我们所谓"时代"，乃是我们所谓"时髦"、"时尚"。

刘禹锡诗：

> 近来时世轻前辈，好染髭须事后生。

白居易诗：

> 外人不见见应笑，天宝末年时世妆。

唐人避太宗讳，世宗改为代宗。但"时世"屡见中唐人诗，似亦是"临文不讳"之一例。

三十三，一，二十六

（原载 1946 年 10 月 23 日、11 月 10 日、11 月 17 日、11 月 20 日，1947 年 1 月 1 日上海《大公报·文史周刊》，皆署名"藏晖"）

范缜、萧琛、范云的年岁

萧琛《难神灭论·自序》云:

> 内兄范子真(丽本如此,三本作范缜)著《神灭论》,以明无佛。

但他答法云书,则称

> 家弟暗短招侃。

《梁书·范缜传》亦称

> 与外弟萧琛善。

大概萧琛与范缜年岁差不很远,而范年长于萧。萧琛答法云书称范为"家弟",当作"家兄"。

《梁书·萧琛传》说他死在中大通元年(529),年五十二。据此,他应生在宋升明二年(478)。《南史》(十八)《萧琛传》不记他卒时年岁。但《梁书》说他死时年五十二,必是错误。

《梁书》说,

> 永明九年(491)魏始通好。琛再衔命至桑乾,还为通直散骑侍郎。

他若生在升明二年,则永明九年他才十四岁。到永明末年(493),他也不过十六岁!

本传又说,萧琛起家齐太学博士。

> 时王俭当朝,琛年少,未为俭所识。……俭与语,大悦。俭为丹阳尹,辟为主簿。举为南徐州秀才,累迁司徒记室。

《南齐书》(廿三)《王俭传》,永明二年(484),王俭领国子祭酒,丹阳尹。……三年(485),……解丹阳尹。

若萧琛生在升明二年,那么,王俭作丹阳尹时,萧琛才七岁!

王俭死在永明七年(489),年三十八。是他生在宋元嘉二十九年(452)。他做国子祭酒,在永明二年,那时他才三十三岁。三十三岁的国子祭酒,认太学博士为"年少",可见萧琛当时不过二十六七岁。

如果永明二年(484)萧琛才二十七岁,则他生年约当宋大明二年(458)。到永明九年(491),他三十四岁,可以为行人出使了。

依此推算,他死时年七十二。《梁书》作年五十二,是一字之误。

《梁书·萧琛传》又说:

> 高祖(萧衍)在西邸,早与琛狎。每朝宴,接以旧恩,呼为宗老。

萧衍生于大明八年甲辰(464),比萧琛小六岁,故呼他为"宗老"。萧琛若生在二十年后(478),那么,竟陵王子良开西邸时(永明五年,487),他才十岁,那能参与"八友"之列呢?(八友见《高祖纪》)

《梁书》与《南史》都提到"范缜及从弟云"。《梁书·范云传》说他死在天监二年(503),年五十三。他生在宋元嘉二十八年(451)。

《南史·范云传》说:

> 云本大武帝十三岁。尝侍宴,帝谓临川王宏,鄱阳王恢曰:"我与范尚书少亲善。……汝宜代我,呼范为兄。"二王下席拜。

范云生在西历451,萧衍生于464,正相差十三岁。

范缜是范云的从兄,是萧琛的外兄。我们可以假定范缜至少比范云大一岁,试作表如下:

范缜生年约在宋元嘉二十七年(450)。
范云生年在宋元嘉二十八年(451)。
萧琛生年在宋大明二年(458)。
萧衍生年在宋大明八年(464)。

《南史·范缜传》说他

> 年未弱冠,从沛国刘瓛学,瓛甚奇之,亲为之冠。在瓛门下

积年,恒芒屩布衣,徒行于路。……及长,博通经术,尤精三礼。瓛卒于永明七年(489),年五十六。他生年当在元嘉十一年(434)。假定范缜生在元嘉二十七年(450),他从刘瓛受学,"年未弱冠",约在宋明帝泰始初年(约在三年,467),其时他才十八岁,刘瓛已有三十四岁了。三十四五岁的经师,给十八九岁的少年学者行"冠"礼,不足奇怪。大概我假定范缜的生年不至于大错。

他的死年,我们无从考定。

三十四年在康桥旧稿
三十五年四月十九日写定
(原载1947年8月8日天津《大公报·文史周刊》)

考范缜发表《神灭论》
在梁天监六年

旧史(《梁书》四八,《南史》五七)记范缜发表他的《无因果论》与他的《神灭论》,年代不分明,好像都在萧齐竟陵王子良(死在建武元年,494)当权的时代。我曾考校各种史料,始知旧史有错误。《资治通鉴》一三六记永明二年(484)子良为护军将军兼司徒,因记他"开西邸",聚集才隽之士,下文即记子良笃好释氏,而范缜盛称无佛,不信因果之论,与《神灭论》,都系在同一年(永明二年,484)。我考校各种史料,始知旧史所记不尽可信。

大概范缜发表他反对佛教思想的理论,有不同时的两次。第一次是他在萧子良的座上,发表他不信因果的议论,用王充的"偶然论"来摧破佛教的因果论。旧史记载甚明,是萧子良问他,他口头答复。故此论是永明后期萧子良作宰相的时代(永明五年至建武元年,487至494)发表的,似无可疑。

在这个时期,他大概已有"神灭"的议论了。《南史》五七《范缜传》说萧子良叫王融劝他说:"神灭既自非理,而卿坚执之,恐伤名教。……可便毁弃之。"王融被杀在永明十一年(493),死时年只二十七岁。此可见范缜在萧子良开府时代不但不信因果,并且不信神不灭之说。但那时期,他的《神灭论》可能还只是一篇短文,没有充分发挥。

第二次是他在梁武帝的初期,他发表了一篇《神灭论》,是一篇精心结构的哲学文章,其中最有名的警句是:形者,神之质;神者,形之用。……神之于形,犹利之于刀。未闻刀亡而利存,岂容形亡而神在哉?此论发表之后,朝野的佛教徒都大震动。梁武帝曾有手诏驳难,当时的大和尚法云把皇帝的敕答钞送给许多文武名人,征求他们的意见。其中有六十二人回信给法云,当然都是顺着皇帝的意旨,表示不赞成范缜的见解。

范缜《神灭论》的全文,与法云收到的六十二人的回信,都保存在《弘明集》里。高丽本《弘明集》还保存着这六十多人的官爵,可以考证这一次《神灭论》的论战的年岁。我细考高丽藏本,用史书考证,才能断定这次论战是在梁武帝的天监六年(507),其时范缜已从广州召回,正任中书郎。故《续高僧传·法云传》中提到此事,称"中书郎顺阳范轸",即是范缜(缜字作轸,也许是由于宋人写本避讳)。《弘明集》的高丽本给我们许多参证,如

(1) 曹思文的两篇驳文,题为"难范中书神灭论","重难范中书神灭论"。

(2) 曹思文《答法云书》,有"范中书迷滞若斯,良为可慨"。

(3) 吏部郎王泰《答法云书》云:"一日曲蒙宴私,预闻范中书有神形偕灭之论。"

但《梁书》与《南史》都不曾记载范缜何年为中书郎。今用高丽本《弘明集》所记《答法云启》诸名人的官爵为证据,考得此事在天监六年。例如

　　　　右卫将军韦睿答

《梁书》(十二)《韦睿传》说:天监六年四月,邵阳洲大捷后,"以功增封七百户,进爵为侯,征通直散骑常侍,右卫将军"。七年,迁左卫将军。韦睿为右卫将军正当天监六年。此一证也。

　　又如

　　　　领军将军曹景宗答

《梁书·武帝纪》说:"天监六年夏四月癸卯,以右卫将军曹景宗为领军将军,徐州刺史。七年正月……壬子,以领军将军曹景宗为中卫将军。……五月癸卯……以中卫将军曹景宗为安南将军,江州刺史。……八月癸丑,曹景宗卒。"曹景宗为领军将军,是天监六年四月至十二月的事。此二证也。

　　又如

右仆射袁昂答

《梁书·武帝纪》说："天监六年闰月（闰十月）乙丑,以……吏部尚书袁昂为左仆射。"此处当作"右仆射"。《南史》（六）正作右仆射,与《弘明集》相合。况且天监六年闰月甲申,以光禄大夫夏侯详为尚书左仆射;十二月,尚书左仆射夏侯详卒,都可见袁昂是右仆射。此是天监六年闰十月以后的事。此三证也。

　　又如

　　尚书令沈约答

《武帝纪》:天监六年闰月（闰十月）,以尚书左仆射沈约为尚书令,行太子少傅。此四证也。

　　又如

　　吏部尚书徐勉答

《武帝纪》:天监六年冬十月壬寅,以五兵尚书徐勉为吏部尚书。此五证也。

　　又如

　　光禄领太子右率范岫答

《梁书》（廿六）《范岫传》："天监五年,迁散骑常侍,光禄大夫。……六年,领太子右卫率。七年,徙通直散骑常侍,右卫将军。"此六证也。

　　又如

　　太子詹事王茂答

《武帝纪》:天监七年正月……领太子詹事王茂进号车骑将军。此七证也。

　　此七人都是《答法云启》的六十二名人之中其官位可考的。我只挑出了七人,不曾细考其余五十多人的官位迁改的年岁。但这七条无一条不可证明那个《神灭论》的讨论是在天监六年。其中曹景宗、王茂二条可以断定他们《答法云启》不得在天监七年正月以后。其中徐勉、袁昂、沈约三条可以断定他们《答法云启》不得在天监六年闰十月之前。

　　故我们可以说,范缜发表他的《神灭论》是在天监六年。梁武帝手敕驳斥,法云和尚钞写敕书送请当时名流参加驳论,六十二人《答法云启》,都在天监六年闰十月至十二月之间。

范缜因为王亮的事,贬谪广州,事详《梁书》(十六)《王亮传》。天监三年,侍中王亮废为庶人。天监四年(505)夏,武帝在华光殿宴饮,尚书左丞范缜起来说话,大攻击司徒谢朏,而为王亮伸冤。御史中丞任昉劾奏,"请免缜所居官,……收付廷尉法狱治罪"。皇帝下玺书诘责范缜,凡诘问十条。缜答复,史家称为"支离而已"。范缜因此贬广州。

他何时从广州召回,史无明文。但据《武帝纪》,天监五年正月,前司徒谢朏为中书监,司徒。是年十二月司徒谢朏薨。范缜曾攻击谢朏最力。这一年中,谢朏为中书监,范缜大概不会做中书郎。所以我推想范缜召回为中书郎,也是天监六年的事。

三十四年康桥旧稿,三十五年四月二十一日写定

(原载 1947 年 7 月 25 日上海《大公报·文史周刊》,此处所收为胡适 1960 年重校改定稿)

考据学的责任与方法

历史的考据是用证据来考定过去的事实。史学家用证据考定事实的有无,真伪,是非,与侦探访案,法官断狱,责任的严重相同,方法的谨严也应该相同。这一点,古人也曾见到。朱子曾说:"看文字须如法官深刻,方穷究得尽。"朱子少年举进士,曾做四年同安县主簿,他常常用判断狱讼的事来比喻读书穷理。例如他说:

> 向来熹在某处,有讼田者,契数十本,中间一段作伪。自崇宁政和间,至今不决。将正契及公案藏匿,皆不可考。熹只索四畔众契,比验前后所断,情伪更不能逃者。穷理亦只是如此。

他又说:

> 学者观书,……大概病在执着,不肯放下。正如听讼,先有主张乙底意思,便只寻甲底不是;先有主张甲底意思,便只见乙底不是。不若姑置甲乙之说,徐徐观之,方能辩其曲直。

在朱子的时代,有一位有名的考据学者,同时也是有名的判断疑狱的好手,他就是《云谷杂记》的作者张淏,字清源。《云谷杂记》有杨楫的一篇跋,其中说:

> 嘉定庚午(1210,朱子死后十年),予假守龙舒,始识张君清源,……其于书传间辩正讹谬,旁证远引,博而且确。……会旁郡有讼析赀者,几二十年不决。部使者下之郡,予因以属之。清源一阅文牍,曰:"得之矣。"即呼二人叩之。甲曰:"绍兴十三年,从兄尝鬻祖产,得银帛楮券若干,悉辇而商,且书约,期他日复置如初。兄后以其资买田于淮,不复归。今兄虽亡,元约固存,于法当析。"乙曰:"父存而叔未尝及此,父死之后,忽称为约,实为不可。"清源呼甲至,谓之曰:"按国史,绍兴三十年后方

用楮币,不应十三年汝家已预有若干。汝约伪矣。"甲不能对,其讼遂决。

杨楫跋中又记张㳦判决的另一案:

又有讼田者,余五十年,屡置对而不得其理。清源验其券,乃政和五年龙舒民与陶龙图者为市,因讯之曰:"此呼龙图者谓何人?"曰:"祖父也。"清源曰:"政和三年甲登第,于法不过簿尉耳,不应越二年已呼龙图。此券绍兴间伪为以诬人,尚何言哉?"其人遂俯伏,众皆骇叹。

朱子的话和杨楫的跋都可以表示十二三世纪的中国学术界里颇有人把考证书传讹谬和判断疑难狱讼看作同一样的本领,同样的用证据来断定了一件过去的事实的是非真伪。

唐宋的进士登第后,大多数分发到各县去做主簿县尉,使他们都可得着判断狱讼的训练。程子(颢)朱子都在登进士第后做过主簿。聪明的人,心思细密的人,往往可以从这种簿书狱讼的经验里得着读书治学的方法,也往往可以用读书治学的经验来帮助听讼折狱。因为这两种工作都得用证据来判断事情。

读书穷理方法论是小程子建立的,是朱子极力提倡的。小程子虽然没有中进士,不曾有过听讼折狱的经验,然而他写他父亲程珦的家传,哥哥程颢的行状,和"家世旧事",都特别记载他家两代判断疑狱的故事。他记大程子在鄠县主簿任内判决窖钱一案,方法与张㳦判的楮币案相同;又记载大程子宰晋城时判决冒充父亲一案,方法与张㳦判的陶龙图案相同。读书穷理的哲学出于善断疑狱的程氏家庭,似乎不是偶然的。

中国考证学的风气的发生,远在实验科学发达之前。我常推想,两汉以下文人出身做亲民之官,必须料理民间诉讼,这种听讼折狱的经验是养成考证方法的最好训练。试看考证学者常用的名词,如"证据","左证","左验","勘验","推勘","比勘","质证","断案","案验"都是法官听讼常用的名词,都可以指示考证学与刑名讼狱的历史关系。所以我相信文人审判狱讼的经验大概是考证学的一个比较最重要的来源。

无论这般历史渊源是否正确，我相信考证学在今日还应该充分参考法庭判案的证据法。狱讼最关系人民的财产生命，故向来读书人都很看重这种责任。如朱子说的：

> 天下事最大而不可轻者，无过于兵刑。……狱讼面前分晓事易看。其情伪难通，或旁无左证，各执两说，系人性命处，须吃紧思量，或疑有误也。

我读乾隆嘉庆时期有名的法律家汪辉祖的遗书，看他一生办理诉讼，真能存十分敬慎的态度。他说："办案之法，不惟入罪宜慎，即出罪亦宜慎。"他一生做幕做官，都尽力做到这"慎"字。

但是文人做历史考据，往往没有这种敬慎的态度，往往不肯把是非真伪的考证看作朱子说的"系人性命处，须吃紧思量"。因为文人看轻考据的责任，所以他们往往不能严格的审查证据，也往往不能敬慎的运用证据。证据不能敬慎的使用，则结论往往和证据不相干。这种考据，尽管堆上百十条所谓"证据"，只是全无价值的考据。

近百年中，号称考证学风气流行的时代，文人轻谈考据，不存敬慎的态度，往往轻用考证的工具，造成诬枉古人的流言。有人说，戴东原偷窃赵东潜（一清）的《水经注释》。又有人说，戴东原偷窃全谢山的校本。有人说，马国翰的《玉函山房辑佚书》是偷窃章宗源的原稿。又有人说，严可均《全上古三代秦汉三国两晋六朝文》是攘夺孙星衍的原稿。

说某人作贼，是一件很严重的刑事控诉。为什么这些文人会这样轻率的对于已死不能答辩的古人提出这样严重的控诉呢？我想来想去，只有一个答案：根本原因在于中国考证学还缺乏自觉的任务与自觉的方法。任务不自觉，所以考证学者不感觉他考订史实是一件最严重的任务，是为千秋百世考定历史是非真伪的大责任。方法不自觉，所以考证学者不能发觉自己的错误，也不能评判自己的错误。

做考证的人，至少要明白他的任务有法官断狱同样的严重，他的方法也必须有法官断狱同样的谨严，同样的审慎。

近代国家"证据法"的发达，大致都是由于允许两造辩护人各有权可以驳斥对方提出的证据。因为有对方的驳斥，故假证据与不相干的证据都不容易成立。

考证学者闭门做历史考据,没有一个对方辩护人站在面前驳斥他提出的证据,所以他往往不肯严格的审查他的证据是否可靠,也往往不肯敬慎的考问他的证据是否关切,是否相干。考证方法所以远不如法官判案的谨严,主要原因正在缺乏一个自觉的驳斥自己的标准。

所以我提议:凡做考证的人,必须建立两个驳问自己的标准:第一要问,我提出的证人证物本身可靠吗?这个证人有作证的资格吗?这件证物本身没有问题吗?第二要问,我提出这个证据的目的是要证明本题的那一点?这个证据足够证明那一点吗?

第一个驳问是要审查某种证据的真实性。第二个驳问是要扣紧证据对本题的相干性。

我试举一例。这一百年来,控诉戴东原偷窃赵东潜《水经注》校本的许多考证学者,从张穆、魏源到我们平日敬爱的王国维、孟森,总爱提出戴东原"背师"的罪状,作为一个证据。例如魏源说:

> 戴为婺源江永门人,凡六书三礼九数之学,无一不受诸江氏。及戴名既盛,凡己书中称引师说,但称为同里老儒江慎修,而不称师说,亦不称先生。

又如王国维说:

> 其(东原)平生学说出于江慎修。……其于江氏亦未尝笃"在三"之谊,但呼之曰婺源老儒江慎修而已。

我曾遍检现存的戴东原遗著(微波榭刻本与《安徽丛书》本),见他每次引江慎修的话,必称江先生。计有:

《经考》引江说五次,四次称江慎斋先生,一次称江先生。

《经考》附录引一次,称江慎斋先生。

《屈原赋注》引四次,称江先生。

《考工记图》引三次,称江先生。

《顾氏音论跋》引一次,称江先生。

《答段若膺论韵》称江慎修先生一次,称江先生凡八次。

总计东原引慎修,凡称"先生"二十二次。其中《经考》,《考工图记》,《屈原赋注》,都是少年之作;《答段若膺论韵》则是东原五十四岁之作,次年他就死了。故东原从少年到临死前一年,凡称引师说,必称先生。

至于"老儒江慎修"一句话,我也曾审查过。东原在两篇古韵分部的小史里——一篇是《声韵考》的古音一卷,一篇是《六书音均表序》——叙述郑庠以下三个人的大贡献,有这样说法:

郑庠……分六部。

近昆山顾炎武……列十部。

吾郡老儒江慎修永……列十有三部。

这两篇古音小史里,郑庠、顾炎武都直称姓名,而江永则特别称"吾郡老儒江慎修永",这是表示敬重老师不敢称名之意,读者当然可以明了。

故魏源、王国维提出的证据,一经审查,都是无根据的谣言,都没有作证据的资格。既没有作证据的资格,我们当然不再问这件证据足够证明《水经注》疑案的那一点了。

我再举一个例子。杨守敬在他的《水经注疏要删》里,曾举出十几条戴氏袭赵氏的"确证",其中有一条是这样的:朱谋㙔的《水经注笺》卷七,《济水篇》注文引:

《穆天子传》曰甲辰天子浮于荥水。

赵氏《水经注释》的各本都把"甲辰"改作"甲寅",刊误说:

甲辰,一清按《穆天子传》是甲寅。

戴氏两种校本也都改作"甲寅"。杨守敬提出这条作为戴袭赵之证,他说:

原书本是甲辰。赵氏所据何本误以为甲寅,戴氏竟据改之(《要删》七,叶九)

杨氏所谓"原书"是指《穆天子传》。天一阁本,《汉魏丛书》本,与今日通行本《穆天子传》,此句都作甲辰。赵潜说他依据《穆天子传》作甲寅,是他偶然误记了来源。杨守敬说"原书本作甲辰",是不错的。

但杨守敬用这条证据来证明赵氏先错了而戴氏跟着错,故是戴袭赵之证,那就是杨守敬不曾比勘《水经注》古本,闹出笑话来了。

这两个字的版本沿革史，如下表：

残宋本作	甲寅	《永乐大典》作	甲寅
黄省曾本作	甲寅	吴琯本改作	甲辰
朱谋㙔本作	甲辰	赵一清本改	甲寅
戴震本改	甲寅		

古本都作甲寅，吴琯本始依《穆天子传》改作甲辰，朱本从吴本也作甲辰。赵氏又依古本（黄本或孙潜本）改回作甲寅。戴氏依大典本改回作甲寅。

杨守敬所见《水经注》的版本太少了，他没有见朱谋㙔以前的各种古本，脑子里先存了"戴袭赵"的成见，正如朱子说的"先有主张乙底意思，便只寻甲的不是"。他完全不懂得《水经注》问题本来是个校勘学的问题，两个学者分头校勘同一部书，结果当然有百分之九十九以上相同。相同是最平常的事，本不成问题，更不成证据。

杨守敬在他的《凡例》里曾说：

若以赵氏所见之书，戴氏皆能读之，冥符合契，情理宜然。余谓事同道合，容有一二。岂有盈千累百，如出一口？

这句话最可以表示杨守敬完全不懂得校勘学的性质。校勘学是机械的工作。只有极少数问题没有古本古书可供比勘，故须用推理。绝大多数的校勘总是依据古本与原书所引的古书。如果赵、戴两公校订一部三十多万字的《水经注》而没有"盈千累百"的相同，那才是最可惊异的怪事哩！

即如上文所举"甲寅"两字的版本沿革，都是校勘学最平常的事，岂可用来作谁偷谁的证据！

我举出这两个例子来表示一班有名的学者怎样轻视考证学的任务，怎样滥用考证学的方法。我最后要举一个极端的例子来做这篇文字的结束。《水经注》卷二十四，《瓠子水》篇有一段文字，前面叙旧东河径濮阳城东北，下文忽然接着说："《春秋》僖公十三年夏会于咸"。凡熟于《水经注》文字体例的人，都知道这两节之间必有脱文，故赵戴两本都在"春秋"上校增"又东，径咸城南"六字，赵氏刊误云：

又东径咸城南六字，全氏曰，以先司空公本校增。

杨守敬论此条说：

> 此非别有据本，以下文照之，固当有此六字。此戴袭全之证。(《要删》二十四，叶七)

他既说这六字的校增不必有本子的根据，只看下文，即知"固当有此六字"，则是无论谁校《水经注》，都会增此六字了。为什么独不许戴东原校增此六字呢？为什么这六字可以用作戴氏袭全氏的证据呢？

用证据考定一件过去的事情，是历史考证。用证据判断某人有罪无罪，是法家断狱。杨守敬号称考证学者，号称"妙悟若百诗，笃实若竹汀，博辨若大可"，却这样滥用考证学的方法，用全无根据的证据来诬枉古人作贼。考证学堕落到这地步，岂不可叹！

我们试看中国旧式法家汪辉祖自述他办理讼案是如何敬慎。他说：

> 罪从供定。犯供（犯人自己的供状）最关紧要。然五听之法，辞只一端。且录供之吏难保一无上下其手之弊。据供定罪，尚恐未真（注）。余在幕中，凡犯应徒罪以上者，主人庭讯时，余必于堂后凝神细听。供稍勉强，即属主人复讯。常戒主人不得性急用刑。往往有讯至四五次及八九次者。疑必属讯，不顾主人畏难；每讯必听，余亦不敢惮烦也。（《续佐治药言》，"草供未可全信"条）

被告自己的供状，尚且未可据供定罪，有疑必复讯，不敢惮烦。我们做历史考证的人，必须学这种敬慎不苟且的精神，才配担负为千秋百世考定史实的是非真伪的大责任。

三十五年，十，六　北平东厂胡同

（注）汪辉祖举的"据供定罪，尚恐未真"的实例：

> 乾隆壬年（1762）八月，馆平湖令刘君冰斋署。会孝丰县民蒋氏行舟被劫，通详缉捕。封印后，余还里度岁。而平湖有回籍逃军曰盛大者，以纠匪抢夺被获，讯为孝丰劫案正盗。冰斋迓余至馆，检阅草供。凡起意纠伙，上盗伤主，劫赃俵分，各条，无不毕具。居然"盗"也。且已起有蓝布绵被，经事主认确矣。当晚嘱冰斋复勘，余从堂后听之。一一输供，无惧色。顾供出犯口，

熟滑如背书然。且首伙八人，无一语参差者。心窃疑之。次晚复嘱冰斋故为增减案情，隔别再讯。则或认，或不认，八人者各各歧异。至有号呼诉枉者。遂止不讯。而令库书依事主所认布被颜色新旧，借购二十余条，余私为记别。杂以事主原认之被，嘱冰斋当堂令事主辨认，竟懵无辨识！于是提各犯研鞫，佥不承认。细诘其故。盖盛大被获之初，自意逃军犯抢，更无生理，故讯及孝丰劫案，信口妄承，而其徒皆附和之。实则绵被为己物，栽制有人。即其（抢夺）本案亦不至于死也。遂脱之。

越二年，冰斋保举知府，入京引见。而此案正盗由元和县发觉，传事主认赃。冰斋回任，赴苏会审定案（适按：平湖县属浙江嘉兴府，孝丰县属浙江湖州府，元和县属江苏苏州府，故刘君须赴苏会审）。

初余欲脱盛大时，阖署哗然，谓余枉法曲纵，不顾主人考成。余闻之，辞冰斋，冰斋弗听［许］。余曰："必欲余留止者，非脱盛大不可。且失赃甚多，而以一疑似之布被骈戮数人，非惟吾不忍，……为君计亦恐有他日累也。"至是，冰斋语余曰："曩者君力脱盛大，君何神耶！"……余自此益不敢以草供为据矣。"（《续佐治药言》，四叶至六叶。参用《病榻梦痕录》乾隆廿八年此案，文字稍有删改，使人易晓。）

这篇《考据学的责任与方法》，是民国三十五年写的。今年我重读一遍，觉得还可以收存。我当时因为汪辉祖举例的文字太长，没有全抄。现在我觉得这位刑名大家的"据供定罪，当恐未真"一条大原则真是中国证据法一个重要理论，而这个大原则是需要举例说明的，所以我全抄汪先生举的一件案子的文字，作为一条小注（平湖知县刘冰斋，名国烜，奉天人）。

1960年12月28夜，胡适记

（原载1946年10月16日上海《大公报·文史周刊》第1期，又载1961年3月16日台北《民主潮》第11卷第6期）

《易林》断归崔篆的判决书
考证学方法论举例

　　《易林》这部书,本来只是一部卜卦的繇辞,等于后世的神庙签诗。他本身并没有思想史料的价值。但这部书有两点容易引起读者的注意。第一,这些繇辞往往有很美的句子,读起来颇像民间的歌谣,朴素里流露着自然的俏丽。明朝的文艺批评家,如钟惺,早就如此说过。钟惺说《易林》:

　　　　其语似谶似谣,似诨似隐,似寓似脱,异想幽情,深文急响。

又说:

　　　　其笔力之高,语法之妙,有数十百言所不能尽,而藏裹回翔于一字一句之中,宽然有余者。其锻炼精简,未可谓无意为之也。

这种赞美的话不能说是过分。这四千多首繇辞里,至少有一百多首可以当作清新俏丽的小诗读,其文学的趣味比司马相如、冯衍、班固、崔骃的长赋要高明的多多。

　　第二,这是一部很古的韵文。古代流传下来的整部书籍太少了;这部书因为许多人常用来卜卦,又因为他有一种内部组织(六十四卦,每卦六十四课,繇辞重复的,一一注明某卦某繇与某卦某繇相同),所以不但保存的很久,还保存了整部的原来面目,不像有后人增添改窜的痕迹。四千多首有韵的文字,虽然不免传写的错误,但没有经后人有意的改窜,这当然在文学史上,声韵学上,都是很难得的材料了。

　　因为这两种原因,《易林》的作者问题,年代问题,内容问题,都曾引起近三四百年来学者的讨论,可惜他们的结论往往有很重大的

不同,叫初学的人不知道如何选择判断。单是《易林》的作者问题,就有四种说法:

(一)作者是焦延寿 (为前汉昭帝宣帝时人)。

(二)作者是崔篆 (王莽时人,东汉光武帝时还在)。

(三)作者是许峻 (东汉后期人)。

(四)作者是"东汉以后人" (顾炎武如此说)。

从焦延寿到东汉以后,这中间有三百年的隔离。所以作者的问题也就牵连到这书的年代的问题了。究竟这书是西历纪元前一世纪的焦延寿的书呢?还是纪元后第一世纪崔篆的书呢?还是纪元后第二世纪的许峻的书呢?还是"东汉以后"——第三世纪以后——的人假托于焦延寿的书呢?这些大不同的说法,我们究竟如何决择呢?

我把前代学者考据《易林》的议论,综合起来研究,不能不承认他们的考据方法大部分不精细,所以他们的结论有那么大的差异。最不幸的是《易林》这部书自从六朝以来,大家都咬定"焦氏易林"的题名,都相信焦延寿是作者。这一千多年的成见真是根深蒂固的,若没有精密的方法和明白无疑的证据,我们决不能动摇旧说,建立新说,使人心悦诚服。

我现在提议,把《易林》一案提出复审,把所有一切人证物证完全调来重付侦查,侦查之后,根据那些重新整理过的证据,提出一个新的判决。证据差不多还是向来学者都知道的证据,只是排比解释的方法不同。判决主文也不完全是新的——不过在那四种可能的判断之中,决定一种——只是这新判决书是建立在一种比较细密的论证方法之上,所以比较的应该可以叫人心服,也许可以免掉再上诉的麻烦了吧?

本案是一部书的著作权的争执案。争这部《易林》的著作权的,前后共有四批人。我现在先把这批人的脚色履历,开列如下:

第一批,焦延寿。他的履历见于《汉书》卷七十五的《京房传》:

京房……治《易》,事梁人焦延寿。延寿字赣,赣贫贱,以好学得事梁王。(顾炎武《日知录》十八说,此是梁敬王定国以昭帝始元二年〔纪元前85〕嗣,在位四十年薨,当元帝之初元三年〔前46〕。但余嘉锡先生在《四库提要辨证》子部三,叶卅六,据《太平御览》二六八引《陈留风俗传》云,"昭帝时,蒙人焦贡为小黄令"。余先生因此推断此梁王是贞王勿伤,以武帝太始元年〔前96〕嗣,在位十年薨,死时当昭帝始元二年)。王供其资用,令极意学,既成,为郡史,察举补小黄令。以候司先知奸邪,盗贼不得发。爱养吏民,化行县中,举最,当迁。三老官属上书愿留赣。有诏许增秩留,卒于小黄。赣常曰,"得我道以亡身者必京生也"。其说长于灾变,分六十四卦,更直日用事,以风雨寒温为候,各有占验。房用之尤精。(焦延寿死在京房之前,京房死在元帝建昭二年〔前37〕。余嘉锡先生〔同书叶卅七〕推断焦延寿生当武帝中叶,当元帝初年已死在小黄了。)

《汉书》记焦延寿有两处,一在《京房传》,一在《儒林传》,两处都不提起他著有一部《易林》。《汉书·艺文志》,依据刘向、刘歆的《七略》,都不著录焦延寿的《易林》。

直到五六百年后梁朝的学者编纂书目,方才著录有焦赣的《易林》十六卷,又一本三十二卷。依据旧目的《隋书·经籍志》就也记着:

《易林》十六卷,焦赣撰,梁又本三十二卷。
《易林变占》十六卷,焦赣撰。

从此以后,焦延寿就享有了《易林》的著作权,至一千几百年之久,后来这部书就叫做"焦氏易林"了。

第二批,崔篆,他的脚色履历附见于他的孙子崔骃的传里(《后汉书》列传第四十二):

崔篆,王莽时为郡文学,以明经征诣公车,太保甄丰举为步兵校尉。……投劾归。……时篆兄发以佞巧幸于莽,位至大司空。(看《汉书·王莽传》)母师氏,能通经学百家之言,莽宠以殊礼,赐号义成夫人,金印紫绶,文轩丹毂,显于新世。后以篆为建信大尹,篆不得已,……单车到官,称疾不视事,三年不行县。门下掾倪敞谏,篆乃强起班春。……平理"县狱",所出二千余

> 人。……遂称疾去。建武初,朝廷多荐言之者,幽州刺史又举篆贤良。篆自以宗门受莽伪宠,惭愧汉朝,遂辞归不仕。客居荥阳,闭户潜思,著《周易林》六十四篇,用决吉凶,多所占验。……篆生毅,以疾隐身不仕。毅生骃。

崔篆的事迹又见于《后汉书·儒林传》的《孔僖传》:

> 孔僖,……曾祖父子建,少游长安,与崔篆友善。及篆仕王莽,为建新大尹,尝劝子建仕。(子建)归终于家。僖与崔篆孙骃复相友善,同游太学,习《春秋》。……元和二年(西历纪元85)……冬(僖)拜临晋令。崔骃以家林筮之,谓为不吉。(《孔丛子》的《连丛子》下卷作"其友崔骃以其家《卦林》占之谓为不吉"。《连丛子》的孔僖一部分是根据《后汉书》的《孔僖传》假造的。此可见《后汉书》原文大概也作"其家卦林"后来写者误省为"家林",就不可通了。章怀太子注《孔僖传》云:"崔篆所作《易林》也"。也许唐人所见《后汉书》还没有错。)

我们看崔篆的履历,明明记着他曾"著《周易林》六十四篇,用决吉凶,多所占验",又明记着他的孙子崔骃曾用"其家卦林"来替孔僖占卦。现在流行的《易林》十六卷六十四篇正是一部占卦的繇辞,也许这就是崔篆的《周易林》吧?也许这部《焦氏易林》本来就是"崔氏易林"吧?

《旧唐书·经籍志》五行类有:

> 《焦氏周易林》十六卷,焦赣撰。
> 《崔氏周易林》十六卷(原文不注作者)。

《唐书》作于五代时,《经籍志》的目录只是"录开元盛时四部诸书"。这可见开元时代有一部十六卷的古写本,分明题作"崔氏周易林"。到了北宋欧阳修宋祁等人重修《唐书》的时候这种古写本还存在,不但题为"崔氏周易林",并且明明白白的题为崔篆所作。所以《新唐书》的《艺文志》有:

> 《焦氏易林》十六卷(原注,焦赣)
> 《崔氏周易林》十六卷(原注,崔篆)

这是崔氏焦氏争《易林》著作权的开始。但宋朝的学者好像都不肯抛弃《焦氏易林》的旧说;《崔氏周易林》的写本,不久就被那《焦氏易林》的刻本(季沧苇宋版书目,《焦氏易林》十六卷八本)完全压倒了,埋没了。所以元代撰修的《宋史·艺文志》只有

> 焦赣《易林传》十六卷(在著龟类)

就没有提起《崔氏周易林》了。直到清代嘉庆时,才有学者牟庭出来替崔篆做辩护人,提出新诉状,要替崔篆收回《易林》的著作权。(详见下)

第三批,许峻。他的事迹见于他的孙子许曼的传里(《后汉书·方术传》):

> 许曼者,汝南平舆人也。祖父峻,字秀山,善卜占之术,多有显验。时人方之前世京房。自云,少尝笃病,三年不愈,乃诣泰山请命。行遇道士张巨君,授以方术。所著《易林》,至今行于世。

许峻的外孙董彦兴和应劭相熟,应劭曾于桓帝延熹八年(西历165)介绍董彦兴去给桥玄占卜,事见《风俗通义·怪神篇》,应劭也是汝南人,认识许峻一门,所以《风俗通义》又记着许峻为鲁相臧仲英家中怪异占卜的故事,又记着许峻的孙子许宁方(即许曼)为车骑将军冯绲占卜赤蛇的故事。可见许峻是东汉中期的人,死在第二世纪的前半,又可见他的一家和外孙都是"善占卜之术"的道士。他著有《易林》,《后汉书》说"至今行于世"。范晔死在刘宋文帝元嘉二十二年(西历445)许峻的《易林》不但当范晔时还存,《隋书·经籍志》也记录:

> 《易新林》一卷,后汉方士许峻等撰,梁十卷。
> 《易灾条》二卷,许峻撰。
> 《易决》一卷,许峻撰。梁有《易杂占》七卷,许峻撰,又《易要决》三卷,亡。

《旧唐书》同《新唐书》也都记录:

> 《许氏周易杂占》七卷,许峻撰。

《宋史·艺文志》五行类有

> 许季山《易诀》一卷,

> 《易林》三卷，
> 《诸家易林》一卷，
> 《易新林》一卷。

大概许峻的《新易林》只有一卷，梁代目录的十卷本是包括这些"诸家《易林》"的，所以《隋志》注"后汉方士许峻等撰"，其中也许有许曼董彦兴诸人占卜的书。

但是许峻的《易新林》后来就失传了。所以后世就有人疑心现行的《易林》也许是许峻做的。何焯的《读书记》说：

> 今世所传《焦氏易林》，疑即许峻所著，焦氏不闻有书也。

黄汝成《日知录集释》引同时（道光时）人泾县左暄说：

> 崔篆《易林》不可考。许峻所著《易林》，范氏以为"至今行于世"则后世所传《易林》当即峻书，而人误以为焦延寿也。

第四批，"东汉以后人"。这一批人，没有姓名籍贯，无从传唤到案，只好看他们的辩护人顾炎武的诉状如何说法：

> 《易林》疑是东汉以后人撰，而托之焦延寿者。延寿在昭宣之世，其时《左氏》未立学官，今《易林》引《左氏》语甚多。又往往用《汉书》中事，如曰：
>
>> 彭离胶东，迁之上庸（适按，此条在"升之夬"。黄丕烈刻的校宋本《易林》，"迁之"作"迁废"）。
>
> 事在武帝元鼎元年。曰：
>
>> 长城既立，四夷宾服。交和结好，昭君是福（适按此条在"萃之益"）。
>
> 事在元帝竟宁元年。曰：
>
>> 火入井口，阳芒生角，犯历天门，窥见太微，登上玉床（适按，此条在"大有之复"，又"鼎之临"）。
>
> 似用《李寻传》语。曰：
>
>> 新作初陵，逾蹿难登（适按，此条在"明夷之咸"）。
>
> 似用成帝起昌陵事。又曰：
>
>> 刘季发怒，命（黄本作禽）灭子婴（适按，此条在"蛊之贲"）。

又曰：

　　大蛇当路,使季畏惧(适按,此条在"屯之升",又"损之比")。

则又非汉人所宜言也。(《日知录》卷十八)

顾炎武提出的理由总共有四组:①《易林》引《左传》的语句甚多,不像是《左氏传》未立于学官的昭宣时代的作品。②《易林》往往用《汉书》里的故事,不像班固以前的书。③《易林》用元帝、成帝的故事,焦延寿不会知道。④《易林》往往称汉高祖为"刘季"似乎不是汉代人应该说的,所以好像是"东汉以后人"做的书。

以上总检查《易林》著作权争执人四批的履历资格。

现在我要开审这案子了。

我的审判方法,分做三个步骤:第一步,要先证明现在流传的《易林》确确是东汉初期已经存在并且已经被人用来占卦的《周易卦林》。证明了这一点,我们就可以把第三批的许峻和第四批的"东汉以后人"都驱逐出法庭,把他们的诉状驳斥不理了。第二步,要证明焦延寿决不能著作这部《易林》。第三步,要证明王莽时做建新大尹的崔篆最合于《易林》著作人的资格,所以"焦氏易林"应该归还原主。改题为"崔氏周易林"。

先说第一步的审判。

《东观汉记》有这一段最有趣味的故事:

　　永平五年秋(西历纪元62)京师少雨。上(明帝)御云台,召尚席取卦具,自卦,以《周易卦林》占之。其繇曰:"蚁封穴户,大雨将集。"明日大雨。上即以诏书问"沛王"辅曰:"道岂有是耶"?辅上书曰:"按《易卦》(适按,此处'易卦'似当作'易卦林')震之蹇,'蚁封穴户,大雨将集'。蹇,艮下,坎上。艮为山,坎为水。山出云为雨。蚁穴居而知雨,将云雨,蚁封穴。故以蚁为兴文"。诏报曰:"善哉王次序之"!(《文选》卷六十,任昉《齐竟陵文宣王行状》的李善注引《东观记》,参看聚珍版《东汉记》。惠栋《后汉书补注》，《沛王辅传》注引《东观记》此条，文字稍不同，不知他根据何本。)

今本《易林》(黄丕烈本，潮阳郑氏翻黄本)卷十三震之蹇，果然有"蚁封穴户，大雨将集"两句繇辞。《四库全书》的《易林》提要也引了这段《东观记》，但是《四库提要》的作者完全不懂得这一件重要证据的意义。《提要》的结论是：

> 今书蹇繇实在震林，则书出焦氏，足为明证。

这就大错了！《东观汉记》的"蚁封穴户"的故事并不曾说汉明帝沛王辅用的是"焦氏易林"，只说他们用了一部"周易卦林"，所以这个故事丝毫不能证明"书出焦氏"。然而这个故事两次提到的两句繇辞恰恰是今本《易林》的"震之蹇"的繇辞，所以能够证明今本《易林》确是一千八百多年前汉明帝沛王辅用来占卜的"周易卦林"。这是最难得的铁证。(牟庭也引《东观记》此条，但他也不曾明白这种证据的作用。他因明帝有"善哉王次序之"之语，就说，"以是知沛献王辅尝受诏次序《易林》矣"。其实明帝诏报六个字，当做一句读，谓"善哉王之次序之也！")

这一条最可靠的证据使我们深信汉明帝永平五年确已有了这部《易林》了。从这一个判断上，我们可以得到几个自然的引申结论：

第一，许峻决不配争《易林》的著作权。许峻的孙子和外孙都和应劭同时，他的著书年代远在永平以后。他的占卦的书，范晔叫做《易林》，《隋书》叫做《易新林》，大概只有一卷，和那十六卷六十四篇的《易林》不同。所以我们可以判决许峻不是今本《易林》的作者。

第二，顾炎武提出的"东汉以后人"更不成问题了。顾氏说汉朝人不应该称"刘季"，所以《易林》应该是东汉以后的作品。左暄曾驳他说：

> 《史记·高祖本纪》言"刘季"者非一，则固汉人所常言也。(《日知录集释》十八)

这样用避讳作考证的方法，根本就不能用来考证两汉文献的时代，因为我们现在可以无疑的证明两汉文人史家都有"临文不讳，诗书不讳"的自由。《史记·周本纪》有"邦内甸服，邦外侯服"，《封禅书》有"五岳皆在天子之邦"。《汉书·韦贤传》有韦孟的谏诗,中有"实绝我邦"与荒,商,光,同,协韵;又有在邹诗,中有"于异他邦",与恭协韵。此皆可证西汉不讳"邦"字,何况"季"字?《史记》又不讳"盈"字(惠帝名),"恒"字(文帝名),"启"字(景帝名)。(看陈垣《史讳举例》,页五六。)《汉书》也屡用"恒"字,"启"字,"彻"字(武帝名)。《汉书》不但不讳前汉帝名,并且不避"秀"字(光武帝名)"庄"字(明帝名)。(看陈垣同上书。)王充与班固同时代,《论衡》里屡称"庄岳","庄公","楚庄王","庄子义",是不避明帝讳。许慎《说文解字》也不避后汉帝讳。陈垣先生曾指出见存东汉诸碑均不避东汉帝讳。(看《史讳举例》,页一至二,又胡适《两汉人临文不讳考》。)

顾炎武不曾详考汉人临文不讳的风气,所以他要把《易林》看作"东汉以后人撰"。我们现在驳斥这种证据,认为不能成立。我们并驳斥一切根据后世避讳制度来考证两汉文献著作年代的方法,认为都不能成立。

我们现在既已断定《易林》是东汉明帝初年已被人用来占卜的古书,那么,凡是代表明帝以后的人争《易林》著作权的诉状和证物,都应该一律驳斥不理了。

现在我要开始第二步审判了。

第二步审判的主要目标是要审问那死在京房以前的焦延寿(西历纪元前一世纪的前期人)能不能著作这部《易林》。

明朝的郑晓,明末清初的顾炎武,都曾提出证据,证明《易林》用的历史事实有一些决不是焦延寿能知道的,所以他们不承认焦氏作《易林》的旧说。现在我们要研究他们提出的这些证据是不是正确的。

① 郑晓指出《易林》"节之解"繇辞"皇母多恩,字养孝孙,脱于襁褓,成就为君",似乎是指定陶傅太后抚养汉哀帝(即位在西历前6年)的事,是焦延寿不会知道的(郑晓《古言》,引见《四库全书》《易林》的《提要》)。

② 郑晓和顾炎武指出"明夷之咸"繇辞"新作初陵,逾蹈难登",似是指成帝起昌陵的事,是焦延寿决不会知道的。(成帝建始二年〔西历前31〕以渭城延陵亭部为初陵。到了鸿嘉元年〔西历前20〕又以新丰戏乡为昌陵。永始元年〔西历前16〕诏曰,"昌陵作治五年,天下虚耗,百姓罢劳,客土疏恶,终不可成,其罢昌陵,反故陵。"《刘向传》有《谏造陵疏》,述昌陵工程最详。)

③ 顾炎武指出《易林》"大有之复"("蛊之临"同)繇辞的文字颇像是用《汉书·李寻传》的语句。李寻的政治活动在成帝晚年;他和夏贺良等同谋要造成一个大政变,是在哀帝建平二年(西历前5年)。这都是焦延寿不会知道的。

《四库提要》替《焦氏易林》辩护,说:

> 二家所云,某林似指某事者,皆揣摩其词。

这就是说,这几条繇辞都不够明白清楚,不够作证据。《提要》的批评,也有一部分的道理。例如李寻一条,实在有点"揣摩其词"不能有证据的作用。又如定陶王欣立为皇太子时,已是十七岁了,他做皇帝,已是十八岁了:这都不合于"脱于襁褓,成就为君"的话。所以这一条也不够明白无疑。只有"初陵"的工程是成帝一朝的一件大事,《易林》又明明说"初陵"的名称,这一条可以算是一件证据。焦延寿决不会知道成帝起初陵的事。

④ 顾炎武又指出"升之夬"繇辞"彭离济东,迁废上庸"一条。这一条的文字是最明白清楚的了。梁孝王的一个儿子彭离,封为济东王,后来因为他擅杀人,已发觉被他杀了的有一百多人,所以武帝把他废为庶人,徙居上庸。(看《汉书》卷四十七文《三王传》)但这一件大案子出在武帝元鼎元年(西历纪元前116)是焦延寿可以知道的,焦延寿做小黄令是在昭帝时,他是梁国人,又是梁王提拔的人,当然可以知道梁王家门里这件大案子。所以这一条的文字虽然十分明白,在本案里没有做证据的价值。

⑤ 顾炎武又指出《易林》用了许多《左传》的典故和语句,《左传》在昭帝宣帝时还未曾得政府的承认,不曾立博士。因此,顾炎武疑心《易林》不是前汉人的著作。

《四库提要》答复这一条说：

> 《左传》虽西汉未立学官，而张苍等已久相述说。延寿引用《传》语，亦不足致疑。

《史记》用了无数的《左传》材料，我们不能因此就疑心这些材料全是后人加进去的。（狭陋的"今文"学者，如崔适的《史记探源》，真有这种说法！）大概《左传》或《左氏春秋》是一部很古的史书，这是无可疑的。西汉经师所争的只是左氏"不传《春秋》"的一个问题。司马迁作的是历史，《易林》用的是典故，都不关左氏不传《春秋经》的问题。所以这一大组的《左传》典故都不够做本案的证据。

⑥ 顾炎武指出"交和结好，昭君是福"一件史事是在元帝竟宁元年（西历前33），是焦延寿不会知道的。

王嫱，字昭君，出嫁匈奴呼韩邪单于，是在京房死后第五年，那时焦延寿早已死了。所以《四库提要》也不能不承认这一条是"名字炳然，显然为延寿以后语"了。

我们还可以帮顾炎武添一条同类的证据：

⑦《易林》"萃之临"

> 昭君死国，诸夏蒙德。异类既同，宗我王室。

昭君在匈奴，先嫁呼韩邪单于，生一男；后来呼韩邪死了（西历前31），她又配了复株絫单于，生两女。昭君之死，大概在前汉末年，当然更不是焦延寿能知道的了。

以上七条之中，除了四条不够作证据之外，我们可以承认"新作初陵"一条，"昭君"两条，都是明白清楚的证据。根据第三条证据，就尽够判断焦延寿决不是《易林》的作者了。

在一百年前，山东翟云升刻《易林校略》十六卷。他赞成牟庭的主张，说《易林》不是焦延寿做的，是崔篆做的。他提出了一条最重要的新证据，是郑晓，顾炎武都忽略了的。翟云升说：

⑧ "同人之豫"，"鼎之节"云：

"安民呼池"。

考《汉书·平帝纪》，元始二年罢安定呼池苑，以为安民县。孝平正崔氏时，在焦氏后，皆是崔非焦之证也。

这是王莽的一件大德政,《平帝纪》有详细的记载:

> 元始二年(西历纪元 2 年)……罢安定呼池苑,以为安民县。起官寺市里,募徙贫民,县次给食;至徙所,赐田宅什器,假与犁牛种食。(安定,颜师古说是中山王国的安定,池音沱。《水经注》于《渭水》下,叙略阳川水,述来歙攻隗嚣时自安民县,之杨城至略阳,并引"元始二年罢安定罅沱苑以为安民县,起官寺市里。"故沈钦韩谓"安民县属安定郡无疑",全祖望曰:"案曰呼沱,则是中山,非关中,况平帝由中山王为天子,故首加恩于潜藩。"适按,全说是也。)

《易林》"鼎之节"云:

> 安民呼池,玉杯大按,泉如白蜜,一色获愿(一色当是一邑之误)。

"同人之豫"云:

> 按民呼池,玉杯文案,鱼如白云,一国获愿。

这件事有年月可考,最明白无可疑。这决不是焦延寿能够知道的。此证还不够证明《易林》作者"是崔"(说详下),但尽够证明"非焦"了。主张《焦氏易林》的辩护人,如丁晏,如刘毓崧,也都明白这两条新证据的重要,所以他们恐慌了,就决心要用掩眼法来抹煞这两条文字!丁晏说:

> 按毛本"同人之豫"曰"按民湖池",黄本作"按民呼池",翟本又改"安民",臆改迁就,不可从也。(丁晏《书翟氏牟氏易林校略后》)

这是大考据家摆出大架子来抹煞证据的掩眼法。黄本"同人之豫"作"按民呼池",丁晏看见了,指出了。但"鼎之节"一条,黄本和一切本子都明白的作"安民呼池",丁晏大律师何以假装不看见了呢?这样存心抹煞证据,是自欺欺人的行为,是可耻的。丁晏的徒弟刘毓崧公然称赞丁晏这条驳论为"驳正详审,洵足以释翟氏之疑"。刘毓崧党同伐异,也未免存心抹煞证据了。

这第二部分的审判,可以这样判决:

> 审得《易林》十六卷,自萧梁以来,相传为前汉昭宣时代人

焦延寿的著作；现由反对各方提出本书的内容为证，证明《易林》内提及①成帝时的初陵，②昭君的"交和结好"，事在元帝竟宁元年，③昭君之死，事在前汉末年，④安民呼池一事，在平帝元始二年：这四件史事，都远在焦延寿死后，都可以证明焦延寿不是本书的作者。焦延寿的代理人始终不能提出有力的证据或反证。故本法庭判决：焦延寿此后不得再享受《易林》十六卷的著作权。以后本书不得再题作"焦氏易林"。

现在本案的诉讼人，只剩下崔篆一个人没有判决了。我们还得开第三步审判，要判断崔篆是不是《易林》的作者。

我们先请崔篆的第一个辩护人山东栖霞牟庭（字陌人，号默人，乾隆乙卯〔六十年，西历1795〕的优贡生，做过观城县的训导，著有《雪泥屋遗书》五十一种）出庭宣读他的诉状——他的《校正崔氏易林序》。这篇文章是嘉庆二十一年（西历1816）写定的，因为知道此文的人太少，所以我们请他摘读其中最扼要的一部分：

> 今世所传《易林》本有"汉时"旧序，曰："《六十四卦变占》者，王莽时建信天水焦延寿之所撰也。"余每观此而甚惑焉。据《汉书·儒林传》《京房传》，焦延寿是昭宣时人，何为乃言"王莽时"？焦延寿，梁人也，何故而言"建信天水"？王莽时改千乘郡曰建信，改天水郡曰填戎（适按，填与镇同）。则莽时有建信而无天水。且二郡不相属（适按，建信属青州，在极东；天水属凉州，在极西），"建信天水"非可兼称也。又其序假名费直，费直生于宣元间，岂知天下有王莽其人哉？

这是说这篇序的错误太不近情理了，倒引起了他的疑心，使他去研究为什么这个作序的人会荒谬到这个地步。牟庭接着说他如何解答这些疑问：

> 一日，检《后汉书·儒林传》，"孔僖拜临晋令，崔骃以'家林'筮之"。又检《崔骃传》云，"骃祖篆，王莽时为建新大尹，称疾去。建武初，客居荥阳，闭户潜思，著《周易卦林》六十四篇"。
>
> 余于是执卷惝恍，忽而笑曰，"余乃知之矣！《易林》者，王

莽时建新大尹焦延寿之所撰也！新，信，声同。大尹形误为天水。崔形误为焦。崔篆盖字延寿，与焦赣名偶同。写者知有焦延寿，不知有崔延寿，因复改篆为赣，下文称'赣'者再，本皆当作'篆'写者妄改之。……"

余既以两《汉书》订正旧序，的知《易林》非焦赣书，文假当归，改题曰"崔氏易林"。

我们现在秉公判断牟庭的诉状，先得指出他的推论，粗看去很像是根据薄弱，其实是值得我们平心研究的。他的最重要的贡献是从那号称《焦氏易林》的伪序里，寻出一点线索，使他恍然明白所谓《焦氏易林》原来就是那《后汉书·崔骃传》和《孔僖传》里说的崔篆的《周易卦林》。那一点线索就是那伪序里"王莽时建信天水"几个字。

《后汉书》明说王莽时做过建新大尹的崔篆曾著《周易卦林》六十四篇。两部《唐书》也都明明记录着《焦氏易林》之外另有《崔氏易林》十六卷。但一千多年来，从没有人提出诉状，明明指出焦氏《易林》就是崔氏《易林》，并且应该正式改题作"崔氏易林"。牟庭研究那篇伪序，抓住了一个大破绽：焦延寿的年代事迹，明明记在《汉书》的《京房传》和《儒林传》里，为什么这篇伪序偏偏要特别大书"王莽时建信天水焦延寿"呢？牟庭大胆的提出一个假设：《易林》原本必是题着"王莽时建新大尹焦延寿"，后来在传写的过程上，被妄人误写误改，竟成了"王莽时建信天水焦延寿"。牟庭从这一点线索上，就提出一个很大胆的结论，说《易林》是崔篆作的，应该改称为"崔氏易林"。

牟庭的推论程序，我们替他分析起来，是这样的：

① 作伪序的人分明全不知道崔篆这个人，更不知道崔篆做过王莽时代的建信大尹。

② 那么，他为什么要在《易林》作者的姓名上面加上"王莽时建信天水"等字呢？

③ 凡错误必有引起错误的原故。这一行荒谬绝伦的题字，只有一个可能的解释，就是《易林》原本（古写本）必是题着"王莽时建信大尹崔某"，后来姓崔的错成姓焦了，"大尹"也错成"天水"了，但是

那上半截"王莽时建信"等字还不曾磨灭,还留下线索,证明《易林》作者正是那做过王莽时建信大尹的崔篆。

④ 伪序全文足够证明作序的人决不是有意的装上"王莽时建信天水"等字,故不是有心作伪,只是无意之中留下了这一点痕迹。因为不是有心作伪,故这几个字有证据作用,有证据价值。

⑤ 因为"王莽时建信天水"这几字保留在一部所谓《焦氏易林》的旧序里,所以牟庭推断《焦氏易林》原来就是崔篆的《易林》。

这种推理方法,本来是很危险的,只有很精密的考据学者,十分严格的使用,才可以避免错误。牟庭的推论,照我们的分析,可算是大致不错。他自己也曾很得意的说:

> 崔篆之书,嫁名焦赣,遥遥千余年,遂无觉者。幸而误序犹存,俾余得寻迹所由,复睹其真。校书得此,旷然有发蒙之乐矣!古人遗迹,信不可忽,虽讹谬犹足宝贵若此!使余向者视为驳文,而弃置不思,何由得此乐哉?又使当时妄者稍知时地,将复改王莽为宣帝,改"建信天水"为"小黄令",或为"梁国",则余今日亦茫然失据,无以证明;而主人失书,终不复还,岂不惜哉?赖其人不甚知书,乃留此误证,以待余之寻究也,此天幸也!

这一段自述,是深知历史考据的老手说的话。"古人遗迹,信不可忽,虽讹谬犹足宝贵若此!"这句话真是考据学的名言。牟庭的大功劳正在他能够从这一篇伪序的几个残字里寻出破绽,来替崔篆做第一篇伸冤状子。

但是我们平心审查牟庭的诉状,虽然佩服他"读书得间",究竟不能指出:第一,他的推论本身也有点小错误,必须修正;第二,他提出的证据,无论如何聪明可喜,究竟还不够叫人心服。

牟庭的错误有两点:①他说,崔篆作王莽的建新大尹,而伪序作"建信",是因为"新信声同"。这是他偶然失检。《孔僖传》章怀太子注:"莽改千乘国曰建信,又改曰建新。"朱一新说:"建新当是莽初改之名,后改建信,如十一公之改新为信也。"东汉初期沿用建信之名,到和帝时才改为乐安,这可证建新是初改,建信是后改。《后汉书》崔骃孔僖两传皆作"建新"而《易林》原书自作"建信",都和"新信声同"无关。②牟庭猜想崔篆"盖字延寿",绝无证据,并且不必要。大概古本原文题着崔篆,故两《唐书》均著录《崔氏易林》十六卷。自汉至唐,崔是中原名族,崔家始终认定《易林》是崔家卦林,但一般人都不知道那位曾做王莽大官的崔篆,故钞本有误题作"崔赣"的,后来又有通人强作解事,改作"焦赣",故自梁至隋唐,目录皆称"焦赣"要不称焦延寿。(知道崔篆的人太少,故崔篆的姓名最多错误,《连丛子》两处提到崔篆,都误作"崔义",《连丛子》旧注又强作解事,说"义当作毅"!张怀瓘《书断》云,"崔瑗曾祖蒙",篆又错成"蒙"了!数年后,我得见余嘉锡先生的《四库提要辨证》,他在子部三,叶三十一,引《鸣沙石室古佚书》内《修文御览》残卷引《易林·谦之泰》"白鹤衔珠"一条,作"崔赣易林"。《太平御览》九一六引此条则已改为焦赣了,余先生又引日本人所撰类书名《秘府略》者,其中卷八六八引《易林·谦之大过》"被锦夜行"一条,亦题作"崔赣"。余先生说,"此必原作《崔氏易林》,后人妄改氏为赣,而忘改崔字,遂致以崔篆之姓,冠延寿之名。"大概古写本必有把"崔篆"错到不可想像的地步的。第一个通人才改成崔赣,第二个通人又改成焦赣,第三个通人知道赣是字而延寿是名,故改为焦延寿了。)

牟庭的推论,虽然修正了,还不过是一个聪明可喜的大胆假设,不能叫反对的人认为充分证据。主张《焦氏易林》的人如丁晏刘毓崧都不肯接受牟庭的推论。丁晏有《书翟氏牟氏易林校略后》长文,其中驳牟庭原序,有几个要点:

① 牟氏"既知旧序之伪,犹据以为莽时"。

② 牟氏"且谓崔篆盖字延寿。盖者,疑辞。遍检书传,篆无延寿之字。臆说纷腾,疑误后学,夫何取焉"!

③《后汉·儒林传》,孔僖拜临晋令,崔骃以家林筮之。晏案,李贤此注,"崔篆所作《易林》也"……《张衡传》李贤注又引《焦氏易林》。(适按,《张衡传》"应间"篇有"鼋鸣而鳖应也"李贤注《焦赣易林》曰,鼋鸣岐野,鳖应于泉"。《易林·乾之井》云:"鹜鸣岐山,龟应幽渊。"王谟本作"鼋鸣岐山,鳖应山渊"。王谟本此条最近李贤所见本。渊改为泉,是避唐讳。)明焦氏与

崔氏各自为书,章怀之注甚晰。

④《唐书·艺文志》,《焦氏周易林》十六卷,注云焦赣。《崔氏易林》(适按,当作《崔氏周易林》)十六卷,注云崔篆。焦崔《志》别为二,未尝溷为一也。

丁晏指出的几点,第二点说遍检书传,崔篆无延寿之字,我们也说过了,这是小疵,不足讨论。其余三点,都是颇有力量的反驳。第一点说牟庭明知旧序是伪作的,岂可用作根据？我们在上文曾指出:这篇序虽是假托的,但其中"王莽时建信天水"等字必是因为古写本有"王莽时建信大尹"的题署;作序者不知崔篆的事实,故这几个字不是有意作伪,而是无意中保存证据。但这个说法,只有熟悉考据方法的人才能了解,一般人决不能赏识,而有成见的学者如丁晏也决不肯承认。反对的人尽可以说:这伪序可以题"东莱费直字长翁",这明明是假的;为什么不可以胡乱再加上"王莽时建信天水"等等字呢？我们无论怎样替牟庭辩护,终不能叫反对的人心悦诚服。况且丁晏提出第三、第四两点都是重要的论点,我们若不能把这两点解答了,牟庭的推论只能供少数考据学者的赏玩,终不能恢复《崔氏易林》的著作权。

丁晏的最后两点其实只是一点:就是说,唐人明明著录一部《崔氏周易林》和另一部《焦氏周易林》;章怀太子李贤注《后汉书》,后来史家编《唐书·艺文志》,都把焦崔两家的书分别为二,"未尝溷为一也"。刘毓崧《跋丁氏易林释文》也说:

> 新旧《唐志》著录,以《崔氏易林》与《焦氏易林》并列:判然为二。焉得以崔氏之书既失,遂移焦氏之书补之？

本来牟庭的推理是说,正因为焦氏《易林》的伪序里保留着"王莽时建信天水"等字,所以我们可以推知那所谓《焦氏易林》正是王莽时建信大尹崔篆的《易林》。于今反对方不承认牟庭提出的证据,说他不应该把这一篇伪序里的几个误字提作证据,那么,崔篆的辩护人就不能不另寻更有力的新证据了。

新证据从那儿去寻呢？要怎样的证据才能够证明崔篆是《易林》的作者呢？

这种证据可以有两类。一类是本书的"内证",如昭君的和亲,如昭君之死,如安民呼池之事,都可以用来证明焦延寿决不会知道这些事,而崔篆生当前汉末年,做过王莽的官,这些事正合他的时代。这一类的"内证",本法庭认为不够用。因为和崔篆同时代的人至少有好几千万,崔篆可以知道这些史事,刘歆、扬雄也可以知道这些事。故这些本书内容的史事,只够证明焦延寿决不会作《易林》,而不够证明崔篆曾作这部《易林》。例如翟云升提到"安民呼池",一条年代最明白的史事,说"孝平正崔氏时,在焦氏后,皆是崔非焦之证也"。这可见翟氏不完全懂得这一类史事内证的性质,此事"在焦氏后",故可证《易林》"非焦"。但此事"正崔氏时",却不够证《易林》"是崔",因为崔氏同时人皆可知此事,我们不能证明只有崔篆一个人独知此事。

所以我们现在需要的是另一类的证据,是本书以外的历史材料,可以用来证《易林》的作者的。上次我们用《东观汉记》的汉明帝永平五年用《周易卦林》占得"蚁封穴户,大雨将集"一条记载,来证明今本《易林》确是一千八百多年前汉明帝用来占卦的古书。我们现在要寻的也正是像这一类的证据。

本法庭检查本案各方提出的证据之中,有三件是合格的:

①《旧唐书·经籍志》著录

《焦氏周易林》十六卷(原注,焦赣)

《崔氏周易林》十六卷(原文无注)

《旧唐书·经籍志》只是"录开元盛时四部诸书",故这条记载只能证明开元盛时的公家藏本之中有两部同是十六卷的《周易林》,一部明题"崔氏",一部明题"焦赣"。我们不知道这两部书的内容是一样,还是两样。

②《新唐书·艺文志》著录

《焦周氏易林》十六卷(原注,焦赣)

《崔氏周易林》十六卷(原注,崔篆)

《新唐书》修于北宋极盛时代(成于嘉祐五年,1060,修书共费十七年),《艺文志》著录的书,包括唐朝三百年的著作,比《旧唐书·经籍志》完备的多了(《经籍志》全抄开元时的书目,故集部仅到刘子玄卢藏用为止,天宝以下的大文豪如杜甫、李白,都不著录。《新唐书·艺文志》则著录李唐一代的著作)。《旧唐书》虽收"崔氏周易林",而不注作者。《新唐书》明注崔篆,可证北宋盛时的"秘府之藏"有两部同是十六卷的《周易林》,一部明题焦赣,一部明题崔篆。但我们从这条记载上,还不能知道这两部《周易林》的内容是同是异。

③ 赵璘《因话录》卷六,有这一条:

> 崔相国群之镇徐州,尝以《崔氏易林》自筮,遇乾之大畜,其繇曰:
>
> 典策法书,藏在兰台,虽遭乱溃,独不遇灾。
>
> 及经王智兴之变,果除秘书监也。

崔群是韩柳元白同时的文人,他拜相在元和十二年(817),罢相在十四年(819)他出镇徐州在穆宗即位之年(820)。王智兴兵变,驱逐崔群,在长庆二年三月(822)。崔群因失守徐州,贬为秘书监,当也在此年。他死在大和六年(832)(以上参用《旧唐书》一五九《崔群传》,及《穆宗本纪》)。赵璘是宰相赵宗儒(大和六年死)的从孙,是开成年间(836至840)的进士。赵璘记崔群的故事,可算是同时人的记载。

这个故事说崔群在元和十五年(820)曾用《崔氏易林》自筮,筮得乾之大畜。今检"典策法书,藏在兰台"一条繇辞正是今本《易林》的"坤之大畜"的繇辞。赵璘误记为"乾之大畜",繇辞全文与今本相同。这条证据最可以证明两《唐书》著录的"崔氏周易林",不但卷数相同,并且内容相同。这条记载最可以解答丁晏刘毓崧(《因话录》一条最早是刘毓崧提出的,但他全不了解这一条记载的证据作用)的疑问,无疑的证明《唐书》两志著录的两部十六卷本《周易林》原来只是一部同样的书。不过梁隋以来有题为"焦氏易林"的写本,故两《唐书》的史官都不敢完全抹煞此另本的旧名。现今我们既然①证明了焦赣决不会作《易林》,又②证明了"开元盛时"有些《易林》写本明题着"崔氏周易林";又③证明了北宋盛时还有些《易林》写本不但题着《崔氏周易林》,还注明作者是崔篆;又④证明了这部《崔氏易林》的内容和今本所谓《焦氏易林》相同,那么我们现在可以正式判断:古写本《易林》十六卷,内容相同,而题名有两种:那题作焦赣的,或焦氏的,实在是误题;那题作崔氏的,或崔篆的,是古写本的原题名,是不错的。

我们现在可以说:

① 汉明帝在永平五年(62)用的是崔篆的《周易卦林》,即是今本《易林》。

② 汉章帝元和二年(85)崔骃用的"其家卦林"即是今本《易林》。

③ 梁隋两代著录的十六卷本和三十二卷本《易林》,和那十六卷本书《易林变占》,也都是崔篆的《易林》,都是今本《易林》。

④ 开元盛时著录的两部十六卷本《周易林》都是崔篆的《易林》,都是今本《易林》。

⑤ 唐元和十五年(820)崔群用来自筮的《崔氏易林》是崔篆的《易林》,也就是今本的《易林》。

⑥ 北宋嘉祐五年编成的《新唐书·艺文志》著录的两部十六卷的《周易林》都是崔篆的《易林》。

⑦ 宋以后流行各种本子的《焦氏易林》都是崔篆的《易林》。

⑧ 嘉庆二十一年(1816)牟庭从《易林》的伪序的"王莽时建信天水"几个误字上看出线索,大胆的提出"《易林》是王莽时建新大尹崔篆所撰"的结论,现在完全证明为最大胆而不错误的结论。

我们在上面曾说过,《易林》本书内的历史事实,如昭君两条,如"安民呼池"一条,都只有反证作用和助证作用,但都不够用来证明《易林》作者是谁。这些史事,可以考证本书的年代,而不一定可以考证本书的作者。因为他们可以考证年代,故有反证作用,可以证明死在这些史事之前的某人决不会著作这部书。又正因为他们可以考证年代,故这些史事又有助证作用,可以用来试验作者的年代是否适合于本书的内容,又还可以用来帮助考定作者著书的年代。

现在我们已考定崔篆是《易林》的作者了。我们可以回到郑晓、顾炎武、翟云升等人指出的《易林》内容的各项史事，看看：①这些史事是否适合于崔篆的时代？②这些史事是否还可以帮助我们考定崔篆作《易林》的年代？③崔篆的《易林》著作权的恢复；是不是可以解决郑晓、顾炎武诸人指出的种种历史困难了吗？

崔篆的哥哥崔发在王莽早年就"以材能幸于莽"，后来封说符侯。地皇四年（23）崔发做大司空；同年，王莽被杀之后，他投降了申屠建，后来终于被申屠建杀了。崔篆到光武帝时还活着。他的孙子崔骃死在永元四年（92）。我们可以推算崔篆死在建武中期，约当建武十六年（40）。《易林》里的史事没有王莽以后的事，所以我们可以说《易林》的内容很合于崔篆的时代。

《崔骃传》说崔篆在东汉初年"客居荥阳，闭户潜思，著《周易林》六十四篇"。《易林》全书总共有四千多首有韵的繇辞，也许不是一个短时期里写成的。但其中有些繇辞，颇使我们疑心是王莽时代写的。例如"节之暌"和"小畜之噬嗑"：

方啄广口，圣智仁厚。释解倒悬，唐国大安。

这不是恭维王莽吗？（看《王莽传》描写他"侈口蹶颐"当时有人说他"鸱目虎吻"。）

又如"明夷之蒙"：

讽复诵功，美周盛隆，旦辅成周，光济冲人。

这也很像王莽在篡国以前"四十八万七千五百七十二人"上书歌颂他的功德一类的事，这又在崔篆的壮年时了。这一类的话，虽然不曾明说王莽，似乎不会是东汉革命成功之后写的。所以我颇疑心这部书的著作不在东汉初年，而在西汉末年王莽专政还没有做皇帝的时期，——就是汉平帝和孺子婴的时期，——约在西历纪元最初八九年之间。到了王莽被杀，光武帝中兴之时，这部书早已流传在人间，被人"用决吉凶"，所以其中颂美王莽的几条也就无法删改了。从前郑晓指出"皇母多恩，字养孝孙，脱于襁褓，成就为君"一条，说是指定陶傅太后抚养哀帝的事。我曾指出哀帝即位时已有十八岁，不能说是"脱于襁褓，成就为君"。如果我们考证崔篆作《易林》的年代大致不错，那么，这一条也许是指王太后（元后）和王莽同谋迎立汉平帝的事,或是指王莽假托王太后的意旨选立孺子婴的事。平帝立为皇帝时,年已九岁,也不是说是"脱于襁褓"。孺子婴立时才有两岁,最合于"襁褓"之句。这等颂谀的话最合于崔发崔篆一家人的口气。翟云升指出的"安民呼池……一国获愿"一条,是平帝元始二年的新政。崔篆决不会到了东汉初年还歌颂王莽在平帝时的德政。我们把这几条合起来看,可以推想《易林》写成的时代是王莽声誉最高的时代。《易林》里好像没有王莽建国以后的史事,王莽始建国元年是西历纪元9年,所以我推想《易林》成书在西历纪元最初八九年。到了王莽"新室"时代(西历9至23),这书渐渐流行,所以汉明帝和沛王辅在永平五年(西历62)都用此书占卜了。

《易林》里的"昭君"两条,也可以帮助我们证明《易林》成书的年代:

① 长城既立,四夷宾服。交和结好,昭君是福。
② 昭君死国;诸夏蒙德。异类既同,宗我王室。

这两条都歌颂昭君和亲的成绩,都可见那时期正是匈奴最恭顺,北边最太平,和亲政策最有效的时期。《汉书·匈奴传》说:

北边自宣帝以来,数世不见烽火之警,人民炽盛,牛马布野。及莽挠乱匈奴,与之构难,边民死亡系获;又十二部兵久屯而不出,吏士罢弊。数年之间,北边虚空,野有暴骨矣。

匈奴呼韩邪单于于宣帝甘露三年(西历前51)第一次来朝,明年又来朝。元帝竟宁元年(西历前33)呼韩邪又来朝,自言愿做汉朝的女婿,元帝把后宫良家子王嫱赐给单于,呼韩邪号王昭君为"宁胡阏氏"。从宣帝甘露初年到王莽初年(西历11)匈奴大入塞寇盗,其间共有六十多年的和平。昭君在匈奴几十年,在中国民间的心理,她竟成了这和亲政策的象征。《匈奴传》说:

汉平帝幼,太皇太后称制,新都侯王莽秉政(王莽号安汉公,在平帝元年。此事当指前一年九月以后,当西历前1年),欲说太后以威德至盛,异于前,乃讽单于(乌珠留单于),令遣王昭君女须卜居次云入侍。太后所以赏赐甚厚。

《匈奴传》里又屡次提到昭君的两个侄儿王歙、王飒。平帝初年,王歙和韩隆、王昌等同出使匈奴。王莽建国的第一年,王飒和王骏等同出使匈奴。王莽后来封王歙为"和亲侯",王飒为"展德侯"。天凤元年(西历14)王莽派王歙、王飒出使匈奴。这时候昭君的女婿右骨都侯须卜当正当权,他的权力能推翻匈奴的传位习惯,超越过匈奴诸王嗣立的名次,特别选立乌累单于。所以王莽特派昭君的两个侄儿出使匈奴。后来王莽又封须卜当为后安公,须卜当的儿子奢(昭君的外孙)为后安侯。天凤五年(西历18)王莽把须卜当父子和昭君的少女的儿子醯椟王都骗到长安,莽拜须卜当为须卜单于,又把他的庶出女儿睦逮任(莽改公主为"任")嫁给昭君的外孙奢。但这些交欢的手段都不能恢复王莽以前"数世不见烽火之警"的和平关系了。

以上所引关于昭君一家的事,可以表现两点:第一,昭君的时代正当匈奴"宾服",中国北边"数世无烽火之警"的时期。《易林》里说到昭君的两条都是那和平时期的情形,都不是王莽建国三年以后匈奴侵边,北境空虚的景况。第二,那个时代是昭君的故事最流行的时代。昭君的儿子女婿在匈奴当大权,他的两个侄儿在中国出使封侯,这是"昭君"故事所以成为《易林》题材的历史背景。

所以我们可以说,《易林》两次用昭君故事的繇辞,也可以使我们推想崔篆作《易林》是在王莽篡国前的几年,匈奴和好未破裂,昭君新死,而昭君和亲的故事流传最盛的时候。

顾炎武指出《易林》引用《左传》典故甚多,这一点也可以帮助证明《易林》的年代。《汉书·刘歆传》说:

> 哀帝初即位,大司马王莽举歆宗室有材行,为侍中,大中大夫,迁骑都尉,奉车光禄大夫。贵幸,复领五经,卒父〔向〕前业……〔先是〕歆校秘书,见古文《春秋左传》,歆大好之。……及歆亲近,欲建立《左氏春秋》及《毛诗》,《逸礼》,《古文尚书》,皆列于学官(前汉十四博士,《春秋》有《公羊传》,分严氏,颜氏二家。宣帝时立《穀梁传》博士,不在十四博士之数。但《左氏》不曾立博士)。哀帝令歆与五经博士讲论其义,诸博士或不肯置对。歆因移书太帝博士,责让之。(原书载本传)……其言甚切,诸儒皆怨恨。是时名儒光禄大夫龚胜以歆移书,上疏深自罪

> 责,愿乞骸骨罢。及儒者师丹为大司空,亦大怒,奏歆改乱旧章,非毁先帝所立。……歆由是忤执政大臣,为众儒所讪,惧诛,求出补吏,为河内太守。

这是经学史上第一次"今古文"的大争论。刘歆虽然暂时失败了。但哀帝不久就死了(西历前 1 年),王莽和王太皇太后迎立了平帝。在王莽专政之下,刘歆的主张都实行了;所以《汉书·儒林传》之末,班固赞说:

> 平帝时(西历纪元 1 至 5)又立《左氏春秋》,《毛诗》,逸《礼》,《古文尚书》。

到王莽地皇二年(西历 21)故左将军公孙禄在大臣会议席上发言,弹劾当时最有权势的大臣,其中有一段说:

> ……国师嘉信公〔刘歆〕颠倒五经,毁师法,令学士疑惑。……宜诛此数子,以慰天下。

公孙禄的话可以证明刘歆当时确曾利用政治的势力来建立《左氏春秋》等书,列于学官。(王莽倒后,《左传》又被废了。故建武四年,又有韩歆,范升等的大争论。)

崔篆作《易林》,正当《左传》最时髦的时代,所以《易林》引用了无数《左传》典故,是毫不足奇怪的。

此外,济东王彭离的大案子,是崔篆出世以前的事;他家祖父崔朝在昭帝时做官,他父亲崔舒做过四郡太守,崔篆记得这件大案子,当然不足奇怪。至于成帝起初陵和昌陵的绝大工程,是当时一件最荒谬,最引起天下人民怨恨的大事,有成帝永始元年(西历前 16)和二年(西历前 15)的两次悔过诏书(《汉书·成帝纪》)和刘向《谏造陵疏》(《汉书》卷三十六)为证。假定崔篆死在建武中期(西历纪元 40 左右)年约七十岁左右,那么成帝起初陵,又造昌陵,又回到延陵(初陵),的十多年的大工程,正当崔篆少年时代,在他著《易林》之前不过二十年光景;他记得这件大工程,用在《易林》里,更不足奇怪了。

所以前人从《易林》内容引起的种种历史困难,一经承认了王莽时建信大尹崔篆是作者,都可以完全解决了。

我们复审《易林》著作权的案子，现在可以判决了。判决书主文是：

审得今本《易林》确是一千九百多年前的古书；其著作人可以确定为曾做王莽新朝的建信大尹的崔篆；其著作年代，据《后汉书·崔骃传》，是在东汉建武初期（西历25至35）；但据本书内容推断，此书的著作大概经过颇长的时期，而成书的时代大概在平帝元始二年（西历2）之后，王莽建国初期匈奴大入塞寇掠（西历11年）之前。书中有歌颂王莽德政的话，不会是东汉初期写定的书，一千多年来这书被人加上"焦氏易林"的题名，认前汉焦延寿为作者；现在审判明白，《易林》断归原著作人崔篆，应该改题《崔氏易林》，或题《崔氏周易卦林》。又前人或认《易沐》为东汉许峻作的，或认为"东汉以后人"作的，这些争执，都绝无充分证据，一概驳斥不理。

民国卅二年二月廿八日改稿
卅二年九月十五夜半后重写定
卅七年一月四夜又修改几处
（原载1948年6月《中央研究院历史语言
研究所集刊》第20本上）

记《永乐大典目录》六十卷

《永乐大典目录》六十卷，山西灵石杨尚文刻在《连筠簃丛书》里。杨家刻的书都是张穆主持校刻的；这部目录从翰林院抄出，刻在丛书里，竟得保存至今，这当然是张穆的大功。

《连筠簃丛书》十四种，其中五种（《元朝秘史》等）是道光廿七年刻的，六种（《癸巳存稿》等）是廿八年刻的，一种（《汉石例》）是二十九年刻的。《大典目录》和桂馥的《说文解字义证》没有刊刻的年份。张穆死在道光二十九年，大概这两种没有刊刻年份的书也是那一年里刻的，也许已在他的病中了。也许书没有刻成他已死了。

《目录》前面有成祖的序文，题永乐六年十二月朔日。序文中说的这部大书的编制原则是

> 用韵以统字，用字以系事。……使观者因韵以求字，因字以考事，——自源徂流，如射中鹄，开卷而无所隐。
> 始于元年（1403）之秋，而成于六年（1408）之冬，统二万二千九百三十七卷。

《目录》止到二万二千八百七十七卷"十一叶"的"蹩"字。加上目录六十卷，正合二万二千九百三十七卷之数。

《目录》前面又收有《凡例》二十一条，都很重要。第一条说的最好：

> 是书之作，上自古初，下及近代，经史子集，与凡道释医卜杂家之书，靡不收采。诚以朝廷制作所关，务在详备无遗，明显易考。用韵以统字，用字以系事。凡天文、地理、人伦、国统、道德、政治、制度、名物、以至奇闻异见、廋词逸事，悉皆随字收载，……其有一字而该数字，则即事而举其纲（如律字内有"律吕"、"法

律"、"戒律";阳字内有阴阳、重阳、端阳之类)。一物而(原作"则")有数名,则因名而著其实(如黄莺、鸲鹆;竹筲、筼筜之类)。或事文交错,则彼此互见(如宰相、平章、参知政事;太守、刺史、知州之类)。或制度相因,则始末具举(如冠服、职官,历举汉唐宋沿革制度之类)。包括乾坤,贯通今古。本末精粗,粲然备列。庶几因韵以考字,因字以求事,开卷而古今之事一览可见。

这个"务在详备无遗,显明易考"的宗旨是很伟大的,是中国历史上无有伦比的两个伟大见解。

我们用现代的眼光来看这六十卷的《永乐大典目录》,不能不惊叹这部五百五十年前编纂的"百科全书"真可以说是努力做到了"详备无遗"和"显明易考"两个目标。用《洪武正韵》的八十韵来统领各字,使人"因韵以考字,因字以求事",这是在当时所能想到的最"显明易考"排列法(《广韵》分二百零六韵,《洪武正韵》合并作八十部)。这个用韵来统字的排列法完全取消了一切传统方法里区别上下、尊卑、邪正、贵贱、夷夏,种种的成见,所以更可以达到"详备无遗"的伟大目标。《大典》收释道两教的经典很多,又医、卜、星、相,以及相地、相宅、回回医书,等等,……这都是"详备无遗"的理想的实行。我们在今天翻看《大典目录》,最使我们惊叹佩服的要算这几类"俗文学"的收入:

(一)词典十一卷(卷二○○一八至二○○二八)

(二)评话廿六卷(卷一七六三六至一七六六一)

(三)杂剧廿一卷(卷二○七三九至二○七五七),列举杂剧名目,凡九十一种。

(四)戏文廿七卷(卷一三九六五至一三九九一),也列举戏文名目,凡卅三种。

评话是宋元话本,即是白话的短篇小说。杂剧是宋元的北方戏剧,戏文是宋元的南方戏文,即所谓"温州戏"。最可惜的,这八十五卷《永乐大典》本的"俗文学",现在都被烧毁了。现在剩下的只有戏文一卷(卷一三九九一),其中有三本戏文:《小孙屠》,《张协状元》,《官门子弟错立身》。因为这过去五百多年中的学人与政府都没有注意保存这部伟大的"详备无遗"的百科全书,所以这样希有的宝贝在《大典》里保存了五百年,结果还免不了被兵火烧毁了!这是我们今天翻看这部侥幸保留的《大典目录》时最感觉惋惜的一点。

张穆在道光廿一年(1841)的秋天曾和魏源同到翰林院去参观《永乐大典》,他们的目的好像是特别要查看《永乐大典》里面的《水经注》。张穆查看的结果,他记在他的《赵戴水经注校案》一篇文字里(此文收在王梓材的《全氏七校水经注重录本》附录里,标题如此。后来薛福成、董沛刻《全氏七校水经注》,附录下全收此文,改题《全氏水经注辨证》)。张穆此文里,有几句话牵涉到《永乐大典》的编辑体例,向来没有人查勘过。他说:

> 穆案,今翰林院所弃《大典》,乃嘉靖中照南京原书重缮之本。《水经》在卷一万一千一百二十七至一万一千一百四十二,"水"字韵内,十六卷今合为八巨册(乾隆中抽去衬叶,率合两卷为一册)。其余江、河、淮、济,诸韵中,一一细校,更无征引《水经》之处(《大典》引书原无定例,然全部收在一处者,辄不复散见各韵)。然则戴(震)所据校之本,即此八巨册矣。乃(提要)云"各案水名,逐条参校",何也?

这里牵涉到《永乐大典》的编纂凡例的,共有两条:一条是关于《水经注》的收入,一条是关于《永乐大典》收书的"定例"的。

先说那关于《永乐大典》收书的凡例的一例。张穆说:

> 《大典》引书原无定例,然全部收在一处者,辄不复散见各韵。

这一条通例似乎是错误的,是不能成立的。依我的考查,《永乐大典》的编纂原则是"务在详备无遗,显明易考",所以为了检查的方便,往往一面"随字收入"全部大书,一面又将"其间事实分采入各韵"。这个原则,《大典·凡例》里屡次提出。《凡例》第十四条专论诸经,第十五条专论诸史,都指出经史两类"其间事实"或"其间有事于制度名物者",都有"亦分采入韵"的办法。说的最明白的是《凡例》第十六条。这一条专论"释道二家":"其书有经、忏、律、论、符篆、咒法、斋醮、金丹等诀,其文有赞、颂、碑、铭,及禅、律、论等类,则随字收入,又从所重类载(原注:如《法华经》、《度人经》入'华'字、'人'字。其《梵纲经》、《菩萨戒》,虽无律名,其中专言戒律之事,则以所重收入'律'字之类。)"这里说的都是整部收入的道教、佛教经典。(例如《法华经》占《大典》七十九卷,《华严经》占百十六卷,四部《阿含经》占百零四卷,《大般若经》占八十二卷,律部共占百零三卷)。但第十六条凡例最末一句话是,"其间事实,并采入各韵"。其实这种编纂方法并不限于释道两家的经典。

我们可以举几组毫无可疑的例子来证明《永乐大典》往往既收整部的书,又将书中各部分采入各韵。第一组例证是《四库全书总目》卷五十八的《唐才子传》八卷的提要:

  ……是书原本凡十卷,总三百九十七人。……《永乐大典目录》于"传"字韵内载其全书。今"传"字一韵适佚,世间遂无传本。然幸其各韵之内,尚杂引其文,今随条撷拾,衷辑编次,共得二百四十三人,又附传者四十四人,共二百八十七人。谨依次订正,厘为八卷。

这篇提要有点小错误。《大典目录》的去声《传》字共五卷(卷一六八五三至一六八五七)并没有注明《唐才子传》之目。但《目录》的"才"字下有四卷(二六四九至二六五二)注明《唐才子传》。这位纂修官大概把"才"字误记作"传"字了。我引这篇"提要",为的是要人知道四库馆的纂修官并不否认某些书既全部收在《大典》里,同时"各韵之内尚杂引其文"。

第二组例证是《老子》。《大典》卷一万七千四百十八至一万七千四百三十七,共二十卷,——这是"道"字八十一卷之中的二十卷,收了《道德经》的全部,连同诸家注解在内。但我们细检《大典目录》,又可以明白《老子》的各章又分收在各韵。因为"河上公"注本每章各有标题,所以《大典》依"河上公"注本的标题,将各章分入各韵,例如:

  "德"字(卷二二四三二)收了显德章、重德章、辩德章、论德章、洪德章、任德章、养德章、玄德章、淳德章,——共计九章(尚有圣德、仁德、谦德三章,不见于目录)。

"恩"字(卷三五九八)收了苦恩章。
"淳"字(卷三三四九)收了还淳章。
"微"字(卷一二五九)收了守微章。
"难"字(卷四三八八)收了知难章。
"病"字(卷一八六〇五)收了圣人不病章。
"欲"字(卷一九九六九)收了检欲章。
"俗"字(卷二〇〇六二)收了异俗章。
"益"字(卷二〇五三三)收了益谦(原稿作"检欲",似误?)章。①
"惑"字(卷二二五一四)收了制惑章。

《老子》八十一章之中,见于《目录》的已有十八章了。所以我们可以断定《老子》是整部收入又是各章分入各韵的。

第三组例证是《春秋繁露》。《春秋繁露》的南宋楼钥本是整部收在《大典》卷一四七六六至一四七六八。这部书不但是四库馆最早校上的,并且是武英殿聚珍板印行最早的一部书。但我们试检《大典目录》,就可以看见《春秋繁露》的各篇又分在各韵:

《保位权篇》在"权"字(卷五二一五)
《天辨在人篇》在"人"字(卷三〇〇七)
《官制象天篇》、《天地之行篇》在"天"字(卷四五二三)
《观德篇》在"德"字(卷二二四三一)
《爵国篇》、《通国身篇》在"国"字(卷二二三六八)
《基义篇》在"义"字(卷一三九二〇)

第四组例证是《张子正蒙》。张载的《正蒙》全部收入《大典》卷八十五至八十八(《正蒙》只有十七章,《大典》收的是包括宋元诸家注解,故占四卷。此如《老子》五千言,而《大典》并收诸家注解,故占二十卷之多)。但《正蒙》的各篇又分入各韵,例如

《王禘篇》在"禘"字(卷一四一四八)
《中正篇》在"正"字(卷一八九一四)

---

① 原编者注:此条"检欲"二字,似系笔误。河上公注《老子》,第二十二章为"益谦",第五十三章为"益证";现无《永乐大典目录六十卷》存书,暂以"益谦"补校,待查。

《乾称篇》在"称"字（卷八一七七）

《至当篇》在去声的"当"字（卷一八二八七）

《动物篇》在"物"字（卷二一一五八）

看了这些例证，我们可以充分了解《大典》凡例第十六条说的整部书籍"随字收入，及从所重类载"之外，"其间事实，并采入各韵"，乃是《大典》编纂的一条重要凡例。所以我们可以说，张穆说的"《大典》引书，全部收在一处者，辄不复散见各韵"的话是没有根据的猜测，其实是不确的。

我们再看张穆说的关于《水经注》在《大典》里的编纂。他说：

……《水经》在卷一万一千一百二十七至一万一千一百四十二，"水"字韵内，十六卷今合为八巨册。（胡适按，此处有二小误：《水经注》钞成十五卷，其卷数为一万一千一百二十七至一万一千一百四十一。张穆推算"合两卷为一册"，故有此误。）

其余江、河、淮、济，诸韵中，一一细检，更无征引《水经》之处。

《大典》一万一千九十五册，在《四库全书》开馆时止剩九千多册了。自从光绪庚子年遭兵火之后，流传在海内外的不过三百几十册了。所以我们无法证实张穆说的"江河淮济诸韵中，一一细检，更无征引《水经》之处"一句话。我们当然也无法否证他的话，但我们要指出一点：《永乐大典》的《凡例》第五条说：

地理：凡历代地理志及阴阳相地之术，皆附于地字下。若山海江河等类，则随字收载。……

《目录》里"水"字下就有二十三卷都是"水名"（卷二〇七八至二一〇〇）。"河"字下就有两卷（卷五六四〇至五六四一）是"黄河"，还有十二卷（卷五六五〇至五六六一）都是"河名"。"江"字下有八卷（六六五一至六六五八）都是"江名"。"溪"字下也有十卷（一五九三至一六〇二）都是"溪名"。"渠"字下也有四卷（一七〇一至一七〇四）都是"渠名"。——这就是五十九卷了。我们现在已知道《大典》收的书，往往全部收在一处，同时又散见各韵。我们好像不应该凭空断定这五十九卷里"更无征引《水经》之处"罢？

1958，2，9夜，记于纽约寓楼

《洪武正韵》的韵目

平声(《广韵》上平廿八韵,下平廿九韵,共五十七韵)

一东 二支 三微 四齐 五鱼 六模 七皆 八灰 九真 十寒 十一删 十二先 十三萧 十四爻 十五歌 十六麻 十七遮 十八阳 十九庚 二十尤 廿一侵 廿二覃 廿三盐

上声(《广韵》上声五十五韵)

一董 二纸 三尾 四济 五语 六姥 七解 八贿 九轸 十罕 十一产 十二铣 十三筱 十四巧 十五哿 十六马 十七者 十八养 十九梗 二十有 廿一寝 廿三感 廿三琰

去声(《广韵》去声六十韵)

一送 二寘 三未 四霁 五御 六暮 七泰 八队 九震 十翰 十一谏 十二霰 十三啸 十四效 十五个 十六祃 十七蔗 十八漾 十九敬 二十宥 廿一沁 廿二勘 廿三艳

入声(《广韵》入声卅四韵)

一屋 二质 三术 四曷 五辖 六屑 七药 八陌 九缉 十合 十一叶

共分八十韵(《广韵》共二百六韵)

为了检查《永乐大典目录》的方便,我写这表。写成之后,颇觉得《洪武正韵》的合并旧韵未尝没有道理。但其中寒删之分,萧爻之分,我看不出有何理由。

胡适 1958,2,9 夜,记于纽约寓楼

(收入《胡适手稿》第六集)

说"史"

《论语》十五,有这一段话:

子曰:吾犹及史之阙文也,有马者借人乘之。今亡矣夫!

《何晏集解》引包氏曰:

古之史于书字有疑,则阙之,以待知者。有马不能调良,则借人使习之。孔子自谓及见其人如此,至今无有矣。言此者,以俗多穿凿也(此据日本古卷子本)。邢昺正义本"古之史"作"古之良史",又"借人使习之"作"借人乘习之"。邢疏说:"史是掌书之官也。文、字也。古之良史于书字有疑,则阙之,以待能者,不敢穿凿。孔子言我尚及见此古史阙疑之文。有马者借人乘之者,此举喻也。喻己有马不能调良,当借人乘习之也。……"

又《论语》六,有这一段话:

子曰:质胜文则野,文胜质则史。文质彬彬,然后君子。

《集解》引包氏曰:

野如野人,言鄙略也。史者,文多而质少也。彬彬,文质相半之貌。(邢昺《疏》:"……'文胜质则史'者,言文多,胜于质,则如史官也。……")

文与质的讨论又见于《论语》十二:

棘子成曰:"君子质而已矣,何以文为?"子贡曰:"惜乎,夫子之说君子也,驷不及舌。文犹质也?质犹文也?虎豹之鞟犹犬羊之鞟也?"(适按,末三"也"字作"耶"字读,就不用解说了。皇侃本,高丽本,日本古卷子本,都有最末"也"字。)

《集解》引孔安国说:

皮去毛曰鞟。虎豹与犬羊别者,正以毛文异耳。今使文质同者,何以别虎豹与犬羊耶?

　　以上三条,可以互相发明。我以为"史之阙文"一句的"文"字,也应该作"文采"、"文饰"解。"吾犹及史之阙文也",是说,"我还看见过那没有文藻涂饰的史文。现在大概没有了吧?"这就是说,"现在流行的'史',都是那华文多过于实事的故事小说了。"

　　当孔子的时代,东起齐鲁,西至晋秦,南至荆楚,中间包括宋郑诸国,民间都流行许多新起的历史故事,都叫做"史",其实是讲史的平话小说。最好的例子是晋国献公的几个儿子的大故事,——特别是太子申生的故事,公子重耳出亡十九年(僖公五年至二十四年)才归国重兴国家的故事。这个大故事在《国语》里占四大卷(《晋语》一至四),约有一万八千字;在《左传》里也有五六千字(旧说《左传》出于《国语》,是不确的。试比较《国语》《左传》两书里的晋献公诸子的大故事,可知两个故事都从同一个来源出来,那个来源就是民间流行的史话,而选择稍有不同,《国语》详于重耳复国以前的故事,《左传》详于重耳复国以后的故事)。这个大故事,从晋献公"卜伐骊戎"起,到晋文公死了,还不曾完,文公的棺材还"有声如牛",卜人预言明年的殽之战的大捷。这故事里,有美人,有妖梦,有大战,有孝子,有忠臣,有落难十九年的公子,有痛快满意的报恩报仇;凡是讲史平话最动人的条件,无一不有;凡是讲史平话的技术,如人物的描写,对话的有声有色,情节的细腻,也无一不有。这种"史话"就是孔子说的"文胜质则史"。

　　又如鲁国当时就流行着许多史的故事,如季氏一族的大故事,从季友将生时卜楚丘之父的卜辞起,到鲁昭公失国出奔,——从前八世纪的末年直到前六世纪的晚年,一个二百年的大故事。试读"昭公出奔"的一"回"(昭公二十五年),从季公鸟的寡妇如何挑拨起季氏的内讧说起,次说到季平子与郈昭伯两家斗鸡引起仇恨,次说到平子如何得罪了臧孙氏一族,次说到这些不满意的分子如何耸动昭公决心要消灭季氏的政权,次说到阴谋的实行,公徒攻入季氏门,季氏的危机,次说到叔孙氏的家徒如何用武力去救援季孙氏,次说到孟孙氏如何犹豫,如何转变过来援助季氏,合力打败公徒,最后才说到昭公的去国出奔。这是很有小说意味的"史话"。

此外,郑国有郑庄公的故事,有子产的故事,卫国有卫宣姜的故事,有卫懿公亡国的故事,鲁国有"圣人"臧文仲的故事,晋国有叔向的故事,还有那赵氏从赵盾到赵武的大故事。在《左传》结集的时候,那个赵氏史话里还没有程婴公孙杵臼的成分,然而已很够热闹了。后来《史记·赵世家》里采取了那后起的程婴、公孙杵臼大故事,于是那个后起的史话也就成了正"史"的一部分了。

我们必须明白在孔子时代各国都有那些很流行,很动人的"文胜质"的"史话",方才可以明白孔子说的"吾犹及史之阙文也,……今亡矣夫"一句话。"阙文"的史,就是那干燥无味的太史记录,例如"夏五月,郑伯克段于鄢"一类的史文,绝没有文采的藻饰,也没有添枝添叶的细腻情节。

《仪礼》八,《聘礼》有这一段:

> 辞无常,孙而说。辞多则史,少则不达。辞苟足以达,义之至也。(郑玄注,"史谓策祝"。)

这里的"辞多则史",与论语"文胜质则史",都是指古代民间流行的"史的平话",是演义式的"史"。

这种"史的故事",或"史的平话",起源很古,古到一切民族的原始时代。商民族的史诗:

> 天命玄鸟,降而生商。

那是商民族的史的故事。周民族的史诗,说的更有声有色了:

> 厥初生民,时维姜嫄。
> 生民如何?
> 克禋克祀,以弗无子。
> 履帝武敏歆,攸介攸止。
> 载震载夙,载生载育,——
> 时维后稷。
>
> 诞(诞有"当时"之意)弥厥月,
> 先生如达。(达是小羊)

不坼不副,无菑无害。

诞置之隘巷,牛羊腓字之。
诞置之平林,会伐平林。
诞置之寒冰,鸟覆翼之。
鸟乃去矣,后稷呱矣。

这是人类老祖宗爱讲爱听的"故事",也就是"史"。这首生民诗里已有很多的藻饰,已是"文胜质"的"史"了。

古代的传说里常提到"瞽,史"两种职业人。《国语》的《周语》里,召公有"瞽献典、史献书"的话,又说:"瞽史教诲,耆艾修之,而后王斟酌焉。"《周语》里,单襄公说:"吾非瞽史,焉知天道?"很可能的是古代说故事的"史",编唱"史诗"的"史",也同后世说平话讲史的"负瞽盲翁"一样,往往是瞎子。他们当然不会做历史考据,止靠口授耳传,止靠记性与想像力,会编唱,会演说,他们编演的故事就是"史",他们的职业也叫做"史"。

春秋时代以至战国时代各国的许多大规模的"史"的故事,就是这样编造出来的,就是这些"瞽史"编唱出来的。其中至少有一部分,经过《国语》,《左传》,《战国策》,《史记》诸书的收采,居然成了历史了(我们不要忘记了古代还有"左邱失明,厥有《国语》"的传说)。中间虽然出了几个有批评眼光,有怀疑态度的大思想家,如孔子要人"多闻阙疑,慎言其余",如孟子说"尽信书则不如无书,吾于武成取二三策而已矣",——然而孔子自己说的尧舜,说的泰伯,也还不是传说里的故事吗?孟子自己大谈其舜的故事,象的故事,禹的故事,也还不是同"齐东野人之语"一样的"史"吗?

总之,古代流传的"史",都是讲故事的瞽史编演出来的故事。东方西方都是这样。希腊文 historia,拉丁文 historia,也是故事,也是历史。古法文的 estoire,英文的 story 与 history,都是出于一个来源的。

(原载 1958 年 12 月 25 日台北《大陆杂志》第 17 卷第 11 期)

注《汉书》的薛瓒

上篇　干瓒，于瓒，傅瓒，薛瓒

裴骃《史记集解序》说：

《汉书音义》称"臣瓒"者，莫知氏姓，今直云"瓒曰"。

裴骃是裴松之的儿子，松之死在宋元嘉二十八年（451），年八十。裴骃的儿子裴昭明死在齐中兴二年（502）。裴骃自己大概死在刘宋末年，约当泰始时（约470）。他在刘宋时已不知道"臣瓒"的氏姓了。

北宋景祐元年（1034）余靖曾奏请刊正国子监所刊两《汉书》文字，景祐二年（1035）他又条例"先儒注解《汉书》名姓可见者二十五人，考其……旧说所承注释源流，名爵年次"。余靖特别注意"臣瓒"是谁的问题，他有几百字的考证，见于乾隆初年武英殿刻本《汉书》卷头的颜师古《前汉书·叙例》"臣瓒"一条下引的宋祁引"景祐余靖校本"一长段。近年涵芬楼影印铁琴铜剑楼瞿氏藏的"景祐本"《汉书》，其末尾有四叶余靖"条件"、"先儒注解《汉书》"的名姓，即是殿本引的宋祁转引景祐余靖校本的原文（据张元济先生的景祐本《汉书》校刊后记，殿本引的宋祁及"三刘"的校记，都出于南宋庆元初年刘之问刻本《汉书》，即殿本考证所谓"宋本"，即齐召南《〈汉书〉考证跋》所谓"庆元旧本"）。

余靖自己的结论还是"臣瓒不知何姓"。但他指出过去共有三种不同的说法：一是于瓒或干瓒说，二是薛瓒说，三是傅瓒说。我现在钞写余靖这一段全文，稍加校注，作为这个"臣瓒"问题的引子：

"臣瓒"不知何姓。案裴骃《史记序》（引见上文）云，"莫知氏姓"。韦稜《续训》又言"未详"（韦稜是梁朝名将韦睿的儿子，他的小传附在《梁书》十二他父亲的传末。他有《汉书续训》

三卷。韦睿死在梁武帝普通元年——520。韦稜是梁武帝——502—549——时代的学者)。而刘孝标《类苑》以为干瓒。(刘峻,字孝标,曾"抄录事类,名曰类苑"。普通二年——521——死,年六十。中古书籍的抄写,往往"干"、"于"互混,故干宝或作于宝。影印"景祐本"《汉书》此句及下文皆作"干瓒",殿本引此文皆作"于瓒"。《晋书·穆帝纪》及《庾翼传》皆作"于瓒"。郦(影印"景祐本"误作郑)元注《水经》,以为薛瓒(郦元即郦道元,死在北魏孝昌三年,即梁武帝大通元年——527,与南朝的刘峻韦稜为同时的学者)。姚察《训纂》(姚察死在隋大业二年——606,年七十四,有《汉书训纂》三十卷)云:

案《庾翼集》,干瓒为翼主簿兵曹参军,后为建威将军。《晋中兴书》云,"翼病卒,而大将干瓒等作乱,翼长史江虨诛之"(此事在晋穆帝永和元年——345)。干瓒乃是翼将,不载有注解《汉书》。然"瓒"所采众家音义,自("景祐本"误作目)服虔孟康以外,并因晋乱湮灭,不传江左。而《高纪》中"瓒"案《茂陵书》,《文纪》中案《汉禄秩令》,此二书亦复亡失,不得过江。明此"瓒"是晋中朝人,未丧乱之前,故得具其先辈音义及《茂陵书》,《汉令》等耳。蔡谟之江左,以"瓒"二十四卷散入《汉书》,今之注也(蔡谟,《晋书》七十七有传,他死在穆帝永和十二年——356,年七十六。本传说他"总应劭以来注班固《汉书》者,为之集解")。若谓为干瓒,乃是东晋人,年代了不相会。此"瓒"非干,足可知矣。又案《穆天子传》目录云(云字"景祐本"作亡):"秘书校书郎中傅瓒校古文《穆天子传》已(已字从'景祐本',殿本作'曰'字)记。"《穆天子传》者,汲县人不准盗发古冢所得书。今《汉书音义》"臣瓒"所案,多引汲书以驳众家训义。此瓒疑是傅瓒。瓒时职典校书,故称"臣"也。

颜师古(死在唐贞观十九年——645,——年六十五)曰,后人斟酌"瓒"姓,附之傅族耳。既无明文,未足取信。("景祐本"误脱"未"字,依殿本所据"庆元旧本"补。各本颜师古《叙例》皆有"未"字)。

以上是余靖在景祐二年（1035）考证"臣瓒"的姓氏的全文。

我们综合余靖的叙述，可以知道这些史实：

一、裴骃在五世纪的中叶说没有人知道"臣瓒"的氏姓。

二、六世纪前半的韦稜作《汉书续训》，也说"未详"。

三、跟韦稜同时的刘峻作《类苑》，才说"臣瓒"是干瓒，或于瓒。

四、姚察在六世纪的晚期作《汉书训纂》，不信干瓒（于瓒）之说，他主张"臣瓒"疑是那位曾校汲郡出土的《穆天子传》的傅瓒。

五、颜师古在七世纪中叶作《汉书叙例》，回到南朝学人的存疑态度，说"臣瓒不详姓氏及郡县"，说"学者又斟酌瓒姓附著安施，或云傅族。既无明文，未足取信。"（此处引文是据殿本卷首的颜师古的《叙例》。）

六、余靖在十一世纪前半（1035），才指出郦道元注《水经》作"薛瓒"。但余靖自己还采取存疑的态度，说"臣瓒不知何姓"。

颜师古说的"学者又斟酌瓒姓附著安施"，是说前代学者都想"斟酌"此人的姓应该安排在什么族里。（《颜氏家训·勉学》第八，"江南闾里间士大夫或不学问，羞为鄙朴，道听途说，强事饰辞，呼征质为'周郑'，谓霍乱为'博陆'……，凡有一二百件，传相祖述，寻问莫知原由，施安时复失所"。安施即施安也。）干瓒，于瓒，傅瓒，都只是一种斟酌的猜测，"既无明文，未足取信"。

刘峻说是"干（于）瓒"，我们无从知道他有何根据。姚察驳干瓒说而倾向于傅瓒说，只是因为他相信"臣瓒"是西晋人，在永嘉（307—312）大乱之前，而干（于）瓒是东晋明帝的庚皇后的兄弟庚翼的大将，死在穆帝永和元年（345），所以够不上西晋人的资格。姚察"疑此瓒即傅瓒"，主要也是因为傅瓒曾校太康二年（281）汲郡出土的《穆天子传》，够得上"晋中朝人"了。

姚察根据什么相信"臣瓒"必是"晋中朝人"呢？他的主要根据是：

> 瓒所采众家音义，自服虔孟康以外，并因晋乱湮灭，不传江左。而高纪中"瓒"案《茂陵书》，文纪中案《汉禄秩令》，此二书

亦复亡失,不得过江。明此"瓒"是晋中朝人,未丧乱之前,故得具其先辈音义及《茂陵书》,《汉令》等耳。

这种根据是很脆弱的。《茂陵书》,《汉禄秩令》,以及某几家《汉书音义》"并因晋乱,不得过江"。我们只可以说那些书在当时"不传江左",而不能因此就断定那些书都"湮灭"了,都"亡失"了;更不能因此就悬断永嘉乱后的北方学人也就都看不到那些书了,都不会引用他们了。

所以我们要指出,姚察举出的证据至多只可以证明"臣瓒"不会是东晋穆帝时作乱被杀的干(于)瓒,也不会是永嘉乱后的江左学人。但那些证据都不够证明"此瓒是晋中朝人,〔在〕未丧乱之前"。

但姚察的主张还有别一个根据。他说:

> 蔡谟之江左,以"瓒"二十四卷散入《汉书》,今之注也。

颜师古在贞观十五年(641)作《汉书叙例》,也说:

> 蔡谟全取"臣瓒"一部散入《汉书》,自此以来始有注本。

颜师古并且记载蔡谟的《汉书》注本是什么样子的书:

> 但意浮功浅,不加隐括,属辑乖舛,错乱实多。或乃离析本文,隔其辞句。穿凿妄起,职此之由。与未注之前大不同矣。谟亦有两三处错意,然于学者竟无弘益。

这些话都可以表示,姚察在六世纪晚年,颜师古在七世纪上半,都看见一部有注的《汉书》,当时传说是蔡谟的书,并且传说是蔡谟把他从北方带到江左的"臣瓒二十四卷"全散入《汉书》,成为第一部有注的《汉书》。

据《晋书》七十七《蔡谟传》,他

> 避乱渡江,时明帝为东中郎将,引为参军。元帝拜丞相,复辟为掾。

据《晋书》愍帝,元帝,明帝各《纪》,明帝拜东中郎将,元帝拜左丞相,都在建兴元年(313)。故蔡谟"之江左"是在晋愍帝建兴元年。他后来做了东晋的四朝大臣,死在穆帝永和十二年(356),死时年七十六。

如果他避难渡江时就带了"臣瓒"二十四卷南行,那么"臣瓒"当然是"晋中朝人,在未丧乱之前"了。《晋书·蔡谟传》说他"总应劭以来注班固《汉书》者,为之集解"。现存的《晋书》一百三十卷是贞观晚年令狐德棻许敬宗诸人编撰的,我们已看不见王隐、虞预、何法盛、臧荣绪等诸家的《晋书》了,我们不知道《蔡谟传》里说他给《汉书》做"集解"这句话是不是根据唐以前的《晋书》。但我们最感觉奇怪的是,姚察和颜师古记载的蔡谟取"臣瓒"的二十四卷散入《汉书》的《集解》,竟不见著录于《隋书·经籍志》的史部。《隋书·经籍志》是依据梁朝的几种旧录的,故《汉书》一门还有一条小注说:

> 梁有《汉书》孟康音九卷,刘孝标(刘峻)注《汉书》一百四十卷,陆澄注《汉书》一百二卷,梁元帝注《汉书》一百十五卷,并亡。

这里面也没有著录蔡谟的《汉书集解》。

我个人的推测是这样的。姚察生当梁武帝元帝两朝的政府藏书被焚烧之后,当时的几部有注的《汉书》,如梁朝旧录所记的陆澄,刘峻,梁元帝三家注的《汉书》,都毁灭了。姚察所见"今之注也"只有一部"意浮功浅,乖舛错乱"的所谓"蔡谟"《汉书》。蔡谟之名当然是假托的;"蔡谟之江左,以瓒二十四卷散入《汉书》",那更是无根据的传说了。

我个人深信郦道元《水经注》里十几次明白清楚的说的薛瓒注《汉书》是毫无可疑的。那个薛瓒是一位北方的学人,他第一次在史书上出现是东晋穆帝永和八年(352),那时他是姚襄的参军太原薛瓒(《资治通鉴》九十九,《晋书》百十六)。他第二次在史书上出现是穆帝升平元年(357),那时他是秦主苻坚的中书侍郎,"与王猛并掌机密"(《通鉴》一百,《晋书》百十三)。他最后一次在史书上出现是东晋孝武帝太元十年(385),那时他是苻坚败亡时的光禄大夫。(《晋书》百十六)

认清了这个北方学人太原薛瓒的年代与地位,我们才可以断定蔡谟在建兴元年(313)避乱渡江时绝对不会携有"臣瓒"注《汉书》二十四卷,因为那时候"臣瓒"还没有出生。我们也可以断定蔡谟死时(永和十二年,356)也还不曾有"臣瓒"的《汉书》二十四卷,因为那时薛瓒还跟着姚襄在洛阳之南和桓温作战。薛瓒的《汉书集注》是他在苻坚极盛时期的成绩。他是苻坚的大臣,故称"臣瓒"。

《隋书·经籍志》说:

> 中原则战争相寻,干戈是务。文教之盛,苻姚而已。

苻坚时期(357—385)的长安,姚兴时期(394—414)的长安,都是北方"文教之盛"的中心。薛瓒与释道安属于前一时期,鸠摩罗什翻译佛经的工作属于后一时期。

郦道元(死在527)是最博学的北方学人,所以他熟悉薛瓒的《汉书集注》,所以他十几次毫不迟疑的称他为薛瓒。

所以我们现在可以断定姚察说的"蔡谟之江左以瓒二十四卷散入《汉书》"是完全没有根据的传说,颜师古说的"蔡谟全取臣瓒一部散入《汉书》"也是完全没有根据的传说。我们现在也可以断定刘峻的干(于)瓒说和姚察的傅瓒说都是南朝学人完全没有根据的猜测。

颜之推曾说一个故事,最可以代表南朝学人对北方学人的著作的隔膜。颜之推说:

> 《易》有"蜀才注",江南学人遂不知是何人。王俭《四部目录》不言姓名,题云"王弼后人"。谢炅、夏侯该(赵曦明注云,当作咏,夏侯咏有《汉书音》二卷)并读数千卷书,皆疑是谯周。而《李蜀书》,一名"汉之书",云,"姓范,名长生,自称蜀才"。(《隋书·经籍志》,《汉之书》十卷,常璩撰)南方以晋家渡江后,北间传记皆名为"伪"书,不贵省读,故不见也。(《颜氏家训·书证》第十七)

南朝的学士把北方的著作看作"敌伪"的书,"不贵省读",所以裴骃、韦稜、刘峻、姚察等许多学人都不知道"臣瓒"是谁。颜之推的孙子颜师古在南北统一之后多年也没有注意到《水经注》里明说的薛瓒!

1959 年 4 月 3 日夜改写

中篇　朱谋㙔,桂馥,杨守敬,熊会贞的见解

余靖在北宋景祐二年(1035)已注意到"臣瓒"在郦道元的《水经

注》里作薛瓒了。在这九百多年之中,治《汉书》的学者和治《水经注》的学者,很少有注意到这个"郦元注《水经》,以为薛瓒"的问题的历史性的。据我所知,这九百多年的学人之中,只有两个例外:一个是朱谋㙔,一个是桂馥。

朱谋㙔的《水经注笺》是万历四十三年乙卯(1615)刻成的。《水经注笺》本文里没有提到薛瓒的问题。但此书附有"《水经注》所引书目"五叶,共举了一百六十八种书名,其中有:

> 薛瓒注《汉书》

此下有小注:"即《汉书》注称臣瓒者。"后来谭元春在崇祯二年己巳(1629)刻行他批点删节的《水经注笺》,也保存了这个"所引书目",也保存了这一条小注。

但三百多年来整理《水经注》的学者,如何焯、赵一清、全祖望、戴震诸公,都没有注意到郦道元在《水经注》里引薛瓒的《汉书注》有近二十次之多。近代的王先谦有《汉书补注》,又有《合校水经注》,这两部大书里都没有指出这个应该引起他注意的问题。

近代学人之中,只有桂馥(生乾隆元年,死嘉庆十年,1736—1805)曾指出"臣瓒"在《水经注》称薛瓒,并且指出那位注《汉书》的薛瓒即是《后秦记》里的姚襄参军薛瓒。桂馥的《札朴》(卷四,叶二十)有"臣瓒"一条。说:

> 《汉书》注有"臣瓒"。《水经注》称薛瓒。案《后秦记》,"姚襄遣参军薛瓒使桓温",即其人也。

《札朴》刻本此条附有李信案语一条,李信不知是谁,(不知是否段玉裁、翁广平两序里说的那位自己出钱请鲍廷博校刻《札朴》十卷的山阴李柯溪少尹?)他说:

> 李信案,陈霆《两山墨谈》曰,"案晋中书监和峤尝领命校正《穆天子传》五卷,瓒乃其校书官属郎中傅瓒也。后人取其说以释《汉书》,故有'臣瓒'注语。"此于"臣"字虽著实,而《穆天子传》文无与《汉书》可通。薛瓒之说为优。

李信引的陈霆的话虽然是无根据的妄说,但李信能指出"《穆天子传》文无与《汉书》可通",又能承认"薛瓒之说为优",他和桂馥可以说是九百多年来的"空谷足音"了!

桂馥自己说《札朴》的大部分是他在嘉庆元年(1796)"由水程就官滇南,舟行无以遣日,追念旧闻,随笔疏记"的札记。他这一条引《后秦记》,没有标明来历。吴士鉴、刘承幹的《晋书斠注》百十六,叶五,引《太平御览》二四九卷:

> 《后秦记》曰,"姚襄遣参军薛瓒使桓温,温以'胡'戏瓒,瓒曰,在北曰狐,在南曰狢,何所问也?"(《晋书斠注》引此条"遣"误作"使",又脱"参军"二字。今依涵芬楼影印宋刊本《御览》校正。)

桂馥所引,大概就是这一条了(关于薛瓒的事迹,我另有《薛瓒年表》,附在此文之末)。

杨守敬、熊会贞的《水经注疏要删补遗》(宣统元年刊)卷二,叶九,有"注薛瓒"一条"守敬按",完全不提卷二金城县下郦道元引的《汉书集注》薛瓒的话乃是《水经注》里引薛瓒十八九次的第一次。他只引了所谓"宋景文笔记"的话,说"臣瓒者于瓒也";又引了司马贞《史记索隐》驳于瓒说而主张傅瓒说的话。杨守敬的结论是:

> 据此,则臣瓒之为傅瓒无疑矣。

杨守敬死在民国四年。他死后,熊会贞先生独力继续编撰《水经注疏》,努力了二十多年,到民国二十五年三月他死时,七十八岁了,那部大著作还没有完成。现在我们能看到的《水经注疏》有两种稿本:

① 民国四十六年北平所谓"科学出版社"影印的一部熊会贞早年雇人钞写而未校勘的稿本。稿本用的有格纸,每半叶八行,每行二十五字。(此本前三十九卷的钞写在熊会贞得见《水经注》的残宋本,明抄本,及前半部《永乐大典》本之前。其第四十卷钞写在最后,已有残宋本及明抄本的校记,皆写在原有格稿纸之内。又卷廿一《汝水篇》有徐行可朱笔抄录熊君晚年校明抄本及影印《大典》本的校记。此外全书无一处提到这三个古本。)

② 中央图书馆藏的熊会贞晚年亲笔校改的稿本。稿本用的有格纸，每半叶五行，每行二十字。（此本不但校记残宋本，明钞本，及前半部《永乐大典》本的异同，并且有熊会贞晚年"复视全稿，知有大错，旋病，未及修改，请继事君子依……体例改的遗言几十条。此本还有他亲笔用涵芬楼影印的全部《永乐大典》本《水经注》校《汝水篇》两条。《大典》本影印出版在民国廿四年十二月，熊先生死在民国廿五年三月，故此本确是最后亲笔校改的稿本。）

在那部影印早年钞本里，卷二，叶八十四，"《汉书集注》薛瓒云"之下有"疏"语四百四十三字。前面的一百九十九字是全抄《注疏要删补遗》卷二的"注薛瓒"一条。下面新添的"疏"可分两段。第一段是全抄桂馥的《札朴》的"臣瓒"一条和李信的案语全文（皆已引见上文了。但李信引陈霆《两山墨谈》，钞本误将"两山"二字并作"雷"字，影印本与最后校本均未改正）。第二段是熊会贞的案语：

> 会贞按《史记·萧相国世家》，《集解》引臣瓒曰，"今南乡酇县也"。按《宋志》，魏立南乡郡，晋武帝更名顺阳。成帝咸康四年复立南乡，后复旧。瓒所云"南乡"，成帝复立之南乡也，不得以为西晋时人。于瓒为庾翼部将，正当成帝康帝时。庾氏以外戚之亲，方晋室播迁，或携内府之秘笈以南行，中有《禄秩令》，《茂陵书》，而瓒得见之，未可知也。窃以于瓒为合。

这可见熊会贞完全不重视桂馥的意见。熊君自己还回到于瓒说，他的考据其实是很错误的。他引《史记·萧相国世家》的裴骃《集解》引臣瓒"今南乡酇县也"六个字作根据，发了一大篇议论，其实《集解》引的瓒说原文是"今南阳酇县也"，宋景祐本和殿本都作"南阳"，并不作"南乡"。《集解》引的全文如下：

> 瓒曰，今南阳酇县也。孙检曰，"有二县音字多乱。其属沛郡者音嵯，属南阳者音赞"。案《茂陵书》，萧何国在南阳，宜呼赞，今多呼嵯。嵯旧字作酂，今皆作酇，所以乱也。

《汉书·高祖本纪》"相国酇侯"下颜注云：

> 臣瓒曰，《茂陵书》，何封国在南阳酇，音赞。

这两处引瓒说，可以互证，明明都作"南阳"，并不作"南乡"。

熊会贞把"南阳瓒县"错认作"南乡瓒县",还不止这一处。《水经注》卷二十八《沔水》篇经文"又东南,过瓒县之西南"。郦注云:

> 县治故城南临沔水,谓之鄀头。汉高帝六年封萧何为侯国也。薛瓒曰,今南乡鄀头是也。《茂陵书》曰,在南阳。

影印本《水经注疏》卷廿八,叶九,"疏"云:

> 守敬按《汉书·高帝纪》颜注但引臣瓒曰,"《茂陵书》,何封国在南阳"。《史记·萧相国世家》,《集解》引臣瓒曰,"今南乡鄀县也"。考《宋志》,晋武帝更南阳郡曰顺阳,成帝成康(适按当作咸康)四年复立南乡,后复旧。瓒称"南乡鄀县",乃成帝复立之南乡也。

这里"守敬按",其实也是"会贞按"。《水经注疏》里许多校语都是熊会贞赠送给他老师的。此条也误引《萧相国世家》,《集解》引瓒说"南阳"为"南乡",是一大错。郦道元引薛瓒曰"今南阳鄀头也",这是解说萧何封国的"南阳鄀"即是薛瓒时代的南乡县的鄀头。鄀头不是县名,此南乡乃是县名(《宋书·州郡志》,顺阳太守领县七,有南乡县)。熊会贞此条竟把瓒说"南乡鄀头"误改作"南乡鄀县",是二大错。这样把鄀头认作鄀县,把南县认作郡名,就是熊先生在卷廿八和卷二两处错误论断的来源了。

沈约作《宋书·州郡志》的引论,论南北交界一带诸州郡"地理参差,其详难举,实由名号骤易,境土屡分,或一郡一县割成四五,四五之中互有离合,千回百改,巧历不算。寻校推求,未易精悉"。这种地理书是不可以轻易用作论断的根据的。何况熊会贞的考据原来是用两个误认的字作根据的。根据错了,他的"于瓒说"就完全站不住了。

我们试看中央图书馆保存的熊会贞晚年校改的稿本,看看他晚年对于"臣瓒"问题有没有进步。此本卷二,叶一百六十八至一百六十九,"《汉书集注》薛瓒云"之下的"疏"语底本和影印本的"疏"语相同。但熊先生加上了几条眉批,都是要考桂馥《札朴》引的《后秦记》一条的出处。他批着:

> 检《十六国春秋》,《晋书·载记》,未见。

他又批：

> 汤球辑《十六国春秋》，晋永和七年姚襄以太原薛瓒为参军。
>
> 汪日桂订《十六国春秋》，在永和八年。

他又批：

> 《通鉴》，晋穆帝永和八年姚襄以太原薛瓒为参军。

熊会贞始终没有寻得《札朴》引的一条《后秦记》的来源。但他还相信臣瓒是于瓒。他在这部稿本的原疏"〔于〕瓒得见之"之下，亲笔加了"薛瓒官后秦，无从得见"九个字，这段结论就成了这个样子：

> ……于瓒为庾翼部将。……庾氏以外戚之亲，方晋室播迁，或携内府之秘笈以南行，中有《禄秩令》，《茂陵书》，而〔于〕瓒得见之，未可知也。薛瓒官后秦，无从得见。窃以于瓒为优。

这就是那位终身勤苦研究《水经注》的老学人熊会贞先生的最后结论。

余靖在九百多年前已指出"郦元注《水经》以为薛瓒"。桂馥在一百六十多年前已指出"臣瓒《水经注》称薛瓒"，并且已指出那就是姚襄的参军薛瓒。二十多年前，熊会贞最后校改他的《水经注疏》，还不能了解《水经注》称薛瓒的历史意义，他还回到一千四百多年前刘孝标主张的于瓒说，他举出的证据还是一千三百多年前姚察举出的《禄秩令》，《茂陵书》两部书！姚察举出这两部书来证明"此瓒是晋中朝人，〔在〕未丧乱之前"。熊会贞举出这两部书来证明"于瓒正当〔东晋〕成帝康帝时，庾氏以外戚之亲，……或携有……《禄秩令》，《茂陵书》，而瓒得见之"。这种考证方法是"翻手为云，覆手为雨"的方法。

1959 年 5 月 12 日夜改写

下篇　证明《水经注》里的薛瓒即是臣瓒

郦道元在《水经注》里引用薛瓒的《汉书注》，总共有十九次，我试作一张表，用武英殿的聚珍版本（《四部丛刊》影印本）的卷数叶数，以便读者的复检：

① 称"《汉书集注》薛瓒云"一次(二,30下)
② 称"薛瓒《汉书集注》云"一次(廿六,10上)
③ 称"《汉书》薛瓒注"一次(十九,31下)
④ 称"薛瓒《汉书注》"二次(十六,27下;廿六,28下)
⑤ 称"薛瓒注《汉书》"三次(四,8上;六,8上;廿二,30上)
⑥ 称"薛瓒曰(或云)"六次(三,2上;三,5下;十四,11上;廿二,25下;廿五,13下;廿八,4下)
⑦ 称"瓒注《汉书》"三次(七,5上;九,2上;卅九,2下)
⑧ 称"瓒以为非"一次(廿六,14下)

以上共十八次。

⑨ 原文引薛瓒注《汉书·地理志》,而误脱了"薛瓒注"三字,戴震校增"瓒注"二字;下文原作"如汉注",戴校改为"如瓒注"(十一,10上、10下。赵一清《水经注释》十一,10未校改。我相信戴震的校改是对的)。

以上总共十九次。

从这些称引的形式里,我们可以推知北朝学人郦道元当时(约当六世纪初年)所见薛瓒的《汉书》原名是"薛瓒《汉书集注》",省称为"薛瓒《汉书注》"或"《汉书》薛瓒注"。这书原是一种"集注",故姚察说他"所采众家音义,自服虔孟康以外,并因晋乱,不传江左"。又因为他"所采众家音义"特别丰富,故此书在江左往往被称为《汉书音义》。故裴骃在刘宋时说:

《汉书音义》称臣瓒者,莫知氏姓。

故唐初孔颖达在《左传正义》(定九年)里说:

有臣瓒者,不知其姓,或云姓傅作《汉书音义》。

此书在王俭的《七志》和阮孝绪的《七录》里又被误题作"应劭等《汉书集解音义》二十四卷"。颜师古的《汉书叙例》说:

有臣瓒者,莫知氏族,考其时代,亦在晋初,又总集诸家音义,稍以己之所见续厕其末,举驳前说,喜引《竹书》,自谓甄明,非无差爽。凡二十四卷,分为两帙。今之《集解音义》则是其书。而后人见者不知臣瓒所作,乃谓之"应劭等"集解"。王氏

《七志》，阮氏《七录》并题云然，斯不审耳。
《隋书·经籍志》有《汉书集解音义》二十四卷，应劭撰"。钱大昕《十驾斋养新录》说：

> 依颜〔师古〕说，知《隋志》所载即臣瓒所集，非出劭一人。《隋志》多承阮《录》旧文，则应劭下当有"等"字，殆传写失之也。

钱大昕的话是不错的。我们可以说：薛瓒的书在北方原叫做"薛瓒《汉书集注》"，省称为"薛瓒《汉书注》"，在南朝被称为"臣瓒《汉书音义》"，后来被人误题作"应劭等《汉书集解音义》"，到了《隋书·经籍志》里竟被著录为"《汉书集解音义》二十四卷，应劭撰"。

因为薛瓒的《集注》里往往有他自己的见解，有他"举驳前说"的议论，故郦道元往往称"《汉书集注》薛瓒云"，或"《汉书》薛瓒注云"，或"薛瓒注《汉书》云"，或单称"薛瓒曰"。

《水经注》里引用至十八九次的薛瓒，就是《史记》和《汉书》的古注里引用的"臣瓒"，是毫无可疑的。我试举十二个例子来证明诸书引的臣瓒就是郦道元引的薛瓒。

（一）上文我引的"萧何封国在南阳"一条，是最著名的一个例子：

① 《史记·萧相国世家》，裴骃引"瓒曰"凡五十九字（引见上文），其中有"案《茂陵书》，萧何国在南阳，宜呼赞"。

② 《汉书·高祖纪》，颜师古注引"臣瓒曰，《茂陵书》，何封国在南阳鄼，音赞"。

③ 姚察《汉书训纂》说，"《高帝纪》中，瓒案《茂陵书》"。

④ 《水经注》卷二十八《沔水篇》，叶四，鄼县下，"汉高帝封萧何为侯国。薛瓒曰，《茂陵书》曰，在南阳。"

这四家书所引，当然是一个人。

（二）薛瓒在《水经注》里第一次出现是在卷二《河水》篇，叶三十，金城县下：

《汉书集注》薛瓒曰，金者取其坚固也。故《墨子》有金城汤池之言矣。

《汉书·地理志》金城郡下颜注引：

> 臣瓒曰，称金，取其坚固也。故墨子曰，虽金城汤池……

这两书所引，当然是一个人。

（三）《水经注》引薛瓒最长的一条是在卷廿二《渠水篇》，叶三十，讨论"中牟"的注文里：

> 薛瓒注《汉书》云：中牟在春秋之时为郑之堰也。（赵一清《水经注释》原本作"堰"，《四库全书》本及吴骞钞本可证。小山堂雕本二十二，叶廿六下，改堰为疆，刊误八，叶三十二，增"为郑之堰也"一条，皆校刻者所为。）及三卿分晋，则在魏之邦土。赵自漳北，不及此也。《春秋传》曰，"卫侯如晋，过中牟"。非卫适晋之次也。《汲郡古文》曰，"齐师伐赵东鄙，围中牟"。此中牟不在赵之东也。按中牟当在湿（漯）水之上矣（此从戴校殿本）。

此条薛瓒注全文八十二字，又见于《史记集解》及《左传正义》，可以互相比勘。《史记·赵世家》"献侯少即位治中牟"之下，裴骃《集解》引：

> 瓒曰，中牟在春秋之时是郑之疆内也。及三卿分晋，则在魏之邦土也。界赵自漳水以北，不及此。《春秋传》曰，"卫侯如晋，过中牟"。按中牟非卫适晋之次也。汲郡古文曰，"齐师伐赵东鄙，围中牟"。此中牟不在赵之东也。按中牟当漯水之北。

《左传》定公九年"晋车千乘在中牟"句下，孔颖达《正义》引：

> 臣瓒案，河南中牟，春秋之时在郑之疆内。及三卿分晋，则为魏之邦土。赵界自漳水以北，不及此也。《春秋》，"卫侯如晋，过中牟"。案此之中牟非卫适晋之次也。《汲郡古文》曰，"齐师伐赵东鄙，围中牟"。此中牟不在之赵东也。案中牟当在温（湿＝漯）水之上。

这三部书引的，当然是同一个薛瓒。

（四）姚察和颜师古都曾指出臣瓒"喜引《竹书》"、"以驳众家训义"。上面举的"中牟"一条就引了汲郡古文，即是所谓《竹书纪年》。

《水经注》卷二十六《巨洋水篇》,叶十,注文"溉水又北径寒亭西……。《郡国志》曰,平寿有斟城,有寒亭"。此下引:

薛瓒《汉书集注》云:按汲郡古文,"相居斟观",东郡灌是也,明帝以封周后,改曰卫。斟寻在河南,非平寿也。《汲郡古文》又云,"太康居斟寻,羿亦居之,桀亦居之"(胡适依《汉书·地理志》注引瓒说,"又云"上校增"汲郡古文"四字)。《尚书序》曰,"太康失国,兄弟五人徯于河汭"。此即太康之居为近洛也。

《汉书·地理志》东郡观县注未引瓒说,北海郡平寿县颜注引:

应劭曰,古斟寻,禹后,今斟城是也。臣瓒曰,斟寻在河南,不在此也。汲郡古文云,"太康居斟寻,羿亦居之,桀亦居之"。《尚书序》云,"太康失国,昆弟五人居于洛汭"。此即太康所居为近洛也。

这也是薛瓒"喜引《竹书》"的一个例子。《水经注》引的薛瓒,和颜注引的臣瓒,当然是一个人。

(五)《水经注》卷四《河水篇》,叶八,蒲坂县下注文:

《地理志》曰,县故蒲也。……薛瓒注《汉书》曰,"《秦世家》'以垣为蒲反',然则本非蒲也"(戴震案,此《秦本纪》语。《索隐》曰,索当为"易",盖字讹也)。

《汉书·地理志》,河东郡蒲反县,颜注:

臣瓒曰,《秦世家》云,"以垣为蒲反",然则本非蒲也。

(六)《水经注》卷廿二《渠水篇》,叶廿五,注文:

一水东北径东武强城北。《汉书·曹参传》,"击羽婴于昆阳,追至叶,远攻武强"。薛瓒云,"按武强城在阳武县"。

《汉书·曹参传》注:

师古曰,武强城在阳武。

《史记·曹相国世家》,《集解》说:

瓒曰,武强城在阳武。

可见师古引的也是瓒说,偶然失举其名了。

(七)《水经注》卷九《清水》篇,叶二,注文"修武县故城"下说:

应劭《地理风俗记》云,"河南殷国也,周名之曰南阳。……秦始皇改曰修武"。徐广,王隐并言始皇改。瓒注《汉书》云,"案韩非书,'秦昭王越赵长平,西伐修武。'时秦未兼天下,修武之名久矣"。

《汉书·地理志》,河内郡修武县,颜注先引应劭说,次引:

臣瓒曰,韩非书,"秦昭王越赵长平,西伐修武"。时秦未兼天下,修武之名久矣。

(八)《水经注》卷十一《滱水》篇,叶十有一条用的考证方法和"修武"一条很相像。此篇"灵丘县"下注文说:

应劭曰,赵武灵王葬其东南二十里,故县氏之。……〔瓒注〕《地理志》曰,"灵丘之号在武灵王之前矣"。又按司马迁〔《史记》〕,赵敬侯败齐于灵丘,则名不因〔武〕灵王事,如〔瓒〕注。

这一段有脱文误字。如引《地理志》十一字,此十一字并非《汉书·地理志》的原文,乃是郦道元引薛瓒注《汉书·地理志》的话。试检《地理志》,代郡灵丘县,颜师古注:

应劭曰,武灵王葬此,因氏焉。臣瓒曰,"灵丘之号在赵武灵王之前也"。师古曰,瓒说是也。

戴震的官本和自刊本《水经注》,都在《地理志》上校增"瓒注"二字;下文"如瓒注"三字,原作"如汉注",也是误字,也是戴震校改的。赵一清《水经注释》在这两处(卷十一,叶十)都没有校改,就不好懂了。

此条与上一条都是薛瓒驳应劭。后一条是郦道元替薛瓒提出证据,方法与上一条薛瓒的方法相同。

(九)《水经注》卷十四《鲍丘水篇》,叶十一上,注文"博陆故城,……汉武帝……封大司马霍光为侯国"。此下引:

文颖曰,"博大陆平,取其嘉名,而无其县,食邑北海河东"。

薛瓒曰,"按渔阳有博陆城,谓此也"。

《史记·建元以来侯者年表》,褚先生补"博陆侯霍光",旧注(王先谦说是"索隐"。胡适按此条的前后两条皆引《汉书音义》,故我猜此三条都是裴骃《集解》所谓"《汉书音义》称臣瓒者",其实就是"薛瓒

《汉书集注》"。)引：

> 文颖曰，"博广陆平，取其嘉名，无此县也。食邑北海河东"。瓒曰，"渔阳有博陆城也"。

(十)《水经注》卷三《河水》篇，叶五，注文，"大盐池……在新秦之中。"此下引：

> 服虔曰，"新秦，地名，在北方千里"。如淳曰，"长安以北，朔方以南也"。薛瓒曰，"秦逐匈奴，收河南地，徙民以实之，谓之新秦也"。

《史记·平准书》"乃徙贫民于关以西，及充朔方以南新秦中"，《集解》曰：

> 服虔曰："地名，在北方千里。"如淳曰："长安已北，朔方已南。"瓒曰："秦逐匈奴，以收河南地，徙民以实之，谓之新秦。今以地空，故复徙民以实之。"(《汉书·食货志》"新秦中"句，颜注未引此三家说。)

此条与上条我故意保存着《史记集解》的全文。前条《集解》引文颖与瓒说，次序与文字都和《水经注》引的次序与文字相同，后一条《集解》引服虔，如淳，及瓒说，其次序与文字也都和《水经注》引的次序与文字相同。这样的比勘最可以使我们明了南朝裴骃所见的"《汉书音义》称臣瓒者"正是郦道元在北朝所见的"薛瓒《汉书集注》"，——在南北两部书里，同样的是薛瓒"总集诸家音义，稍以己之所见续厕其末"(此十六字是我引颜师古的话，全文引见上文)。所不同的是裴骃在刘宋时看见的本子可能是从前秦苻坚时代(357—385)的写本传钞的，故称"臣瓒"；而郦道元在拓拔魏朝看见的本子当然是苻秦灭亡之后的通行写本，故直称"薛瓒《汉书集注》"了。

(十一)我再引一条表示颜师古和张守节所引臣瓒都是郦道元所引薛瓒。《水经注》卷二十五《泗水篇》，叶十三，"外黄县"下注文引：

> 薛瓒曰：县有黄沟，故县氏焉。

《汉书·地理志》，陈留郡外黄县，颜师古注引：

> 臣瓒曰：县有黄沟，故氏之也。

《史记·项羽本纪》,"还攻外黄",张守节《正义》引:

> 臣瓒曰:县有黄沟,故名。

(十二)最后我要引一条最受人批驳的薛瓒注。《水经注》卷十九《渭水篇》,叶三十一,注文"郑县故城"下说:

> 郑桓公友之故邑也。《汉书》薛瓒《注》言,"周自穆王已下,都于西郑,不得以封桓公也。幽王既败,虢侩又灭,迁居其地,国于郑父之丘,是为郑桓公。无封京兆之文"。

郦道元不赞同此说,他引《史记》,《春秋左传》,《国语》,都说是郑桓公初封于西郑;幽王之败,郑桓公死之;东迁之后,郑武公的"新邑"是指新郑。郦道元最后说:

> 然班固、应劭、郑玄、皇甫谧、裴颉、王隐、阚骃及诸述作者咸以西郑为友之始封,贤于薛瓒之单说也。

《汉书·地理志》,京兆尹郑县,颜注也引:

> 臣瓒曰:周自穆王以下,都于西郑,不得以封桓公也。初桓公为周司徒,王室将乱,故谋于史伯,能寄帑与贿于虢会之间。幽王既败,二年而灭会,四年而灭虢,居于郑父之丘,是以为郑桓公。无封京兆之文也。

颜师古也不赞成此说,他也指出郑桓公死于幽王之乱,其子武公与平王东迁,郑庄公所谓"我先君新邑于此"是指新郑。师古最后说:

> 穆王以下,无都西郑之事,瓒说非也。

薛瓒这一条注语好像是没有多大的根据,所以郦道元和颜师古都很不留情的驳他。但他们都保存了薛瓒的长注,使我们在一千多年之后还可以比勘出七世纪颜师古引的那位"不详姓氏及郡县"的"臣瓒",就是郦道元称引了十八九次的薛瓒《汉书集注》。

《水经注》引了薛瓒的《汉书注》总共十九次。我从这十九条之中,挑出了十二条,逐条和裴骃、颜师古、孔颖达、张守节诸人引的"臣瓒"的《汉书》注语互相比勘,使我们不能不承认诸家古注称引的"臣瓒"毫无可疑的就是郦道元《水经注》里称引的薛瓒。我这个考证方法诚然是很笨又很浅的方法。但是一千四百多年以来,许多绝顶聪明的学人，就只因为他们不屑做这一点很笨又很浅的工夫，所以到今天还不相信郦道元《水经注》里清清楚楚的说了十八九遍的薛瓒就是他们胡猜了一千几百年还不知氏姓的"臣瓒"！所以我觉得这一点笨工夫到今天还是值得做的，还是应该有人做的。

1959年5月15日早晨两点半写完，今天是我的孙子仔仔的四岁生日，我把这篇论文献给《清华学报》，祝贺梅月涵先生七十岁生日。我盼望我的孙子也能像我的老朋友一样的长寿！

薛瓒年表（附录）

晋永和七年(351)十一月，后赵石氏的大将姚弋仲遣使请降于晋。晋朝以姚弋仲为使持节六夷大都督，督河北诸军事，车骑大将军，开府仪同三司，大单于，高陵郡公。又以其子姚襄为持节平北将军，都督并州诸军事，并州刺史，平乡县公。(《晋书》百十六作"即丘县公"，今从《晋书》八及《通鉴》九十九)

胡适按，姚弋仲原是南安赤亭的羌人领袖，在石季龙时，拜奋武将军，西羌大都督，封襄平县公；迁持节十郡六夷大都督，冠军大将军。他屡有战功，进封西平郡公。石氏败灭之后，他告诫诸子，要他们归降晋朝(他有四十二个儿子)。

永和八年(352)，姚弋仲死，年七十三。他的第五个儿子姚襄继续领众，秘不发丧，率六万户南攻阳平、元城发干，皆破之。姚襄屯于碻磝津，以太原王亮为长史，天水尹赤为司马；略阳伏子成为左部帅，南安敛岐为右部帅，略阳王黑那为前部帅，强白为后部帅；太原薛瓒，略阳权翼为参军(《通鉴》宋刻本及《通鉴》胡三省注元刻本皆作薛瓒。《晋书》殿本作薛瓚)。

姚襄与秦兵战败，亡失三万余户，南至荥阳，始发丧。又与秦兵战于麻田，大败。尹赤降秦，秦以尹赤为并州刺史，镇蒲阪。

姚襄遂帅众归晋，送其五弟为质。晋朝诏令姚襄屯谯城。襄单骑渡淮，见安西将军谢尚于寿春。尚闻其名，令去仗卫，幅巾见之，欢若平生。襄博学，善谈论，江东人士皆重之。

胡适按，姚襄此时才二十二岁。

时殷浩受命北伐。谢尚姚襄共攻张遇于许昌。秦主苻健遣将苻雄、苻菁帅步骑二万救张遇。六月丁亥,战于颍水之诫桥。谢尚等大败,死者万五千人。尚奔还淮南。姚襄弃辎重,送尚于芍陂。尚悉以后事付姚襄。殷浩闻尚败,退屯寿春。(以上《通鉴》九十九,参《晋书》百十六,及《晋书》八)

永和九年(353),姚襄屯历阳,广兴屯田,训厉将士。殷浩在寿春,恶其强盛,囚襄诸弟,又屡遣刺客刺姚襄,皆无成。

殷浩潜遣魏憬帅众五千袭姚襄,姚襄斩憬,并有其兵。殷浩愈恶之,使龙骧将军刘启守谯城,迁姚襄于梁国蠡台,表授梁国内史。

姚襄疑惧,遣参军权翼见殷浩,浩曰:"身与姚平北共为王臣,休戚同之。平北每举动自专,甚失辅车之理,岂所望也?"权翼曰:"平北英姿绝世,拥兵数万,远归晋室者,以朝廷有道,宰辅明哲故也。今将军轻信谗慝之言,与平北有隙。愚谓猜嫌之端在此不在彼也。"浩曰:"平北……生杀自由,又纵小人掠夺吾马。……"翼曰:"平北归命圣朝,岂肯妄杀无辜?奸宄之人,亦王法所不容也,杀之何害?"浩曰:"然则掠马何也?"翼曰:"将军谓平北雄武难制,终将讨之。故取马欲以自卫耳。"浩笑曰,"何至是也!"(以上用《通鉴》九十九)

当时桓温与殷浩争军政大权,暗斗很厉害。《太平御览》二四九引《后秦记》云:

姚襄遣参军薛瓒使桓温。温以"胡"戏瓒。瓒曰:"在北曰狐,在南曰貉,何所问也?"(《御览》宋刊本此三处皆作瓒)

此事大概与权翼使于殷浩先后同时,必是在姚襄反晋之前,故有这样从容戏谑的情形。

十月,殷浩北伐,以姚襄为前驱。襄引兵北行,诈令部众夜遁,阴伏兵等待浩众。浩闻而追襄,至山桑(属谯郡),襄纵兵击之。浩大败,弃辎重,走保谯城。姚襄收其资仗,使其兄姚益守山桑。

十一月,殷浩使刘启王彬之攻山桑,姚襄自淮南击之,启与彬之皆败死。

姚襄渡淮,屯盱眙,众至七万,分置宰守,劝课农桑。他遣使至建康,罪状殷浩,并自陈谢。晋朝以谢尚都督江西淮南诸军事,豫州刺史,镇历阳。

姚襄的叛变是殷浩被桓温打倒的一个主要的原因。桓温弹劾殷浩的奏疏中说:

> 姚襄率众归化,遣其母弟入质京邑。浩不能抚而用之,阴图杀害,再遣刺客,为襄所觉,襄遂惶惧,用致逆命。生长乱阶,自浩始也。复不能以时扫灭,纵放小竖,鼓行毒害。身狼狈于山桑,军破碎于梁国。舟车焚烧,辎重覆没。三军积实,反以资寇;精甲利器,更为贼用。神怒人怨,众之所弃。倾危之忧,将及社稷。……(此疏见《晋书》七十七《殷浩传》)

殷浩因此被废为庶人,徙于信安县(殷浩被废在永和十年二月)。

> 胡适按,《后秦记》说桓温"以'胡'戏薛瓒",可见薛瓒虽用"太原"的郡望,其实也是羌人,故桓温笑他是"胡"。姚襄是汉化很高的羌中豪杰,他的"博学善谈论"能使江东人士敬重他。他部下的左右前后四个部帅都是羌人(《通鉴》一百一,大和元年——366——"羌敛岐以略阳四千家叛秦。"那就是当年姚襄的右部帅南安敛岐)。他的司马天水尹赤,参军略阳权翼也都是汉化很高的羌中领袖人物。故尹赤降秦,秦即用他为并州刺史,镇蒲阪。后来尹赤复降姚襄,苻秦就令"诸尹皆禁锢不仕"(见《晋书》百十八《尹纬传》)。可见尹赤的领袖地位。

永和十年(354)五月,江西流民郭敞(《晋书》百十六作郭敼)执堂邑内史刘仕,降于姚襄。晋朝震骇。谢尚自历阳还卫京师。

永和十一年(355)五月,姚襄率所部北还,自称大将军,大单于,攻外黄县,为晋边将高季所败。姚襄收败卒,进据许昌,将如河东以图关右。(以上参用《通鉴》一百,《晋书》百十六)

永和十二年(356)三月,晋朝拜桓温为征讨大都督,命他征讨姚襄。

那时姚襄已从许昌进攻周成于洛阳,逾月不克。长史王亮死,姚襄哭之恸。

八月，桓温军到洛阳南的伊水，姚襄撤围抵拒晋军，拒水而战。桓温亲披甲督战，姚襄大败，死者数千人，他率数千骑奔于洛阳的北芒山，遂奔平阳。

洛阳城内的周成投降桓温。桓温入洛阳谒晋先帝诸陵，遂旋军。姚襄到平阳，秦并州刺史尹赤复以众降于姚襄。

升平元年（357），姚襄将图关中，自北屈进屯杏城，遣姚兰略地廊城，使姚益等将兵招纳诸羌胡。羌胡及秦民归之者五万余户。

秦主苻生遣苻黄眉，苻坚，邓羌将步骑万五千抵御姚襄。

五月，战于三原，姚襄大败，其所乘骏马倒，秦兵擒而斩之。姚襄死时，只二十七岁。

姚襄之弟姚苌（弋仲第二十四子）率其兄弟降于苻坚（以上参用《通鉴》一百，《晋书》百十六，《魏书》九十五）。

胡适按，权翼薛瓒归苻坚当在此时。以上记薛瓒作姚襄参军的时期。以下记薛瓒作苻坚的大臣的时期。

升平元年（357），六月，秦东海王苻坚，清河王苻法，特进领御史中丞梁平老，特进大夫强汪等同谋攻杀秦主苻生。群臣请立苻坚，坚乃去皇帝之号，称大秦天王，即位，大赦，改元永兴……以李威为左仆射，梁平老为右仆射，强汪为领军将军，吕婆楼为司隶校尉，王猛为中书侍郎。

八月，秦王坚以权翼为给事黄门侍郎，薛瓒（《通鉴》与《晋书》皆误作"讃"）为中书侍郎，与王猛并掌机密（以上用《通鉴》一百，参考《晋书》八，又百十三）。

胡适按，《通鉴》一百与《晋书》百十三都说权翼和薛瓒都是最早劝苻坚杀苻生的人。《通鉴》说：

东海王坚，素有时誉，与故姚襄参军薛瓒（各本皆作"讃"，下同。）权翼善瓒。翼密说坚曰，"主上猜忍暴虐，中外离心。方今宜主秦祀者，非殿下而谁？愿早为计，勿使他姓得之"。

《晋书·苻坚记》说：

坚……博学多才艺,有经济大志,要结英豪。……王猛,吕婆楼,强汪,梁平老等,并……为其羽翼。太原薛瓒(各本皆作谶,下同),略阳权翼见而惊曰,"非常人也!"及苻生嗣伪位,瓒翼说坚曰,"今主上昏虐,天下离心。……神器业重,不可令他人取之。愿君王行汤武之事,以顺天人之心"。

考姚襄战败被杀在升平元年五月,薛瓒权翼降秦应该是在姚苌率诸弟降于苻坚的时候。苻生被杀在这一年的六月。在短短一两个月之中,这两位新投降的"故姚襄参军"就能够游说苻坚干此弑兄弑主的大事吗?《载记》说"及苻生嗣伪位,瓒翼说坚",这更不近事实了。永和十一年(355)六月,苻生嗣位之时,姚襄正从淮南率所部北还,他的两位参军薛瓒权翼似乎还没有离开他,还没有投苻秦罢?

《晋书·苻坚记》记"王猛薛瓒为中书侍郎,权翼为给事黄门侍郎",都在苻坚即位之时。《通鉴》记王猛为中书侍郎在六月;薛瓒为中书侍郎,权翼为给事黄门侍郎,皆在八月。但《通鉴》也说薛瓒权翼都曾密劝苻坚。《通鉴》与《晋书·载记》两书都没有明说薛瓒权翼降秦是在何年月,但两书都说苻坚即位之年,薛瓒权翼都在中书,都和王猛"并掌机密"了。大概姚襄的长史王亮,司马尹赤,参军薛瓒权翼,这几个人都是北方民族的领袖人物,故尹赤降秦,秦就用他为并州刺史。故薛瓒权翼都是新降的人,而两三个月之内,都成了新主苻坚之下"并掌机密"的大臣了。

升平二年(358),二月,秦王坚自将讨张平。时张平据新兴,雁门,西河,太原,上党,上郡之地,壁垒三百余,夷夏十余万户。

三月,苻坚至铜壁,张平尽众出战,众大溃。平惧,请降。坚拜平为右将军。

〔苻〕坚自临晋登龙门,顾谓其群臣曰,美哉山河之固!……权翼薛瓒对曰,臣闻夏殷之都非不险也,周秦之众非不多也。终于身窜南巢,首悬白旗,躯残于犬戎,国分于项籍者,德之不修故耳。……山河之固不足恃也。坚大悦,乃还长安。(《晋书》百十三作"薛谶")

胡适按,从升平二年(358)到太元九年(384),这二十六年之中,权翼屡见于《载记》及《通鉴》，也见于他书（如《高僧传》的《释道安传》）。《通鉴》记太和五年（370）三月，秦主苻坚以吏部尚书权翼为尚书右仆射。《通鉴》又记太元七年（382）苻坚会群臣于太极殿，议大举伐晋的事，其时谏阻之诸人中有"尚书左仆射权翼"。但在这二十六年之中，薛瓒之名不见于《通鉴》，召宫通见于《载记》。这二十多年苻秦的武力文教都极盛的时期。《载记》说：

> 坚也学修不广苻，郡国学生通一经以上充之。公卿以下子孙并遣受业。……于是人思劝励，号称多士。……
>
> 坚亲临太学，考学生经义优劣，品而第之。问难五经，博士多不能对。……坚自是每月一临太学，诸生竞劝焉。

《载记》又说：

> 自永嘉（307—312）之乱，庠序无闻。及坚之僭，颇留心儒学。王猛整齐风俗，政理称举，学校渐兴。关陇清晏，百姓丰乐。自长安至于诸州，皆夹路树槐柳，二十里一亭，四十里一驿，旅行者取给于途，工商贸贩于道。百姓歌之曰，
>
> 长安大街，夹树杨槐。
>
> 下走朱轮，上有鸾栖。
>
> 英彦云集，诲我萌黎。

慧皎《高僧传》的《释道安传》说：

> 苻坚素闻安名，每云，"襄阳有释道安是神器，方欲致之以辅朕躬"。后遣苻丕南攻襄阳，安与朱序俱获于坚。坚谓仆射权翼曰，"朕以十万之师取襄阳，唯得一人半"。翼曰，"谁耶？"坚曰，"安公一人，习凿齿半人也。"（取襄阳在太元四年，379）

在这个提倡学术文教的时期，薛瓒的事业可能是转移到学术方面了。我们可以推测他的《汉书集注》就是这二十多年里的著作。他是苻坚的中书大臣，《汉书集注》很可能是苻坚命令他撰著的，所以称"臣瓒"。

他最后一次见于史书是在苻坚淝水之战大败北归后的第三年。

太元十年（385），苻坚被慕容冲围困在长安城里，他迷信谶书上

"帝出五将久长得"的话,就留太子苻宏守长安,他自己帅骑数百,与张夫人及中山公苻诜,二女宝、锦,出奔五将山。

六月,苻宏不能守长安,将数千骑,与母妻宗室西奔下辩。

长安的百官逃散。苻坚的司隶校尉权翼,尚书赵迁,大鸿胪皇甫覆,光禄大夫薛瓒(《晋书》百十六作赞)等文武数百人投奔姚苌。

七月,姚苌遣吴忠帅骑围苻坚于五将山,遂执坚,送诣新平,幽于别室。

八月,苻坚被姚苌缢死于新平佛寺。他死之前,谓张夫人曰:"岂可令羌奴辱吾儿?"乃先杀二女宝、锦。张夫人与中山公诜皆自杀。

太元十一年(386),四月,姚苌即皇帝位于长安(鲜卑慕容氏已率众去长安而东,姚苌自安定东回,攻据了长安)。改元建初,国号大秦。姚苌与群臣宴,酒酣,言曰:"诸卿皆与朕北面秦朝,今忽为君臣,得无耻乎?"赵迁曰:"天不耻以陛下为子,臣等何耻为臣?"苌大笑(以上参用《通鉴》一百六,《晋书》百十六)。

胡适按,姚苌称帝之后,《载记》还记有"太常权翼"进谏的事。但薛瓒之名就不再见了。

从永和八年(352)姚襄以太原薛瓒为参军,到太元十一年(386)姚苌称秦帝,凡三十四年。

姚襄死在升平元年(357),只有二十七岁。薛瓒为参军时,姚襄只有二十二岁。假定薛瓒那时三十五岁,到姚苌称帝时,他已是近七十岁的人了。

1959 年 5 月 10 日胡适

后 记

我在此文中篇,曾说:"三百多年来整理《水经注》的学者,如何焯、赵一清、全祖望、戴震诸公,都没有注意到郦道元在《水经注》里引薛瓒的《汉书注》有近二十次之多。"

今天我重检中央研究院历史语言研究所藏的杨希闵用朱笔誊何义门校《水经注》本,才发现义门已曾注意到这个薛瓒问题,并且已曾指出姚襄参军有太原薛瓒。

在《水经注》卷二初次提到"《汉书集注》薛瓒"之处，何焯没有批语。但在朱谋㙔附的《水经注所引书目》的"薛瓒注《汉书》，即《汉书》注称臣瓒者"一行之上，他批云：

> 臣瓒，司马贞又以为傅瓒，而以刘孝标指为于瓒者非是。李善《啸赋》、《洛神赋》注中亦作傅瓒。
>
> 姚襄参军有太原薛瓒。

何焯校《水经注》在康熙三十三年甲戌(1694)，他赞同朱谋㙔"薛瓒《汉书注》即《汉书》注称臣瓒者"一句话，用朱笔加一圈，表示欣赏，又指出姚襄参军有太原薛瓒，这就在桂馥的《札朴》(嘉庆元年，1796)之前一百零二年了。

何焯的《水经注》校本，赵一清早年就曾过录。戴震与沈大成也曾在乾隆庚辰(廿五年，1760)在扬州从朱奂借校何氏校本。赵戴两公大概都曾看见义门先生关于薛瓒的一条校语，不过他们都没有表示意见。

1959年5月26日夜

(原载1960年5月台湾《清华学报》第2卷第1期)

关于江阴南菁书院的史料

(赵椿年的《覃研斋师友小记》,《中和月刊》,第二卷第三期,民卅,三月一日出版,是日据时期的北平刊物。)

此记中记南菁书院最详,我摘记一点。

赵椿年年十五,始应童子试,为光绪壬午(八年,1882)十月。是他生于同治七年(1868)。"癸未(1883)夏,至江阴应院试,得补阳湖县学生员。"学使为瑞安黄漱兰体芳,时官兵部侍郎。

"甲申(1884)科试,正场首列,复试第二。张小圃(鹤龄)正场第二,复试第一。发落之日,漱师召小圃及余二人至案前,勖勉有加。是年食廪饩,调赴南菁书院肄业。"那时他十七岁。

乙酉(1885)漱师〔学政〕任满,继任者为长沙王益吾师先谦,时官国子监祭酒。下车观风之试,发劝学琐言一本,以《尔雅》、《说文》、《文选》、《水经注》四种分发各属为集注。如《尔雅》则《释诂》《释训》〔分〕江宁,《释言》〔分〕太仓。……《水经注》则《河水》〔分〕江宁,《清水》〔分〕上元。各县皆照此分配,未能有成。至师归田后,始自集《水经注》〔各家〕为一书耳。(胡适按,此指王先谦的《合校水经注》。光绪十八年刻行)

余自乙酉(光十一,1885)正月至南菁书院,己丑(光十五,1889)正月以会试离院。此四年中皆一年在常熟,一年在江阴。"(适按,赵椿年是光绪廿四年二甲进士。)

南菁书院之规制,视学海堂,诂经精舍尤为闳美。光绪十年(1884)以后,吾苏文献几可取征于此。漱兰师提倡之功,实不可没。

书院在江阴县城内中街,为旧水师营协镇游击两署故址。取朱子《子游祠堂记》"南方之学,得其菁华"命名。建立院舍七进,为课生斋舍及掌教住宅。课分经学古学两门,各设内课生二十人,分居"训、诂、词、章"四斋,每斋十人,设斋长一人。始于光绪八年(1882),成于九年(1883)六月,是为南菁书院之始。

书院之经费,先由漱兰师捐廉为倡,同官咸起相应,共得钱三万三千串,分存常州府属八县各典中,月息一分,以为课生膏火。因内课生月支膏火五千文也。〔光绪〕十四,十五,十六(1888—1890)三年,由苏绅费学曾,姚文枏,盛康,陈美棠,郑惇五等先后捐助川沙南通等处沙田约五万亩。是为书院经费之基本。

书院正中楼上下十间。下为客座,上为藏书楼,中奉郑君朱子栗主。漱师撰联云:

"东西汉,南北宋,儒林文苑,集大成于二先生,宣圣室中人,吾党未容分两派。

十三经,廿四史,诸子百家,萃总目之万余种,文宗江上阁,新楼应许附千秋。"

楼下漱师联云:

"东林讲学以来,必有名世。

南方豪杰之士,于兹为群。"

书院于光绪十年(1884)秋开课。掌教为南汇张啸山(文虎),到院两月,以足疾辞归(乙酉年——1885——卒,年七十八)。即改延定海黄元同先生以周,在院凡十五年(1884—1898),至戊戌(1898)归隐于仁和半山之下,己亥(1899)十月十七日卒,年七十二。

益吾师幕中有慈溪林晋霞先生颐山,元同先生亦时请其阅《古学》卷。后与江阴缪筱珊年丈荃孙均分主《古学》讲席。过此则为学校时代矣(胡适按,林颐山是光绪十七年的举人,十八年的二甲进士。缪荃孙是光绪二年的二甲进士)。

　　余十五年己丑(1889)离院。光绪廿七年(辛丑,1901)由学使李殿林奏改南菁高等学堂为江苏全省高等学堂。《南菁学友录》(孙寒厓揆均撰)载书院时代,至二十九年,(癸卯,1903)止。故此记所录诸人,亦至廿九年止。此记本限于一己之师友,但择同住院及相识者记之。欲览其全,则有孙君寒厓所辑之《南菁学友录》在。

赵君所记,共一百十九人。其中有

　　金匮华若溪世芳

　　○太仓唐蔚芝文治　十一年到院

　　　武进谢钟英(以字行)

　　　昭文孙师郑同康(后改名雄)　十二年到院

　　　华亭雷君曜璂

　　○武进庄思缄蕴宽　十三年到院

　　　吴县曹叔彦元弼

　　○上海李平书钟珏

　　　吴县曹夔一元忠

　　　吴县胡绥之玉缙　以上四年中不常住院者

　　　赵君离院以后相识者,有

　　○无锡吴稚晖眺(后改名敬恒)

　　○松江钮惕生永建

　　○南通冯子久善征(适按冯君曾为先父作家传)

　　○无锡孙寒厓揆均　十六年

　　○吴县张仲仁一麐

　　○　　张云搏一鹏

　　　吴县陆　　士奎

　　○　　沈信卿恩孚　十九年(适按沈君为友人沈有乾有鼎之父)

　　○吴县汪衮甫荣宝

　　○武进蒋竹庄维乔

○吴县陈颂平懋治
　　　镇洋陆彤士增炜　廿一年
　　○山阳顾祝侯震福　廿二年(适按顾君为友人顾翊群之父)

姓名上有○者,是我见过的。

　　南菁之刻书,在光绪十二年(丙戌,1886)夏。益吾师奏准在书院设局,汇刻《皇清经解续编》,又命苏州书局助刊二百四十卷,共计二百零九种,一千四百三十卷。又刻《南菁丛书》八集四十一种,此皆余所亲见。

1958,11,27 夜钞

　　(赵椿年的《覃研斋师友小记补》,《中和月刊》,第二卷第五期)

补的材料不多。摘记两条。

　　漱兰师学政任满,于乙酉(光十一,1885)十月回京供职。十二月以奏论海军事,交部议处,降二级调用。丙戌(十二,1886)六月授通政司通政使。辛卯(十七,1892)乞休后数年始归瑞安故里,己亥(光廿五,1899)八月卒。

　　益吾师以戊子(光十四,1888)秋上疏劾李莲英,不报,乞病。隐居长沙乡间良塘,自号遯翁。卒于丁巳(民国六,1917)十一月二十六日,年七十五。

1958,11,29 午后钞

南菁书院的历史,我屡次想搜辑,也时时向朋友说起。沈耘农先生听我说及南菁,特托夏涛声先生把这两本《中和月刊》带给我看。沈君厚意可感,不可不记。赵椿年记的南菁史料确是很可贵的。

今年6月16日,我搭飞机从台北起飞,上机始见钮永建先生夫妇。在冲绳岛停半点钟,客人都得下机走走。我和钮先生闲谈,劝他把南菁生活记下来。他说,有人说他知道江苏革命的事最多,也劝他记出来。我们回到飞机上,我用铅笔写小诗递给钮先生:

　　冲绳岛上话南菁,
　　海浪天风不解听。

乞与人间留记录，

当年俦辈剩先生。

钮先生今年八十九了。他在海外看见我摘记的南菁史料，我想他一定也会高兴的。

胡适　1958,11,29夜

我搜访南菁书院史料的最初动机是要寻求一切有关慈溪林颐山（字晋霞，生道光廿七年，死光绪卅三年，1847—1907）的资料。光绪十四年（1888），薛福成、董沛在宁波刻印了一部《全氏七校水经注》四十卷，那是一部有恶意的伪书，而近代学人如王静安先生（国维），如孟心史先生（森），皆信为真是全谢山（祖望）的书。林颐山是当时一个有学问的秀才，他自己搜罗了一些关于全谢山《水经注》的资料，他的研究还没有完成，宁波进士董沛（光绪三年进士）粗制滥造的《全氏七校水经注》已被宁绍台道薛福成出钱刻印出来了。林颐山当时就提出许多证据来，指出这个刻本是"伪造"的。

不幸林颐山批评这部薛刻本的文字没有流传下来，我们只从两种记载里知道他曾有这种很不客气的批评。第一是薛刻本的挖改后印本，其卷首董沛《例言》添出了三条，其第十四条说：

慈溪林颐山别为校本，旁稽博引，纠正更多。然刊刻本旨但期无失〔谢山〕先生七校之旧，非与前辈为难也，故不暇他及云。

第二是王先谦在光绪十八年（1892）刻印他的《合校水经注》，有《例略》六条，其第五条说：

《全氏七校水经注》晚出浙中。慈溪林颐山晋霞斥其伪造，抉摘罅漏至数十事。顷岁刊行，兹编一字不敢阑入。

我们看赵椿年的记载，可以知道这些与林颐山有关的事实。（一）南菁书院的第二任掌教就是宁波定海的经师黄以周先生，在院凡十五年（1884—1898）。黄先生就是林颐山的老师。（二）王先谦任江苏学政是从光绪十一年到十四年（1885—1888），他一到任就把《水经注》，《说文》等四部书分发给江苏各县的士子，要他们分工做"集注"。（三）王先谦"幕中有慈溪林晋霞先生颐山"，黄以周"亦时请其阅《古学》卷"，后来林颐山就与江阴缪荃孙"分主古学讲席"。江苏学政的官署也在江阴。王先谦说他自己喜欢《水经注》,"耽此三十年,足迹所至,必以自随"。他大概向黄以周访问全谢山《水经注》校本的下落,所以黄以周介绍林颐山和王先谦相识。王先谦很敬重他,续经解里刻有林颐山《经述》三卷。

1959,6,9　胡适补记

(原载 1959 年 6 月 30 日台北《大陆杂志》第 18 卷第 12 期)

论初唐盛唐还没有雕板书

老友李书华先生最近发表了一篇《再论印刷发明的时期问题》(《大陆杂志》十八卷十期)。他的结论"西元七世纪上半期很有可能中国已有雕板印刷了",是他和我向来相信的。但他和我都没有寻到可信的实物或文件作证据。

他在此文里提出三件证据,不幸都不是证据,都不可用来证明唐太宗时代和玄宗时代(627—755)已有"雕板印刷"。

因为李先生说"上述三种材料的正确性似无疑义",我是他的老朋友,不敢不纠正他这句话的错误。

他的第一文件是明朝邵经邦(死在1565)的《弘简录》一段,说长孙皇后著有《女则》十篇,死后,唐太宗"令梓行之"。这是明朝学人看惯了刻板书,无意之中说出"梓行"的错话。《唐书》五十一、《新唐书》七十六,长孙后传皆无此语。《太平御览》百四一引《唐书》正传,也无此语。故这一句十六世纪人的无心之误,绝不是七世纪的证据。

他的第二和第三文件都是真的文件,不幸他错解其中的"刊勒"、"刊校"等字的意义了。今引此二件的文字如下:

(一)唐刘知几《史通》卷十二,说《隋书》:

《五代纪传》(梁、陈、高齐、宇文周、隋五代)并目录凡二百五十卷,书成。……唯有十志,……未有其文。又诏左仆于志宁,太史令李淳风,著作郎韦安仁,符玺郎李延寿同撰。太宗崩后,刊勒始成。其篇第虽编入《隋书》,其实别行,故俗呼为《五代史志》。(适按,李先生原引此文,删去了补撰"十志"的话,甚误,故我补引全文,使人知道"刊勒始成"的是补作的"十志",不是《五代纪传》。)

(二)《唐书》一〇二《褚无量传》：

玄宗即位，……无量以内库旧书自高宗代即藏在宫中，渐致遗逸，奏请缮写刊校，以弘经籍之道。

《史通》里的"刊勒"，《褚无量传》里的"缮写刊校"，李书华先生都认作雕板印刷的意思，这是很错误的。他说：

刊，原意刻也，削也。……勒，亦刻也，千字文"勒碑刻铭"。

"勒"字古有"刻"的意义。《礼记·月令》，"孟冬之月……，命工师效功，……物勒工名，以考其诚"。郑玄注，"勒，刻也。刻工姓名于其器，以察其信"。《千字文》"勒碑刻铭"，也是此意。在中唐雕板印书渐渐流行的时期。元稹作《白氏长庆集序》，曾两次用"模勒"表示用雕板模刻写本的意思。元稹说：

二十年间……缮写模勒，炫卖于市井，或持之以交酒茗者，处处皆是。

元稹自注云：

杨越间，多作书，模勒乐天及予杂诗，卖于市肆之中也。

(《白氏长庆集》五十一)

故我们可以说，在长庆四年(824)冬十二月元稹叙述"二十年间"的事，他用"模勒"，确是指当时市肆之中写白、元两公的杂诗雕板印刷的事实。

但在前一百年刘知几(660—721)作《史通》的时候，"刊勒"二字连用或单用，都没有雕板印刷的意思。我试举《史通》卷十二论"古今正史"一篇里的一些例子如下：

(例一)孝武之世，太史公司马谈欲错综古今，勒成一史。(说《史记》)

(例二)大明六年(462)，又命著作郎徐爰踵成前作。爰因何(承天)孙(冲之)山(谦之)苏(宝山)所述，勒为一书。(说《宋书》)

(例三)姚察有志撰勒，施功未竟。(说《梁书》)

(例四)魏世……崔鸿〔撰〕……《十六国春秋》，……犹阙

蜀事,不果成书。推求十有五年,始于江东购获。乃增其篇目,勒为十卷。(说《十六国春秋》)

(例五)齐天保(明刻本误作宝)二年(551)敕秘书监魏收博采旧闻,勒为一史。(说《后魏书》)

(例六)五代纪传……书成,……唯有十志,……未有其文。又诏……于志宁〔等〕同撰。……太宗崩后,刊勒始成。

(说《隋书》。此即李先生引的第二件)

(例七)长安(701—704)中,余与正谏大夫朱敬则,司封郎中徐坚,左拾遗吴兢,奉诏更撰《唐书》,勒成八十卷。神龙元年(705),又与兢等重修《则天实录》,编为二十卷。(末节说《国史》)

这七例都是从《史通》卷十二引来的。我们试比校这七个例子,就可以明白第六例的"刊勒"也只是"刊削编定"的意思,并有"雕板印制"的意思。

试就《史通》里再举几个例子:

(例八)书事记年,出自当时之简。勒成删定,归于后来之笔。(卷十一,《史官建置篇》)

"勒成"即编成。(比较上文例七,"勒成八十卷",与"编为二十卷",是同意而异文而已。)"删定"即"刊定"。

(例九)自策名仕伍,待罪朝列,三为史臣,再入东观,竟不能勒成国典,贻彼后来。(卷二十,《忤时篇》)

(例十)古者刊定一史,纂成一家,体统各殊,指归咸别。(同上)

(例十一)如创立纪年,则年有断限。草传叙事,则事有丰约。或可略而不略,或应书而不书,此刊削之务也。(同上)

(例十二)《史记·田敬仲世家》曰,田常成子以大斗出贷,以小斗收。齐人歌之曰:"妪乎采芑,归乎田成子。"……田成见存,而遽呼以谥。此之不实,明然可知。……乃结以韵语,纂成歌词,欲加刊正,无可瑇革。(卷二十,《暗惑篇》)

此皆可见刘知几用"勒"作"编"字解,用"刊"作"删削"、"删改"解,绝无雕板印刷的意义。"勒成删定,归于后来之笔",可见"勒"与"刊"都是笔写的事,不关雕板的事。

《玉篇》说:
> 勒,抑勒也。
> 刊,削也,定也。

《广韵》:
> 二十五"德","勒,邺中记曰,石虎讳勒,呼马勒为辔。"
> 二十五"寒","刊,削也,剟也。"
> 二十七"删","删,除削也,又定也。"
> 十七"薛","揳,刊也。"

"勒"是"抑勒",故有约束编制的意思,故"编成一书","纂成一家之言",都可称为"勒成"。"刊"字在刘知几时代,多作"削也,定也"讲,《史通》里只有一处用"刊"字作"刻削"讲:

> (例十三)"神嘉(当作麚)二年(429)又诏集诸文士崔浩,浩弟览……等撰国书为十卷。又特命浩总监史任,……续成前史书,叙述国事,无隐恶,而刊石写之,以示行路。浩坐此夷三族。"(卷十二,说《后魏书》)

按《魏书》三十五,《崔浩传》记此事:
> 初,郄标等立石,铭刊《国记》,浩尽述国事,备而不典,而石铭显在衢路,往来行者咸以为言。事遂闻发。

"铭刊"即是"铭刻","石铭"即是"石刻"。《史通》此篇用"刊石写之",即是"刻石写之"。此与前引诸例,"刊勒"、"刊定"、"刊削"、"刊正",都不相同。

故我们可以说,"勒"与"刊"虽然都有"镌刻"的古义,但刘知几《史通》卷十二说《隋书》的十志"太宗崩后,刊勒始成"一句的"刊勒"显然用作"删削编纂"解,绝不关雕板印刷的事。

至于李书华先生引的《唐书·褚无量传》里的"奏请缮写刊校"一句话,也完全没有雕板印刷的意思,也只是指写本的"刊定校正"。李先生试读《褚无量传》的全文,就不会误解了。此传记褚无量校写

两京的内库藏书的事,是这样的一大段,不可割裂分开:

> 无量以内库旧书自高宗代即藏在宫中,渐致遗逸,奏请缮写刊校,以弘经籍之道。
>
> 玄宗令于东都乾元殿前施架排次,大加搜写,广采天下异本。数年间,四部充备。〔玄宗〕仍引公卿已下入殿前,令纵观焉。
>
> 开元六年(718)驾还,又敕无量于〔长安〕丽正殿以续前功。
>
> 〔开元八年〕,无量病卒,年七十五,临终遗言以丽正写书未毕为恨。

读了这一大段记事,我们就可以知道褚无量在东都乾元殿做的是"缮写校正"内库藏书的事;他在西京丽正殿做的也是"写书"的事。"数年间,四库充备",这当然不是雕板印刷的四库书。

试看《唐书》同卷的《元行冲传》,我们更可以明了玄宗开元初期在东西两京校写书的大事。《元行冲传》说:

> 先是,马怀素集学者续王俭今书《七志》,褚无量于丽正殿校写四部书,事未就而怀素无量卒,诏行冲总代其职。
>
> 于是行冲表请通撰古今书目,名为"群书四录",……岁余,书成,奏上。……
>
> 寻以衰老,罢知丽正殿校写书事。

这就更可以说明褚无量的"缮写刊校"只是"校写四部书",并非雕板印书。

《元行冲传》还有一段文字,可以参证"刊勒"二字的当时用法:

> 初,有左卫率府长史魏光乘奏请行用魏征所注《类礼》。上遽令行冲集学者撰《义疏》,将立学官。
>
> 行冲于是引国子博士范行恭,四门助教施敬本,检讨刊削,勒成五十卷。十四年(726)八月奏上之。

同卷《韦述传》也有一段文字,可以参勘:

> 《国史》自令狐德棻至吴兢,虽累修撰,竟未成一家之言。
> 至述始定类例,补遗续阙,勒成《国史》一百一十三卷。

"刊勒"二字的意思不过如此,"刊校"二字也不过如此,都与雕板印书无关。

我虽然曾推测西元七世纪中国很可能已有小件的雕板印刷了,但我至今还寻不着可信的实物或文件作证据。相反的,我还可以举出几个文件来证明唐玄宗开元、天宝(713—756)时代还没有雕板书,至少还没有大件的雕板印刷。

《唐大诏令集》卷百十三有开元二年(714)七月《断书经及铸佛像敕》,中说:

……闻坊巷之内,开铺书经,公然铸佛。……自今以后,州县坊市等等不得辄更铸佛写经为业。……须经典读诵者,勒于寺取读。如经本少,僧为写供。

同书卷百十四有《榜示广济方敕》说:

朕顷者所撰《广济方》,救人疾患,颁行已久,计传习亦多。犹虑单贫之家未能缮写,闾阎之内或有不知。……宜令郡县长官就"广济方"中逐要者于大版上件录,当村坊要路榜示。仍委采访使人勾当,无令脱错。

此敕的年月是天宝五年(746)八月,已是八世纪的中叶了。

我们看了这两件敕书,不能不推想开元、天宝时代还没有雕板印书。

开元宰相张说(死在开元十八年,730)的文集里有一篇《〈般若心经〉赞》,其中说:

……秘书少监驸马都尉荥阳郑万钧,……学有传癖,书成草堂,乃挥洒手翰,镌刻《心经》,树圣善之宝坊,启未来之华叶。……国老张说闻而嘉焉,赞扬佛事,类之乐石。(圣善是寺名)

《心经》不过二百五十多字,写了镌刻,不是难事。但我看张说说的"题之乐石",大概还是写了镌刻在石上。

照我现在所知,我们只能举出上文引的元稹在长庆四年(824)冬十二月做的《〈白氏长庆集〉序》里说的"二十年间","扬越间,多作书模勒乐天(白居易)及予(元稹)杂诗,卖于市肆之中",——那是最早而最无可疑的中国民间雕刻小本书出卖的记载。元稹说,那是"二十年间"的事,即是贞元晚年(约当800)的事。

第二件无可疑的文件是《册府元龟》卷一百六十记的太和九年(835)十二月丁丑(初六)东川节度使冯宿奏准敕禁断印历日版,原文说:

> 剑南、两川及淮南道,皆以版印历日,鬻于市。每岁司天台未奏颁下新历,其印历已满天下。有乖敬授〔民时〕之道,故禁之。

雕印元白两诗人的杂诗出卖,或"持之以交易酒茗",那是小件的雕板。

"版印历日,鬻于市",也是小件雕印。大概到了八世纪末年,九世纪初年,中国还没有大部的雕板书,并且还轻视那些雕板印卖的小书,只认作市井小人的行为。白居易自己的诗文稿,有五个写定本,三本寄存他最喜欢的佛寺里,"请不出院门,不借官客;有好事者,任就观之"。另两本留给一个侄儿,一个外孙。乐天的《〈白氏集〉后记》写在会昌五年(845)五月一日。可见到了九世纪中期,白乐天还没有想到他的"七十五卷诗草,大小凡三千八百四十首"是可以雕板印刷的。

1959,6,24 夜

(原载1959年7月1日台北《自由中国》第21卷第1期)

卷　　三

惠施公孙龙之哲学

吾久许张菊生、章行严两先生为《东方》作文,而苦不得暇。此次乞假归娶,新婚稍暇,因草此篇。近人颇多治诸子学者。独惠施公孙龙之学说,尚少研究者。鄙人不自揣度,欲以所得与当世学者共商榷之,想亦海内外治诸子学者所许欤。本篇为讲学说理之作,以明白为贵,故用白话体。此本昔人讲学旧体,读者或不以为有意立异也。

绪 论

古代本没有什么"名家"。无论那一家的哲学,都有一种为学的根本方法。这种方法,便是那一家的名学(逻辑)。所以老子要无名,孔子要正名,墨子说"言有三表",杨子说"实无名,名无实",《墨辩》有名实之论,《公孙龙子》有名实之篇。庄子有《齐物论》,尹文子有《刑名论》。这些都是各家的名学。因为各家都有名学,所以没有什么"名家"。不过墨家的后进,在这一方面,研究得比别家稍为高深一些罢了。

依我看来,惠施公孙龙都是墨家的支派。试举几个证据如下。

一、惠施主张泛爱万物,公孙龙主张偃兵,①很合墨家兼爱非攻之说。

二、《庄子·天下》篇说墨家的后人"以坚白同异之辩相訾,以觭偶不忤之辞相应"。惠施有论同异的话,公孙龙有坚白石的论,可见这两人都是"别墨"。

---

① 《庄子·天下》篇及《吕氏春秋·审应览》一及七。

三、如今所传惠施公孙龙的学说,①差不多句句都和《墨子·经上、下》《经说上、下》四篇有关系。有许多学说,如"飞鸟之影未尝动也","一尺之棰,日取其半,万世不竭"之类,非参考《墨子》这四篇,便不易懂得。又如今世所传《公孙龙子》书中的《坚白》、《通变》、《名实》三篇,不但材料都在那四篇《墨子》里面,连字句文章都和那四篇相同。这种证据,真可称为铁证了。

知道惠施公孙龙和墨家的关系,方才可以懂得两家的学说。

上篇　惠施

一、传略　惠施曾相梁惠王。惠王死时,惠施还在。② 惠王死在西历纪元前319年。③ 又据《吕氏春秋》,齐梁会于徐州,相推为王,乃是惠施的政策。④ 徐州之会在西历纪元前334年。据此看来,惠施的时代,大约在西历前380与前300年之间。

《庄子·天下》篇说:"惠施多方,其书五车。"又说有一个人叫做黄缭的,问天地所以不坠不陷,和风雨雷霆之故,惠施"不辞而应,不虑而对,遍为万物说"。只可惜那五车的书和那篇《万物说》都失掉了。

惠施的为人,一定是可敬爱的。《庄子·徐无鬼》说,

> 庄子送葬,过惠子之墓,顾谓从者曰:"郢人垩漫其鼻端,若蝇翼。使匠石斫之。匠石运斤成风,听而斫之,尽垩而鼻不伤。郢人立不失容。宋元君闻之,召匠石曰,'尝试为寡人为之。'匠石曰,'臣则尝能斫之。虽然,臣之质死久矣。'自夫子之死也,吾无以为质矣。吾无与言之矣。"

看庄子这样佩服惠施,便可想见他的为人了。

二、惠施历物之意　惠施的学说,如今只有《庄子·天下》篇所记的"历物之意"十条。历物是分别历说万物的道理。⑤ 原文是,

---

① 《庄子·天下》篇、《列子·仲尼》篇、《公孙龙子》、《孔丛子·公孙龙》篇。
② 《战国策·魏策》。
③ 此据《竹书纪年》。若据《史记》则在前335年,其说有误。
④ 《吕氏春秋》二十一。
⑤ 《庄子》释文曰,"厤古歷字。……分别历说之"。

（一）至大无外，谓之大一；至小无内，谓之小一。

（二）无厚不可积也，其大千里。

（三）天与地卑，山与泽平。①

（四）日方中方睨，物方生方死。

（五）"大同"而与"小同"异，此之谓"小同异"。万物毕同毕异，此之谓"大同异"。

（六）南方无穷而有穷。

（七）今日适越而昔来。

（八）连环可解也。

（九）我知天下之中央，燕之北，越之南，是也。

（十）泛爱万物，天地一体也。

三、章太炎说　近人研究诸子学的，大都不留意惠施公孙龙的学说。惟有章太炎氏极推崇惠施。他说惠施的十事如下。②

本事有十，约之则四。四又为三。

一事　"至大无外，谓之大一；至小无内，谓之小一。"又曰，"无厚不可积也，其大千里"。……言无厚不可积，又称其大千里。不可积者，尚无秒忽，安得千里哉？要以算术析之，无至小之倪，故尺度无所起。于无度立有度，是度为幻。度为幻，即至大与至小无择，而千里与无厚亦无择。白萝门书道"瓢末"之空与"特萝骠"之实相受。③"瓢末"分刌节度不可量，故"特萝骠"分刌节度亦不可量。……故曰"天与地卑，山与泽平"，是分齐废也。"我知天下之中央，燕之北，越之南，是也"，是方位废也。"南方无穷而有穷"，是有际无际一也。"连环可解"，是有分无分均也。

二事　"日方中方睨，物方生方死。"诸言时者，有过去，现在，未来。过去已灭，未来方生，其无易知。而现在亦不可驻。时短

---

① 孙诒让曰，"卑与比通。《广雅释诂》比，近也"。

② 章炳麟《国故论衡》下，《明见》篇。

③ 原注，"瓢末今此为空间真空。特萝骠今此为实"。

者莫如"揭沙那"①而"揭沙那"非不可析,虽析之势无留止,方念是时,则已为彼时也。析之不可尽,而言有时,则是于无期立有期也。势无留止,而言是时,则彼是无别也。故虽"方中方睨方生方死",可。诸有割制一期,命之以"今"者,以一"揭沙那"言今可,以一岁言今犹可。方夏言"今岁",不遗春秋。方禺中言"今日"不遗旦莫。去者来者,皆今也。禺中适越,铺时而至,从人定言之,命以一期,则为"今日适越"矣;分以数期,则为"昔至越"矣。以是见"时"者惟人所命,非有实也。

三事 "大同而与小同异,此之谓小同异。万物毕同毕异,此之谓大同异。"物固无毕同者,亦无毕异者。……无毕同,故有自相。无毕异,故有共相。大同而与小同异,此物之所有,万物毕同毕异,此物之所无,皆大同也,故"天地一体"。一体,故"泛爱万物"也。惠施之言无时,无方,无形,无碍,万物几皆如矣。椎捣异论,使斋粉破碎,己亦不立。惟识之论不出,而曰"万物无有哉!"人且以为无归宿。……

四、我的解说 太炎所说,大旨固然都讲得通。但是其中却也有过于牵强傅会之处。我的意思以为这十条所讲只是"天地一体"一个大主义。前九条乃是九种辩证。末一句"泛爱万物,天地一体也",乃是全篇的断语。我以为惠施的哲学乃是一种一元主义。"天地一体",是他的根本观念。"泛爱万物",是这个根本观念的应用。所以我们可说他的哲学是一种根据于一元主义的兼爱主义。

我如今且把《墨子》书中的话来解释惠施的哲学。《墨子·经上》篇说,

久,弥异时也。《经说》曰,久合古今旦莫。②
宇,弥异所也。《经说》曰,宇冡东西南北。③

久便是"时间"(Time),宇便是"空间"(Space)。久又作宙。久与时

---

① 揭沙那旧译刹那。
② 此依王氏父子及吾所校本。
③ 此依吾所校本。冡古蒙字,旧误作家。

有别,宇与所有别。昨日,今日,辰时,午时,都是"时"。东方,西北角,这里,那里,都是"所"。时只是"久"或"宙"的一部分。所只是"宇"的一部分。宇可以分作无数的"所",其实只有一个宇。久可以分作无数时,其实只有一个久。所以说,"久合古今旦莫,宇冡东西南北"。古今旦莫只是一个久。东西南北只是一个宇。《尸子》和《淮南子》注都说"上下四方曰宇,古往今来曰宙"。这正合墨子的界说。

这个"宇"字,和老子的"无"不同。老子的"无"单指虚空之处。"宇"字却包含虚空和一切占地位的天地万物。所以《庄子·庚桑楚》篇说,"有实而无乎处者,宇也"。

人都知"久"是时时刻刻变易不常的。却不知道"宇"也是时刻变换的。《墨子·经下》说,

宇或徙。说曰,宇,南北在旦有在莫。宇徙久。

或,过名也。说在实。 说曰,或,知是之不在此也,有知是之不在此也。然而谓此南北。过而以已为然。始也谓此"南方",故今也谓此"南方"。

"或"是古域字。这两段说宇的界域时时变换。晚间的南北,已不是早晨的南北。然而我们还只叫他做"南北"。这不过是"过而以已为然",其实是错的。我们因为从前叫这里做"南方",故如今也叫他做"南方",却不知道宇徙已久了。

这种议论可见当时的学者已知道地球是动的,昼夜时间是由于地动的。认定这一层,方才可讲惠施的哲学。

惠施的根本观念,只是认定"天地一体"。认定只有一个继续不断,不可分析,却又时时刻刻变换迁徙的宇宙。从全体言,便是"至大无外,谓之大一"。从极微细的一小部分言,便是"至小无内,谓之小一"。第二条"无厚不可积也,其大千里",是单说"宇"。因为只有一个不可分析的空间,所以"无厚不可积"的是宇,"其大千里"的也是宇。因为宇是永远变动的,所以说"天与地卑,山与泽平"。这一句还含有地圆的道理。因为地是圆的,又东西旋转成昼成夜,所以这一国的"今日",或是那一国的"昨日"。如北京今天午时的事,纽约今天早晨的报纸已登出来了。所以检直可说"今日适越而昔来"。

至于那"天下之中央,燕之北,越之南,是也"一句,说地圆更为明显无疑。燕在北方,越在南方。圆面上无论那一点都可作为"中央"。所以燕的北面,越的南面,都可说是"天下之中央"。①

时间变迁得快,才是现在,已成过去。章太炎说得好,"时短莫如竭沙那,而竭沙那非不可析,虽析之势无留止,方念是时,则已为彼时"。所以可说"日方中方睨"。万物的寿命,有长有短,但比起那古往今来无穷无极的"久",便都可算得极短。所以可说"物方生方死"。

宇与久虽是无穷无极,不可分析,不可割断,但在实际上应用,竟不妨把他们当作有穷有极,可以分析,可以断割。所以说"南方无穷而有穷"。又说"连环可解也"。这两条只是一个道理。《墨子·经下》篇说,"无穷不害兼";又说,"不知其数而知其尽也,说在明者"。明者是已知道了的事物。例如我们虽不能周知天下古今的人,却可以说"凡人皆有死"。这叫做"无穷不害兼"。这便是"南方无穷而有穷"的道理。

"连环可解也"也是这做[个]道理。连环虽不可解,但在实际上,如算术家计算每一环的圆周圆径时,检直可以把每一环都当作独立分开的。所以可解与不可解,其实没有大区别。《战国策》上说秦王把一套玉连环请齐国君王后解开。君王后用铁槌一敲,连环都碎了。他叫人回复秦王道,"连环已解了"。这个故事很可作惠施这一条的注脚。

大同异,小同异两句,和上文的两条也是同一个道理。从一方面看来,南方是无穷的,连环是不可解的,万物是有同有异的。从别一

---

① 此种议论,并非凭空傅会。看当时人的议论,如《庄子·秋水》篇,如《史记》所记驺衍谈天的话,都可见当时人的地理知识远非后儒所及。驺衍之言尤可玩味,今摘钞《史记》一节如下,"先列中国名山,大川,通谷,禽兽,水土所殖,物类所珍。因而推之,及海外人之所不能睹。……以为儒者所谓中国者,于天下乃八十一分居其一分耳。中国名曰赤县神州,……中国外如赤县神州者九,乃所谓九州也。于是有裨海环之。人民禽兽莫能相通者,如一区中者,乃为一州。如此者九,乃有大瀛海环其外,天地之际焉"。此种议论,可见当时的地理学很有许多大胆的学说。

方面看来，南方是有穷的，连环是可解的，万物也是毕同毕异的。章太炎说得好，"物……无毕同，故有自相。无毕异，故有共相"。其实是万物各有自相，故无毕同。却又都有共相，故无毕异。《墨子·经说上》说，"二必异，二也"。这个"二"便是物的"自相"。一枝上没有两个完全同样的叶子，一胎里没有两个完全同样的弟兄，所以说"大同而与小同异"。然而万物却不是乱七八糟，没有连属系统的。如果万物没有连属，没有系统，我们便不能有知识了，便不能有科学了。一切科学的统系方法，全靠这"万物毕同毕异"的一个怪现象。

这九条所讲，都可证明"天地一体"的根本观念。因为宇宙一体，所以要"泛爱万物"。所以《吕氏春秋》说惠施之学"去尊"。去尊便是平等之义。我们可以说惠施的学说乃是一种科学的和哲学的兼爱主义。墨子的兼爱主义，以"天志"为根本，其中很多迷信的说话，未必尽合论理。后来学术思想进步了，这种迷信的宗教的兼爱主义，便渐渐的立不住脚了。所以墨家后进的书，如《经上、下》、《经说上、下》、《大取》、《小取》诸篇，便完全脱离了这种宗教的话头。所以惠施虽然也要"泛爱万物"，他的根本学说便和墨子的兼爱说大不相同了。

下篇 公孙龙及其他辩者

一、传略 《吕氏春秋》说公孙龙劝燕昭王偃兵，①又与赵惠王论偃兵。② 说燕昭王在破齐之前。燕破齐在西历前 284 至 279 年。《战国策》又说信陵君救赵破秦时（西历前 257 年），公孙龙曾劝平原君勿受封。公孙龙在平原君门下，是诸书共记的。战国策所说，似乎可信。依此看来，公孙龙大概生于西历前 320 年左右。死于前 250 年左右。上篇说过，惠施的时代大约在西历前 380 与前 300 年之间。惠施死时，公孙龙大约不过二十岁左右。

有人说我所考定公孙龙的年岁似乎太晚了。因为惠施和公孙龙

---

① 《审应览》七。
② 《审应览》一。

同时,又据《庄子·天下》篇公孙龙曾和惠子辩论,两人的年岁怎会相差这许多呢?我以为这两人并不同时。《庄子·天下》篇本不是庄周做的,篇中也并不曾明说公孙龙和惠施辩论。原文但说,

> 惠施以此为大观于天下而晓辩者,天下之辩者相与乐之。……辩者以此与惠施相应,终身无穷。桓团、公孙龙辩者之徒,饰人之心,易人之意,能胜人之口,不能服人之心。

此段明说与惠施相应的乃是一班"辩者",又明说桓团、公孙龙乃是"辩者之徒"。公孙龙最出名的学说,如"白马非马"、"臧三耳"两条,都不在《天下》篇所举二十一事之内。可见和惠施相应的"辩者"不是公孙龙自己,或者是他的前辈。后来他便从这些学说上生出他自己的学说来。后来这"辩者"一派,独有他最享盛名,后人便把这一派的学说拢统都算是他的学说了。① 我们既不知那些"辩者"姓甚名谁,只好把《天下》篇的二十一事,和《列子·仲尼》篇的七事,一齐都归作"公孙龙及其他辩者"的学说了。

二、公孙龙子 今所传《公孙龙子》有六篇。其中第一篇乃是后人所加的"传略"。第四篇是已遭后人窜改了的,须与《墨子·经下》、《经说下》合看。第三篇也有许多脱误。第二篇最易读。第五第六两篇亦须与《经下》《经说下》合看。

三、《天下》篇的二十一事
  (1) 卵有毛。
  (2) 鸡三足。②
  (3) 郢有天下。
  (4) 犬可以为羊。
  (5) 马有卵。
  (6) 丁子有尾。
  (7) 火不热。
  (8) 山出口。

---

① 如《列子·仲尼》篇所说六事,便是如此。
② 《孔丛子》言公孙龙有"臧三耳"之论,与此同意。

(9) 轮不蹍地。

(10) 目不见。

(11) 指不至,至不绝。①

(12) 龟长于蛇。

(13) 矩不方,规不可以为圆。

(14) 凿不围枘。

(15) 飞鸟之影未尝动也。②

(16) 镞矢之疾,而有不行不止之时。

(17) 狗非犬。③

(18) 黄马,骊牛,三。

(19) 白狗黑。

(20) 孤驹未尝有母。④

(21) 一尺之棰,日取其半,万世不竭。⑤

四、总论　这二十一条,依我看来,可分作四组,每组论一个大问题,如下。

第一、论"久"与"宇"。(9)(15)(16)(21)

第二、论"可能性"与"已形性"。(1)(3)(4)(5)(6)(12)(19)

第三、论自性。(13)(14)(17)(18)(20)

第四、论知识。(10)(11)(2)(7)⑥

五、第一,论"久"与"宇"。惠施已说过时间与空间的无穷尽了。公孙龙一班人的主张与他相同,而措辞更为奥妙。(21)条说,"一尺之棰,日取其半,万世不竭"。《经下》说,

　　非半弗䚹,则不动,说在端。《经说》曰,䚹半,进前取也。

---

① 《列子》所举公孙龙六事,也"有指不至"一条。
② 《列子》作"影不移"。
③ 《列子》及他书作"白马非马",与此同意。
④ 《列子》驹字作犊。
⑤ 《列子》作"物不尽"。
⑥ 惟(8)条"山出口"不易解,暂阙。

前则中无为半,犹端也。前后取,则端中也。斱必半,毋与非半,不可斱也。

斱,《玉篇》云,破也。破,剖也。《庄子》释文引司马彪云,"若其可析,则常有两。若其不可析,其一常在。故曰万世不竭"。此即《经说下》"前则中无为半,犹端也。前后取,则端中也"之意。端即是点。前后可取,则点在中间。若"中无为半",则还有"点"。所以终分析不完。近世算学家说有两种零数。一种为"绝对零",如二减二得零,是也。一种为"几及零",如上所说一尺之棰,日取其半,是也。"几及零"虽近于零,终不得为"绝对零"。故《列子·仲尼》篇直说是"物不尽",魏牟解说道,"尽物者常有"。这正和《经下》及《天下》篇所说相同。

(16)条说"镞矢之疾,而有不行不止之时"。司马彪说,"形分止;势分行。形分明者行迟,势分明者行疾"。这话极是。我们看见一支箭飞过,并不曾见箭形,但见箭的势。所以说他"不止"。若论箭的形,便可说箭每过一点,便停在那一点。所以可说他并不曾行。何以见得他每过一点便停在那一点呢?因为箭每过一点,需时若干。《经上》说,"止,以久也"。《经下》说,"行修以久"。《经说下》说,"行者必先近而后远。远近,修也。先后,久也"。箭过某点所需之时,便是他在那一点停止的"久"。

(15)条说"飞鸟之影未尝动也。"《列子》作"影不移。"魏牟解说道,"影不移,说在改也。"《经下》说,

> 景不徙,说在改为。《经说》曰,景,光至景亡。若在,尽古息。

影虽已改为,但后影已不是前影。前影虽看不见,其实只在原处。所以说"若在,尽古息"息字俞樾解作"亡"字,便错了。息便是息止。这个道理,在古代狠不容易懂得。在今日便极容易懂了。请看活动写真,看来都是活动的人物。其实都是一片片不动的影片。

上一条可与(9)条合看。(9)条说,"轮不蹍地"。从"势"的一方面看来,飞鸟行时,影也飞动;车轮动时,并不蹍地。从"形"的一方面看来,鸟飞时,鸟也处处停止,影也处处停止;车轮动时,车轮处处蹍地,处处不动。

这几条所说,只要证明时间与空间都是无穷无际,不可分析,不可割断。一切时间与空间的分析,和一切"动"与"止"的区别,都是主观的区别,并不是真正的区别。

六、第二,论可能性与已形性。那时代狠有人研究生物学,①古代生物学有一个大问题,就是"可能性"与"已形性"的先后。譬如我们问"还是先有鸡呢?还是先有鸡卵呢?"鸡是已形性,卵内的鸡是可能而未形的性。② 那时有一派的生物进化论主张物种都起于一种极微细的"种子",后来才渐渐进化,变成种种物类。③ 这学说的大旨是,

种有幾……万物皆出于幾,皆入于幾。④

万物皆种也,以不同形相禅。⑤

幾字从丝,微也。本意当是一种极微细的种子。至今吾徽人尚叫蚕子作蚕蚔,虱子作虱蚔。万物皆起于这种极微细的"幾",渐渐的变成各种"不同形"的物类。这许多物类,本来同出一源,后来渐渐"以不同形相禅"。

依这种学说看来,万物既从一种极微细的种子进化出来,那种子里面,定已含有那些万物的可能性。所以我们可以说"卵有毛"这是说鸡卵先于鸡了。万物既是渐渐的"以不同形相禅",我们竟可以说"犬可以为羊",也可以说"丁子有尾"。成玄英说楚人谓虾蟆为"丁子"。虾蟆是没有尾的。依现在生物学家的说话,虾蟆本有尾的,后来渐渐进化,便把尾巴去了。其余那几条,如"马有卵"、"白狗黑"、"龟长于蛇",都含有这个道理。总而言之,这几条都是说这一种里面未必不含有别一种的可能性,这几条都要先知道那时代的生物进化论,方才可懂得。章太炎极毁诋"白狗黑"诸条,都因为不懂那时的生物进化论的缘故。

---

① 参观拙著《先秦诸子之进化论》,原文见《科学》第三卷一号,又改定本见《留美学生季报》民国六年份第三期。
② 可能性是 Potentiality。已形性是 Actuality。
③ 说详拙著《先秦诸子之进化论》。
④ 见《庄子》,亦见《列子》。下两几字,旧讹作机。
⑤ 见《庄子》。

七、第三,论物体的自性。 墨家的名学,以为"一法者之相与也,尽类,若方之相合也"。依此看来,只消注重一类的"共性",不必注重个体的自性了。其实却不然。《墨子·小取》篇说,

> 盗人,人也。多盗,非多人也。无盗,非无人也。……爱盗,非爱人也。杀盗,非杀人也。

《经下》说,

> 狗,犬也。而杀狗非杀犬也可。

《尔雅》说,"犬未成豪曰狗"。狗是犬的一种。这几条都含有一部分和全部的区别。但是若用"盗人,人也"作前提,决不能得"杀盗非杀人也"的断语。若用"狗,犬也"作前提,决不能得"杀狗非杀犬也"的断语。所以公孙龙一班人便创出"狗非犬"的议论。因为"狗非犬",所以"杀狗非杀犬也"。

先懂得这一条,才可懂得公孙龙的"白马非马"论。白马非马,本极容易解说。公孙龙自己对孔穿说,

> 夫是仲尼异"楚人"于所谓"人",而非龙异"白马"于所谓"马"悖。①

可见"白马"与"马",只是一个全部与一部分的区别。可以下图明之。

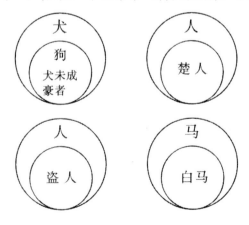

---

① 《公孙龙子·迹府》篇。

《公孙龙子》说

"马"者,所以命"形"也。"白"者,所以命"色"也。命色者非命形也。故曰白马非马。……求"马",黄黑马皆可致。求"白马",黄黑马不可致。……黄黑马一也,而可以应"有马",而不可以应"有白马",是白马之非马,审矣。……"马"者,无去取于色,故黄黑马皆可以应。"白马"者,有去取于色,黄黑马皆以所色去,故唯"白马"独可以应耳……①

这一段的大意是说个体的物事,有种种自相,有种种表德的区别,便和泛指那物的"类名"不同。这种观念很重要,例如法官断狱,同是"杀人",却有几等几样的罪名。"杀"是类名,"人"也是类名。类名但可泛指事物的"共相",却不能表出个体事物的特别"自相"。墨家的兼爱主义,若没有这种观念,便要陷于"爱盗即爱人"、"杀盗即杀人"的妇人之仁了。

"黄马,骊牛,三"也是这个道理。我疑心"牛"字是"马"字之误。骊从马,故马称骊马,而牛称犁牛。若果是如此,则"黄马,骊马,三"和"坚白石,二"同意。《公孙龙子》说,

无坚得白,其举也二。无白得坚,其举也二。②

据此则黄色,骊色,与马形为三。

"矩不方,规不可以为圆",和"凿不围柄",都是这个道理。《墨子·经上》说,"一法者之相与也,尽类,若方之相合也"。《经说上》说,"意,规,员,三也,俱可以为法"。这是从一类事物的"共相"上着想。若从个体的"自相"上着想,则一副规画不出两个完全同样的圆,一个矩画不出两个完全一样的方,一副模子铸不出两个完全同样的钱。所以说"矩不方,规不可以为圆"。

八、第四,论知识。章太炎批评惠施说,"唯识之论不出,而曰万物无有哉。人且以为无归宿"。其实惠施公孙龙诸人,都带有唯识的意味。上文(2)条说"鸡三足"。司马彪说鸡的两足,需"神"为

---

① 《公孙龙子·白马论》。
② 《公孙龙子·坚白》篇。

用,所以说"三足"。《孔丛子》也说公孙龙有"臧三耳"之说。依司马彪之说,臧的第三只耳朵,也就是他的"神"了。《墨子·经上》说,"闻,耳之聪也。循所闻而得其见,心之察也"。可与此条参看。(7)条的"火不热",(10)条的"目不见",也是这个道理。若没有那运用的心神便有眼也不能见物,有火也不觉热了。

《公孙龙子》说,

> 视不得其所坚而得其所白者,无坚也。拊不得其所白而得其所坚者,无白也。……得其白,得其坚,见与不见离。[见]不见离,一。二不相盈,故离。离也者,藏也。①

从前的人把这一节的"离"字解错了。本文明明说"离也者藏也。"古人的离字本有附丽的意思。《易·象传》说"离,丽也。日月丽乎天,百谷草木丽乎土。"《礼记》有"离坐离立,毋往参焉"的话。白是所见,坚是所不见。所见与所不见相藏,故成为"一"个坚白石。若是二,便不相盈了。所以两者必相离。相离即是相盈,即是相藏。但是吾人何以能知所见与所不见两者相盈呢?《公孙龙子·坚白论》的末节说这都是"神"的作用。若没有这心神的作用,决不能有"坚白石"的知识,但能视而知白,拊而知坚罢了。

最难讲的是(11)条,"指不至,至不绝。"《列子·仲尼》篇也说"指不至。"魏牟解说道,"无指则皆至。"这个解说也不明白。要知这条的意义,须知"指"字的意思。《公孙龙子》有《指物》一篇,篇中用了许多"指"字。且先看什么叫做"指"。《指物》篇说,

> 物莫非指,而指非指。天下无指,物无可以谓物。非指者,天下无物,②可谓指乎?

这个"指"是物体的种种表德,例如形色等等。我们见物,其实并不见物的自身,也只是见这种种表德。例如见了某形某色,便说是"白马"。所以说"物莫非指"。又说,"天下无指,物无可以谓物。"这几乎成了完全的唯心论了。所以又转一句说,"而指非指,"又说,"非

---

① 《公孙龙子·坚白》篇。旧脱一见字。又"二"字作一。今据《经说下》改。
② 无物旧作而物,今依俞樾校改。

指者,天下无物,可谓指乎?"这是说,若无这种种表德,固不可谓物;但是这些"指"终竟是物的"指";若没有物,又如何有"指"呢?所以下文说,"天下无物,谁径谓指?"有了这一转,方才免了极端的唯心论。把"指"字作物的表德解,便知"指不至,至不绝,"是说我们的知识其实只到物的"指,"并不到物的本体。即使能更进一层,也是枉然,终不能直知物的本体。例如我们从水到水的轻[氢]、养[氧]二气,可谓进了一层了。其实我们所知还只是氢气、氧气的物德。即使我们又能从轻[氢]、养[氧]二气进到这二气的元[原]子或电子,我们那时所知,还只不过是元[原]子或电子的物德。这就是"指不至,至不绝"。正如算学上的无穷级数,再也不会完了的。魏牟所说,"无指则皆至"似乎是嫌这些物指做了一层障碍,以致我们不能直接见物。若没有这些物指,或者可以直知物的自身。魏牟这话,其实不过是一种痴想。我们若能真知物的表德,也很可够用了。所以科学的目的,但求知可靠的物指,不求知物的自身。

《指物》篇又说"指固自为非指"。这是说一物有一物的物指。"人"决不同于"非人","梅兰芳"决不同于"非梅兰芳"。但使名称其指,便是名称其实。所以公孙龙也有正名论。他说

> 天地与其所产焉,物也。物以物其所物而不过焉,实也。实以实其所实不旷焉,位也。出其所位非位。位其所位焉,正也。以其所正,正其所不正。["不以其所不正"]①疑其所正。其正者,正其所实也。正其所实者,正其名也。其名正,则唯乎其彼此焉。谓彼而彼不唯乎彼,则彼谓不行。谓此而此不唯乎此,则此谓不行。其以当不当也。不当而"[当]",乱也。故彼彼当乎彼,则唯乎彼,其谓行彼。此此当乎此,则唯乎此,其谓行此。其以当而当也。以当而当,正也。故彼彼止于彼,此此止于此,可。彼此而彼且此,此彼而此且彼,不可。

---

① 旧脱此六字。马骕绎史本有"以其所不正"五字。今按《经说下》云"夫名以所知正所不知,不以所不知疑所明"。据此,似当作"不以其所不正"。

> 夫名，实谓也。知此之非此也，知此之不在此也，则不谓也。①

这一篇的要旨，只在"天地与其所产焉，物也。物以物其所物而不过焉，实也。""夫名，实谓也。""其正者，正其所实也。正其所实者，正其名也。其名正则唯乎其彼此焉。……故彼彼止于彼，此此止于此，可。彼此而彼且此，此彼而此且彼，不可。"这便是《公孙龙子》的正名论。儒家的正名主义，要"寓褒贬，别善恶"，要使一字之褒荣于华衮，一字之贬严于斧钺。这种手续，在实际上很难做到。所以"别墨"一派的正名论只要使"彼彼止于彼，此此止于此"，只要彼此分明，便够了。

"孤驹未尝有母"，便是正名的一例。《列子》说，"孤犊未尝有母，有母非孤犊也"。这是说"孤犊"一名，专指无母之犊。那犊有母之时，决不可称"孤犊"，可称孤犊之时，决不会"有母"了。这便是"知此之非此也，知此之不在此也，则不谓也"。这种议论，初看去似极怪僻，其实是极平常的道理。惠施、公孙龙的议论都该如此读法。

（原载于1918年5月、6月《东方杂志》第15卷第5、6期）

---

① 《公孙龙子·名实》篇。

庄子哲学浅释

(上)

从来的人,只因把庄子的哲学看得太神秘玄妙了,所以不能懂得庄子。依我个人看来,庄子的学说其实并没有什么十分玄妙神秘之处。所以我这篇述庄的文字便叫做"浅释",不但要用浅近的文字去讲庄子的哲学,并且要使人知道庄子的哲学只是粗浅的寻常道理。

一、庄子略传　庄子一生的事迹,我们不甚知道。据《史记》,庄子名周,是蒙人,曾作蒙漆园吏。《史记》又说他和梁惠王、齐宣王同时。我们知道他曾和惠施往来,又知他死在惠施之后。大概他死时当在西历纪元前275年左右,正当惠施、公孙龙两人之间。

《庄子》书,《汉书·艺文志》说有五十二篇。如今所存,只有三十三篇,共分内篇七,外篇十五,杂篇十一。其中内篇七篇,大致都可信。但也有后人加入的话。外篇和杂篇,便更靠不住了。即如《胠箧》篇说田成子十二世有齐国。自田成子到齐亡时,仅得十二世(此依《竹书纪年》。若依《史记》,则有十世耳)。可见此篇决不是庄子自己做的。至于《让王》、《说剑》、《盗跖》、《渔父》诸篇,文笔极劣,全是假托。大约这二十六篇之中,至少有十分之九是假造的。大抵《秋水》、《庚桑楚》、《寓言》三篇,最多可靠的材料。《天下》篇是一篇绝妙的后序,却决不是庄子自作的。其余的许多篇。大概都是后人杂凑和假造的了。读古书最不容易。稍一不慎,便要受欺。《庄子》一书,便是一例。

《庄子·天下》篇说:

寂漠无形,变化无常;死与生欤?天地并欤?神明往欤?芒乎何之?忽乎何适?万物毕罗,莫足以归——古之道术有在于是者。庄周闻其风而悦之。以谬悠之说，荒唐之言，无端崖之辞，时恣纵而不傥。不以觭见之也。以天下为沉浊，不可与庄语，以卮言为曼衍，以重言为真，以寓言为广。独与天地精神往来，而不敖倪于万物。不谴是非，以与世俗处。……上与造物者游，而下与非死生无终始者为友。其于本也，弘大而辟，深闳而肆。其于宗也，所谓稠适而上遂矣。（《释文》云，稠音调，本亦作调。）虽然，其应于化而解于物也，其理不竭，其来不蜕，芒乎昧乎，未之尽者。

这一段评论庄子的哲学，最为简切精当。庄子的学说只是一个"出世主义"。他虽与世俗处，却"独与天地精神往来"，……"上与造物者游，而下与非死生无终始者为友"。中国古代的出世派哲学，至庄子始完全成立。我们研究他的哲学，且先看他的根据在什么地方。

二、万物变迁的问题　试看上文引的《天下》篇论庄子哲学的第一段，便说"寂漠无形，变化无常；死与生欤？天地并欤？神明往欤？芒乎何之？忽乎何适？万物毕罗，莫足以归。——古之道术有在于是者。庄周闻其风而悦之"。可见庄子哲学的起点，只在一个万物变迁的问题。这个问题，从前的人也曾研究过。老子的"万物生于有，有生于无"，便是老子对于这个问题的解决。孔子的"易"，便是孔子研究这个问题的结果。孔子以为万物起于简易，而演为天下之至赜；又说"刚柔相推而生变化"。这便是孔子的进化论。但是老子孔子都不曾有什么完备周密的进化论，又都不注意生物进化的一方面。到了墨子以后，便有许多人研究生物进化一个问题。《天下》篇所记惠施公孙龙的哲学里面，有"卵有毛"，"犬可以为羊"，"丁子有尾"，诸条，都可为证。《墨子·经上》篇说"为"有六种：（一）存，（二）亡，（三）易，（四）荡，（五）治，（六）化。《经说上》解"化"字，说"蛙买，化也"。买当是贸字之误。贸有变易之义。《经上》又说，"化征易也"。《经说》解这条说，"化，若蛙化为鹑"。微字疑是"微"字之误。微有"暗地里"的意思，如"微行"、"微服"之微。两条所举，都是蛙化为鹑一例，此又可见当时有人研究生物变化的问题了。但是关于这问题的学说，最详细，最重要的，都在《列子》、《庄子》两部书里面。如今且先说《列子》书中的生物进化论。

三、《列子》书中的生物进化论 《列子》这部书,本是后人东西杂凑的。所以这里面有许多互相冲突的议论。即如进化论,这书中也有两种。第一种说:

> 夫有形者生于无形。则天地安从生?故曰,有太易,有太初,有太始,有太素。太易者,未见气也。太初者,气之始也。太始者,形之始也。太素者,质之始也。气形质具而未相离,故曰浑沦。浑沦者,言万物相浑沦而未离也。视之不见,听之不闻,循之不得,故曰易也。易无形埒□,易变而为一,一变而为七,七变而为九。九变者,究也。乃复变而为一。一者,形变之始也。清轻者上为天,浊重者下为地。

这一大段,全是《周易·乾凿度》的话(张湛注亦明言此。孔颖达《周易正义》引"夫有形者"至"故曰易也"一段,亦言引《乾凿度》,不言出自《列子》也)。《乾凿度》一书,决非秦以前的书。这一段定是后人硬拉到《列子》书中去的。我们且看那第二种进化论如何说法。

> 有生,不生;有化,不化。不生者能生生;不化者能化化。……不生者疑独。不化者往复。往复,其际不可终,疑独,其道不可穷。……故生物者不生,化物者不化。自生,自化,自形,自色,自智,自力,自消,自息,谓之生、化、形、色、智、力、消、息者,非也。……故有生者,有生生者;有形者,有形形者;有声者,有声声者;有色者,有色色者;有味者,有味味者。生之所生者死矣,而生生者未尝终。形之所形者实矣,而形形者未尝有。声之所生者闻矣,而声声者未尝发。色之所色者彰矣,而色色者未尝显。味之所味者尝矣,而味味者未尝呈。皆"无"为之职也。能阴能阳,能柔能刚;能短能长,能圆能方;能生能死,能暑能凉;能浮能沉,能宫能商;能出能没,能玄能黄;能甘能苦,能膻能香。无知也,无能也,而无不知也,而无不能也。(《列子·天瑞》篇。此段被后人插入许多不相干的东西,便不可读了,今皆删去。)

"疑独"的疑字,前人往往误解了。说文有两个疑字。一个作 𢪊,训定也(从段氏说)。一个作 𠤗,训惑也。后人把两字并成一字。这段的疑字,如《诗经》"靡所止疑"《仪礼》"疑立"的疑字,皆当作定解。疑独便是永远单独存在。

这一段说的是有一种"无",无形,无色,无声,无味,却又是形色声味的原因。不生不化,却又能生生化化。因为他自己不生,所以永久是单独的(疑独)。因为他自己不化,所以化来化去终归不变(往复)。这个"无"可不是老子的"无"了。老子的"无"是虚空的空处。《列子》书的"无"是一种不生,不化,无形、色、声、味的原质。一切天地万物,都是这个"无"自生,自化,自形,自色,自智,自力,自消,自息的结果。

既然说万物自生,自化,自形,自色,自智,自力,自消,自息了,自然不承认一个主宰的天。《列子》书中,有一个故事,最足破除这种主宰的天的迷信。《说符》篇说:

> 齐田氏祖于庭,食客千人。中坐,有献鱼雁者,田氏视之,乃叹曰,"天之于民厚矣!殖五谷,生鱼鸟,以为之用"。众客和之如响。鲍氏之子,年十二,预于次,进曰,"不如君言。天地万物与我并生,类也。类无贵贱,徒以小大智力而相制,迭相食,非相为而生之。人取可食者食之。岂天本为人生之?且蚊蚋嘬肤,虎狼食肉,非天本为蚊蚋生人,虎狼生肉者哉?"

此即是老子"天地不仁以万物为刍狗",和邓析"天之于人无厚也"的意思。这几位哲学家,都不认天是有意志的,不更认天是有好生之德的。《列子》书中这一段,更合近世生物学家所说"优胜劣败适者生存"的话。

四、《庄子》书中的生物进化论 《庄子·秋水》篇说:

> 物之生也,若骤若驰,无动而不变,无时而不移。何为乎?何不为乎?夫固将自化。

"自化"二字,是庄子生物进化论的大旨。《寓言》篇说:

> 万物皆种也,以不同形相禅,始卒若环,莫得其伦。是谓天均。

"万物皆种也,以不同形相禅",这十一个字,竟是一篇"物种由来"。他说万物本来同是一类。后来才渐渐的变成各种"不同形"的物类。却又并不是一起首就同时变成了各种物类。这些物类,都是一代一代的进化出来的。所以说"以不同形相禅"。

这条学说可与《至乐》篇的末章参看。《至乐》篇说:

> 种有几(几读如字。《释文》读居岂反,非也。郭注亦作几何之几解亦非也。)得水则为𦃒。得水土之际,则为蛙蠙之衣。生于陵屯,则为陵舄。陵舄得郁栖,则为乌足。乌足之根为蛴螬,其叶为胡蝶。胡蝶,胥也,化而为虫。生于灶下,其状若脱,其名为鸲掇。鸲掇千日为鸟,其名为乾余骨。乾余骨之沫为斯弥。斯弥为食醯。颐辂生乎食醯。黄軦生乎九猷。瞀芮生乎腐蠸。羊奚比乎不箰久竹,生青宁。青宁生程。程生马。马生人。人又反入于机。万物皆出于机,皆入于机(此一节亦见《列子·天瑞》篇。惟《列子》文有误收后人注语之处,故更不可读。今但引《庄子》书文)。

这一节自古至今,无人能解。我也不敢说我懂得这段文字。但是其中有几个要点,不可轻易放过。(一)"种有几"的几字,决不作几何的几字解。当作几微的几字解。《易·系辞传》说,"几者,动之微,吉(凶)之先见者也"。正是这个几字。幾字从丝,丝字从㐌,本象生物胞胎之形。我以为此处的几字,是指物种最初时代的种子,也可叫做元[原]子。(二)这些种子,得着水,便变成了一种微生物,细如断丝,故名为𦃒。到了水土交界之际,便又成了一种下等生物,叫做"蛙蠙之衣"(司马彪云,物根在水土际,布在水中。就水上视之不见。按之可得。如张绵在水中。楚人谓之蛙蠙之衣)。到了陆地上,便变成了一种陆生的生物,叫做"陵舄"。自此以后,一层一层的进化,一直进到最高等的人类。这节文字所举的植物动物的名字,如今虽不可细考了,但是这个中坚理论,是显而易见,毫无可疑的(我疑心"程生马马生人"一句中,程字是猩猩的猩字,亦作狌。马字是狒狒的狒字。狒字《说文》作𤠜,与马字形似而误。但此系个人揣测之辞,没有可靠的旁证,故不敢自信)。(三)这一节的末三句,所用三个"机"字,皆当作"几"。即是上文"种有几"的几字。若这字不是承着上文来的,何必说"人又反入于机"呢?用又字和反字,可见这一句是回照"种有几"一句的。《易·系辞传》"极深而研几"一句,据《释文》,一本几作机。可见几字误作机,是常有的事。从这个极微细的"几",一步一步的"以不同形相禅",直到人类。人死了,还腐化成微细的几。所以说"万物皆出于几皆入于几"。这就是《寓言》篇所说"始卒若环莫得其伦"了。这都是天然的变化,所以叫做"天均"。

这种生物进化论,说万物进化都是自生自化,并无主宰。所以《齐物论》借影子作比喻。影说:

吾有待而然者耶?吾所待又有待而然者耶?

郭象说这一段最痛快。他说:

世或谓罔两待景,景待形,形待造物者。请问夫造物者有耶,无耶?无也,则胡能造物哉?有也,则不足以物众形。故明乎众形之自物,而后始可与言造物耳。……故造物者无主,而物各自造。物各自造而无所待焉。此天地之正也。故彼我相因,形景俱生,虽复玄合,而非待也。明斯理也,将使万物各返所宗于体中,而不待乎外。外无所谢,而内无所矜,是以诱焉皆生,而不知所以生;同焉皆得,而不知所以得也。

《知北游》篇也说:

有先天地生者,物邪?物物皆非物。物出不得先物也。犹其有物也。"犹其有物也"无已。(适按非物下疑脱一耶字。)

西方宗教家往往用因果律来证明上帝之说。以为有因必有果,有果必有因。从甲果推到乙因,从乙果又推到丙因,……如此类推,必有一个"最后之因"。那最后之因便是万物主宰的上帝。不信上帝的人,也用这因果律来驳他道:因果律的根本观念是"因必有果果必有因"一条。如今说上帝是因,请问上帝的因又是什么呢?若说上帝是"最后之因",这便等于说上帝是"无因之果"。这便不合因果律了。如何还可用这律来证明有上帝呢?若说上帝也有因,请问上帝之因又以什么为因呢?这便是《知北游》篇说的"犹其有物也无已"。正如算学上的无穷级数,终无穷极之时,所以说是"无已"。可见万物有个主宰的天之说,是不能成立的了。

五、进化之故　生物进化,都由自化,并无主宰。请问万物何以要变化呢？这话《庄子》书中却不曾明白回答。《齐物论》说,"恶识所以然？恶识所以不然？"这竟是承认不能回答这个问题了。但是庄子书中却也有许多说话和这问题有关。例如《齐物论》说：

民湿寝则腰疾偏死,鳅然乎哉？木处则惴栗恂惧,猿猴然乎哉？三者孰知正处？

民食刍豢,麋鹿食荐,蝍且甘带,鸱鸦嗜鼠,四者孰知正味？

又如《秋水》篇说：

骐骥骅骝一日而驰千里,捕鼠不如狸狌。言殊技也。鸱鸺夜撮蚤,察毫末,昼出瞋目不见邱山。言殊性也。

这两节似乎都以为万物虽不同形,不同才性,不同技能,却各各适合于自己所处的境遇。但《庄子》书中并不曾明说这种适合（Adaptation to environment）果否就是万物变迁进化的缘故。这一层便是庄子生物进化论的大缺点。近世生物学者说生物所以变迁进化,都由于所处境遇（Environment）有种种需要,故不得不变化其形体机能,以求适合于境遇。能适合的,始能生存。不能适合,便须受天然的淘汰,终归于灭亡了。但是这个适合,有两种分别。一种是自动的,一种是被动的。被动的适合,如鱼能游泳,鸟能飞,猿猴能升木,海狗能游泳,皆是。这种适合,大抵全靠天然的偶合。后来那些不能适合的种类都渐灭了,独有这些偶合的种类能繁殖。这便是"天择"了。自动的适合,是本来于所不适处的境遇,全由自己努力变化,战胜天然的境遇。如人类羽毛不如飞鸟,爪牙不如猛兽,鳞甲不如鱼鳖,却能造出种种器物制度,以求生存。这便是"自动的适合"最明显的一例。《庄子》的进化论,只认得被动的适合,却不去理会那更重要的自动的适合。所以说,

夫鹄不日浴而白,乌不日黔而黑。（《天运》）

何为乎？何不为乎？夫固将自化。（《秋水》）

又说：

化其万化,而不知其禅之者。焉知其所终?焉知其所始?正而待之而已耳。

这是完全天然的动的生物进化论。

(下)

上章所述的进化论,散见于《庄子》各篇中。我们虽不能确定这是庄周的学说,却可推知庄周当时大概颇受了这种学说的影响。依我个人看来,庄周的名学和人生哲学,都与这种完全天然的进化论很有关系。如今且把这两项分别陈说如下:

一、庄子的名学　庄子曾与惠施往来。惠施曾说,"万物毕同毕异,此之谓大同异"。但是惠施虽知道万物毕同毕异,他却最爱和人辩论,终身无穷。庄周既和惠施来往,定然知道这种辩论。况且那时儒墨之争正烈,自然有许多激烈的辩论。庄周是一个旁观的人,见了这种争论,觉得两边都有是有非;都有长处,也都有短处,所以他说:

道恶乎隐而有真伪?言恶乎隐而有是非?道恶乎往而不存?言恶乎存而不可?道隐于小成。言隐于荣华。故有儒墨之是非,以是其所非,而非其所是。(《齐物论》)

"小成"是一部分不完全的。"荣华"是表面上的浮词。因为所见不远,不能见真理的全体;又因为语言往往有许多不能免的障碍陷阱,以致儒墨两家,各是其是,而非他人所是;各非其非,而是他人所非。其实都错了。所以庄子又说:

辩也者有不见也。(同上)

又说:

大知闲闲(简文云,广博之貌)。小知间间(《释文》云,有所间别也)。大言淡淡(李颐云,同是非也。今本皆作炎炎。《释文》云,李作淡。今从之)。小言詹詹(李云,小辩之貌)。(同上)

因为所见有偏,故有争论。争论既起。越争越激烈,偏见便更深了。偏见越争越深了,如何分得出是非真伪来呢?所以说:

既使我与若辩矣。若胜我,我不若胜,若果是也,我果非也耶?我胜若,若不胜我,我果是也,而果非也耶?其或是也,或非也耶？其俱是也，其俱非也耶？我与若不能相知也，则人固受其黮暗，吾谁使正之？使同乎若者正之，既与若同矣，恶能正之？使同乎我者正之，既同乎我矣，恶能正之？使异乎我与若者正之，既异乎我与若矣，恶能正之？使同乎我与若者正之，既同乎我与若矣，恶能正之？然则我与若，与人，俱不能相知也，而待彼也耶？（同上）

这种完全的怀疑主义，和墨家的名学，恰成反对。《墨辩·经上》说：

辩，争彼也。辩胜，当也。

《经说》曰，

辩，或谓之牛，〔或〕谓之非牛。是争彼也。是不俱当。不俱当，必或不当。

《经下》说：

谓辩无胜，必不当。说在辩。

《经说》曰，

谓，非谓同也，则异也。同，则或谓之狗，其或谓之犬也。异，则〔马〕或谓之牛，牛或谓之马也。俱无胜，是不辩也。辩也者或谓之是，或谓之非，当也者胜也。

辩胜便是当，当的终必胜：这是墨家名学的精神。庄子却大不以为然。他说，你就是胜了我，难道你便是真是了，我便真不是了吗？墨家因为深信辩论可以定是非，故造出许多论证的方法，遂为中国古代名学史放一大光彩。庄子因为不信辩论可以定是非，所以他的名学的第一步，只是破坏的怀疑主义。

但是庄子的名学，却也有建设的方面。他说因为人有偏蔽不见之处，所以争论不休。若能把事理见得完全透彻了。便不用争论了。但是如何才能见到事理之全呢？庄子说：

欲是其所非而非其所是，则莫若以明。（《齐物论》）

"以明"是以彼明此，以此明彼。郭象注说，"欲明无是无非，则莫若还以儒墨反覆相明。反覆相明，则所是者非是，而所非者非非。非非则无非。非是则无是"。

庄子接着说：

> 物无非彼,物无非是。自彼则不见,自知则知之。故曰,彼出于是,是亦因彼。彼是方生之说也。虽然,方生方死,方死方生。方可方不可,方不可方可。因是因非,因非因是。是以圣人不由而照之于天。亦因是也。是亦彼也,彼亦是也。彼亦一是非,此亦一是非。果且有彼是乎哉?果且无彼是乎哉?

这一段文字,极为重要。庄子名学的精义,全在于此。彼即是"非是"。是与非是,表面上是极端相反的。其实这两项是互相成的。若没有"是",更何处有"非是"?因为有"是",才有"非是"。因为有"非是",所以才有"是"。故说,"彼出于是,是亦因彼"。《秋水》篇说:

> 以差观之,因其所大而大之,则万物莫不大;因其所小而小之,则万物莫不小。知天地之为稊米也,知毫末之为丘山也,则差数睹矣。
>
> 以功观之,因其所有而有之,则万物莫不有;因其所无而无之,则万物莫不无。知东西之相反而不可以相无,则功分定矣。
>
> 以趣观之,因其所然而然之,则万物莫不然;因其所非而非之。则万物莫不非。知尧桀之自然而相非,则趣操睹矣。

东西相反而不可相无,尧桀之自是而相非,即是"彼出于是是亦因彼"的明例。东里面便含有西,是里面便含有非是。东西相反而不可相无,彼是相反而实相生相成。所以《齐物论》接着说:

> 彼是莫得其偶,谓之道枢(郭注,偶,对也。彼是相对,而圣人两顺之。故无心者与物冥,而未尝有对于天下。)枢始得其环中,以应无穷。是亦一无穷。非亦一无穷也。故曰,莫若以明。

这种议论含有一个真理。天下的是非,本来不是永远不变的。世上无不变的事物。也无不变之是非。古代用人为牺牲,以祭神求福,今人便以为野蛮了。古人用生人殉葬,今人也以为野蛮了。古人以蓄奴婢为常事,如今文明国都废除了。百余年前,中国士大夫喜男色,如袁枚的《李郎曲》,说来津津有味,毫不以为怪事。如今也废去了。西方古代也尚男色,哲学大家柏拉图于所著《一席话》(Symposium)也畅谈此事,不以为怪。如今西洋久已公认此事为野蛮陋俗了。这都是显而易见之事。又如古人言"君臣之义无所逃于天地之间",

又说"不可一日无君",如今便有大多数人不认这话了。又如古人有的说人性是善的。有的说是恶的,有的说是无善无恶可善可恶的。究竟谁是谁非呢?……举这几条以表天下的是非也随时势变迁,也有进化退化。这便是庄子"是亦一无穷,非亦一无穷"的真义。《秋水》篇说:

> 昔者尧舜让而帝,之哙让而绝。汤武争而王,白公争而灭。由此观之,争让之礼,尧舜之行,贵贱有时,未可以为常也。……故曰,"盖师是而无非,师治而无乱乎?"是未明天地之理万物之情者也。……帝王殊禅,三代殊继。差其时,逆其俗者,谓之篡夫。当其时,顺其俗者,谓之义之徒。

这一段说是非善恶,随时势变化,说得最明白。如今的人,只是不明此理,所以生在二十世纪,却要去摹仿四千年〔前〕的尧舜,更有些人,教育二十世纪的儿童,却要他们去学做二三千年前的圣贤!

这个变迁进化的道德观念和是非观念,有些和德国的海智尔相似。海智尔说人世的真伪是非,有一种一定的进化次序。先有人说这是甲,后有人说这是非甲。两人于是争论起来了。到了后来,有人说这个也不是甲,也不是非甲。这个是乙。这乙便是甲与非甲的精华。便是集甲与非甲之大成。过了一个时代,又有人出来说,这是非乙。于是乙与非乙又争起来了。后来又有人采集乙与非乙的精华,说这是丙。海智尔以为思想的进化,都是如此。今用图表示如下。

(1)这是甲
(2)这是非甲
(3)这是乙
(4)这是非乙
(5)这是丙
(6)这是非丙
(7)这是丁

这就是庄子说的"彼出于是,是亦因彼。……是亦彼也,彼亦是也。……彼亦一是非,此亦一是非。……是亦一无穷,非亦一无穷也"。

以上所说，意在指点出庄子名学的一段真理。但是庄子自己把这学说推到极端，便生出不良的效果。他以为是非既由于偏见，我们又如何能知自己所见不偏呢？他说：

> 庸讵知吾所谓"知"之非"不知"耶？庸讵知吾所谓"不知"之非"知"耶？（《齐物论》）

> 吾生也有涯，而知也无涯。以有涯随无涯，殆已。（《养生主》）

> 计人之所知，不若其所不知。其生之时，不若其未生之时。以其至小，求穷其至大之域，是故迷乱而不能自得也。（《秋水》）

是亦一无穷，非亦一无穷。我们有限的知识，如何能断定是非？倒不如安分守己，听其自然罢。所以说：

> 可乎可，不可乎不可。道行之而成，物谓之而然。恶乎然？然于然。恶乎不然？不然于不然。物固有所然。物固有所可，无物不然，无物不可。故为是举莛与楹，（司马彪云，莛，屋梁也。楹，屋柱也。故郭注云，夫莛横而楹纵。）厉与西施，恢恑憰怪，道通为一。其分也，成也。其成也，毁也。凡物无成与毁，复通为一。唯达者知通为一，为是不用而寓诸庸。庸也者，用也。用也者，通也。通也者，得也。适得而几矣。因是已。（《齐物论》）

这种理想，都由把种种变化，都看作天道的运行。所以说，"道行之而成，物谓之而然"。既然都是天道，自然无论善恶好丑，都有一个天道的作用。不过我们知识不够，不能处处都懂得是什么作用罢了。"物固有所然，物固有所可。无物不然，无物不可。"四句，是说无论什么，都有存在的道理。既然如此，世上种种的区别：纵横、善恶、美丑、分合、成毁……都是无用的区别了。既然一切区别都归无用。又何必去计较呢？又何必要维新革命呢？庄子因为能达观一切，所以不反对固有的社会。所以要"不谴是非以与世俗处。"他说，"惟达者知通为一，为是不用而寓诸庸。"庸即是庸言庸行之庸。是世俗所通行通用的。所以说，"庸也者，用也。用也者，通也。通也者,得也"。既为世俗所通用,自然与世俗相投相得。所以又说,"适得而几矣,因是已。"因即是"仍旧贯",即是以违混同,不肯出奇立异。正如上篇所引的话,"物之生也,若驰若骤,无动而不变,无时而不移。何为乎？何不为乎？夫固将自化"。万物如此,是非善恶也是如此。何须人力去改革呢？所以说：

> 与其誉尧而非桀也,不如两忘而化其道。(《大宗师》)

这种极端的达观主义,便是极端的守旧主义。

二、庄子的人生哲学　　上文我说庄子的名学的结果,便已侵入人生哲学的范围了。庄子的人生哲学,也是一个达观主义。达观本有多种区别。上文所说,乃是对于是非的达观。庄子对于人生一切寿夭、生死、祸福,也一概达观。一概归到命定。这种达观主义的根据,都在他的天道观念。试看上篇所引的话：

> 化其万物而不知其禅之者。焉知其所终？焉知其所始？正而待之而已耳。

因为他把一切变化都看做天道的运行,又把天道看得太神妙不可思议了,所以他觉得这区区的我,那有作主的地位。他说：

> 庸讵知吾所谓"天"之非"人"乎？所谓"人"之非"天"乎？

那《大宗师》篇中说子舆有病,子祀问他"女恶之乎？"子舆答道：

> 亡,予何恶？浸假而化予之左臂以为鸡,予因以求时夜。浸假而化予之右臂以为弹,予因以求鸮炙。浸假而化予之尻以为轮,以神为马,予因而乘之,岂更驾哉？……且夫物之不胜天久矣。吾又何恶焉。

后来子来又有病了,子黎去看他。子来说：

> 父母于子,东西南北,唯命是从。阴阳于人,不翅于父母。彼近吾死而我不听,我则悍矣,彼何罪焉？夫大块载我以形,劳我以生,佚我以老,息我以死。故善吾生者,乃所以善吾死也。今大冶铸金,金踊跃曰,"我且必为镆铘!"大冶必以为不祥之金。今一犯人之形,而曰,"人耳！人耳！"夫造化者必以为不祥之人。今一以天地为大炉,以造化为大冶,恶乎往而不可哉？

又说子桑临终时,说道：

> 吾思夫使我至此极者,而弗得也。父母岂欲我贫哉?天无私覆,地无私载,天地岂私贫我哉?求其为之者而不得也。然而至此极者,命也夫!

这几段,把"命"写得真是《大宗师》篇所说"物之所不得遁"。既然不得遁逃,何如乐天安命?所以又说:

> 古之真人,不知说生,不知恶死。其出不䜣,其入不距。翛然而往,翛然而来而已矣。不忘其所始,不求其所终。受而喜之,忘而复之。是之谓不以心捐(一本作捐一本作榁)道,不以人助天。是之谓真人。

这就是《天下》篇所说"独与天地精神往来,……上与造物者游,而下与外死生无终始者为友"。这种达观主义其实只是极端的定命主义。

三、出世主义　我在上篇说过,庄子的哲学,只是一个出世主义。他虽与世俗处,却不管世上的是非、善恶、得失、祸福、生死、喜怒。一切只是达观。一切只要正而待之。这便是出世主义。虽在人世,却只和不在人世一样。眼光见地,处处总要超出"形骸之外"。所以《人间世》和《德充符》两篇所说的那些支离疏、兀者王骀、兀者申徒嘉、兀者叔、山无趾、哀骀它、闉跂支、离无唇、瓮盎大瘿,或是天生,或由人刑,都是极其丑恶残废的人,却都能自己忘其残丑。别人也便忘其残丑,和他们往来,爱敬他们。这都由于他们能超出"形骸之外"。处世的道理,只是如此。《德充符》篇说:

> 自其异者视之,肝胆楚越也。自其同者视之,万物皆一也。(此即惠施"小同而与大同异,……万物毕同毕异"之旨也)……物视其所一,而不见其所丧。视丧其足,犹遗土也。

《养生主》篇说庖丁解牛的秘诀,只是"依乎天理,因其固然"八个字。庄子的人生哲学。也只是这八个字。所以老聃死时,秦失说:

> 适来,夫子时也。适去,夫子顺也。安时而处顺,哀乐不能入也。(《养生主》)

《人间世》篇又说蘧伯玉教人处世之道,说:

> 彼且为婴儿,亦与之为婴儿。彼且为无町畦,亦与之为无町畦。彼且为无崖,亦与之为无崖。达之入于无疵。

这种出世主义,只是要人安时而处顺,与人无忤。与世无争。

(原载 1918 年 11、12 月《东方杂志》第 15 卷第 11、12 期。本文与《中国哲学史大纲》第九章《庄子》互有异同)

杜威之道德教育

杜威把他的伦理学为本,讲道德教育。他说学校对于社会的责任,好像工厂对于社会的责任。譬如一家织布厂制造布匹,要先考察社会的需要。知道社会的需要后,照这需要去造各种样儿的布。布厂不能造社会不需要的布。至于怎么样造法是最经济,要布厂里的人自己设法讲求。学校教学生,亦要先考察社会需要。知道了这个需要,然后教他。至于怎么教法是最经济最有功效,要学校里的人自己设法研究。

察社会的需求,就是社会方面的伦理。是伦理的实质。研究什么教法是最经济、最有功效,就是心理方面的伦理,是伦理的方法。

杜威最不信道德是可以和他课分离教授的,他说:"'道德'一个名称,不是指着人生的一个特别区域,也不是特别一段生活。"(见前)照他的眼光看来,各种功课,都有道德的价值,都是道德教育(不能设那什么叫做道德一科,在纸上谈兵的)。他举了几个例:

手工——教授,不是专教手工,也不是单增进知识,教了得当,能养成群性的习惯,是很有社会的价值的(杜威把道德和社会联在一块儿,照他的意思,讲道德离不了社会,讲社会的幸福,就是讲道德。他说社会的价值,就是道德的意思)。从康德至今,大家都讲艺术的利益,是要社会公共受享,不是个人所可私的。养成群性习惯,就是道德教育。

地理——是能使学生知道物质和人群很有关系。如两种民族,如何为物质环象所分离,以及河流道路如何能使各民族交通。湖山河平原种种,表面看来,是物质的,究竟的意义,实在是人群的。我们大家知道,这是和人类发达和交通,很有关系。

历史——的道德价值,是在讲明社会的来历,使学生对于社会种种形态、动作,都知道意义。社会如何发达,如何衰落,都可从历史上讲明白。

其余如文字为社会思想交通的利器。算术为比较社会各种事业好歹利器。只要教师有眼光,那一课不是道德教育呢?

杜威又大大儿反对学校中教授没有理由的遗传道德。他说:"格言 Moral Rules(遗传道德)往往成一种和人生没有关系的东西,变成一种律令,要人顺从他。这样就把道德的中心移出人生的外边。凡重文字轻精神重命令轻自动的道德,好像用外面的压力,把个人里面活泼泼的精神压住了。"

他又说:"命令式的遗传道德,不过是一种过去社会的习惯,是为过去的经济和政治的景况所造成的。"杜威的意思,以为现今社会的罪恶,并不是因为个人不知道德的意义,也不是因为个人不知道德上的普通名词(如诚实、耐苦、贞操等)。其实在原因,是在个人不知社会的意义。因为现今社会是十分复杂,若非受正当教育的人,那里知道人生的真意,使他的动作、行为都合社会的要求呢?多数的人,或被遗传道德压倒,或为一时感情所牺牲,或为一阶级的人欺骗。那里有机会识社会的真相?

杜威脑中,想着"道德"两字就想着社会的生活——现今社会的生活,不是古代社会的生活——道德的程序,就是人生的程序。道德的观念就是人生的观念。人生以外无道德,社会以外无道德。他的道德范围甚广,不是在遗传道德圈子里弄把戏的。杜威说:

> 我们对于道德教育的观念,实在太狭,太正式,太像病理学。我们把道德教育,和一种道德上的特别名称紧紧抱住,和个人他种行为分离。至于个人自己的观念和自动力,竟全然没有关系。这种道德教育,不过养成一种无能力无用处的"好人"罢了。能负道德责任的和能干事的人,不是这样教育法可养成的。这样教授法,都是皮毛的,于养成品性全没有关系。

什么样才算是真道德教育呢?照杜威的意思,有三件事:(一)社会知识;(二)社会能力;(三)社会兴趣。社会知识是使个人知道社会种种行动类〔种〕组织的意义。社会能力是使个人知道群力之趋向及势力。社会兴趣是使个人对于社会事业有种种兴趣。学校中对于三件事有什么原料呢？（一）使学校生活成一种社会生活。把学校造成一个社会的小模型。（二）学与行的方法。（三）课程。学校生活，是代表一种社会共同生活的精神。学校训练、管理、秩序等，要和这精神相合。几养成自动的习惯、创造的精神、服务的意志。课程一方面要使儿童对于世界生自觉心，他们既生在这世界，和这世界有密切关系，要使他们知道世界事业的一部分，他们要担负的。这样办法，道德的正当意义就得了。

以上讲的一番话，是社会方面的伦理学，是伦理学的实质对于这个见解不差了，我们就可以讲心理方面的伦理学，这就是方法。社会的价值一句话，对于儿童不过是一种抽象的意思。若不把这抽象的变作具体的，他们小孩子便不能懂。做到这道德的地步，究竟是儿童自己的事。所以我们就要从儿童个人身上着想。要使他们个人的生活，代表社会生活的一部分。

心理一方面的伦理学，是用什么法儿推行呢？杜威说道：

第一步就是观察儿童的个人。我们知道凡儿童都有一种萌芽的能力。天性和感动我们要知道这种本能究竟做什么，有甚么意思。讲到这件事，我们就要研究本能有什么结果和功用，什么可使他变有组织的动作利器。我们讲起这粗浅的儿童本能，就要记得那社会生活，讲到那社会生活，我们就可以知道这种本能的意义，和陶冶的方法。到了这儿，我们再要回到个人上，找出来用什么方法，把儿童自动的本能，达到社会生活的目的。又用什么方法是最经济的，最容易的，最有效力的。我们所应做的事，就是把个人活动和社会生活联接起来。这只有儿童自己做得到，教员实在不能越俎代庖。即使教员能勉强做到，亦没有什么伦理上价值。教员所能做的，不过把环境改良，使儿童受了环境的影响,自己动作起来。① 道德的生活,是要儿童个人知道自己动作的意思,动作的时候,又要有精神上的兴趣,对于动作的结果,是自己用力得来的。到底我们逃不了用心理学的方法,研究个人的心理,找出一个法儿来,使儿童勃发的天能,和社会的习惯智慧相适应。

照杜威的见解,这心理学的研究是有几个道理:

(一)第一件要知道凡儿童的行为基本上是从他们固有的天性和感动上发出来的。知道这个天性和动作是什么东西,在什么时候,有什么天性动作发现,我们才能利用他,使成为有用的。不是这样办法,各种道德教育,都是机械的、外铄的和个人内部没有感动的。若我们以为儿童天然的动作,就有道德的意义,便放纵了他,这就坏了。我们太骄养儿童了。这种天然动作,是要利用的,或是要引导到有益的地方去,这是教育的原料,是给我们用他来造成一种有用的人。

(二)伦理学要从心理方面看,因为儿童自身,是教育唯一的器具。各种功课如历史、地理、算术等,若非从儿童个人经验上着想,都是空虚的。

终而言之,照杜威的意思,我们讲道德教育是发展儿童的品性(或人格)罢了。然而讲起这品性一个名词,大家就弄不清楚,所以杜威把他说将明白。

杜威说品性是指儿童内部动作的程序。是动的,不能静的,是心的原动力,不是行为的结果。照这看来,发展品性一句话,有几件事情要讲明白的。

(甲)能力(行为的能力)我们讲道德的书,都注重存好心一句话,谁知道我们要讲道德,不是存了好心便罢了。我们还要有能力把这好心推行到实际上。若有了心,没有力,便成一个被动的"好人",有什么用处呢?所以我们要养成一种人,使他有肩膀担负责任,不怕难,不怕苦,自动非被动,敢言又敢行,这才算是一个有道德的人。这

---

① 如儿童没有团结力,教员不能把他们勉强团结起来,只能改良环境使他们自然团结起来,开运动会、游艺会、展览会等就是改良环境的方法。

种能力，我们就叫他品性的原动力。

（乙）但有能力，还是不足。能力不善利用，就会变成危险的东西。有大能力的人，有时把人家的权利摧残。所以有了能力，还要把他引到一条正路里去，使他成有用的力。这种能力，方才可宝贵。照这看来，智力和感情是要看重的。智力是具一种有判断力的常识，看事能明白，知轻重大小。遇事能措置得当。抽象的是非，空悬的好意，是不能成这种判断力的。要个人从实际上磨练，方才能到这地步。

（丙）徒有智力，还是不足。我们知道很有判断力的人，还是不做事情，这是因为没有一种活泼泼、抑不住的一种感情。在里边发出来（〔孟〕子说恻隐之心，仁之端也，又说扩而充之足以保四海，都是讲这道德感情之作用）。所以我们要讲感情一方面。我们可知有判断力，有忍耐力，不畏难的人，固然也能做好事情，但我们把"铁面"与"婆心"两种人相比较，觉得"婆心"的人是和蔼温柔的，是慈悲的。"铁面"的人是正式的，是照格式做的。要养成和蔼温柔的品性，是要把感情注重。

学校中应该是什么样做法，才能养成有能力、有判断力、有感情的品性呢？

杜威有几句话，请列位听：

（A）第一件，品性的能力是不能用抑制法养成的。我们不能从消极的抑制里边，找出积极的自动来。有时因为要将各种能力聚在一块儿，使专心致志做一件事，我们不得不防制他的能力在他方面乱用，但这是引导，不是抑制。这是贮藏，不是塞住。好像园中一池水，我们要作灌花之用，便不能让他东西乱流。这贮藏的时候，便有许多真正的抑制力在里面，不必另外再用抑制方法。倘有人说抑止力在道德上是比较引导力为要紧。这好像说死是比生为贵，消极比积极为贵，牺牲比服务为贵了。有道德教育价值的抑制力，是包括在引导力里边。

（B）第二件，我们要问学校里的功课，从心理上看来，是否为养成判断力所必需的，识得比较的价值，就是判断力。故欲养成这种能力,必须使儿童具有一种选择和判别的能力。徒然读书听讲,不能办到,学判断力的好方法,就是要儿童时时下判断,任选择。还要自己来判断,自己来选择,判断选择后自己去做,使他知道他自己行为的结果。或成或败,有了结果,才能下判断。

(C)第三件,慈悲心,或与人表同情的心,必须养成的。要养成这种感情,须要留心美的环境,使儿童受一种感美的影响。若校中功课是正式的,学生又没有社交生活团体集合的机会,感情的生机就会饿死,或从不规则的一方面去发泄,更把他弄坏了。有时学校以实用为名,使学生但习读、写、算三者,和其他干燥的功课,把他的耳掩住,不闻好文学,不听好音乐,把他的眼遮住,不见好建筑,好雕刻,好图画,这样办法,我们就没有把儿童的感情养好的机会。他的品性,就缺这一份重大的要素。

(原载1919年7月6日至9日上海
《民国日报·觉悟》副刊)

《淮南子》的哲学

一、淮南王刘安　　淮南王刘安为高祖少子淮南厉王长的儿子。孝文六年。厉王谋反被废,不食而死。孝文八年。封长为列侯,时年"七八岁"(《后汉书》四十四),十六年,徙封为淮南王。至武帝元狩二年,淮南王谋反,被诛。是年为西历纪元前121年(安生时约在前180年)。"淮南王为人,好书,鼓琴,不喜弋猎狗马驰骋,亦欲行阴德,拊循百姓,流名誉,招致宾客方术之士数千人,作为《内书》二十一篇,《外书》甚众,又有《中篇》八卷,言神仙黄白之术,亦二十余万言。"(《汉书》四十四)今所传只有《内书》二十一篇。名为《鸿烈》。据高诱序说,淮南王"与苏飞、李尚、左吴、田由、雷被、毛被、伍被、晋昌等八人,及诸儒大山、小山之流,共讲论道德,总统仁义,而著此书。……号曰《鸿烈》。鸿,大也,烈,明也。以为大明道之言也"。淮南王谋反被杀时,汉吏尽"捕王宾客在国中者,……上下公卿治,所连引与淮南王谋反之列侯二千石豪杰数千人,皆以罪轻重受诛。"(《汉书》四十四)此次大狱,杀了许多学者,如上文所举的伍被、左吴等皆在其内(《汉书》四十五)。这是道家哲学中衰的一个原因。那时汉武帝本在提倡儒学罢黜百家,如今道家变成了反叛的学派,自然更容易沉沦消灭。这是道家中衰的第二个原因。从此汉代的哲学,便完成了"道士的儒学"时代。

二、道　　《韩非子》内有《解老》、《喻老》两篇,文笔与《五蠹》、《显学》诸篇不类,决不是韩非所作,大概是秦汉时的道家所作。(章太炎极推崇这两篇,以为"说老子者宜据韩非为大传",但太炎亦知"韩非他篇亦多言术由其所习不纯"。不知此正足证此两篇本非韩非之书。韩非生平最痛恨"微妙之言,上知之论",他岂肯费工夫去替老子作大传吗。）

《解老》篇说，

> 道者，万物之所然也，万理之所稽也。理者，成物之文也。道者，万物之所以成也。故曰，道，理之者也。物有理不可以相薄。物有理不可以相薄，故理之为物之制。万物各异理，而道尽稽万物之理。故不得不化。不得不化，故无常操。无常操，是以死生气禀焉，万智斟酌焉，万事废兴焉。……凡道之情，不制不形，柔弱随时，与理相应。万物得之以死，得之以生；万物得之以败，得之以成。

这一段论"道"，是道家哲学的根本。"道"即是天地万物自然之理。《淮南子》论道，与此相同。《原道训》说，

> 夫道者，覆天载地，廓四方，柝八极；高不可际，深不可测；包裹天地。禀授无形，……故植之而塞于天地，横之而弥于四海，施之无穷而无所朝夕；舒之幎于六合，卷之不盈于一握……横四维而含阴阳，纮宇宙而章三光；甚淖而滒，甚纤而微，山以之高，渊以之深。兽以之走，鸟以之飞，日月以之明，星历以之行。

这段论"道"一为万物"所以成"的原因，二为无所不在（看《庄子·知北游》篇东郭子问一节）。这就是天道，就是自然，属于宇宙论。

但"道"还有一个意思。《人间训》说，

> 居知所为，行知所之，事知所秉，动知所由，谓之道。道者，置之前而不挚，错之后而不轩，内之寻常而不塞，布之天下而不窕。

这个道是道术，是方法，一切知识论，名学，人生观，政治哲学，都属于这个道。

三、自然　道就是自然，这是从老子以来的道家所公认的。《淮南子》说自然，发挥得更尽致。《俶真训》说，

> 有"始"者，有未始有"有始"者，有未始有夫"未始有有始"者；有"有"者，有"无"者，有未始有"有无"者，有未始有夫"未始有有无"者。

最初的时代是"未始有夫未始有有无"的时代，那时

> 天地未剖,阴阳未判,四时未分,万物未生;汪然平静,寂然清澄,莫见其形。

第二个时代是"未始有夫未始有有始"的时期,那时

> 天含和而未降;地怀气而未扬,虚无寂漠,萧条霄窕,无有仿佛;气遂而大通冥冥者也。

第三个时代是"未始有有无"的时代,那时

> 包裹天地,陶冶万物,大通混冥;深闳广大,不可为外;析豪剖芒,不可为内,无环堵之宇而生有无之根。

第四个时代是"未始有始"的时代,那时

> 天气始下,地气始上,阴阳错合,相与优游竞畅于宇宙之间;被德含和,缤纷茏苁,欲与物接而未成兆朕。

第五个时代是"有始"的时代,那时

> 繁愦未发,萌兆牙蘖,未有形埒垠堮;无无蠕蠕,将欲生兴而未成物类。

第六个时代是"有有"的时代,那时

> 万物掺落,根茎枝叶,青葱苓茏,萑薲炫煌;蠉飞,蠕动,蚑行,喙息;可切循把握而有数量(萑薲旧作崔蘆。今依王念孙校改)。

这是万物发生的时代,同时又是"有无"时代。因为万"有"虽然发生了,但若无"无"还不能有生长变化的作用。那"无"便是"有"的作用。"无"的性质是

> 视之不见其形,听之不闻其声,扪之不可得也,望之不可极也,储与扈冶(高注褒大意也),浩浩瀚瀚,不可隐仪揆度而通光耀者。

以上说天地万物初起,都由于自然,循序变化,无有主宰,"有有"以后,万物自然变迁,自然进化也。无有主宰。《原道训》说,

> 夫萍树根于水,木树根于土,鸟排虚而飞,兽蹠实而走,蛟龙水居,虎豹山处,天地之性也。两木相摩而然,金火相守而流,员者常转,窾者主浮,自然之势也。是故春风至,则甘雨降,生育万物,羽者妪伏,毛者孕育,草木荣华,鸟兽卵胎,莫见其为者而功

既成矣。秋风下霜,倒生挫伤,鹰雕搏鸷,昆虫蛰藏,草木注根,鱼鳖凑渊,莫见其为者灭而无形。木处榛巢,水居窟穴,禽兽有芄(高注莩也。旧作芄。今依王念孙校改),人民有室;陆处宜牛马,舟行宜多水;匈奴出秽裘,于越生葛絺;各生所急以备燥湿,各因所处以御寒暑;并得其宜,物便其所。由此观之,万物固以自然,圣人又何事焉。

这一段末节所说,很合近人所说"适者生存"的道理。万物的处境不同,若不能适合于所处境地的种种天行地利,便不能生存,所以不得不"各生所急以备燥湿,各因所处以御寒暑"。能如此适合处境,能如此"并得其宜,物便其所",方才可以生存。

《修务训》说:

> 夫天之所覆,地之所载,包于六合之内,托于宇宙之间,阴阳之所生,血气之精,含牙戴角,前爪后距,奋翼攫肆,蚑行蛲动之虫,喜而合,怒而斗,见利而就,避害而去,其情一也。虽所好恶其与人无以异,然其爪牙虽利,筋骨虽强,不免制于人者,知不能相通,才力不能相一也。各有其自然之势,无禀受于外,故力竭功沮。夫雁顺风以爱气力;衔芦而翔,以备矰弋;蚁知为垤,獾貉为曲穴,虎豹有茂草,野彘有艽莦,槎枿掘虚连比,以像宫室,阴以防雨,景(王引之云,景当作晏)以蔽日。此亦鸟兽之所以知求合于其所利(所以知疑当作以所知)。

这一段说物竞天择适生存的道理,更为明白。共分三层说:第一,各种生物都有"见利而就,避害而去"的天性。这种天性,近世生物学者称为"自卫的天性"。第二,各种生物,虽同有自卫的天性。却有种种极不相同的自卫的能力。这种能力,限于天成,若不能随外境变化,便不能应付外境的困难,便不能自卫("无禀受于外"当作"苦外境之势力不能发生相当之变化"解)。第三,生物都能随外境而发生形体机能上之变化,以"求合于其所利"以自谋生存。一切生物进化,都由于此。

四、无为　《淮南子》因深信"万物固以自然",故主张无为。

《原道训》说,

>故圣人内修其本而不外饰其末,保其精神,偃其智故;漠然无为而无不为也,澹然无治而无不治也。所谓无为者,不先物为也;所谓无不为者,因物之所为也。所谓无治者,不易自然也;所谓无不治者,因物之相然也。

道家下"无为"的界说,以此为最明白。所说"不先物为","不易自然",只是一个"因"字。《原道训》说,

>九疑之南,陆事寡而水事众,于是人民被发文身以像鳞虫。短绻不绔以便涉游,短袂攘卷(高注,卷,卷也臂。)以便刺舟;因之也。雁门之北,狄不谷食,贱长贵壮,俗尚气力,人不弛弓,马不解鞍;便之也。

这就是"因物之所为","因物之相然"。

《淮南子》论"无为"注重一个"因"字,已如上文所说。他又恐怕人误会无为的真义,把无为解作完全消极的意思。所以他又有《修务》一篇。反复申明"无为"是积极的主张。这是《淮南子》的特色。《修务训》说:

>或曰,"无为者,寂然无声,漠然不动,引之不来,推之不往;如此者,乃得道之像。"吾以为不然。尝试问之矣。若夫神农、尧、舜、禹、汤可谓圣人乎……以五圣观之,则莫得无为明矣。……(以下历论五圣之功业。)……此五圣者,天下之盛主,劳形尽虑,为民兴利除害而不懈。……且夫圣人者,不耻身之贱而愧道之不行,不忧命之短而忧百姓之穷。……圣人之忧民如此其明也,而称以无为,岂不悖哉?(看原文)

以上论消极的无为是不可有的。以下更论无为的积极意义:

>夫地势水东流,人必事焉,然后水潦得谷行。禾稼春生,人必加功焉,故五谷得遂长。听其自流,待其自生,则鲧禹之功不立,而后稷之智不用。

>若吾所谓无为者,私志不得入公道,嗜欲不得枉正术;循理而举事,因资而立功,推自然之势而曲故不得容者,(旧脱功字,推作权。王念孙依《文子·自然》篇校补功字,改权为推。)事成而身弗伐,功立而名弗有。非谓其感而不应攻而不动者。

若夫以火爨井,以淮灌山,此用己(己即上文所谓私志),而背自然,故谓之有为。若夫水之用舟,沙之用鸠,泥之用辐,山之用蕢,夏渎而冬陂,因高为山(山旧作田依王校改),因下为池,此非吾所谓"为之"。

这不但是《淮南子》的特色,正是"无为"与佛家的"寂灭"的根本不同之处。

五、天与人　荀子批评庄子的哲学说道,"庄子蔽于天而不知人。由天谓之,道尽因矣。"道家的流弊在于信天太过,以为人事全无可以为力之处,势必造成一种听天安命,"靠天吃饭"的恶劣心理。《淮南子》似乎能斟酌庄子荀子两家的长处,造成一种天人互助的哲学。上文所引的"地势水东流,人必事焉,然后水潦得谷行,禾稼春生,人必加功焉,故五谷得遂长"便是这个道理。《原道训》说:

所谓天者,纯粹朴素,质直皓白,未始有与杂糅者也。

所谓人者,偶䁆智故(䁆字今字书无义。此字疑与丛脞之脞音义略同。脞字今从肉,非也。偶䁆即上文杂糅之意),曲巧伪诈,所以俯仰于世人而与俗交者也。故牛岐蹄而戴角,马被髦而全足者,天也。络马之口,穿牛之鼻者,人也。(《庄子·秋水》篇"牛马四足,是谓天。落马首,穿牛鼻,是谓人"。)

《淮南子》虽然把天与人分得这样明白,但他却并不完全任天不任人。老子任天太过,要废去一切人为的制度,以归于无名之朴。所以说,"绝圣弃智","绝学无忧"。庄子任天太过,故说,"庸讵知吾所谓天之非人乎?所谓人之非天乎?"《淮南子》虽极崇拜自然,同时却又极注重人事。故《修务训》说:

世俗废衰而非学者多。人性各有所修短,若鱼之跃,若鹊之驳,此自然者不可损益。

吾以为不然。夫鱼者跃,鹊者驳也,犹人马之为人马,筋骨形体,所受于天不可变。以此论之,则不类矣。夫马之为草驹之时,跳跃扬蹄,翘尾而走,人不能制;龁咋足以噆肌碎骨,蹶蹄足以破卢陷匈。及至圉人扰之,良御教之;掩以衡扼,连以辔衔,则虽历险超堑,弗敢辞。故其形之为马,马不可化;其可驾御,教之

> 所为也，马聋虫也。而可以通气志（而疑当作不），犹待教而成，又况人乎？

这就是荀子所说的"化性起伪"。这就是《淮南子》的教育学说。

《修务训》又说，

> 今夫盲者目不能别昼夜，分白黑，然而搏琴抚弦，参弹复徽，攫援摽拂，手若蔑蒙，不失一弦。使未尝鼓瑟者，虽有离朱之明，攫掇之捷，犹不能屈伸其指，何则？服习积贯之所致。故弓待檠而后能调，剑待砥而后能利。……木直中绳，揉以为轮，其曲中规。檃括之力，唐碧坚忍之类犹可刻镂以成器用。又况心意乎？

"木直中绳"三句直钞《荀子·劝学》篇。老庄的天道论如今竟和荀子韩非的人事论合为一家。这又是"折衷派"的一种特色了。

六、进化观念与是非　庄子说一切生物"无动而不变，无时而不移"，所以说"是亦一无穷，非亦一无穷"。这种观念，认定天下无一成不变的是非，本是极重要的学说。可惜庄子因此便生出一消极的是非观念，以为是非既然都无穷尽，我们何必又去斤斤的争是非呢？所以他说，"与其誉尧而非桀，不如两忘向化其道"。这就错了。人类社会的进步，全靠那些斤斤争是非的维新家。若是人人都"不谴是非"，决没有人为的改良进步。所以到了后来，韩非一方面承认历史进化论，一方面却主张人为的变法；所以韩非说，"世异则事异，事异则备变"；又说，"圣人不期修古；不法常可；论世之事，因为之备。"（参看上卷第九篇及十二篇）《淮南子》论是非，也是折衷于庄子和韩非两派。《齐俗训》说，

> 天下是非无所定。世各是其所是而非其所非，所谓是与非各异，皆自是而非人。由此观之，事有合于己者，而未始有是也。有忤于心者，而未始有非也。故求是者，非求道理也。求合于己者也。去非者，非批邪施也，去忤于心者也。忤于我，未必不合于人也。合于我，未必不非于俗也。

这种完全主观的是非论，比庄子还要更激烈些，和希腊哲学家 Protagoras 所说，"人是万物的准则；有便是有，无便是无，都以人为准则"，极相像。《齐俗训》举了几条例来证明是非全由于"观点"的不

同。一例是老子的"治大国若烹小鲜";或以为宜宽,或以为宜严。二例是师旷以琴撞晋平公。平公不罪师旷。孔子以平公为是,韩非以为非。三例是亲母为儿子"治抏秃而血流至耳",人皆以为爱儿子;若是继母,人便以为恨儿子了。四例是,"从城上视牛如羊,视羊如豕"。五例是"窥面于盘水则员,于杯则隋"。以上各例都只是由于"所从观者异也"(看原书)。

不但是观点不同故是非之见不同。时势不同,是非也不同。《齐俗训》说,

> 当舜之时,有苗不服,于是舜修政偃兵,执干戚而舞之。当禹之时,天下大雨,禹令民聚土积薪,择邱陵而处之。武王伐纣载尸而行,海内未定,故不为三年之丧(原文有误,今依王念孙校改正)。禹遭洪水之患,陂塘之事,故朝死而暮葬。此皆圣人之所以应时耦变,见形而施宜者也。今之修干戚而笑镆插,知三年而非一日,是从牛非马,以微笑羽也。以此应化,无以异于弹一弦而会《棘下》(高注乐名)。夫以一世之变,欲以耦化应时,譬犹冬被葛而夏被裘。夫一仪不可以百发,一衣不可以出岁。仪必应乎高下,衣必适乎寒暑。是故世异则事变,时移则俗易。故圣人论世而立法,随时而举事。

这不是合庄子韩非于一炉吗?

道家常说"因",往往作"仍旧"解,所以有守旧的流弊。《淮南子》虽属道家却极力主张变法改良。所以有道家的好处。而没有道家的短处。上文所引一节的末两句竟是全用韩非的话。《淮南子》中有好几处反复申明这个变法革新的道理。如《氾论训》说,

> 先王之制,不宜则废之;末世之事,善则著之。是故礼乐未始有常也。故圣人制礼乐而不制于礼乐,……苟利于民,不必法古;苟周于事,不必循旧。……故圣人法与时变,礼与俗化;衣服器械,各便其用;法度制令,各因其宜。故变古未可非,而循俗未足多也。

这和庄子的"不遣是非,以与世俗处",绝不相同了。两家所以不同之故,都由于两家的进化论有根本的不同。庄子蔽于天而不知人,故

他说生物进化都是被动的适合,如"鹄不日浴而白,鸟不日黔而黑"之类。所以他主张要人随顺天然,"正而待之"。《淮南子》语生物进化都由于"以所知求合于其所利"这个"求合"的"求"字,便是自动的适合。《氾论训》说,

> 故民迫其难则求其便。困其患则造其备。人各以其所知去其所害就其所利。

这是完全自动的适合。故说,

> 法度者,所以论民俗而节缓急也。器械者,因时变而制宜适也。故圣人作法而万物制焉,贤者立礼而不肖者拘焉。……夫殷变夏,周变殷,春秋变周,三代之礼不同,何古之从?……知法治所由生,则应时而变。不知法治之源,虽循古终乱。今世之法籍与时变,礼义与俗易。为学者循先袭业,籍守旧教,以为非此不治。是犹持方枘而周员凿也,欲得宜适致固焉,则难矣。

这种进化的精神,是《淮南子》的特别长处。学者往往把《淮南子》看作老庄的一流,知其同而不知其大异,故我特别为他详细表章出来,要人知道这书是"集大成"的,不单是一种"折衷派"。

七、知识 《淮南子》的知识论,也狠有价值。《原道训》说,

> 人生而静,天之性也。感而后动,性之害也。物至而神应,知之动也。知与物接而好憎生焉。好憎成形而知诱于外,不能反己,而天理灭矣。(《礼记·乐记》作"人生而静,天之性也,感于物而动,性之欲也。物至而知知,然后好恶形焉。好恶无节于内,知诱于外,不能反躬,天理灭矣"。)

这是当时儒家学说的影响。荀子论心(见十一篇第三章),也主张"虚一而静"。上文所引《原道训》一节,大概是当时公认的知识论。"物至而神应,……知与物接而好憎生焉",不但合儒家的学说,并且与墨家所说,也无冲突(墨家论知见第八篇)。这一段的前面,有一段说:

> 夫镜水之与形接也,不设智故,而方圆曲直弗能逃也。

这与荀子所说"人心譬如槃水,正错而勿动,则湛浊在下而清明在上,则足以见须眉而察理"同一道理。因为外物变化纷繁,头绪千

万,若人心不能镇静,必被外物拖来扯去,决不能作一身的主宰,也决不能应付百物的纷烦。儒家的正心,佛家的禅定,后世学者的主静主敬,都只是这个道理。

凡是主静,并不把主静作最后目的。因为那些学者以为心不静不能应物,故要主静。主静只是应变的预备。《齐俗训》说,

> 若转化而与世竞走,譬犹逃雨也,无之而不濡。

此说不纯静的害处。又说,

> 故通于道者,如车轴不运于己,而与毂致千里,转无穷之原也。不通于道者,若迷惑,告以东西南北,所居聆聆,一曲而辟,忽然不得,复迷惑也。

荀子论心的应用,用"权"作譬喻,说"人无动而不与权俱"。《淮南子》也用"权"作譬喻。《氾论训》说:

> 是故圣人论事之曲直,与之屈伸偃仰:无常仪表,时屈时伸。卑弱柔如蒲苇,非摄(通慑)夺也。刚强猛毅,志厉青云,非夸(旧作本,今从王读)矜也,以乘时应变也。夫君臣之接,屈膝卑拜,以相尊礼也。至其迫于患也,则举足蹴其体,天下莫能非也,……孝子之事亲。和颜卑体。奉带运履。至其溺也。则捽其发而拯之。非敢骄侮。以救其死也。……此权之所设也。……故忤而后合者。谓之知权;合而后忤者谓之不知权。

这是说心的应用,全在能"知权"。上文所说生物进化全靠能"以所知求合于其所利";全靠能"迫其难则求其便。困其患则造其备"。困其患,迫其难,便是"忤"境。遇着"忤"境,要能应付得适宜,这就是"忤而后合"。不能"忤而后合",便是不知权,便是废物,便是腐儒。

八、结论　以上说《淮南子》的哲学完了。据我看来,《淮南子》的哲学,不但是道家最好的代表,竟是中国古代哲学的一个大结束。《淮南子》的自叙说:

> 若刘氏之书,观天地之象,通今古之事,权事而立制,度形而施宜,……玄眇之中,精摇靡览,弃其畛挈,斟其淑静;以统天下,理万物,应变化,通殊类。非循一迹之路,守一隅之指,拘系牵连

之物,而不与世推移也。(《要略》)

这是自认这书是一部"集大成"的书。这一家哲学兼收各家的长处,修正各家的短处,真可算是周秦诸子以后一家最有精采的哲学。其中所说无为的真义,进化的道理,变法的精神。都极有价值。只可惜淮南王被诛之后。他手下的学者却遭杀戮。这种极有价值的哲学。遂成了叛徒哲学派。倒让那个"天不变道亦不变"的董仲舒做了哲学的正宗。思想学术到了"天不变道亦不变"的时代,自然不会有进步了。

(原载 1920 年 5 月 15 日《新中国》第 2 卷第 5 号)

记费密的学说
读费氏《弘道书》的笔记

费密生于明天启四年(1624),死于清康熙三十八年(1699),年七十七。其父经虞似亦享高寿,死时约在康熙初年,遗命命密到苏门山从孙奇逢学。孙奇逢(1584—1675)在苏门时当1650至1675,费君从学当在此时。

费君父子都长于历史知识。故他们第一步便要打破宋儒的"道统论"。道统说始于韩愈,他说"尧以是传之舜,……孔子传之孟轲,轲之死不得其传焉"。宋时,蔡京极推崇王安石,说他"奋乎百世之下,追溯尧舜三代……与孟轲相上下"。程颢死时,程颐作他的行状,说他是孟轲后一人。至朱熹作《三先生祠记》,他说:

> 自邹孟氏没而圣人之道不传,世俗所谓儒者之学……浅陋乖离,莫适主统,……濂溪周先生奋乎百世之下,乃深探圣贤之奥,疏观造化之原,而独心得之;立象著书,阐发幽秘,词义虽约,而天人性命之微,修己治人之要,莫不毕举,河南两程先生既亲见之而得其传,于是其学遂行于世。(此《袁州州学之先生祠记》,淳熙五年。参观同类的祠记甚多。)

又他的《中庸集解序》说:

> 《中庸》之书,……孟子没而不得其传焉。……至于本朝,濂溪周夫子始得其所传之要,以著于篇。河南二程夫子又得其遗旨而发挥之,然后其学布于天下。(乾道癸巳)

又《大学章句序》:

> 孟子没而其传泯焉,……河南程氏两夫子出而有以接乎孟氏之传,实始尊信此篇而表章之。(淳熙己酉)

又《中庸章句序》：

> 及其(孟氏)没而遂失其传焉,则吾道之所寄不越乎言语文字之间,而异端之说日新月盛;以至于佛老之徒出,则弥近理而大乱真矣。然而尚幸此书之不泯,故程夫子兄弟者出。得有所考以续乎千载不传之绪,得有所据以斥夫二家似是之非。(同上年)

这叫做"道统论"。这种道统论一日不去,则宋明理学的尊严一日不破。孙奇逢的"理学宗传"只是一种因袭道统论。他说上古的道统(宗传)是：

(元)羲皇　(亨)尧舜　(利)禹汤　(贞)文武周公。

中古的统是：

(元)孔子　(亨)　颜曾(利)　子思(贞)孟子。

近古的统是：

(元)周子　(亨)程张　(利)朱子　(贞)王子。

这竟是海智尔的哲学史观了！故他的"宗传"以周,大程,小程,张,邵,朱,陆,薛瑄,王守仁,罗洪先,顾宪成,十一人为正统;余人自汉至明皆为附考。他的特别贡献只在把王守仁作为程朱的嫡派。此外全都是因袭的,并且是更坏的(因为更详密的)道统论。

费氏父子根本否认这种道统论,故说：

> 道统之说,孔子未言也。不特孔子未言,七十子亦未言,七十子门人亦未言,百余岁后,孟轲荀卿诸儒亦未言也。……流传至南宋,遂私立道统。自道统之说行,于是羲农以来尧舜禹汤文武裁成天地,周万物而济天下之道,忽然不属之君上而属之儒生,致使后之论道者,草野重于朝廷,空言高于实事。(一)

又说：

> 求圣人道德百之一以自淑,学之修身,可也。取经传之言而颠倒之,穿凿之,强谓圣人如此,吾学圣人遂得之如此;自以为古人与一世皆所未知,而独吾一二人静坐而得之,以吾之学即至圣人——是孔子所不居,七十子所未信,孟轲荀卿诸儒所不敢,后世俨然有之,何其厚诬之甚兴？(四)

这话何等痛快!

他们父子因为要打破宋儒的道统论,故也提出一种他们认为正当的道统论。他们以为最古政教不分,君师合一,政即是道。后来孔子不得位,故君师分为二,故帝王将相传治统,而师儒弟子传道脉。但所谓"道"仍是古昔的政教礼制,故"欲正道统,非合帝王公卿,以事为要,以言为辅,不可。"(四)他们对于宋儒的王霸论,深表不满意。他们说:

> 汉唐以来,治乱不一。睿帝哲王,救民除暴,因时为政,……使先王之典制不致尽没,黎庶之涂炭不致久困。一时赖之,数百年享之,追继三代无疑也。历世久远,诸儒皆无异辞,何为至南宋遂敢杜撰私议,而悉谤毁黜削之,谓秦汉而下,诏令济得甚事,皆势力把持,牵滞过日!(五)

这是陈亮驳朱熹的论调,可见费君父子的思想渊源。他们的主旨只是要打破那空谭性理的道学系统,故他们重事功而排空话。他们说:

> 二帝三王皆以事业为道德,典谟训诰记录彰明。战国分争,始以攘夺为事业。谓之变,可也。非事业外又有所谓道德。以言无,言天言心性,言静,言理为道德,以事业为伯术,则后儒窜杂谬诞而非圣门之旧。(十)

> 上古圣人为治专以事,制器立法,人习之,家传之,无以言为也。中古渐变,治兼以教,事多而言少。三代迭更,至周末言与事俱多矣。孔子知世日变,处士必横议,言将至于不可止而盈天下,千万年之后必有以偏乱中,浮乱实者,故传七十子以先王之法而定之。……后世之儒果偏之,浮之,杂之。盖通诸四民之谓中,信诸一己之谓偏;见诸日用常行之谓实,故为性命悦忽之谓浮。偏浮之说盛行而先王之道乱矣!(中、三五)

> 天下之治,群黎乐业,万物遂其生,皆法制礼义所继持,君相之功也。……后儒以静坐谭性辨理为道,一切旧有之"实"皆下之,而圣门大旨尽失矣!(上、十五)

这种实际主义自然时势的产儿。颜元、李塨、顾炎武、黄宗羲,都是这个时代的产儿。费氏父子生遭张献忠之大乱,费氏少年时已饱经中国史上最惨的兵乱（他们逃出四川时，费密二十八岁），故痛恨那无用的道学。费君说：

> 密少逢乱离，屡受饥馑，深知朝廷者，海宇之主也；公卿者，生民之依也；稍有参差，则弱之肉，强之食；此时"心在腔子里"，"即物穷理"，"致良知"。有何补于救世？（上、十五）

此段自叙，最有意味。我们不要忘了费君是"荒书"的著者。他又自己叙述道：

> 密壮时尝习静坐，先子深加呵蔡。后在乡塾考定古说，条晰辨论。盖密事先子多年，艰苦患难阅历久，见古注疏在后。使历艰苦患难而不见古注疏，无以知道之源；使观古注疏而不历艰苦患难，无以见道之实。（下、二十）

这一段尤为重要。梁任公先生说，"清学以提倡一'实'字而盛，以不能贯彻一'实'字而衰。"（《清代学术概论》——五）。这话固极是，但我们试问：当日提倡一个"实"字的清儒，何以都钻到训诂考据的一个孔里去，再也钻不出来了呢？费君自述的话，便是绝好的答案。他们都想寻那"道之实"，却不料他们都在古注疏里寻着那"道之源"！他们认定那言心言性的理学是偏浮的空谈，所以他们觉得汉唐人只说训诂，不谈理性的古注古训是比较的切实多了。他们误认那"比较的实"作"唯一的实"，误认那"道之源"在古人遗传下来的经传里面，又误认汉魏古注未经后儒的误解必定可以考见古典制的真意义。这是清初的"实学"尽变作"汉学"的最大原因（后来成为风气、成为习惯、自然更不消说了）。我们看这两位费先生从死亡饥饿里出来，发愿寻那救亡救乱的实道，寻来寻去，到头来还只在汉儒古注里寻着那"道之源"！我们看了思想史上这段可怜的故事，更容易懂得清代一代学术变迁的理由了。请再看费君提倡汉儒的理由：

> 道之定，遗经立其本，七十子传其绪，汉唐诸儒衍其派。后儒比七十子，犹滕薛之于齐晋也。七十子身事圣人也，见全经也，三代典制存也。自汉至近代诸儒，其德兄弟也。善言美行，皆可补益于世。然汉儒，冢子也。后儒，叔季也。汉儒虽未事七十子，去古未远，初当君子五世之泽，一也。尚传闻先秦古书，故

家遗俗,二也。未罹永嘉之乱,旧章未散失,三也。故汉政事风俗经术教化文章皆非后世可几。何敢与汉儒敌耦哉?(上、二七)

不懂得这种心理,决不能了解清代的汉学。他又说:

> 经已绝复存者,先秦诸儒之力也。……经久亡而复彰者,汉儒之力也。……经如丝复盛者,魏晋隋唐诸儒力也。采取整茸已成,师资传次,千余年传为不刊之经。改变古文,蜂起而立臆说,而遂行矣!(上、十七)

因为他们要推翻这后起的"臆说"的专制,所以他们提倡那去古未远的汉儒的古注疏。他们以为"古必胜今,汉必胜宋",那知汉人反比宋人更荒谬,更愚陋,更逞"臆说"呢!汉儒最大的罪恶还不止立臆说,乃是造假证据与造假书两项。造假证据如"尔雅"、"说文"之类;造假书如诗序古文经之类。这两项乃是最巧妙的"臆说",是"带红顶子的"臆说,他们比宋儒的臆说更可怕,因为宋儒老实说是自己的见解,我们只消打破他们的"道统论",就不觉得他们的威权了!汉儒的可怕只是因为他们把他们的臆说,假托于古经传与古字典,又因为他们有"去古未远"的好招牌,故虽有清代那一串的大师,终不能完全打破两汉的威权!

费君师事孙奇逢,是王学的后人,却能根本推翻王学,把王守仁的良知说看作与周程张朱一例的"吾道变说"(中、四十)。他只取王守仁用《大学》古本一事(上、二十),其余的学说,他都不取。这是一件很可注意的事。我常说清代的汉学,是朱熹的格物的工夫加上了王守仁的良知的精神。费君便是一个很好的例。

费君父子很有历史的眼光,故他们论人论事很有平恕的态度。他的《圣门取人定法论》一篇(上、四十九以下)说狂,狷,中行,即《洪范》的平康,沉潜,高明三德。他说:

> 高明者才长而不能柔,恐浮而不深。沉潜者守约而不能刚,恐狭而不远。……后世学者性本沉潜,子夏氏之儒也,而说变焉,自以为尽于圣人之道,执其说非天下之高明。学者之沉潜皆从而和〔之〕,谓其非合于圣人,不知其为沉潜之非高明也。性

> 本高明,子张氏之儒也,而说变焉,自以为尽于圣人之道,执其说非天下之沉潜。学者之高明皆从而和〔之〕,谓其非合于圣人,不知其为高明之非沉潜也。圣人之道于是乎异矣。群言肴乱,不得圣人折衷之,必折衷古经,乃可定也。古经之旨,皆教实以致用,无不同也。而其传亦皆学实以致用,即有异,无损于圣人之道,亦不害其为传也。

这很像詹姆士说的刚性与柔性的两种哲学。费君想用"实"与"用"两个标准来折衷"高明"与"沉潜"两派,这是很平允的哲学史观。此外,费君的《道脉谱论》(上、一七至二八)与吾道述的两表,皆有很好的历史见解。

(原载 1921 年 10 月 12 至 15 日、17 日《晨报副镌》)

演化论与存疑主义

1872年1月10日，达尔文校完了他的《物类由来》第六版的稿子。这部思想大革命的杰作，已出版了十三年了。他的《人类由来》(*The Descent of Man*)也出版了一年了。《物类由来》出版以后，欧美的学术界都受了一个大震动。十二年的激烈争论，渐渐的把上帝创造的物种由来论打倒了，故赫胥黎(Huxley, 1825—1895)在1871年曾说，"在十二年中，《物类由来》在生物学上做到了一种完全的革命，就同牛敦的 Principia 在天文学上做到的革命一样"。但当时的生物学者及一般学者虽然承认了物种的演化，还有许多人不肯承认人类也是由别的物类演化出来的。人类由来的主旨只是老实指出人类也是从猴类演化出来的。这部书居然销售很广，而且很快：第一年就销了二千五百部。这时候，德国的赫克尔(Haeckel)也在他的 *Naturliche Schopfungs Geschichte* 里极力主张同样的学说。当日关于这个问题——物类的演化——的争论，乃是学术史上第一场大战争。十年之后(1882)，达尔文死时，英国人把他葬在卫司敏德大寺里，与牛敦并列，这可见演化论当日的胜利了。

1872年的六版的《物类由来》，乃是最后修正本。达尔文在这一版的页四二四里，加了几句话：

> 前面的几段，以及别处，有几句话，隐隐的说自然学者相信物类是分别创造的。很有人说我这几句话不该说。但我不曾删去他们，因为他们的保存可以纪载一个过去时代的事实。当此书初版时，普通的信仰确是如此的。现在情形变了，差不多个个自然学者承认演化的大原则了。(《达尔文传》二，三三二)

当1859年《物种由来》初出时，赫胥黎在《太晤士报》上作了一

篇有力的书评,最末的一节说:

> 达尔文先生最忌空想,就同自然最怕虚空一样("自然最怕虚空"Nature abhors a vacuum,乃是谚语)。他搜求事例的殷勤,就同一个法学者搜求例案一样。他提出的原则,都可以用观察与实验来证明的。他要我们跟着走的路,不是一条用理想的蜘蛛网丝织成的云路,乃是一条用事实砌成的大桥。那么,这条桥可以使我渡过许多知识界的陷坑;可以引我们到一个所在,那个所在没有那些虽妖艳动人而不生育的魔女——叫做最后之因的——设下的陷人坑。古代寓言里说一个老人最后吩咐他的儿子的话是:"我的儿子,你们在这葡萄园里掘罢。"他们依着老人的话,把园子都掘遍了;他们虽不曾寻着窖藏的金,却把园地锄遍了,所以那年的葡萄大熟,他们也发财了。(《赫胥黎论文》,二,页一一〇)

这一段话最会形容达尔文的真精神。他在思想史的最大贡献就是一种新的实证主义的精神。他打破了那求"最后之因"的方法,使我们从实证的方面去解决生物界的根本问题。

达尔文在科学方面的贡献,他的学说在这五十年中的逐渐证实与修正,——这都是五十年的科学史上的材料,我不必在这里详说了。我现在单说他在哲学思想上的影响。

达尔文的主要观念是:"物类起于自然的选择,起于生存竞争里最适宜的种族的保存。"他的几部书都只是用无数的证据与事例来证明这一个大原则。在哲学史上,这个观念是一个革命的观念;单只那书名——《物类由来》——把"类"和"由来"连在一块,便是革命的表示。因为自古以来,哲学家总以为"类"是不变的,一成不变就没有"由来"了。例如一粒橡子,渐渐生芽发根,不久满一尺了,不久成小橡树了,不久成大橡树了。这虽是很大的变化,但变来变去还只是一株橡树。橡子不会变成鸭脚树,也不会变成枇杷树。千年前如此,千年后也还如此。这个变而不变之中,好像有一条规定的路线,好像有一个前定的范围,好像有一个固定的法式。这个法式的范围,亚里士多德叫他做"哀多斯"(Eidos),平常译作"法"。中古的经院学者译作"斯比西斯"（Species），正译为"类"（关于"法"与"类"的关系，读者可参看胡适《中国哲学史大纲》上卷，页二〇六）。这个变而不变的"类"的观念，成为欧洲思想史的唯一基本观念。学者不去研究变的现象，却去寻现象背后的那个不变的性。那变的，特殊的，个体的，都受人的轻视；哲学家很骄傲的说："那不过是经验，算不得知识。"真知识须求那不变的法，求那统举的类，求那最后的因（亚里士多德的"法"即是最后之因）。

十六七世纪以来，物理的科学进步了，欧洲学术界渐渐的知道注重个体的事实与变迁的现象。三百年的科学进步，居然给我们一个动的变的宇宙观了。但关于生物，心理，政治的方面，仍旧是"类不变"的观念独占优胜。偶然有一两个特别见识的人，如拉马克（Lamarck）之流，又都不能彻底。达尔文同时的地质学者，动物学者，植物学者，都不曾打破"类不变"的观念。最大的地质学家如来尔（Lyell）——达尔文的至好朋友，——何尝不知道大地的历史上一个时代有一个时代的生物？但他们总以为每一个地质的时代的末期必有一个大毁坏，把一切生物都扫去；到第二个时代里，另有许多新物类创造出来。他们始终打不破那传统的观念。

达尔文不但证明"类"是变的，而且指出"类"所以变的道理。这个思想上的大革命在哲学上有几种重要的影响。最明显的是打破了有意志的天帝观念。如果一切生物全靠着时时变异和淘汰不适于生存竞争的变异，方才能适应环境，那就用不着一个有意志的主宰来计划规定了。况且生存的竞争是很惨酷的；若有一个有意志的主宰，何以生物界还有这种惨剧呢？当日植物学大家葛雷（Asa Gray）始终坚执主宰的观念。达尔文曾答他道：

> 我看见了一只鸟，心想吃他，就开枪把他杀了：这是我有意做的事。一个无罪的人站在树下，触电而死，难道你相信那是上帝有意杀了他吗？有许多人竟能相信；我不能信，故不信。如果你相信这个，我再问你：当一只燕子吞了一个小虫，难道那也是上帝命定那只燕子应该在那时候吞下那个小虫吗？我相信那触电的人和那被吞的小虫是同类的案子。如果那人和那虫的死不

是有意注定的,为什么我们偏要相信他们的"类"的初生是有意的呢?(《达尔文传》第一册,页二八四)

我们读惯了《老子》"天地不仁"的话,《列子》鱼鸟之喻,王充的自然论,——两千年来,把这种议论只当耳边风,故不觉得达尔文的议论的重要。但在那两千年的基督教威权底下,这种议论确是革命的议论;何况他还指出无数科学的事实做证据呢?

但是达尔文与赫胥黎在哲学方法上最重要的贡献,在于他们的"存疑主义"(Agnosticism)。存疑主义这个名词,是赫胥黎造出来的,直译为"不知主义"。孔丘说:"知之为知之,不知为不知,是知也。"这话确是"存疑主义"的一个好解说。但近代的科学家还要进一步,他们要问,"怎样的知,才可以算是无疑的知"?赫胥黎说,只有那证据充分的知识,方才可以信仰,凡没有充分证据的,只可存疑,不当信仰。这是存疑主义的主脑。1860年9月,赫胥黎最钟爱的儿子死了,他的朋友金司莱(Charles Kinsley)写信来安慰他,信上提到人生的归宿与灵魂的不朽两个大问题。金司莱是英国文学家,很注意社会的改良,他的人格是极可敬的,所以赫胥黎也很诚恳的答了他一封几千字的信(《赫胥黎传》,一,页二三三——二三九)。这信是存疑主义的正式宣言,我们摘译几段如下:

……灵魂不朽之说,我并不否认,也不承认。我拿不出什么理由来信仰他,但是我也没有法子可以否认他。……我相信别的东西时,总要有证据;你若能给我同等的证据,我也可以相信灵魂不朽的话了。我又何必不相信呢?比起物理学上"质力不灭"的原则来,灵魂的不灭也算不得什么稀奇的事。我们既知道一块石头的落地含有多少奇妙的道理,决不会因为一个学说有点奇异就不相信他。但是我年纪越大,越分明认得人生最神圣的举动是口里说出和心里觉得"我相信某事某物是真的"。人生最大的报酬和最重的惩罚都是跟着这一桩举动走的。这个宇宙,是到处一样的;如果我遇着解剖学上或生理学上的一个小小困难,必须要严格的不信任一切没有充分证据的东西,方才可望有成绩;那么,我对于人生的奇秘的解决,难道就可以不用这样严格的条件吗?用比喻或猜想来同我谈,是没有用的,我若说,"我相信某条数学原理",我自己知道我说的是什么:够不上这样信仰的,不配做我的生命和希望的根据。……

……科学好像教训我"坐在事实面前像个小孩子一样;要愿意抛弃一切先入的成见;谦卑的跟着'自然'走,无论他带你往什么危险地方去:若不如此,你决不会学到什么。"自从我决心冒险实行他的教训以来,我方才觉得心里知足与安静了。……我很知道,一百人之中就有九十九人要叫我做"无神主义者"(Atheist),或他种不好听的名字。照现在的法律,如果一个最下等的毛贼偷了我的衣服,我在法庭上宣誓起诉是无效的(1869以前,无神主义者的宣誓是无法律上的效用的)。但是我不得不如此。人家可以叫我种种名字,但总不能叫我"说谎的人"。

这种科学的精神,——严格的不信任一切没有充分证据的东西——就是赫胥黎叫做"存疑主义"的。对于宗教上的种种问题持这种态度的,就叫做"存疑论者"(Agnostic)。达尔文晚年也自称为"存疑论者"。他说:

科学与基督无关,不过科学研究的习惯使人对于承认证据一层格外慎重罢了。我自己是不信有什么"默示"(Revelation)的。至于死后灵魂是否存在,只好各人自己从那些矛盾而且空泛的种种猜想里去下一个判断了。(《达尔文传》,一,页二七七)

他又说:

我不能在这些深奥的问题上面贡献一点光明。万物缘起的奇秘是我们不能解决的。我个人只好自居于存疑论者了。(同书,一,页二八二)

这种存疑的态度,五十年来,影响于无数的人。当我们这五十年开幕时,"存疑主义"还是一个新名词;到了1888年至1889年,还有许多卫道的宗教家作论攻击这种破坏宗教的邪说,所以赫胥黎不能不正式答辩他们。他那年作了四篇关于存疑主义的大文章:

一、论存疑主义，

二、再论存疑主义，

三、存疑主义与基督教，

四、关于灵异事迹的证据的价值。

此外，他还有许多批评基督教的文字，后来编成两厚册，一册名为《科学与希伯来传说》，一册名为《科学与基督教传说》（《赫胥黎论文》，卷四，卷五）。这些文章在当日思想界很有廓清摧陷的大功劳。基督教当十六七世纪时，势焰还大，故能用威力压迫当日的科学家。葛里略（Galileo）受了刑罚之后，笛卡儿（Descartes）就赶紧把他自己的《天论》毁了。从此以后，科学家往往避开宗教，不敢同他直接冲突。他们说，科学的对象是物质，宗教的对象是精神，这两个世界是不相侵犯的。三百年的科学家忍气吞声的"敬宗教而远之"，所以宗教也不十分侵犯科学的发展。但是到了达尔文出来，演进的宇宙观首先和上帝创造的宇宙观起了一个大冲突，于是三百年来不相侵犯的两国就不能不宣战了。达尔文的武器只是他三十年中搜集来的证据，三十年搜集的科学证据，打倒了二千年尊崇的宗教传说！这一场大战的结果，——证据战胜了传说，——遂使科学方法的精神大白于世界。赫胥黎是达尔文的作战先锋（因为达尔文身体多病，不喜欢纷争），从战场上的经验里认清了科学的唯一武器是证据，所以大声疾呼的把这个无敌的武器提出来，叫人们认为思想解放和思想革命的唯一工具。自从这个"拿证据来"的喊声传出以后，世界的哲学思想就不能不起一个根本的革命，——哲学方法上的大革命。于是十九世纪前半的哲学的实证主义（Positivism）就一变而为十九世纪末年的实验主义（Pragmatism）了。

十一，九，五

（收入1930年12月亚东图书馆初版《胡适文选》）

哲学史各班论文题目[①]

中国哲学史(中古)论文题

1　《淮南王书》是许多人合作的;虽以自然主义为主,而其中也有反自然主义的话。试指出书中矛盾之处。

2　扬雄的《太玄》与《法言》,在哲学史上有无价值?

3　董仲舒的名学。

4　《汉书·五行志》里的"儒教"。

5　桓谭在当时也算一个思想家,他的《新论》虽不传了,试就严可均所辑的材料(《全后汉文》卷十二至十五),讨论他的思想。

6　试论王符《潜夫论》的价值。(汪继培《潜夫论笺》可用)

7　试用严可均所辑仲长统的佚文(《全后汉文》卷八十七至八十九),略述他的政治思想。(参用《后汉书》本传)

8　崔寔《政论》,仲长统曾说"凡为人主,宜写一通,置之坐侧"。此书久已佚,试取严可均所辑(《全后汉文》卷四十六),能整理成一家的政论吗?

9　试取王弼《周易注》,《周易略例》,《老子注》,略述他的思想。

10　试取阮籍的诗文集(文用严氏《全三国文》四十四至四十六),略述他的思想。

11　试述嵇康的思想。(用《全三国文》四十七至五十二)

12　试用郭象的《庄子注》及张湛的《列子注》,略述当时人的自然主义的宇宙观及人生观。

13　试述魏晋人的政治思想(用王弼、郭象的《老庄注》,及《抱

[①] 编者注:此文标题下原有"胡适之先生嘱刊"一语。

朴子》等书）

近世哲学论文题

1　试用《临川全集》（包括诗集），述王安石的思想。（参用《宋史》本传）

2　试用《温国文正公全集》及《潜虚》，述司马光的思想。

3　述张载《正蒙》中的重要思想。

4　述程颐论知识及格物。

5　述谢良佐的哲学。（《上蔡语录》，《宋元学案》二十四）

6　述朱熹论声知格物。（用《朱子语类》卷十八）

7　试述永康学派（吕祖谦，陈亮）。（用《宋元学案》五十一，及《龙川文集》）

8　试述永嘉学派。（薛季宣《浪语集》，陈傅良《止斋集》，叶适《水心集》及《习学记言》）

9　朱熹的哲学重在致知穷理，从博学审问以至力行，从多学而识之以求一贯。那么，他应该和永康永嘉的学派很接近了。何以他一面反对陆学，一面又反对浙学呢？（用《朱子文集》及《语类》百二二至百二三；先看《朱子年谱》卷三）

10　研究陈淳的《北溪字义》，试作《朱子学派的哲学术语述略》。

11　黄震虽为朱学嫡派，而多不满意于朱学的话，试述而论之。（《黄氏日抄》）

12　试述元祐党禁及庆元党禁的始末，并考道学所以遭忌的原因。（用知不足斋丛书中《道命录》，《庆元党禁》；陆心源《元祐党人传》等书）

13　陆学的大师，杨简最重要。试述他的哲学。（《宋元学案》七十四，《慈湖遗书》）

14　研究罗钦顺的《困知记》。

15　述王艮的哲学。（《王心斋全集》，有新排印本）

16　述罗洪先的哲学。（《罗念庵集》）

17　李贽的思想的研究。(《焚书》,《藏书》,《续藏书》等)

18　述高攀龙的哲学。(《高子遗书》)

19　述复社。(《复社纪略》,国学保存会本;吴伟业《复社纪事》,《梅村藏稿》二十四;杜登春《社事始末》,艺海珠尘革集本)

清代思想史论文题

1　试述王夫之的哲学。

2　黄宗羲对于宋明哲学史的见解,大致以王学为立脚点。试举其偏见之大者。

3　试述颜元的实用主义。

4　试组成颜李学派的教育学说。

5　戴震说"理"为事物的条理,而他论求理的方法却有两种不同的说法:一面说"以情絜情";一面说扩充心知之明,使他辨察事物,无几微差失。这两种说法得失如何?试详说之。

6　试述清代学者对于戴震的思想的反动。(如程晋芳,章学诚,方东树等)

7　试述清代思想家的社会思想——自黄宗羲、毛奇龄以至俞正燮、李汝珍。

8　略述清代的今文运动。

9　试述章学诚在史学上的贡献。

10　试述崔述在史学上的贡献。

11　试述袁枚的文学见解。

(原载 1924 年 5 月 30 日《北大日刊》)

王充的《论衡》

王充字仲任，是会稽上虞人。他生于建武三年（西历27）。他的家世很微贱，他的祖父是做"贾贩"的，故人笑他"宗祖无淑懿之基"。他后来到京师做太学的学生，跟班彪受业。他也曾做过本县本郡的小官。元和三年（西历86），他已五十九岁了，到扬州做治中。章和二年（88），罢州家居，他从此不做官了。《汉书》本传说他"永元中病卒于家"。大概他死时在西历一百年左右。他著书很多，有《讥俗节义》十二篇（不传），是用俗话做的，又有《政务》一书，是谈政治的书（不传），又有《论衡》八十五篇（今存，但阙《招致篇》），他老年时又做了《养性书》十六篇（不传）。《论衡》末卷有他的自叙一篇，可以参看。

王充的时代——西历27至100——是很可注意的，这个时代有两种特别色彩。第一，那时代是迷信的儒教最盛行的时代。我们看汉代的历史，从汉武帝提倡种种道士迷信以后，直到哀帝、平帝、王莽的时候，检直是一个灾异符瑞的迷信时代。西汉末年最特别的是谶纬的书（谶字训验，是一种预言，验在后来，故叫做谶。纬是对于经而言，织锦的纵丝为经，横丝为纬，图谶之言，都叫做纬书，以别于经书）。王莽当国的时候，利用当时天人感应的迷信，造作了"麟凤龟龙众祥之瑞七百有余"，还不够用。于是他叫人造作许多预言的"符命"（孺子婴元年〔西历6年〕，孟通浚井，得白石，上有丹书，文曰"告安汉公莽为皇帝"，自此以后，符命繁多，王莽一一拜受，初始元年〔西历8年〕，有一个无赖少年，名叫哀章，造作铜匮，内藏图书，言王莽为真天子。到黄昏时候，哀章穿着黄衣，捧着铜匮，到高庙里，交给守官。官闻奏，王莽遂亲到高庙拜受金匮，明年，莽遂做皇帝）。图谶的起原很有政治和宗教的意味。汉初的儒生用天人感应的儒教来做那"屈民而伸君,屈君而伸天"的事业。后来儒教总算成功了,居然养成了皇帝的尊严,居然做到了"辩上下,定民志"的大功。王莽生在儒教已成功之后,想要做皇帝,很不是容易的事。他不能不利用这天人感应的宗教来打破人民迷信汉室的忠心。解铃还须系铃人,儒教造成的忠君观念,只有儒教可以打破。王莽、刘歆一班人拼命造假的经书和假的纬书,正是这个道理。王莽提倡经术,起明堂、灵台、辟雍、求古逸书(即是叫人造假书),添设博士员,——骗得四十八万七千五百七十二人上书称颂他的功德。这是儒教的第一步成功。他那七百多种的祥瑞——白雉、凤皇、神爵、嘉禾、甘露、醴泉、禾长丈余,一粟三米,——骗得他的九锡(九锡是当时九百零二个大儒根据"六艺通义经文所见《周官》《礼记》宜于今者"所定的古礼)。这是儒教的第二步成功。平帝病了,王莽又模仿周公"作策请命于泰畤,载璧秉圭,愿以身代,策金縢,置于前殿,敕诸公勿敢言"。不幸平帝没有成王的洪福,一病遂死了。王莽却因此做了周公"居摄践阼,如周公故事"。这是儒教第三步成功。但是儒教的周公究竟不曾敢做真皇帝。王莽没有法子,只好造作符命图谶,表示天命已归周公,成王用不着了。于是这个新周公乃下书曰,"予以不德托于皇初祖考黄帝之后,皇始祖考虞帝之苗裔,而太皇太后之末属。皇天上帝隆显大佑,成命统序,符契图文,金匮策书,神明诏告,属予以天下兆民。赤帝汉氏高皇帝之灵,承天命,传国金策之书。予甚祗畏,敢不钦受"。明年,遂"顺符命,去汉号"。读策的时候,王莽亲执小皇帝的手,流涕歔欷,说道:"昔周公摄位,终得复于明辟,今予独迫皇天威命,不得如意"。哀叹良久。这出戏遂唱完了。这是儒教的第四步大成功。

这是图谶符命的起源。光武帝中兴,也有许多图谶(李通造谶曰"刘氏复兴,李氏为辅",又强华奏赤伏符曰"刘秀发兵捕不道。四七之际火为主"。光武遂即帝位)。故光武很相信这些说谶的人,甚至用图谶来决定嫌疑(《后汉书・桓谭传》,又《郑兴传》)。光武末年(西历57),初起灵台、明堂、辟雍,又宣布图谶于天下。明帝(西历

58至75)章帝(76至88)继续提倡这一类的书,遂使谶纬之书布满天下。汉人造的纬书,有《河图》九篇,《洛书》六篇,都说是"自黄帝至周文王所受本文"。又别有三十篇,说是自初起到孔子九位圣人增演出来的。又有《七经纬》三十六篇,都说是孔子所作。(《七经纬》是,《易纬》六种,《书纬》五种,《诗纬》三种,《礼纬》三种,《乐纬》三种,《孝经纬》二种,《春秋纬》十三种,详见《后汉书·樊英传》注)这种书的作伪的痕迹,很容易看出。据尹敏(光武时人)说:"其中多近鄙别字,颇类世俗之辞"(《后汉书·尹敏传》)。其实单看那些纬书的书名——钩命决、是类谋、元命苞、文耀钩、考异邮等等,——也就可以晓得那些书的鄙陋可笑了。又据张衡说:

　　《春秋元命苞》中有公输班与墨翟事,见战国,非春秋也。

　　又言"别有益州"。益州之置,在于汉世。

　　其名三辅诸陵,世数可知。……至于王莽篡位,汉世大祸,八十篇何为不戒?则知图谶成于哀、平之际也。(《后汉书·张衡传》)

这四条证据都是作伪的铁证。但是汉朝的君主和学者都是神迷了心窍,把这些书奉作神圣的经典,用来改元定历,决定嫌疑(看《律历志》中屡引图谶之处可证)。这种荒谬可笑的迷忌,自然要引起一般学者的反抗。桓谭、郑兴、尹敏在光武时已极力攻击图谶的迷信(尹敏最滑稽,他攻击图谶,光武不听,他就也在谶书的阙文上补了一段,说"君无口,为汉辅。"光武问他,他说:"臣见前人增损图书,敢不自量,窃幸万一。"光武也无可如何。桓谭攻击图谶,光武大怒,说他"非圣无法",要把他拿下去斩首)。但是迷信已深,这几个人又不能从根本上推翻当时的天人感应的儒教(郑兴尹敏都是信灾异之学的,桓谭略好)。故不能发生效果。王充也是这种反抗运动的一个代表。不懂得这个时代荒谬迷忌的情形,便不能懂得王充的哲学。

　　上文说的谶纬符瑞等等的道士迷信(即是儒教迷信),是西历一世纪的第一种特别色彩。但是那时代又是一个天文学发展时代,刘歆的三统历是儒教的天文学,是王莽时代的天文学。建武八年(西历32)已有朱浮、许淑等人请修改历法。从永平五年(62)到元和二年(85),是四分历和三统历竞争最烈的时代。四分历最后战胜,遂得颁行(85)。当两派争胜的时候,人人都尽力实地测候的工夫。谁的效验最优,谁便占胜利。故杨岑候月食的成绩比官历优,政府就派杨岑署理弦望月食官(62)。后来张盛、景防等用四分法与杨岑比课,一年之中,他们候月食的成绩比杨岑多六事,政府就派他们代杨岑署理月食官(69)。四分历所以能颁行,全靠他的效验远胜太初历。后来贾逵(与王充年岁略同,死于西历101,年七十二)用这种实验的方法,比较新旧两历,得结果如下:

> 以太初历考汉元(前206),尽太初元年(前104),日朔二十三事,其十七得朔,四得晦,二得二日。新历七得朔,十四得晦,二得三日。(旧历成绩比新历好)

> 以太初历考太初元年,尽更始二年(24),日朔二十四事,十得晦。以新历,十六得朔,七得二日,一得晦。(新历成绩比旧历好)

> 以太初历考建武元年(25),尽永元元年(89),二十三事,五得朔,十八得晦。以新历,十七得朔,三得晦,二得二日。(新历成绩比旧历好)

> 又以新历上考《春秋》中有日朔者,二十四事,失不中者二十三事。(新历成绩很坏)

实测的结果指出一个大教训,"求度数取合日月星辰。有异世之术,太初历不能下通于今,新历不能上得汉元"。

这种实验的态度是汉代天文学的基本精神。太初历的成立,在于效验(见上章);四分历的成立,也在于效验。这种效验是真确可靠的,不比那些图谶纬书的效验的邈茫无稽的。这种科学的态度,在当时自然不能不发生一点影响。王充生在这个时代;他著书的时候正当四分历与太初历争论最烈的时期(《论衡》著作的时期很可研究。《讲瑞》篇说"此论草于永平之初。……至元和章和之际,孝章耀德天下"。又《恢国》篇记章帝六年事,称今上,《宣汉》篇也称章帝为今上,《齐世》篇称章帝为方今圣明。据此可见《论衡》不是一个时代做的。大概这书初起在永平初年,当西历六十余年,正在四分法初通行的时候,后来随时增添修改,大部分当是章帝时的著作。直至和帝初年还在修改,故有称孝章的地方。此书最后的修正当在西历九十年左右,四分历已颁行了。此书的著作与修正,前后共需三十年,但此后还有后人加入的地方。如《别通》篇提及蔡伯阶,蔡邕生于西历133年,王充已死了三十多年了,此外尚有许多后人加入的痕迹,但《论衡》大体是西历六十年至九十年之间做的。这是大概可以无疑的)。他又是很佩服贾逵的人,又很留心当时天文学上的问题(如《说日》篇可为证),故不能不受当时天文学方法的影响。依我看来,王充的哲学,只是当时的科学精神应用到人生问题上去。故不懂得当时的科学情形,也不能了解王充的哲学。

王充的哲学的动机,只是对于当时种种虚妄和种种迷信的反抗。王充的哲学的方法,只是当时科学精神的表现。

先说王充著书的动机。他自己说:

《诗》三百,一言以蔽之,曰,"思无邪"。《论衡》篇以十数,亦一言也,曰,"疾虚妄"。(《佚文》篇)

他又说:

充既疾俗情,作《讥俗》之书;又闵人君之政,徒欲治人。不得其宜,不晓其务,愁精苦思,不睹所趋,故作《政务》之书;又伤伪书俗文多不实诚,故为《论衡》之书。(《自叙》篇)

他又说:

是故《论衡》之造也,起众书并失实,虚妄之言胜真美也。虚妄之语不黜。则华文不见息。华文放流,则实事不见用。故《论衡》者,所以铨轻重之言,立真伪之平。……其本皆起人间有非,故尽思极心以讥世俗。世俗之性,好奇怪之语,悦虚妄之文。何则?实事不能快意,而华虚惊耳动心也。是故才能之士,好谈论者,增益实事,为美盛之语,用笔墨者,造生空文,为虚妄之传。……至或南面称师,赋奸伪之说,典城佩紫,读虚妄之书。……孟子曰,"予岂好辩哉?予不得已也"。今吾不得已也。虚妄显于真,实诚乱于伪。世人不悟,是非不定,紫朱杂厕,瓦玉杂糅。以情言之,吾心岂能忍哉?……人君遭弊,改教于上,人臣愚惑,作论于下。实得,则上教从矣。冀悟迷惑之心,使知虚实之分。实虚之分定,而后华伪之文灭。华伪之文灭,则纯诚之化日以孳矣。(《对作》篇)

他又说:

《论衡》就世俗之书订其真伪,辨其实虚。……俗传蔽惑,伪书放流。……是反为非,虚转为实,安能不言?俗传既过,俗书又伪。若夫……《淮南书》言共工与颛顼争为天子,不胜,怒而触不周之山,使天柱折,地维绝。尧时,十日并出,尧上射九日。鲁阳战而日暮,援戈挥日,日为却还。世间书传多若等类,浮妄虚伪,没夺正是。心溃涌,笔手扰,安能不论?(同上)

这几段都可写出王充著书的动机。他的哲学的宗旨只是要对于当时一切虚妄的迷信和伪造的假书,下一种严格的批评。凡是真有价值的思想,都是因为社会有了病才发生的(王充所谓"皆起人间有非"),汉代的大病就是"虚妄"。汉代是一个骗子时代。那二百多年之中,也不知造出了多少荒唐的神话,也不知造出了多少谬妄的假书(我们读的古代史,自开辟至周朝,其中也不知有多少部分是汉代一班骗子假造出来的)。王莽、刘歆都是骗子中的国手。谶纬之学便是西汉骗子的自然产儿。王充对于这种虚妄的行为,实在看不上眼。我们看他"心溃涌,笔手扰","吾不得已也","吾岂能忍哉?"的话,便可想见他的精神。他的书名是《论衡》。他自己解释道:"论衡,论之平也"(《自叙》)。又说:"论衡者,所以铨轻重之言,立真伪之平"。衡即是度量权衡的衡。即是估量,即是评判。《论衡》现存八十四篇,几乎没有一篇不是批评的文章。最重要的如:

书虚(十六)道虚(二四)语增(二五)儒增(二六)艺增(二七)对作(八四)等篇,都是批评当时的假书的。

问孔(二八)非韩(二九)刺孟(三十)是批评古书的。

变虚(十六)异虚(十八)感虚(十九)福虚(二十)祸虚(二一)龙虚(二二)雷虚(二三),是批评假书中记载的天人感应的事的。

寒温(四一)谴告(四二)变动(四三)招致(第四十四篇,今阙)四篇是从根本上批评当时儒教的天人感应论的。

《讲瑞》(五十)《指瑞》(五一)《是应》(五二)是批评当时的祥瑞论的。

《死伪》(六三)《纪妖》(六四)《订鬼》(六五)《四讳》(六八)《调时》(六九)《讥日》(七十)《卜筮》(七一)《难岁》(七三)《诘术》(七四)等篇是批评当时的许多迷信的。

《论衡》的精神只在"订其真伪,辨其实虚"八个字。所以我说王充的哲学是评判的哲学。他的精神只是一种评判的精神。

现在且说王充的批评方法。上文我说王充的哲学只是当时科学的方法适用到天文学以外的问题上去。当时的天文学者最注重效验。王充的批评方法也最注重效验。他批评当时的灾异学派说:

> 变复之家不推类验之,空张法术惑人君。(《明雩》)

他是属于自然主义一派的道家的(说见下),但他嫌当时的自然学派也不注重效验的方法。他说:

> 道家论自然,不知引物事以验其言行,故自然之说未见信。(《自然》)

他又说:

> 凡论事者,违实不引效验,则虽甘义繁说,众不见信。(《知实》)

他的方法的根本观念只是这"效验"两字。他自己说:

> 事莫明于有效,论莫定于有证。空言虚语,虽得道心,人犹不信。……惟圣心贤意,方比物类,为能实之。(《薄葬》)

我们若要懂得王充说的"效验"究竟是什么,最好是先举几条例:

> (例一)儒者曰:"日朝见,出阴中。暮不见,入阴中。阴气晦冥,故没不见。"如实论之,不出入阴中。何以效之?
>
> 夫夜,阴也,气亦晦冥。或夜举火者,光不灭焉。……火夜举,光不灭,日暮入,独不见,非气验也。
>
> 夫观冬日之出入,朝出东南,暮入西南。东南西南非阴(古以北方为阴),何故谓出入阴中?
>
> 且夫星小犹见,日大反灭,世儒之论虚妄也。(《说日》)
>
> (例二)雷者,太阳之激气也。……盛夏之时,太阳用事,阴

气承之。阴阳分争则相校轸。校轸则激射。激射为毒,中人,辄死,中木,木折,中屋,屋坏。人在木下屋间,偶中而死矣。何以验之?

试以一斗水灌冶铸之火,气激桨裂,若雷之音矣。或近之,必灼人体。天地为炉大矣,阳气为火猛矣,云雨为水多矣,分争激射,安得不迅?中伤人身,安得不死?……

雷者,火也。何以验之?(这两句,今本倒置,今以意改正)以人中雷而死,即询其身。中头则须发烧燋,中身则皮肤灼焚。临其尸,上闻火气。一验也。道术之家以为雷烧石色赤,投于井中,石焦井寒,激声大鸣,若雷之状。二验也。人伤于寒,寒气入腹,腹中素温,温寒分争,激气雷鸣。三验也。当雷之时,电光时见,大若火之耀。四验也。当雷击时,或燔人室屋及地草木。五验也。

夫论雷之为火有五验,言雷为天怒无一效。然则雷为天怒,虚妄之言。(《雷虚》)

古文"效"与"验"可以互训。(《广雅·释言》,"效,验也"。《吕览·察传》篇注及《淮南·主术》注,验、效也)王充的效与验也只是一件事。效验只是实验的左证。这种左证大略可分为两种:(一)是从实地考验本物得来的。如雷打死人,有烧焦的痕迹,又有火气,又如雷能燔烧房屋草木,都属于这一种;(二)是本物无从考验观察,不能不用譬喻和类推的方法,如阴中气可举火,又可见星,可以推知日入不是入阴气中;又如用水灌火能发出大声,激射中人能烧灼人,可以推知雷为阴气与阳气的激射;这都属于第二类。第一种效验,因当时的科学情形,不容易做到(只有天文学在当时确能做到了,医学上的验方也是如此)。王充的书里,用这种实地试验的地方,比较的很少。他用的效验,大都是第二种类推的效验。他说的"推类验之",与"方比物类",都是这一类的效验,这种方法,从个体推知个体,从这物推知那物,从名学上看来,是很容易错误的。但是有时这种类推法也很有功效。王充的长处在此,他的短处也正在此。

这种重效验的方法,依我看来,大概是当时的科学家的影响。但是科学家的方法固然注重证验,不过我们要知道证验是科学方法的最后一步。科学方法的第一步是要能疑问。第二步是要能提出假设的解决。第三步方才是搜求证据来证明这种假设。王充的批评哲学的最大贡献就是提倡这三种态度;——疑问,假设,证验。他知道单有证验是不够用的。证验自身还须经过一番评判,方才站得住。例如墨家说鬼是有的,又举古代相传杜伯一类的事为证验(《墨子·明鬼》篇)王充驳道:

> 夫论不留精澄意,苟以外效立事是非,信闻见于外,不诠订于内,是用耳目论,不以心意议也。夫以耳目论,则以虚象为言。虚象效则以实事为非是。故是非者不徒耳目,必开心意。墨议不以心而原物,苟信闻见,则虽效验章明,犹为失实。失实之议难以教。虽得愚民之欲,不合智者之心。(《薄葬》)

这一段说立论的方法,最痛快,最精采。王充的批评哲学的精神只是注重怀疑,注重心意的"诠订于内"。诠订就是疑问,就是评判。他自己说《论衡》的方法是:

> 论则考之以心,效之以事。浮虚之事,辄立证验。(《对作》)

看他先说"考之以心",后说"效之以事",可见他的方法最重心意的诠订,效验不过是用来帮助心意提出的假设,使他立脚得住。不曾诠订过的证验,王充说:"虽效验章明,犹为失实。"有时诠订已分明,便可不须再求证验,也能成立。例如汉儒说上古圣王太平之世,厨房里自生肉脯,像一种蒲扇摇动生风,寒凉食物。使他不腐败,故名为萐脯。王充驳道:

> 太平之气……能使厨自生肉萐,何不使饭自蒸于甑,火自燃于灶乎?……何不使食物自不毚?何必生萐以风之乎?(《是应》)

儒者又说尧时有蓂荚夹阶而生,月朔生一荚,至十五日而十五荚,十六落一荚,至月晦落完。王充驳他道:

> 夫起视堂下之荚,孰与悬历日于扆坐旁,顾辄见之也?天之生瑞欲以娱王者,须起察乃知日数,是生烦物以累之也。且荚,

草也。王者之堂,旦夕所坐。古者虽质,官室之中,草生辄耘,安得生荚而人得经月数之乎?(同上)

儒者又说尧时有草名叫屈轶,生于庭,见了佞人便能指出。王充驳道:

> 夫天能故生此物以指佞人,不使圣王性自知之,或佞人本不生出,必复更生一物以指明之,何天之不惮烦也?……《经》曰:"知人则哲,惟帝难之。"人含五常,音气交通,且犹不能相知,屈轶,草也,安能知佞?如儒者之言是,则太平之时草木逾贤圣也。(同上)

王充书里这一类的怀疑的批评最多,往往不用证验;已能使人心服。有时他的怀疑或假设,同普通的信仰相去太远了,不容易使人领会信从,那时他方才提出证验来(如上文所引"日不入阴中"及"雷者火也"两个假设)。

总之,王充在哲学史上的绝大贡献,只是这种评判的精神,这种精神的表现,便是他的怀疑的态度;怀疑的态度,便是不肯糊里糊涂的信仰,凡事须要经我自己的心意"诠订"一遍,"订其真伪,辨其实虚",然后可以信仰。若主观的评判还不够,必须寻出证据,提出效验,然后可以信仰。这种怀疑的态度。并不全是破坏的,其实是建设的。因为经过了一番诠订批评,信仰方才是真正可靠的信仰。凡是禁不起疑问的信仰,都是不可靠的,譬如房屋建筑在散沙上,当不住一阵风雨,就要倒了。

汉代的许多迷信都挂着"儒教"的招牌。许多极荒谬的书都假托儒家所谓圣人做的。这种虚妄诈伪的行为,和当时人迷信假书的奴性,引起了王充的怀疑态度。王充明明的说当时有许多书是假造的。他说:

> 世信虚妄之书,以为载于竹帛上者,皆圣贤所传,无不然之事,故信而是之,讽而读之。睹真是之传与虚妄之书相违,则谓短书不可信用。(汉代的古书长二尺四寸,后出新书篇幅减短,仅长一尺,故名短书,看《论衡·正说》篇)……夫世间传书诸子之语,多欲立奇造异,作惊目之论,以骇世俗之人;为谲诡之书,

以著殊略之名。(《书虚》)

他又说：

> 才能之士好谈论者，增益实事，为盛溢之语；用笔墨者，造生空文，为虚妄之传。听者以为真然，说而不舍；览者以为实事，传而不绝。(《对作》)

他不但怀疑那些假造的书，并且攻击当时儒生说经的种种荒谬。他说：

> 儒者说五经，多失其实。前儒不见本末，空生妄说。后儒信前师之言，随旧述故，滑习辞语。苟名一师之学，趋为师教授，及时蚤仕，汲汲竞进，不暇留精心，考实根核，故虚说传而不绝，实事没而不见，五经并失其实。(《正说》)

我们知道当时经师的荒谬，便知道王充说的"五经并失其实"并非过当的责备。(《正说》篇引当时说经家的话，"春秋二百四十年者，上寿九十，中寿八十，下寿七十，孔子据中寿三世而作，三八二十四，故二百四十年也"。又"《尚书》二十九篇者，法北斗七宿也，四七二十八篇，其一曰斗矣，故二十九。")怪不得王充要痛骂。

王充不但攻击当时的经师，就是古代的圣贤也逃不了他的批评。他有《问孔》、《非韩》、《刺孟》三篇，我们可引他对于孔子的态度作例：

> 世儒学者好信师而是古，以为贤圣所言皆无非。专精讲习，不知难问。夫贤圣下笔造文，用意详审，尚未可谓尽得实。况仓卒吐言，安能皆是？……案贤圣之言上下多相违，其文前后多相伐者，世之学者不能知也。……凡学问之法，不为无才，难于距师核道实义，证定是非也。……世之解说说人者，非必须圣人教告乃敢言也。苟有不晓解之问，造难孔子，何伤于义？诚有传圣业之知，伐孔子之说，何逆于理？(《问孔》)

我们虽不必都赞同他的批评(有许多批评是很精到的，例如他评孟子"王何必曰利"一节)，但这种"距师"、"伐圣"的精神是我们不能不佩服的。

王充生平最痛恨的就是当时的天人感应的儒教。从前天文学还在幼稚时代,把人类看作与天地并立的东西,把人看得太重要了,人类遂妄自尊大,以为"人之所为,其美恶之极,皆与天地流通而往来相应"(董仲舒语),善政可招致祥瑞,恶政必招致灾异。《汉书·天文志》说的"政失于此则变见于彼,犹景之象形,响之应声",可以代表这种迷信。王充所以能打破这种迷信,大概是受了当时天文学进步的影响。天文家测候天象,渐渐的知道宇宙有无穷的大,人类在这个大宇宙之中真算不得什么东西。知道了人类的微细,便不会妄自尊大妄想感动天地了。正如王充说的:

> 人在天地之间,犹蚤虱之在衣裳之内,蝼蚁之在穴隙之中。蚤虱蝼蚁为逆顺横从,能令衣裳穴隙之间气变动乎?……天至高大,人至卑小。筳不能鸣钟而萤火不爨鼎者,何也?钟长而筳短,鼎大而萤小也。以七尺之细形,感皇天之大气,其无分铢之验,必也。(《变动》)

天文学的进步不但打破人类妄自尊大的迷误,又可使人知道天行是有常度的,是自然的,是不会受人事的影响的。王充说:

> 在天之变,日月薄蚀。四十二月,日一食。五六月,月亦一食(五六月,湖北局本作五十六月,按《说日》篇云:"大率四十一二月日一食,百八十日月一蚀,蚀之皆有时。"故改正。西汉天文家测定五个月又二十三分之二十为一个月食之限,故知五十六月必误也)。食有常数,不在政治。百变千灾,皆同一状,未必人君政教所致(治期,又《寒温》篇"水旱之至,自有期节,百灾万变,殆同一曲。"与此同)。

这种议论自然是天文学发达时代的产物。古代荀子也说:"天行有常,不为尧存,不为桀亡。"王充的话竟可算是荀子的《天论》新得了科学的根据。

王充说:"日月食有常数,不在政治,百变千灾,皆同一状。"王充对于一切灾异,都持这个态度。我们只能举一条最痛快的驳论,不能遍举了。他说:

> 世之圣君莫有如尧、汤。尧遭洪水,汤遭大旱。如谓政治所致,则尧、汤恶君也。如非政治,是运气也。运气有时,安可请

求?世之论者,犹谓"尧、汤水旱,水旱者时也"。"其小旱湛;皆政也",假令审然,何用致湛?……世审称尧、汤水旱,天之运气,非政所致。夫天之运气,时当自然,虽雩祭请求,终无补益。而世又称汤以五过祷于桑林时,立得雨。夫言运气,则桑林之说绌。称桑林,则运气之论消。世之说称者,竟当何由?救水旱之术,审当何用?(《明雩》)

以上所述,大半都是侧重批评破坏一方面的。王充的绝大贡献就在这一方面。中国的思想若不经过这一番破坏的批评,决不能有汉末与魏、晋的大解放。王充的哲学是中古思想的一大转机。他不但在破坏的方面打倒迷信的儒教,扫除西汉的乌烟瘴气,替东汉以后的思想打开一条大路;并且在建设的方面,提倡自然主义,恢复西汉初期的道家哲学,替后来魏、晋的自然派哲学打下一个伟大的新基础。

我们且看王充哲学的建设的方面。

自从淮南王失败后,自然派的哲学被儒教的乌烟瘴气遮住了,竟不能发展。只有道家的一小支派,——炼金炼丹的神仙家,——居然与天人感应的儒教拉得拢来,合成汉代儒教的一部分(汉武帝与刘向便是绝好的例)。但道家理论一方面的天道自然观念,与天人感应的儒教根本上不能相容,故无人提倡。直到王充起来,他要推翻那天人感应的迷信,要打破那天人同类的天道观念(Anthropomorphism)不能不用一种自然的天道观念来代他。试看他的《谴告》篇说:

夫天道,自然也,无为。如谴告人,是有为,非自然也。黄老之家论说天道,得其实矣。"变复之家"损皇天之德,使自然无为转为人事,故难听之也。

看这寥寥的几句,可见王充的天道论与他的反对迷信是有密切关系的,又可见他的天道论是从道家哲学里面产生出来的。《物势》篇说:

儒者论曰:"天地故生人,"此言妄也。夫天地合气,人偶自生也。犹夫妇合气,子则自生也。夫妇合气,非当时欲得生子。情欲动而合,合而生子矣,夫妇不故生子,以知天地不故生人也。

然则人生于天地也,犹鱼之于渊,虮虱之于人也,因气而生,种类相产。万物生天地之间,皆一实也。……天地合气,物偶自生矣。……何以验之?如天故生万物,当令其相亲爱,不当令之相贼害也。或曰:"五行之气;天生万物,以万物含五行之气,五行之气更相贼害。"曰:"天自当以一行之气生万物,令之相亲爱,不当令五行之气反使相贼害也。"或曰:"欲为之用,故令相贼害。贼害,相成也。……金不贼木,木不成用;火不烁金,金不成器。故诸物相贼相利,含血之虫相胜服,相啮噬,相啖食者,皆五行气使之然也。"曰:"天生万物欲令相为用,不得不相贼害也,则生虎狼蝮蛇及蜂虿之虫皆贼害人,天又欲使人为之用耶?……凡万物相刻贼,含血之虫则相服,至于相啖食者,自以齿牙顿利,筋力优劣,动作巧便,气势勇桀。若人之在世,势不与适,力不均等,自相胜服。以力相服,则以刃相贼矣。夫人以刃相贼,犹物以齿角爪牙相触刺也。力强,角利,势烈,牙长,则能胜;气微,爪短,则诛;胆小,距顿,则服畏也。人有勇怯,故战有胜负。胜者未必受金气,负者未必得木精也。"(《物势》)

看这一大段的主意,只是要推翻当时天人同类的"目的论"(Teleology)。老子、庄子、慎到、淮南子一系的哲学,无论怎样不同,却有一点相同之处;就是不承认天是有意志的,有目的的。王充也只是攻击一个"故"字(《淮南子》说的"智故","故曲",现在俗话说的"故意",即是故字的意义)。天地是无意志的,是无目的的,故不会"故"生人也不会"故"生万物。一切物的生死变化都是自然的。这是道家哲学的公同观念。王充的自然哲学和古代的自然哲学不同之处,就在王充受了汉代思想的影响,加上了一个"气"的观念。故说:"因气而生,种类相产,万物生天地之间,皆一实也。"故说:

> 试依道家论之。天者,普施气。……夫天之不故生五谷丝麻以衣食人,由(同犹)其有灾变不欲以谴告人也。物自生而人衣食之,气自变而人畏惧之。……如天瑞为故,自然焉在?无为何居?(《自然》)

自然主义的天道观解释万物的生长变化,比那目的论的天道观

满意得多了。王充说:

> 草木之生,华叶青葱,皆有曲折,象类文章,谓天为文章,复为华叶乎?宋人或刻木为楮叶者,三年乃成。孔子曰:"使地三年乃成一叶,则万物之有叶者寡矣。"如孔子之言,万物之叶自为生也。自为生也,故生并成。如天为之,其迟当若宋人刻楮叶矣。观鸟兽之毛羽,毛羽之采色,通可为乎?……春观万物之生,秋观其成。天地为之乎?物自然也?如谓天地为之,为之必用手,天地安得万万千千手,并为万万千千物乎?诸物之在天地之间也,犹子在母腹中也。母怀子气,十月而生,鼻、口、耳、目、发、肤、毛理,血脉脂腴,骨节、爪齿,自然成腹中乎?母为之也?偶人千万不名为人者何也?鼻口耳目非性自然也。(《自然》)

这一段论自然主义和目的论的优劣,说得明白。我们试想一个有意志的上帝在这个明媚的春光里忙着造作万物,"已拼腻粉涂双蝶,更着雌黄滴一蜂"(杨诚斋诗),请问这种宇宙观能使我们满意吗?即使有人能承认这种目的论的天道观,即使有人能承认这个"无事忙"为造化者,那么,天地之间万物互相残杀,互相吞吃,——大鱼吃小鱼,人又吃大鱼,蚊虫臭虱又咬人,——难道这都是这个造化者的意志吗?

王充的自然论一方面要打破一个"故"字,一方面要提出一个"偶"字(故是目的论,偶是因缘论),故他再三说"人偶自生"、"物偶自生",偶即是无意志的因缘凑合。他说:

> 长数仞之竹,大连抱之木,工技之人裁而用之,或成器而见举持,或遗材而遭废弃。非工技之人有爱憎也,刀斧之加(之加二字,湖北本作加字,今依下文改。)有偶然也。蒸谷为饭,酿饭为酒。酒之成也,甘苦异味。饭之熟也,刚柔殊和。非庖厨酒人有爱憎也,手指之调有偶适也。调饭也,殊箪而居;甘酒也,异器而处;虫堕一器,酒弃不饮;鼠涉一筐,饭捐不食。夫百草之类,皆有补益。遭益人采掇,成为良药;或遗枯泽,为火所铄。等之金也,或为剑戟,或为锋铦。同之木也,或梁于宫,或柱于桥。……(《幸偶》)

> 凡人操行有贤有愚,及遭祸福,有幸有不幸。举事有是有非,及触赏罚有偶有不偶。并时遭兵,隐者不中。同日被霜,蔽者不伤。中伤未必恶,隐蔽未必善。隐蔽幸,中伤不幸。(《幸偶》)

王充把天地间一切现象和一切变化都看作无意识的因缘偶合。这种幸偶论,一方面是他的自然主义的结果,一方面又是他的命定论的根据。道家本是信命定说的。儒家虽然注重人事,但孔子的天道观念也是自然主义(如"天何言哉,四时行焉,百物生焉,天何言哉"),也信天道自然无为,故儒家信"死生有命,富贵在天"。孟子也是信命定论的。儒家只有一个荀子不信命(看他的《天论》与《非相》篇)。老庄一系没有不信命的(庄子更说得详细)。墨家信仰一个有意志又能赏善罚恶的天,故不能不反对有命说。墨子说:

> 执有命者之言曰:"上之所赏,命固且赏,非贤故赏也。上之所罚,命固且罚,非暴固罚也。"……今用执有命者之言,则上不听治,下不从事。上不听治则政乱;下不从事,则财用不足。(《墨子·非命上》)

汉代的儒生要造出一种天人感应的宗教来限制当时的君权,故不能不放弃"原始的儒教"的天命论,换上墨教的"天志"论。古代儒教的天命论是如孟子说的"莫之为而为者,天也;莫之致而致者,命也"。(《孟子·万章》篇)孟子又说:"莫非命也,顺受其正";"夭寿不贰,修身以俟之,所以立命也"(《尽心》篇)。这种命定主义与道家"化其万化而不知其禅之者,焉知其所终,焉知其所始,正而待之而已耳",正没有一点分别。汉代的新儒教表面上也信天命,但他的天命已不是孟子"莫之致而致,夭寿不贰"的命。乃是孟子最反对的那个"谆谆然命之"的天命。这种"谆谆然命之"的天命论,并不是儒家的遗产,乃是墨家的信条。汉代一切春秋派,洪范派,诗派,易派的天人感应论,都含有这个有意志能赏罚,能用祥瑞灾异来表示喜怒的天帝观念。

王充因为要推翻这"谆谆然命之"的天命,故极力主张那"莫之致而至"的命。他说命有两种:(一)是禀气厚薄的命,(二)是所当触值的命(《气寿》篇)。分说如下：

第一，禀气的命。"夫禀气渥则其体强，体强则其命长。气薄则其体弱，体弱则命短"(《气寿》)。"人禀元气于天，各受寿夭之命，以立长短之形。……用气为性，性成命定。体气与形骸相抱，生死与期节相须。形不可变化，命不可减加。"(《无形》)这一种命，王充以为就是"性"。故他说"用气为性，性成命定"。他又解释子夏"死生有命"一句道："死生者，无象于天，以性为主。禀得坚强之性，则气渥厚而体坚强，坚强则寿命长，寿命长，则不夭死。禀性软弱者，气少泊而性羸窳，则寿命短，短则夭死。故言有命。命即性也。"(《命义》)这一种命，简单说来，只说人受生的时候，禀气偶然各有不同；人所受的气即是性，性即是命。这种命是不可加减的。

第二，触值的命。这一种是从外面来的。人禀气也许很强，本可长寿，但有时"遭逢外祸累害"，使他半途夭折。这种外来的累害，属于触值的命。王充说："非唯人行，凡物皆然。生动之类，咸被累害。累害自外，不由其内。……物以春生，人保之。以秋成，人必不能保之。卒然牛马践根，刀镰割茎，生者不育，至秋不成。不成之类，遇害不遂，不得生也。夫鼠涉饭中，捐而不食。捐饭之味与彼不污者钧以鼠为害，弃而不御。君子之累害与彼不育之物，不御之饭，同一实也。俱由外来，故为累害。修身正行，不能来福；战栗戒慎，不能避祸。福祸之至，幸不幸也。"(《累害》)王充这样说法，把祸福看作一种偶然的遭逢，本是很有理的(参看上文引的《幸偶》篇)。可惜他终究不能完全脱离当时的迷信。他解说"富贵在天"一句话道："至于富贵所禀，犹性所禀之气，得众星之精。众星在天，天有其象。得富贵象，则富贵；得贫贱象，则贫贱。故曰在天。……贵或秩有高下，富或赀有多少，皆星位尊卑小大之所授也"(《命义》)。这种说法，便远不如触值遭逢说的圆满。富贵贫贱与兵烧压溺，其实都应该归到外物的遭逢偶合。王充受了当时星命骨相的迷信的影响(他有《骨相》篇，很赞成骨相的迷信)，故把富贵贫贱归到星位的尊卑大小，却不知道这种说法和他的《逢遇》、《累害》、《幸偶》等篇是不相容的。既说富贵定于天象，何以又说祸福由于外物的累害呢？

王充的命定论虽然有不能使人满意的地方,但是我们都可以原谅他,因为他的动机只是要打破"人事可以感动天道"的观念,故他极力提倡这种"莫之致而致"的命定论,要人知道死生富贵贫贱兵烧压溺都是有命的,是不能改变的。他要推翻天人感应的贵宗教,故不知不觉的走到极端,主张一种极端的有命论。

不但人有命,国也有命。王充这种主张也是对于天人感应的灾异祥瑞论而发的。他说:

> 世谓古人君贤则道德施行,施行则功成治安。人君不肖则道德顿废,顿废则功败治乱。……如实论之,命期自然,非德化也。……夫贤君能治当安之民,不能化当乱之世。良医能行其针药,使方术验者,遇未死之人得未死之病也。如命穷病困,则虽扁鹊未如之何。……故世治非贤圣之功,衰乱非无道之致。国当衰乱,贤圣不能盛。时当治,恶人不能乱。世之治乱在时不在政。国之安危在数不在教。贤不贤之君,明不明之政,无能损益。(《治期》)

这种极端的国命论,初看了似乎很可怪,其实只是王充的有命论的自然趋势。王充痛恨当时的天人感应的政治学说,故提倡这种极端的议论,他的目的只是要人知道"祸变不足以明恶,福瑞不足以表善"。(《治期》篇中的语)他这种学说也有很精采的部分,例如他说:

> 夫世之所以为乱者,不以贼盗众多,兵革并起,民弃礼义,负畔其上乎?若此者,由谷食乏绝,不能忍饥寒。夫饥寒并至而能无为非者寡。然则温饱并至而能不为善者希。……让生于有余,争起于不足。谷足食多,礼义之心生。礼丰义重,平安之基立矣。故饥岁之春,不食亲戚;穰岁之秋,召及四邻。不食亲戚,恶行也。召及四邻,善义也。为善恶之行不在人质性,在于岁之饥穰。由此言之,礼义之行,在谷足也。案谷成败自有年岁。年岁水旱,五谷不成。非政所致,时数然也。必谓水旱政治所致,不能为政者莫过桀纣,桀纣之时宜常水旱。案桀纣之时无饥耗之灾。灾至自有数,或时返在圣君之世。实事者说尧之洪水,汤之大旱,皆有遭遇,非政恶之所致;说百王之害,独为有恶之应;

> 此见尧汤德优,百王劣也。审一足以见百,明恶足以照善。尧汤证百王。至百王遭变非政所致,……五帝致太平非德所就,明矣。(《治期》)

这是一种很明了的"唯物的历史观"。最有趣的就是,近世马克思(Marx)的唯物史观也是和他的"历史的必然趋向说"是相关的;王充的唯物观也是和他的"历史的命定论"是在一处的。

这种国命论和班彪一流人的"王命论"大不相同。班彪(生西历3年死45年)生当王莽之后,眼见隗嚣、公孙述一班人大家起兵想做皇帝,故他的"王命论"只是要人知道天命有归,皇帝是妄想不到的。故他说:

> 帝王之祚必有明圣显懿之德,丰功厚利积累之业,然后精诚通于神明,流泽加于生民,故能为鬼神所福飨,天下所归往。未见运世无本功德不纪,而得崛起在此位者也。世俗见高祖兴于布衣,不达其故,以为适遭暴乱,得奋其剑;游说之士至比天下于逐鹿,幸捷而得之,不知神器有命,不可以智力求也。悲夫,此世之所以多乱臣贼子者也。……夫饿馑流隶……亦有命也。况乎天子之贵,四海之富,神明之祚,可得而妄处哉?故虽遭罹阨会,窃其权柄,勇如信布(韩信黥布)强如梁籍(项梁项籍)成如王莽,然卒润镬伏锧,烹醢分裂。又况幺麽尚不及数子,而欲暗干天位者乎?……英雄诚知觉悟,畏若祸戒,……距逐鹿之瞽说,审神器之有授,毋贪不可几,……则福祚流于子孙,天禄其永终矣。(班彪《王命论》)

这种《王命论》是哄骗那些野心的豪杰的。王充的《国命论》是规劝那些迷信灾异祥瑞的君主的。我们知道他们当时的时势,便可懂得他们的学说的用意。懂得他们的用意,便能原谅他们的错谬了。

十九,五,三十校讫　胡适

(原载1931年1至7月《现代学生》第1卷第4、6、8、9期)

颜李学派的程廷祚

1 康熙三十年辛未(1691)三月二日,程廷祚生于江宁上元县。程晋芳作《绵庄先生墓志》,说他"初名默,后更名廷祚,字启生,别号绵庄"。又说他:"以家近青溪,生平出处与刘璪兄弟相类,晚年乃自号青溪居士"。他早年曾用程石开的名字。

他家原来在徽州的槐塘;明朝天启年间,他的曾祖程虞卿才从徽州迁到南京。程虞卿大概是个商人,往来于杭州南京之间,所以他的儿子任之是"钱塘秀才",大概是用"商籍"考试的。

程廷祚的祖父任之和他的父亲京萼(字韦华,号祓斋),都是很有风骨的人物。程任之是黄道周的好朋友。崇祯甲申(1644)之变,任之把家眷送回徽州;后来南京的局面倒了,黄道周到了福建,任之曾去看他,但他不久仍回徽州。黄道周兵败被捉,任之从徽州赶到南京,道周已被杀了。他还到风台门去哭祭他。(《青溪文集续编》三,《书石斋黄公遗诗后》)

任之是明朝的一个遗老,所以他的儿子京萼也颇有遗民的风概。他写的字很有名,靠卖字糊口。

> 八大山人,洪都隐君子也,或云,明之诸王孙,不求人知。时遣兴泼墨为画,任人携取,人亦不知贵。山人老矣,常忧冻馁。府君(京萼)客江右,访之,一见如旧相识,因为之谋,明日,投笺索画于山人,且贻以金,令悬壁间,笺云:"……公画超群轶伦,真不朽之物也。"……江右之人见而大哗,由是争以重资购其画。……山人顿为饶裕,甚德府君。山人名满海内,自得交府君始。(《文集》十二,《先考祓斋府君行状》)

父是黄石斋的朋友,儿子是八大山人的朋友,这个家庭可说是一个明朝遗老的家庭。行状中又说起吴云（舫翁，明朝遗老，明亡后做了道士）曾于康熙戊寅（1698）从江西来访京萼；时值"人日"，京萼置酒饮宴，和他谈治论学，到天明才去。吴云画《商山图》赠他，此题的意义明说京萼也是一个遗老。其时程廷祚已有八岁，吴云也很赏识他，为他赋《小友行》。（《行状》）

廷祚之母姓徐。程晋芳作《绵庄先生墓志》，说：

> 父京萼，字韦华，能诗工书，遁迹不仕。年近六十，始娶□氏安人，举二子，先生其冢嗣也。（《勉行堂文集》六）

晋芳所记不甚正确。廷祚自记云：

> 初府君少聘于田氏，明祠部郎大同田公季登女也。早卒，未果成婚。而甚为妇翁所器，不忍忘知己，为不娶者二十六年。后迫于王母之命，始娶徐孺人。

京萼死时（1715），年七十一，廷祚已二十五岁了。娶徐夫人时，京萼不过四十多岁。

康熙三十一年壬申（1692），程廷祚出世的次年，他的父亲京萼游武昌，认识了陶窳，陶窳字甄夫，也是一个明末志士的儿子。陶窳的父亲陶泓，字秋水，官主事，改同知，曾从军，兵败后入滇，忧愤而死，遗命儿子们不得做官。陶窳一家住在云南的教化长官司，他二十六岁时（1682）才出滇，寻到他的巴陵故乡，把一个兄弟留在那边，他自己回到云南，把陶泓的棺材和一家人都接回巴陵。这个人的行为颇有点像《儒林外史》里的郭孝子。他后来不但把两个女儿嫁给程廷祚和他的兄弟嗣章，还介绍他读颜李的书。

康熙三十九年庚辰（1700），程廷祚十岁，他的兄弟嗣章八岁。陶窳从浙江来游南京，访京萼，谈了一天，别去。他见了廷祚兄弟，很赏识他们，就托人写信来，要把两个女儿许给他们兄弟。

次年程廷祚的母亲徐夫人死了。京萼答陶窳书，决定婚约。

康熙四十八年己丑（1709），程廷祚十九岁。在这一年，北方颜李学的领袖李塨（恕谷，时年五十一岁）受了陕西富平县知县杨勤的聘请，到富平作幕宾。这时候，陶窳在商州知州沈廷祯的幕里。是年李塨和沈廷祯在省城会见。《恕谷年谱》里记沈廷祯来拜，自称后学,说"天下惟先生一人"。

次年(1710)李塨再往富平,闰七月游商州,沈廷桢迎入州署,这是李塨第一次认识陶窳。《年谱》中记:

> 甄夫出所著《熊襄愍(廷弼)传》,言杀襄愍者,道学邹元标也。先生(李塨)因叹道学不能办事,且恶人办事。
>
> 沈廷桢留先生居商州讲学,辞之。执贽令其子永言,侄素存(都是陶窳的学生)从学,辞不获已,受之。
>
> 先生赠甄夫玉带,甄夫报以核桃砚。(《恕谷年谱》卷四)

程廷祚作外舅《楚江陶公行状》(《文集续编》八),记

> 罗田令沈君廷桢擢商州牧,公(陶窳)时教其子,与同去,凡三载,因遍游咸阳以南,览关西形胜,登太华绝巅,极目沙漠之表。……已而病目,几失明;愈后归武昌。

但此状中不提他在陕西见李塨的事,全篇也没有一句话谈起颜李学派和陶窳的影响。大概他作《行状》时,已不很愿意宣传他和颜李学派的关系了。

《行状》中说陶窳

> 早弃制举业,独攻经史之学,能晰大义。善为诗文,旁及书画摹印,无不精妙。自号曰楚江陶者,尝自序曰:"陶者喜读书,每恨不生定哀间,与游夏诸贤相上下。雅不好仙佛,亦不喜濂洛,谓圣贤者贵于致用,安事虚设性命,惫神章句耶?"

在这寥寥几句自序里,我们还可以看见一个颜李学者的气概。

康熙五十年辛卯(1711),陶窳带了家眷,从武昌迁居南京。

次年(1712),陶家两个女儿嫁给程廷祚(二十二岁)程嗣章(二十岁)。嗣章字南耕,用力于史学,也颇有名。

结婚之后,程廷祚从他的岳丈那边得着颜元的《四存编》和李塨的《大学辨业》。他那时不过二十二三岁,还在一个容易受感化的时期,他读了这些书,又受了陶窳的直接影响,在两三年之间,他的思想起了绝大的变化。他变成了颜李学的一个青年信徒。

康熙五十三年甲午(1714),他二十四岁,在那年的冬天他发愤要编一部《闲道录》,"闲"是防护,这部书的目的是要防护正道。他

拟定了编书的条例,写了一封信给李塨。这封信不曾收在《青溪文集》里,现在保存在李塨的《恕谷后集》里:

> 新安后学程石开顿首再拜,谨奉书恕谷先生门下:
>
> 开少好辞赋,亦为制举文,其于学术之是非真伪,未有以辨也。弱冠后从外舅陶甄夫所,得见颜习斋先生《四存编》及先生《大学辨业》,始知当世尚有力实学而缵周孔之绪于燕赵间者。盖圣学之失传久矣,数百年来,学者不入于朱,则入于陆,互起而哗。自习斋先生出,举唐虞三代学教成规以正流失,廓清绍复之烈,未见有如之者也。先生嗣其后,自当若孟子之遵孔子。不然,则荒塞于战国之横议,而孔子之道未必尊师,至今为烈也。夫物盛则衰。以先生师弟得二千载已丧之真传,乘数百年将更之气运,宜一呼而靡然从风。然而应者尚寡。非三代周孔之学必不可行于后世也。静坐读讲,其习进可以干禄,而退易以自足。二先生所为教,则孝弟忠信,礼乐兵农,躬行力学,不得漫然虚大者也。又安肯违其所甚乐,而从其所不便耶?虽然,势极必返。愿先生省可已之文辞,绝无益之交往,保爱精神,以道自尊,而专肆力于《周官》"三物",旁求同志,益广其传,令天下不病于道之难行,而咸信夫古之易复。则先生之无负习斋,而大有功于当时后世者也。开也愚弱,未能即时北上担簦执贽,拟先撰《闲道录》以矢愿学之心。谨条录请正,临书不胜瞻依驰溯之极。

这封信是次年春天(1715)托人带去的。那时李塨住在保定蠡县,交通不便,这封信在路上耽搁了差不多三个整年,直到丁酉年(1717)十一月初八日,才到得李塨的手里。

那时李塨已是五十九岁的老人了。他的老师颜元已死了(1704)十四年了。自从颜元死后,他时时留心寻访可以付托颜氏学统的人。康熙丙戌(1706),他的好朋友王源从广东回来,向他提起魏禧的话:

> 考古以证今,阅事以察理。求友以大其身,造士以使身之不死。

李塨很佩服这几句话。他们从此更留意延揽人才来"自大"其学派。

他们起先看中了方苞与戴名世,尤其是方苞。戊子年(1708),李塨写了一封最恳切的长信给方苞,劝他接受颜氏学说,书中说:

> 今塨年五十矣,素原愚弱,更向衰老,而夹扶寡侣,传受鲜人⋯⋯日为壹郁。以门下之德望,若得同心倡明正学,则登高而呼,所听者远,南中后进殊尤,必有闻风而兴起者。较之穷崖空谷之鸣流,虽厉莫闻,何啻霄壤?

最后说的更沉痛了:

> 今圣道之悠谬二千年矣,颜先生忽出而独寻坠绪以开吾徒,岂一人一心之力所能致此,殆亦天地神圣之所启也。门下雅欲为不朽人,必不随场观笑。富贵既如浮云,文辞亦属春华。其所以仡仡自立者,必有在矣。继往开来,幸力自决。(《恕谷后集》四)

但方苞(戊子年四十一岁)没有这种"继往开来"的勇气;他的最高理想只是"学行继程朱之后,文章在韩欧之间"。不久(1711)他又被他的同乡戴名世的《南山集》案子牵累下狱了,在狱里一年多(1711—1713),被清圣祖特别赦出。从此以后,方苞成了皇帝最赏识的一个文人,他在那提倡程朱理学的康熙帝和李光地的庇护之下,更不敢做打倒程朱的颜学领袖了。所以他不但没有接受李塨的恳切劝告,后来竟成了颜学的叛徒。康熙六十年(1721),李塨的长子习仁死了,方苞写信给李塨,说这是攻击朱子的报应!他说:

> 《记》曰:"人者,天地之心。"孔孟以后,心与天地相似而足称斯言者,舍程朱而谁欤?若毁其道,是谓戕天地之心,其为天之所不祐,决矣。故自阳明以来,凡极诋朱子者,多绝世不祀。仆所见闻,具可指数。若习斋西河(毛奇龄),又吾兄所目击也。⋯⋯倘鉴愚诚,取平生所述訾謷朱子之语,一切薙芟,而直抒己见,以共明孔子之道,则仆之言虽不当,而在吾兄为德盛而礼恭,所补岂浅小哉?(《方望溪文集》六)

后来李塨死了(1733),方苞不待请求,自己作《李刚主墓志》,说王源被他驳倒了,"终其身口未尝非程朱";又说他从刑部狱里出来时(1713),曾力劝李塨,李塨也听了他的话,

>立起自责,取不满程朱语载经说中已镌版者,削之过半。(《望溪集》十)

他这样诬蔑王源和李塨,大概只是要洗刷他早年和颜李学者往来的痕迹。他已是惊弓之鸟了,没有"仡仡自立"的勇气了。

李塨那时最佩服的是王源,但王源已死在客中了(1710)。在程廷祚写信的那一年(1714),李塨新得了一位南方同志,他是武进的恽鹤生,字皋闻,学问见识都很好,又是诚心的信仰颜李之学,所以李塨很高兴。但恽鹤生那时已是五十岁的人了,究竟不是年富力强的后继者。后辈之中,只有一个冯辰(字枢天,清苑人),但也不是有"继往开来"的魄力的人。

在那个最盼望青年后起有人的时期,忽然一个寒夜里来了一个江南青年信徒的热烈同情的书信!李塨收到程廷祚来信时的欢喜,全流露在他的复程启生书里:

>丁酉十一月朔后八日,安平门人赵渐逵持一函至,灯下展读,则发自金陵,甲午冬书,乙未春付邮,至今四载始达。鉴照高远,辞滚滚如江河。读已而喜,再三读不自休。向尝疑天意不可知,今乃知天之不丧斯文必然也!不然,足下年才逾弱冠,而卓见圣道如此,岂造物无意笃生者耶!

他很老实的倾吐他"求友"的心愿:

>塨自二十一岁从游颜习斋先生,……犬马之齿今岁亦遂忽忽五十有九矣。每午夜旁皇惆怅,以远近问学者虽有其人,大率一长一解。求其明于心,行于身,宣畅于言语,发挥于事业,可全以付者,寥寥。
>
>甲午冬,武进恽皋闻至,博淹,敦廉耻,一闻习斋学,遂共学。笃行著书、裨予不逮,殆其人也。然退而思之,又悒悒不乐。皋闻少余不及十岁,其与陶甄夫之与予交,年之先后仿佛也。及予老耄,而诸君亦就衰矣。非后进英奇使圣道相衍递嬗以至无穷者。今乃忽得之!足下年少才高,议论辉光肆映如伟炬烛天,此天特生之以使周孔之传不至堕地者也!则习斋虽亡而不亡,谫陋虽衰而未衰也。庆幸私情,冀望无涯。

我们现在读李塨给方苞和程廷祚的两封信,还不能不感觉到他的苦心,他的热诚,他的悲哀,他的欢喜。对于那个不曾见面的江南少年程启生,他从此抱着绝大的希望。

《恕谷年谱》在次年(1718;恕谷六十岁)记云:

> 看陶甄夫秦关稿序,内有云:"颜李之学,数十年来,海内之士靡然从风。"岂南方信此道者已众乎?

这当然是引恕谷《日谱》的原文。陶甄这一句话正打在李塨的心坎上。他在壮年时曾到过江南,他现在想再去看看,究竟陶甄的话是不是太乐观了。在这一年(1718),他出去做了八十三天的通州学正,次年回到家里,决定要往南方去。《年谱》记云:

> 思身已衰矣,行道无望矣。广布圣道,传之其人,是余责也。
> 南方学者多有兴起,当往观之。

他于八月二十日出门,先到安平县,见着赵伟业;次到枣强县,见着王宗洙;次到故城县,见着恽鹤生,互换他们的日记,各有评语。从故城到郑家口,见着刘敬庵、姬鹤亭。故城郑家口都在直隶山东的边界上,从此入山东省,到武城县,见着刘天植、张熙甫。九月中,他回到枣强,仍由安平回家。他有诗云:

> 一鞭游历戒清途,为喜斯文近不孤。
> 到处入门攻礼乐,几人搔首问黄虞?
> 清河滏水天光远,蚕庙浆台草色枯。
> 坠绪茫茫俨有待,可能万里走骕骦?

隔了一年,李塨六十二岁(1720),他决定搬家到南方去住。他进京去和方苞商量。那时方苞虽已赦免,虽已得康熙帝的信任,但已被改隶汉军旗籍(直到雍正元年,1723,才赦归原籍),不能回南方去了,所以方苞把他的南方田宅和李塨的北方田宅交换。方苞写了家信,付李塨带回南方去看田宅。十月中,李塨南行,十一月十七日到江宁,住方苞宅内。

他在南京见着程廷祚和别的朋友。这时候程廷祚已三十岁了。程廷祚自己也说:

> 某弱冠得读二家之书,壮岁晤刚主先生于白门,往复议论,

(《青溪文集续编》,《与宣城袁蕙缫书》)

这时候,陶窳已死了一年(1719);程京萼已死了六年(1715)了。李塨很属望于程廷祚,这一次南来的一个目的是要抓住这个年少才高的新信徒。他本已决定久住南方,所以他这一次在南京住的日子很短:十一月十七日到南京,十二月初六到高淳看田,又到宁国,在宁国知府黄瑶圃的衙门里过年,次年(辛丑,1721)正月初九才回到南京方宅,正月十七日就北上了。看《年谱》所记,李塨在南京作赠张吁门序(序见《恕谷后集》二),有程启生的长跋,此跋也不曾收入《青溪文集》,其中有几句话是值得注意的:

> 恕谷先生来金陵,请业问道者无虚日,而吁门与焉。夫先生之学追圣轶贤,其论道之始卒,非好学深思者,或痼于旧说而疑之。吁门独以年少往来寓室,从游靡倦,必其好之笃而信之专也。……先生以成就后学为己任……读此序许以大节,期以进道,惓惓然信乎大贤之用心也。因乐闻而系语于其后。

这篇跋很明白的承认李塨之学"追圣轶贤",很明白的尊他为"大贤",这是他信仰颜李学的最高点。跋中又说张吁门"以年少往来寓室,从游靡倦",我们可以想见程廷祚当然也是那样"往来寓室"的一个。

不幸李塨南迁的计划竟不能实现。他从江南回来,曾有这样的观察:"一路见东省北省人之横诈,不如江南人之和平,恐祸之未艾也。"他南迁的意思是很坚决的。但二月初十日到家,闰六月他的老母亲就病了。七月里,他派他的长子习仁夫妇同方苞的妾南下。七月二十六,李塨的老母死了。习仁在船上得病,死在泊头。李塨大哭道"天意不使南也!已矣!"从此以后,他抛弃他的南迁计划了。

大概当时北京的空气是尊信程朱的,北方一带逼近京城,空气很不自由。李塨壮年曾到南方,看见了毛奇龄、阎若璩、费密等人在南方提倡非正统的思想,都可以自由活动,所以他决心想把颜李学派的大本营搬到南方去(李塨自作《墓志》,说"十四王在西陲,使人两次千金延聘,避如江东"。大概避祸也是一个原因)。不幸他在一年之中两遭大丧,他最属望的长子之死更使他伤心。一年之后,方苞又被赦免入旗的处分,恢复了原籍,互换田宅的原议大概也因此取消了。

从此以后,颜李学的大本营仍继续在蠡县博野之间,因为交通上的不方便,李塨的"广布圣道,传之其人"的计划是不容易实行的。颜李学始终不得大发展,这个地域上的因子是很关重要的。

李塨决定不南迁了。此后程廷祚的消息,在《恕谷年谱》里只有这样一条:

> 丁未(1727),六十九岁。三月,南方诸友周崐来,李师柏,程启生,各有书来。

又有这样一条稍有关系的:

> 戊申(1728),七十岁。张吁门书至,言愿表章颜先生之学,望圣道之明,行其素志也。今带银二两,倩人钞先生诸著,将刊行。

戴望作《颜氏学记》,在程廷祚的小传里说:

> 康熙庚子岁,恕谷南游金陵,先生屡过问学,读颜氏《存学编》,题其后云:
>
> "古之害道出于儒之外,今之害道出于儒之中。习斋先生起于燕赵,当四海倡和翕然同风之日,乃能折衷至当,而有以斥其非。盖五百年间,一人而已!故尝谓为先生者其势难于孟子,而其功倍于孟子。读其书则其语言行事之实可得而知也。"

戴望不曾说明他根据的是何书;这篇跋是可信的,但戴望说此跋写在李塨南游之后,似有可疑。程廷祚第一次上书给李塨,已明说他早已读过习斋的《四存编》了。不应到此时还跋《存学编》。跋中有"读其书则其语言行事之实可得而知也"一句,使我们疑心此跋是读《习斋年谱》和《习斋记余》等书的书后。大概李塨南下时带了颜元的遗著多种,程廷祚读后题此跋。"五百年间,一人而已",这句话可见程廷祚在那时对颜李学的热诚信仰。

但程廷祚对于颜李学的热诚,不久就受了外面环境的影响,起了一种大变化。他好像是变的胆小了,有点怕惧了,不敢公然攻击宋儒了,更不敢攻击程朱了。这个态度的转变起于程廷祚的到北京。雍正甲辰(1724),他三十四岁,他第一次游北京住了几个月(《青溪文集续编》三,《储恕斋传》)。雍正丙午(1726),他三十六岁,又到北京应顺天乡试(《文集》十二,《余公墓表》),到次年丁未(1727)才归去。这两次在北京,他很可以到保定蠡县去看看他那位最崇拜的李塨,还可以到博野去拜祭那位"五百年间一人而已"的颜元的坟墓。然而他两次都悄悄的走了,都不曾绕道去蠡县。直到他第二次回南的那一年(丁未)三月间,他才有信给李塨(《恕谷年谱》,引见上文)。这种冷淡的态度不是很可以注意的吗?恐怕蠡县的同志们早已感觉到这种变冷淡的态度了。所以在李塨的最后十年中,他好像不提起从前热烈期许的程启生了。年谱里时时提起的是恽鹤生;蠡县新建的"道传祠"里,也只有恽鹤生的生像,算是颜学的第三代传人。青年信徒之中,李塨最期望的是那位新来的二十四岁(1723)的刘调赞(字用可,威县人)。他在母丧期中,破戒作诗答刘调赞:

……天地依然成上下,孔周岂遂竟浮沉!
雄才欲负千秋业,高足应登万仞岑。
每度长宵悲坠绪,从今收泪付球琳!

他把当年对程廷祚的热烈期望转移到这个二十四岁新信徒身上去了。

程廷祚的态度的转变起于他的北京之游,这是他自己后来明白承认的。有一位宣城袁蕙缵,大概也是一个颜李学信徒,曾写一封信去责备程廷祚,质问他为什么不宣传颜李的教旨。程廷祚有一封信答复他,这封信侥幸保存在他的《青溪文集续编》里,是最有趣味的思想史料。他说:

前接手示,意气勤勤恳恳,真有道有识者之言也。去古逾远,居今之世,议今之学,则或以生今反古为戒。然孔子论礼乐则从先进,语为邦则采夏殷,孰谓圣人于问学之际而有所禁忌乎?第可为知者道耳。

承反复于某不以颜李之书示人。其故有可得而言者。盖学者束缚于功令,而习见之蔽锢于其中也,非一日矣。某弱冠得读二家之书,壮岁晤刚主先生于白门,往复议论。未几游京师,而当代名儒即有疑其以"共诋程朱"相唱和者。夫孔孟既没,程朱奋乎百世之下,以斯道为己任,此诚圣贤之徒,而非可以妄加以讥评者也。第其学出于遗经,参以己意,与杏坛亲炙者有间,故于圣道不无离合。数百年以来,卒未有窥其底蕴者。……国朝颜李崛兴,乃能举其是非得失之大者,与六经证其异同,而冀幸学者之一悟。可不谓先圣之功臣而宋贤之益友欤?……

然而闻"共诋程朱"之说,不可不为大惧也。某之惧,非敢不自立而甘于徇俗也。《易》称"时"义之大,故君子时然后言。《论语》又曰"知者不失人,亦不失言"。当举世未能信从之日,而强聒不舍,必有加以非圣之谤而害其道者,不可之大者也。当举世未能信从之日,忽有闻而爱慕之者,而亦不与之言,是咎在失人,而坐视其道之终晦,亦不可也。

凡某之不敢轻于有言,皆为道谋,而非计一身之利害也。

兹幸遇足下研精圣学,不以成见自画,独有乐乎恕谷之书,且哀辑之,以广其传,真斯道之幸,前哲之幸,而区区之诚癏瘝弗谖者矣。(《续编》七)

这封信的重要性有几点:第一,它证明程廷祚确有"不以颜李之书示人"的事实。第二,他自己承认他的态度转变是在见李塨之后不久他游北京之时。第三,他承认,他所怕的是"共诋程朱"的罪名,因为这是违犯"功令"的大罪名,可以被人"加以非圣之谤而害其道"。他因为爱护颜李之学,所以"不敢轻于有言",并非计一身之利害。第四,他自己宣言他还是尊信颜李之学的。遇到适当的时机和适当的人才,他还是要传播颜李之学,不肯"坐视其道之终晦"。

我们审查他的著作,可以相信这四点都是真实的。关于他对程朱的态度,和他的继续保持颜李学者的立场,我们在下篇另有详细的说明和讨论。我们在这传记的部分,只要指出他在雍正初年两次到北京之后,他的态度确是变了,变的更小心了。从此以后,他不愿担负"共诋程朱"的恶名,所以在形迹上渐渐和颜李学派中人疏远了,也不敢公然攻击程朱了,甚至于"不以颜李之书示人"了。

他说他"游京师而当代名儒即有疑其以'共诋程朱'相唱和者"。这位"当代名儒"是谁呢?无疑的,是方苞。方苞和程廷祚同是安徽人,又同是住家在上元县的,所以程廷祚到了北京当然去拜访这位"当代名儒"。方苞那时正写了他的《与李刚主书》,发表他的怪论:"凡极诋朱子者,多绝世不祀。"程廷祚也是没有儿子的(他结婚已十多年了,尚无子女;后来纳妾袁氏,也是二十年不孕;他竟终身无子),也许不免受了这种怪论的影响。但最大的原因恐怕还是雍正时代那种猜忌惨酷不容忍的空气,容易使这位新进学者望而生畏。程朱的道学变成了专制帝王的护符,就更可怕了。程廷祚说他的小心是"皆为道谋",也许是真诚的解释(我们不要忘了颜李一派人是屡次被政治大案牵累的。李塨自记他最后的南下是有意逃避十四王子的聘请的;他的《杨仁澍传》记的张万载一案也牵涉到李塨和他的门人王孙裔)。

我们可以说,程廷祚的态度变和缓了。他要用和缓的,积极的方法来重新建立颜李学。不过在表面上他已走上了经学家的路子,专力治经学,也不废诗古文的努力。这两方面都是颜元反对的,但李塨已开其端,程廷祚走的更远了。

程廷祚在父亲死后(1715),丧期过后,就和他的兄弟嗣章同中了秀才。他下了六次乡试,都不中举人(《文集》九,《答陶元玉书》)。雍正末年(1735)开博学鸿词科,安徽巡抚王𬭩举他应试。乾隆元年(1736),他到北京,这时候他已是四十五岁了。考试失败后,他回到南京,从此不应乡试,专心做经学的工作,同时整理他自己的思想,想组成一家之言。他的兄弟嗣章这时候在外边作大官的幕宾,每天收入很好,所以能供给他的费用,使他可以专心著书。

他这以后三十多年的生活,可用年表方式记出:——

乾隆元年(1736),他到北京应试。他那时正开始著作他的《易通》

> 寓居郊南之东岳庙,其地人迹罕至。偶思离卦,觉旧解不安于心,因画其卦而悬之壁间,出入思维。夜分,忽梦有人服如古王者,授以玩索之法。惊寤,挑灯录之。翼日覆视,则无卦不当用其法。此纪元之岁八月初旬事也。(《文集》十一,《与许方亨书》)

这一年他北上南下时,两次过淮安,认识了程晋芳(鱼门),后来他们成了好朋友,常常有书信往来,见于他们的集子里。

乾隆七年(1742),方苞(那时七十岁)告老出京,回到南京故宅。他在南京住到他死(1749),凡八年。在这八年中,程廷祚和他往来很密。方苞做三礼义疏馆副总裁时(1736),曾拟有纂修条例六条,作为群经旧注纂集的总例:——

一曰正义,乃直诂经义,确然无疑者。

二曰辨正,乃后儒驳正旧说,至当不易者。

三曰通论,或以本节本句参证他篇,此类以测义;或引他经与此经互相发明。

四曰余论,虽非正解,而依附经义,于事物之理有所发明。

五曰存疑,各持一说,义皆可通,不宜偏废。

六曰存异,如易之取象,诗之比兴,后儒务为新奇而可欺惑愚众者,存而驳之。

这个条例大致是很有道理的,所以方苞颇自喜,他到南京时,虽然已是七十五岁的人了,他还有做《五经集解》的雄心。他自己治《仪礼》,又请程廷祚用他的"六条"去编纂《周易集说》。这部书费了他十年的功夫,到方苞死后才编成,改称"大易择言"。

乾隆十六年(1751,他六十一岁)江苏巡抚保举他应"经明行修"的召试,他到北京,又不中选。

乾隆十七年(1752),他重订他的《易通》,又作《象爻求是说》。

次年(1753)他的《晚书订疑》写成。又编定他的《青溪诗说》。

乾隆十九年(1754),他六十四岁,大病了一次,几乎死了。

次年(1755),他开始做他的《论语说》。这书最可以表现他的思想。他自己说,此书改订于丁丑(1757),又改订于戊寅(1758),凡四次改稿,始成定本。

他作《晚书订疑》时,还不曾见着阎若璩的《尚书古文疏证》。乾隆二十一年(1756),程晋芳替他寻得《疏证》,他读了觉得不能完全同意,就写了一篇《尚书古文疏证辨》(《文集》四收有此文)。

他死在乾隆三十二年(1767)三月二十二日,年七十七岁。

程晋芳说：

> 后十年，弟南耕老且聋，不能远游，食指益繁，用是竭蹶。先生处之泊如也。其状貌温粹，志清而行醇，动止必蹈规矩。与人居不为崖岸，而自不可犯。(《墓志》)

这是他的朋友对他的做人的印象。关于他做学问的方法，他自己曾对袁枚说过这样两句格言："理见一层，更有一层。心细一分，还有一分。"这已是乾隆时代朴学家的治学精神了。

《儒林外史》的作者吴敬梓是他的朋友，他的集中有《与吴敏轩书》，又有《金孺人墓志》。金孺人就是吴敬梓的姊姊。《儒林外史》里用气力描写的庄绍光就是程廷祚。那是一个朋友的写生，虽然不是严格的传记，究竟可以使我们知道他的朋友对他作如何看法。

《儒林外史》里写庄绍光的朋友卢信侯因为收藏禁书，被官军围捕。卢信侯就是《青溪文集》里常提起的刘学稼。刘学稼名著（后来改名湘煃），字允恭，湖广江夏人，是一个算学家，曾在梅文鼎门下学算学天文。他是一个颜李学者。李塨最后南下的那一年（1720），曾往宁国看田宅，《年谱》记云：

> 刘允恭持门生帖来视。允恭，旧日门生，此时从梅定九学数也。言定九欲来拜，八十八岁不能行，请先生往一晤。……明日乃同允恭往会定九。定九称格物之解极是。将别，定九凄然留曰："吾以先生为转气运之人，做使子弟群瞻，且有许事相商。恐老不能再见矣。"

刘著学算学的成绩是一部《五星法象编》，程廷祚曾替他作序（《文集》六；又《续编》八，《寄陶稽山书》）。他又喜欢研究风水，曾为程廷祚到各地去看风水，替他的祖宗选择墓地。他留心山川形势，所以藏有一部顾祖禹的《方舆纪要》钞本；并且亲自到无锡顾家去借出原本来校勘，"时盛暑，蚊蚋蔽体，两目尽肿赤，手不停笔。自比于王胜之之于司马通鉴"。雍正十一年（1733），刘著带了这部《方舆纪要》到南京，住在程廷祚家里。这部书本来不算是犯禁的书，却被一个顾煜在总督范时绎处告密，说刘著"交匪类，藏禁书"。总督"令中军王英发兵围廷祚宅，取其书以去"。这个案子后来拖延了七年多，刘著才被释放。程廷祚有《纪〈方舆纪要〉始末》一篇,记此事颇详。这就是《儒林外史》第三十五回写的几百兵半夜包围庄征君住宅,捉拿卢信侯的故事的真相。我附记此人此事,只是要介绍《儒林外史》和颜李学派的人物的关系,并且要人知道程廷祚虽然不公然宣传颜李学,他实在是常和颜李学者往来。

这个刘著大概是一个热心的颜李学信徒。《程廷祚集》中有《与刘学稼书》,开端一段说:

> 前接手示,滚滚数千言,志趣甚高,议论甚大。所望于弟者甚殷以隆。吾党畏友,素推足下。此非时人之所及知。即此一书,寥寥海宇,知其故而能言之,几何人哉?(《文集》九)

这一段似有可以注意之处。刘著的"滚滚数千言"大概也是期望程廷祚担起振兴颜李学的责任来。此书末有"来书言欲卜筑湖南,决意入山"之语,大概是在刘著出狱之后,他自己要"入山"去了,所以希望程廷祚作一个负荷颜李学的领袖。程廷祚答书颇替宋儒辩护,我们可以推知刘著来书必有攻击宋儒的话。答书又说:

> 弟自迩年以来,始深知学问之难,惟在躬行。千古以上,未敢轻议;后来茫茫,亦未敢轻议。

他这时候难道真已抛弃了南方颜李学的领袖的资格了吗?还只是因为刘著"禀气粗豪,未能琢磨纯粹",以致到处闯祸,所以程廷祚有点戒心,不敢在这位"吾党畏友"面前说真诚呢?

2 我相信程廷祚始终是一个颜李学的信徒,不但有他的《与宣城袁蕙纕书》可以为证。还有别的证据。他的兄弟程嗣章做了一部《明儒讲学考》,程廷祚作序文,说明儒不外于朱陆两派:

> 夫道果出于尧舜以来之所世守,则一而已矣。今日"即物以穷其理";又曰"六经皆我注脚"。起圣人而折衷之,其是非离合何如也?纷纷之议固有所不能已矣。有明之学者不出二端。……崇祯之季有吾家云庄先生起于新安。国朝康熙中,有习斋颜先生起于博野。习斋动必以礼,敦善行而不怠,率门弟子讲求礼乐兵农之实学。孟子有言,彼所谓豪杰之士也!云庄先

生明睿挺出,以大易立教,独阐性命之微,而谓之极数。学者鲜能得其途径以入。……朱陆而后又有两派,因附识于此。(《文集》六)

这里前面略评朱陆两派,深表不满意,后面对于颜元特别称赞,这可见程廷祚不完全讳匿他敬信颜学的态度。

他有一篇《与家鱼门(程晋芳)论学书》,态度更明显了:

愚闲居更订说经旧稿,因念圣经莫不切于人道,而体有不同。故学《易》多蔽于象数,学《诗》每眩于比兴,盖所致然也。惟《论语》一书以问答之体,质言学问政事,而立为教学之准则,……万世以下,欲求实德实行者,于此乃有所持循而无陨越也。……后儒诠解,非学究之陈言,即名士之清谈,而得其要领者未之见焉。

愚近作《礼乐论》(《文集》三),适缘有感于此。李恕谷传注诸书,足下阅之,以为何如?其师弟亦非无所见者,正可与拙论相发明也。

要之,后世学者所为,不失之高,则失之卑;之于歧趋则易,致于中道则难。其逸出于此者,则机变巧伪,无所不为,以为人害。盖三代之所以不复见者在此数端,而皆根于礼乐之废。足下能不助我盱衡而嗟叹哉?

宋儒之学根本既与三代有异,而复好为高论,与魏晋习尚似异而实同。然在魏晋,出于庄老本不自讳,而宋人之于佛氏则陷于不自知。此庄老之害道者浅,佛氏之害道者深,而受其病者亦如之。程明道以言性便不是性,罗仲素令人观未发气象:此两先生岂真欲托足空门,乃渐染于其说而抱黎丘之惑也(黎丘之鬼能效人子弟之形,有丈人为鬼所惑,以鬼为其子,而以其子为鬼。见《吕氏春秋》)。俗儒但知掊击陆王,而不知"阴释"之所由来,亦何足以定其论而服其心乎?

今日者,其人已往,其书具存,明者自能辨之,何必深求?而其作为训诂,遗累圣经者,则不可以不论。

颜李师弟立言过于峻激,致生惊骇。而非其人亦孰与救学术之敝耶？

> 足下欲辨学术，惟求其归于《论语》，而无即以宋人之《论语》为《论语》，其可也。（《续编》七）

这是一篇最重要的传教文字。程廷祚和程晋芳做了三十多年（1736—1767）的朋友，晋芳是侄孙辈，程廷祚看他聪明好学，所以很敬爱他。他对于外人不敢宣传颜李学，现在对于这个有点才气的侄孙却想做点传教的工作。他把李塨传注的诸经送给程晋芳看，并且明明白白的说李塨的思想正可以和他自己的思想互相发明。他在这里很不讳饰的承认颜李师弟"非无所见者"，并且很坚决的宣言：

> 非其人孰与救学术之敝耶！

我们读了这种宣言，不能不相信程廷祚始终是一个颜李学的大师。程晋芳始终不能接受颜李的思想。他的《勉行堂文集》有《与家绵庄书》四篇，其第三篇即是答此书的，书中承颜李也有长处，但道统仍须归程朱！他作程廷祚的墓志，竟一个字不提及他和颜李学派的关系，这是他很对不住他的死友之处，与方苞有同样的卑污。后来他作《正学论》七篇，其第二篇提起颜李，竟引方苞的《李刚主墓志》为定论了！

李塨劝方苞奉颜学，程廷祚劝程晋芳信颜李之学，结果都恰得其反。但这只是方苞程晋芳的失败，于李塨程廷祚毫无损失。

程廷祚的颜李学当然是一种变换过的颜李学，不是原始的形状了。变换不一定是进步，也不一定是退化。变换只是时代和环境造成的结果。最明显的变换是颜李学的宗教成分大减少了。颜李门下，人人各有日记，各有功过格，有过用黑圈记出，这都是晚明的宗教风气。颜李都反对理学家的静坐主敬，但他们都要"习恭"：他们自律的戒条是"小心翼翼，昭事上帝"，李塨晚年改为"小心翼翼，惧以终始"。我们在程廷祚的著作里，在程晋芳做的《墓志》里，在《儒林外史》的描写里，都看不出程廷祚有这样的举动。大概他的见解已能跳出这一方面的颜李学，虽然"动止必蹈规矩"，已不受那种变相的袁了凡宗教的束缚了。

其次,是他对于程朱的态度变的比颜李和缓多了。上文已说过,他自己承认他不愿得"共诋程朱"的罪名。在这一点上,他和颜李的见解很不相同。颜元说的最明白:

> 予未南游时,尚有将就程朱,附之圣门之意。自一南游(颜元南游,至河南为止),见人人禅子,家家虚文,直与孔门敌对。必破一分程朱,始入一分孔孟。乃定以为孔孟程朱判然两途,不愿作道统中乡愿矣。

李塨读书较多,学问较博,眼光较阔大,所以他能承认

> 先儒歧路亦非有心,时势积渐莫能自主。(见他《与方灵皋书》)

但他对于宋儒,对于程朱,还是很明白的批评攻击。他晚年(六十九岁)还对方苞说:

> 颜先生学之切实,君所素许也。但谓宋儒是圣学,则天下无是非并立之理。请问其以主静为主敬之功是禅宗否?其存诚是愚诚否?其穷理是俗士之诵读否?以六艺为末务粗迹而专讲性天,背圣学否?以致聪明人尽归无用,遂使神州陆沉,王夷甫辈安谢其咎?仁人念之垂泣否?(《恕谷年谱》卷五)

颜李的态度这样明显,程廷祚当然明白。不幸他受了方苞的影响,又怕得罪"功令"所以他对于那位本家祖宗(程子)和那位同乡大贤(朱子),总不能不存一点宽恕的态度。他的态度是根据于他的历史见解的:他承认两宋的道学运动在历史上应该占一个重要的地位。他说汉儒和宋儒各有他们的历史地位:

> 六经出于秦火之余,先汉诸儒抱残守缺,又能求其名物度数,转相训释,使欲明经者有所由入。其功不可诬也。然圣人之道以是存,不以是尽。宋儒有见于此,盖自孔子之没千数百年而众喻于圣人之可学而至者,濂洛诸君子之力也。……

> 盖汉代人主悬利禄以诱进天下之通经学古;而士之有志者亦惟以为圣人之道尽于章句训诂,未尝反之身心而自验其是非离合也。

> 宋世诸子自谓得不传之绪于遗经,虽其所见未必一一合于

圣人,而皆能用心于内。其所谓主敬存诚,致知力行者,大端与孔孟之旨相近。视汉儒之学苟以哗世取宠,相去远矣。故其徒多谨身寡过之士,遭时多故,至于摈斥死亡而不丧其所守者,往往有之。语其末流,如扬雄,刘歆之无耻者,曾见几人乎?(《文集》三,《汉宋儒者异同论》)

这个见解,他又在别处详细说过(《文集》十,《上督学雷公论宋儒书》):

> 凡史所谓"儒林",大抵以待解说经义,著有成书者,而其人之邪正,学之纯驳,率置弗问也。呜呼,儒所由名,其尽于是而已耶?……
>
> 宋室之兴,濂溪明道诸先生相继并出;其所讲求,超然异于前代。于是儒者之门户始扩而大之,以上跻乎孔孟之堂。当此之时,史家虽欲不为立"道学传",可乎?

他认清了宋朝的道学运动在历史上是一个崭新的,划分时代的运动,值得另立"道学传",这是有历史眼光的话。但他的特别赞扬宋儒,就同颜李学的根本立场相冲突了。他说:

> 夫能察天理人欲之分,严义利公私之介,专务于存诚主敬,致知力行,孜孜然以圣人为必可学而至者,此诚宋儒之不可及者也。若夫解经之是非离合,则宋儒之末节也。

这一段极力颂扬宋儒的话,我们试比较上文引的颜元、李塨的两段话,就可以知道程廷祚实在离颜李的思想很远了。

他是不佩服宋儒的经学的;至少他觉得宋儒的经学是可以胜过的。在这里,我们可以看出,还是他的不敢诋毁程朱的心理作梗。他觉得:宋儒的尊严在于躬行道德的方面,这一方面是不可推翻的;但经学的方面本来不是宋儒的专长;推翻宋儒经学的某一部分,不算是诋毁宋儒,不算是违反功令。他说:

> 明道无解经之书,无损于明道之也。伊川,朱子之所尊崇,乃朱子于伊川《易传》,攻辩不遗余力。以解《易》而误,亦无损于伊川也。……
>
> 然则朱子设有解经之误,后人援伊川《易传》之例,岂所以

获罪于朱子哉?……

记有之:"事师有犯无隐。"今于无可非议之处而有訾謷,则过于犯矣。若已见其可议,而曲为之覆,则近于隐矣。皆非事师之道也。

且《孝经》曰:"君有争臣,父有争子。"君臣主义,父子主恩,皆不能无争。曾是学问之地而容阿附乎?朱子有知,当亦无取于此。

考朱子《诗传》刻于最先,本义又未修改;后来议论多所异同,晚年有"平生注经不免误已误人"之悔,此百世以下之所共闻。然则朱子绍圣学之真传者,自有在矣。……执经义以商酌是非离合,此格物致知之急务,先贤殆所乐闻而不能无望于后人者。鄙见如是,曩曾以质之望溪先生,先生曰,然。(以上均见《上督学雷公论宋儒书》)

这一大段议论,只是要争得驳难宋儒经学的自由。宋儒的躬行道德,我们可以不加非议,甚至于可以认为"无可非议"。但我们必要争取"执经义以商酌是非离合"的自由。这一点,表面上看来,似乎是一个大让步。其实这是一种手段,是在那个时代不得不如此的一种策略。这个时代起来的"汉学运动"采取的正是这种策略。苏州惠氏一门的口号是"六经尊服郑,百行法程朱",正是这一边让步一边进攻的策略。欧洲近世学者向教会作战,也采取同样的战略:他们把信仰(faith)的世界完全让给教会,他们只要争取那理智(reason)的世界里的思想言论自由。他们甚至于把整个精神的世界让给教会,只要求保留一个物质的世界给他们去研究。这个策略是最聪明的:等他们把物质的世界征服了之后,那个所谓精神的世界也要归到他们掌握之中了。

十八世纪的汉学家的策略确有这种意义。他们情愿"百行法程朱",来换得"六经尊服郑"的自由。其实他们何尝完全尊崇服郑?他们抬出"汉人去古未远"的口号来压倒程朱的权威:他们的目标只是要争取"执经义以与宋儒商酌是非离合"的自由而已。这里面的战略的意义也是要让出信仰的世界来换得理智的自由。躬行道德属于信仰世界,商榷经义属于理智范围。其实国家的"功令"只规定了一切考试场中的"经义"必须用朱子的《四书集注》,朱子的《诗集传》,《易本义》,蔡沈的《书集传》等等。功令并不问你赞成不赞成宋儒的道学。程廷祚和当时的汉学家所争的"执经义以商酌是非离合",正是"功令"所不许呵!正因为说经的自由是"功令"所不许,所以当时的学者必须力争。为了要争得说经的自由,他们很巧妙的放出一种烟幕弹来,说程朱所以"绍圣学之真传"其实不在经学而在躬行道德。我们都一致承认程朱的"道学"是无可非议的了,难道政治还不许我们在经学上给程朱做个诤臣诤子吗?

这一个根本策略的意义弄明白了,我们才能谅解程廷祚对宋儒,对程朱的态度的转变。程廷祚对程朱的崇敬,有时候真可以令我们吃惊。例如他对刘著(一个颜李学的老同志)说:

> 元明以来,学者稍知有贞观注疏者,即无不极诋宋儒。然以弟观之,可以当得"人"字者,究竟宋儒为多。何则,彼固尝致力于存诚遏欲而以实德实行为事者也。至苦解经之得失,乃其末节。……弟于程朱经学多所异同,而卒不能昧其本心,议及于宋儒之所得者,良有由耳。(《文集》九,《与刘学稼书》)

我们初看这样的赞语,岂能不疑心他背叛了颜李之学?但仔细一想,宋儒的躬行岂不都根据他们的经说?存诚遏欲,致知力行,无一不是宋儒的经说的结果。如果宋儒说经的结果真是一些"可以当得人字"的人格,我们还有什么不满意于宋儒之处呢?

所以我疑心程廷祚的恭维程朱多少总有点不很诚意,多少总带几分策略作用。他的真意在他给程晋芳《论学书》(全文引见上篇)里可以看出来。他在那里说:

> 宋儒之学根本既与三代有异,而复好为高论,与魏晋习尚似异而实同。然在魏晋,出于庄老本不自讳,而宋人之于佛氏则陷于不自知。此庄老之害道者浅,佛氏之害道者深,而受其病者亦如之。程明道以言性便不是性,罗仲素令人观未发气象,此两先生岂真欲托足空门?乃渐染于其说而抱黎丘之惑也。

这才是对一个朋友倾吐他心里要说的话。这才是他的颜李学派的根本立场。我们读了他晚年（此书之作当在《论语说》著作时期，故已在他的晚年）说的老实话，不能不承认他对宋儒的和缓态度是一种手段，一种战略。

我们看程廷祚在经学上攻击宋儒的激烈，更可以明白他还是一个反对宋儒的学者。我们必须明白：攻击宋儒的经学正是擒贼先擒王的策略。《宋史·道学传》这样赞叹宋儒治经的功绩：

> 凡《诗》、《书》六艺之文，与夫孔孟之遗言，颠错于秦火，支离于汉儒，幽沉于魏晋六朝者，至是皆焕然而大明，秩然而各得其所。

自从元朝仁宗时代（1314）规定了用朱注《四书》来考试经义之后，明清两朝都继续用程朱一系的经说做取士的标准书。程廷祚认清了经学是宋儒道学的最坚壁垒，所以他和同时的汉学家都向这里进攻。所不同者，汉学家往往惑于"去古未远"的喊声，往往过于相信汉代经师的荒谬的见解。程廷祚经过了颜李学的大解放，他的治经的目标不是要复古，是要切于人生实用，是要建立一种新的人生与社会，所以他不肯迷信两汉经生的见解，处处要自己寻出一个他认为满意的说法。

例如《周易》之学，汉学家抛弃了宋朝的"道士易"，却乖乖的回到西汉的"方士易"，岂不是以暴易暴！程廷祚在易学上用力最久，他一面抛弃了邵雍、周敦颐、朱熹的象数之学，一面他也不承认两汉的互卦，卦变，卦气之说。他颇采用程颐的《易传》，也颇采纳王弼的说法，又受了明末一个程云庄的易学的影响。他主张《周易》是一部论人事的书，"易"的本义只是"简易"，易的精义只是"生生之谓易"一句话。老氏说"长生"，释氏说"无生"，易道只说"生生"（《文集》一，《易论》；《续编》一，《易论》）。他批评宋人的易学道：

> 宋代诸君子……于刚柔易简之理全不能明，而顾取陈希夷之太极图，邵康节之先天，及刘牧之《河图》、《洛书》，诸怪妄之说以自矜微妙。岂足以胜佛老哉！（《文集》十，《寄家鱼门

书》)

他治《诗》,治《仪礼》,都有批评宋儒的态度。最厉害的是他对于朱子的《论语注》的攻击。他对程晋芳说:

> 后儒诠解[《论语》],非学究之陈言,即名士之清谈,而得其要领者未之见焉!

试想这些"后儒诠解"之中最有权威的是那部全国尊信了六百年的《朱子集注》,就可以明白这一句评语的十分大胆了。

在这攻击宋儒经学的方面,程廷祚不失为一个继承颜李遗风的自由思想者。在那个汉学时期,他是独立的:他的立场是颜李的立场,不是汉学家的立场。他的见解是创造的,建设的,哲学的而非经学的。他是颜李的继承人;他是戴震的先导者。

我们现在可以讨论他的建设的哲学思想了。

我们可以先看他晚年修改四遍然后定稿的《论语说》。他在《论语说》自序里说:

> 《论语》者,六经之统会,大道之权衡,所以正教学之是非,而制生人之物则于不可过者也。自尧舜至周孔,而守一道。在昔为司徒之命,典乐之设,为三物之所宾兴(三物是六德,六行,六艺,见《周礼·地官》)。其在二十篇之中,以文行忠信为四教,以诗书执礼为雅言,以孝弟谨信泛爱亲仁余力学文为弟子之职业:其道易知,其教易从,要在率天下以立人道而已矣。(《文集》六)

这寥寥几句话是颜李教旨的纲领,凡曾治颜李学的人都能一见就认得。"率天下以立人道"一句话是程廷祚自己提出的最扼要的纲领。

《论语说》(有金陵丛书本;《颜氏学记》卷九摘录)是一部很平实的《论语》解,很平和的指驳朱注的错误,很平和的陈说他自己的见解。书中偶引李塨的话,都称"恕谷先生",可见他并不隐讳他对于颜李学的敬礼。全书的宗旨只是要剥去宋儒的心性玄谈,把论语恢复成一部平平实实"立人道"的书。例如第一章"学而时习之",朱注有"明善而复其初"的玄谈;程廷祚只说"古者学必有业,古所谓业,诗书礼乐而已"。又如"子使漆雕开仕"一章,宋儒注一个"斯"字,说是"指此理"又说什么"心术之微";程氏只依古注说"斯"指仕进之道。又如"克己复礼"一章,宋儒解"己"为"身之私欲",程氏只说"礼听言动即己也"。

《论语说》中有几个见解是值得特别注意的。第一是说"性无义理气质之分"。这是颜元的性论。程廷祚说:

> 人资血气以成形,谓之气质。气有美恶而皆不能无偏,因偏以流于习,而去性始远矣。古圣贤设教,惟于人之气质加以矫偏救弊之功,不言复性而性已复。

此种性论,老老实实的承认气质是性,是颜李学的嫡派。后来戴震论性也从这里出发。第二是说"理"。程廷祚说:

> 天理二字始见于《乐记》,犹前圣之言天道也。若大传之言理,皆主形见于事物者而言。故天下之理,性命之理,与穷理,与理与义,皆文理条理之谓,无指道之蕴奥以为理者。宋人以理学自命,故取《乐记》天理人欲之说以为本原。

说理为脉理条理,是李塨之说(见于他的《周易传注》,《传注问》),程廷祚的话,上承颜李学,下开戴震的新理学。

程廷祚有《礼乐论》两篇(《文集》三),和他的《论语说》最有关系。颜元的思想有一个根本的大贡献,就是主张"动"的教育,反对静坐的理学:他要人习动,要人"犯手去做"。颜李之门学习礼乐都是要人动手动脚去实做实习。程廷祚论礼乐就是从这个观点出发。他说:

> 今夫礼乐之为物也,不生于人而生于天。孩提而知歌咏,少长而知舞蹈,非有教之者也。五官百骸,生而用无不具。故曲折以赴礼,则一身之用行焉。鼓瑟射御,则两手之用行焉。
>
> 今也礼乐之教既亡,人之与生而俱生者,则力遏其萌而不使之遂矣。终日匡坐而诵读,无升降上下之节,无屈伸俯仰之容,则一身废矣。琴瑟之不知,射御之不习,则两手废矣。是天与人以形体而莫不坏于有生之后。性命之理不顺,人道之纪不修,谁

实为之？教之所致然也。是故莫弊于今之教法。(《礼乐论》上)

他的《礼乐论》也只是要用礼乐来提倡一种动的教育,要人运动一身和两手。他老实说,诵读六经不能替代两手一身的训练。他要人取"士礼所载酌而行之",要人考究琴瑟笙磬等乐器而复用他们。我们在《儒林外史》的记载里可以看见程廷祚和他的朋友们在南京实习礼乐的情形。

程廷祚的晚年已是汉学极盛的乾隆时代了。大胆批评的"反理学时期"已过去了,新起的学人都只准备从文字训诂和名物考证的方面做他们的朴学工作,都打定主义不谈义理,不作玄谈,不作建设哲学系统的梦想了。这个时代的新风气正是章学诚讥笑的"襞绩补苴"的考证学风气。

在这个空气里,只有两个人还想建设一种新的理学:一个是程廷祚,一个是戴震。后者似乎是很受了前者的影响,所以程廷祚的建设方面的思想是值得我们的特别注意的。

程廷祚的思想散见于他的各种经解和他的文集中。但他有七篇论文,题目是:

《原人》,《原心》,《原气》,《原性》,

《原道》,《原教》,《原鬼神》,

自成一个系统,可以说是他的思想的最有条理的叙述。他在《原人篇》里说:

> 人生于天地之中。……形者,天之所生也。性者,天之所赋也。而吾之身日与天地相依附。……古之言人道者,曰父天而母地,曰事天如事亲。圣人所以垂世立教者,其言不过如是而止。而其实则有不尽然者。火附于薪,火灭而薪存,则火与薪犹二物也。子生于父,父衰而子壮,则子与父犹异体也。若夫人之生也,本于天地之一交;天地自一交以后,以糟粕者成其形,以精者立其性,而天地之所知所能,遂举其全而畀之于人。且不但此也,天地之知能自是遂退谢于无为,而世界任人之辟之,民物任

  人之奠之,鬼神任人之所以酬酢之。

  《易》曰:"乾知大始,坤作成物。"知始成物而前,则人在天地。知始成物而后,则天地在人。而谓仅如薪火之相附,父子之相属也乎?

  这是他的"立人道"的哲学的宇宙观与人生观。他嫌古来的立教者都把人的地位看低了,看的太轻了。他承认"天地一交"而生人,但天地的工作尽于这一交。从那一交生人之后,天地就退舍了,就让位了,就把天地的知能全都付托给"人"了,就把整个的世界交给"人"去开辟奠定了。未有人之前,"人在天地"。有人之后,"天地在人"。这是程廷祚最大胆的创说;古来说"人"的地位,没有比他说的更尊贵的。

  在《原心》一篇里,他说明人何以这样尊贵:

  欲尽人之所以为人,当先知人之所以异于物。欲知人之所以异于物,当先观天地之知能。天地之知能何在乎?谓其能覆能载也,谓其能布四时而行日月也,谓其能历久而不灭也。吾以为皆不在是。

  夫天地之知能,莫大于能生人,而尤莫大于能生人之心。心者,知之所载也,气之至清者也。……传曰:"民受天地之中以生。"夫物生于天地之交。……惟于一交之中而人物乘之以生;又惟一交之中,其纯粹而清明者独钟于人而不钟于物。……然则所谓中者,是天地至清之气也,是天地之知能也。未交以前,天地无此知能。既交以后,天地亦无此知能。其端惟在于人心而已矣。天能生人而与以人之心,此人之所以不如天地也。生于天地而能全有天地之知能,此天地之所以不如人也。

  人惟有此心知,故学天而至于天,学地而至于地。以及天地所不知不能者,而皆知之,皆能之。岂天故纵之以至此欤?

  这也是他的大胆创见。世界有人以后,岂但"天地在人"而已,因为人有心知,所以能学天学地,甚至于能知天地之所不知,能为天地之所不能为,所以可说天地"不如人"了。

  这个最尊贵的人是他的"立人道"的哲学的人生观。

程廷祚继承颜李的气质一元论，所以很明白的反对宋儒的理气二元论。在《原气》篇里，他说：

> 自后儒之论兴，而天下乃群然贵理而贱气。……夫气安可贱乎？自天地而下，一气而已。吾见夫天地之始也。见夫天地之化之日出而不穷也，见夫万物之生死消长也，无非气者。……
>
> 太极亦气也。……孟子曰"形色，天性也"。夫以形色为性，则气之外无性也。又曰"浩然之气"，不曰理而曰气，则气之外无理也。《易》曰，"一阴一阳之谓道。"领道于阴阳则气之外无道也。

这是最彻底的气质一元论，最彻底的唯物论。他说，后起的儒生

> 徒见其后来条理之分明，文理之灿著，乃群然贵理而贱气，曰，此气质之性也，此形气之粗也。噫，执其末而忘其本也甚矣！

这是说理只是条理，文理，还是继承李塨的主张。后来戴震完全从这里出发。

关于性，他另有《原性》篇：

> 人乘天地之气以生。天地虽有不善之气，而生人之气则无不善。性也者，其气之至善者乎？
>
> ……二气粗遇，阳必求阴，阴必求阳，天地之性也，即夫妇之性也。相求相感之际，其性既真，其情自密，必有绸缪交构于无间而不可以伪为者。夫绸缪交构于无间，此至善之气也。人乘此至善之气以生，而谓性有不善者，岂情也哉？……
>
> 然则性之义云何？曰，人之所以生也。《中庸》曰"天命之谓性"，言性者，天之所以生物，即物之所以有生。……
>
> 然性之能不在五常，不在万事，而在于能知，知在于能爱。（适按，此处似衍一个知字。）爱非独爱其亲爱其兄之谓也。吾观于能言之孺子，无知之野夫，其无所闻见则已耳，其目所乍见，耳所乍闻者，则必求明其故于心，而属属乎其若迫。此其心必有不忍遗乎物，不忍外乎物者。则万物一体之大原备于此矣。

这种性论，也是纯粹唯物的看法。后来戴震论性，说"分于阴阳五行以有人物，而人物各限于所分以成其性"，完全是和程廷祚相同的。

有了这个唯物的宇宙观,有了这个最崇高人的地位的人生观,我们可以看看程廷祚如何论"道"与"教"。《原道》篇说:

> 囿形以言心,则不知心。胶理以言性,则不知性。离天以言道,则不知道。……

> 道者何也?道者,天命之不容已于天下者也。天地一交而生生不已;至善之原由此开,而物感之端亦由此启。其端则有三:饮食也,男女之欲也,乐生而恶死也。是三者名为物感,而亦发于至善之性。惟其感物既深,则渐流渐远,以及于陷溺,而天下之祸烈矣。

> 圣人曰:吾将夺而饮食,禁而男女,杜而乐生恶死之心,毋论断断有所不能,即能为之,亦必暂效于前而终败于后,是与于天下之祸者也。不如因其所感而利导之,以益明夫至善之所在。而"道"之大用行焉。

> 至善者,天之命也。天无乎不爱,而有至善。人无乎不爱,而有至善之性。道也者,广其爱而节其爱者也。

> 无以"节"之,则饮食也,绔兄之臂亦可也;男女也,搂东家之处子亦可也;乐生恶死也。凡可以得生者无弗为也。

> 有以"广"之,故一饮食也,必至于民饥则由己饥;一男女也,必至于内无怨,外无旷;一乐生恶死也,必至于无一夫不获其所。……

> 故曰,天命之不容已于天下也。

他的道是"人道"。他的教也是"立人道"的教。《原教》篇说:

> 教者,圣人之事也,率天下之人以尽性至命,而位天地,育万物者也。

这就是他的《论语说》自序说的"率天下以立人道"。

> 人为天地而生,天地待人而立。彼释老者亦人耳,而乃置天地民物于度外,以独善其身,吾知圣人必大有不忍于此矣。……

> 生生之谓易。天地以生生为心,圣人以生生为学。今释氏则曰无生,老氏则曰长生。然则开辟以前可以无此一交;开辟而后,可以止于一交,天何为而无不交,无不变,而有此不已之命,

生生之易哉?……彼二家者,极其能不过独善其身而止,而以天地万物为物。谓之其学,可也,不可以为教也。

程廷祚的思想骨干,大致如此。这个骨干,我们现在看来,是很浅近的,很简单的。但我们不要忘了两点:第一,中国思想家很少把自己的思想写成有条理的体系的;程廷祚的思想已是比较最有系统的了。第二,浅近与简单都不是毛病:颜李一派的根本立场正是要打倒那五六百年的精微玄妙的清谈,重新回到粗浅平实的实德实行,实学实习。颜元说的最好:

> 学之亡也,亡其粗也。愿由粗以会其精。

程廷祚的思想,大致还是用颜李学的简单立场,加上他自己的思考,组成一个浅近简单的系统。他承认"气一元"的宇宙观,天地万物只是一气,气外无理,气外无性,气外无道。天地之气一交而生物生人,人所分得的气质最清,知能最高,能知天地之所不知,能为天地之所不能为。他并不愿再进一步去探讨天地如何产生人的心知;他只说,天地一交而生人,有人以后,这世界就是人的世界了。人的使命是"立人道"。人道之端不过是饮食,男女之欲,乐生恶死之情。人之道只是要"因其所感而利导之,以益明夫至善之所在";只是要"广其爱而节其爱"。这个思想体系的粗浅简单,正是它的最伟大之处。他敢于抛弃那无数精微玄妙的义理,他肯舍弃那无数"囊风橐雾"的玄谈,那正是颜李学的伟大。

这里面,气一元论是出于颜李的旧说,毫无可疑,从那气一元论引伸出来的,如说气质形色是性,如说气外无理,也都是颜李说过的。程廷祚自己的贡献,至少有两点。第一是他特别崇高了人的地位,特别看重人的心知的重要。人的心知能窥探天地的秘密,学天而至于天,学地而至于地,其知能可以驾于天地之上。这是颜李不曾说,也许不敢说的。颜李的"小心翼翼,昭事上帝"的宗教,还脱不了中古宗教的范围。程廷祚的"天地在人"的宗教才是"立人道"的新教旨了(他的《原鬼神》一篇,还不能脱离那个时代的人对鬼神的迷信。他说,"鬼神之正而灵者,精气之属也;其不正而灵者,游魂之类也"。但他的结论也不过是"上天下地,阴阳运行,万汇杂糅,鬼神起灭,皆人心之所为也")。

第二，颜元李塨虽然都反对中古宗教的"无欲"说，也反对宋儒的"无欲"说，然而他们师弟都不免受了这种无欲的宗教的影响。他们都承认"形色天性也"的话，又都说他们只反对"私欲"。其实"无欲"与"无私欲"的界限很不容易划清。例如颜元的日常仪功里，"不为子嗣比内"是应记过的。"不为子嗣"而同妻子睡觉，是"私欲"。"为子嗣比内"就不是"私欲"了吗？《李塨年谱》里记他二十二岁时，

  闻卖桃，动嗜心。既而曰："一桃之微，可以丧身。"止之。
推此例说来，"一饮一食，可以丧身"，何不绝饮食呢？"男女之欲，也可以丧身"，何不绝男女之欲呢？程廷祚好像没有这种狭陋的宗教戒约，这大概是因为他的父亲是一位能诗善画的艺术家，他的早年的家庭环境就没有这种村学究讲道学的陋气。因为这个原故，程廷祚不但在行为上抛弃了那种"袁了凡功过格"的宗教，并且在理论上也扩大了颜李对于人欲的见解。他老实承认"饮食，男女之欲，乐生恶死"都是"发于至善之性"的物感。这是很大的解放。试看他论男女之欲：

  二气相遇，阳必求阴，阴必求阳。……相求相感之际，其性既真，其情自密，必有绸缪交媾于无间而不可以伪为者。夫绸缪交媾于无间，此至善之气也。
试用这段议论来比较颜元"不为子嗣比内"的戒律，我们就可明白程廷祚已把颜李学格外"人化"了。

后来戴震的思想即是继续程廷祚已开始扩大解放的思想。戴震说：

  人有天德之知，有耳目百体之欲，皆生而见乎才者也。天也，是故谓之性。……五色，五声，五臭，五味，天地之正也。喜怒哀乐，爱隐感念，愠憜怨愤，恐悸虑叹，饮食男女，郁悠饜吝，惨舒好恶之情，胥成性则然，是故谓之道。(《原善》中，一)
又说：

  仁义礼智非他，不过怀生畏死，饮食男女，与夫感于物而动

> 者之皆不可脱然无之,以归于静,归于一;而待人之心知异于禽兽,能不惑乎所行,即为懿德耳。古贤圣所谓仁义礼智,不求于所谓欲之外,不离乎血气心知。(《孟子字义疏证》中,二一)

这都是完全接受了程廷祚的性论与人生观,不过戴震说的更大胆;更透彻罢了。

本来程朱一派的基本路子只有两条:

> 涵养须用敬,进学则在致知。(程颐语)

朱子说,这两句话如车之两轮,鸟之双翼,缺一不可。其实这两条路的来历很不同:格物致知是程朱开辟的一条新路,而"主敬"却仍是中古宗教遗留下来的一条老路。说来说去,程朱终逃不出"主一","无欲","主静","静坐"的主敬方法。颜李的革命运动大声疾呼的指出这种主敬的工夫是佛老的遗毒,这是不错的。然而颜李推翻了"主敬",而建立了"习恭",他们始终没有逃出那个主敬的中古宗教态度。程廷祚虽然还没有公然攻击那个宗教方面,——有时候,他还颂扬宋儒的主敬存诚,——然而他的著作里完全不看见那个"小心翼翼昭事上帝"的颜李宗教了。戴震再进一步,大胆的指出程朱(陆王更不用说了)之学实在还只是走了主敬的一条路;而忽略了那格物致知的理智主义的新路。他说程朱"详于论敬,而略于论学"。戴震不曾提及颜李,但他对于颜李如果有不满意的地方,那必定也是嫌他们跳不出程朱主敬的圈子,整天做那变相的主敬的工夫,而忽略了学问上的努力。戴震自己走的路只是那纯粹的致知进学的新路,只是那"博学审问慎思明辨笃行以扩充人之心知之明","至于辨察事情而准","自能权度事情,无几微差失。"这才是纯粹理智主义的大路。颜李之学,到程廷祚而经过一度解放,到戴震而得着第二度更彻底的解放。解放的太厉害了,洗刷的太干净了,我们初看戴震的思想,几乎不认得他是从颜李学派出来的了!

1936,4,7 夜

附记:我在十多年前(1923—1925)写《戴东原的哲学》时,曾推测颜学与戴学的媒介是程廷祚(商务印书馆本,页二十二——二十四)。那时我只知道程廷祚与戴震同是程晋芳的朋友,但没有别种证据。现在读《青溪文集续编》，见程廷祚有两处提及戴震：一处是他在《六书原起论》(《文集》三)中说"转注"，用"近日新安戴东原说"；一处是他在《与家鱼门论万充宗仪周二礼说书》(《文集》十一)中，说"闻里中戴东园素留心经义，足下早与往复，望走札问之"。后一事当在程廷祚未见戴之前；前一事当在他们已相知之后。戴受程的影响是很可能的。

  附注一 程廷祚的《青溪文集》十二卷，有道光丁酉(1837)程兆恒刻本，有民国四年(1915)蒋国榜《金陵丛书》排印本。《续编》八卷，有道光戊戌(1838)程兆恒刻本；但传世甚少，《金陵丛书》亦未收入。北京大学出版组现借得孙人和先生所藏《青溪文集》及《续编》，共二十卷，影印流通，并搜集程廷祚的集外文，及碑传文字，附在全集之后，不久即可出版。

  附注二 本文写成付印之后，我查得宣城袁蕙纕名縠芳，曾为袁枚的《小仓山房文集》作《后序》，见袁集的旧刻本；又有《答随园先生书》，见袁枚的《续同人集》；袁枚有答他的信两篇，一见《文集》，一见《尺牍》。

(原载1936年7月《国学季刊》第5卷第3号)

中国思想史纲要

为了方便起见,中国思想史的历史,可以分为三个主要时期。耶稣纪元前的一千年为上古时期。伟大的中古佛教及道教时代,以及一直通过了纪元后一千年的全部时间,都为中古时期。而近世这一时期,则为中国理智复兴期;这一时期,远从第十世纪大规模的刊印书籍,以及第十一世纪、第十二世纪新孔子学派起来的时代起,一直延长到我们这个时代。每一时期,都占了将近千年的光景。

中国思想史的上古时期,可说是古典时代。从那时传下了一些前于孔子的古典作品,诗歌的,历史的,关于行为轨范的,关于宗教崇拜的;此外当然还有许多大哲学家的作品,如老子及孔子、墨翟,一直到孟子、庄子及韩非——这可称之为中国学术的"旧约全书"时代。这个上古时期,不独为所有后来各时代的中国思想史确定了一个主要的模型,而且也提供了许多灵感和智慧的工具,使中国中古及近世思想家们,可以用来做凭藉,去为哲学及文化的复兴而努力工作。简单说来,古典中国的理智遗产,共有三个方面:它的人文主义,它的合理主义,以及它的自由精神。

其所以成为人文主义的,是为了它始终而且明显地注意人类的生活,人类的行为,以及人类的社会。举例来说,当孔子被人问应当如何事鬼神时,他就说:"未能事人,焉能事鬼?"他又被问关于死的意见时,他就说:"未知生,焉知死?"这种对于人生的执着,就成了一个特点,使中国古代思想与印度、波斯甚至伊色列(Israel)的古代思想,截然不同了。中国古典时期的思想家,主要的是道德哲学家、教育哲学家、社会哲学家以及政治哲学家。古代中国曾建立一个伟大的文明,而且又产生了许多关于人性,关于道德行为,关于法律及政治组织的,种种成熟的学说,但对含有"乐园"意义的"天堂",看作"末日裁判"地方的"地狱",则一无所知,并且对于生死问题,也从来没有耽于玄思默想过。

其次,中国古典思想之所以成为合理,成为唯理智主义的原因,是由于他对于智识、学问和思想的重视。孔子说:"学而不思则罔,思而不学则殆。"当时,中国思想的派别很多,从孔子的明显的唯理智主义的态度(孔子曾明白承认过:"吾尝终日不食,终夜不寝,以思,无益,不如学也。")一直到老子更明确的、唯理智主义者的(Rationalistic),但却几乎是反理智主义者的(Anti-intellectualistic)态度。老子这么吟咏过:

不出户,知天下;
不窥牖,见天道。

在这两极端之间,可以寻到那时中国思想上一些其他的伟大学派。他们的不同之处,是在于对那比较吃力的学习及研究过程的注重程度,各有不同。这一类的差别,在两种不同的性情之间,本是些很自然的差别。这两种性情,威廉詹姆斯氏曾把一个称之为"软心肠的性情",把另一个称之为"硬心肠的性情"。中国思想从未诉之于超自然的或神秘的事物,以作为思想或推理的基础。从这一点看,一般说来,中国思想是始终唯理的。而且,它的所有正统学派,对于知识和考察,都十分重视。再从这一方面看,它确是偏重于唯理智主义者的态度。

人文主义者的兴趣,与合理及唯理主义者的方法论结合起来,这一结合,就给予古代中国思想以自由的精神。而且对于真理的追求,又使中国思想本身得以自由。孔子说:"君子不忧不惧",又说:"内省不疚,夫何忧何惧!"讲到他自己时,他又说:"饭疏食,饮水,曲肱而枕之,乐亦在其中矣。不义而富且贵,于我如浮云。"在中国道德与理智力量仅次于孔子的孟子,也曾经更有力的表示过这个自由的精神。他说:"富贵不能淫,贫贱不能移,威武不能屈,此之谓大丈夫。"

这种人文的、合理的及自由的精神,就是古典时代对于后代理智生活留传下来的,最大的遗产。也就是因为这个精神,所以方能使得那个时代多样的伦理、社会及政治作品,现在读起来,还是和我们现代的作品一样。

这里就是孔子和他自己国家统治者的谈话:

鲁定公问:"一言可以兴邦,有诸?"

孔子对曰:"言不可以若是其几也。人之言曰:'为君难,为臣不易。'如知为君之难也,不几乎一言而兴邦乎?"

定公又问:"一言而丧邦,有诸?"

孔子对曰:"言不可以若是其几也。人之言曰:'予无乐乎为君,唯其善而莫予违也。'知其善而莫之违也,不亦善乎?如不善而莫之违也,不几乎一言而丧邦乎?"

从这样一个人道的、合理的、客气的,然而在精神上又是这么坚定的、这么自由的回答里,我们可以了解二十五个世纪以来,孔子对于中国人的控制力量的所自来了。

下面是孟子和梁惠王的一段问答:

"杀人以梃与刃,有以异乎?"孟子问。

"无以异也。"梁惠王答。

"以刃与政有以异乎?"

王曰:"无以异也。"

庖有肥肉,厩有肥马,民有饥色,野有饿莩,此率兽而食人也。兽相食,人且恶之,为民父母行政,不免于率兽而食人,恶在其为民父母也?

下面又是孟子告诉齐宣王的一段话:

君之视臣如手足,则臣视君如腹心。君之视臣如犬马,则臣视君如国人。君之视臣如土芥,则臣视君如寇雠。

从这类的讨论中,我们不禁要觉察到人文主义的精神、合理的精神以及自由政治批判的精神。这种精神,就使孟子成为人类史上民主政治的最早也许是最大的哲学家。

这个古典时代三重性质的遗产,就成为后来中国各时代文化与理智生活的基础。他供给了种子,由那里就生出了后来的成长与发展。它又尽了肥沃土壤一样的使命,在那里面,许多种类的外国思想与信仰都种了下去,而且成长、开花、结果了。它给中国一个理智的标准,可以用来判断及估计一切外国输入的理想与制度。而一遇到中国思想变得太迷信,太停滞,或太不人道时,这一个富于创造性的理智遗产,总归是出来救了它。

虽然当中曾经有过一千年的时光,一般人都集体改信佛教,也还并没有能够根除这个遗产。曾经有过一个时期,好像中国的合理性及人文主义,已经被一个中古时代思想的洪流所淹没了。这个中古思想,就是由印度及印度化思想信仰统治下所产生的。成千成万的男人女人,都出了家去当和尚或尼姑。宗教热就像浪潮一样的冲进了中国。作为对于佛教神圣献祭的最高形式,一个虔诚的和尚,可以欣然烧掉一个手指,一条膀臂,或者甚至他的整个身体。上千万的信男信女,有时甚至是宫庭中的人物,也都蜂涌到山上去,目击而且悲泣一个高僧的自焚。

正是为了这样的出世态度,和这样非人道的狂热,才又把中国震动得恢复了知觉,恢复了理性,恢复了人性。在历史上那几次政府迫害佛教举动的背后,永远的有中国文明对于要使中国"蛮化"的这潮流的一种反抗态度存在着。

举例来说,公元845年对佛教大迫害时,上谕里的主要意思是说:"中国政府不能把中国人民弃之于对一个外国舍生宗教的崇奉了。"这就是中国人道主义对于使中国思想文明印度化的一个革命。

中国反抗佛教的最大代表,及大声疾呼得最厉害的领袖,是韩愈。他指出过,中国思想的最高理想,是说一切的个人道德及理智培养,必须有一个社会的目的,而这个目的呢,就是齐家,治国,平天下。所有一切志在由苦行及逃世以自救的个人教育,都是反社会的,因之也是非中国的。

韩愈为这个反抗提出了著名的冲锋呐喊,所谓:"人其人!"那就是说,使和尚尼姑们一律恢复人性和人的生活! 他对于佛教的严厉批评,特别是他对于皇家底庇护佛教的攻击,就使他在819年遭到了贬斥。然而,在精神上,他却是第十一、第十二世纪中新哲学运动的创造者。这个运动,后来就产生了"唯理哲学"(理学)的复兴与形成。

这次现世的及创造性的哲学运动的复兴,就为中国思想的第三或近世时期开了先河。那是中国哲学的一个复兴时代。在近世中国哲学前九百年的发展当中,古典时代的人文主义唯理主义,以及自由精神,又重新像花一样的放开了来。

"唯理哲学"的最初阶段,道院的苦行及学术性的冥想,仍然继续存在。这些是从中古宗教时期接受过来的。不过就一般而论,理智自由精神已经产生了许多敌对的思想派别,而其中有几派,曾经较为彻底地脱去了中古势力的牢笼。推想已变为有条理得多,科学化得多;道德教训也变得更人道些,更合理些。

十二世纪中,朱熹学派曾特别注重对于知识采取唯理主义的态度。这一派的口号是:"致知在格物"。主张"今日格一物,明日格一物","主于用力之久,而一旦豁然贯通焉,则众物之表里精粗无不到,而吾心之全体大用无不明矣"。

这种严格唯理主义者的精神及方法论,在中国思想里,就产生新的唯理主义。可是因为没有对于自然本身实验及处理的传统和技术,终至于,这种科学的思想,并没有能够产生一种自然科学,可是它的精神,却渐渐在历史及哲学的研究中被觉察出来了。过去三百年来,它曾经在对于古典著作的研究方面,产生了一个科学的方法论。它曾经展开了对于书本的批评,"高级"的批评,以及对于古代著述的哲学态度。那些图谋推翻传统注疏的学者们,现在却选了一个新的工具,这就是一个新的方法论。这样,他们可以凭借历史的证据及演绎的推理法,去扫除一切主观的解释,和传统的权威。固有的唯理主义,现在变成科学性的了。而理智自由的精神,也就寻到了一个有力的武器。

我将再叙述两个轶事,以结束这个简略的中国思想史叙述。中国现存的最老哲学家吴敬恒,曾经告诉我一个故事。他早年的时候,去见江阴南菁书院的山长黄以周。当他走进山长室时,他看见墙上挂着山长自己用大字泼笔写着的对联。那对联上八个字说:"实事求是,莫作调人。"

数年前,当我浏览我父亲未刊行的著作时,我寻到七十年前他在上海龙门书院所做的许多卷札记。每页顶上都用红字印着一段格言。其中一部分说:"学生研究任何题目时,都必须有先用怀疑的精神。"

以怀疑态度研究一切:实事求是,莫作调人。这就是那些中国思想家的精神,他们曾使中国理智自由的火炬,永远不熄。也就是这个精神,方使中国的思想家们,在这个新世界上,新时代中,还觉应完全的自如与合适。

(英文稿原载 1942 年 10 月《亚细亚杂志》第 42 卷第 10 期,冷观中译稿载 1943 年 2 月 16 日《读者通讯》半月刊第 60 期)

《朱子语类》的历史

朱子死在庆元六年(1200)。

嘉定八年乙亥(1215),李道传(贯之)在池州,搜辑朱子语录,得潘时举、叶贺孙、黄榦诸人的助力,刻成四十二卷,共三十三家,此刻有乙亥十月朔黄榦的序。

《池录》所收,以廖德明记癸巳(隆兴九年,1173)所闻为最早,其时朱子四十四岁。其次为这些:

  金去伪证乙未所闻(淳熙二年,1175),

  李季札记丙申所闻(淳熙三年,1176),

  余大雅记戊戌(淳熙五年,1178)以后所闻。

《池录》初编时,似没有编年之意,但卷廿四以后,到卷四十三,都依记录的年岁为次第。

《池录》三十三家,其卅五卷所收为朱子答陈埴书,不是语录,故后来《语类》不收此卷。余三十二家之中,其占一卷以上的,共有这些:

  叶贺孙 五卷,辛亥(绍熙二年,1191)以后所闻。

  杨道夫 二卷,己酉(淳熙十六年,1189)以后。

  徐 寓 二卷,庚戌(绍熙元年,1190)以后。

  黄义刚 二卷,癸丑(绍熙四年,1193)以后。

  沈 僩 四卷,戊午(庆元四年,1198)以后。

以上记池州的语录,省称《池录》。

后来李道传的弟弟性传继续搜访,从宝庆二年丙戌(1226)到嘉熙二年戊戌(1238),又收到四十一家,"率多初本,去其重复,正其讹舛,第其岁月,刻之鄱阳学宫。复考《池录》所余,多可传者,因取以

附其末"。这是饶州刊刻的《朱子语续录》四十六卷。李性传有后序,说语录的重要性,很有历史见解。他说:

先生《家礼》成于乾道庚寅(1190),《通鉴纲目》、《西铭解义》成于壬辰(1172),《太极通书义》成于癸巳(1173),《论语注问》、《诗集传》成于淳熙丁酉(1177),《易本义启蒙》成于乙巳丙午之间(淳熙十二到十三年,1184—1185)。《大学中庸章句或问》成书虽久,至乙酉(淳熙十六年,1189)乃始序而传之。《楚辞集注》、《韩文考异》成于庆元乙卯(元年,1195)。《礼书》虽有纲目,脱稿者仅二十有三篇。其著书岁月次第可考也。

《家礼》编成而逸,既殁而其书出,与晚岁之说不合。先生盖未尝为学者道也。

《语》、《孟》、《中庸》、《大学》四书,后多更定。今《大学·诚意章》,盖未易箦前一夕所改也。是四书者,覃思最多,训释最精,明道传世,无复遗蕴。至其他书,盖未及有所笔削,独见于疑难答问之际,多所异同。而《易》书为甚。……

故愚谓《语录》与《四书》异者,当以《书》为正。而论难往复,《书》所未及者,当以《语》为助。与《诗》、《易》诸书异者,在成书之前,亦当以《书》为主。而在成书之后者,当以《语》为是。学者类而求之,斯得之矣。

《饶录》是曾"第其岁月"的,其第一卷记录者是黄榦,黄榦(直卿)见朱子最早,又是他的女婿,故他记朱子语,虽不题岁月,当然可以包括早年与晚年的记录。其次为何镐(叔高),何镐死于淳熙二年乙未,故此录题"乙未(1175)以前"。以下各卷,自程端蒙以下,都依年岁先后编次,最早的为淳熙六年己亥(1179),到朱子死之前一年(庆元五年,1199)。这里各家占一卷以上的,共有这些:

周谟　二卷,己亥(1179)以后。

黄䇕　二卷,戊申(1188)以后。

陈淳　二卷,庚戌(1190)及己未(1199)所记。

吕焘与吕焕　二卷,己未(1199)所记。

同舍共记　　四卷,己未(1199)所记。
这里面陈淳(安卿)两次的记录最小心,最用功,最能表现朱子说话的神气,是最可宝贵的史料。

《饶录》最后四卷,不依年岁的先后。其四十三至四十五卷,为吴焘昌、杨长孺、吴琮,有校记云:
　　　　以上三家非底本,览者详之。
此可见其余各家记录都用"底本"。

最末的四十六卷收的廖德明、潘时举等人,都是"《池录》所余",故附在后。

以上记饶州刻的《朱子语续录》,省称《饶录》。

淳祐戊申(八年,1248)己酉(1249)之间,朱子门人建安蔡抗收得杨方、包扬诸家的记录,编为二十六卷,是为饶州刻的《朱子语后录》,省称《饶后录》。《后录》收的二十三家,其中二十家是池本与饶本所无。编者蔡抗有后序,提及"先师又有亲自删定与先大父西山讲论之语",可见他是蔡沈之子,元定之孙。

过了十多年,天台吴坚又在建安刊刻《朱子语别录》,其后序年月是"咸淳初元嘉平三月"(1265)。他说:
　　　　……《池录》三十有三家。鄱本《续录》四十有二家,其三十四家,池本所未有也,再见者两家,录余凡六家。又《后录》二十三家,其二十家,亦池本所未有也,再见者三家。合三录为八十七家。
　　　　坚末学生晚。嘉定癸未甲申间(1223—24),侍先君子官长沙,师西山真先生倅、弘斋李先生(燔)常进之函丈;又事长沙舒先生,列岳麓诸生。果斋李先生(方子)过潭,又获侍讲席焉。果斋,先君子畏友也,尝介以登朱子之门。
　　　　坚繇是多见未行语录,手抄盈箧,凡六十五家。今四十年矣,晚得池、鄱本参考,刊者固已多,……若李壮祖、张洽、郭逍遥所录,亦未有也。揭来闽中,重加会粹,以三录所余者二十九家,及增入未刊者四家,自为别集,以附《续录》、《后集》之末。

以上记四部语录。

分类的《朱子语类》,起源很早。不等到饶州两集刊刻出来,剑南已有黄士毅的《朱子语类》一百四十卷刻出来了。

黄士毅,字子洪,自序的第二篇题"门人蒲田黄士毅"。但魏了翁作《朱子语类序》,末尾说:

> 子洪名士毅,姑苏人,尝类《文公集》百五十卷,今藏之策府;又类注《仪礼》,未成书。

也许他是莆田人,原籍苏州。

黄士毅编《朱子语类》,是用池州语录作底本,但他加上了三十八家。他说:

> 右《语录》总成七十家。除李侯贯之已刊外,增多三十八家(适按,《池录》本有三十三家,黄氏删去陈埴一家,故只存三十二家了)。或病诸家所记互有重复,乃类分而考之。盖有一时之所同闻,退各抄录。见有等差,则领其意者,斯有详略。或能尽得于言,而语脉间断,或就其中粗得一二言而止。今惟存一家之最详者,而它皆附于下。至于一条之内,无一字之不同者,必抄录之际尝相参校,不则非其〔所〕闻而得于传录,则亦惟存一家,而注"与某人同"尔。
>
> 既以类分,遂可缮写,而略为义例以为后先之次第。……以太极天地为始,乃及于人物性命之原,与夫古学之定序。次之以群经,所以明此理者也。次之以孔、孟、周、程、朱子所以传此理者也。乃继之以斥异端。异端所以蔽此理,而斥之者任道统之责也。然后自我朝及历代君臣、法度、人物、议论,亦略具焉。此即理之行于天地设位之后,而著于治乱兴衰者也。
>
> 凡不可以类分者,则杂次之,而以作文终焉。……深明夫文为末而理为本也。
>
> 然始焉妄易分类之意惟欲考其重复。及今而观之,则夫理一而名殊,问同而答异者,浅深详略,一目在前,互相发明,思已

> 过半。至于群经,则又足以起《或问》之所未及,校《本义》之所未定,补《书说》之所未成。而《大学章句》所谓"高入虚空,卑流功利"者,皆灼然知其所指,而不为近似所滔溺矣。诚非小补者!

黄士毅此序无年月,但他说分类的用处,说的最明白。黄氏是一个有见识,能组织材料的人,所以他的"语类门目",至今沿用。

嘉定十二年(己卯,1219),眉山史廉叔(名公说)要刻印《朱子语类》百四十卷,黄士毅又作后序,略记他删订的义例。在后序里,他特别指出他分的"学类七卷"虽然出于他的臆见,实在是朱先生教人之方,他要读者特别"于此三复,而得夫入道之门"。

依魏了翁的序与黄士毅的第二后序的年月看来,史公说在四川刻《朱子语类》是在嘉定十二年到十三年之间(1219—1220),其时《饶录》与《饶后录》都没有刻。

这是第一部《朱子语类》,省称《蜀类》。

淳祐十二年壬子(1252),徽州有翻刻《蜀类》出来,有蔡抗的后序,序中并没有说徽州本有增改的地方,但后来编纂《朱子语类大全》的黎靖德指出"《徽类》虽翻蜀本,已增入《饶录》九家"。

这是《蜀类》的徽州增补重刻本,省称《徽类》。

在这个时期,婺州东阳王佖也留心收集朱子的语录,先后收得了三十多家,编为婺州本的《朱子语录》。蔡抗作《饶后录》后序,曾提到:

> 东阳王元敬佖亦以所集刊本见寄。

可见王佖的《婺录》曾有刻本。他后来又把他收集的各家语录,编成《朱子语续类》四十卷。魏了翁的儿子在徽州做官,就把这书也在徽州刻出。王佖有后序,题淳祐壬子(1252)。他说:

> 先是,池本饶本,人各为录,间见错出,读者病焉。子洪既以类流传,便于玩索,而微言精语犹有所遗。佖每加访求,得所未见。自是朋友知旧知其有心于纂辑,亦颇互出所有以见示,凡三十有余家。既裒以为《婺录》,而继之者尚未艾也。佖幽居无

事,……审订其复重,参绎其端绪,用子洪已定门目,粹为《续类》,凡四十卷。

王伋不曾细考各书的编刻年月,他误认黄士毅编《语类》是在"池本饶本,人各为录"之后。这大概是因为王伋所见的《语类》是徽州刻本,其中已加入了《饶录》九家。所以他的《续类》只收他的婺州本三十多家。

这是第二部《朱子语类》,省称《续类》,也称《徽续类》。

以上说的是《朱子语录》的"三录二类",其实应该说"五录三类"。五录是《池录》、《饶录》、《婺录》、《饶后录》、《建别录》。三类是《蜀类》、《徽类》、《徽续类》。

到了南宋末期,导江(即今成都)黎靖德又取"三录二类",参考徽州刻的《语类》和吴坚的《建安别录》,做了一番细心参校的工作,他才明白黄士毅编的《语类》与王伋的《续类》都还有遗漏,还有别的毛病,——都还有合并大整理的需要。他说:

三录二类,凡五书者,并行而错出,不相统壹。

他要合并参校,制成一部"统壹"三录二类等书的《朱子语类大全》。他说:

盖《蜀类》增多《池录》三十余家,《饶录》增多《蜀类》八九家,而《蜀类》、《续类》又有《池》、《饶》三录所无者。王公(伋)谓《蜀类》作于《池》、《饶》各为录之后,盖失之。而今《池录》中语尚多《蜀类》所未收,则不可晓已。岂《池录》尝再增定耶?抑子洪犹有遗耶?

子洪所定门目颇精详,为力勤矣。廉叔刻之,不复雠校,故文字甚差脱,或至不可读。徽本附以《饶录》,《续类》又增前类所未入,亦为有功。惜其杂乱重复,读者尤以为病。而《饶后录》新增数家,王公或未之见,未及收也。

靖德妄其晚陋,辄合五书而参校之。因子洪门目,以《续类》附焉,《饶后录》入焉。遗者收之,误者正之。考其同异而削其复者一千一百五十余条。越数岁,编成可缮写。

此跋题景定癸亥(四年,1263)秋八月。这时候建安《别录》还没有出来。两年之后(咸淳元年,1265),《别录》刻行了。黎靖德在咸淳六年庚午(1270)有第二跋,说:

> 近岁吴公坚在建安又刊《别录》二册,盖收《池》《饶》三录所遗,而亦多见他录者。并参校而附益之。粗为宁编,靖德适行郡事,因锓刻之郡斋,与学者共之。

黎氏两跋中都讨论到包扬所录四卷语录(在《饶后录》里),前跋称包扬的儿子包恢为"尚书",后跋称他为"枢密",又说:

> 靖德来盱江(当作"旴江",即江西建昌府南城县),枢密甫下世,恨不及质之也。

包扬父子是建昌人,包恢本传(《宋史》四二一)说他"庆宗即位,召为刑部尚书,进端明殿学士,佥枢密院事,封南城县侯。……以资政殿学士致仕。……年八十有七……卒"。黎靖德"行郡事",似是知建昌府事。故这部《语类大全》的初次刻本似是咸淳六年庚午(1270)在建昌府刻的。

这是今日流传的《朱子语类》的底本。

哥伦比亚大学藏有一部万历三十一年(1603)婺源朱崇沐重刻的《朱子语类》,有叶向高、王图、汪应蛟、朱吾弼诸人的序文十篇。这个万历婺源刻本又有《前序》两篇,一篇是成化九年(1473)江西藩司重刻本的原序,是彭时写的,叙述这个十五世纪江西重刻本的历史如下:

> ……惜乎〔黎刻《语类大全》一百四十卷〕板本今不复传,间有传录者,又不免乎辛豕之讹也!三山陈君炜自天顺庚辰(四年,1460)第进士,为御史,屡欲访求善本而不得。成化庚寅(六年,1470)〔陈君〕副宪江右,始访于豫章胡祭酒颐庵先生家,得印本,中缺二十余卷。明年(七年,1471)分巡湖东,又访于崇仁吴聘君康斋家,得全本,而缺者尚一二。合而校补,遂成全书。欲重刻以广其传,谋于宪使严郡余公。公喜,倡诸同寅,各捐俸余,并劝部民之好义者出资,以相其成。自今春始工,期以秋毕。

这序文里说陈炜访得的两部刻本是从豫章胡家、崇仁吴家得来的,这一点或许可以暗示黎靖德的原书是在江西刻的。

万历朱崇沐刻本还有一篇《前序》,是一位"巡按"作的修补江西藩司本的序文,没有年月,也没有巡按的姓名。万历三十一年刻本(1603)是高安朱吾弼要朱子十三世孙朱崇沐翻刻的成化九年的江西藩司刻本的修补本。十篇序文之中,有婺源县知县和谭昌言的序,说:"卯冬(卅一年,癸卯,1603)经始,辰之春(卅二年甲辰,1604)遂成书矣"。

万历朱刻本的行款是每半叶十一行,每行二十二字。近几十年来流行的刻本,每半叶十二行,每行二十四字,乃是满清晚期上海的书坊翻刻康熙年间吕留良(1629—1683)刻的"御儿吕氏宝诰堂本",故行款与宝诰堂刻本相同,而书中宁字,淳字,往往避讳改作"甯",作"湻",可见是同治(1862—1874)以后的翻刻本。

以上略记朱子的《语录》和《语类》的历史,可以依年代的先后表示如下:

(1)《池录》(李道传在池州刻的《朱子语录》三十三家) 1215

(2)《蜀类》(黄士毅编,史公说在眉州刻的《语类》七十家) 1219—20

(3)《饶录》(李性传在饶州鄱阳刻的《语续录》四十一家) 1228

(4)《婺录》(王佖在婺州编刻的《语录》三十余家) 约1245

(5)《饶后录》(蔡抗在饶州刻的《语后录》二十三家) 1249

(6)《徽类》(徽州翻刻《蜀类》,增入《饶录》九家) 1252

(7)《徽续类》(徽州刻王佖的《语续类》四十卷) 1252

(8)《建别录》(吴坚在建安刻的《语别录》二册) 1265

(9)《语类大全》(黎靖德在江西建昌刻的《语类大全》) 1270

(10)《语类》成化重刻本(成化九年江西藩司刻) 1473

(11)《语类》万历重刻本(万历卅一年至卅二年婺源朱崇沐刻) 1603—04

（12）《语类》吕氏宝诰堂刻本（吕留良刻）　十七世纪

1950年1月8日在纽约写初稿

1959年1月8夜在台北南港改稿

（收入《胡适手稿》第九集）

记郭象的自然主义

郭象注《庄子·逍遥游》"若夫秉天地之正"句,说:

　　天地者,万物之总名也。天地以万物为体,而万物必以自然为正。自然者,不为而自然者也。……不为而自能,所以为正也。

又注《齐物论》"敢问天籁。子綦曰,夫吹万不同,而使其自己(依郭注,应作己)也"云:

　　夫天籁者,岂复别有一物哉?即众窍比竹之属接乎有生之类,会而共成一天耳。……自己而然,则谓之"天然"。"天然"耳,非为也。故以天言之,所以明其自然也,岂苍苍之谓哉?而或者谓天籁役物使从己也(依此"或"说,应作自己。《文选》谢宣城《九日》诗注引司马彪说"已,止也,使各得其性而止",则司马本作"自己")。夫天且不能自为,况能有物哉?故天者,万物之总名也。莫适为主,谁主役物乎?故物各自生而无所出焉,此天道也。

又注《大宗师》"知天之所为"云:

　　天者,自然之谓也。

又注《齐物论》"吾有待而然者邪?……"云:

　　请问夫造物者,有耶?无耶?无也,则胡能造物哉?有也,则不足以物众形。故明众形之自物,而后始可与言造物耳。……故造物者无主,而物各自造。物各自造而无所待焉,此天地之正也。

这都是很彻底的自然主义。郭象在惠帝末年(306)曾为太傅东海王越的参佐。东海王府收罗的"诸名士"之中,有胡母辅之,阮瞻,阮修,也有王导,桓彝,庾亮。

伪造《列子》的东晋张湛,在《列子注》里往往称引王弼、司马彪、向秀、郭象的话。《天瑞篇》末节有注云:

夫天地,万物之都称;万物,天地之别名。

1959,6,1

(收入《胡适手稿》第九集)

《吕氏春秋》可能是二十六篇被割裂成为一百六十篇的

尹仲容(1903—1963)先生把他的《吕氏春秋校释》新版送我一本。他有《吕不韦与〈吕氏春秋〉》长文载在卷首，充分采用了许多传说，包括悬书咸阳市门，能改一字者赏千金的传说。

其实此书所谓"八览、六论、十二纪"，大概已都不是当时的样子了。尹君《再版序》说，《史记·吕不韦传》"八览、六论"应在《十二纪》之前，又本书《序意》是不韦的自序，正在《季冬纪》之末，故此书把《十二纪》改移在"八览六论"之后，又把《序意》篇的下半"以日倪而西望知之"以下移为《有始览》的末篇，题为《廉孝》。尹君移动的次序，有相当的理由。

我的看法是，现存的本子显然是汉人割裂杂凑，勉强凑成"八览、六论、十二纪"的架子。其中材料是战国晚期的一些思想家的著作，有些是孔门弟子文字，如《孝行》篇，如《察微》篇竟直引《孝经》了；有些是墨家的著作，其例多到不可胜举，有些可能是杨朱一派提倡个人主义的思想，如《贵生》、《本生》、《重己》、《情欲》诸篇；有些很像是秦国的政论家提倡用武力统一中国的思想，如《谕大》、《务大》诸篇。

《吕氏春秋》的最大贡献是替后世保存了一些战国后期或晚期的思想史料。最可惜的是，这些资料不幸被汉人或秦、汉之间的人割裂分散了，勉强凑成"八览、六论、十二纪"的笨架子。司马迁的时代（王国维考定他生于前145，死年不可考，约当武帝末年，前88左右）去吕不韦之死（前235）已一百多年，他所见的"八览、六论、十二纪"架子是不是二百多年后高诱所见的样子？这个问题已没有法子解答了。我们只能说，高诱所见本已是我们今天所见的割裂杂凑本了。

我们推想，"八览、六论、十二纪"可能原只是二十六篇文字。现在的本子很像是被一个荒谬的人把二十六篇文字割裂分散、编作一百六十篇短文，就成了现在这样很不合理的样子了（八览各有各篇，《有始览》原只七篇，共六十三篇；六论各有六篇，共三十六篇；十二纪各有五篇，共六十篇；加《序意》，总共一百六十篇）。

割裂的痕迹，最明显的是把战国晚期的"齐学"的一篇《月令》分割成十二篇，做《十二纪》的"领子"！这不是割裂的铁证吗？

《有始览》的七篇，每篇之末有"解在乎□□□□"几句，其格式颇像《墨子》书的《经下》篇每一句"经"有"说在□□"的格。如《去尤》篇之末说：

> 解在乎齐人之欲得金也，及秦墨者之相妒也。

这两个故事都不在《去尤》篇，而都在《去宥》篇。故马叙伦已曾指出：

> 此篇（《去尤》。辞旨与《去宥》篇同。篇末二事亦见《去宥》篇。按尤，宥，皆圉之假。何为一义而二篇？岂亦如《韩非》之有经说耶？

我的看法是：马先生说尤与宥皆是"圉"的假借，最确当无可疑。《去宥》与《去尤》两篇原是一篇文字，被人割裂分散了。《去尤》是最早被割裂的一篇，故还保存了"解在乎"两句的线索，又还保存了"去尤"，"去宥"的同义篇名。前面的一篇，旧本原题"召类"，还可以使人知道此篇与后面的《召类》原是一篇文字（第一个"召类"，后来错成"名类"，就不通了；后来又改题"应同"；就更失去了原意了）。《召类》、《听言》、《谨听》、《务本》、《谕大》，与《去尤》，共六篇，都保留了"解在乎□□"的记号，都是最早被割裂的几篇。这一点也可以说是给尹仲容先生留下了证据，帮助他证实《八览》原在《十二纪》之前（《有始》一篇也有"解在乎……"一句，似是后人依下面六篇的例子妄加上去的）。

我们试把这六篇保留了"解在乎"的记号的文字提出来，看看他们被割裂的情形：

（1）《召类》篇，旧题《名类》是《召类》之讹，与后面的《召类》原是一篇。

（2）《去尤》篇与后面的《去宥》篇原是一篇文字，原题大概是《去宥》，即是《去囿》。

（3）《听言》篇与后面的《应言》、《淫辞》、《不屈》诸篇原是一篇。

（4）《谨听》篇与后面的《观世》、《下贤》、《精谕》诸篇原是一篇。

（5）《务本》篇的首节是《谕大篇》的文字，从"安危荣辱"以下才是《务本》篇的本文；此篇与后面的《审应》篇原是一篇。

（6）《谕大》篇与后面的《务大》、《慎大》、《爱类》诸篇原是一篇。这就是十八篇可以合并成六篇了。

照这个比例，或照《月令》一篇割成十二篇的比例，《吕览》一百六十篇原来只是二十六篇的说法是毫不足奇怪的。

1959，11，26

（收入《胡适手稿》第九集）

考朱子答廖子晦最后一书的年份①

王懋竑《朱子年谱》"附录二",朱子最后答廖子晦一书编在庆元六年庚申(1200),后面也附录黄义刚录的这两条语录。王氏跋云:

> 据安卿(陈淳)祭文,以己未(庆元五年,1199)冬暮至建宁(?),未久辞去。与子晦书盖在其后。书中有"安卿向来至此"之语,可考也。〔答〕廖书在庚申正二月间,此真所谓"晚年定论"者。安卿在建宁时,不得预以〔答〕廖书为问,此记者之误。义刚录在"癸丑以后(绍熙四年,1193?以后)",据录言"待教半年",当是癸丑。淳录在己未(1199—1200)。义刚录多与淳录同,凡此皆不可考。而安卿举〔答〕廖书为问,则其(义刚录)误无疑矣。(二、三一——三二)

王氏此考多错误,试为改正如下。

(一) 陈淳见朱子,先后凡两次,相隔九年多。第一次在绍熙元年庚戌(1190)之冬,第二次在庆元五年己未(1199)之冬。《语录》百十七所收"训淳"一组,其中陈淳自己的记录共占了二十整叶(翻宝诰堂吕氏刻本,叶八至二八)。其中从"淳冬至以书及自警诗为贽见"一条(叶八)到"看道理须要就那大处看"一条(叶十三上),都是记第一次的问答讨论。从"诸友问疾"一条(叶十三上)到"临行拜别"一条(叶二七——二八)都是记庆元己未冬间的问答讨论。这一部分,共占了十四页半有零,约有八千个字!

朱子答廖子晦最后书中说:

---

① 原编者按:本文前附有黄义刚录《附记关于朱子答廖子晦书的记录》,两条都在《朱子语类》百十三,五。

> 安卿之病亦正坐此(此指书中说的"提取此物藏在胸中,然后别分出一心去应事接物";"不在乎事事物物之实理,而特以洞见全体为功";"须如颜曾洞见全体,即无一不善")。向来至此,说得既不相合,渠便藏了,更不说著。遂无由与之极论,至今以为恨。或因与书,幸亦以此晓之,勿令久而拘縶也。

王懋竑认定"向来至此"是庆元己未冬间陈淳问疾之行。这是他的错误。己未的问答讨论,陈淳自己记录已有八千字,讨论了几日夜,主题正是那"下学,上达"的问题:"圣人教人,只是说下面一截。少问到那田地,又挨上些子。不曾直说到上面。""圣人教人要博学(原注,博学"二字力说")。须是博学之,审问之,慎思之,明辨之,笃行之。……"朱子读了陈淳的"问目",很不客气的说:"末梢自反之说,说'大而化之'做什么!何故恁地笼统!"(义刚录)说:"公说道理,只要撮那头一段尖的,末梢便要到那'大而化之'极处!中间许多,都把做渣滓,不要理会!……这个便是大病。"(淳录)陈淳又把他的"与点说"呈给先生,请问如何?朱子更不客气的说:

> 某平生便是不爱人说此话。《论语》一部,自"学而时习之"至"尧曰",都是做功夫处。不成只说了"与点",便将许多都掉了!……若都掉了,只管说"与点",正如吃馒头,只撮个尖处,不食下面许多馅子,许多滋味都不见。(淳录,义刚同)

八千字的讨论,都是这样明白恳切的话。朱子决不会在这一次陈淳别后还写信给廖子晦说"安卿……向来至此,……无由与之极论,至今以为恨"。

所以"向来至此"一句必定是说陈淳第一次的访问,决不是说九年后的访问。

朱子本来要廖德明"因与书,幸亦以此晓之,勿令久自拘縶"。陈淳看了朱子的长书,似乎还会和廖德明讨论这个问题。他在己未冬间去问候朱子时,有一个晚上,朱子请他和他的同乡前辈李唐咨到他病房里去谈。陈淳先读他的"与点说",又读廖倅(德明)驳"与点说"的书信,又读他自己答廖倅的书信(百十七,二〇)。这都是陈淳来考亭问病之前的往来讨论。所以我们可以推断朱子最后答廖子晦的长书，不但是寄在陈淳己未冬天来考亭之前，还远在好几个月之前，也许在己未的前一年呢。

（二）王懋竑说"安卿在建宁（？）时，不得预以廖书（即答廖书）为问，此记者（黄义刚）之误"。又说，义刚录记"安卿举〔答〕廖书为问，其误无疑矣"。这是王氏最大的错误。己未之冬，陈淳见朱子时，他明明记着"诸友问疾"。诸友之中可考的，有陈淳的龙溪前辈李唐咨（字尧卿，陈淳称他"李丈"，《朱子文集》五七有答安卿书六，答李尧卿书五，安卿原书中屡称"李公"，尧卿原书中也提到"安卿"），有南康的胡泳（伯量）、胡安之（叔器），有临川黄义刚（毅然）。故陈淳那几天同朱子问答的话，有淳录，有义刚录，又有胡泳录，皆见于《语类》百十七。王氏不曾细考当时问疾的诸人，故怀疑淳录何以与义刚多相同。其实《语录》百二十（叶一至二）记朱子与李唐咨问答，也是淳录与义刚录。同卷（叶三至五）记胡安之与朱子问答，也是他们两人同有记录。又《语类》百三七李唐咨、陈淳、黄义刚与朱子讨论"韩愈与大颠书"的长条（叶二二——二三），也是他们两人同有记录。王懋竑错解义刚录"癸丑以后"四字，以为必是单指癸丑侍教半年所记，殊不知《语录》凡记某年"以后所闻"，都不止一个时期的记录，黄义刚是在场记录的人，他记录陈淳问起朱子答廖子晦的最后书，有何可疑？岂可断为误记？

况且陈淳自己记录里也明明提到朱子与廖德明最近的讨论。如朱子说：

> 昨廖子晦亦说"与点"及鬼神，反复问难，转见支离。（《语类》百十七，一四）

更明白的是：

> 子晦之说无头。如吾友所说"从原头来"，又却要先见个天理在前面，方去做。此正是病处。子晦疑得也是，只说不出。吾友合下来说话，便有此病。是先见"有所立卓尔"，然后博文约礼也。若把这天理不放下，相似把一个空底物，放这边也无顿处，放那边也无顿处；放这边也恐撷破，放那边也恐撷破。这天理说得荡漾，似一块水银滚来滚去，提那（拿）不着。又如水不

> 沿流溯源,合下便要寻其源。凿来凿去,终是凿不得。(百十七,二〇一二一)

这正是义刚记的第一段。这正是朱子答廖子晦书里痛斥的"别有一物光辉闪烁,动荡流转,……学者合下便要识得此物,……要得常在目前,乃为根本功夫。……虽以颜子之初,钻高仰坚,瞻前忽后,亦是未见此物"(淳录一长段中,前面引朱子说,"颜子固是天资高,初问'仰之弥高,钻之弥坚',亦自讨头不着"。从"博文约礼"做来,"欲罢不能,竭吾才,方见得'如有所立卓尔',向来仿佛底,到此都合聚了?"这更是用白话演说答廖书中说颜子的一段了)。故义刚记陈淳"问前日先生与廖子晦书",毫无可疑。

王懋竑因为太热心要证明朱子最后答廖书真是朱子的"晚年定论",所以要把这封信排在庆元六年庚申的正二月间。其实这封长信的年月,我们不能确实考定。我们只能说,因为来往书中都提及"韩文考异",故应在庆元三年丙辰至四年戊午(1196—97)《考异》写定之后;又因为陈淳黄义刚记录己未冬间讨论里都提到这封信,故这信应在庆元五年冬天之前。大概是四年与五年之间写的。这已够得上"真所谓晚年定论"了。

胡适

1952,7,6(纽约)

(收入《胡适手稿》第九集)

《朱子语略》二十卷
中央图书馆藏

《朱子语略》二十卷,无序跋。每卷首页有"门人建安杨与立编次"一行。

按《朱子语类》序目列"语录姓氏"有

> 杨道夫(字仲愚,建宁人)己酉(1189)以后所闻。《池录》十八、十九
>
> 杨若海(字□□,道夫之子)《饶录》十一
>
> 杨与立(字□□,浦城人,道夫从兄)壬子(1192)同刘黻、龚栗谭见。《饶录》廿四
>
> 杨骧(字子昂,道夫族兄)己酉(1189)甲寅(1194)所闻。《饶录》十二

明朝宣德六年(1432)叶公回重刊《朱子年谱》,有日本宽文六年(1666)大坂书坊翻板,后附有明婺源戴铣辑的《朱夫子门人》一卷,其中有

> 杨道夫,字仲思(胡适按:《朱文公文集》五十八有《答杨仲思》四札,《语类》一一五,道夫字仲思)。浦城人。所录有《己酉以后问答》。子若海,亦有所录。
>
> 杨骧,字子昂,道夫族兄。所录有《己酉甲寅问答》。
>
> 杨与立,道夫从兄。所编次有《朱子语略》及《壬子问答》。

戴铣记的杨与立"所编次有《朱子语略》",即是此二十卷书。《语略》每卷明说"门人建安杨与立",故《语类·序目》与戴铣记的杨家四人的籍贯都有错误。

杨与立先录有《壬子问答》,已在绍熙三年(1192),朱子已六十

三岁了。这二十卷《语略》是一部分类的记录,似是比较早出的一部规模较小的"语类"。其编成可能在黄士毅的《朱子语类》百四十卷(刻成在嘉定十三年,1220)之前,也可能在晦翁死后(1200)的二三十年里。

此书二十卷即是二十类,但不明说分若干类,也不明说各类的名目。但稍稍仔细看,就可以看出每卷自成一门类,专说一个主题。如卷一"凡一百二十一条",可以说是论"学"。卷二(未详条数,是例外)可以说是论"心"。如卷十九"凡一百一条",是从"本朝孙明复、石守道"说到周廉溪、二程,直到晦翁遭遇庆元党禁的时期。如卷二十"凡一百二条",是论老、释。

卷十八有一条是"杨若海录"钞出的:

> 令祖全节翁孝义笃至,又能坚正自守,当时权贵欲一见之,竟不为屈。至于通判公,又得张赵所知,持论凛然,不肯阿附秦老,可谓无忝于所生者。前辈高风,诚可敬仰。为子孙者,其忍不思所以奉承而世守之事乎?

黄彰健先生考得全节公当是杨训,字公发;通判公当是训子杨公度,字元宏,通判潭洲,摄府事。"令祖"只是泛说"尊府大人"。彰健依据的是明刊本的《八闽通志》六十五及续修《浦城县志》廿二。这一段好像不见于黎靖德编的《语类》里。《语类》百十五有训杨道夫、杨若海、杨骧的话(三——十叶),百十八有训杨与立的话(十七下——十九叶上),都没有这一段文字。

卷二十的末叶有这一段:

> 先生曰,以熹观之,做个圣贤,千难万难。如释氏则今夜诵说一顿,有利根者当下便悟。只是个无星之秤耳。

这一段好像也不见于黎氏的《语类》里。"无星之秤"的譬喻好得很!故我记在此。

《朱子语类》的五大部,所谓"三录二类",成书的年代如下表:

(1) 池州刻的《语录》　李道传刻　嘉定八年(1215)
(2) 饶州刻的《语续录》　李性传刻　嘉熙戊戌(二年,1238)
(3) 饶州刻的《语后录》　蔡抗刻　淳祐己酉(九年,1249)

（4）蜀刻的黄士毅编的《朱子语类》 史公说刻 嘉定十三年（1220）

（5）徽州刻的王佖编的《语续类》 淳祐壬子（十二年，1252）后来又有

（6）建安刻的《朱子语别录》 吴坚刻 咸淳元年（1265）

（7）江西刻的《朱子语类大全》 黎靖德编刻 咸淳六年（1270）

这"四录"与"三类"的序跋里都没有提到杨与立的《朱子语略》二十卷。所以我推想，这部小规模的《语类》可能是朱子死后二三十年中在建安编成的，但未必就有刻本流行，所以那三部《语类》（蜀刻《语类》，徽刻《续类》，黎靖德刻《语类大全》）的编者都不知有这二十卷《语略》。

中央图书馆收藏的这部《语略》的卷五、卷十、卷十五、卷二十的末页有长方栏，刻"弘治四年（1491）春南京国子监重刊"双行十二字。我们不知道这部书的初次刻版是在什么年代，很可能它是到元朝才有刻本的。

这部《语略》的大毛病是每条不记采自谁人的记录。但选定这部分类语录的人——假定他是"门人建安杨与立"——是有眼光、有剪裁的一个人。每条虽然很简短，但选择的很扼要，很有精采。例如卷十六是论"政事"的，有这一条：

后世君太尊，臣太卑。（四十叶）

这八个字何等扼要，何等精采！又如卷二十是论"异端"的，有这一条：

人若以简易存心，将来便入异端去。（九十五叶）

这也是很扼要的。

1961，8，28 夜半

今天看明翻元大德版的括苍叶士龙编的《朱子语类格言》，原编十九卷，后删去论兵事的第十九卷，存十八卷（改名《新编晦庵先生语录类要》），有淳祐甲申（四年，1244）崶阳王遂的序文，其中说：

> 叶君家龙泉,后徙考亭,则文公已卒,从三山黄公勉斋以学。初李公贯之(道传)集朱门弟子所记,刊于池阳。是时学禁方开,抄录未备。李公蜀人,未尝登文公之门,〔叶君〕疑其裒集有所未尽,则以质之勉斋。而鹤山魏公别以黄子洪所录为定,号《语类》。建安杨与立以所见闻,则为《语略》。

据此序文,王遂在晦翁死后四十四年已知道杨与立的《语略》了,并且说他"以所见闻,为《语略》",这就是说他的根据不限于《池州录》与黄子洪的《语类》。此语也可以解作杨与立依据他"所见闻"的各种语录,作为《语略》。

很可能的,《语略》在淳祐四年(1244)以前已有初刻本了。

1961,8,29 九晨
(收入《胡适手稿》第九集)

朱子论"尊君卑臣"（札记卡片）

朱子读史常不满意于"尊君卑臣"的制度。如《语类》一三四，一九，

> 黄仁卿问自秦始皇变法之后，后世人君皆不能易之，何也？曰，秦之法尽是尊君卑臣之事，所以后世不肯变。且如三皇称皇，五帝称帝，三王称王，秦则兼皇帝之号。只此一事，后世如何肯变？

又如《语类》一三五，五，人杰录云：

> 叔孙通为绵蕞之仪，其效至于群臣震恐，无敢失礼者。比之三代燕享群臣气象，便大不同。盖只是秦人尊君卑臣之法。

注中引必大录云：

> 叔孙通制汉仪，一时上下肃然震恐，无敢喧哗。时以为善。然不过尊君卑臣，如秦人之意而已。都无三代燕飨底意思了。
>
> 或问文帝欲短丧，或者要为文帝遮护，谓非文短丧，乃景帝之过。曰，恐不是恁地。……或者又说，古者只是臣为君服三年丧，如诸侯为天子，大夫为诸侯，乃畿内之民服之。于天下吏民，无服三年服道理，必不可行。此制必是秦人尊君卑臣，却行这三年。至文帝反而复之耳。（《语类》一三五，六）
>
> 问"君臣之变，不可不讲"。且而霍光废昌邑，……当时彼昌邑说"天子有争臣七人"两句后，他更无转侧。万一被他更咆勃时，也恶模样。曰，"到这里也不解恤得恶模样了"。
>
> 义刚曰，"光毕穷是做得未宛转"。曰，"做到这里，也不解得宛转了"。良久，又曰，"人臣也莫愿有此。万一有此时，也十分使他宛转不得"。（《语类》一三五，一一）

> 杨恽坐上书怨谤,要斩。此法古无之,亦是后人增添。今观其书,谓之怨则有之,何谤之有?(《语类》一三五,一二(淳))
>
> 前年郑瀛上书得罪,杖八十,下临安赎。临安一吏人悯之,见其无钱,为代出赎之。(一三八,一七(杨))

朱子作其父《皇考吏部朱公行状》(《文集》九七,页一八——二八),在庆元五年(1199),那时朱子已七十岁了。在那篇《行状》里,他有几处说到"君臣之义":

(1) 在前面总论里,

> 又尝以谓父子主恩,君臣主义,是为天下之大戒,无所逃于天地之间,如人食息呼吸于元气之中,一息之不属,理必至于毙。是以自昔圣贤立法垂训所以维持防范于其间里,未尝一日而少忘,其意岂特为目前之虑而已哉?

(2) 在叙朱松再召入对时,说:

> 犹虑夫计划之间或未精审,无以服众心而成大功也,则又言曰,"人主操大权以御一世,必有所以虑此者有以切中于理,然后足以服天下之心。是以无为而不成。今万机之务,决于早期侍立逡巡之顷,未有以博尽谋谟之益,使其必当事理以服人心。谓宜略仿唐朝延英坐论之制,仰稽仁祖天章给札之规,延访群臣,博求至计,然后总揽参订,以次施行,则政令之出,上下厌服,天下之事无所为而不成矣"。

(3) 后来朱松引去之前,又说:

> ……然天下之事每病于难立者,正以向一夫独见之言,而略众口异同之论,是以谋始太锐,而用计有未详也。愿考汉廷杂议之法,自今发政造事,陛下既与大臣谋谟于上,又令卿士大夫有忠虑者亦得以自竭于下,然后总揽群策而裁处其中,将举天下之事惟陛下之所欲为而无不成矣。

以上三段,其后两段相呼应,而末段更明白主张"汉廷杂议之法"。此必是朱子晚年特别注意的一个大问题,无可疑。①

---

① 原编者注:以下是胡适在1957年8月初补记的。

在朱松的《韦斋集》里,他对于"汉廷杂议之法","唐开延英","仁宗天章给札之规",都说的更详细。

(1)《论时事札子二》说:

仰惟陛下总揽群策,图济艰难,于兹八年,谓宜求所以深服天下者,莫若垂精延访,尽臣下之谋。夫大昕之朝,裁决万机,侍立逡巡之间,虽有嘉谋至计,未必皆能罄竭以自效上。唐制,天子间见大臣,辄开延英,坐论从容,数移晷刻。仁宗皇帝庆历中,召大臣于天章阁,赐坐给札,使条具其所欲施行者。是以个人得竭其所怀。而反复议论之间,足以周知情实,曲中事机。以至识虑之浅深,亦足以察知其才智之所极。……窃谓今日宜修举延英庆历故事,时以闲燕博延群臣,必皆削去琐细无补,阔疏难行之言,而求所以安乱治乱之故,卓然可施于实用者,总揽参订,次第施行。政令之出,上下压服,莫敢腹非而窃议。

(2)《札子七》说:

……然天下之事,每以难立为患。若向一夫独见之言,而略众口异同之论,则政令之发,其效未睹,而人皆能出其私智以非上所建立。……窃谓谋始太锐,而惮于博尽异同之见,事之难立,无足怪者。

方汉盛时,有大征伐,必下公卿将军,中二千石,博士议郎杂议。人人得效其见闻,以研究是非利害之极致。然后天子称制以决之。是以上无怨令,事无遗策,众志压服,而功暴当世。

谓宜自今陛下将欲发政造事,既与大臣谋谟于上,又使卿士夫罄竭思虑,毕陈于下,然后总揽群策而裁处其中,将举天下之事惟陛下之所欲为,庶几立经远持久之计,以幸天下?

洪迈《容斋随笔》(自序在淳熙庚子,——七年,1180)卷二有"汉采众议"一条,所举凡八事,皆

……所系利害甚大,一时公卿百官既同定议矣,贾捐之以下八人皆以郎大夫之微,独陈异说。汉元、成、哀、安、顺、灵,皆非明主,悉能违众而听之。大臣无贤愚,亦不复执前说。盖犹有公道存焉。每事皆能如是,天下其有不治者乎?

洪迈举的八事：

① 汉元帝珠崖反,待诏贾捐之议是。

② 匈奴呼韩邪单于上书愿保塞。上谷以西,请罢边备塞吏卒。……郎中侯应以为不可许。

③ 成帝时谷永议勿受匈奴使者降。

④ 哀帝时,单于求朝,公卿议"可且勿许。杨雄上书谏。

⑤ 安帝时,郎中虞诩,谏弃凉州。

⑥ 邓太后从班勇言,不绝西域。

⑦ 顺帝时,交趾蛮叛,议郎李固议"乞选刺史太守以往"。

⑧ 灵帝时,议郎傅燮议不可弃凉州。

洪迈《容斋随笔》十三,又有"汉世谋于众"一条,说：

两汉之世,事无小大,必谋之于众人,予前论之矣。然亦有持以藉口掩众议者。

他举两例：(1)是霍光死后,宣帝出其亲属补吏,张敞言：朝臣宜有明言霍氏专制,请罢三侯就第,明诏以恩不听,群臣以前固争而后许之。(2)哀帝欲封董贤等,王嘉言,宜延问公卿大夫博士议郎,明正其前,然而乃加爵士。不然,恐大失众心。……

洪迈结论是："是知委曲迁就,使恩出君上,遇归于下,汉代每如此也。"

《容斋随笔》十五有"呼君为尔汝"一条(P4—5)：

……古之人心口一致,事从其真。虽君臣父子之间,出口而言,不复顾忌。观诗书所载可知矣。

箕子陈《洪范》,对武王而"汝"之。

金縢策视周公所以告大王、王季、文王,三世祖考也,而呼之尔三王,自称曰予。至云,"尔之许我,我其以璧与珪,归俟尔命。尔不许我,我乃屏璧与珪"。殆近乎相质责而邀索也。

《閟宫》颂君之诗,曰"俾尔富而昌,俾尔昌而炽"。及《节南山》、《正月》、《板》、《荡》、《卷阿》、《既醉》、《瞻卬》诸诗,皆呼王为"尔"。

《大明》曰,"上帝临汝",指武王也。

《民劳》曰,"王欲王,女",指厉王也。至或称为"小子",虽幽厉之君亦受之而不怒。

呜呼,三代之风俗可复见乎!

又《容斋随笔》二有"唐诗无讳避"一条,说:

唐人歌诗,其于先世及当时事,直辞咏寄,略无避隐,至宫禁嬖昵,非外间所应知者,皆反复极言,而上之人亦不以为罪。

如白乐天《长恨歌》,讽谏诸章,元微之《连昌宫词》,始末皆为明皇而发。杜子美尤多。……

此下如张祜赋《连昌宫》、《元日仗》……等三十篇,大抵咏开元天宝间事。李义山《华清宫》、《马嵬》……诸诗亦然。今之诗人不敢尔也。

(收入《胡适手稿》第九集)

卷　　四

《六祖坛经》原作《檀经》考[①]

现存的最古本《六祖坛经》是敦煌唐写本,原本藏在伦敦大英博物院,我藏有此本的照片。这个敦煌本里面提到"坛经"两字,总共有十一次。十一次之中,七次写作"坛经",四次写作"檀经"。

向来我们总觉得"檀经"是误写,都应该改正从土的"坛"字,我近来颇疑心"坛经"实在讲不通。原文应该是从木的,"檀"字,即是"檀那"、"檀施"、"檀波罗蜜"的"檀"字,其广义为"布施",狭义为"法施",为"说法教化"。

《翻译名义集》卷四,"辨六度法"第四十四,说六度第一为"檀那",引《法界次第》云:

> 秦言布施。若内有信心,外有福田,有财物,三事和合,心生舍法,能破悭贪,是为檀那。

又说:

> 布施有两种:一者财施,二者法施。财施者,所谓……一切己之所有资身之具,及妻子,乃至身命,……有所须者,悉能施与,皆名财施也。法施者,若(或)从诸佛及善知识,闻说世间出世间法,若(或)从经论中闻,若(或)自以观行故知,——以清净心,为人演说,皆名法施。

《檀经》的"檀",是"法施"的意思。《法苑珠林》卷九十七论"布施",有专章说"法施"为最胜,引《大智度论》云:

> 佛说施中,法施第一。何以故?财施有量,法施无量。……财

[①] 编者按:1959年2月20日,胡适在此文的封面上自注说:"后来我看了神会的《坛经》两个敦煌本,我也不坚持《坛经》的说法了。"

> 施但益色身,法施能利心神。财施能增贪病,法施能除三毒。

又引《大集经》云:

> 施宝虽多,不如至心诵持一偈。法施最妙,胜过饮食。

又引《未曾有经》云:

> 说法教化,名为法施,能令众生出世间道。

又引《大丈夫论》云:

> 财施者除众生身苦,法施者除众生心苦。……财施者为得身乐,法施者为得心乐。

这里说的"法施",正是"檀经"的"檀"字的本意。

敦煌古本的标题是这样:

> 南宗顿教最上乘摩诃般若波罗蜜经
> 六祖惠能大师於韶州大梵寺施法坛经一卷,兼受(授)无相戒

这里明说这是惠能(慧能)大师在大梵寺"施法"——即是"以清净心为人演说,名为法施"——的"檀经"。檀即是施,"檀经"即是所施的经。"檀那波罗蜜",平常只叫做"檀那罗蜜",又名"檀施"。施的人就叫做"施主",又称"檀越"。为人演说的经法就叫做"檀经"。

敦煌古本开卷说慧能"施法"的缘起:

> 惠能大师于大梵寺讲堂中,升高座,说摩诃般若波罗蜜法,受(授)无相戒。其时座下僧尼道俗一万余人,韶州刺史等(韦)据及诸官僚三十余人,儒士余人,同请大师说摩诃般若波罗蜜法。刺史遂令门人法海集记,流行后代,与学道者承此宗旨,递相传授,有所依约,以为禀承。说此坛经(檀经)。

敦煌古本的最末一行的标题是:"南宗顿教最上大乘坛(檀)经法一卷",开卷题的是"惠能大师于韶州大梵寺施法檀经一卷",末行题的是"檀经法一卷",比较看看,我们可以明白"檀"字是"檀施"的"檀",即是"法施"。"檀经"即是惠能"施法"的"集记"。

《坛经》的原本应该是题作"檀经"的。我可以提出三个证据。

第一个证据是《檀经》敦煌写本里十一次提到"檀经",其中最前五次,最后两次,都写作"坛经",而中间有四次(第六、七、八、九次)

还写作从木的"檀经"。因为这四次都在卷子的中间,故我们可以推想原本作"檀"。那位不懂得"檀经"原意的和尚,妄改作从土的"坛"。但他只改了前五处,又改了卷末的两处,却忽略了中间的四处,所以留下了原本作"檀"的痕迹。

第二个证据是九世纪初期的韦处厚作的"兴福寺大义禅师碑铭"(《全唐文》七一五)。韦处厚死在唐文宗太和二年(828),他在这碑文里叙述八世纪的禅学分布在秦(神秀,普寂)、洛(神会)、吴(牛头山一派)、楚(马祖道一,大义)的情形。其中叙述神会一支,说:

> 洛者曰会,得总持之印,独曜莹珠。习徒迷真,橘柘变体,竟成《檀经》传宗,优劣详矣。

我在《荷泽大师神会传》里,曾引此段,表示韦处厚在九世纪初期明明指出"《檀经》是神会门下的'习徒'所作"(看《神会传》页七三——九〇)。今天我只想指出韦处厚的碑文里写作"檀经",是一个证据。

第三个证据是《唐诗纪事》(卷六十六)有这一条:

> 陈琡,陈鸿(《长恨歌序》的作者)之子也。咸通中(860—873)佐廉使郭常侍铨于徐。性耿介,有所不合,挈家居茅山。平居焚香习禅,妻子罕面。寄居兰若,自述《檀经》三卷。

这个人同慧能、神会没有关系,但他弃官习禅,从没有升高座说法,而自述《檀经》三卷,可见唐朝晚期的人用"檀经"自题所著的书,还只是"以清净心为人演说,名为法施"的意思。

1952,9,20 夜
(收入《胡适手稿》第七集)

新校定的敦煌写本神会和尚遗著两种

一、南阳和上顿教解脱禅门直了性坛语

此卷依据的底本是巴黎国家图书馆藏的伯希和敦煌写本Pelliot 2045号卷子的第二件,原题为"南阳和上顿教解脱禅门直了性坛语"。其中脱去了一纸三十一行,错粘在那个卷子的第一件——"菩提达摩南宗定是非论"——的中间,现在我已改正了。这个卷子省称"底本"。

校写此卷时,我曾用日本铃木贞太郎从国立北平图书馆藏的敦煌写本校写的《和上顿教解脱禅门直了性坛语》来比勘。铃木先生在1934年发见这一卷《坛语》,他用胡适本《神会和尚遗集》,铃木和公田本《神会禅师语录》,及敦煌写本《六祖坛经》做参考比较的资料,指出《坛语》的思想倾向最接近神会,也最接近《六祖坛经》。(看铃木贞太郎校刊《少室逸书及解说》的解说页五〇——六八)巴黎出现的"坛语"的标题没有残缺,正作"南阳和上",即是在南阳时期的神会。开元八年(720),他奉敕配住南阳龙兴寺(见《宋高僧传》)。他在南阳约有十年,所以人称他"南阳和尚"。

这个北平本《坛语》很多脱文误字,远不如巴黎本,但也有参校的大用处。例如那误粘在别的文件的一纸三十一行,若没有这个首尾完全的北平本比勘,就无法证实我的校稿是不错的了。这个北平本,省称"平本"。

铃木先生校写《坛语》,把全篇分成三十九章,其中颇多错误的分割。我这回写定此篇,暂且分写作八大段,其中必定也还有不妥当的分割。

胡适记

1 无上菩提法,诸佛深叹不思议。

知识,既一一(平本此二字作今)能来,各各发无上菩提心。诸佛菩萨,真正善知识,极甚难值遇。昔未曾闻,今日得闻。昔未得遇,今日得遇。《涅槃经》云,佛告迦叶言,"从兜率天放一颗芥子,投阎浮提一针锋,是为难不?"迦叶菩萨言,"甚难,世尊"。佛告迦叶,"此未为难。正因正缘得相值遇,此是为难"。

云何正因正缘?知识,发无上(底本脱此二字,平本补)菩提心是正因。诸佛菩萨,真正善知识将无上菩提法投知识(平本脱此九字)心,得究竟解脱,是正缘。得相值遇为善。

知识,是凡夫(神会各卷中用"是"字,或"所是",在名词之前,有"诸"字义。如"所是门徒"即"诸门徒"。"是凡夫"即"所是凡夫",即"诸凡夫")口有无量恶言,心(平本脱此六字)有无量恶念,久轮转生死,不得解脱。须一一(平本脱此三字)自发菩提心,为知识忏悔,各各礼佛:

> 敬礼过去[尽过去]际一切诸佛!
>
> 敬礼未来尽未来际一切诸佛!
>
> 敬礼现在尽现在际一切诸佛!
>
> 敬礼尊法般若(平本般若在尊法上)修多罗藏!
>
> 敬礼诸大菩萨,一切贤圣僧!

各各至心忏悔,令知识三业清净:

> 过去未来及现在,身口意业四重罪,我今至心尽忏悔,愿罪除灭永不起!
>
> 过去未来及现在,身口意业五逆罪,我今至心尽忏悔,愿罪除灭永不起!
>
> 过去未来及现在,身口意义七逆罪,我今至心尽忏悔,愿罪除灭永不起!(平本"七逆"在"五逆"之前)
>
> 过去未来及现在,身口意业十恶罪,我今至心尽忏悔,愿罪

除灭永不起!

　　过去未来及现在,身口意业障重(底本此三字作业业障重四字)罪,我今至心尽忏悔,愿罪除灭永不起!

　　过去未来及现在,身口意业一切罪,我今至心尽忏悔,愿罪除灭永不起!(平本脱此四句二十八字)

　　现在知识等,今者已能来此道场,各各发无上菩提心,求无上菩提法!

　　若求无上菩提,须信佛语,依佛教。佛道没语?(底本道上有说字)经云,"诸恶莫作,诸善奉行,自净其意,是诸佛教。"过去一切诸佛皆作如是说:诸恶莫作是戒,诸善奉行是慧,自净其意是定。

　　知识,要须三学〔等〕,始名佛教。何者是三学等?戒定慧是。妄心不起名为戒。无妄心名为定。知心无妄名为慧。是名三学等。

　　各须护持斋戒。若不持(平本作能)斋戒,一切善法终不能生。若求无上菩提,要先(平本作须)护持斋戒,乃可得入。若不持斋戒,疥癞野干之身,尚自不得,岂获如来功德法身?知识,学无上菩提,不净三业,不持斋戒,言其得者,无有是处。

　　要藉有作戒,有作慧,显无作〔戒,无作〕慧。(两本皆无"戒无作"三字)定则不然。若修有作定,即是人天因果,不与无上菩提相应。

　　知识,久流浪生死,经过恒河沙大劫,不得(平本脱得字)解脱者,为不曾发无上菩提心,即不值遇诸佛菩萨真正善知识。纵值遇诸佛菩萨真正善知识,又复不能发无上菩提心。流转生死,经无量恒河沙大劫,不〔得〕解脱者,总缘此。

2　又纵发心者,只发二乘(乘字平本作"种家"二字,以下"二乘"皆作"二家")人天心。人天福尽,不免还堕。诸佛出世,如恒河沙。诸大菩萨出世,如恒河沙。——诸佛菩萨善知识出度人,皆如恒河沙。诸佛菩萨〔善〕知识何不值遇,今流浪生死不得解脱?良为与过去诸佛菩萨真正善知识无一念最上(底本无此二字)菩萨缘来。或有善知识,不了无上菩提法,倘将二乘声闻及人天法教知识,喻如秽食置于宝器。何者宝器?(平本脱此四字)知识,发无上菩提心是宝器。何者秽食？二乘人天法是秽食。虽获少善生天，天（底本作之）福若尽，还同今日凡夫。

知识，今发心学般若（平本脱此二字）波罗蜜相应之法，超过声闻缘觉等，同释迦牟尼佛授弥勒记更无差别。（平本此四字作"亦更无别"）如二乘人执"定"，经历劫数，如须陀洹在定八万劫，斯陀含在定六万劫，阿那含在定四万劫，阿罗汉在定二万劫，辟支佛在定十千劫。何以故？住此定中劫数满足，菩萨摩诃萨方乃投机说法，能（平本作然）始发菩提心，同今日知识发菩提心不别。当二乘在定时，纵为说无上菩提法，终不肯领受。经云，天女语舍利弗云，凡夫于佛法（平本脱此三字）有返复，而声闻无也。

已来登此坛场学修般若波罗蜜时，愿知识各各心口发无上菩提心，不离坐下，悟（平本作信）中道第一义谛。

夫求解脱者，离身意识，五法，三自性，八识，二无我，离内外见，亦不于三界现身意：是为"宴坐"。如此坐者，佛即印可。六代祖师以心传心，离文字故。从上相承，亦复如是（平本脱上字，亦字）。

知识，一一身具有佛性。善知识不将佛菩提法与人，亦不为人安心。何以故？《涅槃经》云，早已授仁者记（此一段两本皆有写者误改处。二人字，两本皆作"人者"，铃木皆改作"仁者"。经文"仁者"，两本皆作"人者"。安下平本有心字，底本无。大概写者因经文误作"人者"，故误改上文两人字作"人者"，就不可读了。铃木改经文为"仁者"，是不错的。他改上文两"仁者"，就错了。今校正）。一切众生本来涅槃，无漏智性本自具足。何为不见？今流浪生死，不得解脱，为被烦恼覆故，不能得见。要因善知识指授，方乃得见，故即离流浪生死，使得解脱。

3 知识，承前所有学处，且除却莫用看（平本脱用字）。知识，学禅以来，经五〔年〕，十余年，二十年者，今闻深生惊怪。所言除者，但除妄心，不除其法。若是正法，十方诸佛来（平本作未）除不得，况（平本作说）今善知识能除得？犹如人于虚空中行住坐卧不离虚空。无上菩提法亦复如是，不可除得。一切施为运用，皆不离法界。经云,但除其病,不除其法。

　　知识谛听,为说妄心。何者是妄心?仁(两本皆作人)者等今既来此间,贪爱财色男女等,及念园林屋宅,此是"粗妄",应无此心。为有"细妄",仁者不知。何者是"细妄"?(此上九字,平本脱)心闻说菩提,起心取菩提。闻说涅槃,起心取涅槃。闻说空,起心取空。闻说净,起心取净。闻说定,起心取定。此皆是妄心,亦是法缚,亦是法见。若作此用心,不得解脱(平本若字上,用字上,皆有心字),非本自寂净心。作住涅槃,被涅槃缚;住净,被净缚;(平本脱此五字)住空,被空缚;住定,被定缚:作此用心,皆是障菩提道。《般若经》云,若心取相,即着我,人,众生,寿者。离一切诸相,即名诸佛,离其法相(相平本作想)。《维摩经》云,何为病本?为有攀缘。云何断攀缘?以无所得。无所得则无病本(无所得三字,底本两处皆作"无所有得故"五字,平本无"有"字,又无下"无所得故"四字。今依《维摩诘经》改)。学道若不识细妄,如何得离生死大海?

　　知识,各用心谛听,聊简自本清净心(下文有"聊简烦恼即菩提义"。聊简也写作"料简",有检讨的意思)。闻说菩提,不作意取菩提。闻说涅槃,不作意取涅槃。闻说净,不作意取净。闻说空,不作意取空。闻说定,不作意取定。如是用心,即寂静(平本作最静)涅槃。经(平本脱此字)云,断烦恼者不名涅槃。烦恼不生,乃名涅槃。譬如鸟飞于虚空,若住于空,必有堕落之患(依平本增虚字,住下增于字)。如学道人修无住心,心住于法,即是住着,不是解脱。经云,更无余病,唯有空病。无空病亦空,所空亦复空(此十字平本作"空病亦空又复"六字)。经云,常行(平本作求)无念实相智慧。若以法界证法界者,即是增上慢人。

4　　知识,一切善恶,总莫思量。不得凝心住〔心〕。亦不得将心直视心,堕(底本作随,下同)直视住,不中用。不得垂(平本作睡)眼向下,便堕眼住,不中用。不得作意摄心,亦不得(二本皆作复)远看近看,皆不中用。经云,不观是菩提,无忆念故,即是自性空寂心(平本无心字)。

心有是非不？答，无。心有来去处不？（底本心字下衍"有住处不"四字）答，无。心有青黄赤白不？答，无。心有住处不？答，心无住处。和上言，心既无住，知心无住不？答，知。知不知？答，知（平本脱知字）。

今推到无住处立知。作没？（作没＝怎么？）

无住是寂静（中古写本，净静不分。此处从平本作静，下同）。寂静体即名为定（平本脱寂静二字，又脱为字）。从体上有自然智，能知本寂静体，名为慧（平本脱从字，智作知）。此是定慧等。经云，寂上起照，此义如是。无住心不离知，知不离无住。知心无住，更无余知（此十九字，平本作"无住心不离知知不离无心即无住更无余知"，故不可读）。《涅槃经》云，定多慧少，增长无明。慧多定少，增长邪见。定慧等者，明见佛性。今推到无住处便立知。知心空寂，即是用处。《法华经》云，即同如来知见，广大深远。心无边际，同佛广大，心无限量，同佛（平本脱佛字）深远，更无差别。看（平本作者）诸菩萨行甚深般若波罗蜜多，佛推诸菩萨病处如何。《般若经》云，菩萨摩诃萨应如是生清净心：不应住色生心，不应住声香味触法生心，应无所住而生其心（平本应下脱"无所住而生其心"七字，而衍"此并用"三字。此三个衍文是原有的校记，意指"无所住"等字须重复一遍，后来钞手误收旁注三字作正文）。"无所住"（底本脱此三字）者，今推知识无住心是。"而生其心"者，知心无住是（此节两本各有脱文，故不可读。铃木先生所依北平本有脱文，又有衍文，他没有用《金刚般若经》来校补脱文，故他的校本作"应此并用无所住者，今推知识无住心〔如〕是而生其心者"。以上属于他分写的第廿一章。以下另起第廿二章"知心无住是本体空寂。……"如此分割，甚不可读）。

本体空寂。从空寂体上起知，善分别世间青黄赤白，是慧。不随分别起，是定。即如"凝心入定"，堕无记空（平本作"即疑如心入定，随无既空"）。出定（底本作"后空"，依平本改）已后，起心分别一切世间有为，唤此为慧！经中名为妄心（平本脱有为的"为"字，又脱"慧经中名为"五字）。此则慧时则无定，定时则无慧。如是解者，皆不离烦恼。"〔凝心入定〕,住心看净,起心外照,摄心内证",非解脱心,亦是法缚心,不中用("凝心入定,住心看净,起心外照,摄心内证",此四句十六字屡见于神会遗著。据"菩提达摩南宗定是非论",此四句是神秀门下普寂与降魔藏二大师教人的禅法。四句最末一字,两本皆作澄,今校改)。《涅槃经》云:佛告琉璃光菩萨,善男子,汝莫入甚深〔空定〕。何以故?令大众钝故(此是《大般涅槃经》高贵德王菩萨品一之文。经文南北本皆作"汝今莫入甚深空定。何以故?大众钝故。"底本平本皆作"汝莫作入甚深",今据经文删"作"字,补"空定"二字。"令大众钝故",底本平本皆有"令"字,甚有趣味!神会在八世纪看见的经文可能有"令"字,所以我没有敢删去)。若入定,一切诸般若波罗蜜不知故(此一句是神会解释"令大众钝故"的经文)。

但自知本体寂静(底本作净),空无所有,亦无住着,等同虚空,无处不遍,即是诸佛真如身。真如是无念之体。以是义故,立"无念"为宗。若见(平本脱见字)无念者,虽具见闻觉知,而常空寂,即戒定慧学一时齐等,万行俱备,即同如来知见,广大深远。云何深远?以不见性,故言深远。若了见性,即无深远(此二十字含有一个很大胆的思想,可惜没有发挥)。

5 各各至心,令知识得"顿悟解脱"。

若眼见色,善分别一切色,不随分别起,色中得自在,色中得解脱色尘三昧足。

耳闻声,善分别一切声,不随分别起,声中得自在,声中得解脱声尘三昧足。

鼻闻香,善分别一切香,不随分别起,香中得自在,香中得解脱香尘三昧足。

舌尝味,善分别一切味,不随分别起,味中得自在,味中得解脱味尘三昧足。

身觉种种触,善能分别触,不随分别起,触中得自在,触中得解脱触尘三昧足。

意分别一切法，不随分别起，法中得自在，法中得解脱法尘三昧足。

如是诸根善分别，是本慧。不随分别起，是本定。

经云（云字两本同作中。按下文"不舍道法而现凡夫事"是引《维摩诘经》，故校改），"不舍道法而现凡夫事，〔是为宴坐〕。"种种运为世间，不于事上生念，是定慧双修，不相去离。定不异慧，慧不异定，如世间灯光不相去离（此十七字，平本重出）。即灯之时光家体，即光之时灯家用。即光之时不异灯，即灯之时不异光。即光之时不离灯，即灯之时不离光。即光之时即是灯，即灯之时即是光。定慧亦然。即定之时是慧体，即慧之时是定用。即慧之时不异定，即定之时不异慧。即慧之时即是定，即定之时即是慧。即慧之时无有慧，即定之时无有定。此即定慧双修，不相去离。后二句者，是维摩诘默然直入不二法门（直入，底本作入真。平本作入直，铃木校改作直入。《维摩诘经》入不二法门品云，"时维摩诘默然无言。文殊师利叹曰，善哉！善哉！乃至无有文字语言，是真入不二法门！"玄奘译本末句作"是真悟入不二法门，于中都无一切文字言说分别！"中古写本，直真二字往往互混。此篇标题是"顿教解脱禅门直了性坛语"，而此章特别说"顿悟解脱"，故我从铃木校作"直入"）。

6 为知识聊简"烦恼即菩提"义，举虚空为喻。如虚空本无动静，明来是明家空，暗来是暗家空。暗空不异明，明空不异暗（此十字，平本脱上七字）。虚（平本脱虚字）空明暗自来去。虚空本来（平本脱来字）无动静。烦恼与菩提，其义亦然。迷悟虽（底本脱虽字）别有殊，菩提性元不异。

经云，如自观身实相，观佛亦然。知心（底本脱心字）无住是观。过去诸佛心亦同知识今日无住心无别。经云，我观如来，前际不来，后际不去，今则无住。

夫（平本作未）求法者，不著佛求，不著法求，不著众求（此十六字也是引《维摩诘经》文）。何以故？为众生心中各自（底本脱自字）有佛性故。知识（此二字平本作若），起心外求者，即名邪求。《胜天王》〔《般若经》〕(两本皆脱此三字)言,"大王,即是如实。""世尊,云何如实?"(平本脱此六字)"大王,即(平本脱即字)不变异。""世尊,云(平本脱云字)何不变异?""大王,所谓如如。""世尊,云何如如?""大王,此可智知,非言能说(平本作说能)。离相无相,远离思量,过觉观境。是为菩萨了达甚深法界,即同佛知见。"

知识,自身中有佛性,未能了了见。何以故?喻如此处各各思量家中住宅,衣服、卧具及一切等物,具知有,更不生疑。此名为"知",不名为"见"(底本此下脱去一纸,自"若行到宅中"起,至"若于师处受得禅法所学各自平章"的"各"字止,共三十一行。此一纸三十一行误粘在《菩提达摩南宗定是非论》一卷里,今移正。平本不脱,可以参证)。若行到宅中,见如上所说之物(见字两本皆作具,今按当作见。平本如字作知,又脱所字),即名为"见",不名为"知"。今所觉(底本作学)者,具依他说"知"身中有佛性,未能了了"见"。

但不作意,心无有起,是真无念。毕竟〔见〕不离知,知不离见。一切众生本来无相。今言相者,并是妄心。心若无相,即是佛心。若作心不起,是识定,亦名法见心自性定。

马鸣云,若有众生观无念者,则为佛智。故今所说般若波罗蜜,从生灭门顿入真如门,更无前照后照,远看近看,都无此心。乃至七地以前(底本脱前字)菩萨都总蓦过,唯指佛心,即心是佛。

7 经云,当如法说:口说菩提,心无住处。口说涅槃,心唯寂灭。口说解脱,心无系缚。

向来指知识无住心,知不知?答,知。

《涅槃经》云,此是第一义空。若三处俱空,即是本体空寂(平本脱"即是本体空"五字)。唯有中道亦不在其中。中道因边而立(平本脱中字,而字)。犹如三指并同,要因两边,始立中指。若无两边,中指亦无。经云,虚空无中边,诸佛身亦然。诸佛解脱法身,亦如虚空无中边。

知识,常须作如是解。今将无上道法分付知识。〔引经〕(此二字两本同似是衍文)若领此语,六波罗蜜,恒沙诸佛,八万四千诸三昧门,一时灌入知识身心。《维摩经》云,菩提不可以身得,不可以心得。寂灭是菩提,灭诸相故。"不可以身得",心不在外。"不可以心得",身(平本脱身字)不在内。"寂灭是菩提",中间无处所。"灭诸相故",一切妄念不生。此照体独立,神无方所。知识,当如是用!

得(平本无得字)上根上智人,见说般若波罗蜜,便能领受,如说修行。如中根人,虽未得,若劝咨问,亦得入。下根人,但至信不退,当来亦能入大乘(平本作家)十信位中。

只如学道人(底本脱人字)拨妄取净,是垢净,非本自净(平本垢作恬),《华严经》云,譬如拭巾有垢,先着灰汁,然〔后〕用净水洗之。此虽得净,未名为净。何以故?此净为因垢得净,犹故不净。《维摩经》云,非垢行,非净行,是菩萨行。

知识,非用心时,若有妄起,思忆远近,不须摄来。何以故?去心既是病,摄来还是病,去来皆是病(底本脱此病字)。经云,诸法无来去。法性遍一切处,故法无去来。若有妄起,即觉。觉灭(底本脱灭字)即是本性无住心。

有无双遣,境智俱亡(平本遣作远)。莫作意即自性菩提(平本莫上有俱字)。若微细心,即用不着。本体空寂,无有一物可得,是名阿耨菩提(阿耨即"无上")。《维摩经》云,从无住本,立一切法。菩萨光戒光,亦复如是。自性空寂(底本脱寂字),无有形相。

> 发心毕竟二不别,
> 如是二心先心难。
> 自未得度先度他。
> 是故敬礼初发心。
> 初发已为天人师,
> 胜出声闻及缘觉。
> 如是发心过三界,
> 是故得名最无上。(此八句又见于《南宗定是非论》)

诸家借问,隐而不说。我于此门,都不如是。多人少人,并皆普说。若于师处受得禅法,所学各(自上文"若行到宅中"起,至此句"所得各"止,共一纸三十一行,底本脱失,误收在《菩提达摩南宗定是非论》一卷里,今移正。平本不误)自平章,唯通其心。若心得通,一切经论义(底本无论字,平本无义字)无不通者。佛在日,亦有上中下众生投佛出家。过去诸佛说法,皆对八部众说,不私说,不偷说。譬如日午时,无处不照。如龙王降雨,平等无二,一切草木随类受润。诸佛说法,亦复如是,皆平等心说,无分别心说。上中下众各自领解。经云,佛以一音演说法,众生随类各自解(平本脱类字,又自字作得字)。

知识,若学般若波罗蜜,须广读大乘经典。见诸(平本脱诸字)教禅者,不许顿悟,要须随方便始悟,此是大下品之见(神会此篇题作"顿教解脱禅门直了悟坛语",他主张顿悟,故他反对当时教禅者"不许顿悟"之说)。明镜可以鉴容(平本作监客),大乘(平本作家,下同)经可以正心。第一莫疑。依佛语,当净三业,方能入得大乘。此顿门一依如来说,修行必不相误(平本作悟)。勤作功夫。有疑者(平本无者字)来相问。好去。

1958 年 8 月 29 日校写毕
胡适记

《南阳和上顿教解脱禅门直了性坛语》的附录:

《南宗定邪正五更转》

底本《坛语》之后有《南宗定邪正五更转》歌,共五章,又五言律诗一首,可能都是神会和尚的作品。《五更转》的主旨,如第四章"法身体性不劳看。看则住心便作意,作意还同妄想","善恶不思即无念";如第三章讥笑"处山谷,住禅林,入空定,便凝心,一坐还同八万劫,只为担麻不重金";如第一章"妄想真如不异居","无作无求是功夫"等等,都是"坛语"里的主要思想。我校写《坛语》之后,开始校写《五更转》,我觉得这两个文件是彼此"互相发明"的。例如《五更转》第二章"一坐还同八万劫",坐字原作"生",我依据《坛语》里说的"须陀洹在定八万劫,斯陀含在定六万劫……"一段,校改"生"字作"坐",这一章就成了有趣味的讽刺文学了。又如《坛语》里有两句很惊人的话,"以不见性,故言深远。若了见性,即无深远"。试看"五更转"第四章:"法身体性不劳看。看则住心便作意,作意还同妄想团。"这都是讥评当时的禅学大师教人"凝心入定,住心看净"的方法。

因为这些缘故,我颇倾向于承认这两篇韵文也是神会和尚的作品。我把这两件钞在这里做附录。　　　　　胡适

《南宗定邪正"五更转"》

一更初。妄想真如不异居。迷则真如是妄想,悟则妄想是真如。念不起,更无余。见本性,等空虚。有作有求非解脱,无作无求是功夫。

二更催。大圆宝镜镇安台。众生不了攀缘病,由斯障闭不心开。本自净,没尘埃。无染着,绝轮回。诸行无常是生灭,但观实相见如来。

三更侵。如来智慧本幽深。唯佛与佛乃能见,声闻缘觉不知音。处山谷,住禅林,入空定,便凝心。一坐(原作一生,胡适校改)还同八万劫,只为担麻不重金(《坛语》说,"须陀洹在定八万劫,斯陀含在定六万劫,阿那含在定四万劫。……住此定中劫数满足,……发菩提心,同今日知识发菩提心不别。"在定中八万劫,结果还同今日凡夫一样!这是神会很严厉的批评当时的禅学。若作"一生还同八万劫",就没有意思了)。

四更兰。法身体性不劳看。看则住心便作意,作意还同妄想团。放四体,莫攒玩。任本性,自公官。善恶不思即无念。无念无思是涅槃。

五更分。菩提无住复无根。过去舍身求不得,吾师普示不忘(原作望)恩。施法药,大张门,去障膜,豁浮云,顿与众生开佛眼,皆令见性免沉沦。

真乘实罕遇,至理信幽深。
欲离相非相,还将心照心!
髻中珠未得,衣里宝难寻。

为报担麻者,如何不重金!

        1958年8月29日,校写完毕　胡适记

二、《菩提达摩南宗定是非论》(上卷)

这是伯希和(Paul Pelliot)从敦煌取去的唐写本 Pelliot 3047号卷子的后幅。我在1926年9月18日发现这个卷子。其前幅,我已收作《神会和尚遗集卷一》(民国十九年——1930——上海亚东图书馆初版,页九九——一五二)。后幅有标题一行:"菩提达摩南宗定是非论一卷　并序　独孤沛撰"。这残卷虽有"修论者"独孤沛的主名,因为内容还是神会和尚和崇远法师的问答论辩的记录,所以我收作《神会和尚遗集卷二》(亚东初版,页一五九——一六七)。

今年我用巴黎的 Pelliot 2045 号卷子,写定了《菩提达摩南宗定是非论》的"下卷"。所以我又用 Pelliot 3047 号卷子的照片,重新校写一遍,作为这一卷富有历史趣味的《菩提达摩南宗定是非论》的"上卷"。

        1958,8,24　胡适

《菩提达摩南宗定是非论一卷　并序》　独孤沛撰

弟子于会和上法席下见〔和上〕与崇远法师诸论义,便修。从开元十八、十九、廿年,其论本并不定,为修未成,言论不同。今取廿载一本为定。("廿载一本"原作"廿一载本",《神会遗集》二同。今改正。)后有"师资血脉传",亦在世流行。

    归命三宝法,法性真如藏,
    真身及应身,救世大悲者!
    宗通立宗通,如月处虚空。
    唯传顿教法,出世破邪宗。

问曰,有何因缘而修此论?

答曰,我闻心生即种种法生,心灭即种种法灭者,一切由己,妄己即凡。古圣皆染便净果。世情逐块,修无生以住生。学人迷方,欲不动而翻动。是非标竞□□□□差等其了议（以上文字不甚可解。"了议"似当作"了义"。此卷中"义"、"议"往往互混。如首句"论议"即"论义"），即我襄阳神会和上，悟无生法忍，得无碍智，说上乘法，诱诸众生，教道众生。教道回向者，若百川赴海。于开元廿年（原作"廿二年"，《遗集》二同。今改正）正月十五日在滑台大云寺设无遮大会，广资严饰，升师子坐，为天下学道者说：梁朝婆罗门僧学菩提达摩是南天竺国国王第三子，少小出家，智惠甚深，于诸三昧，获如来禅。遂乘斯法，远涉波潮，至于梁武帝。武帝问法师曰，"朕造寺度人，造像写经，有何功德不?"达摩答，"无功德"。武帝凡情不了达摩此言，遂被遣出。〔达摩〕行至魏朝，便遇惠可。〔惠可〕时年四十，(此四字原作"时卅"二字。《续僧传》记惠可初遇达摩，"年登四十"。敦煌本《历代法宝记》作"时年卅"。故《遗集》二校记说，亦当作"时卅"。《神会遗集》出版后两年，日本石井光雄影印他得到的敦煌写本"神会语录"残卷，其内容和我校印的《神会和上遗集》卷一多相同，但其末后部分有六代祖师小传，其中"可禅师"小传说他"时年卅，奉事达摩"。故照改作"时年四十"。)俗姓姬，武牢人也（武牢即虎牢，唐朝人避讳，改虎作武。石井本《神会语录》作"俗姓周，武汉人也"）。遂与菩提达摩相随至嵩山少林寺。达摩说不思〔议〕法，惠可在堂前立，其夜雪下至惠可腰（原作要），惠可立不移处。达摩语惠可曰，"汝为何此间立?"惠可涕泪悲泣曰，"和上从西方远来至此，意〔欲〕说法度人。惠可今不惮损躯，志求胜法。唯愿和上大慈大悲"。达摩语惠可曰，"我见求法之人咸不如此"。惠可遂取刀自断左臂，置达摩前。达摩见之〔曰〕，"汝可"。在先字神光，因此立名，遂称惠可（"字"原作"自"。依石井本改）。〔惠可〕深信坚固，弃命损身，志求胜法，喻若雪山童子舍身命以求半偈（雪山童子——也称雪山菩萨——舍身命以求半偈的故事，见于《大般涅槃经》的《圣行品》第七之四）。达摩遂开佛知见，以为密契；便传一领袈裟，以为法信，授与惠可。惠可传僧璨（唐人碑版记此世系，第三代多作"僧璨"。唐人写本璨字多写成瓗字）。璨传道信。道信传弘忍。弘忍传惠能。六代相承，连绵不绝。

又见会和上在师子座〔上〕说:"菩提达磨南宗一门,天下更无人解。若有解者,我终不说。今日说者,为天下学道者辨其是非,为天下学道者定其宗旨。"(原作"定其定其旨见",《遗集二》写作"定其旨见"。此论下卷有"我自料简是非,定其宗旨"的话,故我校改"定其宗旨"。"见"字改属下句。)

见有如此不思议事,甚为奇瞩。君王有感,异瑞来祥。正法重兴,人将识本。所以修论(以上似是独孤沛的"序",以下似是"定是非论"本文)。

于时有当寺崇远法师者,先两京名播,海外知闻,处于法会,词若涌泉,所有问语,实穷其原。提婆之后,盖乃有一。时人号之"山东远",岂徒然耶?(原作"耳")远法师乃于是日来入会中,扬眉亢声,一欲战胜。即时(?)人侣口卷屏风,称有官客拟将著侍(此句前六字,我得的两次照片都模糊不可读。1949年法国 Jacques Gernet 先生用法文翻译《神会和尚遗集》四卷,〔Entretiens du Maitre de Dhyâna Chen-Houei du Ho-tsö〕在河内出版,其一一一————一二页附有胡适校写本正误表。表中有此句,校作"即时(?)人侣口卷屏风称有官客拟将著侍"。Gernet 亲校原卷,补改如此,但仍不很可懂)。和上言,此屏风非常住家者。何乃拆破场,将用只承官客。于时崇远法师提和上手而诃曰,禅师唤此以为庄严不? 和上答言,是。远法师言,如来说庄严即非庄严。

和上言,经文(原作"云",Gernet 校改)所说,不尽有为,不住无为。法师重征以何者不尽有为,不住无为。和上答,不尽有为者,从初发心,坐菩提树,成正等觉,至双林入涅槃,于其中一切法悉皆不舍,即是不尽有为。不住无为者,修学空,不以空为证;修学无作,不以〔无〕作为证,即是不住无为。

法师当时无言,良久乃语。法师曰,淫怒是道,不在庄严。和上语法师,见在俗人应是得道者。远法师言,何故指俗人以为得道? 和上言,法师所言淫怒是〔道〕,俗人并是行淫欲人,何故不得道?

远法师问,禅师解否? 和上答,解。法师言,解是不解。和上言,

《法华经》云,"吾从成佛以来,经无量无边阿僧只劫"。应是不成佛?亦应不经无量无边阿僧只劫?

远法师言,此是魔说。

和上言,道俗总听!从京洛已来,至于海隅,相传皆许远法师解义聪明,讲大乘经论更无过者。今日〔远法师〕唤《法华经》是魔说!未审何者是佛说?

法师当时自知过甚,对众茫然,良久,欲重言。和上言,脊梁着地,何须重起?

和上语法师,神会今设无遮大会兼庄严道场,不为功德,为天下学道者定〔宗〕旨,为天下学道〔者〕辨是非。

和上言,神会若学□□□□,即是法师。法师若学神会,经三大阿僧只劫,不能得成(此节中空四字,《遗集二》写作"溇机□□",Gernet 先生校补空白二字作"告不",还是不可懂。今年我细看巴黎寄来的照片,越看越不懂,所以我把这四个字都改成空格。第一个字可能是"滥"字?本来神会这两句话都是谩骂,可能他用的是当时的土话,在一千二百年后就不可懂了)。

和上出语,左右惭惶,相顾无色。

然二大士虽(原作谁)相诘问,并皆立〔而〕未坐。所说微妙,尚未尽情。时乾光法师亦师僧中〔之〕一,见远论屈,意拟相挟,乃命是人令置床机,更请竖宗,重开谈论,遂延和上及远法师坐(此句中"是人",Gernet 校改作"侍人"。我主张仍依原文作"是人"。此论用"是"字,往往是唐人白话的用法。如下卷说"所是门徒若为修道?"即是"诸门徒那么修道?"又如"所是偷者皆偷不得"。即是"诸偷者皆偷不得"。此处"是人"似即"所是人",即诸人。八世纪的"床机"即是我们今日的椅子凳子。乾光法师叫大家安排床机,要神会和崇远坐下,也许还要那四十多个大和尚都坐下。其余听众大概还是席地而坐)。和上平生清禅,与物无竞(此四字原作"与物无物无竞"六字),纵欲谈论,辞让久之。

于时有府福先寺法师,荷泽寺法师,及余方法师数十人,齐声请禅师坐,咸言,"禅师就坐。今日正是禅师辨邪正定是非日。此间有四十余个大德法师论师为禅师作证义在。"

和上固辞不〔得〕,已时乃就坐。然明镜不疲于屡照,清流岂惮于风激?胜负虽则已知,众请固将难免。和上以无疑虑,此日当仁〔不让〕(此处语气似未完,暂补"不让"二字)。

远法师重问曰,禅师用心于三贤,十圣,四果人等,今在何地位?和上言,在满足十地位。远法师言,初地菩萨分身百佛世界,二地菩萨分身千佛世〔界〕,乃至十地菩萨分身无量无边万亿佛世界。禅师既言在满足十地位,今日为现少许神变。崇远望此意(此五字原作"望远此意",依下卷校改)执见甚深。特为见悟至玄,所以简诠如〔响〕(Pelliot 3047 号卷子到"如"字为止,以下残缺。依下卷补"响"字)。

三、《菩提达摩南宗定是非论》(下卷)

据我们现在的知识,《菩提达摩南宗定是非论》现存三个敦煌写本,都在巴黎的国家图书馆。这三个写本的原编号是:

第一本,Pelliot 3047 号

第二本,Pelliot 3488 号

第三本,Pelliot 2045 号

第一本我曾校写作"《神会和尚遗集》卷二",今年我重新校写作《菩提达摩南宗定是非论》的"上卷"。

第二本我曾校写作"《神会和尚遗集》卷三"。我在当时就说,"我疑心那一卷也是《南宗定是非论》别本的后半"(《神会遗集》,亚东版,页一七〇)。现在第三本出现了,其中果然有一部分和第二本完全相同,可以彼此参校。

我当时曾指出第二本脱去了一纸。现有的第三本果然可以补第二本的脱文六百字。

第三本是近年法国国家图书馆里清理出来的。前年铃木大拙先生和他的学生 Richard De Martino 从法国回到纽约,带来了 Pelliot 2045 号长卷的照片。这个长卷的第一件就是《南宗定是非论》，第二件就是《南阳和上顿教解脱禅门直了性坛语》。这两件都是我三十年前没有看见的。这个长卷的保存状态很不好，《南宗定是非论》是第一件，所以前面残缺最多，损坏最多。后面又因为纸张接缝之处往往脱节了，往往被人胡乱粘接，就粘错了四大张纸，每纸平均三十一行。其中有一纸三十一行是《坛语》的一部分，错到《南宗定是非论》里来了。

这三个敦煌写本是同出于一个来源的三个钞本。这一点最可以表示神会的《菩提达摩南宗定是非论》在当时流行之广而且远！

第一本保存了《定是非论》的开头，有标题，有造论者独孤沛的姓名，有此论开篇的四十九行。这个有头无尾的残卷，我现在叫作"上卷"。第三本包括第二本的全部，又有此论的最后部分，又有造论者的骈文论赞和韵文颂赞，最后有《菩提达摩南宗定是非论一卷》一行。这个有尾无头的长卷，我现在写定，叫作"下卷"。

最有趣的是，"上卷"的最后一段和"下卷"的最前一段都是远法师问神会"今在何地位"，神会自言"在满足十地位"，崇远就要求他"今日为现少许神变"。除了这一段之外，"上卷"和"下卷"没有一段有相同的内容。所以我猜想，这上下两卷合并起来，《菩提达摩南宗定是非论》的全卷大概都在这里了。

我在1926年9月4日第一次发见此论，到今年我校写全论完毕，恰是三十二年。

1958.8.31日　胡适

〔远法师重问曰，禅师用心于三〕贤，十圣，四果人等，今在何位地？和上言，在满足十〔地位〕。〔远法师言〕，初地菩萨分身百佛世界。二地菩萨分身千佛世界。乃〔至十地菩萨分身〕无量无边佛世界。禅师既言在满足十地位，今日为现少许神变。崇远望此意执见甚深，特为见悟至玄，所以简诠如响（巴黎敦煌卷子 Pelliot 3047 后幅《菩提达摩南宗定是非论》残卷的最后一段即是此段，到"简诠如响"

的"如"字为止。方括弧内的字都是我用那一卷校补此段残坏的字。看胡适《神会遗集卷二》，页一六六——一六七）。

和上言，《大般涅槃经》云，如来在日，只许纯陀心同如来心，□了如来□，□□□来身。经云，南无纯陀！南无纯陀！身虽凡夫，心〔如佛心〕（此四句，依《大般涅槃经》的《寿命品》第一之二校补。此上引经"如来在日只许纯陀……"实不是经文）。□□□□□□□□常不言自证。今日会身是凡□□□□□□□□□□□□□怪。

远法师默然不言（此段崇远问的最严厉。因为神会自夸"在满足十地位"，所以崇远要他"现少许神变"。神会的答话残缺太多，但可以看出他自比于纯陀。在《涅槃经》里，佛在涅槃之前，只受纯陀的供养。纯陀虽然"心如佛心"，究竟"身是凡夫"。神会自认身是凡夫，不能现什么神变）。

和上问远□□□□□□□□□□□□□□□□得□□……（此处缺失约二十字）……□□□经义者当知是人则见□□法师不见佛性故言不合讲。远法师问禅师见佛性不？和上答言，见。远法师问，为是比量见？为是现量见？和上答，比量见。又责〔问〕，何者是比，何者是量？和上答，所言比者，比于纯陀。所言量者，等纯陀。远法师言，禅师定见不？和上答，定见。远法师问，作勿生见？和上答，无作勿生。远法师则默然不言。和上见默然不识此言，更不征问。

和上言，见在道俗总听。神会意欲得法师重问见。神会三十余年所学功夫，唯在"见"字。法师向来问见，未称神会意。神会答法师见亦未尽情。更欲得法师重问见。□□□□亦欲得重问禅师□□是眼见？为是□□□□□□见为□□□□□□□□□□远法师□□□□□□和上言，法师□□□□□□虚空□□□□□□□□□□□虚空□□□□□□□□□□□□□□□□□（以上是本卷的第二段残片，今校移作第一段）。

　　胡适按，这几段问答残缺太多，不容易懂得。敦煌写本《历代法宝记》（巴黎、伦敦两处都有，两本都收在《大正新修大藏经》第五十一卷；朝鲜金九经参校两本，写成一本，分为三卷，用铅字排印发行,题为《校刊历代法宝记》)有一长段提及神会"开元中,滑台寺为天下学道者定其宗旨",又"天宝八载中,洛州荷泽寺亦定宗旨"。那一长段虽然没有举出《南宗定是非论》的篇题,其实是摘引了此论的文字。我现在把《法宝记》引此论的部分钞在这里,给我们做比较资料:

东京荷泽寺神会和上……开元中,滑台寺为天下学道者定其宗旨。……天宝八载中,洛州荷泽寺亦定宗旨。被崇远法师问:禅师于三贤十圣修行,证何地位?会〔和上〕答曰:涅槃经云,"南无纯陀!南无纯陀!身同凡夫,心同佛心。"会和上却问远法师,讲《涅槃经》来得几遍?远法师答,四十余遍。又问,法师见佛性否?法师答,不见。会和上云,《师子吼品》云,若人不见佛性,即不合讲《涅槃经》。若见佛性,即合讲《涅槃经》。远法师却问,和上见佛性否?会答,见。又问,云何为见?复眼见耶?耳鼻等见耶?会答,见无尔许多。见只没见。又问,见等纯陀否?会答,比量见。比即比于纯陀。量等纯陀,不敢定断。
□□□□□□□□□□□□言□□□有般若故致□□□□□□虚空无般若□□使不得□□远法师言,般若无知,何故言见?和上言,般若无知,无事不知,以无事不知故,致使得言见。远法师杜口无言。

和上言,比来法师唤禅师作无所知。今日禅师唤法师作无所知。远法师问,何故唤法师作无所知?和上言,唯嗟法师不〔知〕定慧等学。又问,何者是禅师定慧等学?和上答,言其定者,体不可得。言其慧者,能见不可得体,湛然常寂,有恒沙之用,故言定慧等学。

远法师问,禅师既口称达摩宗旨,未审此禅门者有相传付嘱,为是得说只没说?和上答,从上已来,具有相传付嘱。又问,相传□□已来,经今几代?和上答,经今六代。远法师□□□□□□□□(以上原是本卷的第一段残片,今移作第二段。此下叙菩提达摩将袈裟付嘱与慧可,再传至僧璨,残缺约五六十字?)……□□□□□□付嘱璨禅师,隋朝□□□□□□□□□□□

□□信禅师在双峰山将袈裟付□与□禅师。唐朝忍禅师在东山将袈裟付嘱与能禅师。经今六代。内传法契，以印证心。外传袈裟以定宗旨。从上相传，一一皆与达摩袈裟为信。其袈裟今见在韶州，更不与人。余物相传者，即是谬言。又从上已来六代，一代只许一人，终无有二。纵有千万学徒，〔亦〕只许一人承后。

远法师问，何故一代只许一人承后？和上答，譬如一国唯有一王；言有二〔王〕者，无有是处。譬如一四天下唯有一转轮王；言有二转轮王者，无有是处。譬如一世界唯有一佛出世；言有二佛出世者，无有是处。

远法师问，诸人总不合说禅教化众生不？和上答，总〔不〕合说禅教化众生，发起众生一念善心者，是不可思议。昔释迦如来在日诸□□□□□□化众生，终无有一人敢称为佛者。□□□□□□□□□□□□一代只有一人竖立宗旨，开禅门□□□□今日天下诸□□□□百余人各立门户缭乱□人者，从□□□□□上答，从秀禅□□□□将□□□□说禅教人，并□传□□□□□□□□余人已下□有数百余人，说禅教人，并无大小，无师资情，共争名利，元无禀承，乱于正法，惑诸学道者。此灭佛法相也。能禅师是的的相传付嘱人，已下门徒道俗近有数（此下似脱"十"字，或"百"字）余人，无有一人敢滥开禅门。纵有一人得付嘱者，至今未说。

远法师问，世人将秀禅师得道果不可思议人，今日何故不许秀禅师充为六代？和上答，为忍禅师无传授付嘱在秀禅师处，纵使后得道果，亦不许充为第六代。何以故？为忍禅师无遥授记处，所以不许。

远法师问，普寂禅师口称第七代，复如何？和上答，今秀禅师实非的的相传，尚不许充为第六代，何况普寂禅师是秀禅师门徒，□□承禀充为第七代？见中岳普寂禅师，东岳降魔藏禅师，此二大德□□秀禅师是第六代，未审秀禅师将□信充为第六代？我韶州一门从上已来，排其代数，皆□达摩袈裟□□□普寂禅师在嵩山竖碑铭，立七祖堂，修《法宝纪》，排七代数。□□□□其付嘱佛法□□□并不□秀禅师已下门徒事。何以故？为无传授，所以不许。

远法师问,秀禅师为两京法主,三帝门师,何故不许充为六代?和上答,从达摩已下,至能和上,六代大师,无有一人为帝师者。

远法师问,未审法在衣上,将衣以为传法?和上答,法虽不在衣上,表代代相承,以传衣为信,令弘法者得有禀承,学道者得知宗旨不错谬故。昔释迦如来金兰袈裟见在鸡足山,迦叶今见持此袈裟,待弥勒出世,分付此衣,表释迦如来传衣为信。我六代祖师亦复如是。

远法师问,未审能禅师与秀禅师是同学不?答,是。又问,既是同学,教人同不同?答言,不同。又问,既是同学,何故不同?答,今言不同者,为秀禅师教人凝心入定,住心看净,起心外照,摄心内证(此十六字,屡见本卷,末句"证"字皆作"澄"字。但巴黎 Pelliot 3488 残卷很清楚的作"证"字。又 Pelliot 3047 残卷也作"证"字。这十六字四句,定,净,证为韵,不应作"澄",故我校改作"证"。下同)。缘此不同。远法师问,何故能禅师(此下卷子撕破,损坏两行,止存几个字)□□□□□□□□□□□□摄心内证□□□能禅师□□□□□□□答此是□□□□□□□□□□□□□□□□心内证□和上答,此是愚人法。离□□□□□□法即是能禅师□处。是故经文,心不住内,亦不在外,是为宴坐。如此坐者,佛即印可。从上六代已来,皆无有一人凝心入定,住心看净,起心外照,摄心内证。是以不同。

远法师问,能禅师已后,有传授人不?(巴黎 Pelliot 3488 残卷,即从"传授人不"起,我已校印在《神会和尚遗集》卷三,页一七五——一八六。此下用那个卷子校勘。)答,有。又问,传授者是谁?和上答,已后应自知。

远法师问,如此教门岂非是佛法?何故不许?和上答,皆为顿渐不同,所以不许。我六代大师一一皆言,单刀直入,直了见性,不言阶渐。夫学道者须顿见佛性,渐修因缘(此八字,《遗集三》作"顿悟渐修"四字),不离是生,而得解脱。譬如母顿生子(本卷母上,子上,皆有"其"字,今从《遗集三》),与乳,渐渐养育,其子智慧自然增长。顿悟见佛性者,亦复如是,智慧自然渐渐增长。所以不许。

远法师问,嵩岳普寂禅师,东岳降魔藏禅师,此二大德皆教人坐禅,凝心入定,住心看净,起心外照,摄心内证,指此以为教门。禅师今日何故说禅不教人坐(《遗集三》无"不教人坐"四字),不教人凝心入定,住心看净,起心外照,摄心内证?何名坐禅?和上答,若教人坐(《遗集三》无"坐"字,两卷皆无下"教人"二字),〔教人〕凝心入定,住心看净,起心外照,摄心内证者,此是障菩提。今言坐者,念不起为坐。今言禅者,见本性为禅。所以不教人坐身住心入定。若指彼教门为是者,维摩诘不应诃舍利弗宴坐(Pelliot 3488 残卷"若指"以下脱去一纸,故我在《遗集三》,页一七六,指出此处"疑脱去一纸"。本卷"若指"以下果然有六百字,可补《遗集三》的脱文)。

远法师问,何故不许普寂禅师称为南宗?和上答,为秀和上在日,天下学道者号此二大师为"南能","北秀",天下知闻。因此号,遂有南北两宗。普寂禅师实是玉泉学徒,实不到韶州,今日妄称南宗,所以不许(神秀原住荆州的玉泉寺,故普寂是"玉泉学徒")。

远法师问,何故不许普寂禅师?和上答,为普寂禅师口虽称南宗,意拟灭南宗。远法师问,何故知意拟灭南宗?和上叹言,苦哉!苦哉!痛哉!痛哉!不可耳闻,何期眼见!开〔元〕二年中三月内,使荆州刺客张行昌诈作僧,取能和上头。大师灵质被害三刀。盛续碑铭经磨两遍。(盛续似是撰碑文的人名?)又使门徒武平一等磨却韶州大德碑铭,别造文报,镌向能禅师碑,囗立秀禅师为第六代,囗囗囗囗及传袈裟所由。又今普寂禅师在嵩山竖碑铭,立七祖堂,修《法宝纪》,排七代数,不见着能禅师。囗能禅师是得传授付嘱人,为〔人〕天师,盖国知闻,即不见着。如禅师(此是嵩山法如)是秀禅师同学,又非是传授付嘱人,不为人天师,天下不知闻,有何承禀,充为第六代?普寂禅师为秀和上竖碑铭,立秀和上为第六代。今修《法宝纪》,又立如禅师为第六代。未审此二大德各立为第六代,谁是谁非,请普〔寂〕禅师子细自思量看!

远法师问,普寂禅师开法来数十余年,何故不早较量,定其宗旨?和上答,天下学道者皆往决疑,问真宗旨,并被普寂禅师倚势唱使门徒拖出。纵有疑者,不敢呈问,未审为是为非。昔释迦如来在日,他方诸来菩萨及诸声闻,一切诸外道等诘问如来,一一皆善具答。我韶州大师在日，一切人来征问者，亦一一皆善具答。未审普寂禅师依何经论，不许借问，谁知是非？长安三年（西历703）秀和上在京城内登云花戒坛上，有网律师大仪□□于大众中借问秀和上："承闻达摩有一领袈裟相传付嘱，今在大禅师处不？"秀和上云，"黄梅忍大师传法袈裟今见在韶州能禅师处"（Pelliot 3488 残卷脱去一纸，其脱文到"今见"字止）。秀和上在日指第六代传法袈裟在韶州，口不自称为第六代数。今普寂禅师自称为第七代，妄竖秀和上为第六代，所以不许。

尔时和上告（此五字本卷作"又语"二字，依《遗集三》改）远法师及诸人等：莫怪作如此说，见世间教禅者多，于学禅者极其缭乱。恐天魔波旬及诸外道入在其中，惑诸学道者灭于正法，故如此说。久视年（《遗集三》年下有"中"字，本卷无。则天圣历三年五月改元久视，次年正月又改大足。久视年当西历七百年），则天召秀和上入内，临发之时，所是道俗顶礼和上，借问"和上入内去后，所是门徒若为修道？依止何处？"秀和上云，"韶州有大善知识，元是东山忍大师付嘱，佛法尽在彼处。汝等诸人如有不能自决了者，向彼决疑，必是不可思议，即知佛法宗旨"。又普寂禅师同学，西京清禅寺僧广济，景龙三年（709）十一月至韶州，经十余日，遂于夜半入和上房内，偷所传袈裟。和上喝出。其夜惠达师（《遗集三》作"惠远"），玄悟师闻和上喝声，即起看，至和上房外，遂见广济师把玄悟师手，不遣作声。其玄悟师，惠达师（六字《遗集三》作"惠远玄悟等"五字）入和上房看和上，和上云，"有人入房内，申手取袈裟"。其夜所是南北道俗并至和上房内，借问和上，"入来者是南人？北人？"和上云，"唯见有人入来，亦不知是南人北人"。众人又问，"是僧？是俗？""亦不知是僧是俗。"和上的的知（此一段全依本卷。《遗集三》文字稍不同。如"的的知"三字，《遗集三》作"实识入房人"），恐畏有损伤者，遂作此言。和上云，"非但今日，此袈裟在忍大师处三度被偷。忍大师言，其袈裟在信大师处一度被偷。所是偷者，皆偷不得。因此袈裟，南北道俗极甚纷纭，常有刀棒相向"。

远法师问曰，普寂禅师名字盖国，天下知闻，众口共传为不可思议(《遗集三》无"为"字)。何故如此苦相非斥(《遗集三》无"何故"二字,又脱"苦"字)？岂不与身命有雠？（本卷"岂不"之下,误脱一纸,共三十一行。此一纸,自"与身命有雠"起,至下文"若善男子善女子信受金刚般若波罗蜜"止,误粘在后文两纸六十二行之后。《遗集三》依据 Pelliot 3488 残卷,此处不误,今据他改正。)和上答曰,读此论者,不识论意,谓言非斥。普寂禅师与南宗有别。我自料简是非,定其宗旨。我今为弘扬大乘,建立正法,令一切众生知闻,岂惜身命！

远法师问,修此论者不为求名利乎？和上答曰,修此论者,生命尚不惜,岂以名利关心？（本卷"不为"上有"有"字,"答曰"下有"今"字。依《遗集三》删。我跋《遗集三》,曾指出 Pelliot 3488 卷子"楷书精写,……字字秀整。"此卷写手是有学的文人,故钞写时往往修改原文。如上文改"又语"为"尔时和上告";如上文改"的的知"为"实识入房人";如此处删"有"、"今"两字,都是有意修改。又"远法师",此卷皆删"法"字。我此次校写,往往采用《遗集三》。但如"的的知"之类,可以表示原件的文体,我仍保留原文。)

远法师问,唐国菩提达摩既称其始,菩提达摩复承谁后？又经几代？和上答,菩提达摩西国承僧伽罗叉,僧伽罗叉承须婆蜜,须婆蜜（皆当作"婆须蜜",即 Vasumitra,两卷同误）承优婆崛,优婆崛承舍那婆斯,舍那婆斯承末田地,末田地承阿难,阿难承迦叶,迦叶承如来付。唐国以菩提达摩而为首,西国以菩提达摩为第八代(《遗集三》脱"而为首西国以菩提达摩"十字)。西国有般若蜜多罗承菩提达摩后。唐国有惠可禅师承菩提达摩后（本卷脱"菩提达摩"四字）。自如来付西国与唐国,总经有一十三代（此七字本卷作"总有十四代"。今从《遗集三》。达摩在西国为第八代,在中国为第一代,故两国共十三代)。

远法师问,据何得知菩提达摩在西国为第八代？和上答,据《禅经序》中具明西国代数。又惠可禅师亲于嵩山少林寺问菩提达摩西国相承者,菩提达摩（以上九字,《遗集三》脱）答一如《禅经》序所说（此处神会引《禅经序》作他的西国八代说的根据。《禅经》是东晋末年——约当410——庐山译出的《达摩多罗禅经》。其开卷序引中说到大迦叶以下八个"持法者"。神会把达摩多罗 Dharmatara 和菩提达摩 Bodhidarma 误认作一个人,故有此大错误!至于他说惠可亲问达摩一节,那更是有心说诳了。看胡适《荷泽大师神会传》三)。

远法师问,西国亦传衣不?答,西国不传衣。问,西国何故不传衣?答,西国为多(《遗集三》无"为"字)是得圣果者,心无矫诈,唯传心契。汉地多是凡夫,苟求名利,是非相杂,所以传衣定(《遗集三》作"示")其宗旨。

远法师问曰,禅师修何法?行何行?和上答,修般若波罗蜜法,行般若波罗蜜行。远法师问,何以不修余法,不行余行,唯独修般若波罗蜜法,行般若波罗蜜行?(本卷脱"行般若波罗蜜"六字,依《遗集三》补。)和上答,修学般若波罗蜜〔法〕,能摄一切法。行般若波罗蜜行,是一切行之根本。

　　金刚般若波罗蜜,
　　最尊最胜最第一。
　　无生无灭无去来,
　　一切诸佛从中出。
和上言:告诸知识,若欲得了达甚深法界,直入一行三昧者,先须诵持《金刚般若波罗蜜经》,修学般若波罗蜜法。何以故?诵持《金刚般若波罗蜜经》者,当知是人不从小功德来。譬如帝王生得太子,若同俗例者,无有是处。何以故?为从最尊最贵处来。诵持《金刚般若波罗蜜经》者亦复如是。是故《金刚般若波罗蜜经》云,不于一佛二佛三四五佛而种善根,已于无量百千万亿佛所种诸善根,得闻如是言说章句,乃至一念生净信者,如来悉知悉见。何况书写,受持,读诵,为人演说?是故《胜天王般若经》云,"云何菩萨摩诃萨学般若波罗蜜通达甚深法界?"佛告胜天王言,"大王,即是如实。""世尊,云何如实?""大王,即不变异。""世尊,云何不变异?""大王,所谓如如。""世尊,云何如如?""大王,此可智知,非言能说。何以故?过诸文字,无此无彼,离相无相,远离思量,过觉境观:是为菩萨(《遗集三》

无此二字)了达甚深法界。"(本卷与《遗集三》此下有"胜天王般若经云"七字,今查下文的话并不见于《胜天王经》,故删。)

般若波罗蜜无有一法可为譬喻。若善男子善女人信受《金刚般若波罗蜜经》者(《遗集三》无"金刚"二字,又无"经"字。又自上文"与身命有雠"起,至此句"金刚般若波罗蜜"为止,共一纸三十一行,本卷误粘在后文两纸六十二行之后,今已改正),所获功德不可思量。若此功德有色有形者,空界不可容(《遗集三》脱"可"字)。以般若波罗蜜如实见,名为证。以智通达,名为至。假使一切众生皆住十地,入诸三昧观,如来定不能测量。

善知识,必须诵持《金刚般若波罗蜜经》(引八字依《遗集三》,本卷作"此经")。此经号为一切诸佛母经,亦是一切诸法祖师。恒沙三昧,八万四千诸波罗蜜门,皆从般若波罗蜜生。必须诵持此经。何以故?般若波罗蜜是一切法之根本。譬如大摩尼宝在于(此六字《遗集三》脱)大海之内,大海之内(此四字《遗集三》脱)所有一切诸宝皆因摩尼宝力而得增长。何以故?是大宝威德力故。修学般若波罗蜜者,亦复如是,一切智慧皆因般若波罗蜜而得增长。

若不(《遗集三》脱此二字)诵《般若波罗蜜经》者,譬如皇太子舍其父王,于他人处而求得王位者,无有是处。故《小品经》云,复次,须菩提,诸经不能至萨婆若(此四字,《遗集三》作"萨波若海",萨婆若 Sarvajña 是最高无上智慧)。若菩萨舍般若波罗蜜而读诵之(《遗集三》之下有"余"字。"之"指"诸经",不当有"余"字),是菩萨舍本而取枝叶。是故《胜天王般若经》云,佛告胜天王言,菩萨摩诃萨修学一法通达一切法者,所谓般若波罗蜜。般若波罗蜜亦号为一切诸佛秘密藏,亦号为总持法,亦是大神咒,是大明咒,是无上咒,是无等等咒,能除一切苦(除字依《遗集三》增),真实不虚。三世诸佛皆因般若波罗蜜多故,得阿耨多罗三藐三菩提。

是故《金刚般若波罗蜜经》云,举恒河中沙,一沙为一恒河,尔许恒河沙数三千大千世界七宝布施,不如于此经中乃至受四句偈等,如此功德胜前福德百分不及一,百千万亿分,乃至算数譬喻所不能及。

诸学道者,《金刚般若波罗蜜经》,随所在之处,一切世间天人阿修罗悉皆供养。何以故？为此经在处，在处即尊；经在人，人亦贵（此十五字，《遗集三》作"为此经在在处处即是为塔"十一字）。何以故？诵持《金刚般若波罗蜜经》者为能成就最上第一希有之法故。在在处处若有金刚般若波罗蜜经卷，一切诸佛恭敬《般若波罗蜜经卷》，如佛弟子敬佛。何以故？经云，诸佛之师，所谓法也。以法常故，诸佛亦常。是故《金刚般若波罗蜜经》云，初日分以恒河沙等身命布施，中日分复以恒河沙等身命布施，后日分亦以恒河沙等身命布施，如是无量百千万亿劫以身布施，不如闻此经典，信心不违。何况书写，受持，为人解说？

是故《金刚般若波罗蜜经》者（者字本卷作云，今从《遗集三》），如来为发大乘者说，为发最上乘者说。何以故？譬如大龙不雨阎浮提。若雨阎浮提，如漂弃叶。若雨于大海，其海不增不灭。故若大乘者，若最上乘者，闻说《金刚般若波罗蜜经》，不惊不怖不畏不疑者，当知是善男子善女人从无量久远劫来，常供养无量诸佛及诸菩萨，修学一初善法，今日得闻般若波罗蜜，不生惊疑。

是故经云，若人满三千大千世界用一切珍宝造七宝塔高于梵天，不如诵持《金刚般若波罗蜜经》，修学般若波罗蜜。若人教化三千大千世界微尘数众生尽证须陁洹果，不如诵持《金刚般若波罗蜜经》。若人教化三千大千世界微尘数众生尽证斯陁含果，不如诵持金刚般若波罗蜜经。若人教化三千大千世界微尘数众生尽证阿那含果，不如诵持《金刚般若波罗蜜经》。若人教化三千大千世界微尘数众生尽证阿罗汉果，不如诵持《金刚般若波罗蜜经》（以上三十三字，《遗集三》脱）。若人教化三千大千世界微尘数众生尽证辟支佛道，不如诵持《金刚般若波罗蜜经》。若人教化三千大千世界微尘数众生尽证得十信心，尽证得十住心，尽证得十行心，尽证得十回向心，不如诵持《金刚般若波罗蜜经》。何以故？是经有不可思议，不可称量，无有边不可思议功德，为能成就诸佛甚深无上智慧故（Pelliot 3488 残卷——《遗集三》——至"是经有不可"为止，以下残缺）。

故告诸知识，若人犯阿鼻地狱一切极恶重罪，无处忏悔而不能得灭者，必须诵持《金刚般若波罗蜜经》，修学般若波罗蜜。当知是人其罪即灭。何以故？譬如一切杂色之鸟至须弥山下发心□与山同共一色。何以故？是山威德力故。诵持《金刚般若波罗蜜经》威德力故亦复如是。

诸知识诵〔持〕《金刚般若波罗蜜经》而不能得入一行三昧者，为先世重罪业障故，必须诵持此经，以此经威德力故，感得世人轻贱，现世轻受。以轻受故，以轻贱故，先世重罪业障即为消灭。以消灭故，即得入一行三昧。

是故《胜天王般若经》云：佛告文殊师利，若四天下悉为微尘，尔许尘数诸佛如来，若有恶人皆悉杀害，文殊师利，于意云何？是人得罪多不？文殊师利菩萨白佛言，世尊，此罪不可闻，不可计，不可思量。佛告文殊师利菩萨，若复有人障碍此修多罗（此四字原作"金刚般若波罗蜜经"，依《胜天王经》改正。修多罗即经），毁谤不信，其罪重彼百分不及一，千分万分不及一，乃至算数譬喻所不能及。

是故《金刚般若波罗蜜经》云，佛自言：我念过去无量阿僧只劫于燃灯佛前得值八万四千万亿"那由他"（一个"那由他"Nayuta 是十万，或百万，或千万。此句"八万"原作"八百"）诸佛及佛弟子，一一供养承事，无空过者，而不能得授菩提记。何以故？为有所得。及后于燃灯佛所得菩提记者，为读诵《金刚般若波罗蜜经》，修学般若波罗蜜，获无所得，得菩提记，今得成佛，号释迦牟尼。若将供养诸佛功德较量诵持此《金刚般若波罗蜜经》及为他人说所得功德，百分不及一，百千万亿分，乃至算数譬喻所不能及。（此一节与《金刚经》各种译本都不相符。）

是故《胜天王般若经》云，大王，譬如四大依虚空立，空更无依。烦恼亦尔，依此法性，法性无依。大王，菩萨摩诃萨学般若波罗蜜，如实观知。

《胜天王般若经》云，无量阿僧只劫三千大千世界微尘，一尘为一三千大千世界，尔许微尘数三千大千世界满中七宝，积至阿迦尼吒天，布施微尘数三千大千世界尔许圣人，功德多不？文殊师利菩萨言，世尊，前之福德已不可思量，况此功德？佛告文殊师利菩萨（从"若善男子善女人信受金刚般若波罗蜜经者所获功德不可思量"的"经"字起，至此句"菩萨"字止,凡两纸六十二行,误粘在"如此苦相非斥岂不"之下。此两纸下面误粘的一纸三十一行,自"与身命有雠"起,至"信受金刚般若波罗蜜"的"蜜"字止,已校移向前了。但此一纸之后,又误粘了一纸,自"若行到宅中"起,至"受得禅法所学各"止,共三十一行,乃是《南阳和上顿教解脱禅门直了性坛语》的一部分,我用日本铃木大拙先生的《少室逸书》所收《和尚顿教解脱禅门直了性坛语》校勘,将此一纸抽出,于是本卷的两个神会遗稿都补全了),若善男子善女人流通此般若波罗蜜经,为他人宣说,此功德胜彼百分不及一,千万分不及一,乃至算数譬喻所不能及。

是故《金刚般若波罗蜜经》云,须菩提,若人以满无量阿僧只世界七宝,持用布施,若有善男子善女人发菩萨心者诵持此经,为人演说,其福胜彼。

云何为人演说?不取于相。

云何不取于相?所谓如如。

云何如如?所谓无念。

云何无念?所谓不念有无,不念善恶,不念有边际无边际,不念有限量无限量。不念菩提,不以菩提为念。不念涅槃,不以涅槃为念。是为无念。是无念者即是般若波罗蜜。般若波罗蜜者,即是一行三昧。

诸善知识,若在学地者,心若有念起,即便觉照。起心既灭,觉照自亡,即是无念。是无念者,即无一境界。如有一境界者,即与无念不相应。故诸知识,如实见者,了达甚深法界,即是一行三昧。

是故小品《般若波罗蜜经》云,善男子,是为般若波罗蜜,所谓于诸法无所念。我等住于无念法中,得如是金色身三十二相大光明,不可思议智慧,诸佛无上三昧,无上智慧,尽诸功德边。是诸功德,诸佛说之犹不能尽,何况声闻辟支佛能知?

见无念者,六根无染。见无念者,得向佛知见。见无念者,名为实相。见无念者,中道第一义谛。见无念者,恒沙功德一时等备。见无念者,能生一切法。见无念者,能摄一切法。

和上于大众中法座上高声言：

　　我今能了如来性。

　　如来今在我身中。

　　我与如来无差别。

　　如来即我真如海。

敬白十方诸佛，诸大菩萨摩诃萨，一切贤圣：今舍身命修"顿悟最上乘论"者，愿一切众生闻赞叹金刚般若波罗蜜，决定深信，堪任不退故。

今舍身命，愿尽未来劫常赞叹金刚般若波罗蜜，愿一切众生闻赞叹般若波罗蜜者，即能读诵受持，堪任不退故。

今舍身命，愿尽未来劫常赞叹金刚般若波罗蜜，愿一切众生闻赞叹般若波罗蜜者，即能决定修行般若波罗蜜，堪任不退故。

愿我尽未来劫常舍身命供养金刚般若波罗蜜；愿我堪为般若波罗蜜主，常为一切众生说金刚般若波罗蜜；愿一切众生闻说金刚般若波罗蜜，获无所得！

愿我尽未来劫为一切众生常舍身命守护金刚般若波罗蜜；愿一切众生依般若波罗蜜故，获无所得，一时成佛！

和上问远法师言，曾讲《大般涅槃经》不？法师言，讲《大般涅槃经》数十遍。和上言，一切大小乘经论说，众生不解脱者，缘有生灭二心。又《涅槃经》云，"诸行无常，是生灭法。生灭灭已，寂灭为乐"。未审生之与灭可灭不可灭？为是将生灭灭？为是将灭灭生？为是生能自灭生？为是灭能自灭灭？请法师一一具答。法师言，亦见诸经论作如是说。至于此义实不能了。禅师若了此义，请为众说。

和上言，不辞为说，恐无解者。法师言，道俗有一万余人，可无有一人解者？和上言，看见不见。法师言，见是没？

和上言，果然不见！

法师既得此语，结舌无对。非论一己屈词，抑亦诸徒失志。胜负既分，道俗嗟散焉（焉字原作"然"。以上为"菩提达摩南宗定是非论"。以下为论赞）。

和上禅池慧水,引长润于心源,戒藏慈灯,照圆明于身域。指授不思议法,为无所为;称赞离相法门,说无所说。六念九次,实理心融。三藏五乘,真如体解。故得入讲论处,邪幢必摧;定是非端,胜幡恒建。若彼空山谷响,任无起以同声;明镜分形,鉴有色而开相。某乙叨陪学侣,滥预门徒,不揆庸虚。敢申愚拙。比年道业,希得却亡。言此法门,息求而得。约无住之理,理上住义宛然。起有见之(原作斯)法,〔法〕中见心安在？迷乐之日,乐中之苦昔时。悟苦之时,苦中之乐今日！每恨不逢激励,更叨赞扬,谨录所闻,藏之箧笥。

　　发心毕竟二不别,
　　如是二心先心难。
　　自未得度先度他。
　　是故我礼初发心。
　　初发已为天人师,
　　胜出声闻及缘觉。
　　如是发心过三界,
　　是故得名最无上。(以上八句又见《南阳和上坛语》)

言《菩提达摩南宗定是非论》者,叙六代大德师师相授,法印相传,代代相承,本宗无替。自达摩大师之后,一代只许一人。中间倘有二三,即是谬行佛法。况今天下教禅者无数,学禅者全稀。并无禀承,凭何立教！徒以鸡凤相诳,蒲脯成欺,饰鱼目以充珍,将夜光而为宝。我和上属正法陵迟之日,邪法撩乱之时,知欲行后医之本方,当弃先医之乳药(知字原在后字之下,当字原在欲字之上。今依文义校正。这个"当弃先医之乳药"的故事,看法显译本《大般泥洹经》的《哀叹品》),重扬真教,息世云云。知摸珠者非珠,空寻水月。见学道者非道,徒向宝山。诚弄影而劳形,实扬声而心响。所以修论,聊欲指南,使大道洽于苍生,正法流于天下。其论先陈激扬问答之事,使学者辩于疑者。后叙师资传授之言,断除疑惑。审详其论,不可思议。闻者皆言昔者未闻,见者皆言昔者未见。斯乃宅中宝藏忽尔自开,苦海津梁不期(原作其)而至矣。

呜呼,六代传信,今在韶州。四辈学徒,空游嵩岭。可谓鱼游于水,布网于高山!于时有同学相谓曰,"嵩山寂和上,一佛出世,帝王之师,天下仰德,四海归依。何人敢是?何人敢非?"又同学中有一长老答曰,"止。如此之事非汝所知。如此之事非汝能及。汝但知贵耳贱目,重古轻今!信识涓流,宁知巨海!我和上承六代之后,付嘱分明。又所立宗体与诸家不等"。众人弹指,皆言"善哉!有何差别?"答曰:"更不须子细。和上言教,指授甚深。不可以智知,不可以识识。纵使三贤十圣,孰辨浅深?声闻缘觉,莫知涯际。去开元二十(原作十二)年正月十五日共远法师论议,心地略开,动气陵云,发言惊众。道俗相谓'达摩后身!'所是对问宏词,因即编之为论。"

论云:"今日设无遮大会,非为功德,为天下学者定是非,为天下用心者辨邪正。"是非邪正,具载明文。并叙本宗,传之后代。虽寂和上在世□济群生,为与曹溪不同,所以南中叙论。今日罕闻是事,喜跃难胜,聊自课虚,以成其赞:

论之标首,达摩大师。次叙正宗,光赞本枝。
梁朝兴日,天竺来仪。遗言我法,六后陵迟。
其道玄远,人莫能知。唯我和上,今日行之。

论称六代,代有一人。但以心契,法无有亲。
唯有大事,四海之珍。递相付嘱,非不殷勤。
袈裟表信,息世疑津。天下无比,谁与为邻?

大乘大论,流行四方。法幢再建,慧日重光。
爱河舟楫,苦海津梁。闻者见者,得悟真常。
大道行矣,正教其昌!无我无人,善恶不亡。

敬寻斯论,妙理玄通。先陈问答,后叙正宗。
无念无能,言空不空。非色非相,无德无功。
达人乃见,有缘始逢。禅门顿教,诸家不同。

论之兴也,开元二十。① 比日陵迟,今年法立。
本元清净,非关积习。彼岸坐登,禅门顿入。
德超河洛,芳流京邑。朗月孤悬,众星无及。

《菩提达摩南宗定是非论》一卷。

1958 年 8 月 16 日夜
胡适校写毕

四、校写后记

(一) 校写《南阳和上顿教解脱禅门直了性坛语》后记

《宋高僧传》的《神会传》说神会

居曹溪数载,后遍寻名迹。开元八年(720),敕配住南阳龙兴寺。

据敦煌保存的《菩提达摩南宗定是非论》的独孤沛序,神会在滑台大云寺"为天下学道者定其宗旨"的讨论是在开元十八、十九、二十年(730—732)。神会在南阳大约有十年之久,所以人称他做"南阳和尚"。

此卷的标题是《南阳和上顿教解脱禅门直了性坛语》,南阳和上即是神会,即是南阳时期的神会。照我现在的考订,神会生于高宗咸亨元年(670),死在肃宗无年号的"元年"(762)(说见下)。他住南阳的时期,约当他五十一岁到六十岁(720—729)。他活到九十三岁,所以他的"坛语"是他比较很早的著作。

这是滑台"定宗旨"以前的讲义,其中有很明白的批评当时最有势力的一派禅学的话,也有很明白的建立自己主张的话。神会的语录都是答人问的一些问题,故往往是零零碎碎的,不是专讨论一个根本主张的。这篇《坛语》是一篇有结构的讲演,从头到尾发挥一个根本主张。这个根本主张就是"无念"。

神会在《坛语》里,解释"无念"的意义,说:

---

① 原作"开元廿"三字,今依韵改。

>但不作意,心无有起,是真无念。

他在别处,有同样的解释,例如:

>问,若为生是无念?
>
>答,不作意即是无念。(荷泽和尚与拓拔开府书,见胡适校《神会和尚遗集》卷一页一〇一)

"不作意"是当时的白话,如杜甫的小诗说的:

>隔户杨柳绿袅袅,
>恰似十五女儿腰。
>谁谓朝来不作意,
>狂风挽断最长条!

狂风挽断了杨柳的最长条,谁能说是"不作意"吗?作意就是"起心",就是"打主意",就是"存心要什么"。诗人杜甫说春风起心爱上了那"恰似十五女儿腰"的杨柳条,所以早上一阵狂风就把那最长最苗条的一条挽断了。

在他与拓拔开府书里,神会说:

>一切众生心本无相。所言"相"者,并是妄心。何者是妄?所作意住心,取空,取净,乃至起心求证菩提涅槃,并属虚妄。但莫作意,心自无物。即无物心,自性空寂。空寂体上,自有本智,谓(似当作"能")知以为照用。故《般若经》云:"应无所住而生其心"。"应无所住",本寂之体。"而生其心",本智之用。但莫作意,自当悟入。(同上,页一〇二)

这都是把"作意","起心",看作同一个意义。作意就是起心要什么。无论你要的是空,是净,是菩提,还是涅槃,"并属虚妄"。

神会在这篇《坛语》里,屡次发挥这个意思。如说:

>知识谛听,为说妄心。何者是妄心?仁者等今既来此间,贪爱财色男女等及念园林屋宅,此是粗妄,应无此心。为有细妄,仁者不知。
>
>何者是细妄?心闻说菩提,起心取菩提。闻说涅槃,起心取涅槃。闻说空,起心取空。闻说净,起心取净。闻说定。起心取定。此皆是妄心,亦是法缚。……住涅槃,被涅槃缚。住净,被

净缚。住空,被空缚。住定,被定缚。作此用心,皆是障菩提道。如说:

> 知识,各用心谛听,聊简(即料简)自本清净心。闻说菩提,不作意取菩提。闻说涅槃,不作意取涅槃。闻说净,不作意取净。闻说空,不作意取空。闻说定,不作意取定。如是用心,即寂静涅槃。……譬如鸟飞于虚空,若住于虚空,必有堕落之患。如学道人修无住心,心住于法,即是住着,不得解脱。

这都是很痛快的讲说"不作意"就是"无念"的意义,都是很明白的演说凡是"作意住心,取空,取净,乃至起心求证菩提涅槃,并属虚妄"。我们比勘上面引的几段话,也可以认识这篇"坛语"确是神会和尚的演讲,毫无可疑的了。

《坛语》的主旨是"立无念为宗"。神会说:

> 但自知本体寂静,空无所有,亦无住着,等同虚空,无处不遍,即是诸佛真如身。真如是无念之体。以是义故,立"无念"为宗。若见无念者,虽具见闻觉知,而常空寂。即戒定慧学一时齐等,万行俱备,即同如来知见,广大深远。

这里说的"戒定慧学一时齐等",也是神会在他的语录里常说的一个意思。《坛语》开卷"各各至心忏悔"之后,就说"戒定慧三学等":

> 妄心不起名为戒。无妄心名为定。知心无妄名为慧。是名三学等。

"戒"是佛教徒"各须护持"的。神会特别提倡的是"定慧等"的思想。《坛语》说:

> 经云:"不舍道法而现凡夫事〔是为宴坐〕。"种种运为世间,不于事上生念,是定慧双修,不相去离。定不异慧,慧不异定,如世间灯光不相去离。即灯之时光家体,即光之时灯家用。即光之时不异灯,即灯之时不异光。即光之时不离灯,即灯之时不离光。即光之时即是灯,即灯之时即是光。定慧亦然。即定之时是慧体,即慧之时是定用。即慧之时不异定,即定之时不异慧。即慧之时即是定,即定之时即是慧。……此即定慧双修,不相去离。

神会的语录里也有同样的说法:

> 念不起,空无所有,名正定。能见念不起,空无所有,名为正慧。即定之时是慧体,即慧之时是定用。即定之时不异慧,即慧之时不异定。即定之时即是慧,即慧之时即是定。……即是定慧等学。(《神会和尚遗集》卷一,页一二八——一二九)

神会虽然主张"定慧等",虽然说"定不异慧,慧不异定",他所谓"定"并不是佛教徒向来重视的"禅定"。他明说,"无妄心,名为定";"念不起,空无所有,名正定"。

《坛语》里还有同样的解释:

> 无住是寂静。寂静体即名为定。从体上有自然智,能知本寂静体,名为慧。

> 本体空寂。从空寂体上起知,善分别世间青黄赤白,是慧。不随分别起,是定。

这样的"定"是不须作种种"禅定"(坐禅)工夫的。

神会的思想有一点最特别,最含有革命性,那就是他很明白清楚的反对坐禅,反对向来佛教徒最重视的"禅定"工夫。他特别反对当时禅学大师神秀门下提倡的十六字禅法:"凝心入定,住心看净,起心外照,摄心内证。"神会在《坛语》里说:

> 即如"凝心入定",堕无记空。出定以后,起心分别一切世间有为,唤此为慧!经中名为妄心。此则慧时则无定,定时则无慧。如是解者,皆不离烦恼。

> "〔凝心入定〕,住心看净,起心外照,摄心内证",非解脱心,亦是法缚心,不中用。《涅槃经》云:"佛告琉璃光菩萨:善男子,汝莫入甚深空定。何以故?今大众钝故"。若入定,一切诸波罗蜜不知故。

神会反对"禅定",因为那样"凝心入定"岂不是"定时则无慧"了吗?他引《涅般经》里佛告琉璃光菩萨的一句很惊人的话:"善男子,汝莫入甚深空定。何以故?令大众钝故。"(今南北本《涅槃经》都没有"令"字)他自己下解释说:"若入定,一切诸波罗蜜不知故。"这就是"定时则无慧"的说法了。《坛语》里又批评"二乘人"(即"声闻"与

"缘觉")执"定"的可笑:

> 如须陀洹在定八万劫,斯陀含在定六万劫,阿那含在定四万劫,阿罗汉在定二万劫,辟支佛在定十千劫。……当二乘在定时,纵为说无上菩提法,终不肯领受。

这也是说"定时则无慧"。

总而言之,神会的《坛语》的主旨只是"立无念为宗",无念只是不作意,只是"不作意取菩提,不作意取涅槃,不作意取空,不作意取定"。他于六波罗蜜之中,只取"般若波罗蜜"。那就是要把"禅波罗蜜"包括在"般若波罗蜜"之中。那就是要把"定"包括在"慧"之中。

在破坏的方面,他抛弃了向来重视的坐禅的"定"。《坛语》说:

> 知识,一切善恶,总莫思量。不得凝心住心。亦不得将心直视心。……不得作意摄心,亦不得远看近看。……经云,不观是菩提,无忆念故,即是自性空寂心。

又说:

> 夫求解脱者,离身意识,五法,三自性,八识,二无我;离内外见;亦不于三界现身意,是为宴坐。如此坐者,佛即印可。六代祖师以心传心,离文字故。从上相承,亦复如是。

他在别处说的更明白:

> ……不在坐里!若以坐为是,舍利弗宴坐林间,不应被维摩诘诃。诃云,"不于三界现身意,是为宴坐"。但一切时中见无念者,不见身相,名为正定;不见心相,名为正慧。(《神会和尚遗集》卷一,页一三四)

他在"南宗定是非论"里也说的更明白:

> 远法师问:嵩岳普寂禅师,东岳降魔藏禅师,此二大德皆教人坐禅,凝心入定,住心看净,起心外照,摄心内证,指此以为教门。禅师今日何故说禅不教人坐,不教人凝心入定,住心看净,起心外照,摄心内证?何名坐禅?
>
> 和上答:若教人坐,〔教人〕凝心入定,住心看净,起心外照,摄心内证,此是障菩提。今言坐者,念不起为坐。今言禅者,见本性为禅。所以不教人坐身住心入定。若指彼教门为是者,维

摩诘不应诃舍利弗宴坐。(《神会和尚遗集》卷三,页一七五——一七六;即新写定本《菩提达摩南宗定是非论》下卷)

我在三十年前曾指出"后世所奉为禅宗唯一经典的《六祖坛经》便是神会的杰作"。我说,"我信《坛经》的主要部分是神会所作",因为"《坛经》中有许多部分和新发见的《神会语录》完全相同"。我当时曾列举五组例子,表示《坛经》的思想和文字都和《神会语录》很相同。这五组是:

第一组"定慧等"

第二组"坐禅"

第三组"辟当时的禅学"

第四组"论金刚经"

第五组"无念"(胡适《荷泽大师神会传》,原载《神会和尚遗集》卷首,页七三——九〇;后来收在《胡适论学近著》第一集里,又收在台北版《胡适文存第四集》里)

现在神会的《坛语》出现了,我们可以看出《坛语》的思想和文字也往往很接近《六祖坛经》的敦煌写本。我在上引的《坛语》里论"无念",论"定慧等",论当时的禅学,论"坐禅"的一些文句,都可以在《六祖坛经》里寻得很相同的文句可以供我们的比勘。

最可注意的是《南阳和上顿教解脱禅门直了性坛语》的标题。敦煌写本的《六祖坛经》的原题是"南宗顿教最上大乘摩诃般若波罗蜜经:六祖惠能大师于韶州大梵寺施法坛经一卷,兼受无相戒"。敦煌本的卷尾又有简题一行:"南宗顿教最上大乘坛经法一卷。"《坛语》的"坛"字和《坛经》的"坛"字原文可能都是"檀波罗密"的"檀"字。即是"檀那",即是"檀施"的意思(敦煌本《坛经》里面还有几处写作从木的"檀"字)。

我现在不想重新讨论这个《坛经》作者是不是神会的问题。我只想指出这篇《坛语》的出现应该可以引起我们研究这个问题的一点新兴趣。

(二) 校写《菩提达摩南宗定是非论》后记

在三十多年前,我校写了巴黎国家图书馆藏的 Pelliot 3047 号敦煌卷子里的《菩提达摩南宗定是非论》开篇的四十九行残卷,作为《神会和尚遗集》卷二。我又校写了 Pelliot 3488 号残卷,作为《神会和尚遗集》卷三,但我当时就说:"此卷也许即是《南宗定是非论》的一部分。"这两卷共有五千多字。

现在我把前一卷重新校写了,题作《菩提达摩南宗定是非论》的上卷。我把巴黎近年寻出的 Pelliot 2045 号残卷里的《菩提达摩南宗定是非论》也校写出来,题作此论的下卷。我从前校写的《遗集》卷三果然是此论的一部分,即在此"下卷"之中,故此一部分有两个敦煌写本可以互相校勘。但下卷的其他部分,及上卷全部,都没有他本可供校勘。

宗密的《圆觉经大疏抄》的神会略传里曾提及《南宗定是非论》:

> 因洛阳诘北宗传衣之由,及滑台演两宗真伪,与崇远等持论一会,——具在《南宗定是非论》中也,——便有难起,开法不得。

这里"具有《南宗定是非论》中也"十个字是夹注。在三十二年前,所有禅宗史料之中,只有这一条小注提到《南宗定是非论》。直到我的《神会和尚遗集》的二三两卷印出来,世人才知道《南宗定是非论》是什么样子的作战文字。现在我们凑合三个敦煌残卷,共有一万三四千字,其中虽有小残缺,大概《菩提达摩南宗定是非论》全部都在这里了。

我们看这一万三四千字的全文,大致可以分作这几个部分:

(甲)独孤沛的序,说"修论"的因缘。

(乙)《菩提达摩南宗定是非论》的本文:

(一)介绍崇远法师。

(二)"为天下学道者定宗旨,为天下学道者辨是非。"(《南宗定是非论》的主文)

(三)"金刚般若波罗蜜,最尊最胜最第一。"(自"禅师修何法,行何行?"以下,凡四千字,占全论近三分之一,全是宣传《金刚般若波罗蜜经》的烂〔滥〕调,说诵持此经,流通此经,为人演说此经,有无量功德。)

(丙)《菩提达摩南宗定是非论》的后序及赞文。

前面的序,后面的后序及赞,大概都是"独孤沛"作的。前序说"所以修论"。后序也说:"所以修论,聊欲指南,使大道洽于苍生,正法流于天下;"又说:"所是对问宏词,因即编之为论。"这都是一个人的口气。故知前序与后序及赞都是那位"独孤沛"的手笔。这位"修论"的人的文理很不清楚,见解也很不高明,故此论的文字远不如《神会语录》的明白可读,也不能比"南阳和上坛语"的亲切流利。

《宋僧传》说神会"年方幼学,厥性惇明,从师传授五经,克通幽赜;次寻庄老,灵府廓然"。我们看他的《语录》和《坛语》,也可以看出他似是一位读书能文的和尚。为什么这篇重要的作战文字必须请这位独孤沛"修论"呢?我想,这大概是因为神会有些话自己不便说,所以有倩别人代说的需要。例如此论本文说:

远法师问:能禅师已后,有传授人不?

答,有。

又问,传授者是谁?

和上答,已后应自知。

本文又说:

能禅师是的的相传付嘱人,已下门徒道俗近有数□余人,无有一人敢滥开禅门。纵有一人得付嘱者,至今未说。

这两段里,都没有明说神会是韶州慧能禅师的"相传付嘱人"。但独孤沛的后序里就不妨明说:"我和上承六代之后,付嘱分明。"这就是倩别人说话的方便之处了。

《南宗定是非论》的本文三大段之中,只有那"定宗旨,辨是非"的一大段是真正主文。前面介绍那位"两京名播,海外知闻"的崇远法师一段实在很不高明。后面近四千字的宣传《金刚经》的一大段也很不高明。这四千字的宣传文字只有一点历史意义:就是说:菩提达摩一派的禅学本来"常奉四卷《楞伽》,以为法要",故此派自称"楞伽宗";直到神会同时的普寂和尚的碑传里还说神秀教普寂"令看《思益》"(《思益梵天所问经》),次《楞伽》,因而告曰,此两部经,禅学所宗要者"(李邕《大照禅师塔铭》,《全唐文》二六二);如今神会自称菩提达摩南宗,然而他的遗著里没有一个字提及四卷《楞伽经》,倒有四千字宣传那简短的一卷《金刚般若波罗蜜经》!这就是神会很大胆的把《金刚经》来替代《楞伽经》了。(看胡适《楞伽宗考》,原载《史语所集刊》第五本第三分,收在《胡适论学近著第一集》,又收在台北版《胡适文存第四集》)

《南宗定是非论》本文的主文开始就说:

> 神会今设无遮大会兼庄严道场,不为功德,为天下学道者定宗旨,为天下学道者辨是非。

所谓"定宗旨,辨是非",全文有四千多字,只是神会和尚要为他的老师韶州慧能和尚争取菩提达摩传下来的一派禅学的"的的相传付嘱人"的正统地位,其实只是神会为他自己所谓"菩提达摩南宗"争取禅门正统的地位。所谓"南宗定是非",只是为这个"南宗"争法统。

这个故事,说来很长(看胡适的《楞伽宗考》)。简单说来,大致如下:

中国佛教到了隋唐之际,已到了印度的禅法开始简单化,将要过渡到更简单化的中国禅宗的时代了。隋唐之际的禅法有两大派:一派是南岳慧思(514—577)到天台智𫖮(531—597)的"止观"禅法,一派是菩提达摩(依我的考定,他来中国在刘宋晚年,在中国约五十年,约当475—530)传下来的楞伽宗。天台宗注重"止"(定)和"观"(慧),已是简易化了的禅法。楞伽宗在实行的方面注重"奉头陀(dhuta)行",教人苦乐随缘,在衣食住各方面都极力刻苦自己。在教义方面,只奉四卷《楞伽经》,以为心要。这也是简易化了的禅法。

在七世纪的中期,楞伽宗出了几个有大名的禅师,特别是蕲州黄梅双峰山的道信(死在651)和弘忍(死在674),当时人称为"东山法门"。弘忍门下弟子散布各地,有嵩山的法如,有泰山的降魔藏,有剑南资州的智诜,有岭南韶州的慧能。其中一个最有名的是荆州玉泉寺的神秀,"传东山妙法,开室岩居,年过九十,形彩日茂。……两京学徒,群方信士……云集雾委,虚往实归"(宋之问《为洛下诸僧请法事迎秀禅师表》)。

则天皇帝武后在久视元年(700)下诏请神秀到东京。张说在他的《大通禅师碑铭》里记此事：

> 久视年中，禅师春秋高矣，诏请而来，趺坐觐君，肩舆上殿。屈万乘而稽首，洒九重而宴居。传圣道者不北面，有盛德者无臣礼。遂推为两京法主，三帝国师（三帝是则天帝，中宗，睿宗）。

神秀在东京六年，死在神龙二年（706）。神秀死后，他的大弟子普寂、义福、敬贤、惠福等都有大名。这是楞伽宗最有势力的时期。

神秀死后，张说在碑文里叙述他的传授世系如下：

> 菩提达摩──→慧可──→僧璨──→道信──→弘忍──→神秀

这个世系后来竟成了后来争法统的起点。宋僧传的义福传说：

> 神秀禅门之杰，虽有禅行得帝王重之无以加者，而未尝聚徒开法也。洎乎普寂始于都城传教，二十余载，人皆仰之。

义福死在开元二十四年（736），普寂死在开元二十七年（739）。

就在开元二十年（732），当义福普寂都最受朝野尊崇的时候，滑台大云寺有一个和尚开了一个"无遮大会"，在大会场上大声指斥神秀、普寂一派传出来的传法世系是不可信的，是伪造的，——指斥神秀一门"师承是傍，法门是渐"，指出弘忍的传法付嘱人不是神秀而是韶州的慧能，指出北方的"渐门"是旁支而南方的"顿教"是真传正统。这个和尚就是神会。

神会争法统的战斗文字就是现在我们校写出来的"菩提达摩南宗定是非论"。他作战的法宝就是他自己造出来的"传衣"说。他说：

> 〔菩提达摩〕开佛知见，以为密契，便传一领袈裟以为法信，授与慧可。慧可传僧璨，璨传道信，道信传弘忍，弘忍传慧能，六代相承。""内传法契，以印证心。外传袈裟，以定宗旨。

他大胆的喊着：

> 从上相传，一一皆与达摩袈裟为信。其袈裟今见在韶州，更不与人。余物相传者，即是谬言！

韶州远在东南五千里之外，当日听神会说这话的人，谁能亲到韶州去查勘那件传法袈裟的有无呢？神秀、普寂门下的和尚，谁能提出证据指斥那"传袈裟"的话是谬言呢？神会的战略是先下手取攻势。这种攻势是很难应付的。试看此论中最感动人的一段：

> 远法师问曰，普寂禅师名字盖国，天下知闻，……何故如此苦相非斥？岂不与身命有雠？
>
> 和尚答曰，……我自料简是非，定其宗旨。我今为弘扬大乘，建立正法，令一切众生知闻，岂惜身命！

这样的战略，这样的一个战士，是很难防御，很难抵抗的。

我们在一千二百年后读这篇《南宗定是非论》，当然往往感觉不愉快，当然往往不满意，当然不免要谴责神会为了争法统竟不惜捏造"传衣"的大谎，竟不惜造出普寂同学广济和尚到韶州"夜半入〔能〕和上房内偷所传袈裟"一类的大谎，竟不惜造出"开元二年中三月内使荆州刺客张行昌诈作僧，取能和上头，大师灵质被害三刀"一类的神话。我们应该知道，在中古的宗教狂热的空气里，在那个大量制造宗教经典的风气里，很少人能记得"不妄言"是佛教十大戒之一的。为了护法，为了卫道，为了争法统，造作一串谎话，制造一两部伪经典，在当时都不算是不道德的行为。

况且当日神秀门下的大弟子普寂禅师大概也有同样的挑衅的举动，如《南宗定是非论》中说的。

> 今普寂禅师在嵩山竖碑铭，立七祖堂，修《法宝纪》，排七代数。
>
> 普寂禅师为秀和上竖碑铭，立秀和上为第六代。今修《法宝纪》，又立如禅师（法如）为第六代。未审此二大德各立为第六代，谁是谁非，请普寂禅师子细自思量看！

这些都是事实。嵩山为秀和上竖的碑，就是李邕撰的《嵩岳寺碑》，碑文中说：

> 达摩菩萨传法于可，可付于璨，璨授于信，信悆（资？）于忍，忍遗于秀，秀钟于今和上寂，皆宴坐林间，福润寓内。（《全唐文》二六二）

这就好像是在普寂生存时已"立七祖堂"了。"修《法宝纪》，又立如禅师为第六代"的事，我们也可以从巴黎保存的敦煌残卷里得着实证。巴黎国家图书馆藏有一个残卷，原编 Pelliot 2634 号，题作"传法宝纪并序，京兆杜朏字方明撰"（此卷收在《大正大藏经》第八十五卷，第二八三八件），这就是神会指出的普寂修的法宝纪。作序的杜朏也不过是像《南宗定是非论》作序的独孤沛，都是代笔或借名的人。这个残卷只剩序文及《传法宝纪》的列传目录，及菩提达摩传的一个小部分。列传共有六代七人：

> 东魏嵩山少林寺释菩提达摩，
> 北齐嵩山少林寺释惠可，
> 随皖公山释僧璨，
> 唐双峰山东山寺释道信，
> 唐双峰山东山寺释弘忍，
> 唐嵩山少林寺释法如，
> 唐当阳玉泉寺释神秀。

杜朏的序文也说，"……弘忍传法如，法如及乎大通（神秀）"。这是说，弘忍门下的大弟子不止一人，有法如，有神秀。嵩山的法如在七世纪的晚年很有名望，这是不可抹煞的事实。试看严挺之的义福碑文（《全唐文》二八〇）说：

> 时嵩岳大师法如演不思议要用，〔义福禅师〕特生信重。……既至而如公迁谢，……闻荆州玉泉道场大通（神秀）禅师以禅慧兼化，加刻意誓行，苦身励节。……既谒大师，……摄念虑，栖榛林，练五门，入七净，……或处雪霜，衣食罄匮。……积年钻求，确然大悟。……周旋十年，不失一念。

又看李邕的普寂碑文（编者按：本名《大照禅师塔铭》）（《全唐文》二六二）也说普寂

> 将寻少林法如禅师，未臻止居，已承往化，追攀不及，感绝无时。……翌日远诣玉泉大通（神秀）和尚，膜拜披露，涕祈咨禀。良马易进，良田易平，加以思修，重之勤至。……如此者五载。

这两篇碑版文字都可以使我们明白嵩山法如在当时声名之大，地位之高，所以义福、普寂都先去寻他，因为他死了，才去寻神秀。所以普寂修《传法宝纪》，叙述弘忍的门下，他不能不先列法如，次列神秀。

杜朏的序文末段说：

> 又自达摩之后,至于隋唐,其有高悟玄拔,深至圆顿者,亦何世无之？以(原作已)非相传授,故别条列传,则昭(原作照)此法门之多士(原作主)也。

这是很大度,又很合于历史事实的说法。试看道宣在《续高僧传》的法冲传里叙述达摩之后有慧可、慧育二人,"可师后"有粲禅师等十二人,"远承可师后"有冲法师等六人,"不承可师,自依《摄论》",又有若干人。这正是"昭此法门之多士"。

但神会的法统论有一个很奇怪的主张,就是"一代只许一人承后"的说法。他在这篇《南宗定是非论》里说：

> 又从上已来六代,一代只许一人,终无有二。纵有千万学徒,只许一人承后。……譬如一国唯有一王,言二王者无有是处。譬如一四天下唯有一转轮王,言有二转轮王者无有是处。譬如一世界唯有一佛出世,言有二佛出世者无有是处。

神会从这个"一代只许一人"的论点出发,当然不能承认普寂的《传法宝纪》的第六代并列法如、神秀两人的办法。《传法宝纪》列举法如和神秀两人,而不提及韶州的慧能,这是神会最不甘心的。所以他说：

> 今普寂禅师在嵩山竖碑铭,立七祖堂,修《法宝纪》,排七代数,不见着能禅师。□能禅师是得传授付嘱人,为〔人〕天师,盖国知闻,即不见着。如禅师是秀禅师同学,又非是传授付嘱人,不为人天师,天下不知闻,有何承禀,充为第六代？

神会在此论中说能禅师与秀禅师是同学,这一点是楞伽宗的人也承认的。敦煌写本之中,有东都沙门释净觉编的《楞伽师资记》(有伦敦、巴黎两本；有朝鲜金九经校写排印本,今收在《大正大藏经》第八十五卷,第二八三七件),其中引有净觉的老师玄赜的《楞伽人法志》的《弘忍传》,传中记弘忍临终时曾说：

> 如吾一生教人无数,好者并亡。后传吾道者,只可十耳。

这十人的名字如下：

1. 神秀

2. 资州智诜

3. 白松山刘主簿

4. 华州智藏（疑即是后来的"东岳降魔藏"；敦煌写本《历代法宝记》作惠藏）

5. 随州玄约

6. 嵩山老安

7. 潞州法如（即是后来的"嵩山少林寺法如"）

8. 韶州惠能

9. 扬州高丽僧智德

10. 越州义方

玄赜自记他在双峰山弘忍门下"首尾五年"（咸亨元年至五年，670—674），弘忍死时（《人法志》作咸亨五年二月十六日，《宋僧传》作上元二年，675，十月二十三日），他在他老师身边。《楞伽人法志》有《神秀传》，可知此书作于神秀死（神龙二年，706）后。净觉的《楞伽师资记》称睿宗为太上皇，可见此书作于开元四年太上皇崩（716）之前。即使十人传道的话是玄赜晚年著书时追记的话，也还远在神会"南宗定是非论"之前。弘忍门下能有十个弟子，"并堪为人师"，其中有剑南资州的智诜，有潞州的法如，有荆州的神秀，有岭南韶州的慧能，这真可以"昭此法门之多士"了。

所以我们可以相信慧能是弘忍的弟子，并且是他的十个可以传道的弟子之一。但神会要世人相信的慧能是五祖弘忍"在东山将袈裟付与"的"承后"人，是"得传授付嘱人"，是"一代只许一人承后"的第六代。这是神会的《南宗定是非论》要建立的法统。

楞伽宗向来用刘宋时代译的四卷《楞伽经》为法要。楞伽即是锡兰岛，故法冲传里此宗又称"南天竺一乘宗"。道宣《续僧传》称菩提达摩为"南天竺婆罗门种"，神会此论则称达摩是"南天竺国国王第三子"。故楞伽宗的和尚自称"南宗"，大概就等于法冲所谓"南天竺一乘宗"。神会此论中屡次说普寂禅师"口称南宗"，都可以作如此解说。

但神会所谓"菩提达摩南宗"，是指菩提达摩派下的另一个"南

宗",是专指岭南韶州慧能和尚的一派。《南宗定是非论》说:

> 远法师问,何故不许普寂禅师称为南宗?
>
> 和上答,为秀和上在日,天下学者号此二大师为"南能"、"北秀",天下知闻。因此号,遂有南北两宗。普寂禅师实是玉泉学徒,实不到韶州,今口妄称"南宗",所以不许。

此论中又指出南北两宗有何不同:

> 远法师问,〔能禅师与秀禅师〕既是同学,教人同不同?
>
> 答言,不同。
>
> 又问,既是同学,何故不同?
>
> 答,今言不同者,为秀禅师教人"凝心入定,住心看净,起心外照,摄心内证"。缘此不同。……心不住内,亦不在外。如此坐者,佛即印可。从上六代已来,皆无有一人凝心入定,住心看净,起心外照,摄心内证。是以不同。

此论下文又说:

> 远法师问,嵩岳普寂禅师,东岳降魔藏禅师,此二大德皆教人坐禅,凝心入定,住心看净,起心外照,摄心内证,指此以为教门。禅师今日何故说禅不教人坐,不教人凝心入定,住心看净,起心外照,摄心内证?何名坐禅?
>
> 和上答,……今言坐者,念不起为坐。今言禅者,见本性为禅。所以不教人坐身住心入定。若指彼教门为是者,维摩诘不应诃舍利弗宴坐。

这是说,"北宗"神秀和他的大弟子都注重坐禅,教人"凝心入定,住心看净,起心外照,摄心内证"的十六字禅法。而慧能、神会的"南宗"是"不教人坐身住心入定"的。

这样"说禅不教人坐",说禅"不在坐里",说"念不起为坐,见本性为禅",在中国的佛教史上实是一种革命。印度的禅法从此更简单化了,变成中国禅宗的"禅学"了。

《南宗定是非论》的理论的部分,还指出"南宗"的顿悟教义:

> 远法师问,如此教门岂非是佛法,何故不许?
>
> 和上答,皆为顿渐不同,所以不许。我六代大师,一一皆

> 言,单刀直入,直了见性,不言阶渐。夫学道者,须顿见佛性,渐修因缘,不离是生,而得解脱。譬如母顿生子,与乳,渐渐养育,其子智慧自然渐渐增长。顿悟见佛性者,亦复如是,智慧自然渐渐增长。

这个"顿悟"的教义,神会在别处说的更多(看胡适《神会传》页四五——四七;《胡适文存》第四集页二六五——二六六)。我只引他的《语录》一段:

> 发心有顿渐,迷悟有迟疾。迷即累劫,悟即须臾。譬如一绕之丝,其数无量。若合为绳,置于木上,利剑一斩,一时俱断。丝数虽多,不胜一剑。发菩萨心人,亦复如是。若遇真正善知识,以诸方便直示真如,用金刚慧断诸位地烦恼,豁然晓悟,自见法性本来空寂,慧利明了,通达无碍。证此之时,万缘俱绝,恒沙妄念一时顿尽,无边功德应时等备。(《神会和尚遗集》卷一,页一二○——一二一)

这是神会的顿悟说。这就是所谓"南宗顿教",所谓"顿教解脱禅门"。

《南宗定是非论》的主文不过如此。所谓"为天下学道者定宗旨,为天下学道者辨是非",其实只是造出向来从没有人说过的"从上相传,一一皆与达摩袈裟为信"的法统说,作为作战的武器,向当时最有权威的"两京法主,三帝国师"的神秀门下的普寂和尚作最无情的攻击。神会专取攻势的战略是无法抵御的。他数十年"锲而不舍"继续努力奋斗的精神是很可以感动人的。为了争取法统,他是不择手段的。我们看他在此论里提出"唐国以菩提达摩为首,西国以菩提达摩为第八代"的荒谬说法,更可以明白他不择手段的作风:

> ……远师问,据何得知菩提达摩在西国为第八代?
> 和尚答,据《禅经》序中,具明西国代数。又可禅师亲于嵩山少林寺问菩提达摩西国相承者,菩提达摩答一如《禅经》序所说。

东晋末年庐山译出的《达摩多罗禅经》的序引中提到大迦叶以下八

位"持法者",其中第八位是达摩多罗。神会把达摩多罗(Dharmatara)认作菩提达摩(Bodhidharma),这是认错了祖宗,还可以说是无知的错误。但他又造出慧可亲问菩提达摩的神话,那就是有心说大谎了。

在那个中古宗教狂热的空气里,不但"传衣"的法统说终于被世人认为历史事实,并且连那个最荒谬的"西国代数",后来从八代改到二十八代,也居然成为人人尊信的"西天二十八祖"的传法世系!在一千几百年中,竟无人指出这二十八代祖师的传法世系完全是根据于错认菩提达摩和达摩多罗是一个人!

最后,我要借这回校写《南宗定是非论》的机会来改正我三十年前的一个大错误。我要重新考定这篇《南宗定是非论》的年代。这就是说:我要重新考定神会和尚在滑台大云寺"定南北两宗"的无遮大会是在开元二十年(732),而不是在开元廿二年(734),也不是在开元廿一年(733)。

三十年前,我所得的《南宗定是非论》残卷有独孤沛的序文,其中就有两个不同的年代:

① 弟子于会和上法席下见与崇远法师论义,便修。从开元十八,十九,廿年,其论本并不定。为修未成,言论不同。今取廿一载本为定。

② 我襄阳神会和上……于开元廿二年正月十五日在滑台大云寺设无遮大会,广资严饰,升师子坐,为天下学道者说。

这两段的年月互相矛盾,很难调和,很难解释。初看前一段,好像此卷所记应该是开元十八年以前的事,至少应该是开元廿一年以前的事。何以后一段又分明说那个定宗的无遮大会是在开元二十二年正月十五日呢?究竟此会在何年呢?

我当时的意见大致是这样的:

记者独孤沛的文理不明白,故叙述不清楚。他的意思似是要说他有先后记录神会的书:第一部是开元十八年至二十一年的神会语录,自十八年修起,以廿一年本为定,略如敦煌写本

《神会语录》。第二部是记录开元廿二年神会在滑台大云寺和崇远法师辨论的书,即是这本《南宗定是非论》。(此段文字是删改我的《跋神会语录第二残卷》,原文见《神会遗集》页一七一)

但我现在校写新出现的《南宗定是非论》长卷,又发现了两个不同的年代,都在此卷后幅的后序和赞里:

③ 去开元十二年正月十五日共远法师论议,心地略开,动气陵云,发言惊众,道俗相谓达摩后身。所是对问宏词,因即编之为论。……

④ 赞五章的第五章:
论之兴也,开元二十。　　此日陵迟,今年法立。
本元清净,非关积习。　　彼岸坐登,禅门顿入。
德超河洛,芳流京邑。　　明月孤悬,众星无及。

我把这四个不同的年代合并起来看,我才明白我三十年前的意见是大错的。我现在的结论是:这篇《南宗定是非论》是用开元二十年的本子,记的是开元二十年正月十五日滑台寺定南北两宗是非的无遮大会上的辨论。我的证据是在末幅的第五章赞词的"论之兴也,开元二十"一句。这一章韵语共用六韵,首韵原作"开元廿"三字,此句应该有四个字,故可以作"开元二十",也可以改作"开元廿一"。但此章押的是立、习、入、邑、及,五韵全是中古韵书的"二十六缉"。"开元二十"恰是"缉"韵。"开元廿一"就不协韵了。"开元廿二"当然更是不可能的。

所以我断定滑台定宗旨的大会是在开元二十年正月十五日。其余的三个年代都可以这样改正:

① "今取廿一载本为定",当改正作"今取廿载一本为定"。
② "襄阳神会和上……于开元廿二年",廿二是二十年之误。
③ "开元十二年正月十五日",十二年是二十年的误写。

这样改正,四处都可通了。校写本已照这样改正了。

为什么独孤沛要说"从开元十八、十九、廿年,其论本并不定"呢?难道这三年之中,年年都有神会和崇远法师辨论的大会吗?很可能的崇远法师是神会和尚请来的一位有训练的"配角"。这种布道传教的大会,无论古今中外,往往有这种受了训练的配角的。很可能的,开元十八年和十九年的辨论都只是预备的演习,二十年的无遮大会(无遮即是露天大会)才是正式的表演大会。所以独孤沛"今取廿载一本为定"。改"年"为"载"是玄宗天宝三年(744)正月开始的。独孤沛序文用"廿载一本",可以使我们知道此论的写定已在天宝年间了。

(三) 附记神会和尚的生卒年的新考正

神会和尚死在何年?死时年若干岁!向来传记对这两个问题,凡有三种不同的答案:

① 《宋高僧传》的神会传说他死在上元元年(760)的"建午月十三日",年九十三岁。昙噩的《新修科分六学传》的神会传也说他死在上元元年,年九十三。

② 宗密的《圆觉经大疏抄》的神会传说他死在乾元元年(758)五月十三日,年七十五。

③ 《景德传灯录》的神会传说他死在上元元年(760)五月十三日,与《宋僧传》相同,但又说他"俗寿七十五",那就和宗密和《宋僧传》都不同了。

民国十八年(1929),我在《荷泽大师神会传》里曾主张:"《宋僧传》似是依据神会的碑传,比较可信"。我曾指出,王维受神会之托,作慧能和尚的碑文(《唐文粹》六十三),末段云:

弟子曰神会,遇师于晚景,闻道于中年。

宗密与《传灯录》都说神会见慧能时止有十四岁,则不得为"中年"。慧能死在先天二年(713),年七十六。神会的年岁若依《宋僧传》计算,他死在上元元年(760),年九十三,是他生在总章元年(668),当慧能死时他已有四十六岁,可以说是"遇师于晚景,闻道于中年"了。

但我现在觉得《宋僧传》说神会死在上元元年的"建午月十三日",这个年月日是值得我们重新检讨的。上元元年没有"建午月",乾元元年也没有"建午月"。止有肃宗最末一年,即是那个没有年号的"元年"(762),才可以有"建午月"的名称。

因为唐肃宗在上元二年(761)九月壬寅(廿一日)忽然下了一道惊人的谕旨,反对改元,反对年号。他说:

> ……钦若昊天,定时成岁。《春秋》五始,义在体元,惟以纪年,更无润色。至于汉武,饰以浮华,非前王之茂典,岂永代而作则? 自今已后,朕号惟称皇帝,其年号但称元年,去上元之号。其以今……(此下《唐书》残阙,大意是说"其以今年十一月建子为岁首,月以斗所建辰为名")。

上元二年十一月改称"建子月",十二月改称"建丑月",次年旧正月改称"建寅月",以下到旧四月改称"建巳月"。

但"建巳月"十八日(丁卯)肃宗就死了。在他死之前两天,——"建巳月十六日"(乙丑),——他又下诏:

> "元年"宜改为宝应,建巳月为四月,余月并依常数,仍依旧以正月一日为首。

所以那个没有年号的"元年"(761—762)只有六个月,还没有到"建午月"就改回旧制了。当时并没有追改上元二年(761)五月为"建午月",更没有追改上元元年(760)五月为"建午月"。但皇帝废止新历的诏书是"建巳月十六日"方下的,第三天皇帝就死了,太子即位了,"元年"的历书当然还在通用,宝应元年的新历大概就没有制作颁布,也许就不准备制作颁布了。所以全国通用的还是"元年"每月"以斗所建辰为名"的历书。所以神会和尚死在洛阳,那儿的和尚还记载他的死日为"建午月十三日",那是丝毫不足奇怪的。

敦煌写本里还保留了一个很有历史趣味的旁证。伦敦、巴黎两处都有一卷很长的写本,题作"历代法宝记"(收在《大正大藏经》第五十一册,第二〇七五件)。此卷记的是剑南资州德纯寺智诜(死在长安二年,702)传下来的成都净众寺无相和成都保唐寺无住的一派禅宗的历史。无相和上死在宝应元年四月十九日,就是那个没有年号的"元年建巳月十九日"。在《历代法宝记》的无住传里,有这样的记载:

> ……至建巳月(《大正藏》本误作"逮巳月",下同)十三日〔董璿〕至成都府净众寺(《大正藏》误作"净泉寺")为〔无相〕和

上四体违和,辄无人得见。……

　　元年建巳月十五日改为宝应元年五月(当作四月)十五日,和上遥付嘱讫。至十九日……俨然坐化。

这里"元年建巳月十五日"一条是远在剑南的一条最好的旁证。在一千多年之后,大家都忘记了那个没有年号的"元年",都忘记了肃宗皇帝那一道反对年号,反对改元的空前诏旨,于是"建巳月"就无人懂得,就被改作"逮巳月"了!

所以我现在猜想,神会和尚死的年月日必是"元年建午月十三日",也可以说是宝应元年(762)五月十三日。后人不懂得那个没有年号的"元年",所以猜做"上元元年",或猜做"乾元元年",其实都是错的。

所以我提议改定神会和尚死在肃宗新改的"元年"的"建午月十三日",即是宝应元年(762)的五月十三日,年九十三岁。倒推上去,他应该是生在高宗咸亨元年(670),而不是生在高宗总章元年(668)。

　　　　　　　　　　　1958年11月20日在南港中央研究院

(四) 总计三十多年来陆续出现的神会遗著

现在我们可以把三十多年来先后发见的神会遗著作一个简表:

(一) 神会的《语录》,现已出现的有两本,都是敦煌出来的:

(甲) 胡适校写巴黎国家图书馆藏的敦煌写本,原编号 Pelliot 3047,收在《神会和尚遗集》卷一,民国十九年(1930)出版,二十年(1931)再版。原无题目,胡适拟题《神会语录》。

(乙) Ⓐ 石井光雄影印他购藏的敦煌写本。昭和七年(民国二十一年,1932)石井氏影印二百部,"愿以影本印施功,考妣二亲成正觉"。原无题目,卷前有题字一行云:"此文字欠头。后有博览道人寻本续之矣"。影印本题《敦煌出土神会录》。附有《敦煌出土神会录解说》一小册,铃木贞太郎撰。

Ⓑ 铃木贞太郎、公田连太郎校订石井光雄本《敦煌出土神会录》。昭和九年(1934)铅字排印出版。

石井本尾有题记云:

"唐贞元八年岁在未(贞元八年壬申,792。前一年,791,岁在未),沙门宝珍共判官赵秀琳于北庭奉　张大夫处分令勘讫。其年冬十月廿二日记。"其后又有一行题字:

"唐癸巳年(贞元八年后的第一个癸巳是元和八年,813)十月廿三日比丘记。"神会死在肃宗废年号的"元年"(即宝应元年,762),石井本在北庭的校勘题记在贞元八年,在神会死后才三十年。钞写可能还在神会活着的时候。

胡适本目录分五十章。铃木、公田校订排印本分五十六章,其中第一至第四十四章与胡适第六至第四十九章相同(中间石井本多出两章),文字互有优劣,可以互相校勘。

胡适本后幅原无残缺,紧接《菩提达摩南宗定是非论》。但石井本第四十四章之后有后来续加的十一章,一部分是从《南宗定是非论》摘钞而放大的。其第四十九章为远法师问"未审禅门有〔无〕付属",答语(第四十九章至第五十五章)约有一千三百字,乃是"六代大德"的小传。其中"第六代唐朝能禅师"的小传就有九百多字,与敦煌本《六祖坛经》的慧能自述在弘忍门下一段大略相同,但无神秀作偈及慧能作偈的故事。

敦煌本《坛经》有慧能临终的"悬记"(即预言):

法海向前言:大师,大师去后,衣法当付何人?

大师言:法即付了,汝不须问。吾灭后二十余年,邪法辽乱,惑我宗旨。有人出来,不惜身命,第佛教是非,竖立宗旨,即是吾正法。衣不合传。

石井此本的慧能小传也有同样的悬记,而有小不同:

法海问曰:和上□日以后,有相承者否?有此衣何故不传?

和上谓曰:汝今莫问。以后难起极盛。……汝欲得知时,我灭度后四十年外,竖立宗〔旨〕者,即是。

此传与《坛经》都说慧能死在先天二年八月三日(先天二年,713,十二月改元为开元)。他死后"二十余年",正是神会在滑台大云寺"为天下学道者定宗旨,为天下学道者辨是非"(在开元二十年,732)之后几年。可能这就是所谓《六祖坛经》的原始部分写作的时候。慧能死后"四十年外",正当天宝十二年(753)神会被御史中丞卢奕奏劾"聚众疑萌不利",因此被"敕黜弋阳郡"之时。可能这就是《语录》别本的"六代大德"小传写作的时候。

石井本最后(铃木公石本第五十六章)有《大乘顿教颂并序》,不著撰人姓名。序中有颂扬神会的一段,可算是神会传记的最早资料:

　　……我荷泽(原作择)和上,天生而智(似当作知)者,德与道合,愿将年并(年并二字,原误倒)。在幼稚科,游方访道,所遇诸山大德,问以涅槃本寂之义,皆久而不对。心甚异之。因诣岭南,复遇漕溪尊者。作礼未讫,已悟师言。无住之本,自慈而得(得原作德。王维为神会作能禅师碑,述能禅师"乃教人以忍,曰,忍者无生,方得无我。……常叹曰,七宝布施,等恒河沙亿劫修行,尽大地墨,不如无为之运,无碍之慈")。尊者以为寄金惟少,偿珠在勋。付心契于一人,传法灯(原作登)于六祖。于以慈悲心广,汲引情深。昔年九岁,已发弘愿:"我若悟解,誓当显说。"今来传授,遂过先心。明示醉人之珠,顿开贫女之藏。堕疑网者,断之以慧剑。溺迷津者,济之以智舟。……心有生灭,法无去来。无念则境虑不生。无作则攀缘自息。或始觉以灭妄,或本觉以证真。其解脱在于一瞬,离循环于三界。虽长者子之奉盖,龙王女之献珠,比(原作此)之于此,复速于彼。所谓不动意念而超彼岸,不舍死生而证泥洹。繄(原作系),顿悟之致,何远之有! 释门之妙,咸在兹乎! 于是省合簪裾,里闬耆耋,得无所得,闻所未闻。疑达摩之再生,谓优昙之一现。颂声腾于远迩,法喜妙于康庄。

(二) 神会的《菩提达摩南宗定是非论》,现已发见的有三本,都是敦煌出来的:

(甲) 胡适校写巴黎国家图书馆藏的敦煌写本,原编号 Pelliot 3047 的第二件,收在《神会和尚遗集》卷二。今重新校写,题作《菩提达摩南宗定是非论上卷》,收在集刊本分。此残卷有独孤沛序。

(乙) 胡适校写巴黎国家图书馆藏的敦煌写本,原编号 Pelliot

3488，收在《神会和尚遗集》卷三。此残卷无头无尾，中间又脱去一纸。新发见的巴黎 Pelliot 2045 长卷（丙）内有此卷全文，又可补此卷脱文六百字。

（丙）胡适新校写巴黎国家图书馆藏的敦煌写本，原编号 Pelliot 2045 的第一件。此卷经过整理校写之后，可以考定为敦煌石窟里保存的《南宗定是非论》的第三个写本。其首一段和（甲）卷的末一段相同，可以互相校勘；故此卷可以说是恰好和（甲）卷相衔接。此卷内又有（乙）卷的全文及（乙）卷残脱的一纸六百字。

此卷最后有后序及赞五章，大概也是独孤沛的手笔。末一行题《菩提达摩南宗定是非论一卷》。（甲）卷有头，（丙）卷有尾，两卷又恰相衔接，故《南宗定是非论》的全部大概都在这里了。

（丙）卷今收在《集刊》本分，题作"《菩提达摩南宗定是非论》下卷"。

（三）《南阳和尚顿教解脱禅门直了性坛语》一卷，现已发见的有两本，都是敦煌出来的：

（甲）铃木贞太郎（铃木大拙）校写北平国立北平图书馆藏的敦煌写本，收在铃木编印的《少室逸书》，昭和十一年（1936）出版。

此卷首尾完整，但原题残失"南阳"两字，仅存《和上顿教解脱禅门直了性坛语》十三字。铃木先生在他的《少室逸书解说》里，已指出此篇《坛语》的思想与《神会语录》相近，也与《六祖坛经》相近。

（乙）胡适校写巴黎国家图书馆藏的敦煌写本，原编号 Pelliot 2045 的第二件，即《集刊》本分所收。此卷原题《南阳和上顿教解脱禅门直了性坛语》，其内容思想都可以和神会语录的主要思想相印证，故可以定为神会在南阳时期的讲演录。此卷的钞写往往远胜（甲）本，但（甲）本也可供参校。

此卷之后有《南宗定邪正五更转》五章，后附五言律诗一首，其思想和《南阳和上坛语》颇相同，故我收作《坛语》的附录。

（四）《顿悟无心般若颂》，又叫作《荷泽大师显宗记》，现存三本：

（甲）《景德传灯录》卷三十收的荷泽大师《显宗记》。《全唐文》所收神会《显宗记》即是根据《传灯录》。

（乙）矢吹庆辉影印伦敦英国博物院藏的敦煌写本《顿悟无生般若颂》，原编号 Stein 296。收在矢吹庆辉编的《鸣沙余韵》的第七十八版。《鸣沙余韵》是矢吹博士影印的二百三十件伦敦英国博物院藏的敦煌写本佛教"珍篇佚书"，昭和五年（民国十九年，1930）十月出版。

此本有头而无尾，残存二十行，首题《顿悟无生般若颂》。

（丙）胡适校写伦敦英国博物院藏的敦煌写本《顿悟无生般若颂》，原编号 Stein 468，收在《神会和尚遗集》卷四，民国十九年（1930）四月出版。

此本有尾而无头，残存三十一行，尾题"顿悟无生般若讼（颂）一卷"。我在民国十五年（1926）在伦敦发现此残叶，偶然认得其中"所〔传〕秘教，意在得人，如王系（髻）珠，终不妄与"一句话，好像是我读过的《荷泽大师显宗记》的文字。后来翻检《景德传灯录》卷三十收的《显宗记》，与敦煌残叶对照，我才考定这几叶《顿悟无生般若颂》是神会的《显宗记》的最古本的后半篇。（看《神会和尚遗集》，页二〇〇——二〇八）

我当时钞了这残卷，后来用《显宗记》补了残缺的前面二百三十三字，又详记后半篇敦煌本与《传灯录》本的异同，写作《神会遗集》的第四卷。我当时没有梦想到《顿悟无生般若颂》的前半篇也在英国博物院里，被编作 Stein 296 号，在前一年（1925）已被日本的矢吹庆辉博士照了相片带回东京去了。

昭和五年（1930）矢吹先生印行他的《鸣沙余韵》，只有图版一百零四幅，而没有解说。目录里并没有记出那寥寥二十行的《顿悟无生般若颂》。

两年之后（民国二十一年，昭和七年，1932），矢吹博士写他的《鸣沙余韵解说》时，他已读了我的《神会和尚遗集》，已见了我校写的《顿悟无生般若颂》和我的短跋了。所以他在《解说》（第二部，页五三六——五三七)里,特别提到那写在《无心论一卷》之后的《顿悟无生般若颂》二十行,还引我的短跋,说此颂即是神会的《显宗记》,说此颂无"西天二十八祖"的话而有"传衣"之说,故我推测"似此颂真出于神会之手",可能是《显宗记》的原本。

但矢吹博士当时不曾仔细分析我用《显宗记》补了二百三十三字的此颂全文,他没有注意到我的校补本只有后面的三百十二字是伦敦钞来的敦煌写本。他误把那补全的五百多字都看作伦敦的Stein 468号了,所以他说:

> 斯坦因所搜集的写本题作《顿悟无生般若颂》的,至少有两本:(一)第二九六号,钞在《无心论》之后;(二)第四六八号,首有阙,尾题《顿悟无生般若颂》一卷"。两相对比,异句异字不少,而(一)相当于(二)的首部。

他又说:

> 对照(一)(二),(二)比(一)增出颇多,故近于《显宗记》。若(二)为(一)之原形,(一)更可认为(二)的稿本。

我在今年十一月中,才得读矢吹先生的《解说》。我试把他的图版第七十八版的二十行《顿悟无生般若颂》校写出来,方才发现他在三十三年前照相的二十行正是我在三十二年前校写的三十一行的前半篇。这五十一行,原是一篇钞在六叶粗纸上,每叶折成两半。前面的两叶半编作Stein 296号,被矢吹庆辉先生照了相片,影印在《鸣沙余韵》里了。后面的三叶半脱落了,被编作Stein 468号,被我钞写了,校印在《神会和尚遗集》第四卷里。矢吹本末句到"用而"两字为止,胡适本开头是"不有"二字,合起来正是"用而不有"一句!这两个残本合并起来正是一篇完整的《顿悟无生般若颂》!

矢吹先生说的"(一)相当于(二)的首部",本来不错。他又说"两相对比,异句异字不少","(二)比(一)增出颇多",那就大错了。(一)(即乙)与(二)(即丙)是一篇的前后两半,故没有异句异字可以互校。

这篇敦煌写本《顿悟无生般若颂》的前后两半分开太久了,我现在把他们重新合并写定,使神会的《显宗记》的最古写本的原来面目可以重见于世间。因为字数不多,我钞在这里,做一个附录。《显宗记》有《传灯录》和《全唐文》两个通行本,我把异文详细记在《神会遗集》(页一九三——一九九)里,可以不钞在这里了。

附录　敦煌写本《顿悟无生般若颂》的全文
顿悟无生般若颂

　　无念是实相真空,知见是无生般若。〔般若〕照真达俗,真空理事皆如。此为宗本也。

　　夫真如无念,非念想能知(想字原作相,知字原作之。《显宗记》作"真如无念,非想念而能知。"今据校改)。实相无生,岂生心能见?无念念者〔则〕念总持。无生生者则生实相。无住而住,常住涅槃。无行而行,能超彼岸。如如不动,动用无穷。念念无求,求常无念(上求字原作来,从《显宗记》改)。菩提无得,〔得〕佛法身。般若无知,知一切法。即定是慧,即慧无生。无生实相真空,无行能周法界。六度自兹圆满,道品于是无亏。我法二空,有无双泯。不到不至,不去不来。体悟三明,心通八解。成功十力,富有七财(十字原作不,从显宗记改)。入不二门,权一乘理。湛然常寂,应用无方。用而无功,空而常鉴。用而(此上为 Stein 296 号残本,此下为 Stein 468 号残本)不有,即是真空。空而不无,玄知妙有。〔妙有〕则摩诃般若,真空即清净涅槃。般若通秘微之光,实相达真如之境。般若无照,能照涅槃。涅槃无生,能生般若。涅槃般若,名(原作我,从《显宗记》改)异体同,随义立名,法无定相。涅槃能生般若,〔即名〕具佛法身(原作"涅槃能见般若具佛法僧",今参考《显宗记》校改。但《显宗记》作"真佛法身",按具字也可通,故留备一本)。般若圆照涅槃,故号如来知见。知即知常空寂,见即直见无生。知见分明,不一不异。动寂俱妙,理事皆如。理静(原作净)处事能通,达事理通无碍。六根无染,定慧之功。相念不生,真如性净。觉灭心空,一念相应,顿超凡圣。无不能无,有不能有。行住坐卧,心不动摇。一切时中,空无所得。

　　三世诸佛,教指如斯(斯字原作如,从《显宗记》改)。菩萨大悲,转相传受。至于达摩,届此为初。递代相传,于今不绝。所〔传〕秘教,意在得人。如王髻(原作系,从《显宗记》改)珠,终不妄与。福德智慧,二种庄严,解行相应,方能建立。

衣为法言,法是衣宗。衣法相传,更无别付。非衣不弘于法,非法不受于衣。衣是法信之衣,法是无生之法。无生既无虚妄,法是空寂之身。知空寂而了法身,而真解脱。

顿悟无生般若颂一卷

1958 年 11 月 22 日夜补记

(原载 1958 年 12 月台北《中央研究院历史
语言研究所集刊》第二十九本下)

记美国普林斯敦大学的葛思德东方书库藏的《碛砂藏经》原本

民国二十年(1931)朱庆澜(1874—1941)将军为了赈灾的事到陕西,在西安的开元寺、卧龙寺发现南宋后期到元朝中叶继续刻成的平江府(苏州)陈湖碛砂延圣院《大藏经》五百九十一帙(函),从《千字文》的"天"字到"烦"字,略有残阙。朱庆澜先生回到上海,就和叶恭绰(1881—1968)、蒋维乔、范成和尚诸先生发起影印这部宋元刻的《碛砂藏经》的大工作。那时候,东三省已全被日本占据了,整个国家已在很危险的状态之中,所以几个大出版公司都不敢接受这一件很不容易的编校影印的大工作。后来他们几位热心的发起人只能组织一个"影印宋版藏经委员会",一切编校、借补、照相、影印的困难工作都归这个委员会主持办理。在四年之中(二十年十月到二十四年十二月,1931年到1935年),他们居然把这件大工作完成了:编校全藏,向各地公私书藏借补阙卷或阙叶,编成新目录两册,影印全部《碛砂大藏》,缩印原一帙(函)为一册,共计五百九十一册,连新目录共计五百九十三册,——总共影印了五百部。

这件很伟大的工作,在全国震动不安的几年之中办成,在全面抗战爆发的前一年半完成,真是值得赞叹的,值得永远记念的。

影印《碛砂大藏》委员会的最难得的工作是点查全藏的缺卷缺叶,向各方去征访借补。影印例言说:

> 借补之本,有得自名山古刹者,有得自远地图书馆者,有得自居士精舍者。深为感谢。已详列"补页表"中。

这几十叶的"补页表"详记原藏书的机构,并详记补入各叶的"版

别"，这是最合于校勘学的原则的。例如

（册次）	（经名）	（补页）	（版别）	（征藏地）
三册	大般若经	页二六下至二七上	永乐	松坡图书馆
	又	二七下至三四上	思溪	同上
五册	又	页一○下至十八上	普宁	南海康氏
	又	五一下	思溪	松坡图书馆

"永乐"是永乐八年（1410）北京开刻的明《北藏》。"思溪"是南宋初期（约1132—1180）安吉州（湖州）思溪资福禅寺刻成的《大藏》。"普宁"是南宋末年（约1269）杭州余杭县普宁寺开刻的《大藏》。（普宁藏开刻在咸淳五年〔1269〕，在蒙古兵攻入临安之前七年。其刻成当在元初。日本保存的《普宁寺大藏经目录》，是大德三年——1299——本寺僧如莹用"本寺所刊目录"查编的。故其刻成应在大德以前。）

这样列举补页的"版别"，可以使人知道某一叶不是《碛砂藏》的原本。

但当年工作的人不多，时间也很匆迫，所以"版别"一栏有因依原记录而致误的。例如松坡图书馆所借"思溪"各卷，原是杨守敬在日本收买来的书，日本人在那时代并没有注意《碛砂藏经》，所以杨先生也不知道有《碛砂藏》，故他认作《思溪藏》。其实松坡图书馆所藏的"杨惺吾之思溪"差不多全是《碛砂藏》的零本！

影印碛砂藏的委员会的常务理事之中有一位范成和尚，他为此大事出力最勤，曾到各地去访求古经，有时"着破衣，经匪区"，冒很大的危险。他的最大收获是民国二十二年（1933）他在山西赵城广胜寺发见古刻《藏经》卷子本五千多卷，其中往往有雕刻年月，其时代最早为金皇统九年（1148），最晚为大定十三年（1173）。这确是一个很重要的发现，因为这一大批金刻的《藏经》里有许多是宋、元、明、清各藏都没有收的文件，例如《传灯玉英集》、《曹溪宝林传》，都是久已认为失传了的禅宗史料。又如玄奘的弟子窥基的《因明入正理论疏》（三卷存二卷）和《因明论理门十四过类疏》，都是因明学的重要文献。这五千多卷，后来经过徐鸿宝、蒋唯心诸君的考证选择，挑出了宋、元、明、清四朝各大藏没有收的"孤存古籍"四十六种，由影印《碛砂藏》的委员会影印流行，题作《宋藏遗珍》。

这是影印《碛砂藏》的一个副产品，其重要性可能不下于《碛砂藏》的本身。

当上海委员会诸公到处访问可以借补的经卷的时期，他们没有梦想到北京的一座古寺——叫做大悲寺——收藏了几百年的一部钞配、补配的《碛砂藏经》早已在几年前（约在 1926—1927）被一个美国人吉礼士（I. V. Gillis）买去，并且（约在 1929）已运到加拿大东部的麦吉尔大学（McGill University）了。

吉礼士原是海军情报局的军人，在美国驻华公使馆里当过海军武官。后来辞去军职，专替一个美国商人葛思德（Guion Moore Gest）收买善本中国书。吉礼士在北京住久了，懂得一点中国话，也能认识一些中国字。他用海军情报的侦探技术来辨别中国古书的版本，居然能够收买到不少精美的明朝刻本。他没有留下记载他如何买到这部宋元刻本《碛砂藏经》的资料，所以我到今天还不知道这一桩秘密买卖的真历史。我只知道他做的很秘密，他不敢请教中国朋友，他全靠他的海军情报训练，用放大镜仔细考察这一大批五千三百四十八本的《大藏经》，他能够认识其中有近七百本是十三世纪（南宋）的刻本，有一千六百三十多本是十四世纪（元）的刻本，有八百多本是明朝刻本配补的，有二千一百多本是白纸钞配的。

这个"葛思德东方书库"（Gest Oriental Library）先后收买到明版两万四千多册，加上这七百本宋刻佛经和一千六百多本元佛经，就成了欧美两洲最富于宋元刻本的书库了。

吉礼士并不知道这两千三百多本宋、元刻的佛经就是平江府碛砂延圣院在宋、元两代陆续刻成的《碛砂大藏经》。他只叫他作"大悲寺经"。他用了一部汇刻书目里的《大藏》目录做参考，编成他自己用的一本目录。他连这部藏经用来编号的《千字文》的次序也不知道！但他在那目录上，每一册注出"宋"、"元"、"明"字样，我曾仔细复检，可以说百分之九十八九不错的！这位海军武官的眼力是很高明的。

这个"葛思德东方书库"的书越积越多了,而葛思德先生在美洲经济恐慌的年头又越过越穷了。麦吉尔大学买不起这一大批没有人用的中国古版书,只好让葛思德先生把这十多万本书卖给新成立(1930)的"更高学术研究院"(The Institute for Advanced Study)。这个研究院设在美国纽泽西州的普林斯敦(Princeton),其地原有成立近二百年的普林斯敦大学。"更高学术研究院"没有东方学的研究,也没有贮藏这十几万册中国古书的空屋。恰好普林斯敦大学建造了一个新的大学图书馆,愿意容纳葛思德书库的书。所以这个书库的十几万册中国善本书就收藏在普林斯敦大学图书馆里了。

1950 至 1952,我接受了普林斯敦大学的聘约,担任了两年的"葛思德东方书库"的库长,我的主要任务是调查这个书库究竟有些什么东西,有些什么宝贝。

我曾写长文("The Gest Oriental Library at Princeton University"登在 The Princeton University Library Chronicle, Vol. XV, No. 3, Spring 1954)叙述"葛思德东方书库"的历史,略述这书库里收藏的许多可珍贵的古本书籍[①]。我的一个最有趣的发现就是证实了那半部二千三百多本宋刻和元刻的藏经确是碛砂延圣院的《大藏》原本。我向哈佛大学影印了《碛砂藏》影印本的新目录来和这部残本对勘,又用《昭和法宝总目录》里各种宋、元、明刻本《大藏经》目录来比勘。我比勘的结果,不但确定了葛思德书库馆这二千三百多本宋、元刻本是《碛砂藏》的原刻本,并且知道了这些事实:

(一)这里面的二千一百多本白纸钞补本都是依据《碛砂藏》刻本精钞的,钞补的年月都在万历二十八年(1600)左右。这些钞补本的编号都和《碛砂藏经》的编号相符。其中有一百册是万历二十八年建极殿大学士赵志皋的夫人沈氏捐银钞补为她丈夫祈求病痊的。

(二)这里面配补的明刻藏经八百多本,其中绝大部分是洪武年间开刻的《南藏》本。《北藏》字大,版叶也大,故不适于配补《碛砂

---

① 原编者注:此文有陈纪滢译本。重光文艺出版社 1965 年 11 月台北出版。

藏》。《南藏》刻在南京，是和宋刻各藏本子大小相同，故最好配补。《南藏》本在国内是很难见到的。

（三）配补的明本之中，还有建文元年己卯刻的《天龙山藏经》。因为成祖要毁灭建文一代的事实，故"建文"两字都被挖去了，只剩"元年己卯"的纪年。这是很少见的史料。

所以这五千三百多本的钞配的《碛砂藏经》，不但那七百本宋刻和一千六百多本元刻是难得的原刻本，那二千一百多本十六世纪末年精钞本也是可贵的，那八百多本明刻《南藏》本和那更少见的建文元年（1399）天龙山刻本也都是很可宝贵的。

我还有一个发现。上海影印《碛砂藏经》的《例言》（首册之一，第十九页）曾说：

全藏中函卷阙佚，在所不免。其有经名可检者，已向各地征访，一一补入，另列"补页表"附后。

惟尚有经名失考，暂无从访补者十一卷，即"宁"字函之第三、第四、第九、第十；"更"字函之第一、第二、第三；"横"字函之第七、第八；"何"字函之第八、第九。以俟异日据以续求焉。

我试查葛思德本《碛砂藏》，居然发现了这十一卷中的七卷：

"宁"字函（第五六八）

宁三　《金刚顶观自在王如来修行法》一卷　唐不空译

宁四　《略述金刚顶瑜伽分别圣位修证法门》一卷　唐不空译

"更"字函（第五七一）

更一　《瑜伽集要救阿难陀罗尼焰口轨仪经》一卷　唐不空译

更二　《显密圆通成佛心要集》卷上

更三　《显密圆通成佛心要集》卷下《五台山金河寺沙门道殿集》

"横"字函（第五七六）

横七　《地藏菩萨本愿经卷》上　实义难陀译

横八　《地藏菩萨本愿经》卷下

以上七册，只有"宁三"与"横七"是明万历依《碛砂藏》本精钞本。余五册都是元朝刻本。

还有影印本所缺的"宁九"、"宁十"两册,我检葛思德书库的《碛砂藏》,原来"宁九"即是影印本的"宁十一";"宁十"即是影印本的"宁十二"。

宁九　三经同卷(影印本编"宁十一")

《佛说一髻尊陀罗尼经》　不空译

《金刚摧碎陀罗尼》　大契丹国师中天竺摩竭陀国三藏法师慈贤译

《不空𦈢索毗卢遮那佛大灌顶光真言》　不空译

宁十　《妙吉祥平等瑜伽秘密观身成佛仪轨》　大契丹国师……慈贤译(影印本编"宁十二"是依据借补的《普宁藏》的纸缝编的"宁十二")

故"宁九"、"宁十"其实没有缺失。

"例言"所举"尚有经名失考,暂无从访补"的十一卷,其中七卷可用葛思德书库的《碛砂藏》钞补或影照。其中两卷实没有缺,不过编号不同而已。只有"何八"、"何九"两卷,现在还不知道是什么经,还"无从访补"。

中央研究院的历史语言研究所有一部《碛砂藏经》影印本。今年葛思德书库主任童世纲先生把这可补的七卷都影印了,给我带回国赠送给史语所图书室。这是国内第一次补得这七卷。童世纲先生的好意是值得记载的。

朱庆澜、叶恭绰、范成和尚诸公影印的全部《碛砂大藏》是民国二十四年(1935)年底完成的。到今天已是二十四年了,这二十四年是在战祸里过去的,很少有人能够仔细研究这一大部保存十三世纪和十四世纪初年刻板原样的《碛砂藏经》,所以这部影印的《碛砂藏》到今天还没有得着一篇正确的、公平的评论。

我试举一个例子。我这几天用《大正大藏》的《契嵩传法正宗记》、《传法正宗定祖图》、《传法正宗论》,来比勘《碛砂藏》本。单据《传法正宗定祖图》一卷来说,《大正藏》本完全没有"图",而《碛砂藏》本保存了原"图"四十四幅。我们看了这些"图",才能够明白契嵩原表所谓"其图所列,自释迦文佛、大迦叶至乎曹溪第六祖大鉴禅师,凡三十四位;又以儒释之贤,其言吾宗祖素有证据者,十位,列于诸祖左右"的原来样子。《大正藏》所根据的底本就没有"图"了,又把那原"列于诸祖左右"的十位"儒释之贤",——契嵩所谓"宗证"十人,——全部记在卷末,这就更失了契嵩的原意了。

我举此一例,使人知道这部《碛砂藏》影印本确是有远胜于《大正藏》的地方。

1959 年 11 月 16 夜

（原载 1959 年 11 月 30 日台北《大陆杂志》第 19 卷 10 期,又收入《胡适手稿》第八集）

三勘《虚云和尚年谱》

史语所有道光十五年修,同治七年刻的《福建通志》一部,我因为这是道光十五年修的,所以没有去查他。

今天台湾省文献委员会的陈汉光先生告诉我说,他曾查过这部《通志》,他记得其中"职官"诸卷载有道光十五年以后的官,直到道光晚年为止。我依他的指示,去借出这部同治七年(1868)刻的《福建通志》来查勘道光十八年以下的永春州、泉州府、漳州府、福宁府,一州三府的知州知府的姓名。我查得:

  永春州知府(《通志》百十八)

沈汝瀚,南昌监生,道光十六年任。

按民国十六年修的《永春县志》,汝瀚之后尚有

张锡纯,道光十九年署。

章复旦,道光十九年任。

  泉州府知府(《通志》百十一)

黄德峻,高要人,道光壬午进士,道光二十年任。

徐　耀,宛平人,道光癸巳进士,道光廿七年任。

  漳州府知府(《通志》百十一)

赵　镛,南丰人,道光丙戌进士,道光二十年任。(适按,据光绪三年修的《漳州府志》,"赵镛二十四年再任"。)

王用宾,怀宁人,道光丙戌进士,道光二十五年任。

方宝庆,桐城人,道光丙戌进士,道光二十六年任。

  福宁府知府(《通志》百十六)

庄受祺,阳湖人,道光庚子进士,道光二十七年任。这都可以证明《虚云和尚年谱》初版的下列各项记载全是虚假的了:

（1）道光戊戌己亥间(十八,十九年)任永春州知州。
　　（2）翌年(道光二十年)父擢泉州府知府。
　　（3）道光二十四年,……予父调任漳州府知府。
　　（4）道光二十七年,……予父调任福宁府知府。
以上四条,全是假话。

　　在《虚云年谱》的修改三版里,第(1)条改为"戊戌己酉间,佐治永春州事";第(2)条改为"翌年,父调佐泉州府"。又原版第四十九页有"父玉堂为福建泉州太守",三版改"太守"为"二守"。第(3)(4)条,三版全删去了,只在道光二十九年己酉十岁"之下加了一句"以上六年在漳州福宁"。
　　永春州的"州同",《通志》列有
　　陈敬思,天津举人,道光八年任。
　　陈成芳,长宁举人,道光十九年任。
　　《永春县志》与《通志》全同。
　　永春州的"吏目"。《通志》与《县志》也全同:
　　金　锴,丰城人,道光十一年任。
　　章　忠,山阴监生,道光二十年任。
　　泉州府的"同知",《通志》也有详表:
　　蒋　镛,黄梅县人,嘉庆壬戌进士,道光十七年任。
　　顾教忠,吴县监生,道光二十年任。
　　霍明高,泌水监生,道光廿三年任。
况且《通志》卷百十一明说泉州府的"同知"在康熙廿五年后就移驻厦门了。"泉州二守"的孩子决不会生在"泉州府署"的。然而《虚云年谱》的原版与三版都说:"予诞生于泉州府署。"这也是假话。
　　漳州府的海防同知,《通志》只记到道光十六年。《漳州府志》记的是梁源(廿四年任)、董正官(廿六年任)、章熙(廿八年任)三人。
　　福宁原是州,有"州同知",雍正十二年改府后改为"通判",乾隆四十八年改移"泉州蚶江通判"(《通志》百十六)。故福宁府在道光时是没有"二守"的。

总而言之,永春州、泉州府、漳州府、福宁府,都没有"二守"萧玉堂。《虚云年谱》的修改三版的"佐治"的"二守"萧玉堂也是虚假的。

1959,12,12 夜

(原载 1960 年 1 月台北《台湾风物》第 10 卷第 1 期,又载 1960 年 1 月 12 日台北《中央日报》)

能禅师与韶州广果寺

《全唐诗》第一函第十册有宋之问《自衡阳至韶州,谒能禅师》诗,钞在这里:

> 谪居窜炎壑,孤帆淼不系。别家万里余,流目三春际。
> 猿啼山馆晓,虹饮江皋霁。湘岸竹泉幽,衡峰石囷闭。
> 岭嶂穷攀越,风涛极沿济。吾师在韶阳,欣此得躬诣。
> 洗虑宾空寂,焚香结精誓。愿以有漏躯,聿薰无生慧。
> 物用一冲旷,心源日闲细。伊我获此途,游道回晚计。
> 宗师信舍法,摈落文史艺。坐禅罗浮中,寻异南海裔。
> 何辞御魑魅?自可乘炎疠!回首望旧乡,云林浩亏蔽。
> 不作离别苦,归期多年岁!

宋之问又有《游韶州广果(一作界)寺》诗:

> 影殿临丹壑,香台隐翠霞。巢飞含象鸟,砌蹋雨空花。宝铎摇初霁,金池映晚沙。莫愁归路远,门外有三车。

广界寺,原注界一作果。作果是也。这个韶州广果寺正是能大师住的寺。日本入唐求法和尚圆珍于大中七年(853)至十二年(858)从唐国请去的佛教典籍之中,有《禅门七祖行状碑铭》十五件合一卷;此十五件的子目记在圆珍的两个总目录里。其第十五件题作:

大唐韶州广果寺悟佛知见能禅师之碑文

《旧唐书》一九一,《方伎传》也说"慧能住韶州广果寺"。故此诗题作"广果寺",不误。

伪作《六祖坛经》的人已不知此寺名,故敦煌本《坛经》题"六祖惠能大师于韶州大梵寺施法坛经一卷",第一章也说是在大梵寺。其末章又说"大师于新州国恩寺造塔",又说:

> 此《坛经》，法海上座集。上座无常，付同学道际，道际无常，付门人悟真，悟真在岭南漕溪山法兴寺，见今传授此法。

此最古本《坛经》里说了三个寺名，而没有广果寺。

北宋本《坛经》(日本的"兴圣寺本"，即宋乾德五年丁卯〔967〕惠昕本)开卷仍作大梵寺，卷尾则作"先天二年八月三日夜三更时于新州国恩寺圆寂"。但《坛经》传授一节删去法兴寺之名。此本也无广果寺之名。

契嵩以后的改本《坛经》(如《大正藏》之德异本)开卷即改作：

> 时大师至宝林，韶州韦刺史(名璩)与官僚入山，请师出于城中大梵寺讲堂，为众开缘说法。

宝林即所谓宝林寺。其第七章首云：

> 师自黄梅得法，回至韶州曹侯村，人无知者。……时宝林古寺，自隋末兵火已废，〔曹叔良〕遂于故基重建梵宇，延师居之。

其第八章首云：

> 时祖师居漕溪宝林。

其第十章云：

> 师于太极元年壬子，延和七月，命门人往新州国恩寺建塔。……

> 次年……七月八日，忽谓门人曰，吾欲归新州，汝等速理舟楫。……

> 先天二年癸丑岁八月初三日，于国恩寺斋罢，……至三更，……奄然迁化。

此本里也无广果寺之名。这些和尚们作伪书，是用不着做考据的。闭门捏造地名寺名人名，岂不更方便更省事吗？

宋之问贬为泷州司马(殿本《唐书》本传误作陇州，百衲本亦误。《全唐诗》小传不误)在神龙元年(705)。第二次他配徙钦州，先天中赐死于徙所。他游韶州见慧能，当在贬泷州时。泷州即今广东罗定县。

1960,1,6 夜

附　记

房融的《韶州广界寺》诗

房融,则天时宰相,神龙元年贬死高州。《全唐诗》第二函第六册有他的诗一首,题为"谪南海,过始兴广胜寺果上人房",一作"过韶州广界寺":

零落嗟残命,萧条托胜因。方烧三界火,遽洗六情尘。隔岭天花发,凌空月殿新。谁令乡国(一作故乡)梦,终(一作从)此学分身?

诗不好,但此题可备参考。此"一本"似应题作"过韶州广果寺上人房"?

张说

张说诗(《全唐诗》第二函第五册)有《书香能和尚塔》一首:

大师捐世去,空余法力在。远寄无碍香,心随到南海。

明刊《张说之文集》七此诗题同,其总目及卷七目,诗题皆同。此诗与韶州的能大师似无关?若与能大师有关,则诗题可能原作"寄香能和尚塔",或"书香寄能和尚塔"?

(收入《胡适手稿》第七集)

《全唐文》里的禅宗假史料

《全唐文》与《全唐诗》都是官书,都不注明每一件的来历。这是最糊涂又最不负责任的编纂方法,这个方法就使这两大部史料总集大大的减低了他们的史料价值,就使我们感觉每一首唐诗或每一件唐代诏令或每一篇唐人文字都必须先考定其来历才敢引用!

近年有些学术界的朋友(以上八字原作"日本的大学教授还")有时还引用《全唐文》里的某些假文件来做"史料"用的!所以我要指出这些文件都是从不可信赖的假文件里转钞出来的。

我指出的几个文件,只是几个最明显的例子,也许将来还可以多举一些例子。

(一) 所谓"中宗《召曹溪、惠能入京御札》"

(《全唐文》十七　叶十一)

朕请安、秀二师,宫中供养。万机之暇,每究一乘。二师并推让云,南方有能禅师,密受忍大师衣法,可就彼问。今遣内侍薛简驰诏迎请。愿师慈念,速赴上京。

此诏不见于《唐大诏令集》,也不见于现存三个最古本的《六祖坛经》。(①敦煌写本,收在《大正藏》四十八册,页三三七——三四四;②日本兴圣寺藏绍兴廿三年刻北宋晁迥点读的乾德五年丁卯惠昕分十一门本;③日本僧道元钞北宋晚年刻本。)只见于很晚出的德异(至元廿七年,1290 序)宗宝(至元廿八年,1291 跋)本《坛经》的"宣诏第九"。

我在《坛经考之一》里，曾指出《坛经》的元明刻本的祖本是北宋契嵩和尚的改本，其中有一部分是契嵩采自《曹溪大师别传》的(《曹溪大师别传》，日本入唐求法僧最澄"请"了一本到日本，今收在《续藏经》的二编乙，十九套，第五册)。如"宣诏"一章里的"神龙元年(705)上元日则天中宗诏"，也是出于《别传》的"神龙元年高宗大帝敕"。《别传》的作者是一个没有知识的和尚，他竟不知道高宗死在弘道元年(683)，到神龙元年他已死了二十二年了！《坛经》此敕文字也经过了大改削。《别传》的敕文原本更幼稚的可笑：大致说：

……安秀二德……再推南方有能禅师密受忍大师记传，传达摩衣钵，以为法信，顿悟上乘，明见佛性。……朕闻如来以心传心，嘱咐迦叶，迦叶展转相传，至于达摩，教被东土，代代相传，至今不绝。师既秉承有依，可往京城施化。

此诏的两个本子当然全是假的。我在三十年前曾说："如果此敕是真的，则是传衣付法的公案早已载在朝廷诏敕之中了，更何用后来的争论，更何用神会两度定宗旨，四次遭贬谪的奋斗呢？"

编纂《全唐文》的官儿们收采这样的假诏敕，真可说是荒谬。日本的现代学人，如宇井伯寿教授，(《禅宗史研究》页一九六；又第二册，页二二三)还引此假文件作史料，那更是不可宽恕的错误了。

德异宗宝本《坛经》"宣诏第十"还有"其年九月三日"奖谕惠能的诏旨，当然也是伪造的。《全唐文》不曾收此诏，是由于谨慎吗？还是偶然遗漏了呢？

(二) 所谓"代宗《遣送六祖衣钵，谕刺史杨瑊敕》"

(《全唐文》四十八，叶五)

朕梦感〔能〕禅师请传法袈裟却归曹溪。今遣镇国大将军刘崇景顶戴而送。朕谓之国宝，卿可于本寺如法安置，专令僧众亲承宗旨者严加守护，勿令遗坠。

此敕仅见于德异宗宝本《坛经》末尾附录的《守塔沙门令韬录》。此录也是个无知的妄人写的，其开端说开元十年(722)令韬和刺史柳无忝对话，而末尾记宪宗赐谥，柳宗元、刘禹锡撰碑文的事，都在元和十年至十一年之间（815—816），这中间隔了九十四年，都还是令韬记录！

这篇假敕也是从《曹溪大师别传》那部荒谬伪书里出来的。《别传》中记：

> 上元二年(761)……敕曹溪山六祖传法袈裟及僧行滔……赴上都。

乾元二年(759,——此年在上元二年之前三年！)正月一日滔和上有表辞老疾，遣上足僧惠象……送传法，袈裟入内。……滔和上正月十七日身亡。袈裟留京七年。永泰元年送回。

《坛经》附录里记此敕是永泰元年(765)五月五日下的。《别传》记此敕是下给刺史杨鉴的，开头还有"卿久在炎方，得好在否"一句。《坛经》附录里，刺史作杨缄(《大正藏》四十八册，页364)。《全唐文》作杨瑊，大概是根据另一个明、清刻本的《坛经》。

此诏的来历与中宗召惠能敕是同样的不可靠的妄人伪书。

1960 年 2 月 11 日在南港
（收入《胡适手稿》第七集）

神会和尚语录的第三个敦煌写本：
《南阳和尚问答杂征义》（刘澄集）

一 神会语录的三个本子的比勘

我在《历史语言研究所集刊》廿九本（页八七六）曾指出：

> 神会的"语录"现已出现的有两本，都是敦煌出来的：
>
> （甲）胡适校写巴黎国家图书馆藏的敦煌写本，原编号 Pelliot 3047，收在《神会和尚遗集》卷一，民国十九年（1930）出版。原无题目，胡适拟题"神会语录"。
>
> （乙）(A) 日本石井光雄影印他购藏的敦煌写本，昭和七年（民国廿一年，1932）影印二百部。原无题目，卷前有题字一行云："此文字欠头。后有博览道人寻本续之矣。"影印本题《敦煌出土神会录》。附有《敦煌出土神会录解说》一小册，铃木贞太郎撰。
>
> (B) 铃木贞太郎、公田连太郎校订石井光雄本，昭和九年（民国廿三年，1934）排印出版，题作《敦煌出土荷泽神会禅师语录》。

那个胡适校写本，以下省称胡本。那个石井光雄影印本，以下省称石井本。铃木公田校订本，以下省称铃木校石井本。

那两个本子都"欠头"，都没有题目，所以我和铃木先生都只题作"神会语录"。去年（民国四十八年，1959）4 月，日本京都大学人文科学研究所的入矢义高先生写信给我，报告他在前两年（1957）发见了这个神会语录第三本，并且发见了神会语录原题作《南阳和尚问答杂征义》，原编集的人是刘澄。

入矢义高先生的原信，我摘钞一段：

> 近日读到先生发表在《集刊》廿九本的大作《新校定的敦煌写本神会和尚两种》，校定精审，整理醒目，真是不胜佩服。敝

研究所在 1956 年由大英博物馆购到该馆所藏敦煌写本的全部 Microfilm。我们就组织了共同调查的一个研究班,一直到现在,将那全部写本翻覆审核,前后已有三次了。1957 年,我检到 S. 6557 的时候,就发现了这也是一部神会语录。遽取石井本比对一过,知其内容和文章颇近石井本,惜尾部断残,只有石井本的三分之一。

不过,最宝贵的是载在卷首的编者刘澄的一篇序。据这篇序,我们知道这一部语录的原名是《问答杂征义》。今按日本僧圆仁《入唐新求圣教目录》,有"《南阳和尚问答杂义》一卷,刘澄集"的记录,与此序合。今迻录此序,用供先生的参考。

那时我因外科手术住在台湾大学医学院的医院里。我收到了入矢先生的信,十分高兴,就回了一封信,说:

……S. 6557 卷子的发现,不但给神会语录添了一个可以资校勘的第三本,并且确定了这部语录的编辑人与原来的标题。这是一举而三得的贡献。我们研究神会的人,对先生都应该表示敬佩与感谢。

大英博物馆所藏敦煌写本的全部 Microfilm,前承贵研究所的厚意,敝院历史语言研究所也购得了全部副本。我出医院后,当即检查 S. 6557 一校。

S. 6557 即是原编的 Stein 6557 号。Sir Aurel Stein(斯坦因,1862—1943)1907 年在敦煌千佛洞取去中古写本大小八千多件(其中有二十件是最古的雕刻印本),全存贮在伦敦大英博物馆。这些文件都用 Stein 编号,正如巴黎国家图书馆藏的敦煌文件都用 Pelliot(伯希和)编号。大英博物馆的翟理斯先生(Dr. Lionel Giles)费了二十多年的精力,才把这大大小小八千多件敦煌文卷整理完毕,编了一部《大英博物馆藏的敦煌出来的中国写本分类记注目录》(Descriptive Catalogue of the Chinese Manuscripts from Tunhuang in the British Museum),1957 年出版。这本目录分五大类:第一,佛教典籍;第二,道教典籍;第三,摩尼教典籍;第四,俗家文件;第五,雕印文件。第一类最多,共编六千七百九十四号,故又分十四子目,其中第一子目为大藏经（翟氏用南条文雄的英文译本"明藏"目录作根据）所收的经典，已占四千多号了。因为这部目录偏重于大藏里的经典，用经、律、论三大部的次序，故原编的 Stein 号码须全部重编过了。S. 6557 在目录里就改编作 6065 了。翟理斯先生虽然得到了我的《神会和尚遗集》和石井影印的《敦煌出土神会录》（两书均列在《目录》尾页的参考书目里），但他并没有认出这个残卷子是神会的语录。故 6065 号（S. 6557）的记录只说："佛家教义的问答。不完。好写本。"

我很佩服京都大学的学人的"共同调查的研究班"的合作精神。他们肯费大工夫，"将全部写本翻覆审核，前后已有三次"，所以入矢义高先生能在三年前（1957）发见这个第三本神会语录。这种有组织的，同力合作的研究方法最值得我们中国学人效法。

去年 4 月底我出医院后，就从历史语言研究所借出 S. 6557 影印本和入矢先生在几次通信里提到的有关神会的其他各卷子的影印本，作一番初步的校勘。7 月初，我出国了，没有能够写定这个"不欠头"的第三本神会语录。

在今年二月里，我用胡本和石井本比勘这个 S. 6557 卷子，又参校了我从前校写的《菩提达摩南宗定是非论》（胡适《神会和尚遗集》一五九——一六七页；又一七五——一八六页；又《史语所集刊》廿九本，八三八——八五七页：以下省称"定是非论"），才知道这个伦敦卷子，除了首十六行又五个字之外，完全与石井本相同；而与胡本也有大部分相同，包括石井所无的第一章的前一段。其中胡本所无的小部分（第九章与第十四章）都见于《定是非论》。

这样校勘之后，我决定把这个伦敦 S. 6557 卷子校写作"神会和尚语录的第三个敦煌写本"，分写作十四章，连卷首残存的刘澄序，共成十五大段。

胡适本的目录是分章的，共分五十章。其中第六至第四十九章，大致等于石井本的第一至第四十四章。第四十多章，两本有小出入（如石井本第九章，第十四章，第三十四章，第四十章，胡本皆无），故只能说大致相等。胡本前面有五章，包括"荷泽和尚与拓拔开府书"，后面有康圆智问的很长一章，是石井本所无。康圆智问章之末，有一行云：

    因汝所问，一切修道者同悟。

这显然是全部语录的结尾了。胡本的底本（巴黎 P.3047）在这下面紧接《菩提达摩南宗定是非论并序》，独孤沛撰"，可见胡本语录虽然"欠头"，并不缺尾，原是到康圆智问一章（页一四八——一五二）就结束了。这是神会语录第一本的原本形态。

  石井本虽说是"欠头"，但这个写本是一个完整的长卷，总共五百零七行，首尾都有空白的纸，是一个首尾完整无缺的精美唐写本。此本后幅有题记两行，墨色很淡，是秃笔写的：

    唐贞元八年岁在未（贞元七年辛未，791；八年壬申，岁不在未），沙门宝珍共判官赵秀琳（秀字，铃木校写作看字）于北庭奉张大夫处分，命勘讫。其年冬十月廿二日记。

石井本钞写在贞元七八年（791—792）校勘之前，其时去神会之死（宝应元年，762）不过三十年，他的语录已传到天山之北的北庭都护府（在今新疆孚远县）了；此本到如今已一千一百六十九年了，还保存原来首尾完整的状态。前面空幅有题记一行：

    此文字欠头。后有博览道人，寻本续之矣。

所谓"欠头"，只是说"此文字"没有标题，可能前面还有缺失的部分。但我们现在看见伦敦的第三本，可以知道石井本的第一章正是伦敦本的第一章，差不多紧接在刘澄的序文之后。这就可见这个石井本原来并不"欠头"，可能只是原来有意删去了刘澄的原序，又有意删去了刘澄原拟的《南阳和尚问答杂征义》的标题，所以就好像"欠头"了。这是神会语录第二本（即石井本）的原来形态。

  为什么这本子删去了刘澄的原序呢？因为这本子后面（铃木校石井本的第四十九章以下）有了新加的"六代大德是谁，并叙传授所由"的两千五百多字，又有了新加的《大乘顿教颂并序》，——这篇《大乘顿教》是一篇"我荷泽和上"的小传，里面已说他"付心契于一人，传法灯于六祖；……慈悲心广，汲引情深；……明示醉人之珠，顿开贫女之藏;堕疑网者,断之以慧剑;溺迷津者,济之以智舟:……于是省阁簪裾,里闬耆耋,得无所得,闻所未闻;疑达摩之再生,谓优昙之一现!……"有了这样一篇新传序,所以用不着保存刘澄那篇笨拙的旧序了。

为什么要删去《南阳和尚问答杂征义》的旧题呢?天宝四年(745)以后,神会奉召到东京荷泽寺(荷字读去声,是负荷的荷。长安的荷恩寺,洛阳的荷泽寺,是同时立的),"南阳和尚"已成了"荷泽和尚"了。"问答杂征义"的标题也不是一个很醒目的题名,故也有改题的必要。日本入唐求法的圆仁的开成三年(838)目录里,还题"南阳和尚问答杂征义"的原名。稍后入唐的圆珍的大中八年(854)十一年(857)目录及大中十二年(858)的总目录里,就都改题作"南宗荷泽禅师问答杂征"了。圆珍此三录里又都记有"《荷泽和尚禅要》一卷"。我相信"荷泽和尚禅要"可能就是这部《神会语录》新改的标题,其内容可能是和这个石井本完全一样的。我这个假设,将来也许有得到证实或否证的一天。

我现在可以依据这三个神会语录的写本的内容同异,假定这三本结集的先后次序大致如下:

(A)最早结集本 原题"南阳和尚问答杂征义",有前唐山主簿刘澄序。其前面的十五段大概近于伦敦藏的写本。其后半部直到结尾可能大概近于胡适本的后半部。这个本子的结集是在开元二十年(732)神会在滑台大云寺"为天下学道者辨其是非,为天下学道者定其宗旨"之后,故此本里采取了《南宗定是非论》的一小部份材料。

(B)神会晚年的修订本 这个本子大致近于胡适本,其标题可能已改为《南宗荷泽禅师问答杂征》了。胡本前面新加的材料之中,有《荷泽和尚与拓拔开府书》,是一件重要的文字,此书称"荷泽和尚",故知修订已在神会晚年。此本最末是康圆智问的一章,用"因汝所问,一切修道者同悟"一句作结尾,显然没有残缺。其下紧接"定是非论"的首幅,更可知语录虽有增修,还没有加上"六代大德"

的略传，也还没有换上那位不知名作者的《大乘顿教颂并序》。因为后幅没有这篇《颂并序》，故我推想此本前面可能还保存了刘澄的原序。此本前面有新加的材料，但中间也有删去的材料，如伦敦本与石井同有的第九与第十四章（都是从《定是非论》钞入的）都被删去了。胡本残存的第一章，显然也是从《定是非论》钞来的，那可能又是修订之后增添的了。据《定是非论》的独孤沛序，《定是非论》有开元十八、十九、二十年几种"不定"的本子，"后有《师资血脉传》，亦在世流行"。语录的修订本好像是要把这三部书分的清楚，使他们不互相重复。

（C）神会死后的增订本　这个本子的全部大概近于石井本的全部：前面没有刘澄序，而后面有"六代大德"的略传，又有《大乘顿教颂并序》。中间也有增入的材料，如石井本的第三十四章，三十九章，四十五章，四十六章，都是胡本没有的。又第四十七章，四十八章，是从《定是非论》钞出的。第四十九章以下叙"六代大德"的两千五六百字，可能是从神会的《师资血脉传》钞来的。《师资血脉传》原是单行的，这个增订本好像把他钞作语录的一部分了。胡本把《定是非论》的几章剔出来，而此本把那几章并进去，这是一不同。胡本显然没有采用《师资血脉传》，而此本充分收入"六代大德"的师资传授，这是二不同。胡本没有后序，而此本最后有《大乘顿教颂序》，其实是骈文的神会小传，这是三不同。细看此传中说神会"在幼稚科，游方访道，所遇诸山大德，问以涅槃本寂之义，皆久而不对，心甚异之；诣岭南，复遇漕溪尊者，作礼未讫，已悟师言。……"这就接近后来传说"有一童子名神会，年十三，自玉泉来参礼能大师"（通行本《六祖坛经》八）的话了。神会请王维作能大师碑文，其中明说"弟子曰神会，遇师于晚景，闻道于中年"（《唐文粹》六十三）。《宋高僧传》的《神会传》也说他"从师传授五经，克通幽赜；次寻庄老，灵府廓然；由是于释教留神，乃无仕进之意，辞亲，于本府（襄阳府）国昌寺颢元法师下出家；其讽诵群经，易如反掌；全大律仪，匪贪讲贯"。这都不是一个"在幼稚科"的童子的行径。所以我说这个增订本（石井本）的语录是神会死后有人增订的。石井本首尾都有空白，但首尾都无标题。可能是这个增订本的底本还没有决定新题名的时候，就传钞流行了（石井本不是底本，其末尾《大乘顿教颂序》把"荷泽和上"的泽字钞作择字，可证这是一个传钞本）。也可能这就是日本圆珍和尚目录里题作《荷泽和尚禅要》一卷的。

这是我假定的这三个本子编集的先后次序。我们最后校写的伦敦本可能是最早结集本。巴黎的本子，即胡本，可能是单独自成一个系统的神会晚年修订本。石井藏的敦煌卷子可能是神会死后的增订本，前面四十六章可能是用那流传最广的早年结集本作底本的，其后面"六代大德"以下显然是后加的。

神会和尚姓高，是襄州襄阳人。他是读了《五经》和《老子》、《庄子》之后才出家的。他最初在襄阳国昌寺出家。开元八年（720），他奉敕配住南阳龙兴寺。那时韶州的慧能和尚刚死了七年。神会"遇师于晚景，闻道于中年"；他到韶州参谒能大师，慧能已老了，他自己也过了四十岁。慧能死在先天二年（713；十二月改开元元年），神会已是四十四岁了。这个中年和尚大概受了慧能的简单教义的感动，故他北归后就出力宣扬他所谓"菩提达摩南宗"的教义。

南阳与襄阳相去不远，都属于山南东道。神会住南阳大概很长久；他在南阳时期，名誉传播很远，人称他做"南阳和尚"。刘澄编集的这部语录就题作《南阳和尚问答杂征义》。另有几件敦煌写本题作《南阳和尚顿教解脱禅门直了性坛语》。（《史语所集刊》廿九本，八二七——八三六）

在语录里，我们可以看见神会在南阳的活动。宗密说神会"因南阳答王赵公三车义，名渐闻于名贤"。王琚问三车，大概在他任邓州刺史时。邓州即汉南阳郡，天宝元年改邓州为南阳郡。语录里又有南阳太守王弼问话，又有内乡县令张万顷问话，内乡是邓州属县。语录又有"于南阳郡见侍御史王维在临湍驿中屈〔神会〕和上及同寺慧澄禅师语经数日"。神会在南阳有长期的活动，是无可疑的。

神会配住南阳是在开元八年（720）；他被兵部侍郎宋鼎请入东都荷泽寺，是在天宝四年（745）。在这二十五年之间，他曾向北迁移。开元二十年(732)正月十五日,他在河南道滑州滑台的大云寺设无遮大会,宣传"菩提达摩南宗"的教义,"为天下学道者辨其是非,定其宗旨"。他又曾住过河北道邢州钜鹿郡的开元寺;因为欧阳修、赵明诚都著录邢州有神会在天宝七载二月立的宋鼎撰,史惟则八分书的《唐曹溪能大师碑》。然而没有人叫他做"滑台和尚"或"邢州和尚"。人们还继续叫他"南阳和尚"。直到天宝四年(745)他到东京荷泽寺之后,人们才渐渐改称他"荷泽和上",——那时候,他已是七十六岁了。他在荷泽寺不过八年(745—753),就被人劾奏"聚众,疑萌不利",就被贬谪到饶州弋阳了。他在贬谪中的第三年(天宝十四年,755)十一月,安禄山造反了,次年洛阳、长安都失陷了,两京的"寺宇宫观,鞠为灰烬"了。

在一千二百年之后,神会当年的演说,答问,谈话,一件一件的从沙州敦煌的石洞里出来,其中还有几件保存着"南阳和尚"的主名。

这个"南阳和尚"是一个了不起的人。在三十年前,我曾这样介绍他:"南宗的急先锋,北宗的毁灭者,新禅学的建立者,《坛经》的作者,——这是我们的神会。"在三十年后,我认识神会比较更清楚了,我还承认他是一个了不起的人:"中国佛教史上最成功的革命者,印度禅的毁灭者,中国禅的建立者,袈裟传法的伪史的制造者,西天二十八祖伪史的最早制造者,《六祖坛经》的最早原料的作者,用假造历史来做革命武器而有最大成功者,——这是我们的神会"。

我很热诚的把这个"南阳和尚"的一点遗著整理好了,很高兴的奉献给我的老朋友南阳董作宾先生,祝他的六十五岁生日,祝他至少活到同这个"南阳和尚"一样的九十三岁!

1960年3月10日夜　胡适

二　《南阳和尚问答杂征义》　刘澄集

《南阳和尚问答杂征义序》(残存后幅)

……教弥法界。南天绍其心契,东国赖为正宗。法不虚传,必有所寄。南阳和尚,斯其盛焉。① 禀六代为先师,居七数为今教。向恋如归父母,问请淡(此字疑有误?)于王公。明镜高悬,须眉怀丑。海深不测,洪涌澄漪。宝偈妙于贯花,清唱顿于圆果。贵贱虽问,记录多忘。若不集成,恐无遗简。更访得者,遂缀于后。勒成一卷,名曰"问答杂征义"。但简兄弟,余无预焉。

前唐山主簿刘澄集②

《南阳和尚问答杂征义》

〔1a〕作本法师问本有今无偈③

问:"本有今无,本无今有。三世有法,无有是处。"(此即"本有今无偈")其义云何?

答曰:蒙法师问,神会于此亦疑。

又问:疑是没勿?(是没勿＝是勿＝是物＝是没＝甚么? 看下文〔8〕张燕公问一章有"问,唤作是没勿?"石井本同。胡本作"问,唤作是物?")

答:自从佛法东流已来,所有大德皆断烦恼为"本",所以生疑。

问:据何道理,〔疑〕烦恼为"本"?(胡本作"据何道理,断烦恼非本?"其底本似亦是"烦恼为本"四字,已经一位通人改过了。我以为不如增"疑"字。)

---

① 此序称"南阳和尚",全卷标题应是《南阳和尚问答杂征义》。日本圆仁和尚于开成三年(838)入唐求法,在唐土留学近十年,到大中元年(847)才回日本。他的承和十四年(大中元年,847)"入唐新求圣教目录"(《大正藏经》五五册,第二一六七件)记有《南阳和尚问答杂征义一卷,刘澄集》,正与此序相印证。稍后几年,日本圆珍和尚入唐,在大中七年至十二年(853—858)之间,先后有请来目录五件(《大正藏》五五册,第二一六九——二一七三),其中大中八年及十一年两录与十二年"总目录",均记有《南宗荷泽禅师问答杂征一卷》。《南阳和尚问答杂征义》似是原来的标题,其最早编集大概在天宝四年(745)神会被请入洛阳荷泽寺之前,故仍称"南阳和尚"。

② 刘澄的事迹无可考。唐山县属于江南东道杭州余杭郡。则天女帝万岁通天元年(696)改紫溪县为武隆县,其年复为紫溪,又析紫溪别置武隆。圣历三年(700)省武隆入紫溪。长安四年(704)复置武隆县。神龙元年(705)中宗复位,改武隆为唐山。宋改唐山为昌化,即今浙江昌化县。

③ 胡本与石井本各章都没有标题。伦敦此本共存十四章,后十三章各有问者之名,与石井本全同,但都没有标题。我颇疑"作本法师问本有今无偈"的标题是后来加的。

又答:据《涅槃经》第九《菩萨品》,文殊师利言:"纯陁心疑如来常住,以得知见佛性力故。若见佛性而为常者,本未见时,应是无常。若本无常,后亦应尔。何以故?世间物本无今有,已有还无,如是等物悉皆无常。"验此经文,文殊所腾纯陁疑者,即疑佛性非常住法,不问烦恼。何故古今大德皆断烦恼为"本",所以生疑。①

〔1b〕问:"本有今无偈",其义云何?

答曰:据《涅槃经》义,本有者,本有佛性。今无者,今无佛性(原作"本有者,本无佛性,今无佛性"。石井本同。用胡本校改)。

问:既言本有佛性,何故复言今无佛性?

答:言"今无佛性"者(言今二字,此本与胡本与石井本皆互倒,今改正),为被烦恼盖覆不见,所以言无。"本无今有"者,本无者,本无烦恼;今有者,今日具有。纵使恒沙大劫,烦恼亦是今有(此下,石井本与此本有"故言"二字,依胡本删)。"三世有法,无有是处"者,所谓佛性不继于三世(三世是过去,未来,现在)。

问:何故佛性不继三世?

答:佛性体常,故非是生灭法。

问:是勿是生灭法?

答:三世是生灭法。

问:佛性与烦恼俱不俱?

答:俱。虽俱,生灭有来去,佛性无来去,以佛性常故,犹(原作

---

① 此段从"问本有今无"起,至第三答"所以生疑"止,是石井本没有的。石井本虽"欠头",但好像是一个完整无缺的精钞本。我颇疑心此一段是神会后来加上去的,所以我把此段写作〔1a〕。胡本一○三页一行至九行有此一段,但无问者之名,其文字也稍有不同。第一答"蒙法师问,神会于此亦疑";"又问,疑是没勿":胡本皆脱。此本有此一答一问,文理就更明白了。本有今无偈,屡见于《涅槃经》(北本第四之七,第八之三,第十一之一,第十二之二;南本第十五,第二十之二,第二十三之一,第二十三之二)。但"本有"什么,"今无"什么,《涅槃经》里就有几种不同的说法。神会在此段里指出"所有大德皆断烦恼为本",这就是说他们断定"本有"的是烦恼。神会怀疑这种说法,他引《涅槃经》卷九(《大正大藏经》十二册,页六六三)的一段话,他指出文殊师利当时提出的纯陁的疑问,只疑佛性是不是"非常住法",并没提到烦恼的问题。神会自己主张"本无烦恼,今有烦恼",见下文。

由)如虚空。明暗有来去，虚空无来去。以是无来去故，三世无有不生灭法(此句三本相同，其实不可通。"无来去故"之"无"字当是误衍，或当作"有"字)。

问：佛性与烦恼既俱，何故独断烦恼非本？

答：譬如金之与矿俱时而生，得遇金师，炉冶烹炼，金之与矿当各自别。金则百炼百精。矿若再炼，变成灰土。《涅槃经》云，金者喻于法性(胡本与石井本皆作"佛性")，矿者喻于烦恼。诸大乘经论具明烦恼为客尘，所以不得称之为本。若以烦恼为本，烦恼为是暗，如何得明？《涅槃经》云，只言以明破暗，不言以暗得明。若暗破〔明〕，即应经论自共传，经论既无，此法从何而立？若以烦恼为本，若将烦恼为本(胡本无此六字。石井本有)，不应断烦恼而求涅槃。

问：何故经云"不断烦恼而入涅槃"？

〔答〕：计烦恼性本自无断(石井本此八字属于问话，此下始有"答"字，而无"若"字。伦敦此本此八字也连属问话，此下有墨涂去的一个字，似"若"，也似艸头的"答"字。胡本此八字作"若烦恼本自无断"七字，而下文明有"若"字，故胡适校改上"若"字为"答"字。今参校三本，我决定校增"答"字，而以此八字属答话)。若指烦恼性即是涅槃，不应劝众生具修六波罗蜜，断一切恶，修一切善。以烦恼为本，即是〔弃〕本逐末(原无"弃"字，作"涅"字，又点去。石井本也脱一字，铃木校补"弃"字。胡本此句作"若以烦恼为本，不应弃本逐末"，此是通人臆改的了)。《涅槃经》云："一切众生本来涅槃，无漏智性本自具足。譬如木性火性俱时而生，值燧人钻摇，火之与木当时各自"。经云木者，喻若烦恼；火者，喻如佛性。《涅槃经》云，〔以智火烧烦恼薪。经云智慧即佛性。〕(原脱此十四字。石井本亦脱。依胡本校补。火上似应有慧字)。具有此文，明知烦恼非本。

问曰：何故《涅槃经》云，——第十五《梵行品》说，——"本有者，本有烦恼。今无者，今无大般涅槃。本无者，本无摩诃般若。今有者，今有烦恼？"

答：为对五荫色身故，所以说烦恼为本。又经云，"佛言，善男子，为化度众生故而作是说，亦为声闻辟支佛而作是说"。又第卅六

《憍陈如品》,梵志问佛:身与烦恼何者于先?佛言:身在先亦不可,烦恼在先亦不可。要于烦恼然始有身。验此经文,故知烦恼与身为本,非谓对佛性也。又经云:"有佛性故,得称为常。以常故,得称为本。"非是本无今有。第十五卷云:"佛性者,无得无生。何以故?非色非不色,不长不短,不高不下,不生不灭故。以不生灭故,得称为常。以常故,得称为本"。第十九卷云:"如暗室中有七宝,人亦知有(此本与石井本此四字作'人亦不知所',依经文改正),为暗故不见。有智之人然大明灯,持往照燎,悉得见之。是人见此七宝,终〔不〕言今有(此本与石井本皆无'不'字,胡本有)。法性亦非今始有,以烦恼暗故不见,谓言本无今有。亦如盲人不见日月,得值良医疗之即便得见,谓言日月本无今有!以盲故不见,日月本自有之。"第廿五卷云:"一切众生未来之世定得阿耨〔多罗三藐三〕菩提,是名佛性。一切众生现在具有烦恼诸结,是故不见,谓言本无。"又第十九卷云:"有佛无佛,性相常住。以诸众生烦恼覆故,不见涅槃,便谓为无。当知涅槃是常住法,非本无今有。"佛性者,非荫界入,非本无今有,非已有还无。从众善缘,众生得见佛性。以得见佛性故,当知本自有之。

问:既言本自有之,何不自见,要藉因缘?

答:犹如地下有水,若不施功掘凿,终不能得。亦如摩尼之宝,若不磨治,终不明净。以不明净故,谓言非宝。《涅槃经》云,一切众生不因诸佛菩萨善知识指授,终不能得。若自见者,无有是处。以不见故,谓言本无佛性。佛性者,非本无今有也。①

2. 真法师问:云何是常义?

答:无常是常义。

问:今问常义,何故答无常是常义?

---

① 自"问本有今无偈其义云何"至此,等于石井本第一页一行至五页六行;等于胡本一〇三页十行至一〇八页八行,故三本可以互相校勘。此本文字与石井本很接近,而与胡本很多不同。此章里引《涅槃经》,往往列举卷数与品名,石井本也如此,但胡本全没有举卷数或品名。此章在石井本列在最前,与此本相同;但胡本此章之前尚有五章,皆是此本与石井本没有的。看这两点异同,可知三本的来历不同。

答:因有无常,而始说常。若无无常,亦无常义。以是义故得称为常。譬如长因短生,短因长立。若其无长,短亦不立。事既〔同〕故,义亦何殊?(此本与石井本皆作"事既故",胡本作"事相因故",今校增"同"字,似胜于"因"字。)又法性体不可得,是常义。又虚空亦是常义。

〔问:何故虚空是常义?〕(此本与石井本均脱此八字,依胡本补。)

答:虚空无大小,亦无中边,是故称为常义(虚空下,此本与石井本皆有"以"字,胡本无)。谓法性体不可得,是〔不〕有。能见不可得体,湛然常寂,〔是不无〕,是为常义。若准有无而论,则如是。若约法性体中,〔于无〕亦不无,于有〔亦不有〕,恒沙功德本自具足:此是常义(以上所补的脱文,皆依胡本补。石井本脱文与此本同)。又不大不小是常义,谓虚空无大,不可言其大;虚空无小,不可言其小。今言大者,小家之大;今言其小者,乃是大家之小。此于未了人,则以常无常而论。若约法性理(三本皆作理,似当作体),亦无常,亦无无常。以无无常故,得称为常。①

3. 户部尚书王赵公以偈问三车义:②

宅中无三车。露地唯得一。

不知何所用,而说此三车?

答曰:三车在门外,说即在宅中。

　　诸子闻说时,已得三车讫。

又问:今者在门外,先是乘车出。

　　宅中既得车,出外何须索?

----

① 此章等于胡本第一〇八页第九行至一一〇页第一行;等于石井本第五页第六行至七页第七行,故三本可以互相校勘。

② 王赵公是王琚,《唐书》一百六卷,《新唐书》卷百廿一,皆有传。先天二年(713),玄宗发难,清除太平公主和她的党羽,王琚是主谋有大功的人。功成之后,玄宗拜他为户部尚书,封赵国公。后来玄宗嫌他是个"谲诡纵横之士",颇疏远他,历任十五州的刺史,食实封七百户,垂四十年。天宝五载(746),他被李林甫诬陷,贬江华郡员外司马,自缢死。

"三车"的譬喻出于《法华经》的《譬喻品》。三车是羊车、鹿车、牛车,用来比喻三乘:声闻乘、辟支佛乘、大乘。

答：诸子虽得讫，不知车是车。
　　　既不自证知，所以门外索。
问：何处有人得道果，岂不自知乎？
答：下文自证，所得功德仍不自觉知。
问：诸子不自知，容可门外索。
　　　父应知子得，何须更与车？
答：诸子不自知，所以门外索。
　　　长者今与车，还是先与者。
问：三车本无实，所说乃权宜。
　　　与者是旧车，那应得假物？
答：长者意在一，方便权说三。
　　　前者说三车，三车本是一。
问：一车能作三，三车能作一。
　　　何不元说一，辛苦说三车？
答：若为迷人说，三便作三车。
　　　若约悟人解，即三便是一。①

4. 崔齐公②问：禅师坐禅，一定以后，得几时出定？
答曰：神无方所，有何定乎？

――――――

①　此章等于胡适本第一一〇页第二行至一一一页第四行；等于石井本六页八行至七页八行。三本互校，写定可读。第三偈四句，三本皆误分作两截，前二句误属于前偈，故第三偈只剩两句了。两截之间，胡本有"重责"二字，石井本与此本有"又问"二字。今移"又问"于第三偈首句之前。又最后一偈第二句，此本作"一更作三车"，石井本作"一便作三车"。今从胡本作"三便作三车"。

这一章里问的五偈，答的五偈，都并不高明。但在当时，"三车"的问答似曾引起一些人的注意。宗密的《圆觉大疏钞》卷三下有神会略传，其中说："又因南阳答王赵公三车义，名渐闻于名贤。"南阳属于邓州，王琚曾做邓州刺史。

②　崔齐公可能是崔日用，更可能是他的儿子崔宗之。崔日用是帮助玄宗讨平韦氏的功臣，封齐国公；后来他也参预清除太平公主一党的事。他死在开元十年（722），时年五十。《唐书》九十九卷，《新唐书》百廿一，有他的传。他的儿子宗之袭封齐国公，即是杜甫《饮中八仙歌》里说的"宗之萧洒美少年，举觞白眼望青天，皎如玉树临风前"。《唐书·李白传》里说"侍御史崔宗之谪官金陵，与李白诗酒唱和"。崔日用死时，神会还没有大露头角，故我想崔齐公可能是崔宗之。下文有苏晋也是"饮中八仙"之一。

又问:既言无定,何名用心?

答曰:我今定尚不立,谁道用心?

问:心定俱无,若为得道?(若为=那么? 柳宗元诗:"若为化得身千亿,散上峰头望故乡?")

答曰:道只没道,亦无若为道?(只没=这么)

问:既无"若为道",何处得"只没道"?

答:今言"只没道",为有"若为道"。若言无"若为","只没"亦不存。①

5. 庐山〔简〕法师问:何者是中道义?(石井本也脱"简"字,依胡本补。)

答曰:边义即是。

问:今问中道义,何故答边义是?

答曰:今言中道者,要因边义立。若其不立边,中道亦不立。②

6. 礼部侍郎苏晋③问:何者是大乘?何者是最上乘?

答:菩萨即大乘。佛即最上乘。

问曰:大乘最上乘有何差别?

答曰:言大乘者,如菩萨行"檀波罗密",观三事体空,乃至六波罗蜜亦复如是(六,胡本作五,石井本作六),故名大乘。最上乘者,但见本自性空寂,即知三事本来自性空,更不复起观。乃至六度亦然(六度即六波罗蜜,此本与石井本作亦度,胡本作六尘)。是名最上乘。

又问:假缘起否?

---

① 此章等于胡适本一一一页第五行至一一二页第二行;等于石井本八页第一至五行。三本文字相同。此章明说"定尚不立,谁道用心?"这是神会反对坐禅的根本思想。

② 此章等于胡本一一二页三行至六行,等于石井本八页四行至六行。

③ 苏晋是苏珦的儿子,《唐书》一百卷有他们父子的传。苏晋数岁时已能作文,早年举进士第,累迁中书舍人,兼崇文馆学士。玄宗监国时,每有制命,皆令他和贾曾起草。本传说他"历户部侍郎,……开元十四年(726)迁吏部侍郎。"(看严耕望《唐仆尚丞郎表》一,页一一八——一一九;又二,页五七四——五七五)传中未说他曾任礼部侍郎。杜甫《饮中八仙歌》说:"苏晋长斋绣佛前,醉中往往爱逃禅。"他死在开元二十二年(734),年五十九。

答曰:此中不立缘起。

问:若无缘起,云何得知?

答:本空寂体上自有般若智能知,不假缘起。若立缘起,即有次第。

〔问:然则更不假修一切行耶?〕

〔答:若得如此见者,万行俱备。〕(胡本有此问答。此本与石井本俱脱。)

又问:见此性人,若起无明,成业结否?

答:虽有无明,不成业结。

问:何得不成?

答:但见本性体不可得,即业结本自不生。①

7. 润州刺史李峻(胡本无此六字,故此章误连上章为一章。此本与石井本有六字)曰:见有一山僧礼拜嵩山安禅师,师言"趁粥道人!"又一授记寺僧礼拜安禅师,师言"惜粥道人!"(此本与石井本皆作"措粥道人",今从胡本。)问:此二若为?

答:此二俱遣。

问:作没生遣?

答:但离即遣。

问:作没生离?

答:我今只没离,无作没生离。

问:为复心离?为是眼离?

答:今只没离,亦无心眼离。

问:心眼俱不见,应是盲人?

---

① 此章等于胡本一一二页七行至一一四页一行;等于石井本八页六行至九页五行。三本文字最大的不同是胡本有"问,然则更不假修一切行耶? 答,若得如此见者,万行俱备"两句,这是很革命性的思想。此本与石井本都无此一问一答,很可能是有意删去了的。我补写这两句,一是因为那位长斋奉佛而"醉中往往爱逃禅"的苏晋是能了解这种"不假修一切行"的新"禅"的;二是因为此章讨论的是神会提倡的"最上乘",——敦煌本《坛经》标题所谓"南宗顿教最上大乘",——正是这种"不假修一切行","我今定尚不立"的新"禅"。印度的禅学,以禅定 dhyāna 为主。"定尚不立",真是"逃禅"之禅了。

答:自是盲者唱盲。他家见者自不盲。经云,是盲者过,非日月过。①

8. 张燕公②问:禅师日常说无念法,劝人修学,未审无念法有无?

答曰:无念法不言有,不言无。

问:何故无念不言有无?

答:若言其有者,即不同世有。若言其无者,即不同世无。是以无念不同有无(石井本同。胡本作"言其有者,即同世有;言其无者,即同世无。是以无念不同有无。"此可见胡本的底本是曾经一位通人改削过的本子,改"不同"为"同",意义似胜)。

问:唤作是没勿?(胡本作"唤作是物?")

答:不唤作〔是〕勿(胡本作"不唤作是物")。

问:作勿生是?(此本与石井本作"异没时作物生?"今用胡本。)

答:亦不作勿生。(此本与石井本作"亦不作一物"。今用胡本。作勿生＝怎么生?)是以无念不可说。今言说者,为对问故。若不对问,终无言说。譬如明镜,若不对像,镜中终不现像。今言现像者,为对物故,所以现像。

问:若不对像,照不照?(此七字,胡本作"不对像照"四字,疑原作"不对像照不?")

答:今言照者,不言对与不对,俱常照。

问:既无形像,复无言说,一切有无皆不可立,今言照者,复是何照?

答:今言照者,以镜明故,有自性照;以众生心净故,自然有大智

---

① 此章等于胡本一一四页二行至一一五页二行;等于石井本九页五行至十页十行。三本互校。嵩山安禅师名道安,《传灯录》四作慧安,人称"老安禅师",是弘忍门下几个有名弟子之一。《全唐文》三九六卷有宋儋的《嵩山会善寺道安禅师碑铭》的残本,记他死在神龙二年(706)。

② 张说,开元时三度为丞相,封燕国公,死在开元十八年(730),《唐书》九十七卷有传。张说曾作大通禅师(神秀)的碑铭(《张说之文集》十九,《唐文粹》六十四),其末段说:"窃比夫子贡之论夫子也,生于天地,不知天地之高厚;饮于江海,不知江海之广深!"他的诗集有《书香能和尚塔》一首:"大师捐世去,空余法力在。远寄无碍香,心随到南海。"后人指此诗是为韶州慧能作的。我颇怀疑张说与神会有问答的机会。

慧光照无余世界("有自性照",胡本作"有此性")。"以众生心净故",此本与石井本皆作"以若以众生心净",胡本不误。今参酌三本,校正可读)。

问:既如此,作没生时得?
答:但见无。
问:既无,见是物?(是物＝甚么?)
答:虽见,不唤作是物?
问:既不唤作是物,何名为见?
答:见无物即是真见常见。①

9. 和上(即神会和尚)问远法师(即《菩提达摩南宗定是非论》里面唱配角的崇远法师)言:"曾讲《大般涅槃经》不?"

远法师言:讲《大般涅槃经》数十遍。

和上又言:一切大小乘经论说,众生不解脱者,为缘有生灭二心。《涅槃经》云:

诸行无常,是生灭法。
生灭灭已,寂灭为乐。

未审生之与灭可灭不可灭?为是将生灭灭?为是将灭灭生?为是生能自灭生?为是灭能自灭灭?请法师一一具答(此节文字,此本与石井本相同,皆错误不可读。用巴黎 P. 2045 号卷子校正)。

远法师言:亦见诸经论作如此说(见字上,此本衍"不"字,石井本与 P. 2045 皆无),至于此义,实不能了。禅师若了此义,请为众说。

和上言:不辞为说,恐无解者。
法师言:道俗有一万余人,可无一人能解?
和上言:看见不见。
法师言:见是没?
和上言:果然不见。

---

① 此章等于胡本一一五页三行至一一六页十行;等于石井本十页二行至十一页四行。此本与石井本文字相同,胡本多异文,末三问三答异文更多。今用三本参校,末六行全同此本与石井本。

法师既得此语,结舌无对。非论一己屈词,抑亦诸徒失志。胜负既分,道俗嗟散。①

10. 和上问澄禅师修何法而得见性?

澄禅师答曰:先须学坐修定。得定已后,因定发慧,〔以智慧〕故,即得见性(用石井本及胡本补三字)。

问曰:修定之时,岂不要须作意不?

答言:是。

〔问:〕既是作意,即是识定,若为得见性?

答:今言见性者,要须修定。若不修定,若为见性?

问曰:今修定者,元是妄心。〔妄〕心修定,如何得定?

答曰:今修定得定者自有内外照。以内外照故,得见净。以心净故,即是见性。

问曰:今言见性者,性无内外。若言因内外照故,元是妄心,苦为见性?

经云:

若学诸三昧,是动非坐禅(三昧 samādhi,即禅定)。

心随境界流,云何名为定?

若指此定为是者,维摩诘即不应诃舍利弗宴坐也。②

11. 和上问诸学道者:今言用心者,为是作意,不作意?若不作意,即是聋俗无别。若言作意,即是有所得。有所得者,即是系缚,何

---

① 此章等于石井本十一页四行到十二页四行。胡本无此章。看巴黎 Pelliot 2045 号卷子的《菩提达摩南宗定是非论》(《历史语言研究所集刊》廿九本,页八四二——八五七),我们可以知道此章是《定是非论》的最末一章(《集刊》廿九,八五四下半)。我用那个卷校勘此本与石井本,改正文字,可以读了。

此章的内容是很浅薄的,写神会说话的态度也是很骄傲的。《定非论》原本的末章是"和上于大众中法座上高声言"的一段誓愿词(《集刊》二十九页八五四上半页),那一章是那篇作战文字的很庄严的结束。浅识的人造作此段浅薄的问答,要表明"胜负既分"的下场,其中"道俗有一万余人"的话,更是太浮夸的宣传。故我推断此章是浅人妄加的《定是非论》的结束,是应该删除的;收到《问答杂征义》里,也是误收。

② 此章等于胡本一一六页十二行至一一七页尾;等于石井本十二页四行至十三页三行。三本互校,文字可读。此章反对坐禅,是神会的一个革命思想,可与下章参看。

由可得解脱？声闻修空住空，即被空缚。修定住定，即被定缚。修静住静，即被静缚。修寂住寂，即被寂缚。是故《般若经》云：若取法相，即着我，人，众生，寿者。《维摩经》云：调伏心者，是声闻法。不调伏心者，是愚人法。仁者用心是调伏，何名解脱？须陁洹亦调伏，斯陁含亦调伏，阿那含，阿罗汉亦调伏。① 非想定及非非想定亦调伏。四禅亦调伏。四圣三贤并皆调伏。若为鉴别？若如此定者，并未是真解脱法。②

12. 神足师问：真如之体，以是本心，复无青黄之相，如何可识？

答：我心本空寂，不觉妄念起。若觉妄念者，觉妄自俱灭。此即识心者也（三个"妄"字此本与石井本皆作"忘"，胡本作"妄"。胡本无"也"字）。

问：虽有觉照，还同生灭。今说何法，得不生灭？

答：只由心起故，遂有生灭。若也起心既灭，即生灭自除，无相可得，假说觉照。觉照既灭，生灭自无，即不生灭。③

13. 崇远法师问：云何为空？若道有空，还同质碍。若说无空，即何所归依？

答曰：只为未见性，是以说空。若见本性，空亦不有。如此见者，

---

① 须陁洹（srota-āpanna），旧译"入流"；斯陁含（sakradāgāmi），旧译"一往来"；阿那含（anāgāmi），旧译"不来"；阿罗汉（arhat），旧译"应真"，亦译"不生"。这是小乘佛教所谓"四果"，修行入道的四种境界。

② 此章等于胡本一一八页一行至九行；等于石井本十三页三行至十四页二行。我用三本互校。此章与上章都说"不作意"，这就是神会的"无念禅"。胡适本有《荷泽和尚与拓拔开府书》，其中说："问，若为生是无念？答，不作意即是无念。"又说："一切众生，心本无相。所言相者，并是妄心。……所作意住心，取空取净，乃至起心求证菩提涅槃，并属虚妄。"神会有《顿教解脱禅门直了性坛语》（《集刊》二十九本页八二七——八三六），其中说："闻说菩提，不作意取菩提。闻说涅槃，不作意取涅槃。闻说净，不作意取净。闻说空，不作意取空。闻说定，不作意取定。如是用心，即寂静涅槃。"我在《坛语》的校写后记里，曾引杜甫的绝句："隔户杨柳绿袅袅，恰似十五女儿腰。谁谓朝来不作意，狂风挽断最长条！""作意"是当时的白话，就是"打主意"，就是"起心要什么"。（《集刊》二十九本，页八五八）

③ 此章等于胡本一一八页十行至一一九页四行；等于石井本十四页二行至五行。三本互校，稍可读了。

是名归依。①

14. 和上告诸知识:若欲得了达甚深法界,直入一行三昧者,先须诵持《金刚般若波罗蜜经》,修学般若波罗蜜。《金刚般若波罗蜜经》云:〔须菩提,若人以满无量阿僧只世界七宝,持用布施,〕若有善男子,善女人,发菩萨心者,诵持此经,为人演说,其福胜彼。云何为人演说? 不取于相。〔云何不取于相? 所谓如如。云何如如? 所谓无念。云何无念? 所谓不念有无,不念善恶,不念有边际无边际,不念有限量无限量。不念菩提,不以菩提为念。不念涅槃,不以涅槃为念。是为无念。是无念者,即是般若波罗蜜。般若波罗蜜者,即是一行三昧。〕②

1960 年 2 月 27 夜,在南港写完　　胡适

三　神会和尚的《五更转》曲子

巴黎国家图书馆藏的 P. 2045 长卷上有四个文件:第一是《菩提达摩南宗定是非论》,第二是《南阳和上顿教解脱禅门直了性坛语》,第三是《南宗定邪正五更转》曲子,第四是一首五言律诗。前年我写定《南阳和上坛语》(《史语所集刊》二十九本,八二七——八三六页)的时候,曾把那两件韵文收作"附录",我还说,《五更转》的主旨,如第三更讥笑"处山谷,住禅林,入空定,便凝心,一坐还同八万劫,

---

① 此章等于胡本一二三页三行至六行;等于石井本十五页六行至七行。三本文字相同。

② 此本到"云何为人演说? 不取于相"为止,此下没有了。胡本无此章。石井本十四页八行起,有此章,开始三行的文字错误,引《金刚经》脱了二十字,皆与此本同。前年我校写神会的《菩提达摩南宗定是非论》(《集刊》二十九本页八三八——八五七),其中有宣传《金刚般若波罗蜜经》的长篇文字(八四九——八五四),此本与石井本的这一章也在其中。此章的开始,从"和上"到"修学般若波罗蜜法",是在这篇宣传文的开始(页八五〇第四至五行);下面从引《金刚经》起,此本的残文,石井本的全文,是在这篇宣传文的后幅(页八五三第十一行起)。所以我用这个敦煌本(巴黎 P. 2045 卷子)来校勘此本与石井本,爽性把这一节补全了,好叫人知道神会和尚的"无念禅"尽管有时说的很像有点革命见解,尽管说一切"作意住心,取空取净,乃至起心求证菩提涅槃,并属虚妄",到头来还只是要人"受持读诵《金刚经》乃至四句偈等,为人演说,其福胜彼"。试问,"欲得了达甚深法界,直入一行三昧",不也是"作意"吗? 不也是"起心"吗?

"只为担麻不重金"等等,都是《坛语》里的主要思想,所以我倾向于承认那两篇韵文也是神会的作品。(《集刊》二十九本,八三六——八三八页)

我校写那个卷子的时候,我还在纽约,没有机会检查 Dr. Lionel Giles 的《分类记注目录》里记出大英博物馆藏的几个《五更转》的本子。去年入矢义高先生写信给我,也提到伦敦的几本《五更转》,他特别提到:

> 另有题《荷泽和尚五更转》者(S. 6103 的后幅),只存一更至三更,共三章,其文全异,但是句格则与此(P. 2045)全同。窃意此亦可备神会和尚遗著之一罢?原题《荷泽和尚五更转》,其"泽"字与"和"字之间,用朱笔旁写着"寺"字,又"五更"两字之右旁,朱笔写着"神会"两字,可算作一证。

我很高兴的报告入矢先生:伦敦的 S. 6103 残纸和 S. 2679 残纸原来是一张纸撕断了的,这两块残纸上写的两首《五更转》,是同一个钞手的笔迹,内容也正相衔接。两块残纸合成了一块,我们就有了两首《荷泽寺神会和尚五更转》了!前一首确是"其文全异",但后一首即是我前年校写的一首。这两块烂纸的并合,不但证实了我前年校写的《五更转》确是神会作的,并且给我们确定了这两首曲子都应该收在《神会和尚遗著》里。

我们的南阳董彦老向来留心搜集民间的歌唱;他早年编的"看见她"专刊,是指示一个新方法的中国民歌集。我把一千二百年前这位南阳和尚编唱的两只俗曲也献给我们的"南阳老道"。这两支曲子的词都不算美,但这个《五更调》唱起来必是很哀婉动人的。请彦老想想,您在南阳做孩子的时候,曾听见过这样调子的民歌吗?

1960,3,16(彦老生日的前三天)

胡适记,在南港

(一)《荷泽寺神会和尚五更转》两首

伦敦大英博物馆 S. 6103 残卷,只剩一张不满十英寸宽,十六英寸长的破纸了;前半张只剩小半块,钞的是一些有韵的格言,如"莫懒堕(惰),勤自课"之类。后半张还剩九行,字体秀挺,首行题"荷泽和尚五更转"七字，墨色深黑；右旁有朱笔加的"寺神会"三字，这题目就成了"荷泽寺神会和尚五更转"十个字了。这首《五更转》只剩了前三更，到"四更兰"，底下就撕掉了。但我看到同馆里 S. 2679 残卷，其前面十八行的字体与 S. 6103 后半的九行的字体相同，分明是一个人写的。最巧的是 S. 2679 残卷十八行写的也是《五更转》：先是小半首《五更转》，接着是一首全的《五更转》。那小半首只剩第四更的第三句以下，正接上 S. 6103 卷的"四更兰"的残曲。我把这两个残卷合并校写，就得到了两首《荷泽寺神会和尚五更转》。两首之中，第二首就是我前年承认"也是神会和尚的作品"，写作"南阳和尚……坛语"的附录的。此残卷明题作《荷泽和尚五更转》，我前年的假设可算是得到证实了。但第一首是不是神会的作品呢？第一首有"莫作意，勿凝心"，"何劳端坐作功夫"的话，颇像神会的思想。但这一首的文字实在太坏，思想也不清楚，如"涅槃城里见真如"，成什么话！"了见馨香无去来"成什么话！"黑白见知而不染，遮莫青黄寂不论"，成什么话！故我的第一个感想是不愿意承认这首《五更转》是神会作的。但我后来平心想想：我们不可把神会看的太高了；那两首《五更转》都不过是两件宣传文字，宣传的不过是"念不起，更无余"；"莫作意，勿凝心"；"何劳端坐作功夫"，……不过这几个很简单的革命口号而已。把这几个简单思想装进一只流行的俗曲调子里去，那是不容易的工作，结果就不得不加上许多佛教烂调来做凑调凑韵的字句了。第一首里确然有很不通的凑句，然而第二首里又何尝没有！试看"迷则真如是妄想，悟则妄想是真如，"成什么话！"如来智慧本幽深，唯佛与佛乃能见，声闻缘觉不知音"，这还不是凑韵的凑句吗？所以我的结论是：这两首《五更转》都是神会和尚宣传革命的曲子，虽然没有文学的价值，在当时大概颇有宣传的作用。其中第二首流行更广，现存的大约有八九件敦煌写本。第一首的文字技术太差了，好像就被淘汰了，只剩这一本偶然保存下来，使我们知道"荷泽和尚五更转"原是两首。

《五更转》第二首有"一坐还同八万劫，只为担麻不重金"的话。巴黎 P. 2045 卷子此首《五更转》之后，有五言诗一首（《集刊》二十九本,八三八页),也有"为报担麻者,如何不重金"之句。担麻不重金的故事见于《长阿含经》卷七"蔽宿经"。

1960,3,14夜 胡适

〔第一首〕

一更初。涅槃城里见真如。妄想是空非有实,不言未有不言无。非垢净,离空虚。莫作意,入无余。了性即知当解脱,何劳端坐作功夫?

二更催。知心无念是如来。妄想是空非有实,□□山上不劳梯。顿见竟,佛门开。寂灭乐,是菩提。□□□灯恒普照,了见馨香无去来。

三更深。无生□□坐禅林。内外中间无处所,魔军自灭不来侵。莫作意,勿凝心。住自在,离思寻。般若本来无处所,作意何时悟法音?

四更兰。□□□□□□□。□□(以上校写S.6103残卷。以下校写S.2679残卷。)共传无作法,愚人造化数□般。寻不见,难□难。□□□,本来禅。若悟刹那应即见,迷时累劫暗中看。

五更分。净体犹(由)来无我人。黑白见知而不染,遮莫青黄寂不论。了了见,的知真。随无相,离缘因。一切时中常解脱,共俗和光不染尘。

〔第二首〕

一更初。妄想真如不异居。迷即真如是妄想,悟即妄想是真如。念不起,更无余。见本性,等空虚。有作有求非解脱,无作无求是功夫。

二更催。大圆宝镜镇安台。众生不了攀缘病,由斯鄣蔽心不开。□□□,□□□。(此处脱了六字,依别本应是"本自净,没尘埃"。)无系着,绝轮回。诸行无常是生灭,但观实相见如来。

三更侵。如来智惠本幽深。唯佛与佛乃能见,声闻缘觉不知音。处山谷,□禅林,入空定,便凝心。一坐还同八万劫,只为担麻不重金。

四更兰。法身体性不劳看。看即住心还作意,作意还同妄想团。放四体,莫攒抌见本性,自公官。善恶不思则无念,无思无念是涅槃。

五更分。菩提无住复无根。过去舍身求不得,吾师普示不忘(原作知,涂去,改"望"字,即忘字)恩。施法药,大张门。去郭□,豁浮云。顿与众生开佛眼,皆□□性免沉沦。

(二) 五更转一首

伦敦大英博物馆 S.6083 残纸。题"五更转一首"。此纸虽残,但残存的字句最接近巴黎的 P.2045 卷子的五更转,可供校勘。

1960,3,11　胡适

□□□。□□□□□异居。迷则真如是妄相,悟则妄相是真□,□□□,□□□。见本性,等空虚。有作有求非解脱,无(下阙)

二更催。大圆宝镜镇安台。众生不了□□□,□□□□心不开。本自净,没尘埃。无染着,绝轮回。诸□□□□□,□观实相见如来。

三更侵。如来智惠本幽□。□□□□□,声闻缘角(觉)不知音。处山谷,住禅林。入□□□,□□□□□八万劫,只为担麻不重金。

四更兰。□□□□□□。看则住心□□意,作意还同妄相团。放(下阙)

(三) 五更转两本

伦敦大英博物馆 S.6923 卷子正面写的是《法华经》的第一第二两品;反面钞的是八件有韵无韵的杂文,其中两件是同一个钞手写的两本《五更转》。我合校两本,钞作一本,而校注其异文。

1960,3,12夜　胡适

一更初。妄想真如不异居。迷则真如是妄想,悟则妄想是真如。念不起,更无□。见本性,等空虚。有作有求虚解脱,无作无求是空虚(两本同作"虚解脱",同作"是空虚",皆与他本不同)。

二更催。大圆宝镜镇安台。众生不要(两本同作要)攀缘境(一作镜),由斯障闭心不开。本自净,没尘埃。无染着,绝轮回。诸行无常是生灭,从观实相见如来。

三更深。如来智惠本由心(两本皆作"深",皆作"由心",与他本不同)。以佛为法(一作"以佛以法")乃能见,声闻缘觉不知音(此三字,两本皆作"则知因",不可通;故从他本)。住山窟,坐禅林,入空定,便凝心。一坐还同八万劫,只为担麻不重金。

四更兰。法身体性不劳看。看作住心便作意,作意还同妄想团。妄想团,莫巆屼。认(两本皆作忍)本性,自观看。善恶无思亦无念,无念无思是涅槃。

五更分。菩提普树复无根。过去舍身求不得,吾师普遂不忘恩。施法欲(两本皆作"法欲",似当依他本作"法药"),大章门,去障闭,龛(两本皆如此,即"豁"字)浮云。顿与众生开佛眼,皆令过去免沉沦。

(四) 大乘五更转

伦敦大英博物馆 S.4634 卷子正面写的是《无量寿宗要经》,反面钞有《大乘五更转》一首。此本颇多误字,但可以代表一个有小修改的本子。

1960,3,12 夜半　胡适

一更初。妄想真如不异居。迷(误作悉)即真如是妄想,悟即妄想是真如。念不起(误作岂),更无余。见本性,等空虚。有作有求非解脱,无作无求是功(误作公)夫。

二更催。大圆宝镜镇安台。众生不了攀〔缘〕病,由(误作无)斯鄣闭心不开。本自净(原作静),没尘埃,无染着,绝轮回。诸行无常是生灭,得观实相见如来。

三更深。如来智慧本由心。以佛为佛乃能见,声闻缘觉不知音。入山谷,坐禅林,入空定,便凝心。□□还同八万劫,只为担麻不重金(重金,误作赠禁)。

四更兰。法身体性不劳看。看即住(原作柱)心便作意,作意还同妄[想]团。放四体,莫攒抗。认本性,自观看。善恶不思由(犹?)不念,无思无念是涅槃。

五更分。菩提无柱(住?)本无根。过去舍身求不得,吾师□遂不妄(忘?)恩。施法药,大张门。去恃(禁?)障,拨浮(原作扶)云。本与众生开佛眼,皆令见性免沉沦。

(五) 南宗定邪正五更转

这是巴黎国家图书馆的 P. 2045 长卷的一部分,我已校写在《史语所集刊》廿九本八三七页了的。因为这个巴黎本最完全,所以我重钞在这里,以备读者比勘。

一更初。妄想真如不异居。迷则真如是妄想,悟则妄想是真如。念不起,更无余。见本性,等空虚。有作有求非解脱,无作无求是功夫。

二更催。大圆宝镜镇安台。众生不了攀缘病,由斯障闭不心开。本自净,没尘埃。无染着,绝轮回。诸行无常是生灭,但观实相见如来。

三更侵。如来智慧本幽深。唯佛与佛乃能见,声闻缘觉不知音。处山谷,住禅林,入空定,便凝心。一坐(原作一生,胡适校改)还同八万劫,只为担麻不重金。

四更兰。法身体性不劳看。看则住心便作意,作意还同妄想团。放四体,莫攒抗。任本性,自公官。善恶不思即无念。无念无思是涅槃。

五更分。菩提无住复无根。过去舍身求不得,吾师普示不忘(原作望)恩。施法药,大张门,去障膜,豁浮云,顿与众生开佛眼,皆令见性免沉沦。

1960 年 3 月 16 日写成

(六) 北平图书馆的两个敦煌本

北平图书馆——原来的京师图书馆——收藏的敦煌写本,是斯坦因,伯希和剩留下来的,但数量也很可观:原编八千六百七十九号;后来胡鸣盛先生收拾残叶,共编为九千八百七十一号。湖南许国霖先生是胡鸣盛先生的助手,他在民国廿五年编成《敦煌石室写经题记》一卷《敦煌杂录》两卷。《敦煌杂录》里钞有《五更转》两首,都是神会的第二首,其中一首〔咸字十八号〕题着《南宗定邪正五更转》,和巴黎的 P.2045 相同,但末尾没有附录的五言律诗;另一首〔露字六号〕仅题"五更转",而末尾附有那首五言诗。北平的敦煌原本现在无从校勘,我把许国霖先生钞的两本《五更调》合校成一本,也附在这里。

南宗定邪正五更转

一更初。妄想真如不异居(异居一本作思君)。迷则真如是妄想,悟则妄想是真如。念不起,更无余(余,一本作疑)。见本性,等空虚。有作有求非解脱,无作无求是功夫(非,一本作虚。功夫,一本作空虚)。

二更催(一作崔,一作摧)。大圆宝镜镇安台。众生不了攀缘镜(了,一作要。一本攀下脱二字),由斯障闭(一作暗)心不开。本自净,没尘埃。无染着,绝轮回。诸行无常是生灭,但观实相见如来。

三更侵(一作深)。如来智慧本幽深(一作本由心),此佛此佛(一作"为佛与佛")乃能见。声闻缘觉不知音。住山窟,坐禅林,入空定,便凝心(住,一作处;坐禅林,一作住僧林)。一坐还同八万劫,只为担麻不重金(坐,一作生;担,一作耽)。

四更兰。法身体性不劳看。看则住心便作意(心,一作山),作意还同妄想团(团,一作围,一作搏)。放四体,莫攒抚

（一本脱"放四体"三字）。任本性，自观看（任，一作忍。"自观看"，一作"自公禅"。任字似胜各本之见字，认字。但"自观看"一句，似是凑韵，与上句"看则住心便作意"正相反了。"自公禅"，巴黎本与上引 S. 2679 本皆作"自公官"。"自公官"似有自己作主，不受外面管束之意）。善恶无思亦无念，无思无念是涅槃。

五更分。菩提无住复无根。过去舍身求不得，君师普示不忘恩。施法药，大张门，去障膜，豁浮云。顿与众生开佛眼，皆令见性免沉沦。

附录　　五言诗（许君钞本太不可读，故我钞巴黎本对勘）

〔许国霖钞本〕　　　　〔巴黎本〕
真素是□□　　　　　真乘实罕遇，
施者进白心　　　　　至理信幽深。
欲立非非相　　　　　欲离相非相，
将佛却照□　　　　　还将心照心。
智者来未得　　　　　髻中珠未得，
于检再难寻　　　　　衣里宝难寻。
运保耽麻者　　　　　为报担麻者，
如我不重金　　　　　如何不重金！

1960 年 4 月 5 日补写

（七）校写《五更转》后记

许国霖《敦煌杂录》里还有一首《五更调》（周字七十号），显然也是《五更转》的调子，其文字和刘复《敦煌掇琐》三八（巴黎 P. 2963）题作"《南宗赞》一本"的相同，可以互相校勘。（伦敦也有一块残纸，编 S. 5529，只存七行，也是这一首《五更转》的一更二更。）我现在合校这两本，把这第三首《五更转》写定如下：

五更调（刘复本题《南宗赞》）

一更长。如来智慧心（刘作化）中藏。不知自身本是佛，无明障蔽（许作闭）自荒忙。了五（许作王）蕴，躯（许作听）皆亡。

灭六识，不相当。行住坐（许脱坐字）卧常作（刘作住）意，则知四大是佛堂。

二更长。有为功德（刘脱为功二字）尽无常。世间造作应不久（刘作及），无为法会躰（刘作听）皆亡。入圣位（刘作使），坐金刚。诸（刘作诣）佛国，遍（许作变）十方。但知十方元是一（刘作"但诸世界愿贯一"），决定得入诸（刘作于）佛行。

三更严。坐禅执定甚能甜。不信（刘作宣）诸天甘露蜜，魔（作摩，刘作愿）君眷属（许作卷屡）出来看。诸佛教，实（许作是）福田。持斋戒，得生天。生天终（刘作中）归还堕落，努力回心趣涅槃（刘脱力字；趣，许作取）。

四更兰（许作难）。法身体性本来禅。凡夫不念生分别，轮回六趣（许作住）心不安。求佛性，向里看。有佛衣（刘作"了佛意"），不觉寒。广大劫来常不悟（许脱不字），今生作意断悭贪。

五更延（刘脱延字）。菩提种子坐红（许作芭）莲。烦恼泥（许作宁）中常不染，恒将净土共金颜（许作连）。佛在世，八十年（许作连）。般若意，不在言。夜夜朝朝（刘作"花花朝朝"，许作"夜了照了"）恒念经，当初求觅一连全（刘作"一年川"，更不可通。）

刘复先生钞的巴黎本虽然题作《南宗赞》，我看这支曲子决不是神会作的，第一更曲有"行住坐卧常作意"一句，正和神会"莫作意"的思想相反，就是一个反证。这曲子里的思想很平凡，文字也很俗气，很可能是后来的和尚套神会的《南宗定邪正五更转》做的曲子，居然也在敦煌石室里留下了两三个钞本。

我们看敦煌出来的三只《五更转》的曲调是完全相同的，都是从七字句变化出来的长短句：第一句，第五、六、七、八句都是三字句；第二，三，四，九，十句都是七字句。三首共十五章，用韵的方式也完全相同。

我在这里要指出：这三首《五更转》就是"填词"的最好的历史例证。神会的年代是可考的，他生在唐高宗咸亨元年（670），死在唐肃宗废除年号的"元年",即是宝应元年(762),他的活动时期正当玄宗的开元天宝时代(713—755),正是所谓"盛唐"的时代。我们可以说:现在有敦煌出来的《荷泽寺神会和尚五更转》两首做实物的证据,我们可以推知开元天宝时代确然已有依现成的曲拍作曲词的风气了,确然已有后人所谓"填词"的风气了。

在民国十四年(1925),我写了一篇《词的起原》,我的结论是:"长短句的词调起于中唐。……白居易作《忆江南》的长短句,刘禹锡依此曲拍,作《春去也》词,题云:'和乐天春词,依《忆江南》曲拍为句',这是填词的先例。"白居易的《忆江南》是这样的:

江南好!
风景旧曾谙。
日出江花红胜火,
春来江水绿如蓝。
能不忆江南?

刘禹锡的《春词》是这样的:

春去也!
多谢洛城人。
弱柳从风疑举袂,
丛兰挹露似沾巾,——
独坐亦含颦。

这确是"依《忆江南》曲拍为句",所以我说这是填词的先例。

当时我曾指出《尊前集》收的李白词十二首,《全唐诗》收的李白词十四首,其中多有很晚出的作品;其中长短句如《忆秦娥》、《菩萨蛮》、《清平乐》,都是后起的曲调。我的看法是:"向来只是诗人做诗,而乐工谱曲;中唐以后,始有教坊作曲,而诗人填词。"例如王维的"西出阳关无故人",本是一首整齐的七言绝句,经过乐工谱曲,就成了当时最感人的送别曲子了。到了白居易、刘禹锡的"依《忆江南》曲拍为句",那才是教坊作曲而诗人填词了,那才是长短句的词的起原。

当时我曾把《词的起原》初稿送给王国维先生,请他指教。王先

生答书说:

> 尊说……谓长短句不起于盛唐,以词人方面言之,弟无异议。若就乐工方面言之,则教坊实早有此种曲调(《菩萨蛮》之属),崔令钦《教坊记》可证也。

我当时因为《教坊记》的三百多曲调之中,有《天仙子》《倾杯乐》,《菩萨蛮》《望江南》等曲,都是中唐才有的曲调,见于各种记载,所以我颇疑心那张曲名表可能有后人随时添入的新调,不可用来考证盛唐开元天宝时代有无某种曲调。(参看胡适《词选》附录的《词的起原》)

那是三十五年前的讨论。那位可敬爱的王国维先生已死了三十三年了。现在我们看敦煌写本里钞出的各种佛曲,特别看那流传最广的神会和尚的《五更转》曲子,我们不但可以相信开元天宝时代已有依照当时最流行的曲拍作佛曲的风气,我们并且可以相信那样填词作曲的风气可能比开元天宝还更早,可能是人们歌唱的普通作风,并不限于教坊的乐工,也不限于歌妓舞女,也不限于佛教的和尚尼姑。凡是好听的曲子,凡是许多人爱听爱唱的调子,总有人依照那曲调编造新曲,那就是填词了。

敦煌出来的《五更转》曲子有简单的四句调,有繁复的十句调。神会的《五更转》是那繁复的十句调,其形式似是"双调",即是"叠调",可以写成这个样子:

> 一更初。妄想真如不异居。迷则真如是妄想,悟则妄想是真如。
>
> 念不起,更无余。见本性,等空虚。有作有求非解脱,无作无求是功夫。

刘复的《敦煌掇琐》二七钞了巴黎的敦煌写本 P. 2647 的《五更调》艳曲,我们可钞一更曲作例:

> 一更初夜坐调琴,欲奏相思伤妾心。每恨狂夫薄行迹,一过抛人年月深。
>
> 君自去来余几春!不传书信绝知闻。愿妾变作天边雁,万里悲鸣寻访君。

从这种整齐的七字句变到长短不齐的三字句和七字句,是曲调的演变。从单调的小令变到双调,也是曲调的演变。从歌唱男女爱情或"闺怨"的情歌变到宣传佛教故事或佛教信仰的佛曲,那就是改换内容的填词作曲了。

神会的《南宗定邪正五更转》使我们知道盛唐时代已有人用双调的《五更转》来做宣传南宗新教义的曲子了。敦煌出来的一些单调的《五更转》佛曲,或俗曲,可能比神会的双调曲子更早,但我们不能考定他们的年代了。

我们看见的敦煌本单调《五更转》有这许多件:

伦敦的《维摩五更转》S. 2454。

伦敦的《无相五更转》S. 6077。

巴黎的《太子五更转》(P. 2483;刘复《敦煌掇琐》三六)。

罗振玉钞的《叹五更》(《敦煌零拾》五)。

此中的《太子五更转》是用这曲调来唱太子出家的故事,其二更曲是:

> 二更深。五百个力士睡昏沉。遮取黄羊及车匿,朱鬃白马同一心。

《维摩》、《无相》两首《五更转》都是宣传教义的,可引《无相五更转》的二更曲作例:

> 二更深。菩提妙理誓探寻。旷彻清虚无去住,证得如如平等心。

罗振玉钞的《叹五更》是劝人读书的曲子,我们也引二更曲作例:

> 二更深。《孝经》一卷不曾寻。之乎者也都不识,如今嗟叹始悲吟。

这都是用人人能哼能唱的调子来填词作曲,目的是用曲子作宣传。

我们看了敦煌出来的许多佛曲,我们不能不承认这些宣传佛教的曲子实在没有文学技术,也没有高明的思想内容,所以都没有文学的价值。他们的宣传作用似乎是音乐成分比文学成分占的多,他们全靠那些人人能唱的曲调来引动许多男女听众。文字的不通,内容的浅薄,都是不关重要的。

填词作曲的风气可以早到盛唐,或早到盛唐以前,那是我写《词的起原》时没有想到的。填词作曲来做宗教的宣传,这也是我当年没有想到的。我当年曾说:

> 我疑心,依曲拍作长短句的歌词,这个风气是起于民间,起于乐工歌妓。……刘禹锡,白居易,温庭筠一班人……嫌倡家的歌词不雅,……于是也依样改作长短句的新词。欧阳炯序《花间集》云:"自南朝之宫体扇北里之倡风,何止言之不文,所谓秀而不实。"这是文人不满意于倡家的歌词的明白表示。……所以我们可以说,唐五代的文人填词,大概是不满意于倡家已有的长短句歌词,依其曲拍,仿长短句的体裁,作为新词。到了后来,文人能填词的渐渐多了,教坊倡家每得新调,也就迳请文人填词。例如……"柳永……善为歌辞,教坊乐工每得新腔,必求永为辞,始行于世。"

这个结论,大致还是可以成立的。从盛唐以下,尽管有一些和尚用最流行的民歌曲调来制作佛曲,但因为那些作宗教宣传的佛曲实在没有文学价值,——正如那许多倡家歌妓唱的歌曲,虽然"音律不差",而"下语用字,全不可读"(此用沈义父《乐府指迷》的话),也没有文学价值,——所以"词的时代"不能起于盛唐,只能起于白居易、刘禹锡之后,必须到了温庭筠、韦庄、李后主、冯延巳的时期,方才有文学的词,方才有词的文学。

1960,4,12 夜,在南港　胡适

(收入 1960 年 7 月台北《中央研究院历史语言研究所集刊》
外编第四种:《庆祝董作宾先生六十五岁论文集》)

《金石录》里的禅宗传法史料

赵明诚《金石录》记的一二九八件是《唐曹溪能大师碑》,"宋鼎(吕无党钞本误作"宋泉")撰,史惟则八分书,天宝十一载二月"。这碑文是神会请宋鼎写的,我已有讨论的文字了。

昨夜翻看《金石录》,又看见两件:

第一三七八唐《山谷寺璨大师碑》。房琯撰,徐浩八分书"元年建辰月"。

第一四九十唐《镜智禅师碑》。独孤及撰,张从申书,李阳冰篆。大历八年(773)十二月。

这两件都很有史料价值,都是禅宗争法统的材料。镜智禅师即是僧璨的赐谥。

房琯此碑的全文见于《宝林传》卷八,"第三十祖僧璨大师章,却归示化品第四十一(三六——四二叶)"。此碑大概也是神会请求他写的,其中主旨好像都是神会的意思,故文中说:

> 如来以诸法嘱群龙,以一性付迦叶。[迦叶]付阿难。至菩提达摩东来付可,可付大师。传印继明,累圣一体。自迦叶至大师,西国有七,中土三矣。至今号为三祖焉。

又铭中有云:

> ……迦叶至我兮,圣者十人。
> 貌殊心一兮,相续一身。

这都是神会的西国八代说。详见我的《神会遗集》页178—179,又《神会传》页24—33,又《新校定的神会遗著两种》,页849,又页871。

但我当时不知道房琯此碑作于何时,立于何年。《金石录》记此碑的年月是"元年建辰月",即是肃宗废除年号的"元年"(761—762)

的建辰月(旧三月)。其时神会尚未死(看《遗著两种》的"校写后记",页873—875)。神会死在"元年建午月十三日"。而此碑文仍持西国八代之说。故立碑的年月(1)可见神会始终没有修正此说;(2)可见二十八之说神会死后才起来的新说。

独孤及的《镜智禅师碑》全文见于《文苑英华》、《唐文粹》,及他的《毘陵集》九。集中碑文之后有附录二件:一为大历七年四月廿二日中书门下牒,一为无名氏碑阴文。赐谥之牒下于大历七年四月廿二日,碑立在八年十二月,那是因为独孤及正作舒州刺史,故作碑在七年,立碑在八年。

《金石录》所收唐碑,用"元年建□月"纪年月的,凡有四碑:
(1)一三七七,《唐赠太保郭敬之碑》,苗晋卿撰,萧华正书:元年建寅月。
(2)一三七八,《唐山谷寺璨大师碑》,房琯撰,徐浩八分书:元年建辰月。
(3)一三七九,《唐吕公表》,元结撰,顾诫奢八分书:元年建巳月。
(4)一三八十,《唐玉真公主墓志》,王缙撰,侄粲书:元年建巳月。

肃宗上元二年(761)九月壬寅下诏:"……钦若昊天,定时成岁,……惟以纪年,更无润色。至于汉武,饰以浮华。非前王之茂典,岂永代而作则? 自今以后,朕号唯称皇帝,其年号但称'元年',去'上元'之号。其以今年十一月为岁首,便数'建子','建丑','建寅',每月以所建为数。……"这是一件最合理的改革。可惜这件废除年号的大改革只行了几个月,就推翻了。我曾为那个"元年"寻得几条历史遗迹(《集刊》二十九本,页874—875)。现在我补证《金石录》记得这四个碑的年月,作为唐肃宗废年号的一点历史纪念。

1961年1月6日在南港
(收入《胡适手稿》第七集)

《佛法金汤编》记朱熹与开善、道谦的关系

明初会稽心泰和尚作《佛法金汤编》,其书原十卷(《续藏经》所收万历重刻本分为十六卷),成于洪武十九年(1386),有洪武廿四年(1391)宗泐、清濬、守仁诸序,有洪武廿六年(1393)苏伯衡序。《佛法金汤》是佛教的"外护"的叙传,其书叙述颇谨严,各传引文皆著录其来源。书中屡引《资鉴》,即元末闽僧熙仲编的《释氏资鉴》十二卷。《资鉴》与《金汤编》都收在《续藏经》里。

此编卷十五有朱熹传,所记晦翁早年与禅宗的关系,尤其是他与开善、道谦的关系,比我所见诸书详细的多,故钞出备参考。

……公少年不乐读时文,因听一尊宿说禅直指本心,遂悟昭昭灵灵一著。

十八岁请举,时从刘屏山,屏山意其留心举业,暨搜其箧,只大慧禅师语录一帙耳。(屏山刘子翚,即下文的病翁。)

有《久雨斋居诵经》诗曰:端居独无事,聊披释氏书,暂息尘累牵,超然与道俱。云云。(此诗见《朱文公文集》一)

公尝致书于开善、道谦禅师云:

向蒙妙善(即大慧宗杲)开示:"应是从前记持文字,心识计校,不得置丝毫许在胸中,但以'狗子[无佛性]'话时时提撕。"云云,愿受一语,警所不逮。(此段上眉批:"资鉴校"三字)

师答曰:

某二十年不能到无疑之地。只为迟疑。后忽知非,勇猛直前,便自一刀两断。把这一念提撕"狗子还有佛法也无?[赵]州云,无"。不要商量,不要穿凿,不要去知见,不要强承当。

公有省。

宗杲（道谦之师）常劝人参"狗子无佛性"话头。上两件通信都是宗门套语，未必可信。绍兴十一年（1141），住径山的宗杲被"毁衣牒，窜衡州"，其时朱子只有十二岁。至廿一年（1151），始□移梅州，朱子已廿二岁了。似朱子十五六岁时未必与宗杲通信。

此传中最可注意的是从《资鉴》引来的朱熹祭道谦文：

> 师卒，公祭以文，略曰："我曾从学，读《易》、《语》、《孟》，究观古人，之所以圣。既不自揆，欲造其风，道绝径塞，卒莫能通。下从长者，问所当务，皆告之言，要须契悟。开悟之说，不出于禅。我于是时，则愿学焉。师出仙洲，我寓潭上，一岭间之，但有瞻仰。丙寅（适按丙寅是绍兴十六年，1146，朱子十七岁）之秋，师来拱辰（原注"岩名"），乃获从容，笑语日亲。一日焚香，请问此事。师则有言，'决定不是'。始知平生，浪自苦辛。去道日远，无所问津。未及一年，师以谤去；我以行役，不得安住。往还之间，见师者三。见必款（此处有眉批："款《资》误作疑。"）留，朝夕容参。师亦喜我，为说禅病。我亦感师，恨不速证。别其三月，中秋一书，已非手笔，知疾可虞。前日僧来，为欲往见，我喜作书，曰此良便。书已遣矣，仆夫遄言，同舟之人，告以讣传。我惊使呼，问以何故。呜呼痛哉，何夺之遽！恭惟我师，具正遍知。惟我未悟，一莫能窥。挥金办供，泣于灵位，稽首如空，超诸一切。"（《资监》）（末四句失韵，似有删节？）（先生又眉注："遍资讹论，惟资作悼。"）

这篇祭文不见于朱子的《文集》、《续集》、《别集》。与道谦书，也不在集里。

我看这篇祭文的文字那么明白朴素，我颇倾向于承认他是朱子早年的文字。祭文称道谦为"我师"，又说：

> 丙寅之秋，师来拱辰，乃获从容，笑语日亲。一日焚香，请问此事。师则有言，"决定不是"。

焚香请问，自是尊以师礼。此事在晦翁十七岁时，并不足讳。试看他后来最得力的老师李侗写给罗博文（罗从彦之侄孙）的信上说：

> 元晦进学甚力,乐善畏义,吾党鲜有。……渠初从谦开善处下工夫来,故皆就里面体认。今既论难,见儒者路脉,极能指其差误之处。自见罗先生(豫章罗从彦)来,未见有如此者。……(见叶公回《朱子年谱》中,八叶;王懋竑《朱子年谱》一上,廿一——廿二叶也引旧谱载的此书。张伯行刻的《李延平先生文集》一,也收此书。)

"谦开善"即是建宁开善寺的道谦,他是宗杲的一个大弟子。(《续传灯录》三十二,《联灯会要》十七,《嘉泰普灯录》十八,皆记录道谦的说话,但皆不记他的年岁与死年。)

《朱子语类》一〇四"辅广录"有这一段自述:

> 某年十五六时,亦尝留心于禅。一日在病翁(刘子翚,字彦冲,号病翁)所,会一僧,与之语。其僧只相应和了说,也不说是不是;却与刘(先生)说,某也理会得个昭昭灵灵底禅。刘后说与某,某遂疑此僧更有要妙处在,遂去扣问他,见他说得也煞好。及去赴试时(绍兴十八年,1148,他十九岁),便用他意思去胡说。是时文字不似而今细密,由人粗说。试官为某说动了。遂得举。(原注:"时年十九。")……

"辅广录"是"甲寅以后所闻",甲寅是绍熙五年(1194),朱子已是六十五岁的人了。六十五岁的人谈十五六岁时的故事,还说的这样亲切。当时朱子大概曾说出开善、道谦的名字(《语类》百廿六,廿八叶,提到道谦的话),辅广已不知道五十年前的那位禅门大师了(或是有意不说道谦之名),只说是"一僧"。以年岁考之,此僧即道谦,似无可疑。病翁刘子翚死在绍兴十七年(1147),朱子十八岁。开善、道谦的死年未见记录,以祭文考之,他好像也死在绍兴十七年(1147)或十八年(1148)。《续传灯录》记宗杲死在隆兴元年(1163),年七十五,"鼎需……道谦等九人皆契悟广大,先师而殁"。道谦死在宗杲之前十六七年。

《嘉泰普灯录》十八记道谦"归隐仙州山,四众云集,法席鼎盛。宝学刘公彦修(名子羽,子翚之兄,也是朱子父亲临终托孤的一位)请居开善"。这里的"仙州山",就是祭文说的"师出仙洲,我寓潭上,一岭间隔,但有瞻仰"的"仙洲",也在福建的建宁。

《金汤编》此传又引朱子《语录》几条,都见于《语类》。《语类》百廿六,廿八叶,滕璘录有这一条:

  道谦言,"大藏经中言,禅子病脾时,只坐禅六七日,减食,便安。"谦言"渠曾病,坐得三四日便无事。"(滕璘采在辛亥,1191,朱子六十二岁。)

1961,2,5 日

(收入《胡适手稿》第七集)

所谓"六祖呈心偈"的演变

（一）敦煌本《坛经》

惠能偈曰：

> 菩提本无树，明镜亦无台。
> 佛性常清净，何处有尘埃？

又偈曰：

> 心是菩提树，身为明镜台。
> 明镜本清净，何处染尘埃？

此处可以看出惠能故事的作者拟作了两首偈，而没有决定用那一首，就把两首暂时都保存在稿本里。敦煌写本此节保存的正是这两首原稿的状态。

十一世纪里西夏文译的《坛经》残本还保存这两首的原样子。罗福成译文是：

> 菩提本无树，明镜亦非台。
> 佛法（？）常清净，如何有尘埃？
> 心是菩提树，身即如明镜。
> 明镜本清净，如何惹尘埃？

西夏文译本及罗译，见《北平图书馆馆刊》四卷第三号。

（二）日本京都堀川兴圣寺本《坛经》

此本的底本是绍兴二十三年（1153）蕲州刻本，而蕲州刻本的底本是天圣九年（1031）晁迥第十六次看过的惠昕在乾德五年（967）改订的两卷十一门写本。兴圣寺本，昭和八年（民国廿二年，1933）影印。

此本的"六祖呈心偈"已删两首,存一首:

  菩提本无树,晚镜亦非台。
  本来无一物,何处有尘埃?

(三)日本加贺大乘寺出来的道元写本

此本昭和十年秋(民国廿四年,1935)出现,昭和十四年(民国廿八年,1939)铃木大拙印行。道元于日本贞应二年(1223)入宋,四年后回国。他的写本的底本是政和六年丙申(1116)福唐将军山比丘存中刻本。

此本也是两卷十一门。其呈心偈也是一首:

  菩提本无树,明镜亦非台。
  本来无一物,何处有尘埃。

(收入《胡适手稿》第七集)

卷　　五

戴震对江永的始终敬礼

一百多年来,毁谤戴东原的人们往往提出一条罪状,说他"背师盗名",说他对他的老师江慎修(永)不称先生,但称"同里老儒江慎修"。此说流传已久,我且举张穆、魏源、王国维的话作代表。张石舟说:

> 东原抗心自大,晚颇讳言其师。(《方牧夫寿序》)

魏默深说:

> 戴为婺源江永门人,凡六书三礼九数之学,无一不受诸江氏,有同门方晞所作《群经补义序》称曰"同门戴震"可证。及戴名既盛,凡己书中称引师说,但称为"同里老儒江慎修"而不称师说,亦不称先生。其背师盗名,合逢蒙齐豹为一人。……平日谭心性,诋程朱,无非一念争名所炽。其学术心术均与毛大可相符。江氏亦不愿有此弟子也。(《书赵校〈水经注〉后》)

王静安说:

> 其(戴东原)平生学术出于江慎修。……其于江氏亦未尝笃"在三"之谊。(《国语》:"民生于三,事之如一:父生之,师教之,君食之。"古书所谓"在三之敬",是指父师君三者。)但呼之曰"婺源老儒江慎修"而已。(《聚珍本戴校〈水经注〉跋》)

魏王两君都是治学有方法的人,但他们说这话,实在太不小心,近于恶意的诬枉。我曾遍查孔刻本《戴氏遗书》,只见东原一生对于江慎修真是处处尽敬礼,从没有一点不恭敬的态度,也没有一句不恭敬的话。

东原著作中,提到江慎修之处,有这些:

(1)《考工记图》提到三次,都称"江先生曰"(页三二,三六,四四),又附注云"江先生名永,字慎修,著《律吕新义》"(页四五)。此书作于乾隆丙寅(十一年,1746),东原二十四岁。刻书时在乾隆乙亥(二十年,1755),他三十三岁,已负盛名了。

(2)《顾氏音论跋》称"江先生"一次(段刻本作"江丈")。此文作于乾隆癸未(二十八年,1763),东原四十一岁。

(3)《答段若膺论韵》称"江慎修先生"一次,以下称"江先生"凡八次,此书作于乾隆丙申(四十一年,1776),那时东原五十四岁,次年他就死了。

东原二十岁始从江慎修问学,我们看他从二十四岁到五十四岁,从少年到他临死,提到慎修,都称"江先生"。

再看那"老儒江慎修"一句话是那么来的。这句话,魏默深说是"同里老儒",王静安说是"婺源老儒"。其实他们都不曾考查原书,更不曾研究这句话的上下文义。

东原的一切著作里,每提到江慎修,必称"江先生",只有两处叙述古音的历史,说郑庠、顾炎武、江永三个人的古韵分部,因为作历史的记载,特别用"吾郡老儒江慎修永"的称呼。一处是《声韵考》卷三的《古音》一卷,他说:

> 按古音之说,近日始明。……宋吴棫作《韵补》,……其分合最为疏舛。郑庠作《古音辨》,分阳、支、先、虞、尤、覃六部。近昆山顾炎武作《音学五书》,更析东、阳、耕、蒸而四;析鱼、歌而二;故列十部。吾郡老儒江慎修永据《三百篇》为本,作《古韵标准》,于真以下十四韵,侵以下九韵,各析而二;萧、宵、肴、豪及尤、侯、幽亦为二;故列十有三部,而入声分八部。(《声韵考》卷三,页三至四)

一处是他给段玉裁做的《六书音均表序》:

> 郑庠作《古音辨》,仅分……六部。近昆山顾炎武……列十部。吾郡老儒江慎修永……列十三部。古音之学以渐加详如是。……

我请一切读书的人细读这两段历史叙述,请问这一句"吾郡老儒江慎修永"有一丝一毫不恭敬的意义吗?于亭林则直称"昆山顾炎武",于慎修则特别尊称为"吾郡老儒江慎修永",这不是特别表示敬意吗？"吾郡老儒"岂不是等于说"吾郡的一位老先生"吗？魏默深、王静安难道真看不出这两段文字的语气吗？

东原在江慎修死后（乾隆二十七年）作了一篇很详细的《江慎修先生事略状》，叙述他在历算、律吕、音韵三个方面的大贡献，又略说他的《易学》、《兵农考》、《深衣考》。他的结论是：

> 盖先生之学，自汉经师康成后，罕其俦匹。

读了这篇《事略状》的人，若还说东原"背师盗名"、"未尝笃在三之谊"，那岂不是存心诬枉他吗？

魏王诸君都要用这"背师"的罪状来帮助他们证明东原"攘窃"《水经注》的一案。在考证学的方法上，在论理学上，这本是绝不相干的两件事。我姑且不谈这个逻辑问题。我只引东原《答段若膺论韵》一篇长书的一段，请大家看看：

> ……然顾氏于古音有草创之功，江君（此书上文称"江先生"八次，中间举顾江两人，称亭林为"顾氏"，称"慎修"为"江君"凡四次；最后又称"江先生"一次）与足下皆因而加密。顾改侯从虞，江改虞从侯，此江优于顾处。顾药铎有别，而江不分，此顾优于江处。其郑为六，顾为十，江为十三，江补顾之不逮，用心亦勤矣。此其得者，宜引顾江之说，述而不作。至支、脂、之有别，此足下卓识（适按，段玉裁分古音为十七部，比顾江更加密，他分支、脂、之三部，是最重要的贡献）。可以千古矣。

平心静气的读者，说这话的人是"背师盗名"的人吗？

三二，十二，七夜半四时
——"珍珠港"纪念第二周年

江慎修对东原也很敬重，他的《古韵标准·例言》说："余既为《四声切韵表》，细区今韵，归之字母音等，复与同志戴东原商定《古韵标准》四卷，《诗韵举例》一卷。分古韵为十三部，于韵学不无小补。"这是最可羡慕的师弟关系。

三十二，十二，十四补记
（原载 1946 年 8 月 28 日北平《经世日报·读书周刊》，
又收入《胡适手稿》第一集）

评郑德坤编《水经注引得》

民国三十三年七月十五夜,裘开明先生送我一部郑德坤君编的《水经注引得》,是十年前(二十三年)出版的。昨夜我在康桥大陆饭店床上翻看这部"引得",细看他的长序(二十三年一月),又细检他的叙例,翻来翻去,竟看不出他用的底本是那一部《水经注》。他的长序列举了明朝人抄刻《水经注》本子十八种,清以来的本子五十种,——大概他的《水经注》版本考的内容全收在这里了,——但他始终不说明这部《引得》是何种《水经注》版本的引得!《叙例》也不提他用的是什么版本。

旅馆中无书可参考,今天回纽约,试用《引得》来检查戴校两本及赵校各种刻本,叶数都不符合。后来我试用王先谦的《合校水经注》检之,叶数始符合。原来这部《引得》,是王刻《合校水经注》的《引得》,用此书者不可不知。

郑君的引得,是一部很有用的工具,但他的自序所述水经注版本,实在很多错误。我不能一一校正,今略述几个例子:

(1)归有光本 "归氏家藏旧钞本,清何焯曾见之,其佳处全入何氏校本矣。"此妄说也。何校本引归本止一条,我们何以知道"其佳处全入何氏校本矣"?

(2)朱谋㙔笺本 "黄宗羲赵一清则驳击不遗余力。"此亦是妄说。赵一清最重视朱笺,说"朱郁仪中尉……疑人之所难疑,发人之所未发。……余爱之重之,忘其固陋,而为之释。"这是"驳击不遗余力"吗?赵氏朱笺刊误刻本有短序,其中对朱笺稍有贬词,但此短序是后来校刻者所作,四库本并无此序。

（3）黄宗羲删本　"宗羲……旧删郦注之无豫《水经》者，又作今《水经》以补郦注之未备。今《水经》刊行，无甚精采，而删水经未竟成也"。此又是妄说。梨洲从无删《水经注》之事，亦无此言，赵一清始作此言，实无所据。郑君说"今《水经》无甚精采"，更是错误。今《水经》是一部最有精采的书；梨洲自言"不袭前作"，岂可说是"补郦注之未备"？

（4）胡渭校本　"所著《禹贡锥指》悉本郦注，援古证今，证据旁出，颇多纰缪"。这几句话文理不贯串，措词也甚轻率。

（5）项絪刊本　"盖据朱笺复刻，而掩为己有，又略加删节，故其扑尘之功多隐"。这是郑君钞袭杨守敬的妄说。项氏自序甚推崇朱笺，不当说他掩为己有。项氏未见朱笺原刻，他所见朱笺只是谭元春批点刻本。谭刻颇删节朱笺，项刻只是沿袭谭刻本，并不是他有意删节，更不是"据朱笺复刻而掩为己有"。

（6）黄晟校刊本　"自跋称取旧本重为校刊而不著其何本；书中校语，大抵与朱笺合"。郑君作《〈水经注〉版本考》，而不知黄晟本是翻项絪本，可谓糊涂。

（7）沈大成本　"赵一清曾见沈氏校本，未详其人。大成见何焯本，原籍江苏，应是一清所见本"。这更是大错误！赵一清"参校诸本"之中，有"沈氏本"，赵氏注云：

不详何人，见义门校本，亦中吴之士。此"见"字当作"见于"解。何焯校本中屡引"沈本"，即此本。赵氏颇爱夸多，故另列为一本（赵氏所举二十九个本子，其中归有光本，朱之臣本，顾炎武本，及此沈本，皆但据何焯所记，实未见也。其中钱曾本，黄仪本，黄宗羲删本，刘献庄本，亦皆赵氏所未见）。郑君钞袭赵一清的注语，误把"见义门校本"解作"大成见何焯本"，故把何本所引沈氏本认为沈大成本，是很错误的。

（8）戴震校刊本　此条下谬误甚多，不胜列举。如云："乾隆庚辰，见沈大成校何焯本，因有志于郦注。"此语全无根据。沈大成校本屡引戴震校语。杨希闵的汇校本收有沈大成校本，其开卷第一叶即有沈大成引戴震校语。又如云"其治《水经注》，则始于乙酉，自定

《水经》一卷,后段玉裁刊入《东原文集》"。段氏何尝把《水经》一卷刊入《东原文集》?郑君乃不检东原集耶!又如云:"自刻本亦在京师由孔继涵踵成之。"此亦不确。自刻本刻成在东原生存时,故板心及卷首不刻"戴氏遗书",与孔刻东原诸书称"遗书"者有别。东原于乾隆四十一年寄段玉裁"《水经注》全部,计十四册",即此本也。

(9)段玉裁校本"所著《经韵楼集》有记洞过水……诸文。"记洞过水乃是戴东原之文,见于段刻的《东原文集》,后人误收入段集。郑君失考。

偶记这九条,多关于版本。郑君对于"《水经注》公案"的见解,错误更多,我不愿意在这里讨论。他不知全校《水经注》是完全伪造的,这是可以原谅的。他作《〈水经注〉版本考》,而一字不提赵一清的《水经注释》有"初刻未修本"与"修改重刻本"之别,则是不可恕的疏忽。赵书版本之不同,张寿荣刻本的张鸿楠跋已指出,王先谦合校本例略也指出。作《〈水经注〉版本考》的人岂可不注意这种版本问题吗?

三十三,七,十六夜

(原载1947年1月4日天津《大公报·图书周刊》)

跋戴震自定《水经》的《附考》
戴氏未见全赵两家《水经注》的证据

北京大学所藏戴震《爱日楼定本水经》有《附考》十节（此系依他自己用墨笔标注的数目字，定为十节。每节又往往分许多段，如河水《附考》共分七段）最可以证明他没有见到全祖望或赵一清的《水经注》校本。

最重要的证据是戴氏《附考》第五节的《渭水中》篇部分。《渭水中》篇（即卷十八）注文"长安人刘终于崩"之下，脱出一叶，共四百十八字。柳佥钞宋本有此四百十八字，故孙潜本钞补了此一页，全氏赵氏都从扬州马日琯家借校孙潜本钞补了这四百十八字。戴氏若见了孙潜校本，或见了全氏赵氏的校本，决没有不钞补这一页的道理。

我们看戴氏《附考》的第五节，可以看出戴氏那时候还在用种种间接方法校补这里的脱文。有些字句是他从《太平御览》《太平寰宇记》《雍录》诸书校补的，有些字句是他从地理形势上推想出来而其实没有书本的根据。他还用推想方法补了两条"经"文。我把他校补的部分钞在这里：

（经）又东至美阳县西，雍水从北来注之（各本脱此十四字）。

（注）渭水又东，雍水注之。水出雍山，东南流，历中牢溪，世谓之中牢水，亦曰冰井水。南流迳胡城东，俗名也。盖秦惠公之故居，所谓祈年宫也。孝公又谓之橐泉宫，按《地理志》曰在雍。崔骃曰，穆公冢在橐泉宫祈年观下。刘向曰，穆公葬无丘垄处。余谓崔骃及皇览谬。（各本脱此九十九字）志也。孝公惠公并是穆公之后，继世之君，（至）其水又南流注于渭（自"志也"

至此,误接"长安人刘终于崩"下,"渭水又东径郿坞南"上)。

(经)又东过郿县南(各本脱此六字)。

(注)渭水又东径石原(至)即此县也(误接渭水上"北去维堆城七十里"下)。渭水又东径郿坞南(至)其愚如此(误接雍水注渭之下)。

(经)又东过武功县北(至)〔注〕……长安人刘终于崩(下误接"志也惠公孝公")。渭水又东,温泉水注之,水出太一山,其水沸涌如汤。杜彦达曰,可治百病。世清则疾愈,世浊即无验。渭水又东流径斄县故城南。旧邰城,后稷封邑也(各本脱此五十七字)。渭水又东,径鳌屋县故城北(各本脱此七字)。洛谷之水出其南山洛谷。(至)一水北流注于渭也(自"渭水又东",误接"其愚如此")。

这是戴震在乾隆三十年校补《渭水中》篇的情形。此本"重钞"在乾隆三十七年夏,还是这样子。前面他考定的"《水经》一卷",渭水的经文也有"又东至美阳县西,雍水从北来注之。又东过郿县南"两条(最后才用朱笔抹去这两条经文。朱笔似是三十七年重钞之后才改定的)。

戴氏在这时候(乾隆三十年六月至三十七年夏)完全不知道《渭水》中篇误脱的是一整叶!所以他整理校订的方法是研究"地望",把这一卷书分作三大段,第一段叙雍水的历程,第二段叙郿县,第三段叙武功县。

第一段他臆补了经文一条:"又东至美阳县西,雍水从北来注之。"注文叙雍水的历程,戴氏看出"志也惠公孝公"之上有脱文,但他不知道此处脱去了一叶四百十八字,所以他参考古书,只补了九十九字。这九十九字的来源,大部分出于程大昌《雍录》卷一的"祈年宫"一条,与《太平寰宇记》卷三十天兴县下引《水经注》"雍水"一段。其中"南流径胡城东,俗名也"九字不见此二书,大概是戴氏依据旧地志校补的。(我还没有考出他依据何书。)"雍水注之,水出雍山"八字,残宋本、大典本、孙潜过录柳佥本此处都有脱文,只存"雍山"二字,其脱误在宋刻之前。戴氏补此八字,大概是用《寰宇记》卷三十扶风县(即汉之美阳县)下"雍水源出于雍山"一语,而依郦书文例臆补的。"刘向曰,穆公葬无丘垄处"之下,原本还有引《史记》三十余字,戴氏补本无此文,可见他没有见到那脱叶,只靠各种古书凑补此九十九字。加上他臆补的经文十四字,共补了一百十三字。

雍水历程是脱叶的最后部分,而戴氏误认为本卷的第一部分。这也可见他没有看见孙潜校本或全祖望、赵一清过录的孙潜校本。他不知道此卷脱了一整叶,他只猜想这一卷里有错简,又有脱文。他要订正错简,故依据地望,把雍水的一大段排列作卷十八的第一段。

第二段叙渭水过郿县,戴氏也用推想补了经文六字:"又东过郿县南"。他又从卷十七移了注文约一百五十字,改在此卷注文"渭水又东径郿坞南"之上。

这一段的校补改动是因为《渭水中》篇有董卓的郿坞一段,戴震认为不应该和《渭水上》篇的郿县一段隔开。后来戴氏的两种定本也都把这两段合并在一块。但官本把这两段都改在《渭水上》篇,与《附考》小异。官本与自刻本都把郿县与郿坞两段都放在武功县之前,则与《附考》相同。官本校语云:

> 考《元和志》云,郿县故城在今县东北十五里,董卓坞在县东北十六里。《寰宇记》云,武功故城在今郿县东四十里。郿坞即与郿县故城比近,不得隔越武功,多及郿坞。今改正。

赵一清本,郿县一段,仍在卷十七,郿坞一段仍在卷十八雍水之末。

第三段叙渭水过武功县。经文"又东过武功县北"是原有的。注文首段三百四十二字,至"刘终于崩"止。也是有原因的。"崩"下有脱文,即是脱去的全叶。戴氏不知道此处脱去全叶四百十八字,他补了五十七字。此五十七字之中,"温水出太一山,其水沸涌如汤。杜彦达曰,可治百病。世清则疾愈,世浊则无验":这三十字是《太平御览》七十一卷引的《水经注》。其余字句似是戴氏从本书文例与他种古书订补的。最后,他又在"渭水又东"之下补了"径盩厔县故城北"七字,这似是没有根据的推测。后来他写定官本与自刻本就把这七字删去了。

我们看戴震那时候订补这一卷脱文的情形,就可以毫无疑虑的断定:在乾隆三十年至三十七年之间,他虽然早已划分经文与注文了,虽然早已写定他划分经注的四个标准了,但他还没有见到扬州马氏藏的孙潜校本,也没有见到全祖望、赵一清的校本,所以他不但不能校补这《渭水中》篇的脱叶,他竟不知道这儿脱去的是四百十八字的一个整叶。他用种种方法,只补了经文二十字,注文一百六十三字。其中经文二十字,注文七字,是全用"推求",没有古书古本的根据的。

全祖望借校马氏藏的孙潜本大概是在乾隆八年。故赵一清钞补郦道元自序的第一跋是在乾隆九年甲子仲春,第二跋是在乾隆十一年丙寅中秋。全氏发见《水经注》的经注互相混淆是在乾隆十五年尾或十六年上半。

故戴氏若见着全氏赵氏的校本,决没有单看见他们改定的《经注》而不看见他们过录孙潜本的《渭水中》篇脱叶的道理。

戴氏从《永乐大典》钞补郦氏自序与《渭水》脱叶在乾隆三十八年。

三十五,八,二十三夜半后一点
三十五,十,七夜改正

(原载于1946年10月23日上海《大公报·文史周刊》)

论杨守敬判断《水经注》案的谬妄

答卢慎之先生

我读了卢慎之老先生的高论,十分感谢。我在南方住了五十天,所以到今天才能写这篇后记。

第一,我要说明,我对于杨惺吾判断《水经注》公案的错误,并未"言之过甚"。卢先生揭出杨氏推崇戴氏两语,然而卢先生何不注意杨氏要删自序里说的:

> 赵之袭戴在身后,一二小节,臧获隐匿,何得归狱主人?戴之袭赵在当躬,千百宿赃,质证昭然,不得为攘夺者曲护。

指斥某人作贼,是一件大事。惺吾仅靠一部王益吾的《合校水经注》,竟敢提出这样严厉的刑事罪名,岂非考证学的"堕落"?

我说杨惺吾判断赵戴公案,仅靠一部王益吾的合校本,这不是冤枉他。他自己在《凡例》里曾说:

> 至于戴之袭赵,则昭然若揭。今观王氏合校本,虽百喙不能为之解。

这是一证。他有致梁节庵手札真迹,现藏陈援庵先生家,其中有一札说:

> 昨日席上谈及戴赵两《水经注》本,称戴氏盗袭赵书已成铁案。敬请其说。……因假尊藏王益吾所刊合校本携归复读之,乃恍然悟戴氏袭赵有确征也。

这是二证。《要删》与《要删补遗》都用王氏合校本作底本,所注卷数叶数,皆依合校本。而两书中绝不曾提及一部赵东潜《水经注释》的单行刻本。我曾细检杨氏两书,始知他所见赵氏书只靠王益吾的合校本所引，此外他并未用一部赵书家刻本！也并未用一部张寿荣翻刻本或张寿康翻刻本！试举一证。杨氏屡说赵东潜未见得朱谋㙔《水经注笺》的原本（看《凡例》第六条，又《要删》一，叶七下末行；又《要删》三十二，叶十一下二行）。他若见了赵氏书的任何一种单刻本，他就可以知道赵氏的朱笺刊误四千余条，逐条皆标出朱笺原本的卷数叶数，一一皆与朱笺南昌原刻本相符合。因为杨氏未见赵书单刻本，所以他只凭王益吾合校本所引，竟敢妄断赵东潜未见朱笺原本！

我举此一点，以示杨氏之狂妄，轻率，武断。他不看赵氏书的原刻本，他全不知道赵氏书有乾隆五十一年初刻未修本与初刻初修本之别，又有乾隆五十九年修改重刻本的不同。此皆是张寿荣光绪六年刻赵书时其子张鸿桷跋中所已指出，又皆是王益吾合校本例言中所已指出。杨氏所见《水经注》版本之贫乏如此，乃竟敢凭一部王益吾合校本来判断赵戴两家公案，甚至于诬说赵东潜未见朱笺原本，岂非狂妄吗？

卢先生所见赵氏书也只是乾隆五十九年的修改重刻本。试举一例，以示赵书各本之异同。《水经注》卷二的第一条经文，一切旧刻本皆作"河水又南，入葱岭山"。赵书各本此条有这样的大出入：

（1）四库本　　　　　　　　入葱岭山
（2）乾隆五十一年本　　　　入葱岭山
（3）乾隆五十九年本　　　　出葱岭山
（4）张寿荣重刻本　　　　　入葱岭山
（5）张寿康翻刻本　　　　　出葱岭山

这不是大有出入吗？

赵家刻书为什么改入为出呢？原来戴东原校本根据杜佑《通典》引《水经》此文，改作"又南，入葱岭山，又从葱岭出而东北流"。赵家校刻者不便全采戴氏这样大增改，所以只轻轻的改入字为出字，刊误里也一字不提。于是堂堂河水就"出"葱岭山来了。

杨惺吾《要删》卷二第一条即是"又南入葱岭山"，他有二百二十多字的议论，而全不注意赵戴两本此句经文大有出入，更全不知道赵氏书各本此句也大有出入。这样的判案，竟敢自称"张汤据案"，岂非狂妄？其实王益吾合校本此条下引董祐诚云"南入，赵氏本作南出，于义较顺"。王氏案云，"今案赵作南入，疑董误记"。此可见董氏所见赵书已是乾隆五十九年改本。王益吾曾见赵书两刻本，而未校此条。杨惺吾则全不懂他们说的是什么，因为他并未见过一种赵书刻本也。

第二，卢先生责我不提及杨惺吾说的这一段话：

> 余今所订，凡有赵氏所未检出者，何止数百事，皆故书雅记，初非僻典，何以戴氏亦未能订之耶？且有赵氏未检原书以臆定而误者，戴氏亦即贸然从之，此又何说？

此条可分两段。前一段说赵氏所未检出而杨氏检出者，何以戴氏亦未能订之。这是邻苏老人自夸，不足深辩。校订古书，后人往往可以超越前人，后人应该可以超越前人。但这与《水经》疑案有何关系？正如杨书《凡例》引李元阳《十三经注疏》而经字误刻作"字"，惺吾未检出，而卢先生订之，此与《水经》疑案何关？杨氏凡例之中，误字何只这一字？如卢先生引的"项駰"，乃"项絪"之误，凡例末条称"杨闵"乃"杨希闵"之误。然此与本案何关？

后一段说，"且有赵氏未检原书以臆定而误者，戴氏亦即贸然从之，此又何说？"此条是杨惺吾书中一个重要的考据方法，其意以为赵误而戴亦同其误，故是戴袭赵之证。

我在《考据学的责任与方法》一文里，已举"甲辰"一个例子来说明这个方法的绝不可靠了。两人各校同一部古书，当然有盈千累百的相同。若不相同，校勘学便不可信赖了。相同不是证据。错误相同与正确相同，都是校勘学上的常事，都不是相袭的证据。例如"甲辰"一例，赵氏与戴氏都据古本回改为"甲寅"。杨守敬不检校古本，而妄下判断，正可见这种考据方法用在校勘学上是最不可靠的。

我再举一例，说明错误相同不足为相袭之证。戴氏官本《水经注》卷三十二《肥水》篇有这一段注文：

> 宋泰始初，豫州司马刘顺帅众八千据其城以拒刘勔。赵叔

宝以精兵五千送粮死虎,刘勔破之此塘。

此段中"赵叔宝",古本皆作"杜叔宝"。赵氏书此条正文作"杜",而释云:"杜叔宝,宋书殷琰传作赵叔宝"。

杨惺吾《要删》三十二,叶五,说:

> 按《宋书·殷琰传》,杜叔宝,杜坦之子。……《刘勔传》亦作杜叔宝。赵氏所见宋书作赵者是误本。戴亦不复检《宋书》而依改之。此戴袭赵之证。

《宋书》"初非僻典",然亦有版本之别。杨惺吾所检《宋书》大概是殿本。当赵戴两公校《水经注》之时,殿本还不是人间易见之书。他们所用《宋书》还只是当时流传的旧本。试检涵芬楼影印的宋蜀大字本配元明递修本《宋书·殷琰传》,送粮一段的上文正作"赵叔宝"。邻苏老人号称目录版本专家,竟不细考《宋书》旧本,认此条为赵误而戴袭其误,岂非荒谬?

况且朱谋㙔《水经注笺》于此条之下曾节引《宋书·殷琰传》凡一百十七字,其中也作"赵叔宝发车千五百乘,载米饷顺,自以五千精兵防送之"。此可见明朝学者所用《宋书》此段亦作赵叔宝。邻苏老人竟不复检朱笺,岂非荒谬?

其实此条送粮的将军确是杜叔宝,朱赵戴三公都是错的。但杨氏误信殿本改作赵叔宝,更是错的。《宋书·殷琰传》里记晋安王子勋造反,前文叙主谋的领袖是杜叔宝,后面叙送粮的大将也是杜叔宝。但此传中间插入一段"游击队"领袖周伯符起兵和革命军捣乱。革命军方面,常珍奇遣郭慈孙击伯符,殷琰"又遣中兵参军赵叔宝助之。慈孙等为伯符所败,并投水死"。这明明是另一个赵叔宝,兵败投水死了。下文紧接"叔宝本谓台军停住历阳,刘顺等至,无不瓦解,唯赍一月日粮。既与刘勔相持,军食尽,报叔宝送食"。此下就是叔宝送粮一段文字。这里三次提"叔宝",又是杜宝了。史文大错在"叔宝本谓"一段误删了一个"杜"字,遂使读者把"中兵参军赵叔宝"和殷琰的长史梁都太守杜叔宝混作一个人了。殿本《宋书》改作"中兵参军杜叔宝",是错误的。杨惺吾过信殿本,更是错误。

杨氏所举"戴袭赵之证",最足以使读者注意的,大概都在这一类所谓"赵误而戴亦贸然从之"。卷七的"甲辰",卷三十二的"杜叔宝",是都这种例子,其实都是杨氏自己不考究版本之过,都不是谁偷谁的证据。

除了这几条所谓"赵误而戴亦贸然从之"的例子之外,还有几条"袭赵之一证"。我也要举一条给卢先生看看他的老师的考据方法。《水经注》卷三十一《涢水》篇注文:

> 晋太安二年镇南将军刘弘遣牙门皮初与张昌战于清水,昌败,追斩于江浃。

戴赵两家都是如此。赵氏《刊误》说:

> 《笺》曰,"旧本作斩于江矣。吴本改作斩于江夏"。一清按《春秋分记》引此文作江浃。说文,浃,水崖也。

《永乐大典》本正作江浃,戴本依改作江浃。杨惺吾未见《大典》本,妄作揣测,说:

> ……程克斋《春秋分记》,世鲜传本,赵氏得见汪氏振绮堂宋本,故篇中屡引之。戴氏未必亦见程书,而亦同赵氏。此亦袭赵之一证。(《要删》三十一,叶十)

杨氏此条,无一字不谬,无一字不妄,他摆出目录学专家的大架子,说赵氏得见汪氏振绮堂宋本!这真是信口开河。全谢山《鲒埼亭集》三十一卷有他给赵公林(东潜之父)做的《程氏春秋分记序》,序中说明他"坐谷林西楼中,拨寒灰读之,彻十日夜而毕"。又明说此书是明文渊阁藏本,卷首有"大德十一年中书札付行省下浙江提举印上国子监修书籍者"字样。谢山的文集"初非僻典",邻苏老人竟不检视,而高谈振绮堂宋本,全不知道这是赵氏小山堂家藏的大德印本,是一大谬妄。他说"戴氏未必亦见程书",用这一句疑似之词,就敢说这是戴氏袭赵之一证。这是有成见的考证,是二大谬妄。他未见《永乐大典》,而武断戴氏必袭赵书,是三大谬妄。

第三,卢先生说:

> 戴之受谤,不自杨始。胡君乃归狱于杨,揆诸考据学责任之语,当乎否耶?

戴氏为了《水经注》受谤，确是不自杨惺吾开始。但道光中叶造谤的人，如张石舟，如魏默深，都不是专治《水经注》的学者，所以他们的谤语不曾引起多人的信仰。光绪十四年薛福成董沛在宁波刻行道光年间王梓材伪造的《全氏七校水经注》。当时 宁波学者林颐山就指摘这是一部伪书。光绪十八年王先谦刻成《合校水经注》，还不肯收全氏校本一个字。这是王葵园的卓识，卢先生讥诮他，是错误的。

不幸杨惺吾次年四月间在武昌筵席上听了梁鼎芬、叶浩吾诸人的议论，借了王氏《合校水经注》去翻看了一夜，就写信给梁鼎芬，说他"乃恍然悟戴氏袭赵有确征也"。他的《水经注疏要删》的自序与凡例都坚决认定戴东原偷袭赵东潜的书，"千百宿赃，质证昭然，虽百喙不能为之解"。他又误信薛刻全氏校本，认为"不能谓尽属子虚"。他的书里还有"戴袭全之证"两条。（卷廿四，叶七，此例已引见我的《考证学的责任与方法》一文里，其一条在卷四十，叶二。）

因为杨氏在那个学术衰落的光绪时期颇负虚名，因为他号称地理学专家，又曾自称他著有《水经注疏》八十卷，（其实后来他自认并无此书？）所以后来的学者如王静安，如孟心史，都信任杨惺吾的谬说，以讹传讹，至于今日。今日一般读书人都信薛刻本《全氏七校水经注》是真的，都信戴东原的《水经注》是偷袭赵东潜的，这种迷误，一半是王静安、孟心史的权威造成的，一半是杨惺吾的《水经注疏要删》的权威造成的。静安、心史都不曾专治《水经注》，故他们都信赖杨氏的结论，用作出发点。如孟氏说：

> 杨守敬作《水经注疏》，尽罗《水经注》旧本笺释考订，细意推求，已证明戴实窃赵，有定论矣。（《北平图书馆刊》十卷五号，叶一）

杨惺吾的权威如此！所以我"归狱于杨"，不算是冤枉他。

第四，我要报告卢先生一些事实。（1）薛刻本《全氏七校水经注》，是一部伪书，是鄞县秀才王梓材用戴赵三本（兼用戴氏自刻本的各水次第，故说三本），加上沈炳巽的《水经注集解》订讹稿，合并制造出来的。卢先生所引董沛例言，都不可依据。全氏的校本现存三十六卷，还在南京国学图书馆。我另有长篇考证，今不详说。（2）

卢先生所见赵氏刻本是乾隆五十九年赵载元在淮扬道任上重刻的，故有《四库提要》，但此篇提要是从扬州文汇阁钞出的，故题乾隆五十一年九月校上。此不足为据，因为南方三阁的四库书钞写都在后。

(3)杨惺吾的《水经注疏》，到他死时尚未成书。他死后二十二年中，他的弟子熊会贞继续增修。民国二十五年熊氏也死了。熊氏病中立有"遗言"三十九条，其第三条云：

   此稿复视，知有大错。旋病，未及修改。请依下列所说体例补疏。

此稿原藏中央研究院，后交商务印书馆议校印，因战祸停顿，听说书稿还未失落。另有《水经注疏要删》再续编，现归国立编译馆，听说将校订付印。我所知道关于《水经注疏》的消息如此，或可以慰卢先生的系念。

  三十六年一月七夜写于北平东厂胡同一号

  附记：卢先生自己所举梁章钜《三国志》旁证与赵一清《三国志》注补相同的一条，我没有看过梁书，本不敢妄加评论。但卢氏所引一条，共五十四字，其中自"河水"以下，共三十九字，是《水经注》卷四原文，其上"水经河水注"是引书名，其上"黄卷坂，一作黄卷"，亦是《水经注》赵本校语。故此五十四字之中，五十一字是引书。即使梁赵两书有"一字不易"的相同，也是极平常的事，绝对不能作彼此相袭的证据。不知卢先生以为何如？

  （原载于1947年1月29日上海《大公报·文史周刊》，
           又收入《胡适手稿》第五集）

伪全校本《水经注》诬告沈炳巽并且侮辱全祖望

《水经注》校勘杂记之一

制造伪全校本《水经注》的人曾用沈炳巽的《水经注集释》订讹钞本作法宝,这是我已经证实的了。

但作伪者没有良心,不但不感激沈氏,反要诬告他!

伪全校卷三,叶十二上,武川镇城"城以景明中筑,以御北狄",下有所谓全氏校云:

案沈炳巽曰,"景明是宋少帝年号"。愚谓非也,善长岂用南朝之年乎?是魏世祖年号。

沈炳巽何至于荒唐到如此地步!我试检沈氏书的四库本(影印本)与传写本(沈兼士先生藏),都没有这句话。这是作伪者捏造出来诬赖沈氏的诳语。这一段"全氏"校语里还有这许多错误:

(1)宋少帝(刘义符)在位不到两年,只有景平的年号(西历423),并无景明的年号。

(2)此注说景明是魏世祖年号,这是错的。世祖是太武帝(424—452),他改元六次,并没有景明的年号。景明(500—503)是魏世宗宣武帝的年号。

(3)最荒谬的是说,"善长岂用南朝之年乎?"郦氏书中常用南朝的年号,作伪者竟不知道,竟诬赖全谢山也不知道这一件最平常的事实!试看卷五这一卷之中(卷叶用伪全校本),

叶十三上有"宋元嘉中"。

叶十四上有"宋元嘉中"。

叶三十三下有"宋元嘉二十七年"。

这不都是南朝的年号吗？（元嘉是宋文帝年号，西历424—453）这还是记载北方的河水。至于南方诸水的记载里，南朝年号更是常见的了。例如卷三十二(《江水》三)这一卷之中。

叶五上有"宋元嘉十六年"。

叶六上有"宋元嘉十六年"。

叶六下有"宋景平二年"，此即宋少帝的年号。

叶九下有"宋元嘉二年"。

叶十八上有"宋太始元年"(465)。

这不都是南朝的年号吗？

作伪者的诈欺荒谬真不可恕！

三十六，四，八
（原载1947年7月11日天津《大公报·文史周刊》，
又收入《胡适手稿》第二集）

伪全校本假托宋本而留下作伪的铁证
《水经注》校勘杂记之二

伪全本卷廿五,叶十五至叶十六,"又按刘向《说苑》辨物,王肃之叙孔子廿二世孙孔猛所出先人书家语",下有所谓全氏校云:

> 按诸本失"廿二"两字,今以宋本校增。

这十四个字,字字是笑话。"黄省曾刻本无'廿二'两字,吴琯刻本同。但朱谋㙔本早已校增了'廿二'两字",朱《笺》云:

> 旧本无"廿二"字,王肃《家语序》云,孔子廿二世孙猛。

谭元春、项絪、黄晟三家刻本都依朱刻作廿二世孙。伪全校本说"诸本失廿二两字",可见作伪的人存心说诳。诬告全谢山没有见过朱项诸本。

至于作伪者说的"今以宋本校增",乃是更可笑的作伪证据。王梓材制造伪全本时,曾用沈炳巽《水经注集释订讹》写本作法宝。沈本此条(四库珍本影印本卷三十,叶十八下)孔子下有校语云:

> 宋本孔子下有"廿二"两字。

作伪者偷了这句话,改作全谢山的校语。他不知道沈炳巽从没有说过他,曾用"宋本"作校勘,他明说他的底本是黄省曾本,后来才得见朱谋㙔本。此条"宋本"乃是"朱本"的钞错!因为宋本也没有"廿二"两字,不但大典本与黄省曾本可证,明抄宋本更可作证。王梓材偷书作伪,却不料因此留下欺诈的铁证了。

天津全校本与南京全校本皆无此条校语。

三十六,四,十

(原载 1947 年 8 月 22 日天津《大公报·文史周刊》)

《水经注》的校订史可以说明校勘学方法

在十多年前,我写陈垣先生的《元典章校补释例》的序,曾泛论校勘学的方法。我曾说:

> 用善本对校是校勘学的灵魂,是校勘学的唯一途径。……如阙文,如错简,如倒页,如不经见的人名地名或不经见的古字俗字,均非对校无从猜想。
>
> 推理之最精者(如王念孙、段玉裁诸公)往往也可以补版本不足。但校雠的本义在于用本子互勘。离开本子的搜求而费精力于推敲,终不是校勘学的正轨。

这篇文章(收在《胡适论学近著》第一集,页一三五至一四八)在当时颇引起了一点抗议,因为批评王念孙、段玉裁,说他们不是校勘学正轨,那是正统学者不容易许可的。但我说的校勘学方法实在是一切校勘学者公认的方法。例如陈垣先生校勘《元典章》,补得阙文一百零二页之多,推理的校勘能补得半个缺页吗?

我现在用明清两代学者订正《水经注》的历史来说明善本对校确是校勘学的灵魂。

黄省曾刻的《水经注》(嘉靖十三年,西历1534)有十大缺曰:

(一)无郦道元自序。

(二)卷一有错简一页。

(三)卷二有错简一页。

(四)卷九与卷十三各互错两页。

(五)卷廿二《颍水》篇有错简一页。

(六)卷廿二《渠水》篇有错简一页。

（七）卷卅有错简一页。

（八）卷十八脱去第二页。

（九）卷十八之尾脱去末页五行八十五字。

（十）卷卅一脱去一页，错在卷卅三《江水》篇中。

这十处大缺陷，吴琯校刻本（万历十三年，1585）都没有改动校正，因为他没有见到别的善本可以比勘。

朱谋㙔（万历四十三年，1615）用了谢兆申的"宋本"（当是钞宋本），改正了十处之中的六处：

卷一的错页。

卷二的错页。

卷九与卷十三的错页。

卷卅的错页。

卷十八的末页五行。

卷卅一的脱页。

朱谋㙔曾想校订卷廿二《颍水》篇的错页，但他改来改去，还是错了，还是不可读。《渠水》篇的错页，他竟没有看出。

到了乾隆九年（1744），全祖望与赵一清借得扬州马家的孙潜校本。孙潜用柳佥的钞宋本来校朱谋㙔本，柳佥的宋本比谢兆申的宋本有四大胜处：

（一）有郦道元序的三分之二，仅缺半页。

（二）《颍水》篇不错页。

（三）《渠水》篇不错页。

（四）卷十八有第二页。

全赵两家用孙潜过录柳佥本来校《水经注》，于是朱谋㙔留剩的四大缺陷，居然弥补了三个又三分之二。只缺郦序的三分之一了。

乾隆三十年（1765），戴震还没有得见《永乐大典》本，但他也想校订朱谋㙔留下的缺陷。他想订正《颍水》篇的错节，又想订正卷十八（《渭水》篇）的脱误。他不知道《颍水》篇错的是一整叶，也不知道《渭水》篇脱的是一整页。他的订补成绩保存在他自订《水经》一卷（北大图书馆藏一本，又建德周氏藏一本）的《附考》里。在这两处他的订正工作都失败了。因为他没有得见比黄省曾、谢兆申更古更完好的本子。戴震也不知道《渠水》篇错了一整页!

乾隆三十八年(1873),戴震在四库馆中得见《永乐大典》的《水经注》。这个本子比黄谢的本子更完好,比柳佥本也更完好。柳佥本的四大胜处,大典本全有。柳佥本的郦氏自序缺了整整半页,大典本此序完全无缺。所以戴震在乾隆卅八九年之间,把黄省曾本的十个大缺陷都订补了。

凡这种大缺陷,若没有古本可供比勘,虽有绝顶的聪明,虽有过人的功力,都不能做到满意的校订。朱谋㙔、戴震的校订《颍水》错简,戴震的校补《渭水》脱页,都是校勘学上最有益的教训。

从黄省曾本的刻成,到大典本《水经注》的校勘,整整二百四十年。黄刻本留下的十大缺陷,朱谋㙔订正了六个,全祖望、赵一清订正了九个又三分之二,戴震订正了整十个。这都是用善本对校的成绩。

卅七,二,十八夜半

(原载 1948 年 2 月 28 日《申报·文史周刊》)

再跋戴震自定《水经》的《附考》
戴氏未见全赵两家《水经注》的证据

戴震自定《水经》的《附考》第八节详记他改正《水经注》第廿二卷《颍水》篇的错简，这一节也可以证明戴氏没有看见赵一清、全祖望的《水经注》校本。

黄省曾刻本第廿二卷的《颍水》篇与《渠水》篇各有错简一整叶，吴琯刻本都没有改正。朱谋㙔没有发现《渠水》篇的错叶，但他看出了《颍水》篇有错简，所以他做了一番改正的功夫。他自己大概相信他改的不错，所以他说是"据宋本改正"的！

《颍水》篇的错简原是很简单的一个整叶，共二十二行，——先是从"台临水方百步袁术所筑也"起，至"疑故陶丘乡所未详"，共注文十九行，每行十九字（中有一行二十字）；次为经文一行"又东南至慎县东南入于淮"，十一字；又次为注文两行，从"颍水东南流"至"水受大漂"：共计全叶四百十字。这一整叶应该在后面（黄本八叶上十行）"汝水别渎又东径公路台北"之下，误搬在前面（三叶下七行到四叶下五行）"径柏祠曲东历冈"之下。

朱谋㙔看出了第八叶的"公路台"应该接着第三叶的"台临水方百步，袁术所筑也"。因此，朱谋㙔把"台临水方百步"以下十九行的注文搬到下面"汝水别渎又东径公路"之下，割去了"台北"二字，这段注文就成这样了："汝水别渎又东径公路台，临水方百步，袁术所筑也。……"这十九行的移动是不错的。但朱谋㙔不知道这里错的是一整叶共二十二行，所以他只移了十九行，剩下一行经文，两行注文，还留在原来的地方。这是第一错。那留下的经文说颍水"又东南至慎县东南入于淮"，颍水最后入淮水，这明明是最后一条经文，朱谋㙔竟把这条经文留在原处，仍作《颍水》篇的第五条经文，后面还有五条经文！这是第二错。因为朱谋㙔不曾觉悟"至慎县东南入于淮"是颍水最后一条经文，所以他也不觉悟《颍水》篇最后七行注文（中间明明提到慎县，也明明提到"颍水又东南入于淮"）确是《颍水》篇最末的一节。他把原来错简十九行认作《颍水》篇的末段，又把原刻本的最后七行注文提到前面去，放在经文"又东南至慎县东南入于淮"的前面！于是原来不错的最后七行注文，反被朱谋㙔改成错简了！这是第三错。他认清了"公路台"是袁术所筑，但他不知道原文应该是"径公路台北"下接"台临水方百步"，他割下了"台北"两字，连同《颍水》篇的最后七行，都移到前文去了。这是第四错。

这四点错误都可以证明朱谋㙔决没有古本作改订的根据。他说"今据宋本改正"，是假托的。

朱谋㙔完全没有感觉同卷的《渠水》篇也有错简一叶，所以朱氏的《水经注笺》的《渠水》篇没有改正错简之处。

朱谋㙔曾用谢兆申的钞宋本订正了黄省曾本好几处错简。但谢本第廿二卷同黄本有同样的错简，故谢本不能帮助朱谋㙔改正《颍水》与《渠水》的两处错叶。

赵一清在乾隆八九年间借得了扬州马氏藏的孙潜校本。孙潜曾用柳佥的钞宋本来校勘朱谋㙔本。柳佥本廿二卷的《颍水》篇同《渠水》篇都没有错叶，故孙潜把《朱笺》本的这两叶错简都改正了。赵一清的一切校本（赵一清亲笔写定的小山堂最早定本，项絪本上赵一清手校本，《朱笺》上朱墨校本，最后稿本，汪氏振绮堂钞最后稿本，小山堂清钞付刻本，吴骞拜经楼钞本）都依据孙潜校柳佥本，改正了这一卷里的两处错叶。全祖望的校本真迹也依据孙潜本改正了这两处错叶。

决没有研究《水经注》的学者见到了赵一清或全祖望的校本，而不会改正廿二卷的两处错叶的。

戴震自定《水经》一卷,现存两个本子:一是建德周暹先生藏本,一是北京大学藏本。戴震在乾隆三十年乙酉八月,考定了《水经注》的经文与注文,写定《水经》为一卷,共分三个部分,一为考定的《水经》,二为《附考》,三为《后记》一篇。《附考》分十节,其第八节是记载《颍水》篇应该改定的情形。这一节的全文,我钞在下面:

> 颍水注:封侍中辛毗为侯国也,(原注:下误接"颍水又东南径柏祠曲东历冈台北陂")颍水又东南流,陂水注之。至疑故陶丘乡,所未详。(原注:误接"俱承次塘细陂南流注于颍下")经:又东南至慎县,东南入于淮。至注:俱承次塘细陂,南流注于颍。(原注:误接"盖颍水之会淮也"下,"颍水又东南流陂水注之"上)颍水又东南径柏祠曲,东历冈台北陂。至盖颍水之会淮也。(原注:误接"封侍中辛毗为侯国也"下,经文"东南至慎县"之前)

这是戴震不满意于朱谋㙔改定的《颍水》篇,所以他用《朱笺》本作底子,重作一番大改定。

戴震看清了朱谋㙔不应该把颍水入淮水的经文留在前面,也不应该把《颍水》篇最后七行注文移到前面去。所以他把"又东南至慎县东南入于淮"一条经文移到《朱笺》前已搬移的错简十九行之后,又把那条经文下面的注文也搬移了二十四字跟在经文之后。他又把朱谋㙔误移向前的《颍水》篇最末七行注文仍旧搬回到《颍水》篇末尾去。这三点就把我在上文指出《朱笺》的第一、第二、第三个错误差不多全改正了。

我们看戴震写定的《水经》,《颍水》一篇的经文是这样改正的:

> 颍水出颍川阳城县西北少室山,东南过其县南,又东南过阳翟县北,又东南过颍县县西,又东南过颍阴县西南,又东南过临颍县南,又东南过汝南㶏强县北,洧水从河南密县东流注之,又东过西华县北,又南过汝阳县北,又东南过南顿县北,濦水从西来注之,又东南至新阳县北,蒗荡渠水从西北来注之,又东南至慎县东南入于淮。

这是很正确的改正朱谋㙔本。

但我们细看《附考》所记戴震改移《朱笺》本的详细情形，我们才知道戴震当时只有朱谋㙔的本子，没有比较《朱笺》以前的黄省曾、吴琯旧刻本，所以他也没有觉悟朱谋㙔改动以前的错简只是一个整叶二十二行。这一点根本缺陷，就使戴震改正《朱笺》本时，也闹出了不少的错误。

我现在先把《朱笺》改错了的部分钞在这里：

1	魏明帝封侍中辛毗为侯国也颍水又东南径柏
2	祠曲东历冈台北陂陂水南流积为江陂南径慎
3	城西侧城南流入于颍颍水又径慎县故城南县
4	故楚邑白公所居以拒吴春秋左传哀公十六年
5	吴人伐慎白公败之王莽之慎治也世祖建武中
6	封刘赐为侯国颍水又东南径蜩螗郭东俗谓之
7	郑城矣又东南入于淮春秋昭公十二年楚子狩
8	于州来次于颍尾盖颍水之会淮也
9	又东南至慎县东南入于淮
10	颍水东南流左合上吴百尺二水俱承次塘细陂
11	南流注于颍水又东南江陂水注之水受大漅
12	丘城南故汾丘城也春秋左传襄公十八年楚子

我们可以先看朱氏的错误。古本"东历冈"（2行）应该直接"丘城南"（12行），合成"东历冈丘城南"。但朱氏留下了经文一行（9行）和注文两行（10至11行），这已是错了。他又把《颍水》篇最后七行（2行"台北陂陂水南流"起，至8行"盖颍水之会淮也"）搬到那一行经文之前来，那就更错了。孙潜根据柳佥的钞宋本，把朱谋㙔搬来的七行，割去"台北"二字，从"陂陂水南流"（2行）起，接到"水受大漅"（11行）之下，合成"水受大漅陂，陂水南流，积为江陂"，就通顺了。这十行都搬到《颍水》篇末尾去，于是"东历冈"接着"丘城南"，一切错误都解决了。赵一清、全祖望的校本早就依据孙潜本这样改正了。

可怜戴震从乾隆三十年到三十七年，还在暗中摸索！他被朱氏改本困住了，没想到问题能这样容易解决。他把"辛毗为侯国也"（1行）接到"颍水又东南流（黄省曾本作"江"字，《朱笺》妄说"宋本作'流'字"，故谭元春、项絪、黄晟三本皆改作"流"字，戴氏初亦作

"流"字)陂水注之水受大漴丘城南……"(11、12行以至朱本的《颍水》篇末尾)。这里他有了两大错:"颍水又东南径柏祠曲东历冈"这十二字被他割出来成了新错简了。"颍水又东南流陂水注之水受大漴"这十四字被他搬错了,也成了新错简了。从这两条新错简上,当然又生出了三大错:原文"东历冈丘城南"一句还是被腰斩的;原文"水受大漴陂"一句也还是被腰斩的;"台北"两字也没有找到原来地方。

这些错误都可证明戴震在乾隆三十年已经把全部《水经注》的经文与注文划分清楚了,但他还没有见着扬州马氏藏的孙潜校柳佥本,也没有见着赵一清、全祖望的《水经注》校本。北京大学所藏戴震自定《水经》一卷,是乾隆三十七年夏重钞的,有他自己改定的笔迹。但《附考》的颍水一节还没有改善。在这两个本子里,《渠水》篇的错简一叶都没有改正。这都可以证实戴震到三十七年夏天还没有得见孙潜校本或赵一清、全祖望的校本。

乾隆三十八年八月戴震到北京,在四库全书馆得见《永乐大典》里的《水经注》,他才改正了《颍水》、《渠水》两篇的错简。官本在这两篇改正错简之处,都有校语,说"原本"(即《大典》本)不误。在《颍水》篇末尾,官本校语说:

> 案"水受大漴陂"陂字起,至此,朱谋㙔本讹在前"历冈丘城南"冈字下。而陂字之上,冈字之下,又误截"径公路台北"句"台北"二字杂入其间。朱氏以为据宋本,实前后舛谬。惟《永乐大典》内此水叙次不紊。

卅七,七,四,写成
卅七,七,五,改定。两年前此日,我从海外回到上海。

哈佛大学图书馆藏有一部黄晟刻的《水经注》,其卷一与卷五有人过录戴震的早年《水经注》校本,有"东邍氏"(即东原氏)自记云:

> 郦氏书四十卷,宋时已亡其五。今之四十卷乃鄙陋之徒妄析三十五〔卷〕为之,故有上卷之注割为下卷端首者。至如所题"沔水下"当在"沔水中"之前。又使经误入注,注误为经;《颍

水》《淇水》《渭水》中经注前后淆乱。余以两月之力方得其绪，深惜此书之晦蚀于今数百年也。东邊氏记。

此中说的"颖水经注前后淆乱"，即是指朱谋㙔改定的错简。此记也没有指出《渠水》有错叶。

胡适。卅七，七，五

（收入胡适遗稿：《〈水经注〉校本的研究》，

《中华文史论丛》1979年第二辑）

戴震自定《水经》一卷的现存两本

一、北京大学藏廖嘉馆李氏旧藏孔继涵本

二、建德周暹先生藏本

乾隆三十年乙酉六月至八月之间,戴震考订《水经注》里混淆的经文与注文,写定《水经》一卷。他自己有后记一篇,说"今就郦氏所注,考定经文,别为一卷,兼取注中前后倒紊不可读者为之订正,以附于后。"段玉裁曾记此事,见《经韵楼集》七,叶三六,又见他所编《戴东原年谱》的乾隆三年条下。《年谱》又在乾隆三十九年条下说:

> 更定经注定于乾隆乙酉,入都即以示纪文达,钱晓征,姚姬传及玉裁,不过四五人。钱姚皆录于读本,玉裁亦以明人黄省曾刊本依仿以朱分勒,自此传于四方矣。

乾隆三十年条下所记稍有不同:

> 是年秋八月定《水经》一卷。自记云……(此下摘钞自记二百廿八字)玉裁按,此《水经》一卷,今未著录。……玉裁昔年写得此本,并自记一篇,固当镌赠同志。

这两条所记,是一件工作的两个方面。戴震初次改定经文与注文的时候,必是在他的《水经注》校本上用墨笔朱笔标记出那些是经文混成了注文,那些是注文错成了经文。这些标记钩抹不过是他的《水经注》校本的一部分,因为一部《水经注》里,只有几条大水——河,济,渭,洛,淮,江,沔,——有经注互相混淆的现象。后来他爽性把全部《水经》写成一个单行的定本,这才成了他的"自定《水经》一卷"。自定《水经》的后面附记着他的全部《水经注》校本里的一些比较重大的订正,作为"附考"。这本单行的"自定《水经》"是三十三叶的一个小册子,最便于过录,又最便于保存。但这小册子不够表示他的全部校本,故他的朋友往往要借他的《水经注》校本去过录。段氏所记"以黄省曾刊本依仿以朱分勒",在只是用一部《水经注》刻本把戴氏的校订全部过录在上面,不仅仅是录写那单行的《水经》一卷而已。

近年出现的戴震与段玉裁手札十一封,其
第一札是段氏的短柬,说:

> 《水经》一本,裁已抄完。乞将校定全书并裁所上全部付来手。

戴氏在原柬上答道:

> 弟校本数日前为姚六哥(鼐)取去,余俱奉上。(此柬段氏题丙戌,即乾隆三十一年。)

第二札是戴氏的短柬

> 《水经注》尚缺第二十六卷。今将吴刻一本并原书一本作款式。又唐宋文一册附上。(丙戌)

又第五札,戴氏说:

> ……《水经》一本,藩台欲抄,便中速寄。

第一札与第五札说的"《水经》一本",即是那自定《水经》一卷。第一札所谓"校定全书"与"弟校本",即是戴氏的全部《水经注》校本。段氏已钞定了《水经》一卷,还要借他的"校定全书"去过录。全部校本是不容易钞录的,故段氏送一部旧刻《水经注》去请他画定"款式",故第二札说,"今将吴刻(即吴中黄省曾刻的《水经注》)一本并原书一本作款式。"大概就是段氏说的"依仿以朱分勒"的款式。

过录的戴震全部《水经注》校本,我们在国内至今还没有看见一部(海源阁杨氏过录的沈大成校《水经注》本,钞有戴震在乾隆廿五年的校订。那是他早年的见解,那时他还没有考定经注)。前几年我在美国哈佛大学 Harvard University 汉和图书馆看见一部黄晟刻的《水经注》,其上有一位不知姓名学者用朱墨笔过录了一位"东邍氏"的校记,还有改订经注混淆的许多地方。"东邍氏"即是戴东原,见于段氏《经韵楼集》。此本目录之后,有自记云:

> 郦氏书四十卷，宋时已亡其五卷。今之四十卷，乃鄙陋之徒妄析三十五(卷)为之，故有上卷之注割为下卷端首者！至如所题"沔水下"当在"沔水中"之前。又使经误入注，注误为经。颍水，淇水，渭水中经注前后淆乱。余以两月之力，方得其绪。深惜此书之晦蚀于今数百年也。东邊氏记。

第一卷首叶上方批云：

> 凡注内用朱笔双抹者，经误入注也。其注之误为经者，并用单抹。本水以朱，入本水者以蓝，又入所入水者以墨。墨有粗细之别。其本水分出之枝水，亦同此例。
>
> 是书以考水地为主。其无关考证，及援引谬误者，悉钩乙其处删之。

哈佛本只用朱笔钩抹了卷一，卷二的首十二叶，卷五的首九叶，并用墨笔过录了校记。这个哈佛本虽然不满三卷，但戴震最初改定经注的情形，他的《水经注》校本的形式，都只有这个残本还保存一个大概。这个残本也可以使我们明白段玉裁说的"依仿以朱分勒"不是指那单行的《水经》一卷(哈佛此本，我曾过录，并照影片两叶)。

单行的一卷本《水经》，我们现在只知道有两个本子。一是建德周叔弢先生藏本，一是北京大学藏本。周本是根据乾隆三十年写定本钞写的。北大本卷首有"爱日楼定本"五字，卷尾有"乾隆三十七年壬辰夏钞"十字，书中又有朱笔改动甚多，都是周本所无。故北大本显然代表七年之中陆续修改后的"定本"。

两本都分三个部分：一是重定的《水经》本文，二是《附考》十节，三是《自记》一篇。

(一)《水经》一卷

河水经文改动最大的有这些：

(1)"河水冒以西南流"，北大本朱笔删。

(2)"又南出葱岭山"，周本如此，北大本朱笔改出为入，增"又从葱岭出而东北流"九字。

(3)"北流与葱岭河合"，北大本"河"上朱笔增"所出"二字。

（4）"又东过平阴县北，清水从西北来注之，又东至邓，湛水从北来注之。"北大本湛水上朱笔增"又东过平县北"六字。

（5）"又东过卫国县南"，北大本朱笔删国字。

洞过水经文之末有"出晋水下口者也"七字，北大本朱笔删，注云，"此句乃注文，今改正"。

淇水经文"平阴县"，北大本朱笔删阴字。济水经文有四处要改动：

（1）"坟城"，北大本朱笔改"陨城"。

（2）"又东北过甲下邑入于河，又东北入海。"北大本朱笔删"又东北入海"五字。

（3）"又东过湖陆县南"，北大本"又东"上，先有墨笔加"菏水"二字，朱笔删此二字（适按，官本仍有此二字，自刊本无此二字，与自定《水经》北大本相同。官本有此二字，大违东原本意）。

（4）"睢水从西来注之"，北大本朱笔改睢水为获水。

浊漳水经文"又东北过屯留县东，又东北过潞县北"，北大本朱笔改为"又东北过屯留县南，潞县北"。

易水经文"束州县南"，北大本朱笔改"泉州"。沽河经文"为沽河"，北大本朱笔改"为潞河"。

又"又东至南泉州县"，北大本朱笔钩乙"至南"二字，故此句读"又东南至泉州县"。

伊水经文首句"伊水出南阳县西蔓渠山"，北大本朱笔于"南阳"下添"鲁阳"二字。

渭水经文"又东过上邽县"下，两本皆有：

  又东过陈仓县南，

  又东至美阳县西，雍水从北来注之。

  又东过郿县南，

  又东过武功县北。

北大本朱笔改为"陈仓县西"，又删其下两条经文，共二十字。

漾水经文"东南入于江"之上，北大本朱笔添"又东南过江州县东"八字。

汳水经文"入淮阳城中",北大本朱笔改"淮"为睢。又"梁郡蒙县"下有墨笔校云:"梁郡当作梁国,下二条(指获水、睢水)同。"

汶水经文"又东南过奉高县北"(周本误作"泰高"),北大本朱笔改"又东南"为"又西南"。

沂水经文"屈从县西南流",北大本朱乙为"南西"。

沭水经文"东莞县西北山",北大本朱笔于"山"上添"大弁"二字。

出朱虚县泰山之汶水上,北大本朱笔加"东"字。

潍水经文"出琅邪箕县",北大本朱笔加"潍山"二字。

沔水经文"又东过中庐县东,淮水自房陵县淮山东流注之。"此下北大本有朱笔校记云:"殿本作维水维山,有注。"此条似是孔继涵在殿本印出后的校语。殿本作维水维山,注云:

案维,近刻作淮,《汉书》同。《汉中志》及《巴汉志》并云房陵县有维山,维水所出,可证淮字之讹。(适按,此校颇可疑。《汉中志》是《华阳国志》之一卷,其中有此语。但《巴汉志》是何书? 况且不称《华阳国志》而称《汉中志》,也颇可怪!)

淯水经文"攻离山",北大本朱改"攻"为"支"。

又"西过邓县东",朱改"西"为"又南"(殿本作"南"。自刻本作"又南")。

灈水经文"兴山",北大本朱改"奥山"。

沮水经文"沮水出汉中房陵县淮水",北大本朱笔于"沮水"上添"南字",又改"淮水"为"东山"。

夏水经文"流于江陵县东南",北大本朱改"流"为"沣"。

羌水经文"参谷",北大本朱改"参狼谷"。

涔水经文"北至沔阳县南",北大本朱改"沔"为"安"。

江水经文首句"湔氐道县",北大本朱删"湔"字。又"洛水",朱改"雒水"。又"又东过郲县南,又东过鄂县北",朱删下"又东过"三字。又末句"刊水",朱改"利水"。

存水经文"郁鄢县",北大本朱改"鄢"为"邬"。

钟水经文"部山",北大本朱改"都山"。又"与鸡水合",朱改为"漼水"。

浿水经文"累石山",北大本朱改"累"为"磊"。

《禹贡山水泽地所在》部分的异文：

王屋山"垣曲县",朱删"曲"字。

积石下"《山海经》云山在邓林东;河所入也",此十三字,朱笔钩抹去。

蟠冢山,朱改"熊耳山"。

东陵地"金兰西北",兰下朱添"县"字。

以上校勘两本《水经》的异同。

朱笔修改的字迹我用孔继涵的《水经释地》稿本(北大藏,也是麐嘉馆旧藏)来细细比勘,断定是孔继涵的手笔。此本的本身是早年钞的,与周本同出于乾隆三十年的原本。朱笔所改似是孔继涵用戴氏乾隆三十七年夏的"定本"来校勘,把修改的文字过录在孔氏旧钞本之上。

但朱笔所改之中,有一小部分似是孔继涵晚年著作《水经释地》时,用武英殿本同自刊本比勘后的校记。最明显的例是沔水经文中庐县条"淮水自房陵县淮山东流注之",朱笔校云："殿本作维水维山,有注。"自定《水经》与自刊《水经注》同作淮水淮山,而殿本作维水维山。那时戴震已死了,无可质问了,所以孔氏有此校语。他的《水经释地》从殿本作维水维山,并引殿本校语全文(北大藏孔氏《水经释地》稿本,有逐日抄写日记,起于乾隆四十六年辛丑闰五月,至四十七年壬寅十二月,东原已死四五年了)。此外,如渭水经文吴阳县郿县两条被删去,决不是戴震壬辰改本所有,我想也是孔继涵后来校删的(汳水经文"梁郡"墨笔校云,"当作梁国",也是孔氏后来的校记。但《释地》仍作梁郡)。

(二) 附考

《附考》部分,两本没有文字上的异同。但周本《附考》各节之上没有数目字表示章节。北大本则有墨笔标出十章,每章首字上加一圈。各章次第已照戴震所定各水次第改定：

一、河水　　分八节　　　二、淇水　　分二节
三、易水　　分二节　　　四、湿水
五、渭水　　（原第七，墨笔改"五"）分三大节
六、洛水　　（原第五）　　七、谷水　　（原第六）　分二节
八、颍水　　　九、江水　　（原第十）　　十、沔水　　（原第九）

《附考》十章，使我们可以考见戴震《水经注》校本里的一些重要校订。如河水第二节用《十洲记》校订一大段，注云，"此条洪汝登所校正"。洪汝登是洪榜。又如河水第一节，东原注云，"旧本有二，一本每页二十二行，一本二十四行，每行皆二十字，注低一格。此系二十二字者"。淇水章，东原注云，"满二十四行者两页，误入湿水注"。这里他辨别黄省曾本是两种古本凑成的，这是前人没有说过的。

最重要的是第五节所记戴震用种种方法试补《渭水中》篇的阙文，甚至于推测阙文中应有两条经文，于是他补了两条经文！他不知道这儿阙的是一整叶二十二行，四百十八字。他补来补去，共补了一百七十多字。这一点最可以证明他决没有看见赵一清或全祖望的《水经注》本子，因为他们在乾隆八年之间已从孙潜校柳佥本里补得这一叶脱文了。

同样重要的是第八章所记戴震订正《颍水》篇的错简一叶。朱谋㙔曾改正这里的错简，但他不知道这儿错的是一整叶，他改的更错了。戴震也不知道原来错的是一叶，他又没有比勘黄省曾或吴琯刻本，他只用朱笺做底本，虽然改对了大部分，却又改错了一部分。这一点也可以证明戴震没有看见赵一清、全祖望的校本，因为全赵两公早就依据孙潜校柳佥本订正了这一错叶了。

《附考》十章里不曾提到《渠水》篇的一叶错简的改订。这也可以证明戴震没有得见全赵两家的校本，因为孙潜根据柳佥本订正了这一错叶，全赵两公也是就依他改正了。决没有郦学专家得见全赵校本而不会改正《渠水篇》这一叶的。

（三）自记一篇

《自记》一篇，题"乾隆三十年乙酉秋八月休宁戴震记"。北大本

此下有墨笔写的"乾隆三十七年壬辰夏抄"十字。壬辰即是东原进四库馆的前一年。段玉裁刻《戴东原集》,把这篇《自记》收在卷第六,题作《书〈水经注〉后》。

段玉裁在乾隆五十七年壬子八月作《东原集》的《复校札记》,他在《书〈水经注〉后》题下说:

> 此篇删去二百余字,以其语已见于前篇也。(前篇是《水经郦道元注序》,即东原自刊本自序)古人文不嫌复见。经传内复见者亦多矣。

段先生在《东原年谱》里,曾指出他编刻《戴集》时,

> 惜牵于家事,未能亲校。友人臧庸顾明编次失体,字画讹误,未称善本。

此文删去二百多字是臧顾两人做的,但段先生始终没有把这一篇《自记》里被删去的二百余字补钞在《复校札记》里。

北大本与周本的发现,才使我们知道段刻本删去的文字是这些:

> 自"水经立文"以下,至"凡经例云过,注例云径",凡一百三十七字。

> 自"其三十四卷之首"至"遂割分异卷,而",凡三十八字。

> 自"宋王伯厚"至"又"字,凡三十八字。

这三处合计二百十三个字。我在民国三十五年八月里,曾写短文报告这篇《书〈水经注〉后》的全文的发现。(《经世日报》卅五,八,廿一日《读书周刊》第二期)这里被删去的第一段正是戴震最初发现《水经注》里混淆的经文与注文如何辨别厘订的四大条例。臧庸与顾明的糊涂真不可恕!若非这两个精钞本的发现,我们就不会知道这些条例是戴震在乾隆三十年早已明白规定的了。

(四)戴震三次改定一百廿三水的次第的记录

以上叙述的是这一卷戴震自定《水经》的三个部分的情形。但我细细研究周本与北大本我才明白,这两个本子里还保存着戴震三次改定《水经》一百二十三水的次序记录。这是此卷的第四部分,其重要性也不亚于前三部分。

建德周氏本封面上有人题"戴东原水经考次手稿"九个字。这是错误的题名。错误的来源是由于周本首叶有"水经考次目录"一行,其下即是戴震第一次改定《水经》各水的新次序。"水经考次"不是这一卷书的标题,只是说下面的各水次序不是向来刻本的次序,乃是新"考"次的,所以题作"考次"。

北大本没有"水经考次目录"六字,但首叶有两张目录,一是旧本的各水次序,二是新考定的各水次序。这个新次序与周本首叶相同。

北大本《水经》的各水首句之上,有墨笔标记改定的各水次序,如汾水上标"二"字,浍水上标"七"字,涑水上标"八"字,文水上标"四"字。这个次序与首叶的新次序相同,与周本首叶的"考次"也相同。

这是戴震第一次改定的各水次序,同他的自刊本《水经注》的各水次序不相同。

北大本《水经》的各水首句之上,又有朱笔标记他后来重新改定的各水次序,如汾水改标第八、浍水改第十三、涑水改第十四、文水改第十。这是戴氏最后改定的各水次序,同他自刊本《水经注》的各水次序完全相同。

但北大本还夹着两叶字纸。两叶上都写着一百廿三水的名字,其次序两叶相同,但都与第一次改定次序不相同,也与朱笔最后改定的次序不相同。很明显的这是东原第二次改定的各水次序。后来他的主张改变了,所以他就在一个单叶上用朱笔标出他第三次改定的次序。后来他决定采用第三次的方案,所以这两叶都不用了,只夹在这本子里做个附件。

我研究这三次改定的各水次序,可以看出东原如何用心思,如何几次寻求一个或几个最合理的排比原则。第一方案在周本与北大本都分八组。第二方案(北大本夹叶)好象只分河济淮江四大组。第三方案(北大本朱笔最后改定)只分河与江两大组,也可以说是北与南两大组。

现在先钞第一次改定的各水次第:

（1）河1 汾2 晋3 文4 原公5 洞涡6 浍7 涑8 湛9 沁10 清11 淇12 荡13 洹14 浊漳15 清漳16 滱17 易18 巨马19 圣20 湿21 湿余22 沽河23 鲍丘24 濡25 大辽26 小辽27 浿28

（2）渭29 漆30 沮31 沪32 洛33 谷34 涧35 瀍36 甘37 伊38

（3）济39 汶40 瓠子河41 淄42 巨洋43 潍44 汶45 胶46 泗47 洙48 沂49 沭50

（4）淮51 汝52 潩53 沅54 潳55 灈56 颍57 濦58 溴59 洧60 潧61 渠62 阴沟63 汳64 获65 睢66

（5）决67 沘68 泄69 肥70

（6）江71 羌72 漾73 涪74 梓潼75 潜76 夷77 沮78 漳79 沔80 溠81 均82 丹83 粉84 淯85 湍86 比87 白88 夏89 涢90 漻91 蕲92 施93

（7）沫94 青衣95 若96 淹97 油98 澧99 沅100 延江101 资102 湘103 钟104 深105 耒106 洣107 漉108 涟109 浏110 溱111 庐江112 赣113

（8）浙江114 桓115 叶榆河116 温117 存118 浪119 漓120 洭121 溱122 斤员123

江已南至日南二十水　禹贡山水泽地六十

其次，我把北大本夹叶上的第二次改定的次序钞在这里。在那张夹叶上，有墨笔在浿水下作一钩，沭水下又作一钩。肥水下没有记号，但我推测这第二方案好象是分河济淮江四组的。所以我钞第二表，也分四组写：

（1）河水一　河水二　河水三1 汾2 晋3 文4 原公5 同过6 浍7 涑8 湛9 沁10 清11 渭12 漆13 沮14 沪15 洛16 谷17 涧18 瀍19 甘20 伊21 淇22 荡23 洹24 浊漳25 清漳26 滱27 易28 巨马29 圣30 瀔31 瀔余32 沽33 鲍丘34 濡35 大辽36 小辽37 浿38

（2）济39 汶40 瓠子41 淄42 巨洋43 潍44 东汶45 胶46 泗47 洙48 沂49 沭50

（3）淮51 汝52 潩53 沅54 潳55 灈56 颍57 濦58 溴59 洧60

潧 61 渠 62 阴沟 63 汳 64 获 65 睢 66 决 67 沘 68 泄 69 肥 70

（4）江 71 羌 72 漾 73 涪 74 梓潼 75 潜 76 夷 77 沮 78 漳 79 沔 80 泺 81 均 82 丹 83 粉 84 淯 85 湍 86 比 87 㳛 88 夏 89 涢 90 澛 91 蕲 92 施 93 沫 94 青衣 95 若 96 淹 97 油 98 澧 99 沅 100 延江 101 资 102 湘 103 钟 104 深 105 耒 106 洣 107 漉 108 涟 109 浏 110 㵋 111 庐江 112 赣 113 渐江 114 桓 115 温 116 存 117 浪 118 漓 119 湟 120 溱 121 叶榆 122 斤南 123 日南二十水

这是北大本两张夹叶上写着的各水次序。次序是原有的，每水下的数目字是我加的。两叶的字迹都很幼稚，象是一个小学生钞写的。一个夹叶上每一水之下，各注明"入某水"。如汾水下注"入河"，晋水下注"入汾"，涑水下注"注张阳池"。另一夹叶上只有一百廿三水的名字，依这个新改的次序排列。但这一叶有些水名之上又有朱笔标记了一些数字，表示一种新的排列方法。最可注意的是这些水名：

   汾改八 晋改九 文改十 原公改十一 洞过改十二 浍改十三 涑改十四

新提向前的是这些：

   渠原六二，朱改二   阴沟原六三，朱改三
   汳原六四，朱改四   获原六五，朱改五
   睢原六六，朱改六   瓠子原四一，朱改七

这六水"皆出于河之水"，故提向前。因此，汾水就降为第八了。朱笔标记的还有：

   潧原六一，朱标六六。 决原六七，朱标六七。
   沘原六八，朱标六八。 泄原六九，朱标六九。
   肥原七十，朱标七十。
   施原九三，朱标六九。适按，施水当标七一。

这些改定，除施水有小误之外，都与东原最后改定的各水次序相合。所以这一纸散叶好象是戴震从第二方案改到第三方案的过渡草稿被孔继涵偶然保存在这里。

  戴氏最后改定的各水序，见于他自刊的《水经注》目录，我不用全钞在这里了。我现在要报告，北大本自定《水经》的各水首句的上

方用朱笔标记的次序数字,有过半数以上是错误的。这些错误好象是因为此本的底本上各水改的改定次序偶然有了四个基本错误,写了两个"四十八",两个"五十四",两个"七十四",两个"八十六"。这样一来,从潍水(第二个"四十八")以下,数目字全错了。四十八以下,每水须加一;五十四以下,每水须加二;七十四以下,每水须加三;八十六以下,每水须加四——方才合于自刊本的各水次序。北大本的底本也许就是戴震最后改定这些数字的稿本,所以有这许多错误。朱笔钞写的人(也许是孔继涵)已发觉这些错误了,故他在潍水(48)淮水(54)漾水(74)湍水(86)的数字上都加个"又"字!

我们看这些数字的错误,我们可以推测这个北大本的底本大概就是戴震在乾隆三十七年壬辰夏季以后自己修改校正的稿本。

在北大本的末行"乾隆三十年乙酉秋八月休宁戴震记"之下,有一行小字"乾隆三十七年壬辰夏抄"。孔继涵说过:

> 东原氏之治《水经注》也,始于乾隆乙酉夏。越八年壬辰,刊于浙东,未及四之一,而奉召入京师,与修《四库全书》,又得《永乐大典》内之本,兼有郦道元自序。(戴氏自刊本《水经注》的孔氏后序)

重抄这一卷自定《水经》,大概是要作刊刻《水经注》的准备。抄成之后,作者又做了一番考订的工夫,故此本的经文有许多修改之处。那一百廿三水的次序的几次改定,当然也是抄成后的新成绩。

戴震的自刊本是要用他自己的各水次序做全书次序的。试看北大本夹叶上写的那第二次改定方案已把河水分作三部分:河水一为印度诸水,河水二为葱岭于阗二水,河水三为入中国之河水。这正是他的自刊本的办法。河水以下,除了渠水等"出于河之水"与夷水夏水等"出于江之水"提向前之外,各水的次序都大致与自刊本的排列相同。大概乾隆三十七年下半年的这些修改都是刻书之前的预备工夫。戴震那一年得了浙东金华书院的讲席,生活粗粗安定了,故他能从容修改校正他的《水经注》,从容写定付刻。

次年(乾隆三十八年)四库全书馆成立,他奉召做纂修。其时他的《水经注》只刻成了"四之一"。《四库全书》的工作就使他把自刊本搁下了。但这一次停顿于他的《水经注》有很大的利益。因为那时候,四库馆的学者早已在《永乐大典》里抄出来了一部古本《水经注》,其中有《渭水》篇脱去的一整叶,其中《颍水》《渠水》两篇都没有错叶,卷首还有郦道元的自序全文:这都是戴震没有见过的宝贝!此外,《永乐大典》本还有不少可以供校勘之处。他知道了这个本子,借了去校订"其生平所校《水经注》本"。他自己说,他八月到馆以后:

> 数月来,纂次《永乐大典》散篇,于《仪礼》得张淳《识误》,李如圭《集释》。于算学得《九章》,《海岛》,《孙子》,《五曹》,《夏侯阳》,五种算经。皆佚而存于是者,足宝贵也。(癸巳十月卅日灯下与段玉裁书)

他的工作是《仪礼》与算经。《水经注》早已有别人在馆纂修了,他不过借来校订他自己的校本罢了。但四库馆的大臣们后来就请担任校正《水经注》的事。洪榜作的《戴先生行状》说:

> 先生治是书(《水经注》将卒业,会朝廷开四库全书馆,奉召与为纂修。先生于《永乐大典》散篇内因得见郦氏自序,又获增益数事。馆臣即以是属校正。上其书,诏允刊行焉。(《初堂遗稿》)

四库馆的《水经注》最后是用总纂官纪昀、陆锡熊,纂修官戴震的名义校上的。

戴震自己对于这部官本《水经注》,好象颇不高兴,颇不满意。他自己的《水经注》序里没有一个字提到这部官本。他决定要把他在南方已开刻而未刻成的《水经注》继续刊刻完成。这部书没有刻成的年月。但孔继涵刻的《戴氏遗书》,每种各有"微波榭刻"与《戴氏遗书》字样,而《水经注》独没有这两行字,故可推知《水经注》是戴震生存时自刻的,后来板片才归孔家。孔继涵在后序里曾说他自己曾帮助东原检阅群籍,校订字句。北大本的后幅,装有孔继涵笔迹两叶,是他的《文选注》里引的《水经注》文,其上有朱笔标注某条见于《水经注》的某卷某叶。这是这两位互相爱敬的大学者在学术上合作互助的证件。

北大此本是麋嘉馆李木斋先生的藏书。我检查李家这一批书,其中有孔继涵的《水经释地》原稿本,有戴震的文稿一册。我猜想,这些孔戴遗稿都是微波榭孔家出来的。这部"爱日楼定本《水经》"一卷就是其中的一件无价之宝。"爱日楼"大概是戴震的楼名。他很少别号,他注《诗经·周南》、《召南》,自题"杲溪《诗经》补注"。

卅七年(1948)七月廿三日
胡适写在北平东厂胡同一号

(收入胡适遗稿:《〈水经注〉校本的研究》,
《中华文史论丛》1979年第二辑)

跋杨守敬论《水经注》案的手札两封

杨守敬写给梁鼎芬的手札两封,墨迹现归陈垣先生,去年我钞得一本,今天才写这篇跋。

后札题四月十三日,故前札应是四月十二日。两札都不记年份,但可以推知大概光绪十九年四月。两札都提到王先谦刻的《合校水经注》,王书刻成在光绪十八年七月,故两札大概是在王氏《合校水经注》刻本已送给武昌朋友,而武昌书店还没有发卖的时候,故我定为光绪十九年四月(可更后一年,但不能更早)。

后札说"昨论仲修日记",共举四事,都出于谭献的《复堂日记》。《日记》刻本虽题"光绪丁亥(十三年)六月",但卷七卷八有丁亥至辛卯(十七年)除夕的日记,故《日记》刻成也必是在光绪十八年或十九年。这书初到武昌,武昌的一班文士在十九年四月十一日的席上谈论这部新出的《复堂日记》里说的关于戴东原赵东潜两家《水经注》的判断(《日记》卷六,叶一至二),于是引起了杨守敬、叶浩吾诸人的议论。那天杨守敬就把梁鼎芬新收到的王先谦《合校水经注》借去翻看了一夜,明天他就写了前一札,说他"恍然悟戴氏袭赵有确征也";后一天他又写了后一札,补充前札"意犹未尽"的话。

四月十一日"席上谈及戴赵两《水经注》本,称戴氏盗袭赵书,已成铁案",证以后札,我们可以知道席上谈论是从谭献的《日记》新刻本开始的。所以我先引谭献的《日记》的话。他说:

近日四明张寿荣重刻赵校《水经注释》序,石州(张穆)于《水经注》排击戴本云云。

今《文集》(张穆的《𦠿斋文集》)中不见绪言,盖《水经注

表》别有专书。(卷五,叶廿三)

这是谭献光绪七年的日记。张寿荣刻的《水经注释》是光绪六年刻成的。光绪八年谭献日记说:

> 自正月下旬至三月中校《水经注》卒叶。今年始合赵戴二本,校录鄂刻官本之上。盖朱笔点记赵本,黄笔点记孔刻戴本也。

又说:

> 《水经注·渭水》篇,赵戴二家读定精审,而后起者胜。窃以为创获尤难。……朱谋㙔笺为是书启剔榛楛。东潜修饰润色,而分别经注,大有功于后来。东原氏虽研讨益精,难易稍殊。赵本先成而晚出行世,或戴氏所未见。梁曜北段懋堂门户之争,可以存而不论。观《朱笺刊误》,则校雠踪迹具在,精勤岂让东原?造车合辙,或有是理。第自中尉(朱谋㙔)以来,皆有他书改本书之失。窃谓原本之可通者,当存其本来。群书之引经注者,尚博识而慎取之。至他籍之言,可存其说,不可遽灭旧迹也。《朱笺刊误》最系是非。何以《大典》所录与诸家先后校雠十同七八?则不能使人无疑。经注杂糅,固是定论。但如今本,经文未免太简,恐不成书。当以质之来哲。(卷六,叶一至二)

谭献对《水经注》的疑案,没有明白的见解,他的态度颇持两端,而颇疑心戴震有沿袭赵一清之处。他先说"后起者胜,创获尤难",又说,"东原氏虽研讨益精,难易稍殊",这是说戴继赵之后,故比较易为功了。下文又说,"赵本先成而晚出行世,或戴氏所未见","造车合辙,或有是理",这两个"或"字都有怀疑之意。他两次特别提到"《朱笺刊误》校雠踪迹具在","《朱笺刊误》最系是非",同时又特别怀疑官本:"何以《大典》所录与诸家先后校雠十同八九,则不能使人无疑。"故他虽然没有读过张穆"排击戴本"的文字,他已倾向于怀疑戴本了。

话说四月十一日的席上,大家谈到谭献日记里怀疑戴震《水经注》的话,叶浩吾在当时大概最少年,也最狂妄,竟说,"世称戴所云《永乐大典》本,皆直无其事!"这可见当日讨论的趋势,也可见谭献日记的影响。因为谭献实已疑问"何以《大典》所录与诸家先后校雠十同八九"了。从这个观点出发,当日在座诸公的结论是"戴氏盗袭赵书已成铁案"。

杨守敬在当时好象还不很相信这个结论,故第一札说他当时曾"请其说"。他看见主人梁鼎芬有最新出版的王先谦《合校水经注》,他就借回去读了一夜,第二天他写第一札给梁鼎芬,说他"乃恍然悟戴氏袭赵有确征也"。

所谓"确征"是什么呢?原来还是叶浩吾在席上宣布的"戴所云《永乐大典》本皆直无其事"一句话。杨守敬所举"确征",都只要证实这句话。

确征一:"《大典》本虽古,亦只原于宋刊"。而赵清常朱郁仪皆尝得宋本《水经注》,难道他们都没有看见戴氏所举的"几千万言"吗?可见戴氏所云《大典》本是直无其事。

确征二:钱曾曾藏宋本,"未必诸家皆未寓目",而孙潜"自称得柳赵影宋本,而亦不著之"。这几句本来不清楚,所谓"不著之"更是瞎说。孙潜也不曾说他"得柳赵影宋本",柳佥本是钞宋本,赵琦美本是他自己的校本。钱曾本确是"诸家皆未寓目"。然而在杨守敬的脑子里,这都够证明《大典》本是"直无其事"了。

确征三:"戴氏所据订正者,十之七八出于赵氏意订,未必宋本皆一一与赵意合"。此即是钞谭献说的"《大典》所录与诸家先后校雠十同八九",而改成"十之七八出于赵氏意订"了!

确征四:"赵氏于书凡言脱误不可订者,戴本亦同其误,此其为袭赵书,无疑也"。此一条意义不很明白,杨守敬后来修改成这样子:"且有赵氏未检原书,以臆定而误者,戴氏亦即贸然从之,此又何说?"(《要删》凡例第十条)其余三条本来都是空泛乱道,只有这一点,"赵误而戴亦误",他后来认为唯一可靠的标准,其实也是因为他自己不懂得校勘学,又不搜罗版本作比勘,故他不知道校勘所用本子若同源,则结果当然相同,同误与不误正同理也。

以上四项"确征",未举一个实例,但已尽够证明"戴氏所云《永乐大典》本,皆直无其事了"!于是杨守敬很得意的说:"独怪当时纪文达、陆耳山并为总纂,曾不检《大典》本对照,遂使东原售其欺!"这真是"怪"!何以纪文达、陆耳山同四库馆的一千多人都那么愚笨,都没有叶浩吾、杨惺吾那样聪明机警呢!

第二札又提到这个案子:"唯赵氏援引他书以正此书者,戴氏皆归之原本,此则可疑之甚。"此即所谓"一切归功于《大典》本"的意思。大概当日谭献、叶浩吾、杨守敬诸公都和张穆有同样的想法,都相信官本说"近刻讹"就等于说"原本不讹"。

第二札讨论光绪十四年新刊的全校《水经注》,说:"昨论以为伪造",论字抬头,可见梁鼎芬相信王先谦所引林颐山的话。杨守敬不信此书是伪作,"敬意或谢山未定之本,好事者郑重毁弃,故为刊之"。

今日看来,杨守敬的话只有一部分猜中。薛刻的"全氏七校《水经注》"有一部分是谢山剪贴之本,有一部分是他的校记,有一部分是钞赵书引的全氏说,此外尚有王梓材作伪的部分,又有董沛伪作的部分。

第二札末段批评谭献《日记》中四事:

(1)谓谢山于两《汉书》未熟读。此语见《复堂日记》一,叶十八。原文是"绍衣于《史记》《汉书》皆未究心。吾此言不为过。"这确是谭献最谬妄的议论。

(2)谓阮刻《十三经注疏》是骨董家物,反不如毛刻。此条见《日记》六,叶二十,引谢章铤语,谭献说,"予亦云然"。

(3)谓严铁桥所辑唐以前文是孙渊如之作。此条见《日记》五,叶二十。原文说:"铁桥以未入《全唐文》馆,发愤编次唐以前文。予在全椒见吴山尊日记手迹,言纂辑实出孙伯渊,铁桥攘为己有耳。"但《日记》五,叶二十二,又云:"严铁桥编上古至隋全文七百四十卷,目录百三卷,蒋季卿校写刻行,苞括众制,网罗千古,窃比之神农尝草,巨灵开山,文苑之尾闾矣。"可见谭献很赞美此书,并且明说是铁桥编的。

(4)谓《群书治要》是伪书。此条见《日记》六,叶十九。原文说:"竹汀先生日记不信《群书治要》,以为伪作,亦是有见。"但《日记》七,叶廿二又说:"偶以《群书治要》马氏《意林》校《淮南书》,颇有《藏》本《宋》本所不逮。《治要》节删颇具微旨。"可见他后来也不信《治要》是伪作了。

最后,我要指出杨守敬这两札颇有历史意味。这两札使我们知道杨守敬在光绪十九年(1893)还没有《水经注疏》的著作。第一札里说:

> 敬好读郦书。昨读《合校》本,喜其便于翻阅。此书想不难得,而鄂垣书店无之。能为购一部,尤为至感。

这时他五十五岁了,他不过"好读郦书"而已。他要买《水经注》合校本,也不过"喜其便于翻阅"而已。两札里没有一个字提到他有一部《水经注疏》的稿本,两札里的话也可以看出他对于《水经注》的知识还是很浅薄的。

但四月十一日的一席话,四月十二、十三的两封信,大概引起了杨守敬著作《水经注疏》的大野心。我们试拿这两封信去比较《水经注疏要删》的凡例第八至第十三诸条,我们就可以明白他后来著书的凡例不过是四月十一日席上诸公的妙论加上细微的修正而已。那天一席话的结论虽然是"戴氏盗袭赵书,已成铁案",但席上诸公对于新出的"全谢山七校"本似乎还很怀疑。杨守敬听了这些高论,又翻看了王先谦的《合校水经注》,他就明白这是他的一生最大机会到了! 他于是决定了他晚年的学术大工作,他要著作一部《水经注疏》,其著作的目标有两层:第一,"全戴赵之相袭,人人疑之,而未有定说"(《要删》凡例八),他的书要为这个大案子下一个"定说"。第二,"全赵戴并一代鸿儒,……而守敬此书则驳斥之不遗余力"(《要删》凡例廿三),岂非"使谢山却步,赵戴变色"的千秋大业吗?

十二年后,光绪三十一年(1905),杨守敬刻出了他的《水经注疏要删》四十卷。他在自序里说:

> 自全赵戴校订《水经注》之后,群情翕然,谓无遗蕴。虽有相袭之争,却无雌黄之议。余寻绎有年,颇觉三家皆有得失,非唯脉水之功未至,即考古之力亦疏。……乃与门人熊君会贞发

> 愤为《水经注疏》,稿成八十卷。……简牍既繁,镌板匪易。……因先刻其图,又即疏中之最有关系者剌出为《要删》。其卷叶悉依长沙王氏刊本,以便校勘。……
>
> 赵之袭戴在身后:一二小节,臧获隐匿,何得归狱主人?戴之袭赵在当躬:千百宿赃,质证昭然,不得为攘夺者曲护。谢山七校用力至勤,精华已见赵书中,间有赵氏所不取者,终非浅涉可及。……
>
> 张汤据案,未免过酷,然当众攘臂之间,亦似不得谈笑以解纷也。
>
> 光绪乙巳(卅一年,1905)秋八月……

这是他最得意的宣言:前段是宣告他的书能批判全赵戴三家的得失,后半是宣告他判决了戴震攘夺赵一清的书,"质证昭然"!

他在此序中又宣传他的《水经注疏》八十卷全稿已成,但"简牍既繁,镌板匪易",故只能抽出"最有关系者"为《要删》四十卷,"使海内学者知吾有此书"。(此语见于他的《年谱》叶卅五)

王先谦读了他的宣传,信以为真,于是写信给杨守敬,"愿出钱刻全书"。这样一来,杨守敬才不得不承认他的《水经注疏》并没有成稿!他在《水经注疏要删补遗》的自序里说:

> 吾书实未编就。缘稿录于书眉,凡十余部,排纂为难。而助我者唯熊君会贞一人,又兼校刻历史舆图,不觉荏苒数年。……
> 宣统元年(1909)七月邻苏老人自记

这时候他七十一岁了。到了辛亥革命之年(1911),他自己编《年谱》,又忘了他前几年说的真话了,他又回到他的老套了:

> 甲辰(光绪三十年,1904)六十六岁。《水经注疏》稿成。……余研寻有年,……乃与崮芝(熊会贞字)发愤为之疏,厘为八十卷。批于书眉行间,凡八部,皆满。

前年说"凡十余部",今年说"凡八部",邻苏老人信口开河的自我宣传,还不止如此。

他的《要删》卷首,还附有光绪己卯(五年,1879)十二月他的朋友文昌县潘存题他的《水经注疏》初稿的叙语,说:

> 楚北杨君惺吾博览群籍,好深湛之思,凡所论述,妙悟若百诗,笃实若竹汀,博辨若大可。尤精舆地之学,尝谓此事在汉以应仲远为陋,在唐以杜君卿为疏。……所撰《历史舆地图》,贯穿乙部;《〈隋书·地理志〉考证》算及巧历;而《水经注疏》神光所照,直与郦亭共语,足使谢山却步,赵戴变色。……旷世绝学,独有千古!

这篇杨守敬赞,太过火了,就露出马脚来了。光绪己卯(五年),他只有四十一岁,他刚到武昌做卖书生意,何处有《历史舆地图》!何处有《〈隋书·地理志〉考证》!更何处有《水经注疏》!

据他自撰的《年谱》,光绪十二年(丙戌,1886),他四十八岁,才与熊会贞"同起草为《隋书地理志考证》"。光绪十五年,"增订《隋志》稿"。十六年(1890),"崮芝以《隋志》稿来,与余稿多异同,乃参互为第二次稿。"十八年(1892),"又校《隋志》,为第三次稿。"潘存在光绪五年如何能知道这部《隋书地理志考证》呢!

又据他的《年谱》,光绪十四年(戊子,1888),他五十岁,他"延丁栋臣(兆松)授读"。次年(己丑,1889),他才与丁栋臣起草为《汉地图》,未成。这是《历史舆地图》的第一部。潘存在光绪五年如何能前知这一大套舆地图呢!

《水经注疏》更是晚出的了。光绪十九年四月中旬,杨守敬还不过"好读郦书"而已。张寿荣翻刻的赵氏《水经注释》在光绪六年。薛福成、董沛刻行"全氏七校水经注"在光绪十四年底。潘存在光绪五年怎么已会说"足使谢山却步,赵戴变色"的话了呢?

潘存在北京做穷官,待杨守敬有大恩,见于《年谱》廿五岁,卅六岁,四十一岁各年下。杨守敬要报答潘存的大恩,故要在他的大杰作里留下这位死友的姓名。这大概是捏造这篇初稿叙语的一个用意罢?

杨守敬死在民国四年(1915)。在他死之前一两年,他才和熊会贞赶成了《水经注疏》的初稿。

> 去年开始写了一千字左右,就搁下了。今天病中无事,居然写成,卅七,八,十四夜。

附：杨守敬手札（陈垣先生藏）

1 节庵仁兄阁下：

昨日席上谈及戴赵两《水经注》本，称戴氏盗袭赵书，已成铁案。敬请其说。叶君浩吾谓世称戴所云《永乐大典》本，皆直无其事。敬尝读段茂堂《经韵楼集》，力辨戴不袭赵，意以戴氏所学，似不应有此，故亦信之。后得张石舟手校《寰宇记》，其中有引《水经注》者，弥以戴校为不然，亦未明言其为袭赵书也。（闻别有说，在近刊全校本中。）近日张鞠龄重刊赵本序，且辨世犹有谓赵袭戴者。因假尊藏王益吾所刊合校本携归复读之，乃恍然悟戴氏袭赵有确征也。

《大典》本虽古，亦只原于宋刊，故弱、黑、泾、洛、漳沱诸篇皆已亡佚，足征不出《崇文》著录之上。而书中所订正今本者几千万言。因思前明赵清常、朱郁仪皆尝将宋本校此书，郁仪之笺时称据宋本。（赵氏疑为假托，非也，唯无郦序，是其见本偶脱。）然不过数十事。如果有戴氏所举，则郁仪、清常何以疏略至此！

且钱曾王原札作"曾王"尚藏宋本，未必诸家皆未寓目。孙潜夫自称得柳赵影宋本，而亦不著之，何耶？

又戴氏所据订正者，十之七八出于赵氏意订，未必宋本皆一一与赵意合。而赵氏于书凡言脱误不可订者，戴本亦同其误。此其为袭赵书，无疑也。独怪当时纪文达、陆耳山并为总纂，曾不检《大典》本对照，遂使东原售其欺。（戴氏遗书中《水经注》本但有正文，不一一言《大典》原本如是。是其清夜不泯者与？）

至疑赵氏袭戴者，不过以赵名恶于戴，又其书后出，故云尔。今检凡赵所订正，除意改之外，皆能引证所出之书，而戴氏反略之。袭人者能若是耶？倘戴校悉若赵书胪列旁证，则为赵氏袭戴，成千古之冤矣。

然谓《大典》本与《朱笺》本绝少异同，则又不然。凡赵氏所订，戴氏亦有不尽从者；且有出于赵氏所不疑，而一经订正便豁然者，未必尽由戴氏意改。且郦亭原序，赵氏虽据孙潜夫得柳本抄出，而自"不能不犹"以下脱，实未足为典要也。

敬好读郦书。昨读合校本,喜其便于翻阅。此书想不难得,而鄂垣书店无之。能为购得一部,尤为至感。守敬再拜。

2

节庵仁兄阁下:

昨日致一书论戴赵两《水经注》之事,意犹未尽,复录之以供谈助。

经注混淆之说,发于宇文虚中,后来皆奉为至论。然无能订之者。至戴赵始一一厘定。戴氏举其例于《提要》中。赵则未明言,而悉与戴合。两家用力至深,可以冥契暗合,未足为彼此相袭之证。唯赵氏援引他书以正此书者,戴氏皆归之原本,此则可疑之甚。

至于注中有注(如音释之类),则赵详而戴略。赵氏于注字分大小,其意以专释水者为大字,旁涉典故者为小字。而实有割截之痕。然古人有注中双行注,(如《脉经》中脉如三菽豆之重是也)而无字分大小之注。(古人有朱墨之分,如《证类本草》朱书墨盖是也)其字分大小者,起于明闽李元阳之刊《十三经注疏》。(宋十行本,黄唐本注疏皆双行)而明监本、汲古阁本因之。实非古式。赵氏效之,颇为不典。(其意盖以为易混淆之渐)戴不从之,是其所长。益吾此书,文从戴录,体仿赵篇,亦其失也。

又益吾于近世为《水经》之学者,残篇断简,皆为附入。而于陈兰浦先生订正《水经》西南诸水说,曾不载之。岂未之见耶?

又闻新刊全校《水经注》,昨论以为伪造。兹读益吾书,亦云然。窃意今人盗窃他人之书沽名者有之,伪造前人之书图利者则甚罕。盖此等非沉酣古籍者不能。末学浅生,一知半解,使欲著书,兔园册子比比皆是。何肯自愧丑恶,推之古人?以云获利,则今之摹刻真古书者无不亏折。敬意或谢山未定之本,好事者郑重毁弃,故为刊之。惜此间无此书使我一读之也。

谢山史学,岂复易訾议!昨论仲修日记中谓谢山于《两汉书》未熟读,何容易也!即如此书援引全说,皆至精核。略涉班范书何能窥其涯岸?大抵仲修日记叙述简雅,颇似渔洋之《偶谈笔记》。而故为高论,则适形其未深入。如谓阮刻《十三经注疏》是骨董家物,反不如毛刻;又谓《群书治要》是何书;又谓严铁桥所辑唐以前文是孙渊如之作,此岂可令好学深识之士一覆按耶?因论谢山,牵连及此。幸秘之。连日雨甚,未能走谈,即颂刻安,不庄。

守敬上。四月十三日。

(收入胡适遗稿:《〈水经注〉校本的研究》,
《中华文史论丛》1979年第二辑)

记赵一清的《水经注》的第一次写定本
天津图书馆藏的赵一清全祖望的《水经注》稿本第一跋

赵一清亲笔写定的《水经注》四十卷，是河北省立天津图书馆收藏的。民国三十六年四月，我从天津图书馆借得全祖望五校《水经注》本，留在我家里，研究了一年多。我早就看出谢山用做底本的那部钞本《水经注》是赵东潜的《水经注》的早年清钞本了，因为钞本用的黑栏纸每叶尾刻有"小山堂钞本"五字；又因为这部底本里的校语用"按"字，谢山都用墨笔改为"一清按"。

但我当时还不敢猜想这一部四十万字的大书竟是小山堂主人赵一清亲笔写定的。我校完了这部大书，心里很佩服钞书的人从头到尾，四十多万字，一笔不苟且，差不多没有一个错字！我也看出了钞书的字体很秀雅，决不是平常钞书手的字。

三十七年四月，我在南京研究中央图书馆新得的三百年朴学家手翰里面的一叶赵一清手写的"菽乳"诗笺，我托蒋复璁先生把这一叶照下来，带回北平。五月初，我回家，用诗笺的照片比勘那部"小山堂钞本"，才恍然大悟这四十多万字全是赵东潜的亲笔。我比勘之后，又请张政烺，王重民，赵万里，袁同礼诸先生作同样的比勘，他们都说这部《水经注》是东潜亲笔钞写的，绝无可疑。

东潜的"菽乳"诗是和厉鹗的原韵。厉氏原诗是乾隆七年（1742）作的，《樊榭山房续集》二有诗题"谷林和予《菽乳》诗，令子诚夫亦继作，两篇并示，词义兼妙，用前韵为答二首"，谷林是赵昱，诚夫即东潜。诗笺的字和《水经注》的字最相象,其时代大概相同。据李玄伯先生的考定,赵一清生于康熙四十八年己丑(1709),乾隆七年(1742)他三十四岁。

北平图书馆藏有别下斋蒋生沭旧藏的一部朱谋㙔《水经注笺》,上面有详细过录的赵一清的校记,其卷首补钞郦道元的原序,有赵氏自记云:

> 此是郦亭原序,从孙潜夫本录得,惜其失亡已大半矣……乾隆甲子(九年,1744)仲春哉生明之日勿药子述。

> 后三年丙寅(十一年,1746)中秋录竟,复审定。

吴骞拜经楼钞的赵一清《水经注释》,郦道元序后也有赵跋,其首句已改作:"此是郦亭原序,孙潜夫从柳大中钞本录得。"后来赵书刻本都是这样。但吴钞本与刻本此跋均无年月日,署名"勿药子述"改作"东潜村民识"。

天津此本卷首也有东潜手钞的"《水经注序》,后魏郦道元撰",序后的东潜跋,不幸被谢山割去了,只剩下"从柳大中钞本"六个朱笔小字的右边一半。但这六个残字明明是东潜自己修改他的跋文首句"从孙潜夫本录得",改成"孙潜夫从柳大中钞本录得"。从这六个残字上,我可以推知谢山割去的正是东潜的乾隆甲子二月的自记全文;其后应该还有后三年丙寅中秋录竟复审定的一行。

我们可以推知赵一清借校孙潜校本《水经注》大概是在乾隆九年甲子(1744),那时他三十六岁,已很用功研究《水经注》了(《东潜诗稿》甲子年有"汉首山宫铜雁足镫歌,为马半查征士作",马半查即马曰璐,是曰琯之弟。孙潜校本是扬州马家丛书楼的藏书,借给赵一清的。《雁足镫歌》开头四句云:"有客有客广陵至,秋去春来雁臣似。千里书传风雅编,不须系着春蒲趾。"这时候厉鹗全祖望都每年往来于扬州杭州之间,借书很容易。赵家父子叔侄三人都是马家兄弟主持的邗江诗社的诗友)。孙潜在康熙初年曾在朱谋㙔的《水经注笺》上,仔细过录了赵琦美的《水经注》校本,又用了正德时柳佥的钞宋本《水经注》校勘一遍。这个柳佥(大中)钞本是一个最精的明钞宋本,其优胜处可比《永乐大典》本。

在一百三十年前（万历四十二年，1614），朱谋㙔曾用谢兆申的钞宋本来改正黄省曾、吴琯两家刻本《水经注》的六处整叶的大缺陷（六大缺陷是：卷一错简一叶，卷二错简一叶，卷九与十三各互错两叶，卷十八之尾脱去末叶五行，卷卅错简一叶，卷卅一脱一叶错入卷卅三）。但谢兆申本远不如柳佥本的完好。柳佥本有四大胜处，又可以改正旧刻本四处整叶的大缺陷：

（1）卷首有郦道元自序，存三分之二。

（2）卷十八《渭水》篇不脱一整叶。

（3）卷廿二《颍水》篇无错简一叶。

（4）卷廿二《渠水》篇无错简一叶。

我们试检这个小山堂写本，不但有郦道元自序二百五十四字，果然还有《渭水》篇补的一叶四百十八字，果然《颍水》与《渠水》两篇的错简两叶都改正了。这都是朱谋㙔没有能够做到的改善。

蒋生沐本的《渭水》篇末有赵一清《后记》一篇，详记他采用了胡渭《禹贡锥指》所采黄仪（子鸿）改定的《渭水下》篇马冢以下的水道与地理。篇末题"乾隆乙卯冬尽日东潜村民书于云间寓楼"。乙卯是乙丑之误，即乾隆十年（1745），云间即江苏的松江。《东潜诗稿》的《五茸集》自序说他从乾隆七年冬天到十一年腊月（壬戌到丙寅，1744 到 1746）"多在九峰三泖间"。乾隆十年冬至是阴历十一月十一日，他还在松江，到腊月十五日才冒雪回杭州去过年，舟中有诗。那年他有《除夜杂书》诗，其六云：

      流年磨蝎坐官中，甲乙丹铅枉费功。一卷《水经》翻覆勘，浊河清济笑冬烘！

这首诗与那篇《渭水》后记互相印证。

我们试检此本的《渭水下》篇马冢以下，果然都照《禹贡锥指》的纲领改定了。这篇《渭水》后记果然也保存在《渭水下》篇的最末叶，但首尾都被全谢山割去了，只剩中间东潜总括黄子鸿的话，从"渭水又东径霸陵县北"起，至"又东入于河"，凡三百六十多字。定本《水经注释》的《渭水下》篇又把李夫人冢一段移在汉武帝茂陵之下，东潜在《刊误》里特别指出这是从全谢山的校改。此本李夫人冢一段仍在戏亭之下,可见此本是东潜最早写定本。

我们根据东潜三篇跋的年月日,同他的乙丑除夜的杂诗,可以推断赵一清在乾隆九年到十一年(1744—1746)之间,写定他的《水经注》第一次定稿。蒋生沐本郦序后赵东潜有乾隆甲子二月的跋,又有"后三年丙寅中秋录竟复审定"一行。郦序残存二百五十四字,当然不用三年才"录竟"。所以我推断"丙寅中秋录竟"是东潜写成这部第一次定稿的日子。那时他三十八岁。

东潜是个早慧的天才,幼年承受了几代书香的丰富环境。他的父亲赵昱(谷林)、叔父赵信(意林),继承外家淡生堂祁氏的遗风,把他家小山堂造成东南一个大书藏。《东潜诗稿》里有他二十岁的诗。他在二十多岁写的藏书题跋,如汪璐《藏书题识》保存的几篇,已可以表示他在那时已是爱读书能做校勘考订的青年学者了。他开始做整理《水经注》的大工作,也许在乾隆九年之前。但我猜想他在那一年借到了孙潜校本,发现了柳佥钞宋本的许多优点可以订正朱谋㙔《注笺》留下的缺陷,他才决定用全力去整理郦道元的书,要充分利用朱谋㙔以后一百三十年来学者整理郦书的成绩,要充分采用朱谋㙔没有见到的新材料,要做成一部空前的《水经注》新校本。

甲子一跋表示他如何看重孙潜柳佥的校本。乙丑的《渭水后记》表示他如何看重胡渭、黄仪等人的成绩。《渭水后记》说:

> 《水经注》宋时已亡五篇,明人校刊仍为四十卷,盖非完书,而《渭水》篇错缪尤甚。朱中尉笺虽加割正,终未得其窾要。清溪胡渭朏明氏尝与阎百诗、顾景范、黄子鸿三者宿客昆山徐大司寇家,朝夕讨论地理之学。又自作《禹贡锥指》二十卷,《渭水下》篇马冢之下,悉取子鸿之言改正,离合剖判,若符契然。余因其故迹而更张之,寻川按脉,殆无遗恨。……

这是很有见地的历史叙述。在"郦学"的演进史上,朱谋㙔的《水经注笺》划分了一个新时代。十七世纪晚期,徐乾学的《一统志》书局里聚集了顾祖禹、黄仪、阎若璩、胡渭四位大学者"朝夕讨论地理之学",他们的著作都注重"今地理",都能利用地图,故《禹贡锥指》与

《读史方舆纪要》又划分了一个新时代，而《禹贡锥指》二十卷对于后来沈炳巽、赵一清、全祖望、戴震四家《水经注》更有直接的重要影响。沈赵戴三公都接受了《锥指》引的黄仪的渭水地望纲领来做改正渭水下篇的纲领；他们又都用《锥指》的主张来改正沔水中下篇的次序。更重要的是全祖望和戴震，不约而同的，都因为胡渭《锥指》的《济水篇》里的"南北砾溪"，才觉悟到经注混淆的问题的真性质，才划分了《水经注》研究史的第三个新时代。

这是后话了。如今且说这个第三时代的开始就是赵一清这部《水经注》第一次定稿的写成。（沈炳巽的《水经注集释订讹》"脱稿于雍正九年"，沈书也是建筑在胡渭黄仪的基础之上的，但他没有得见朱谋㙔没见过的善本，也没有改正经注，故只能说是这个时代的一个先锋而已。）这个时代的三大领袖是赵一清，全祖望，戴震。全祖望（生于康熙四十四年，1705）比赵一清大四岁，但东潜的《水经注》先写定。在这部初稿定本里，东潜没有引用谢山一句话。谢山那时候正用功编纂《宋元学案》，他很像没有注意《水经注》的问题。董秉纯编《全谢山年谱》，也说："《水经注》一书，先生晚年精力所注，用功最勤，实始于（乾隆十四年）夏。"谢山用这部赵东潜《水经注》第一次定稿作底本，在这个基础之上建筑起谢山本人最有创造性的贡献。

以上略述赵书第一次定稿的历史的地位。以下我要略述这稿本的内容。

这部书后来曾叫做"水经注笺释"，目的是给朱谋㙔的《水经注笺》作进一步的疏释。乾隆十九年东潜的自序说："南州朱郁仪中尉起而笺之，疑人之所难疑，发人之所未发。……余爱之重之，忘其固陋而为之释。释之云者，所以存朱氏之是，兼弼郦亭之违也。"全谢山作序也说："赵君东潜……爰有'笺释'之作。"这都可见此书曾题作"水经注笺释"。最后决定的书名才是"水经注释"。但在第一次写定时，这书只是"水经注"，没有别的名字。例如卷一首叶首行只题"水经注卷一"，每叶中缝也只题"水经注"。

但我们知道东潜这时候已另有一部校记，题作"刊误"或"水经注笺刊误"。例如《济水》篇"济水又东合荥渎",上栏有"按荥渎原本作荥泽,误也"一条校语,旁有朱注小字云"刊误"。又下文"未详诏书",上栏又有一条校语,旁有朱注小字云"刊误"。又下文"济水又东南砾溪水注之",上栏又有长校语,旁有墨笔注小字云"刊误"。此种例子甚多,皆可见东潜另有"刊误"一书,凡校勘订正的记录或讨论都收到那里去,其形式略如现存的《刊误》十二卷。

此本里最重要的校订,如《渭水中》篇补脱叶四百多字,如《颍水》、《渠水》两篇改正两整叶错简,在本文里只见改定的全文,而没有一字的说明。这都是因为东潜先就计划了这部专收校语的"刊误",故本文里没有校勘记。上文我引《济水》篇的上栏校记,都是第一次写定后的新校语,暂写在稿本的上栏,后来才标明入"刊误"。

"刊误"之外,还有一部"余录"。例如《济水》注文"东南有范巨卿冢,石柱犹存",此下有注云:

> 按《隶释》引此注作"名件犹存",云:"范巨卿碑至今尚在,恐名件二字《水经》误也。"洪氏不知乃是"石柱"二字,是宋本误字,非《水经》误也。

此条上下有墨笔钩抹,注云:"入余录"。可见东潜另有一部"余录",凡不是订正《朱笺》错误的讨论,如此条,都归入"余录"。但后来他大概取消"余录",并入"刊误"。"名件"一条现收在《刊误》里(三,45)。

我们看这部写定本,可以知道赵东潜充分参校了下列各书:《通典》,《元和郡县志》,《太平寰宇记》,《通鉴注》,《名胜志》,《隶释》,《金石录跋尾》,《长安志》,《齐乘》,《日知录》,《读史方舆纪要》,《禹贡锥指》,阎若璩的几种书,周婴的《卮林》,孙潜校录柳佥赵琦美的《水经注》本。此外如《汉书·地理志》,《续汉书·郡国志》,《魏书·地形志》,《华阳国志》,《初学记》,《太平御览》等书,也是他特别注意的。

这时候,东潜与谢山都还没有见着沈炳巽的《水经注集释订讹》。这个赵书初稿里没有提到沈炳巽。东潜得见何焯的《水经注》校本似是在这部稿本写定之后,故他引何焯的话多在上栏的补校里。

赵书还有一个重要部分，在这个初次定稿里已很成熟了。那就是《水经注》所缺各水的补辑。这个钩沉工作起于《禹贡锥指》所辑《水经注》洛水泾水的佚文。赵一清在这部写本里，用胡渭的辑本作底子，订正他的错误，并补充他的不足。例如卷十一所附的滹沱河，卷十六所附的洛水，卷十九所附的泾水，都是补充胡渭所辑。卷十九又附辑芮水一篇，卷十附辑的滋水一长篇，又淦水洛水两短篇，那就是东潜独立搜辑的了。

最后，我要看看赵一清在这时候对于《水经注》的经文注文互相混乱的问题有何见解，有何动作。

《水经注》旧刻本河水卷三有经文"河水又北径薄骨律镇城"，赵氏此本也作经文，有小注云：

> 《困学纪闻》云，经云河水又北径薄骨律镇城，注云赫连果城也，乃后魏所置。其郦氏附益欤？

接着是赵氏的按语：

> 按《水经》不知何人所撰。即云汉末人，亦不应及元魏时事。经文往往错出，其非一时一手所成，明矣。

下文接着又是两条经文：

> 河水又径典农城东
>
> 河水又径北典农城东

赵氏在前一条下有注云：

> 《太平寰宇记》灵州保静县下引《水经注》云："河水又东径朔方郡弘静县典农城。"按保静县本汉富平县地，后魏于此立弘静镇。据此，此条疑有缺文，且亦非汉世人所撰之经也。

写定初稿之后，他又在上栏过录周婴《卮林》论"汉典农城"一条（此条在"析郦"之外，见卷三），说汉官只有"农都尉"，到曹操始置"典农中郎将"与"典农都尉"。赵氏有按语：

> 观周方叔之辨正，益信郦言典农城经文二条非汉世之原书为有据不诬也（朱笔点去"郦言"改为"经文"，而删下"经文"二字。又墨笔删去"为有据不诬"五字）。

卷三又有这样一条经文：
> 河水于二县之间济有君子之名

《郦注》说"君子济"的历史如下：
> 昔汉桓帝十三年西幸榆中，东行代地。洛阳大贾赍金帛随帝后行，夜迷失道，往投津长曰子封，送之渡河。贾人卒死，津长埋之。其子寻求父丧，发冢举尸，资囊一无所损。其子悉以金与之，津长不受。事闻于帝，帝曰，君子也。即名其津为君子济。

周婴在《卮林》里指出这个"西幸榆中，东行代地"的皇帝不是东汉桓帝，乃是元魏的桓帝。赵氏此本小注里全收《卮林》此条，但没有评语。"河水于二县之间济有君子之名"十三字仍旧列作经文。

在这些讨论里，赵东潜还只承认这些汉以后的历史事实只够证明这些经文不是汉朝人所撰的经文，只够证明"经文往往杂出，非一时一手所成"。他在这稿本写定的时候，还不承认这些牵涉后代史事的条文不是经文，乃是注文混作了经文。

赵一清的见解大概是受了胡渭的影响。胡渭在《禹贡锥指·例略》里曾说：
> 《水经》不知何人所作。……或曰桑钦作于前，郭郦附益于后，或曰汉后地名乃注混于经，并非。盖钦所撰名《地理志》，不名《水经》。《水经》创自东汉，而魏晋人续成之，非一时一手作，故往往有汉后地名，而首尾或不相应，不尽由经注混淆也。

后来何焯校《水经注》，于薄骨律镇条，于典农城两条，于君子济条，都说他疑是注文。但赵一清在初次写定之前，大概没有看见何焯的校本（东潜此本卷四注文司马子长墓一段，"立碑树桓"句，桓字仍作柏，写定后用石青改作"垣"，则是用《隶释》校也；最后才用朱笔改作"桓"，可见他见何焯校本在此本写成之后。何焯校此句，早就主张"疑是桓字，谓树表也"）。他在薄骨律城条下说："《水经》不知何人所撰。……经文往往错出，非一时一手所成，明矣。"这里的见解与字句都与胡渭很相同。

但赵一清在此本写定后两三年之中，时时继续修改，时时有进步。最可注意的是《水经注》河水卷五沙丘堰以下，直到卷尾，旧刻本共有八十三条经文,赵一清特别做了一番整理的工作,用朱笔逐条标出"经"或"注"。不幸这一卷被全谢山剪截移动,已不是东潜原本的形式了。但我细细检点,还可以在这八十三条经文之中,检出朱笔标明"经"字的六十七条,标明"注"字的六条。这就是说,在这河水第五卷里,东潜已很明白的把旧刻本里六条经文改作注文了。

我举几条做例子:

> 河之故渎自沙丘堰南分屯氏河出焉

朱笔标"经"字。此下旧本经文还有

> 河水故渎东北径发干县故城西又屈径其北

朱笔作一横线隔开,傍注"注"字。下文又有

> 大河故渎又东径贝丘县故城南
> 大河故渎又东径甘陵县故城南

朱笔都标"注"字。这都是很明白的改定旧本的经与注了。

这样改定经注,赵氏自己当然有个标准。试看上面这四条,第一条总叙大河故渎南分,故他定作经文。其余三条都是叙述故渎的行踪,体例一致,故他改定作注文。这种标准可以说是纲与目的标准,其实不很靠得住,因为"注"里所叙述的水道也往往有很大的河流,自身又分几个枝流,故注文里也往往有纲与目的区别。

因为这种纲与目难于分别,故赵东潜分别卷五的经注往往很感困难,有时候,朱笔先标"经"字,又圈去改标"注"字,又把"注"字圈去改标"经"字,又用墨笔点去"经"字另标"注"字,又涂去"经"字而在点去的"经"字上作墨圈表示恢复"经"字。这就是五次的踌躇斟酌了!(此本屯氏别河诸条,又"大河又东北径高唐县故城西"条,都有五次改定的标记。)

有些地方,他用历史事实作标准来改定经注。例如卷五有"大河又北径张公城,临侧河湄"一条经文,下文明说"魏青州刺史张治此,故世谓之张公城"。故赵东潜用朱笔标"注"字,又涂去另写"经"字只成半边,又涂去,仍改作"注"。

又如同卷有经文"又东径文乡城,又东南径王城北"一条,下文也明说:

> 魏太常七年安平王镇平原所筑,世谓之王城。太和二十三年罢镇立平原郡,治此城也。

赵氏不迟疑的用朱笔标"注"字。

依同样的史事内容作标准,上文所举的薄骨律镇一条,典农城二条,君子济一条,当然都得标作"注"了。但他用朱笔标明经注,只限于河水第五卷沙丘堰以下。这是因为大河过黎阳县以下,旧刻本有经文九十二条之多,其中绝大多数都是注文混作了经文(这九十二条经文,戴震本只承认七条是经文,赵一清最后定本只承认十一条是经文)。也有一些错误是颇明显的,例如王城与张公城两条。所以赵东潜特别注意到沙丘堰以下八十三条经文,先在这里试做他划分经注的工作。他这种尝试,不能说是成功,因为在全部《水经注》里,这一卷的头绪最繁多,最纷乱,最难整理。东潜从这一卷开始,所以容易感觉到这个问题的烦难。大概他不久就把这部初次写定本送给他最敬重佩服的全谢山去审查了。不久他就出门远游了。所以他还没有工夫去试探其他有经注混淆的各卷。

试看《江水》篇里这些经文:

> 江水又东,……径永安宫南。
> 江水又东,径诸葛亮图垒南。
> 江水又东,径陆抗故城北。

这都是十分明显的例子。东潜在"刊误"里如何说法,我们无从知道了。但在这部写定的稿本里,这些经文都没有标出是注文。因此,我们可以说,东潜在乾隆十一年"录竟"这部定稿时,他还没有注意到这个经注互相混乱的问题。但在"录竟"后的两三年之中,他渐渐感觉到这个问题的重要了,于是他开始整理河水卷五沙丘堰以下的经文,想把混乱的经注分开。但这个工作他刚开始,还没有寻出条理头绪来,他就暂时搁下,出门远行了。

就在他出门北游的那个夏天,乾隆十五年的夏秋之间,他的前辈朋友全谢山用他这部初次写定本做底本,用他这里搜集整理的郦学总成绩做出发点,忽然有一天觉悟到划分经文注文的线索。谢山把他的大发现报告他的朋友施廷枢,又寄信去报告三千里外的赵一清,又报告那位刚从湖州出来的沈炳巽。从此以后,谢山与东潜同时用这新观点去整理那五百多条混乱了的经文与注文,于是《水经注》的研究才真正进入了一个全新鲜的时代了。

卅七,八,卅,夜半后一点

我应该补充几句话。

第一,天津此本只存《水经注》四十卷,没有《水经注笺刊误》,也没有我在此文指出的"余录"。

第二,赵一清《水经注释》的后来定本把郦道元的注文写成大字小字两种形式,大致是记水道的注语都写作大字,其他记地理史事或解释文字的都是注中之注,都写作小字。这是全祖望的见解,赵一清接受了之后,重新写定他的《水经注释》定本。天津此本郦注还没有分大小字写。

(收入胡适遗稿:《〈水经注〉校本的研究》,
《中华文史论丛》1979年第二辑)

《水经注》版本展览目录
北京大学五十周年纪念

（甲）宋刻本

（甲一）南宋初期刻本，残存十一卷有零。傅沅叔先生藏。

此本每半叶十一行，每行二十字，注文低一字。此本避讳字缺笔至"桓"字"构"字为止，故可推断为南宋初期刻本。现存卷五末七叶，卷六至卷八，卷十六至卷十九，卷三十四，卷三十八至四十。此诸卷经过了多年的虫伤水湿，没有一叶是完整的了。但这个残宋本在《水经注》版本学上很有价值，因为这些残卷使我们知道宋刻本是个什么样子，使我们得着一个辨认《水经注》版本的可靠标准。用这个标准，我们才可以正确的判断那些本子是从宋本出来的。

（乙）明钞宋本

（乙一）《永乐大典》本八册。前四册，涵芬楼藏。后四册，北京大学藏。

（乙二）《永乐大典》本的影印本。胡适用残宋本及他本校。

《永乐大典》初次写成在永乐六年（1406），重录在嘉靖四十一年至四十四年之间（1562—1565）。现存本是重录本，但比一切明钞宋本都更完善。例如篇首的郦道元自序全文四百七十三字，黄省曾本全缺，柳佥本与瞿本止存二百五十四字。

《大典》本比勘残宋本互有胜处。《大典》本经过重钞，故偶有脱误。但其底本似亦有胜于残宋本之处。例如残宋本卷十六，叶九上十一行，《谷水》篇注"望之状岛没鸾举矣"，《大典》作"望之似岛没峦举矣"（此句黄省曾本与残宋本同。吴琯本臆改作"凫没鸾举"，朱谋㙔本从吴改，笺引谢兆申云，一作"鸟没鸾举"）。

(乙三)练湖书院钞宋本,残存十六卷。天津图书馆藏

此本存卷二十一至二十四,卷二十九至四十。此本是钞宋本,但其底本颇有缺陷,如卷二十一《颍水》、《渠水》两篇皆有错叶,与朱谋㙔所用谢兆申钞宋本大致相同。

(乙四)过录常熟瞿氏藏明钞宋本四十卷。徐森玉,顾起潜,胡文楷三先生分抄铁琴铜剑楼本。

瞿氏此本钞成似甚早,其底本很好,有郦序二百五十四字,《渭水》篇不缺叶,《河水》一二,《淇水》,《颍水》,《渠水》,《淮水》皆无错叶,其胜处可比柳金本。徐森玉,顾起潜,胡文楷三位先生费了大半年的日力,竟为此本留下了一个副本,交魏建功先生带来参加展览,三位先生的高谊最可感佩。

依我所知,现存的明钞宋本,止有《大典》本,瞿本,练湖残本,与海盐、朱伯商先生藏本,一共止有四本。伯商出国去了,故他家藏本不能参加展览。

(丙)明刻本

(丙一)杨慎校定《水经》三卷。傅沅叔先生赠胡适。

正德十三年(1518)盛夔刻本。杨氏仅直钞旧刻的经文,并没有校定的工作。用此本比较乾隆三十年(1765)戴震自定《水经》一卷,最可以看出那二百五十年中《水经注》研究的大进步。

(丙二)黄省曾刻《水经注》四十卷。胡适藏。

嘉靖十三年(1534)刻成。此本的底本是两种不同的钞宋本参合起来的:其一本每半叶十一行,如《河水》篇错叶可证;其一本每半叶十二行,如卷九与卷十三的错叶可证。黄本为明清许多刻本之祖,其功不可没,其罪亦甚大。此后几百年的《水经注》工作之困难,都因为黄省曾刻本有大毛病,除无数小脱误之外,还有十处整叶的大缺陷:一,卷一错一叶。二,卷二错一叶。三,卷九与卷十三各互错两叶。四,卷二十二《颍水》篇错一叶。五,卷二十二《渠水》篇错一叶。六,卷三十错一叶。七,卷三十一脱一叶,错到卷卅三去了。八,卷十八脱去一整叶四百十八字。九,卷十八之尾脱去五行八十五字。十,无郦道元自序。

这十大缺陷之中,八十年后,朱谋㙔得了谢兆申钞宋本(同于乙三),补了六处。二百多年后,赵一清得见孙潜校柳佥钞宋本(近于乙四),又补了三处半。直到戴震得见《永乐大典》本,才把十处补全。

(丙三)吴琯校刻《水经注》四十卷。胡适藏。

万历十三年(1585),吴琯、陆弼校刻黄省曾本,颇有很好的校订。他们没有得着一个古本或旧钞,故黄本十大缺陷,吴本完全没有改正。但他们颇能检查郦注所引用之古书,故改正了不少的错误,虽然也有不少臆改错改之处。例如卷八叶二十二下四行"范巨卿冢石柱犹存"。石柱二字古本皆作"名件",洪适《隶释》引此文亦作"名件",可见宋本如此,本不误。吴琯本臆改为"石柱",绝无版本的根据。(朱,吴,项,黄晟,赵一清皆沿作石柱!)

(丙四)朱谋㙔的《水经注》笺四十卷。胡适藏。

万历四十三年(1615)刻成。朱谋㙔是一个博学的王孙,又有朋友的帮助。最重要的是他用谢兆申的钞《宋本》来校正黄省曾、吴琯两本,改正了六处整叶的缺陷,又加上一些很有用的笺释,故《朱笺》是一部划时代的《水经注》。郦书到此时才算是可读了。

(丙五)朱之臣的《水经注》删八卷。北京大学藏。

万历四十六年(1618)刻。朱之臣,字无易,四川人。此书虽是删节的文学选本,但朱之臣是博学的人,颇能检查古书,补充校订。例如《渭水》下篇骊山温泉条记神女事有脱文,朱之臣用《初学记》校补,赵一清从之。

(丙六)钟惺的《水经注钞》六卷。胡适藏。

此是钟惺的"三注抄"之一,其他二注是《三国志注》与《世说新语注》。原刻题万历四十五年(1617),展览本是顺治十五年(一六五八)赵吉士重刻本。此钞批语无所发明,赵一清采其一条。

(丙七)谭元春批刻朱谋㙔的《水经注笺》四十卷。胡适藏。

谭氏自序题崇祯己巳(二年,1629),序中虽不曾提及朱谋㙔的《水经注笺》,其实此本原本止是一部稍加删节的朱氏《注笺》。崇祯原刻已不易得。我推测原刻大概标题《水经注笺》,并且题《朱谋㙔笺》,谭元春评。明亡之后,书坊翻刻,才抹去朱王孙的名字。谭本很盛行,人称为《朱笺》的"竟陵本"。

此本保存了大部分的朱氏笺语,但有时删去"玮按"等字,又往往过信《朱笺》,径改原文而删去朱氏原校语。例如《朱笺》卷一叶四下十行"有石盐白如水精,大段则破而用之"。《朱笺》云,"大段当作火煅"。谭本就改成"火煅"而抹去《朱笺》!

但谭本也有改正朱谋㙔本之处。如卷五叶十八下四行"是以班固云,自兹距汉,北亡八枝者也"。有注云,"北亡八枝,据《汉书》改正"。《朱笺》原作"北三入枝",谭氏采朱之臣的校记,依班固《叙传》改正,但没有标明是谭依朱之臣说,故后来项绚本此句下校云,"吴本作北三入枝,朱谋㙔据《汉书》改作北亡八枝!"

展览本自序题"明崇祯",当然不是原刻本,但似是清初翻刻本。

(丙八)附周婴的《卮林》十卷。胡适藏。

莆田、周婴在崇祯十六年(1643)印行《卮林》十卷,评论古今书籍里的错误。其中"析郦"一门及其他部分讨论到《水经注》里的问题。赵一清采纳了他的议论不少。展览本是嘉庆二十年(1815)萧山陈氏重校刻本。

朱之臣,钟惺,谭元春,周婴四书都出在朱谋㙔《水经注笺》印行后二十多年之内。这也可见《朱笺》行世后《水经注》就成了一部时髦书了。

(丁)清代校刻的朱谋㙔《水经注笺》

(丁一)项绚刻的《水经注》四十卷。胡适藏。

康熙晚年,歙县项绚同他的朋友们用黄省曾本校勘谭元春批刻的朱谋㙔《水经注笺》,刻成这部很精致的《水经注》。康熙五十四年(1715)刻成后不久,版片就被火烧了。故现存的项刻本都是初刻初印本。

项绚跋说他见了朱谋㙔《注笺》,"疏引精核,旷若发蒙,足为郦氏羽翼。爰偕嘉定赵虹,同里程鸣共加缀缉,勒成定本"。可见项氏明说他们要替《朱笺》做一个"定本"。赵一清说此本"窃《朱笺》以为己有,中多删节,尤乖旨趣"。赵说甚不公道。项氏依据竟陵谭元春刻本原样,颇有删节,但跋语甚明白,决无"窃《朱笺》以为己有"的意思。

项纲本颇有校正《朱笺》错误之处,如《朱笺》卷十三叶十六上四行"湿水又东径三台北",又东之下,黄省曾、吴琯两本都有"径高邑亭北又东"七个字,《朱笺》误脱了,谭刻也脱了,项纲本补此七字,而不说是他们校补的。此类颇不少,但项氏不自居功,故读者若非细细比勘,不会知道。

(丁二)黄晟翻刻项纲的《水经注》。胡适藏。

项纲本的雕版被火烧了,故流行不多。乾隆十八年(1753)歙县黄晟用项纲原印本重新雕版印行,初刻本翻雕甚工,可比项本。但此本销行甚广,故后来印本远不如初印本之精美。展览本已是很晚的印本。

黄晟跋中无一字提及项纲,但云"爰取旧本重为校刊"。他把项纲原跋删了,自己又不说他用的是朱谋㙔《注笺》。这是很不老实的行为。

依我所知,此本至少有一条是修订项本的。卷十叶四下"即庚眩坠处也",项本引《朱笺》原文云:

"庚眩未详,或当是猨眩之讹,地志所谓猨眩之岸也"。

黄晟本此条依原版字数,改正如下:

"庚当作庾。《晋书》,庾衮适林虑大头山,将下,眩坠崖卒"。

从万历四十三年(1615)到乾隆四十年(1775)武英殿官本的刊行,整整一百六十年,全是朱谋㙔《水经注笺》的时代。

(戊)清朝早期的重要校本

(戊一)孙潜校录的柳佥、赵琦美本。残存十六卷。傅沅叔先生藏。

康熙六年至七年(1667—1668)之间,苏州孙潜(字潜夫)借得赵琦美的《水经注》校本,又借得正德时代藏书家柳佥(字大中)家的钞宋本,都校在朱谋㙔本之上。赵琦美校本无甚发明。但这个柳佥本却是一个很完好的钞宋本,远胜于黄省曾的底本,也胜于谢兆申的钞宋本。朱谋㙔所不能补订的四大缺陷——《渭水中》篇脱叶,《颍水》

与《渠水》二篇错叶,郦道元自序失载,——柳金本都没有。柳本的完好,差不多可比《永乐大典》本。赵一清在乾隆九年(1744)得见孙潜此本,故他跋《郦序》残本,初说,"此是郦亭原序,从孙潜夫本录得"。后改云,"孙潜夫从柳大中钞本录得"。赵氏从不曾说他直接校勘过柳本。

全祖望《鲒琦亭集外编》三十二,有《柳金水经校本》跋,又有《赵琦美三校本水经跋》,又有《孙潜水经再校本跋》,每篇之末,分别说这本子在扬州马氏小玲珑山馆。好像全氏曾见过这三个本子。但我们现在很怀疑这一点。我们现在所得证件,止能叫我们相信全氏所校孙潜本都是间接从赵一清的校本得来的。全氏那三篇跋不免有英雄欺人的嫌疑。

孙潜此本曾遭火灾,现存一至五卷,九至十六卷,三十八至四十卷,共存十六卷,有"孙潜""潜夫"印章,每卷之末有孙潜的题记,并过录赵琦美的题记。此本曾入顾千里手里,又归到袁又恺手里,又曾经袁氏用一部钞宋部校过一遍。孙潜校用朱,袁又恺用藤黄。

(戊二)何焯校本。北平图书馆藏。

康熙中叶(三十三年到三十五年,1694—1696),博学的何焯曾两次校阅《水经注》。到了晚年,胡渭的《禹贡锥指》已流行了,何焯又校阅《水经注》一次。他的校本原写在《朱笺》之上,现在南京中央图书馆。展览本是近世学者谭献(仲修)藏的过录本。

何氏校本指出《河水》三篇"薄骨律镇城"一条,"典农城"二条,"济有君子之名"一条,皆是注而非经,这是王应麟以来五百年中的创见,大有启发的功用。沈全赵戴四家都曾校何焯校本。

(戊三)胡渭的《禹贡锥指》二十卷。胡适藏。

康熙二十八年(1689)徐乾学的政治势力倒了,他请假回苏州,就在洞庭山设立"一统志馆"。这馆里有四位第一流的地理学者:"顾祖禹,阎若璩,黄仪,胡渭。他们都能用古地理来参考今地理,又用今地理来解释古地理。他们都不是专门研究《水经注》的人,但他们用今地图来读《水经注》,用今地理来证《水经注》,就给《水经注》的研究开了一条新路,划分了一个新时代。顾祖禹的《方舆纪要》,

《川续异同》,阎若璩各种著作里考订《水经注》的话,都是后来治郦书者必不可少的参考书。

其中最重要的是胡渭的《禹贡锥指》。这书采用了黄仪(子鸿)研究《水经注》的成绩。黄鸿有《水经注》各水的地图,"每水各写为一图,两岸翼带诸小水,无一不具,精细绝伦"。胡渭书里也有四十七幅图,其中第十五图到第四十四图,都可以说是《水经注》的地图。

胡渭黄仪用今地理考订《水经注》,改正《渭水》下篇及《沔水》中、下篇,都是后来沈全赵戴四家接受了的。全祖望与戴震的改定经注,都是因为他们读《禹贡锥指·导沇》篇(卷十五叶七至八,参考卷十三下叶三)叙南北两"砾溪",引起了他们的怀疑,指示他们走上重新考定经注的新路。

《禹贡锥指》写成在康熙三十六年(1697),刻成在康熙四十年(1701),正是十八世纪的开始。朱谋㙔的《水经注笺》(1615)打开郦学的第一个时代,胡渭的《禹贡锥指》(1701)打开第二个时代。十八世纪中叶以后,是第三个时代,是赵一清、全祖望、戴震的时代。

(己)十八世纪四大家之一,沈炳巽(生康熙二十年,死乾隆二十一年,1681—1756)

(己一)沈炳巽《水经注集释订讹》的《四库全书》本。胡适藏。

沈氏的书,由浙江巡抚采进,四库馆于乾隆四十三年五月校上,收入《四库全书》。外间没有刻本,近年始有"四库全书珍本"的影印本流传。但库本凡例说他脱稿于雍正九年(1731),似是沈氏早年写定的本子。

沈氏没有参校古写本,他用的止有一部黄省曾刻本,后来才得见朱谋㙔本。但他家兄弟都是学者,沈炳巽的书在订正文字讹误的方面颇有贡献。他很佩服胡渭订正《水经注》的大功,说是"可以开千载之疑",故在《河水》,《渭水》,《沔水》各篇完全采用胡渭的订正。他又采纳了顾炎武、何焯的校订。

(己二)沈炳巽《水经注集释订讹》的最后稿本的过录本。沈兼士先生赠胡适此本过录在项纲刻本之上,钞手颇有讹误,但此本上钞有全祖望的创见八条,其中有几条是全氏在乾隆十五年(1750)初次试探改定经注的新见解（看此本卷二叶十三至十四，眉批引全祖望说，改旧本经文十六条为注文。又看此两叶上之经文，沈氏已依全说于每条之首旁注"注"字了）。沈氏带了他的《水经注》校本到杭州去和全氏会见，是在乾隆十五年的夏天，其时沈氏已七十岁了。高年而勇于从善如此，此甚可敬爱！此本又试分郦氏注文为大注小注两种，大注标"大"字，小注标"小"字。此亦是沈氏信从全氏的主张。但以上两种主张都不见于《四库》本里。故此本确是沈氏晚年改定本。

全氏"五校本"上过录沈氏校语甚详。赵一清采用沈氏校语是在全氏之后。

（庚）十八世纪四大家之二，赵一清（生康熙四十八年，死乾隆二十九年，1709—1764）

（庚一）赵一清早年校项纲刻《水经注》，存三十六卷。过录本。胡适藏。

丁丙《善本书室藏书志》卷十二叶二，曾记录此书。有"双韭由房"印，又有董秉纯的印章。丁氏志说此本"以朱笔录赵清常，孙潜夫，沈砚芳，何义门诸校语于卷眉。……谢山尝七校《水经》，此殆节录其手校本欤"？此书今归南京国学图书馆。原缺前四卷。

民国三十五年冬天，董作宾，缪凤林，劳榦，王崇武，胡适五人用一部黄晟刻本分录此本的校语，这就是展览的过录本。当时我也错认这个校本是全祖望的校本。民国三十七年，我用赵一清的手稿真迹去比勘，才考定这是赵氏早年校本，后来大概赠送给全氏了，故有"双韭由房"印章，又有全氏改定河济诸篇经注的标记（经文每条上作三墨圈为标记）。全氏的字迹止有两行，其余都是赵氏的校记，毫无可疑。

丁丙记载此本，甚不详悉。此本校记最多的是孙潜本，其次是《太平寰宇记》，《禹贡锥指》，胡三省《通鉴注》，这四部书共占了一千多条。此外尚收有何焯，阎若璩，周婴，朱之臣诸人的校语。

此本已依孙潜所录柳佥本，补录《渭水中》篇脱去的一叶，又已改正了《颍水》，《渠水》两篇的错简。

（庚二）乾隆十一年赵一清亲笔写定的《水经注》新校本四十卷。

天津图书馆藏。

赵一清的《东潜诗稿》有乾隆十年《除夜杂书八首》诗,其一首云,

> 流年磨蝎坐宫中,甲乙丹铅枉费功。一卷《水经》翻覆勘,浊河清济笑冬烘!

他的新校本《水经注》,乾隆十一年(1747)八月写成,那时他才三十八岁。后来他继续修改了十八年,到乾隆二十九年(1764),他在病中,还写了五篇《泰山五汶考》,还在修改他的稿本。那年他就死在泰山脚下了。

这是他第一次写定的《水经注》,其中已从孙潜过录的柳佥本钞得郦氏自序大半篇,已补了《渭水》的脱叶,已改正了《颖水》、《渠水》的错简,这都是朱谋㙔没有能校正的大缺陷。

但赵氏写定此本时,他还完全没有了解经与注混乱的问题。他尊信胡渭的见解,以为"经文非一时一手所成",故有东汉以后的地名(看卷三"薄骨律镇""典农城"诸条)。此本写定后几年之中,赵氏开始试探这个经注混乱的问题,他在河水第五卷"沙丘堰"以下的许多经文之上,用朱笔试标明"经"与"注"。这个工作没有完,他就北行了,他把这本子留给他最敬佩的全祖望,故此本后来成为全氏"五校本"的底本。

(庚三)拜经楼吴氏藏的《水经注释》四十卷钞本。北平图书馆藏。

赵氏的《水经注》,经过二十多年不断的努力,写成了《水经注释》四十卷,《水经注笺刊误》十二卷,附录二卷。但写成之后,赵氏还继续修改。例如吴氏此本卷首《北史》本传的郦范传"及定三齐,范多进策,白曜皆用其谋"句下小注中,比刻本多出二千二百三十二字(在刻本此传叶三下小注十六行"甚器任之"之下)。

吴氏此本钞于乾隆三十八年以前,最近于《四库全书》所收之本,最可以考证刻本陆续修改的痕迹。例如此本开卷第一卷,第一句郦注"山三成为崑岺丘",与四库本相同,与最初刻本也相同。但后来刻本删去"山"字,虽是改正赵说,究竟不是赵说。

(庚四)无名氏钞《四库全书》本赵一清《水经注释》残本。胡适藏。

赵氏的《水经注释》,《刊误》,《附录》,似由振绮堂钞出,由《浙江巡抚》呈进,后来收入《四库全书》。其文渊阁本提要题乾隆四十六年十月校上。文津阁本题四十九年四月校上。文津阁本现存北平图书馆,公众可以参观。故我们用这个钞本表示库本赵书的大概。

请注意卷二第一条经文此本作"又南入葱岭山"。

(庚五)赵一清《水经注释》四十卷,《刊误》十二卷,《附录》二卷。初刻本。胡适藏。

乾隆五十一年(1786)赵载元刻于河南。依我们所知,现存的赵书刻本没有一部真是初刻而未经挖改的。此本最近于初刻未改本,其三十八卷叶二"故昭陵也"下赵注"洛陵汉表作洛阳",与《四库》本,拜经楼本,都相同,此是初刻本的原状。第一次修改本(庚六)此句剜改作"洛陵一本作洛阳"。修改重刻本(庚七)改作"洛陵汉表作路陵"此下又剜改了二十四个字。

此种修改都只是要在可能范围之内,替作者修正一些小错误,使这部伟大的书比较更完善。如"洛陵"一条,如开卷第一句"山三成"一条,都可见校刻者的用心。他们对于赵氏改定的经注,都没有改动。

此本卷一第一条注文作"山三成为崑峇邱"。卷二第一条经文作"又南入葱岭山"。

(庚六)赵一清《水经注释》四十卷,《刊误》十二卷,《附录》二卷。初刻修改本。胡适藏。

此本卷一第一条注文已改作"三成为崑峇邱",又剜改了三整行。此本卷二第一条经文作"又南入葱岭山"。

(庚七)赵一清《水经注释》四十卷,《刊误》十二卷,《附录》二卷。初刻重修改本。胡适藏。

此本卷二第一条经文改作"又南出葱岭山"。入变成"出"了。

乾隆五十九年,赵载元在淮扬道任内,有重刻本,与此本相同,但有"乾隆五十九年岁次甲寅男德元、履元、载元、保元同校刻"的题记,又将《四库全书提要》刻在卷首。

（庚八）蛟川花雨楼张寿荣重刻赵一清《水经注释》四十卷，《刊误》十二卷，《附录》二卷。胡适藏。

光绪六年（1880）刻成。有张鸿桷的后记，指出赵书"有初刻未修本，有修后改刻本"，此刻本"择善而从"，参用庚五与庚七。卷二第一条经文作"又南入葱岭山"，卷一第一句注文作"山三成"，皆是从初刻本。但《刊误》第一条说"增山字，非也"，那是从修改本。

（庚九）会稽章寿康重刻赵一清《水经注释》四十卷，《刊误》十二卷，《附录》二卷。胡适藏。

光绪六年（1880）刻成。此本全用乾隆五十九年的修改重刻本为底本。故卷二第一条经文作"又南出葱岭山"。

（辛）十八世纪四大家之三，全祖望（生康熙四十四年，死乾隆二十年，1705—1755）

（辛一）全祖望"五校"《水经注》原本四十卷。天津图书馆藏。

此本的批校都写在赵一清乾隆十一年写定本之上（即庚二），故陈垣先生曾称此本为"全璧归赵"！

此本有全氏自题云，"戊午夏钞篛庵病翁五校毕，漫志于首"。戊午是庚午之误，庚午为乾隆十五年（1750）。全氏是绝顶聪明人，又用沈炳巽、赵一清两家《水经注》校本做他的新基础，故能有创造的贡献。这个五校本表示他的三大贡献：（1）辨析经文与注文，（2）认郦氏注文有大小注的分别，（3）重新排列一百二十三水的次序。此本分装八大册，是他自己依照一百二十三水的新次序编定的，其次序与分卷数，与晚出的《全氏七校水经注》刻本相同。

此书有"四明卢氏抱经楼珍藏"印本。董秉纯编《谢山年谱》，说谢山死后，"葬具犹未备，不得已，尽出所藏书万余卷，归之卢镐族人，得白金二百金"。此书即在其中。

（辛二）全氏《水经》"重校本"六卷。上海合众图书馆藏。

（辛二之1）卷二首叶影印本

（辛二之2）"重校本"的王梓材跋影写本

此本止存六卷，其中有很误谬的校语。但有两点值得注意。一、此本上确有全氏亲笔批语。如影印卷二首叶的批语，乃是他分别经注的一个重要标准。二、此本经文顶格，注文低一格，注中小注又低一格。全氏本来想分大字小字，但他后来采《禹贡锥指》之法，把注文分两级钞写。此本似是他试验的写法（薛刻本前六卷校语中所谓"重校本"，即此本）。

王梓材此跋，与薛刻本的王氏第三跋大不同。顾起潜先生影写甚工。

（辛三）全祖望的《水经题辞》与《序目》的钞本。中央研究院历史语言研究所北平分所藏。

此是日照许氏（印林）在道光二十四年（1844）在北京叫人钞的。现存的全氏《题辞》与《序目》，以此本为最早。《题辞》未署年月，此本题"庚午秋仲"，而刻本及他本皆误作"庚午仲夏"。其上有许瀚与王梓材的校记。题辞与序目，我现在承认确是全氏在乾隆十五年写的。

（辛四）王梓材重录本《全氏七校水经注》四十卷。张约园先生家藏。

编纂《全氏七校水经注》的王梓材（死在咸丰元年，1851）没有看见全氏的"七校本"，也没有看见"五校本"。他在道光十七年（1837），在宁波卢杰家看见前十卷的全氏剪裂黏贴本，其上有一些校语，另有一篇《题辞》，一篇《序目》。这个本子，他在道光二十四年（1844）托人钞了一本送给张穆（石舟）。这是王梓材的第一本。到了道光二十八年（1848），他又把宁波陈劢所得的一批全氏《水经注》残稿本，加上卢杰家所藏，合并编成《全氏七校水经注》四十卷。他所得的全氏残稿是很贫乏零碎的，远比不上"五校本"的丰富。他不能不钞赵一清书中引用全氏的话，也不能不借用赵戴两家的定本作底本。他自己说他在七十五日之内编成这四十卷大书。这是他的第二本。到道光二十九年（1849），他得见"重校本"六卷，也收进去了，这才是王梓材"重录本"的定本。

王氏原钞本现藏宁波屠康侯先生家。我们展览的是张约园先生（寿镛）家藏的重钞本，此本与薛刻本颇有不同之点。薛刻本是董沛改动过的，故此本可以考见王梓材原本是什么样子。

（辛五）薛福成刻的《全氏七校水经注》四十卷。初刻未改本。胡适藏。

光绪十四年（1888）薛福成在宁绍台道任内，请宁波文士董沛校刻《全氏七校水经注》，用的当然还是王梓材重录本。但因为当时有人批评王梓材"据戴改全"，故董沛本颇有些小修改（例如卷五"元城县"一条）。

初刻本刚刻成，薛福成升了官，要赶印新书去送礼，所以初印本校勘很潦草，错误很多。

（辛六）薛福成刻的《全氏七校水经注》四十卷。初刻校改本。胡适藏。

此本经奉化孙锵校出千余条错误，剜改甚多。其无法剜改者，另入正误表，附在末册。

（壬）十八世纪四大家之四，戴震（生雍正元年，死乾隆四十二年，1724—1777）

（壬一）无名氏过录"东原氏"校《水经注》本。哈佛大学藏。

（壬一之1）照片两张（戴震校本自记及凡例两则）。

（壬一之2）胡适用紫笔过录哈佛大学藏残本。

此本仅存卷一、卷二的前十二叶，卷五的前九叶。这三十多叶的钩抹方法，都与"凡例"相符合。凡例说，"凡注内用朱笔双抹者，经误入注也。其注之误入经者，并用单抹。"此三十多叶中，没有经入注的，故止有单抹。这是他改定经注的最初形式。

凡例又说，"是书以考水地为主。其无关考证，及援引谬误者，悉钩乙其处删之。"这又可见他最初并没有整理《水经注》全文的意思，他止要保存那考水地的部分。

此本自记无年月，大概是在乾隆三十年写定《水经》一卷之前。

看此本卷二第一条经文作"又南出葱岭山"。沈大成在乾隆二十五年过录戴震早年校本，此句已改作"又南出葱岭山"（见聊城杨氏过录沈大成本，即校在赵一清书之上，即展览的庚六）。

（壬二）乾隆三十年戴震自定《水经》一卷。至德周叔弢先生藏。今赠与胡适。

戴氏改定经注之后,把新考定的的《水经》写成一卷。后附《附考》十节,记录《水经注》各篇中他的重要订正。最后为《自记》一篇,曾收入段玉裁编刻的《戴东原集》卷六,误题为"书水经注后",又误删去二百多字。自记题乾隆三十年乙酉秋八月。

看《附考》渭水中篇,戴氏用种种方法想补此篇的缺文。他不知道此处缺的是一整叶四百十八字,他补了一百七十多字。

(壬三)乾隆三十七年戴震修改他的自定《水经》一卷。北京大学藏。

此本《自记》年月之下,有小字"乾隆三十七年壬辰夏秒"十个字。此本有朱笔修改好几处。河水经文"又南出葱岭山"改回作"又南入葱岭山",但下面加了"又从葱岭出而东北流"九个字。

此本《附考》里,《渭水》中篇还只补了一百多字。《颖水》篇改正错叶还是错的,《渠水》篇的错叶还没有发现。这都可证明,在乾隆三十七年,在《四库全书》开馆的前夕,戴震还没有得见赵一清或全祖望的《水经注》校本。

(壬四)戴震试补《渭水中》篇缺文的手稿一叶。胡适藏。

此是戴氏亲笔。其右下角有草字云,"此不用,又订过矣",也是他的字。

(壬五)武英殿聚珍版《水经注》四十卷。胡适藏。

我们没有寻得乾隆四十年(1775)武英殿原本,暂用江西翻聚珍板展览。

此本所据《永乐大典》本,比柳金本还更完好,故有许多优胜之处。如郦道元自序,此本有全文四百七十三字。如卷六《湛水》篇第一句注文"湛水……俗谓之椹水也",《大典》本与残宋本都作"椹水",而黄省曾本以下,上下两处都作"湛水",故不可通。孙潜校柳金本,此处无校语,故赵本改作"须水"而全本作"黜水"。

(壬六)戴震自刊本《水经注》,不分卷,原分十四册。胡适藏。

此书不记刻成年月,段玉裁在《东原年谱》里说是"与聚珍板同时而出者也"。这话大概可信。乾隆四十一年十一月戴震寄给段玉裁"《水经注》全部,共分十四册",大概就是这个自刊本。

官书不能完全自由。戴氏自刊本是照他自己的意思安排的。第一、不分卷,共分十四册,一百二十三水的次序重行编排过了。第二、注文分节,每节提行。第三、改动之处比官本更自由。例如浙江水篇,官本依归有光本搬移了一百三十四字。而戴氏自刊本此处搬移了一千八百九十七字(附记:赵氏、全氏本都搬移了二百九十五字)。

以上共九类,四十种。

胡　适　三十七,十二,八

(收入《北京大学五十周年纪念特刊》,

1949年北京大学出版部出版)

跋奉化孙锵原校的薛福成、董沛刻的《全氏七校水经注》

光绪十四年薛福成在宁波刻成《全氏七校水经注》。主持校刻的人是董沛。书刚刻成,薛福成就升任湖南按察使了,他急于要进京,又要带这新刻的书去送礼,所以这书初刻初印本的校勘是很潦草的,错误多到不可胜计。当时有奉化秀才孙锵曾校出错误"千余条",董沛依据孙锵校本,挖改刻本,改正甚多。

例如《题辞》叶一下六行,"宇文虚中之说",初印本"说"作"记"。同叶下八行"是必不出桑氏之手",初印本作"不必出"。又如卷一叶一下七行"三千有四百里"之下,初印本误脱了"自阳纡西至河首四千里,合七千四百里"十六字,修改本因此改刻了六行之多。修改本又在书尾附刻正误表四叶,有董沛题记,明说"奉化孙明经锵雠校精审,签出千余条,据以改正。其因行列排齐,不能修补者,别附正误于后"。

中央研究院历史语言研究所所藏此本,正是当年孙锵校勘的原本,卷一叶一以下往往作"锵案",即是孙锵。其朱笔批答孙校之语,则是董沛审查时所记。原校与答辩往往可供史料。例如卷二,叶十九下三行,"释名又曰,县,悬也,悬于郡矣"。孙锵原校云,"不必从心"。董沛朱批云,"官本有心"。这就是无意之中承认他依据的是戴校官本了!(全氏五校本作"释名又曰,县也,县于郡矣"。赵氏刻本作"释名又曰,县,县也,县于郡矣"。王梓材"重录本"此一长段均从戴本,此句作"县,悬也,县于郡矣"。

又如卷二,叶十下三行引赵一清曰一段,有"梓材按,此自重校本录入,今赵本所无"。孙校云:"锵案赵说明见《刊误》,不得云今本所无。"董沛朱批云:"王之误,姑听之。"这也是很有趣的私话了。

孙锵校《题辞》,《序目》,和后面的附录二卷,都是用一位何崃青先生的抄本。但他校勘这部《全氏七校水经注》,签出千余条,没有一条是依据全氏的《水经注》校本!他用来校勘的只是戴震校的官本(在卷十,叶廿五,他自己说用福州聚珍本及湖北局刻)与赵一清的《水经注释》与《刊误》(他用的是刻本,又有一部"小山堂本"似是钞本)!他为什么不用董沛发现的"殷权残钞本"来校勘呢?

更可怪的是董沛批答孙校,也只引戴赵两本,而不提及全氏稿本!董沛提及殷权钞本,只有两处,都在卷首《题辞》与《序目》,而不在《水经注》本身。

在《题辞》叶五,原文云:

今以予所定河水经文不过五十三条,而旧以注溷之,为二百五十四条,济水不过三十二条,而旧为七十条。江水不过二十二条,而旧为一百二十八条。淮水不过八条,而旧为二十四条。沔水不过一十八条,而旧为一百二条。

董沛原校云:

今按以上考定经文皆五校定本。检殷氏七校残本有《淮沔篇》,淮水十二条,沔水十九条。

孙锵校云:

今河水有五十六条,旧河水有二百七十条。今济水有三十三条,旧济水有七十一条。旧淮水有四十三条。旧沔水有一百四条。

董沛朱批云:

河水五十六条,吾所校本,据殷本,亦同。前刻五十三条,乃五校之误,吾未及细校者。至于旧本,则从朱谋㙔本对过,并无错误。孙君据黄本,故不同耳。

此批里说的经文条数是据朱谋㙔本,故与黄本不同,这是大笑话,姑且不论。最有趣的是他说的"河水五十六条,吾所校本,据殷本,亦同。"初刻初印本有董沛《例言》,其中说殷权家的残钞本,有云:

此残帙中,《河水》篇经文五十三条,与五校本题词合。

此本有董沛用墨笔改正如下：

> 此残帙中，《河水》篇经文五十六条，较五校多三条。

这是因孙锵的校记改正董君的《例言》了（修改本已如此挖改了）。究竟殷权的"残帙中"河水经文是五十三条呢？还是五十六条呢？其实我们还可以问，究竟有没有那个"殷权残帙"呢？

（卅七年十二月初□）

（收入胡适遗稿：《〈水经注〉校本的研究》，
《中华文史论丛》1979 年第二辑）

关于宋明刊本《水经注》

《粤雅堂丛书》有《崇文总目辑释》五卷,《补遗》一卷,嘉定学者钱绎、钱侗诸人分任辑释。其卷二地理类有

> 《水经》四十卷,桑钦撰
>
> 绎(钱绎)按《水经》本二卷,此作四十卷,当是郦道元注也。经下应增"注"字。(叶四八)

元欧阳玄作《补正水经序》说:

> ……宋《崇文总目》亦不言撰人为谁。但云"郦注四十卷,亡其五"。(《圭斋集》,又《元文类》)

后来王祎作《水经序》,也说:

> ……宋崇文总目亦不言撰人为谁,但云"郦注四十卷,亡其五"。(《王忠文公集》)

王祎似是钞欧阳玄,一字不改。今检《粤雅本》,称"桑钦撰",则与"不言撰人为谁"不同,一可疑也。不云"郦道元注四十卷,亡其五"。二可疑也。

清朝治《水经注》的学者,全谢山、赵东潜、戴东原都深信《崇文总目》有"郦注四十卷亡其五"之说(全说见《赠赵东潜校水经序》。赵说见注释附采下叶十八,戴说见自定《水经》一卷《自记》及自刊本《水经注序》,又官本提要)。难道此说不可靠吗?还是嘉定钱绎诸公所据崇文总目不可信呢?

我想出了一个比较满意的解释。《崇文总目》是王尧臣欧阳修奉敕编的,奏上在庆历元年十二月(1041—42)。那个时候流行的《水经注》刻本止有三十卷(说见下)。《崇文总目》所记是三馆与秘阁书籍,但其中的《水经注》也止有三十五卷,故《总目》说"四十卷亡

其五"。到了元祐二年(1087)成都府学宫才有新刻的四十卷本出来,用何郯(圣从)家的写本为底本。后来的人止知道《水经注》是四十卷。故有人修改《崇文总目》此条,略如今本所说"水经四十卷"。此种书目是供实际查检的,读者往往随时修改以求合用。故元朝欧阳玄所见总目记《水经注》"四十卷亡其五"而后来另有一本改作"《水经》四十卷",毫不足奇怪,因为后来的人只知道四十卷本了。

今钞元祐二年成都刻《水经注》的跋尾如下:

> 右水经,旧有三十卷,刊于成都府学宫。元祐二年春,运判孙公始得善本于何圣从家,以旧编校之,才载其三分之一耳。于是乃与运使晏公委官校正,削其重复,正其讹谬。有不可考者,以疑传焉。用公布(毛子水先生说"公布"疑是"公帑"之讹)募工镂版,完缺补漏,比旧本凡益编一十有三。共成四十卷,分二十册。其篇帙小大,次序先后,咸以何氏本为正。元祐二年八月初一日记。
>
> 涪州司户参军充成都府学教授彭戡校勘
>
> 朝奉大夫充成都府转运判官上护军赐绯鱼袋孙□
>
> 朝议大夫充成都府转运副使兼劝农使上柱国赐紫鱼袋晏知止
>
> (适按,晏知止是晏殊的儿子,见《宋史·晏殊传》。)

这是我照袁又恺"手模"本钞下来的。袁本"篇帙"作"篇秩","咸以"作"成以",我用钱曾《读书敏求记》钞陆孟凫本校正。但钱曾钞此跋,删节颇多,远不如袁又恺本。钱曾说此跋"不著名氏",袁氏所模明明题府学教授彭戡校勘,又有孙晏两人全衔,则此跋是彭戡所作。

我们现在可以说北宋时人所见《水经注》有三种不同的卷数:

一、庆历元年政府四馆所藏写本《水经注》四十卷,亡其五。

二、元祐以前流行的成都刻本《水经注》三十卷。

三、元祐二年成都新刻何圣从家本《水经注》四十卷。

四、另一为北宋初期编《太平寰宇记》时的本子,这本子好像是最完全的,大概有四十卷。

但是元祐二年的成都新刻本(即后来一切刻本的祖本)虽然号称"四十卷",其实也不是完全的本子。故《元和郡县志》、《太平寰宇记》引《水经注·滹沱河》、《泾水》、《洛水》各篇的文字,今本都没有。戴东原说,"郦氏书四十卷,亡其五,今仍作四十卷者,盖后人所分以傅合其卷数"。东原的猜测大致是不错的。但我们不能推断何圣从本就等于《崇文总目》所记三十五卷本。元祐本跋止说"比旧本凡益编一十有三"。十三"编"是否等于十三卷呢?我们只能说,大概元祐以前刻的三十卷本未必真有三十卷,元祐以后刻的四十卷本也不是恰恰四十卷。

全谢山说:

> 据《崇文总目》,知馆阁所储本亦只三十五卷。据元祐无名氏跋,知蜀本且只三十卷。是以欧阳兖公(修)尚未见四十卷之著录。及何圣从本幸复其旧,然已云篇帙不无小失。而以《太平寰宇记》诸书校之,则逸文之不见于今本者不下数百条。说者以为原本当有《弱》、《黑》、《泾》、《洛》、《滹沱》诸篇,而今不可得见矣。是岂止小失乎哉?(《赠赵东潜校水经序》)

谢山说成都刻本"幸复其旧",其实只是数目字回复四十卷之旧。他说此本缺脱甚多,不止是"小失",是很对的。但他说何圣从本跋"已云篇帙不无小失",我检赵东潜的《水经注释》附采下所载钱曾钞的元祐本跋,果然此句作

> 其篇帙小失,次序先后,咸以何本为正。

全谢山的五校本真迹(现藏天津图书馆)卷首钞元祐本跋,此句也作"篇帙小失"。但我检海山仙馆在道光二十七年(1847)翻乾隆十年(1745)的《读书敏求记》,则此句实作"篇帙小大"。以文理看来,"篇帙的小大"与"次第的先后"对列,更觉通顺。袁又恺本正作"小大"。全赵两公所见钱曾的书,错了一个字,就使谢山推论元祐二年作跋的人自己承认那个本子有"篇帙小失"了。

《拜经楼藏书题跋记三》,有《读书敏求记》诸跋,其中一本是小山堂赵谷林藏钞本,有甲辰除夕谷林一跋,云:"是本向吾友丁敬身借钞,有绣谷手校记语,误缪处十正八九……"东潜与谢山所见大

概是这个钞本。

黄省曾刻本《水经注》四十卷

明嘉靖十三年(1534)刻。

此本的底本是两种旧刻本或旧钞本凑合而成的,一种每半叶十一行,行二十字,其款式与残宋本及朱氏藏明抄本相同。另一种每半叶十二行,行二十字,其款式与现在各种古本都不相同。

此本雕刻甚精,但改动原本之处亦不少。试举其最甚之例:

① 卷十浊漳水引《左传》昭十五年"鼓人"一节。

② 汶水(24)"其为高"一段。

③ 江水(34)"江水又东径陆抗故城北",黄于经文删"陆抗"二字,而于注文增"所谓陆抗城也"六字。

因为此本确是出于两部旧钞宋本,故与残宋本,大典本,明抄本,都很接近。但此本有很多的整叶大缺陷:①无郦道元自序,②卷十八《渭水中》篇脱去第二叶,③又脱去末叶五行,④卷一互错一叶,⑤卷二互错一叶,⑥卷九与十三各互错两叶,⑦卷廿二《颍水》篇互错一叶,⑧卷廿二《渠水》篇互错一叶,⑨卷三十互错一叶,⑩卷卅一脱一叶,错在卷卅三。这些大缺陷,朱谋㙔补正一次,所据为谢兆申的钞宋本;到乾隆时代,全祖望与赵一清又补正一次,所据为孙潜校柳佥本;戴震也补正一次,所据为《永乐大典》本。

吴琯校刻《水经注》四十卷(原与《山海经》合刻)

明万历十三年(1585)刻成。

王静安与傅沅叔两先生都曾称赞吴琯刻本。静安先生说:"余以宋刊残本校之,凡吴本与宋本异处,其字皆剜改也。可证吴书原本之佳及校正之勤。"王说见他的《朱谋㙔水经注笺跋》中小注。王跋中称"吴琯古今逸史本",其实吴氏刻的《水经注》,乃是与《山海经》合刻,故原刻有方沉序,题为"合刻山海经水经序"。

其实吴琯与陆弼校订黄省曾本,并未得见一部古本作底子,故黄本所有十大缺陷,吴本都未能订正。吴本订正文字,都不记明出处。

其佳处都是依据古籍,如《史记》、《汉书》及法显佛《国记》之类,如第一卷记印度各水,吴本据法显书,故改正甚多,而后来赵戴诸公都不熟佛教典故,又据古本《水经注》改回,实远不如吴本。但吴本凭主观妄改黄本之处也很多,如卷八叶二十二下八行"范巨卿冢石柱犹存",一切古本皆作"名件犹存"。南宋洪适《隶释》引此文亦作"名件犹存"。吴琯、陆弼始凭主观改作"石柱犹存",朱谋㙔、项纲、黄晟、赵一清诸本皆从之,其实是错的。

朱谋㙔《水经注笺》四十卷

明万历四十三年(1615)刻成。

朱氏用吴琯本作底本,他所称"旧本"即黄省曾本。他曾用谢兆申的校本校勘。谢兆申曾见一部钞宋本,故他能订正卷一、卷二,卷九与卷十三,卷三十及卷卅一的错简。但谢氏所见钞宋本似不完好,故朱本未能补《渭水》的脱叶,也未能订正《颍水》、《渠水》的错叶。《朱笺》称引谢兆申所见"宋本",往往不甚可靠。(谢兆申,字耳伯,绥安人,太学生。他的为人略见钱谦益《初学集》卷八十一《追荐亡友谢耳伯疏》。)

《朱笺》考订史实,征引史书及类书,作为笺注,而不轻易改动底本,其方法甚谨严,其成就亦甚可观。

我所见《朱笺》,有两种本子,都是南昌原刻,而有小异。一本为哥仑比亚大学所藏,其卷五叶十二上"襄楷上疏曰"之下,《朱笺》引孙汝澄云,"襄楷当作裴楷",此是偶然的误记。北平图书馆与我自己所藏的一本,《朱笺》此条剜改为"襄楷详《后汉书》"。前者是初刻初印本,后者是修改本。

(原载1953年9月30日台北《大陆杂志》第7卷第6期,又收入《胡适手稿》第四集)

所谓"全氏双韭山房三世校本"《水经注》

（一）全祖望自述他家三世先人的校本

赵一清的《水经注释》的卷首有"参校诸本"二十九本；其中有"全氏祖望七校本"，又有"全氏双韭山房旧校本"。在那个"全氏双韭山房旧校本"之下，赵氏有小注说：

> 鄞全侍郎元立，字九山。孙天叙，字伯典，亦官侍郎。天叙之从孙吾骐，字北翁。三世校之。今翰林祖望，其孙也。

陈劢（1805—Ca. 1894）曾指出赵氏小注有错误。他说："元立字池德，号九山，非字九山，官南工部侍郎。天叙官少詹事，兼侍读学士，卒后赠礼部左侍郎。吾骐字聿青，号北空，人以'北翁'称之，非字北翁。"（董沛、薛福成刻《全氏七校水经注》的附录上）

依据全祖望文集中记载他家祖宗的文字，他的六世祖全元立生于弘治十一年（1496），死于嘉靖四十四年（1565），——死在全祖望的"五校水经本"卒业题词（乾隆十五年，1750）之前二百十五年。他做到南京工部侍郎，《鲒埼亭集》中先称他为"先侍郎府君"，或"先检讨公"，后来才夸大称"先司空公"。全天叙做过少詹事，死后才追赠礼部左侍郎。他是万历十四年（1568）进士，死时约当泰昌元年（1620）。《鲒埼亭集》中先称他为"先宫詹府君"，后来也夸大称"先宗伯公"了。全吾骐生于崇祯四年（1631），死于康熙三十六年（1697）。全祖望在翰林时，因清世宗"配天"的典礼，后赀封父祖两代，所以他称他祖父为"先大父赠公"。

天津图书馆藏的《谢山五校〈水经〉本》全部原稿，是全祖望写在赵一清手写的《水经注》新校本之上的批校，前面有全氏亲笔记的参

校各种《水经注》本子,其中一部是"吾家阿育王山房校本",他自注说:

> 先司空于嘉靖中校之。先宗伯于万历中校之。先大父赠公于顺治中校之。其谓道元注中有注,本多双行夹写小字,而今本皆传写作大文,是前人所未及。

百余年前王梓材(1792—1851)在宁波卢杰家中发现的全祖望"五校本题词",其中有这一段:

> ……善长(郦道元字善长)之注原以翼经。故其专言水道者为大注。其兼及于州郡城郭之沿革,而不关于水者,乃小注。旁引诸杂书沿革逸事,又附注之余录也。故大注为大文,小注则皆小字。……不知何时,尽钞变为大文,于是注中之文义遂多中隔,不相连属。……且其中音释之语亦溷为大文。古今书史无此例也。
>
> 是言也,前人从未有见及之者。首发之先司空公,实为创获。其后先宗伯公始句出为朱墨分其界。先大父赠公又细勘之。至予始直令缮写为大小字,作定本。

这就是所谓全氏三世先人的《水经注》校本。

全祖望给赵一清的《水经注释》作序,最末段说:

> 予家自先司空公,先宗伯公,先赠公,三世皆于是书有校本。故予年二十以后,雅有志于是书。始也衣食奔走,近者衰病侵寻。双韭山房手校之本,更是迭非,卒未得毕业。眷怀世学,不禁惭赧。而东潜夺蠹而登,囊括一切,犹以予为卑耳之马,不弃其鞿绊。岂知羽毛齿革,君之余也。其聊举先世之遗闻以益君,则庶几焉。

在这序文里,他不但提到他家三世祖宗的校本,他还用"世学"的名词,又还特别提到他"聊举先世之遗闻以益君"。

此序作于乾隆十九年(1754)的秋天。次年七月二日(1755,八月九日),他就死了。在他的遗集里,此序不题作"赵东潜《水经注释》序",而特别题作"赠赵东潜校《水经》序"!(《鲒埼亭集》三二)这样很特别的标题,当然含有深意。

他的用意显然有两个方面。一面是留这标题指示后世读他文集的人，要他们知道他把他的"校《水经》"，包括"先世之遗闻"，都"赠"给赵东潜了。一面是对他的朋友赵东潜说，"我这回带给你看的'双韭山房手校之本'，虽然还是'更是迭非，卒未得毕业'，但这里面不但有我自己从二十岁以后，至今三十年的心血，还有我家三代祖宗的'世学'。请你不要轻易埋没了我'举先世之遗闻以益君'的一点微意"。

这序文不但推赞赵东潜"夺蠃而登，囊括一切"，并且还用了"卑耳之马"的典故。这个典故见于《水经注》卷十四《濡水》篇引《管子·小问》篇的一大段。原文太长，我不全引了。大意是说齐桓公征孤竹，将到卑耳之溪时，忽然看见了一个一尺长的神人，骑马在他马前走。桓公问管仲，管仲说：

> 臣闻岂山之神有俞儿（一作俞儿）长尺，人物具。霸王之君兴则岂山之神见，且走马前走导也。

谢山先生自比为"卑耳之马"，显然是说他自己在《水经注》的研究工作上，不过做了"霸王之君"的走马前导而已。而今郦学的"霸王之君"已"夺蠃而登，囊括一切"了，衰病的他只好把他家四代的"世学"都奉献给他了。

懂得这个典故的人，都能明白谢山这篇序文是垂死的哀音，是托孤的遗嘱。赵东潜当然很受感动，所以他接受了谢山的校本，处处都标明"全祖望曰"，或"全氏曰"。凡谢山归功于他家三世先人之处，他也一一标明全氏引"先司空公"，或"先宗伯公"，或"先赠公"。

（二）论全氏三世先人所见"宋本"是假托的

王国维先生是第一个怀疑全谢山家三世先人《水经注》校本的人。他在明抄本《水经注》跋（《观堂集林》十二）里说：

> 全氏好以己所订正之处，托于其先人所见宋本。

这是很不客气的说全谢山所谓先世祖宗的《水经注》校本是假托的了。

但王国维先生的话有点小错。其实全谢山假托"其先人所见宋

本",只有五处。这五处是:

① 卷六,叶三(董沛、薛福成刻本),注文"《魏土地记》曰,秀容胡人徙居之,立秀容护军治"之上,全氏校增"又南,径秀容城东"七字,此下有全氏校云:"旧脱此句,先司空公以宋本增"。(赵氏《刊误》三,2,引全氏说,仅云"先司空本校补"。)

② 卷廿三,叶二(董、薛刻本),注文"《春秋》僖公十二年夏,会於咸"之上,全氏校增"又东,径咸城南"六字,全氏校云:"此句诸本皆脱,先司空公以宋本增。"(赵氏《刊误》九,14,引全氏说,也仅说"以先司空本校增",不提宋本。)

③ 卷三十八《涟水》篇,叶十八(董、薛刻本),经文首句古本皆作"涟水出连道县西,资水之别"。全氏把"资水之别"四字改入注文。董、薛刻本依据王梓材所得谢山残稿,此卷没有谢山校语,故引赵氏《刊误》(十二,23)引全氏校云,"四字是注混作经。以先司空校本改。"但近年我在天津图书馆发现"谢山五校《水经》本"原稿全部,此处谢山亲笔抹去此四字,亲笔批云:"旧本以注中资水之别四字误列于于此。先司空据宋本改正。"以上三条是"先司空"所见宋本。

④ 卷三十二《江水》三篇,叶十七(董、薛刻本),注文"山东有护口江浦,庾仲雍谓之朝江浦也。"(适按,此注中"口"字,是王梓材、董沛从戴震校的官本误钞来的。全氏、赵氏都没有"口"字。参看戴校聚珍本《水经注》三十五,15 上。)此处"朝江浦",古本皆作"朝二浦"。董、薛刻本依据赵氏《水经注释》(三十五,12)引的全氏说,改作"朝江浦",又引全氏校语云:"朝二浦,先宗伯公手校本作朝江浦,即上护江浦之义。"此条校语也是从赵氏书里转钞来的。在"五校本"里,谢山亲笔批云:"按〔朝二浦〕当作朝江浦。先宗伯以所见宋本校。"这是"先宗伯"的宋本。

⑤ 卷三十八《洭水》篇,叶二十(董、薛刻本),注文"洭水又南径县故城西"。古本都脱去了县名。朱谋㙔《水经注笺》引孙汝澄说,"《汉志》,桂阳郡有含洭县,南径下疑脱含洭二字。"后来谭元春刻本,项絪刻本,都采用此说。赵一清早年写定本也写作"含洭县故城"。全氏"五校本"也没有改动。全氏后来才校改作"阳山县故

城",故赵氏《水经注释》定本(刻本三十九,2)改作"阳山县故城",赵氏《刊误》(十二,32)说:"全氏云,先赠公云,见宋本是阳山二字。"这是先赠公所见宋本。

以上五条,三要是"先司空"所见宋本,一处是"先宗伯"所见宋本,一处是"先赠公"所见宋本。谢山先生"以己所订正之处,托于其先人所见宋本"只有这五处。但他称引他家三世先人的《水经注》校本,总共有三十多处。所以我们应该修正王国维先生的话,改作这样:

> 全谢山好以己所订正之处,托于其三世先人之手校本,或托于其先人所见宋本。

单就这五处所谓"宋本"来看,处处都可以证实谢山先生的三世先人《水经注》校本完全是假托的。这五条都可以证明他所谓先人所见"宋本"是他自己捏造的,假托的。

谢山的《水经注》校本是他依据他考定《水经》一百二十四水的次序,重行改编为四十卷的,所以他的"五校本"及董沛、薛福成刻的所谓"全氏七校本"的卷数与旧刻《水经注》及戴氏官本,赵氏《水经注释》的卷数,多不相同。今列举上文引的五条的卷数与旧刻本的卷数相比较如下:

① 全校本卷六《汾水》篇,在旧刻卷六。
② 全校本卷廿三《瓠子水》篇,在旧刻卷廿四。
③ 全校本卷三十八《涟水》篇,在旧刻卷三十八。
④ 全校本卷三十二《江水》三篇,在旧刻卷三十五。
⑤ 全校本卷三十八《洭水》篇,在旧刻卷三十九。

谢山先生说这五条订正都是他家三世祖宗依据他们所见"宋本"校改的。我们可以检查现存的宋刻《水经注》残存十一卷有零(傅增湘先生藏),看看这五处有无可以印证之处。

① 残宋本卷六《汾水》篇尚存,并无"又南径秀容城东"七字。
② 残宋本卷二十四《瓠子水》篇已不存,故无可比勘。
③ 残宋本卷三十八《涟水》篇今尚存,"资水之别"四字是经文,

并不是注文。

④ 残宋本卷三十五《江水》三篇已不存,故无可比勘。

⑤ 残宋本卷三十九《洭水》篇今尚存,注文的"洭水又南径县故城西"一句也没有县名,并没有"阳山县故城"的话。

此五处之中,三处有现存的残宋本可以比勘,都可以证明宋刻本与现存明刻本同,都可以证明全氏校改这三处都只是他自己的订正,而假托于他家先人所见的宋本。

残宋本之外,现存的"明钞宋本"还有几些:

a. 《永乐大典》本(前四册,涵芬楼藏。后四册,北京大学藏。)
b. 《永乐大典》本的影印本
c. 常熟瞿氏藏的明钞本
d. 海盐朱氏藏的明钞本

这三个本子,我都校过。全谢山所举他家先人所见宋本的五处,在这些"明钞宋本"里都和明代诸刻本一样。所以这些现存的"明钞宋本"又都可以证明这五处的校改都只是谢山先生自己的校改,而假托于他家先人所见的宋本。

所以这五处所谓"宋本"已够证明谢山先生所谓三世先人校《水经》本是他假托的了。

(三)《水经注》"注中有注"之说也是全氏自己的见解而追赠给三世先人的

上文引全氏的《五校本题词》,说郦道元的《水经注》"注中有注"。这个见解本来很平常。但在一部三十四万字的大书里,这种插入的夹注实在很多。谢山先生就把这个"注中有注"的事实看作一个重要的发见,后来又把这个发见追赠给他家三代祖宗。他说:

> ……是言也,前人从未有见及之者。首发之先司空公,实为创获。其后先宗伯公始句出为朱墨分其界。先大父赠公又细勘之。至予始直令缮写为大小字,作定本。

其实这都是他自己的创见而托于二百年前的六世祖,一百多年前的族祖,和他的祖父。

这个追赠先世祖宗的办法,很可能的同谢山先生一生尽力表彰他家甬上全氏的族望,是一样的心理(看《鲒埼亭集》卷三十六,此一卷全是追记全氏在南宋及明朝的光荣。参看《外集》卷二十一全卷及卷十四的两篇全氏祠堂碑文,及卷十五的《桓溪旧宅碑文》,《先侍郎笏铭》,先侍郎《第九洞天私印铭》诸文)。谢山有《先公墓石盖文》(《外集》八),说:

　　……不肖幸得遭逢大礼,貤封两世。焚黄之日,先公曰,"……吾非敢无厌也。然安得再展一世恩命乎?"……

官诰貤封先人,是有限度的。把自己做学问的心得追赠先人,是可以推到千百年以上的。谢山先生把《水经注》的新校订追赠到两百年前远祖,岂不比"再展一世恩命"更荣耀吗?

但我们研究学术史的人。不能不指出这种作风是不忠实的,是一种诈欺,等于伪造证据(他的同乡丰坊在明朝著作许多经学书,都假托于他家先人,最远的推到北宋的远祖丰稷,最晚的推到他父亲丰熙。丰坊著书,自称为丰氏"世学",有"古书世学","鲁诗世学","春秋世学"等等。全谢山早年有《天一阁藏书记》,《丰学士图像记》诸文,很痛骂丰坊的作伪,说他"贻笑儒林,欺罔后学"。但他后来把他自己治《水经注》的许多见解追赠给三代先人,在《赠赵东潜校水经序》里竟自称"世学"!这就颇近于丰坊的"世学"了。至于他假托三世先人所见宋本,那就更近于丰坊伪造"河图石本","鲁诗古本",说是北宋的丰稷在秘府得来的了)。

谢山所谓注中的小注,共有四类:

甲、"其兼及州郡城郭之沿革,而不关于水者"。

乙、王莽所改的郡县名,附于汉郡县名之后,例如《河水四》注文,《地理志》曰,县故蒲也。王莽更名蒲城。"谢山的"五校本"把王莽以下六字画出,旁加△△符号,作为注中小注。

丙、音释之语,或校订之语。

丁、引书未完,中间插入一段引他书作解释的文字。最有名的例子是《渭水上》篇注文略阳道故城一段之下,引史书叙述来歙诸人的军队经过的文字:

建武八年,中郎将来歙与祭遵所部,……将二千人,皆持卤刀斧,自安民县之杨域——永始二年,平帝罢安定呼他苑,以为安民县,起官寺市里,——从番须回中,伐树木,开山道,至略阳。

这里"永始二年"以下二十二字是插入的夹注。谢山"五校本"把这二十二字用△△符号标出,批云,"二十二字,注中注也"。

这四类小注之中,甲乙两类最多,所以"五校本"上标出"注中小字"的,共有几百条。

但在"五校本"的几百条"注中小字"之上,谢山先生总不提及他的三世先人。他在"题词"里说的"先宗伯公始句出为朱墨分其界"的本子,当然没有人见过。他说的他自己"缮写为大小字作定本"的本子,至今也还没有出现。百余年来陆续发现的谢山《水经注》校本残稿,我看见的有许多本,见于记录的也有许多本,没有一个本子是"缮写为大小字作定本"的。这些全氏《水经注》校本,无论是剪割黏缀本或是清钞本,没有一本不是用分行低一格或两格的办法:经文顶格,大注低一格,注中小注又低一格。很明显的,谢山先生很早就抛弃那个"大注为大文,小注则皆小字"的写法了。

我现在从"五校本"里挑出一条最有趣味的"注中注"来证明这种"注中注"全是谢山先生自己的发现,与他家三世先人毫无关系。

卷三十七,《延江水》篇(旧刻本在三十七卷)有一段注文,一切古本与旧刻本都是这样:

延江水又与汉水合出犍为汉阳道王莽之新通也山阆谷东至鳖邑入延江水也

若用新式标点符号改写,就成了这个样子

延江水又与汉水合。〔汉水〕出犍为汉阳道——王莽之新通也——山阆谷,东至鳖邑,入延江水也。

若用括弧,中间一句就更明显了:

〔汉水〕出犍为汉阳道(王莽之新通也)出阆谷。

郦注本说"水出犍为汉阳道山阆谷"。"王莽之新通也"一句是插入的,说明汉阳道在王莽时改名新通。

谢山用符号标出"王莽之新通也"六字,下方批云:"六字是小字,但读上下文可知。"

最可注意的是他在上方批云:

> 向意注中王莽所改郡邑一句皆是小字双行。与人言之,多不信。今读此文,乃自信其不谬。本文盖曰,"出犍为汉阳道山阆谷"。而六字为小注。今于中间一连作大文写,则不成文矣。

这是谢山先生最得意的话。他明明说他自己"向意"如此,"与人言之,多不信。"他又明明说他"今读此文,乃自信其不谬"。这是很明白的承认这是自己独得的见解,别人多不相信,现在他看到这一条绝无可疑的证据,他才"自信"他的见解不错。

这样老实的自认,还不很证明这个"注中注"的见解完全是他自己的发见,同他的三世先人毫无关系吗?

我曾过录"五校本"的全部四十卷,曾细细的看他随时发见"注中小字"的情形,所以我特别指出《延江水》篇这一条校语作最明显的证据,叫大家知道这个"注中注"的见解与谢山先生的三世先人确是没有关系的。

但这一条校语实在是太老实了,根本同谢山先生的三世先人神话不能并存。他决心要造出三世校本的神话,就不能不毁灭这条自己得意的供状。因为这个原故,他在后来校本里就删了《延江水》篇这一条最有史料价值的校语!

因为这个原故,赵东潜就没有看见这条校语,所以《水经注释》(三六,9下)《延江水》篇的此段,只把"王莽之新通也"六字写作小字,但没有全氏的校记。

一百多年前,在道光二十八年(1848),王梓材得着陈劢发见的一大批谢山《水经注》校本残稿,他费了三个月的工夫,从"正月以至三月之杪",居然粗制滥造,造成了一部《全氏七校水经注》的"重录本"。他没有得见"五校本",他所得的残稿是很不完全的。他所得的都是谢山剪黏本,是用注文低一字,小注更低一字的办法剪黏的。有许多残稿是没有点句的,也没有谢山校语的。所以王梓材不能不用赵东潜和戴东原的两个刻本的本文来做底本。结果是一部用谢山残稿,加上赵、戴两本,凑合起来的所谓《全氏七校水经注》。

最妙的是《延江水》篇的这一段。王梓材所见本就没有这一篇。赵氏本把"王莽之新通也"六个字刻作小字,虽然是谢山的原意,却不合王梓材分行低格的写法。于是王梓材先生就拿了戴东原的本子来冒充全谢山的本子!这一段就成了这个样子:

> 延江水又与汉水合。水出犍为汉阳道山阆谷,
> 王莽之新通也。
> 东至鳖邑,入延江水也。

试看戴震的官本《水经注》(三十六,10),就可以看出戴氏把"山阆谷"三字移在"王莽之新通也"六字之上。研究《汉书·地理志》的人,当然知道王莽改的新通是县名,是汉阳道("县有夷狄曰道")的改名,不是一个山谷之名。但这写法究竟不是郦道元的原文,更不是全谢山的原意。

董沛、薛福成的刻本用王梓材的"重录本"作底本,所以《延江水》这一段全依王梓材的本子。那位董沛进士还在"山阆谷"之下,添了一条按语:

> 今案此三字,赵在"王莽之新通也"句下。(刻本三七,27)

他们此处钞袭戴氏本,故只敢说赵本如何,而不敢说戴本如何!其实赵本才真是谢山的原意。

(四)最后一条证据:"湛水,椹水,黝水,须水"

全氏的三世先人校本是假托的,这一点已毫无可疑。我现在举一条比较复杂,也比较有趣味的例子来作最后一条证据。

《水经注·湛水》篇的郦注第一句话,古本是这样的:

> 湛水出轵县南源湛溪,俗谓之椹水也。是盖声尽邻,故字读俱变,同于三豕之误耳(《永乐大典》本如此。宋刻残本此卷尚存,亦作"椹水也")。

这里本无问题。黄省曾刻本始误刻作"俗谓之湛水也"。吴琯、朱谋㙔两刻都从黄本。赵一清早年写定的《水经注》新校本的"俗谓之湛水也"一句下,有校语云:

> 按注文"湛"字误也。当别是一字。

上方又有后加的赵氏批语：

> ……湛水或是瀺水。第瀺湛字形相似而音不同，非所究耳。

赵东潜曾详校孙潜过录赵琦美三校本及柳佥影宋钞本，似孙潜此句无校记。可能的是明朝写本也有误作"俗谓之湛水也"的，也可能的是孙潜校柳、赵本时偶然没有注意到这一个字的异同。

全谢山用赵东潜亲笔写定的《水经注》校本作底本，东潜的两条校记引起他的注意了。谢山对于"湛水……俗谓之湛水也，是盖声尽邻，故字读俱变"一个问题，经过了三个阶段，每一个阶段他有一个假定的解答。

第一阶段，他有一篇《水经湛水篇帖子柬东潜》(《鲒埼亭集·外编》四十五)，他先叙述郦道元注文里指出的《水经·湛水》篇的根本错误。《湛水》篇的经文只有这几句话：

> 湛水出河内轵县西北山，
> 东过其县北，又东过波县之北，
> 又东过毋辟邑南，
> 又东南，当平阴县(戴氏校改为"平县"，赵、全都不改。)之东北，南入于河。

郦道元注中指出《水经》说的湛水的经过是错误的。他在毋辟邑一条下说：

> 原经所注，斯乃溴川之所由，非湛水之间关也。是乃经之误证耳。

这里的"溴"字，黄省曾刻本作"汨"字，永乐大典本也是"汨"字。吴琯本与朱谋㙔本改作"汩"字。全谢山柬东潜的帖子指出"汨川"是没有的：

> 予反复思之，汨川者，溴川也。溴讹而汨，汨又省而为汨，而声又相近，是则道元所谓"字读俱变"者也。……

他在这帖子里，引用《水经注·济水》篇叙溴水的水道来证明这里的"汨川""汨川"即是溴水，这是很对的(看此帖全文，参看戴校官本六，叶30下的校记)。但他说"是则道元所谓字读俱变"者也，这就错了。道元说的"声尽邻,故字读俱变",是讨论"湛水"的俗名的,与水经说的湛水经过并无关系。把旧刻本的"汨川""泪川"改正作"溴川"了,也还不能解答旧刻本的一句"湛水……俗谓之湛水"的误文。

第二阶段,谢山把"俗谓之湛水"的湛字改作"㶟"字。他的"五校本"上,有他墨笔改的"㶟"字,上方有他的校语:"旧本㶟误作湛,则无所谓'变'矣。"

王梓材的《全氏七校水经注》重录本,此句已改作"㶟"字。王梓材没有看见"五校本",必定是他两次发现的两大批剪割黏缀的全氏《水经注》残稿有这个"㶟"字的校改。后来他发现谢山"重校本"六卷,《湛水》篇此句已无"㶟"字,但他误认那剪黏本是谢山的"七校本",所以他的"重录本",仍保留这个"㶟"字。

第三阶段,谢山似乎知道㶟水是没有根据的,所以他提出了一个新校法。"五校本"的本文已改作"㶟"字,他后来又在旁边空白处,另用秃笔写一个"须"字,下面写两行小字,说:

《隋书》,汉王谅反,其将余公理屯河阳,与史祥战于须水。

"五校本"上的校记很明白的表示谢山先生自己两次踌躇猜测的思考路径。在这些校记里,他从没有想到他的祖宗。

他后来决定用这个"须"字的校改。他的《重校本》,——他"五校"后的"重校",即是"六校本"——此句下有他的校语,说:

按诸本作"俗谓之湛水也"。岂有呼湛水为湛水,而尚以为"字读俱变"者乎?先司空公本改作"须水",注其旁曰:"须读作颁"。

按"须"固有颁音,须字类湛,而颁音亦近湛,但不知"须水"何所见。后读《通鉴》,隋汉王谅遣其将屯河阳,与史祥战须水,胡三省疑以为溴水,乃恍然曰:"得之矣!"然后知先司空公史学之贯穿。

我们现在看了谢山"五校本"上两度猜测思索的情形,再读"重校本"上谢山把这个大发现追赠给他家二百年前的"先司空公"的妙文,实在忍不住要大笑了。

这段妙文有几点值得指出。第一，他完全抹去了他先猜"黳"字后猜"须"字的思索步骤。他万不料八九十年后有个王梓材会从卢杰家寻出他剪割黏缀的《水经注》残校本上明明校改湛水为黳水；他万不料一百八九十年后有个胡适会从天津图书馆善本书库的灰堆里寻出他的全部《谢山五校水经本》，其上明明有他改湛为黳的亲笔，又明明有他亲笔写的"旧本黳误作湛，则无所谓变矣"一条校语。

第二，我们看了《五校本》上的校记，再比看这段妙文，就可以看出谢山必是先读了《资治通鉴》（卷一八〇）记汉王谅的大将余公理与隋炀帝的大将史祥战于须水一大段的胡三省的长注，注里明明指出须水"疑当作溴水"，又明明引杜佑《通典》述此事作"溴水"，音古阒反，"则须字误明矣"。谢山曾写《湛水篇帖子》，指出《湛》篇旧刻"汨川""泪川"是"溴水"之误，所以他能从胡三省注文的"疑须水当作溴水"联想到《湛水》篇的"俗谓之湛水"的湛水也可能是"须水"。谢山是一位爱夸大的才人，他不愿引《通鉴》，故他在"五校本"上亲笔写一个"须"字，下面注着"《隋书》：汉王谅反，其将余公理屯河阳，与史祥战于须水。"这还是他自己猜测的草稿。这个思索草稿上还没有二百年前祖宗，也还没有"须读作颁"的怪论，——但他已想到校改湛水为须水了。

第三，据胡三省的考证，《通鉴》的"须水"明是"溴水"之误，有杜佑《通典》为证，本无可疑。但"须水"若是"溴水"之误，这就不能用来校改"湛水……俗谓之湛水"一句了。谢山在他的第一阶段，本来早已想到了溴水，但他后来已明白了"溴水"只可以改正郦注旧刻误字"汨川""泪川"，而不能用来校改"俗谓之湛水"的湛水。所以他决定要否认胡三省的考订，否认须水是溴水的误文。他要把须水认作湛水的俗名，所以他提出"须读作颁"的读音来代替杜佑胡三省的"溴古阒反"的音训，又提出"须字类湛而颁音亦近湛"的奇谈（颁音如何会近湛！）来附会郦注"声尽邻，故字读俱变"的话。这样的怪论就不能用胡三省做根据了，所以谢山得抬出他家最阔的老祖宗来，说是"先司空公本改作须水，注其旁曰，须读作颁"！

第四，凡是全谢山追赠给他家三世先人的校订，都是没有版本依据的推理校勘。说是"先司空公宋本校",或"先宗伯公宋本校",或先"司空公本校",或"先赠公校",这就很像有了校订的根据了。二百年前的"先司空公本"还不够作校订的根据吗？可是谢山在这里有点心虚,他不能用胡三省作根据,却要用他给"先司空公"做一个"旁证"。所以他板起面孔来说这个大谎：

> 按须固有颁音,须字类湛,而颁音亦近湛。但不知"须水"何所见。后读通鉴,隋汉王谅遣其将屯河阳,与史祥战须水,胡三省疑以为溴水,乃恍然曰,"得之矣!"然后知先司空公史学之贯穿。

他本来不屑引《通鉴》的,所以他在"五校本"上写着《隋书》(这是好摆学者架子的毛病。谢山校《水经注》,每引用项䌹刻本,必讳言项本,必称"钱曾宋本"！因为项䌹跋中曾说了一句："近得吴本于长洲故家,其卷首署云,虞山钱曾宋本校定")。他必曾检查《隋书》。不料《炀帝纪》,《汉王谅传》都没有"战于须水"的话；通行本《隋书》(明南北监本与乾隆殿本)的《史祥传》有脱文一行,恰巧也没有"战于须水"的话。所以他只好引用《通鉴》了。他虽引《通鉴》并提及胡三省,但他全不提及胡三省引杜佑《通典》明明作溴水,并且注音"古阒反",他只说"胡三省疑以为溴水",这就够作"旁证"了。因为湛水与溴水的来源与去路都相去不大远,故《水经》会把溴水的水道误作湛水的水道。须水可以"疑以为溴水",也就可以猜作那相去不大远的湛水的俗名了。这实在是歪曲胡三省,歪曲证据,很不忠实的治学方法。

几年之后,在乾隆十九年(1754)的秋天,谢山与东潜在杭州有最后一次的聚会,谢山把他的《水经注》七校本给东潜看,"聊举先世之遗闻以益君",于是这条"须水"的校记也被东潜采入他的水经注释了。

《水经注释·湛水》篇(六,二九)注文已改作"俗谓之须水也"。下有校语：

> 全氏曰,"先司空曰,须读作颁"。

《水经注笺》刊误三,一四说:

> 全氏云,湛水字误。先司空校本作须水,旁注云"须读作颍"。《通鉴》,隋汉王谅遣其将屯河阳与史祥(适按当作祥)战于须水,是也。尽当作画。

东潜早年曾细校胡三省的《通鉴注》,凡引《水经》或《水经注》的一文句,他都校录在项絪刻本《水经注》之上。此本后来留在谢山家里,东潜大概没有复检《胡注》,也没有复校《通典》,就接受这条毫无根据的校改了。

这许多的纠纷都起于黄省曾刻本的一个误字。宋刻《水经注》此卷尚存(傅增湘藏),《湛水》篇此句正作

> 湛水……俗谓之椹水也。

《永乐大典》本此句也正作

> 湛水……俗谓之椹水也。

古韵书湛音"丁含切",椹音"知林切"。在瑞典学者高本汉(Bernard Karlgren)的 Grammatica Serica 里(页二九五),古音湛读如耽(tâm),椹读如砧(tiəm/tsiəm)。郦道元在一千四百多年前说,"是盖声尽邻,故字读俱变",是不错的。

戴震依据《永乐大典》本,故官本与自刊本都作"俗谓之椹水也"。"声尽邻",他改作"声形尽邻"。他决没有梦想到他的两位前辈学者曾为这一误字费了那么多的心血。

谢山先生常说他的三世先人都曾见宋本《水经注》。如果"先司空公"真有宋本,此句必定作"湛水……俗谓之椹水也",这就用不着二百年后的贤子孙使那么大劲,说那么大谎了。

1954 年 11 月 21 日夜初稿
1955 年 6 月 4 日夜重写全稿

后记一

殿本《隋书》六十三《史祥传》记:

> 史祥……乃令军中修攻具,〔余〕公理使谍知之,果屯兵于河阳内城以备祥。祥于是舣船南岸,公理聚甲以当之。祥乃简

精锐于下流潜渡,公理率众拒之。

此下直接

> 东趣黎阳,讨慕良等,良列阵以待,兵未接,良弃军而走,于是其众大溃。祥纵兵乘之,杀万余人。

此传是《通鉴》的原料。我用《通鉴》比勘,断定"公理率众拒之"之下必有一段脱文记"须水之战",记余公理的大败。

我先用《北史》六十一《史祥传》,此传虽然删节很多,但此段尚存:

> 祥乃简精锐于下流潜渡,公理拒之。未成列,祥纵击,大破之。东趣黎阳,讨慕良。良弃军走,其众大溃。

"未成列,祥纵击,大破之"九个字是《隋书·史祥传》原文的一部分,毫无可疑,但也没有"战于溴水"或"战于须水"的话。

我今天到哥仑比亚大学图书馆去查"百衲本"廿四史内的《隋书》,是元大德年间的瑞州路刻本,其六十三卷《史祥传》"公理率众拒之"一句也是直接"东趋黎阳"一句,其脱文与殿本《隋书》相同。我很失望。

因为胡三省曾说"杜佑《通典》作溴水,音同",所以我又借《通典》来检查。州郡诸卷之河内,河阳,都无溴水之战。我就查兵典诸卷,果然在卷一百五十三"兵六"的"示形在彼而攻于此"一章内,查得史祥与余公理的战争,其文是:

> ……公理率众拒之。祥至溴(古阒反)水,两军相对,公理未成列,祥纵击,大破之。

下文才记"祥东趣黎阳"一段。

杜佑在唐时所见《隋书》尚无脱文。胡三省在十三世纪所见《通典》,与今本同,不但可补《隋书·史祥传》脱文二十个字,又有溴音古阒反的小注,可证《通鉴》"战于须水"确是"战于溴水"之误。

《通鉴》此条,我先用世界书局影印胡克家翻刻元刻胡三省注本。后来我检查《四部丛刊》影印的宋刻《资治通鉴》卷一百八十,又检查《四部丛刊》影印的宋刻《通鉴纪事本末》卷二十五"隋易太子"篇,都作"战于须水"一段。

故《通典》此条真是唐人引唐人的书,不但可以补元以来《隋书》刻本的脱文一行,还可以校正宋刻的《资治通鉴》,宋刻的《通鉴纪事本末》,元刻的《资治通鉴》胡注本。此条又可以表示胡三省校勘考证的功力精细,令人敬佩。

1954年11月22日半夜后

后记二

前天我托童世纲先生检查普林斯敦(Princeton)的葛思德东方书库(Gest Oriental Library)所藏《隋书》版本,请他特别注意汲古阁刻本。今天童先生来信说,汲古阁崇祯八年刻本《隋书》六十三《史祥传》果然有别本误脱的一行,共十八字。

……祥乃简精锐于下流潜渡,公理率众拒之。至须水,两军相对,公理未成列,祥纵击,大破之。东趣黎阳讨綦良等。

汲古阁所据宋本,果然作"须水"与《资治通鉴》所据本相同。

汲古阁本有此十八个字,不但可以为毛子晋刻书大作表彰,并且可以使我们格外了解校勘学的第一要义在于寻求古本,在于寻求最接近原文的古本。汲古阁本《隋书》刻于崇祯八年(1635),因为其底本是宋刻本,故胜于三百三十年前的元大德刻本,故可以证明北宋人在六百年前所据本虽不脱此一行,然已误作"须水"了。

1954年12月3日夜

后记三

常熟翁兴庆先生许我借观他家旧藏的一部元刻《隋书》。我细看此本,才知道这部盖有"项印笃寿","项子长父鉴定","墨林"印章,又有"梦墨亭"(唐伯虎)印章的《隋书》,是一部集合十几种版本配凑修补重印的"百衲本"。这十几种都是半叶九行,而每行的字数不同,骑缝款式也不同:其中有行十九字版几种,行二十字版七八种,行二十二字版三四种。还有每行字数不等的补版。

能够集合这许多不同的版本在一处,而配合修补,印成八十五卷的《隋书》:这种工作只有政府机关才能做。故我推想,这部《隋书》

是元朝的兴文署或国子监印的。这十几种版本之中,可能有北宋版,金代官私版,南宋官私版。配合修补重印的年代当在大德年间诸路儒学奉命刻诸史之前。

瞿氏铁琴铜剑楼书目卷八记录两部《隋书》,一部宋刻残存三卷(末三卷)本,一部元至顺年间瑞州路儒学刻本八十五卷。据说,两部都是半叶十行,行十九字的版式。这部至顺(1330—1332)本可能即是诸家著录的大德九年(1305)瑞州路刻本而重印在至顺年间的。

我试检翁家这部《隋书》的六十三卷,全卷是半叶九行,行二十字的版本。《史祥传》果然有别本脱去了的十九个字。我引上下文如下:

……祥乃简精锐于下流潜渡,公理率众拒之。祥至须水,两军相对,公理未成列,祥纵击,大破之。东趣黎阳,讨綦良等。

这里"至须水"上有"祥"字,比汲古阁本多一个字,与唐人《通典》所引更接近。"须"字楷书,左旁作三点水,故与"溴"字相似而致误。《隋书》初刻是北宋天圣二年(1024)本,即是司马光编《资治通鉴》时所依据的刻本。《隋书》的后来刻本,都依据天圣本。《隋书》初刻本,此传"溴水"已误作"须水",故《通鉴》宋刻本作"须水"。汲古阁所据宋本《隋书》,翁氏藏的杂配本《隋书》,都作"须水",幸有杜佑所据唐写本作"溴水",杜佑又注音"古闃反",可以校正一切《隋书》刻本,一切《通鉴》刻本及一切《通鉴纪事本末》刻本的误字。

我们因此更可以知道全谢山假托于他的先司空公所谓"须读作颁",乃是毫无根据的妄说。

翁氏藏本卷尾的天圣二年题记,也是半叶九行,行二十字。其中贞观皆作正观,许敬宗皆作许恭宗,夹注内敬宗作恭宗,敬播作恭播。题记正文五次提及魏徵,徵字皆不缺末笔;而夹注内三次徵字皆缺笔。此皆可证这个行二十字本是宋刻版本,配合重印时,大字缺笔的讳字已挖刻改正,而双行夹注中"徵"字缺笔尚保存宋刻原样,大字敬作恭(宋翼祖名敬),贞作正(仁宗名祯,嫌名如徵字等),有时匡字缺笔,也都是宋刻原样。

《史祥传》脱去十九字，必是从每行二十字改刻每行十九字的时期误脱的。从上文"率众拒之"的"之"字，到"大破之"的"之"字，正是十九字，故写书者误跳一行。

1955 年 6 月 3 日
1955 年 9 月 29 日夜重写全稿

（原载 1956 年 6 月台湾《清华学报》新 1 卷第 1 期，又收入《胡适手稿》第二集，现据《清华学报》本收入）

试考《水经注》写成的年岁

《水经注》的作者郦道元死在拓拔魏孝昌三年(西历527),即梁武帝大通元年。《水经注》成书不知在何年,但书中有时提及作者同时的史事与人物。这种史料应该可以帮助我们考定郦道元著书的年岁。不料旧时学者反倒怀疑这种同时史实,说他们是后人添进去的。何焯、赵一清诸公都曾有这种怀疑,其实都是他们自己偶然考证错了。

例如《水经注》卷廿八引吴均的剑骑诗一句。何焯说:

> 道元与吴均同时,安得引用其诗?疑此书后人附益者多矣。

赵一清《水经注释》(二十八,叶二)说:

> 按《南史·吴均传》,天监初,柳恽为吴兴,召补主簿。当道元之时,均名位尚轻,文字未必遂行江外。义门之言可谓精审矣。

这两条考证都不算"精审"。《梁书·吴均传》记他死在梁武帝普通元年(520),年五十二,那是在郦道元死之前七年。《梁书》《南史》都说吴均的诗在当时"好事者或效之,谓为吴均体"。可见他的诗很流行。当时南北朝的文籍互相流通很容易,故《水经注》里常引沈约的《宋书》,又引王智深的《宋史》(卷廿五)。沈约的《宋书》成于萧齐永明六年(488),王智深的《宋纪》成于隆昌元年(494)。卷帙繁多的史书尚可以在短时期中流传到北朝,何况诗歌?故郦氏引吴均的诗句,毫不足奇怪。

又如《水经注》卷二十八"居巢县"下注文有"赵祖悦城",又有"胡景城"。赵一清《水经注笺刊误》十,叶廿五说"胡景城"应该是"胡景略城"。又说:

梁天监四年侵魏合肥。胡景略与赵祖悦同军交恶,而韦睿解之。事见《南史·韦睿传》。然有大可疑者:梁天监四年是魏孝昌元年,明年道元被害于阴槃。其成书又不知在何时。安得遽取胡、赵筑城以相证?而又云"魏事已久,难用取悉",何耶?此与襄阳水下引吴均诗,同一蔽也。

这一段有四大错误:第一,梁武帝天监四年乙酉,即是魏宣武帝正始二年乙酉,相当于西历505。魏孝明帝孝昌元年乙巳,即梁武帝普通六年乙巳,相当于西历525。这两个年份中间隔了二十年,如何可说"梁天监四年是魏孝昌元年"?

第二,《魏书》五九,《萧宝夤传》记孝昌三年十月郦道元"行达阴盘驿,宝夤密遣其将郭子恢等攻而杀之。……是月遂反,僭举大号,……称隆绪元年"。《魏书》九,《肃宗孝明帝纪》记"孝昌三年……冬十月甲寅,雍州刺史萧宝夤据州反,自号曰齐,年称隆绪"。(《北史》四同。)道元死在孝昌三年丁未(527),毫无可疑。赵一清误信了胡渭与何焯的错误计算,故他的书中屡次说郦道元死在孝昌二年(526)。(《水经注释》五,叶卅九,引胡渭《禹贡锥指》云,道元卒于魏孝昌二年,岁在丙午。《刊误》六,叶十九,引何焯云,道元卒于孝昌二年。)《刊误》卷十此条即是一例。其实胡渭、何焯都是错误的。

第三,郦氏在《沔水》篇"居巢县"下,特别叙述三国时代魏吴争夺的"故东关三城",又特别记载他自己的时代萧梁在那一带筑的郭僧坎城、赵祖悦城、高江产城、胡景略城、张祖禧城、郑卫尉城,——共六个城。这六个城的主名,有三个是可考的:(1)郑卫尉即《梁书》十一有传的郑绍叔,他曾三度作卫尉卿,本传说,"天监三年(504),魏军围合肥,绍叔以本号(冠军将军)督众军镇东关。"这东关就是三国时代曹魏与孙吴争夺的东关。"郑卫尉城"大概是他镇东关时期筑的。他死在天监七年(508),在郦道元死之前十九年。(2)赵祖悦是萧梁的名将。《通鉴》百四五记"天监二年(503)正月,征虏将军赵祖悦与魏江州刺史陈伯之战于东关,祖悦败绩。"这东关也就是《水经注·沔水》篇叙述的东关。《南史》五八《韦睿传》记天监四年(505)

韦睿收复合肥的战役,赵祖悦是他的前军将领。"赵祖悦城"可能是这两个时期里筑的。赵祖悦后来在天监十四年(515)九月攻占硖石(在今安徽凤台县西南),以逼寿阳。是年十二月,魏将崔亮击败赵祖悦,遂围硖石;次年(516)二月,李平、崔亮攻破硖石,赵祖悦被杀。(《魏书》九《孝明帝纪》,《通鉴》百四八)他死在郦道元死之前十一年。(3)胡景略在天监四年合肥之战是韦睿的右军司马,见于《南史·韦叡传》。"胡景略城"可能是那个时期筑的。

《沔水》篇所叙栅水上的六城,依可考的三城主名看来,都是梁武帝天监初年(503—505)所筑。南朝都建业,故巢湖栅水一带是很重要的防线。郦道元详记他所知道的南朝防边的六城的地理形势,不但可以表示他充分采用当时的地理资料,又可以使我们知道《水经注》的著作不得在天监四年之前。赵一清根据了一种很错误的南北朝纪元对照表,把天监四年算作郦道元被害的前一年,所以说他"安得遽取胡赵筑城以相证?"他竟不知道胡景略城和赵祖悦城的建筑都在道元死之前二十多年,岂不是大错吗?

第四,赵氏又问:"而又云'魏事已久,难用取悉',何耶?"这又是他错了。郦注原文在叙宝湖水一段,说此水"东径右塘穴,北为中塘,塘在四水中,水出格虎山北,山上有虎山城,有郭僧坎城。水北有赵祖悦城。"道元在这下面接着说:

> 并故东关城也。昔诸葛恪帅师作东兴堤以遏巢湖,傍山筑城。使将军全端、留略等,各以千人守之。魏遣司马昭督镇东诸葛诞率众攻东关三城,将毁堤遏。诸军作浮梁,陈于堤上,分兵攻城。恪遣冠军丁奉等登塘鼓噪奋击;朱异等以水军攻浮梁。魏征东胡遵军士争渡,梁坏,投水而死者数千。塘即东兴堤,城亦关城也。

> 栅水又东南径高江产城南,胡景略城北。又东南径张祖禧城南,东南流,屈而北,径郑卫尉城西。

> 魏事已久,难用取悉。推旧访新,略究如此。……

这里末句的"魏事"当然是指曹魏嘉平四年(252)胡遵、诸葛诞攻东兴的事。那是二百七十年前的事,故说"魏事已久,难用取悉。"孙权原筑的东兴隄,诸葛恪重作的大隄与两城,都不能确指在何处了。所以只能"推旧访新,略究如此。"赵一清把"魏事"误看作拓拔魏,所以看不懂了。

又如《水经注》卷三十二注文有"江夏惠怀县",赵一清说:

> 按《隋书·地理志》,梁置沔阳、营阳、州城三郡,及州陵、惠怀二县。……道元卒于孝昌二年,上距梁天监元年仅五年耳。其成书不知在何时,而遽称江表新朝之建置乎?此盖后人所增入,与沔水注引吴均诗可互证也。(《水经注释》三十二,叶十五)

这里又有三大错。(1)道元死在孝昌三年,不是二年,说已见前。(2)天监元年(502)在孝昌三年之前二十五年,并非相去仅五年!(3)赵氏偶然误引了《隋书·地理志》,而没有比勘更早的诸史。如《宋书·州郡志》郢州刺史下,就有

> 江夏太守
> 惠怀子相,江左立。
> 巴陵太守
> 州陵侯相,汉旧县。

又如《南齐书·州郡志》郢州的江夏郡有惠怀县,巴陵郡有州陵县。故郦道元提及惠怀县,毫不足奇怪。

我现在要指出《水经注》记载的几件最晚的历史事实,使大家知道郦道元这部不朽的大著作的写定大概已在作者晚年,离他死时大概不远,——也许他被害时这书还没有完全写定呢。

郦道元在他书里往往告诉我们一些关于他自己的传记材料。例如他在《汝水》篇(卷廿一)说:

> 余以永平中蒙除鲁阳太守。

永平年号共有四年,等于梁天监七年至十年(508至511)。他在《沘水》篇(卷二十九,戴震本改作比水)说的更确定:

> 余以延昌四年蒙除东荆州刺史。

延昌四年等于天监十四年(515),距道元死时,止有十二年了。

《水经注》卷三十五,注云:

> 举水出龟头山,西北流径蒙笼戍南,梁定州治,蛮田超秀为刺史。……举水又西南,径梁司、豫二州东,蛮田鲁生为刺史,治湖陂城,亦谓之水城也。

按《梁书》廿二,《安成王秀传》,天监十三年(514),萧秀为使持节,散骑常侍,都督郢、司、霍三州诸军事,安西将军,郢州刺史。传文说:

> 时司州叛蛮田鲁生、弟鲁贤、超秀据蒙笼来降。高祖以鲁生为北司州刺史,鲁贤北豫州刺史,超秀定州刺史,为北境捍蔽。而鲁生、超秀互相谮毁,有去就心。秀(萧秀)抚喻怀纳,各得其用,当时赖之。

田鲁生、鲁贤都是光城蛮帅田益宗的儿子;超秀是他的侄子。田益宗在太和十七年(493)降魏,曾屡立大功,位至平南将军、东豫州刺史、安昌县伯。《水经注》卷三十《淮水》篇"新息县"下,郦注云:

> 魏太和中,蛮田益宗效诚,
> 立东豫州,以益宗为刺史。

这也是郦道元记载他同时的历史地理。《魏书》七下,《高祖孝文帝纪下》也记此事:

> 太和十七年……三月……萧颐(萧齐武帝)征虏将军、直阁将军、蛮酋田益宗率部落四千余户内属。

田益宗的事迹详见《魏书》六一本传。他降魏之后,太和十九年(495)拜南司州刺史;"后以益宗既渡淮北,不可仍为司州,乃于新蔡立东豫州,以益宗为刺史。"(本传)此可见郦道元记载的正确。

田益宗对拓拔魏很忠心,特别是当永平元年(天监七年,508)白早生在豫州起义反魏,郢、豫两州诸城都响应归梁的时期。

> 萧衍(梁武帝)招益宗以"车骑大将军、开府仪同三司、五千户郡公"。当时安危在益宗去就,而益宗守节不移。郢、豫克平,益宗之力也。(本传)

因为他的去就有关"当时安危",故魏朝有点怕他。延昌三年(即梁天监十三年,514),魏世宗要把他和他的儿子鲁生调开边地,怕他不受命，遂遣军队袭击他，把他送到洛阳去。于是他的儿子鲁生，鲁贤，侄儿超秀都投奔梁朝了。梁武帝"以鲁生为北司州刺史，鲁贤北豫州刺史，超秀定州刺史，为北境捍蔽"。这时候正当郦道元奉诏处理大阳蛮归附人请设置郡县的事。《水经注》卷廿九《泚水》篇（旧刻作洮水，赵一清本作泚水，戴震据《汉书·地理志》南阳郡比阳县下应劭注，校改作比水）郦注："余以延昌四年（梁天监十四年，515）蒙除东荆州刺史，州治泚阳（戴作比阳）县故城。"郦道元熟悉这一带边境的地理和政治，所以能详细记载：

> 举水……西北流径蒙笼戌南，梁定州治，蛮田超秀为刺史。……举水又西南，径梁、司、豫三州东，蛮田鲁生（田鲁贤）为刺史。（依《梁书》廿二，应增"田鲁贤"三字）

这真是当时最新最确的敌国人事报导。

但《水经注》的作者在东荆州刺史任内的时间不很长久，就因为"蛮人诣阙讼其刻峻"，要求政府派前任刺史寇治（《北史》避唐讳作寇祖礼）来代他，他就去职了。（参看《北史》廿七，《魏书》四二）《魏书》九，《孝明帝纪》说：

> 延昌四年……八月……庚辰，萧衍（即梁武帝）定州刺史田超秀率众三千请降。

这就是《梁书·安成王秀传》说的"鲁生、超秀互相谗毁，有去就心"的结果了。

《水经注》卷三十五记田超秀为定州刺史，而不说他请降魏的事（《魏书·田益宗传》也不提超秀北归的事，但说益宗在熙平初（516）表请回任东豫州"以招二子"，胡太后不许）。我们至少可以说郦道元在卷三十五记田超秀、田鲁生兄弟为刺史的两节确是报导延昌三年至四年（514—515）之间的最新事实。这是郦道元死之前十一二年的史实。

《水经注》卷二十六《沭水》篇注：

> 沭水又南，径建陵山西。魏正光中，齐王之镇徐州也，立大堨，遏水西流。两渎之会，置城防之，曰曲沭戌。自堨流三十里，西注沭水旧渎，谓之新渠。旧渎（戴震校增"旧渎"二字，是也。

> 赵一清本无此二字。）自厚丘西南出，左会新渠，南入淮阳宿预县，注泗水。《地理志》所谓至下邳注泗者也。《经》言于阳都入沂，非矣。

这一段里，"正光"旧刻本皆作"正元"，《永乐大典》本也作"正元"。赵一清与戴震都校改为"正光"。赵氏《朱笺刊误》九，叶卅五说：

> 此是拓跋魏孝明帝正光年中事也。齐王即萧宝夤。《魏书·萧宝夤传》云："神龟中（518至519）出为都督徐、南兖二州诸军事、车骑将军、徐州刺史。正光二年（521）征为车骑大将军（尚书左仆射）"。

《萧宝夤传》里也说起立埭的事，但不在"正光中"，而在"熙平初"。传文说：

> 灵太后临朝（在延昌四年即梁天监十四年，515），[宝夤]还京师。萧衍（梁武帝）遣其将康绚于浮山堰淮，以灌扬、徐。除宝夤使持节、都督东讨诸军事、镇东将军，以讨之。……熙平初（熙平元年即梁天监十五年，516）贼堰既成，淮水滥溢，将为扬、徐之患。宝夤于堰上流更凿新渠，引注淮泽，水乃小减。

我们试比较《水经注》和《萧宝夤传》，可以看出两个不同之点：

（一）所在地点不同。本传说他在梁人所作"浮山堰"的"上流，更凿新渠"。《水经注》只说他"立大埭"遏沭水西流，——并没有指出此埭是在"浮山堰"的上流。用今地理来说，浮山堰在今安徽盱眙县与五河县之间，而沭水埭在建陵县，即今江苏沭阳县，两地相距约有一百公里。

（二）年岁先后不同。《水经注》明说萧宝夤作埭是在"正光中"，在他"镇徐州"时。正光二年（521）他已被征回朝作尚书左仆射了。故"正光中"作埭，应该是在正光元年，即梁武帝普通元年（520）。本传说"熙平初，贼堰既成，淮水滥溢，……宝夤于堰上流更凿新渠，引注淮泽，水乃小减。"熙平元年即梁天监十五年（516）；浮山堰筑成在那一年的四月。同年八月，淮水暴长，堰就坏决了。本传说宝夤作新渠是在浮山堰既成而未坏决的时期，《水经注》说他作新渠是在"正光中"，是在浮山堰已坏溃后的第五年。本传叙他作徐州刺史时,只记他"起学馆,……朔望引见土姓子弟,接以恩颜,与论经义"一件事,绝不提他作堨遏沭水的事。

这两个疑点,都不很容易解决。萧宝夤是造反称帝,战败被擒,送到京师赐死的人,魏收给他作传,长到五千六百字,叙述他许多优美可爱的事迹,并且详记几件很重要的文件,如传中引萧衍给他的手书全文,劝他"勿为韩信,受困野鸡",明指临朝的胡太后,魏收不顾忌讳,直载其文,可以使后世史官惭愧。这是史家的风度,"秽史"之讥,真是盲人妄说!但此传记宝夤凿新渠的时间,似不甚可信。《梁书》十八《康绚传》说:

> [天监]十五年四月,堰乃成。……或人谓绚曰,"四渎,天所以节宣其气,不可久塞。若凿湫东注,则游波宽缓,堰得不坏"。绚然之,开湫东注。又纵反间于魏曰,"梁人所惧开湫,不畏野战"。魏人信之,果凿山,深五丈,开湫北注。水日夜分流湫,犹不减。

《通鉴》百四八根据此传,但改"魏人信之"为"萧宝夤信之"。于是《萧宝夤传》里的"于堰上流更凿新渠"和《康绚传》里的"魏人凿山开湫"两说合并,变成《通鉴》里的"萧宝夤……凿山,深五丈,开湫北注"了!

我觉得《康绚传》里的"纵反间"的话是不足信的,《萧宝夤传》里的"于堰上流凿新渠"也是不足信的。事实上是浮山堰筑成之后,淮水被堵塞了,"水之所及,夹淮方数百里地。魏寿阳城戍稍徙顿于八公山北南,居人散就冈垄"、"魏军竟溃而归。"这是南朝《康绚传》的说法。《魏书》六六《李崇传》说:"淮堰未破,水势日增。李崇乃于硖石戍间编舟为桥,北更立船楼为十,各高十丈……又于八公山之东南更起一城,以备大水。"这是北朝大将的设计。总而言之,叫做没有办法。《魏书》六五《李平传》说得最老实:"南徐州表云,萧衍堰淮水为患。诏公卿议之。李平以为不假兵力,终自毁灭。又淮堰破,灵太后大悦,引群臣入宴,敕平前,鸣箫管,肃宗手赐缣布百段。"这是北朝的记载。还是那位相信"不假兵力,终自毁灭"的李平胜利了。

浮山堰是当时一件最浩大的工程。梁武帝决心要"堰淮水以灌寿阳",于是征发徐、扬两州的人民,"二十户取五丁,……作役人及战士有众二十万!"天监十三年(514)开工,直到天监十五年(516)四月才成功。这堰"南起浮山,北抵巉石,依岸以筑土,合脊于中流"。全堰"长九里,下阔一百四十丈,上广四十五丈,高二十丈,深十九丈五尺。夹之以堤,并树杞柳。军人安堵,列居其上"。(以上均引《梁书》十八《康绚传》)

天监十五年八月,"淮水暴长,堰悉坏决,奔流于海。"(《康绚传》)北朝官书的记载是:"熙平元年(516)……九月丁丑,淮堰破,萧衍缘淮城戍,村落,十余万口皆漂入于海。"(《魏书》九《孝明帝纪》)

郦道元在《水经注》卷三十《淮水》篇,有这样的记载:

> 淮水又东,径浮山。山北对巉石山。梁氏天监中立堰于二山之间。逆天地之心,乖民神之望,自然水溃淮矣。(淮字从旧本,戴震改"坏"字。)

这是他记载当时的一件大事,他记此堰的地理形势是很正确的,与《康绚传》说的"南起浮山,北抵巉石"相印证。此堰的完成与溃决在他死之前十一年。

他在《淮水》篇没有提到萧宝夤在浮山堰上流开新渠的事。他在《沭水》篇特别记载:

> 沭水又南,径建陵山西。魏正光中,齐王之镇徐州也,立大堨,遏水西流。两渎之会,置城防之,曰曲沭戍。自堨流三十里,西注沭水旧渎,谓之新渠。旧渎自厚丘西南出,左会新渠,南入淮阳宿预县,注泗水。

正光元年(520)是在浮山堰溃坏后的第五年。这个沭水新渠当然是和浮山堰没有关系的了。沭水新渠的开通是在郦道元死之前七年。那个造堨开渠的齐王,就是七年后派人把郦道元和他的一个兄弟,两个儿子都杀死在阴盘驿亭的萧宝夤(《魏书》的《郦道元传》在卷八十九,此卷已残阙,卷中诸传都是后来用别的史书钞补的,《北史》二七的《郦范父子传》比较完整)。

齐王立大堨,开沭水新渠,是《水经注》里最晚的一件史事。《水经注》里没有正光元年(520)以后的史事。

郦道元是同时的证见，又是地理学者，故我们应该相信他的记载。订定萧宝夤作堰不在浮山堰溃坏之前，而在其后，其事是在"正光中，齐王之镇徐州"，约在正光元年（五二〇）。次年（正光二年，521）他就被征还朝作车骑大将军、尚书左仆射了。这是《水经注》里最晚的一件史事。七年之后，郦道元就被萧宝夤害死了。

萧宝夤刺害郦道元全家，是在孝昌三年（527）。《水经注·淮水》篇记浮山堰事：

> 淮水又东，径浮山，山北对巉石山。梁氏天监中，立堰于二山之间，逆天地之心，乖民神之望，自然水溃坏矣。

此事在郦氏死之前十一年。《水经注·沭水》篇记"正光中，齐王之镇徐州"，此事在郦氏死之前七年。郦氏把这两件事记的很分明。《魏书》把相隔四五年的两件事误记在同一个时期了。

郦道元一生最闲暇的时期，大约是他从东荆州刺史任上还京被免官，到他做河南尹的时期。他做东荆州是在延昌四年（515）；他做河南尹，据《北周书·赵肃传》，是他正光五年（524）。这中间有九年的时间。《水经注》里没有在正光初年以后的史事。也许这部大书是他免官之后，起复之前，发愤写成的。

卅七，三，四夜初稿

1951,6,14 在纽约改定

1960,1,20,在台北县南港再改定

（原载 1948 年 3 月 13 日《申报·文史周刊》，

又收入《胡适手稿》第六集）

戴震的官本《水经注》最早引起的猜疑

上海合众图书馆藏有一部孙沣鼎校武英殿本《水经注》，有孙君的短跋，其中有这一段：

……今年夏，门人范封以武英殿聚珍板本〔《水经注》〕来质。其书校自休宁戴太史震，其"提要"曰：

澧案戴太史所校，与宋本（？）朱氏本互有异同，而文义差显易。吾友朱上舍文藻自《四库》总裁王少宰所归，为予言，此书参用同里赵□□一清校本，然戴太史无一言及之。兹用其本，一一雠勘。曩校项本以墨，今则以丹笔别之。……

乾隆庚子六月二十二日白岳山人孙沣鼎识。

庚子是乾隆四十五年（1780），戴震已死了三年了。朱文藻（1735—1806）是浙江杭州仁和人，字映滃，号朗斋，是一位博学的名士。《四库》总裁王少宰是副总裁王杰，他那时是吏部侍郎，故称"少宰"。王杰（1725—1805）是陕西韩城人，字伟人，号惺园，是乾隆二十六年的状元，当乾隆三十七八年皇帝连下谕旨要各省采进遗书时，王杰是"提督浙江学政，内阁学士兼礼部侍郎"，所以他是《浙江采集遗书总录》的五位大总裁之一。在浙江的"办书局"里，有总裁一人，总校三人，分校十人。朱文藻就是一位分校，因为他的博学，他大概是那部《浙江采集遗书总录》的一位负责编纂人。所以浙江呈进的四千五百多种书，朱文藻是大概知道的。他又是赵一清的仁和同乡，所以他特别注意赵一清的《水经注释》。很可能的，《浙江采集遗书总录》里的《水经注释》叙录就是他写的。

聚珍板的《水经注》是乾隆四十年排印发行的，到这时候（四十五年),这部戴震校本已流行了五年了。浙江进呈的两部《水经注》,沈炳巽的《水经注集释订讹》是乾隆四十三年才校上的,赵一清的《水经注释》到这时候还没有校上去(文渊阁的《水经注释》的提要写着"乾隆四十六年十月校上")。所以朱文藻去看新任《四库全书》副总裁王杰时,他大概曾问起赵一清的《水经注》的下落,很可能的他曾向王杰表示他疑心"戴震的校本里曾参用同里赵东潜一清校本,然戴太史无一言及之"。朱文藻从王杰那里出来,又把这话告诉他的朋友孙沣鼎。孙君自署"白岳山人",白岳即是齐云山,在休宁,他可能原籍是休宁,而寄籍杭州,他把朱君的话记在他的《水经注跋》里。

朱文藻的话可以说是戴校官本《水经注》引起狭疑的最早记载。这一条记载使我们知道,在戴震死(乾隆四十二年)后第三年在赵一清的《水经注释》校上之前一年,赵一清的同里学人朱文藻就疑心戴震曾"参用"赵君的《水经注》校本而"无一言及之"。

在那个时候,四库馆里还有纪昀(死在嘉庆十年,1805)、周永年(死在乾隆五十六年,1791)一班人在那儿,他们都是戴震的朋友,都知道戴震校订《水经注》的经过,所以王杰、朱文藻诸人的猜疑很容易得着解释,在当时好像没有发生多大的影响。他们都没有留下记载这种怀疑的文字,大概他们后来都不信此说了。

1949年2月11,在霞飞路一九四六号初稿

1958年1月5日在纽约东八一街一〇四号改稿

我在初稿里误认"四库总裁王少宰"是大总裁王际华,杭州钱塘人。王际华在四库开馆时已是礼部尚书,乾隆三十八年三月太子少傅,八月改户部尚书,故不当称"少宰"。王际华死在乾隆四十二年三月("四库档案"作四十一年三月,误)。

(收入《胡适手稿》第一集上册)

卷 六

旅京杂记

记张九成的白话诗

　　近来因搜求古代的白话文学,颇发见了许多材料。去年在家时,见《艺海珠尘》内有南宋张九成的《论语绝句》一百首,多是白话诗。张九成字子韶,宋绍兴二年进士第一人,历官宗正少卿,谪南安军,起知温州,卒谥"文忠"。这一百首《论语绝句》,为题目所限,颇有许多迂腐的话。但是其中也有几首好诗,因为他是专意作白话诗的一位老前辈,所以我把他的诗钞几首在此:

　　　　吾不复梦见周公

　　　向也于公隔一重,寻思常在梦魂中。于今已是心相识,你自西行我自东。

　　　　子见南子,子路不悦

　　　未识机锋莫浪猜!行藏吾只许颜回。苟能用我吾何慊,不惜因渠也一来。

这一首颇能描写孔二先生官兴大发的神气。我因想起辛稼轩的词道:"长忆商山,当年四老,尘埃也走咸阳道。为谁书到便幡然?至今此意无人晓。"原来商山四老的行径乃是仿效大圣人的!

　　　　辞达而已矣

　　　扬雄苦作艰深语,曹操空嗟"幼妇"词。晚悟师言"达而已",不须此外更支离。

这一首是作者作白话诗的宣言书,可以当作他这一百首诗的题词读。

记石鹤舫的白话词

　　石鹤舫名芝字眉士,安徽绩溪之石家村人。生当嘉庆道光之际。

其生平事迹,于今都不可考。他有诗集词集各一部,当时有刻本,乱后便不存了。吾乡有几部抄本,先父也曾手抄了一部。他的词中,很有许多可存的白话词。我且抄他几首,给大家看看。

太常引　鹧鸪

　　江南多爱好烟波,偏汝惜蹉跎。谁不是哥哥?是那个殷勤教他?似闻说道,"有人为我,青鬓暗消磨!"便算汝情多,问听得人儿奈何?

步蟾宫

　　晓风料峭鸣窗纸,乍睡醒,乳鸦声里。思量幽梦忒匆匆,只恋却枕儿不起。春花秋月如流水,怕回首愁罗恨绮。别时言语在心头,那一句依他到底!

即如"别时言语在心头,那一句依他到底!"这两句岂是文言能达得出的吗?

步蟾宫

　　帘儿不卷裙儿绉,见约略凤尖儿瘦,是谁兜上小心儿,惹几颗泪珠儿溜?衾儿薰得香儿透,也不理一些儿绣。人儿万一梦儿中,又恐被黄莺儿咒!

如梦令　十之四

　　贪看月来云破,耽误银床清卧。灯下故相偎,团做影儿一个。无那,无那,更把新词重和。为理鬓蝉钗凤,款步佩环摇动;背里替拈花,又被镜中调弄。情重,情重,门外月寒休送。尽把眉尖松放,紧向心窝兜上;不肯说相思,别是相思新样。惆怅,惆怅,争遣绮年情况?不采湖中红藕,不认风前乌桕;留取一丝情,系在白门疏柳。回首!回首!看是谁将心负!

记刘申叔　休思赋

有许多人说我们所提倡的白话文学是狠没有价值的,是很失身分的。我有一天走到琉璃厂,买了一部《中国学报》,看见内中有一篇刘申叔先生的《休思赋》,我拿回来,读了半天,查了半天的字典,还不能懂得百分之一二。我惭愧得很,便拿到国立北京大学去,请一位专教声音训诂的教授讲解给我听。不料这位专教声音训诂的教授读了一遍,也有许多字句,不能懂得。我想这篇赋一定是很有身分,很有价值的了。所以我便把这篇赋抄了下来,给大家见识见识。

《休思赋》 仪征刘师培撰

绎夤惕之哲训兮,熙穆清于内娱。缤恫秎之穴躬兮,意郁伊而不悇嗟。大经于日稷兮,阆天祥于菂家。谅需沘之乖吉兮,夏解拇之誓乎。何朔风之孔偄兮,绵雨雪而载途。云祁祁而键辉兮,阴壇壇而弗赐。葛樛藟以縈林兮,柞析梻而盈冈。鹅韩飞而戾天兮,鱼衡沛而仿伴。懿悔吝之生动兮,象畴晦而不章。私复心而愫隐兮,体成列于玄黄。惟薰溧之兴替兮,驱启塞而还周。春晰阳而博施兮,冬伏物而大刘。忱昊旻之遂德兮,奚庶情之睽求。俯素矩而胸营兮,错陵谷之平波。湮黮皋而为牧兮,鹭偃潴而为规。州泮九而承天兮,胡帏载之歧施。系阴阳之膠樛兮,龠芸象于大炉。鸰乖穴而恺巢兮,鹬谊风而越都。鸿渐槃而衍食兮,鹈戾梁而不濡。总形质于祖肇兮,诱禽施于殊响。彼微箕之共廷兮,舜萃涣于东邻。由点同其榘圣兮,逮撼志而异诠。鹗鹥湛而贻音兮,骐乳木而怛仁。岂元亨之职变兮,沟柔刚于共门。知咸忻之区津兮,歁兴庆其若循。谷发策而丧羊兮,钽采薪而得麟。众女兢其乘轩兮,饥烩蔚于南山瞻。县鹑之在庭兮,谣伐辊于河干。判滦池其若斯兮,鲁叟颇测其造端。昔余爱此芬苾兮,妊其滋于寸萌。夤黄龙于寒门兮,鼓阳翚于大冥。嘉桑虫之翩飞兮,瀹莩荕而冬荣。众草纷其咸淳兮,矫庶敖而蛬征。何曳轮之濡尾兮,遭壮颎而踬行。伊田祖之秉异兮,神炎灵于炽甾。玩盆瓶之置陉兮,报先炊于爨饎。地吐物而秋絷兮,蛰创甲而春祠。奚盼鼙之终歆兮,亮践迹之足怀。缅殷后之格天兮,休逸勤于保衡。旦愆劳而抚躬兮,乃居东而懸成。憪鸱鸮而罢怡兮,阆鸣凤而弗聆。谓天命之菲谌兮,胡风雷之动威。谓积善之必庆兮,胡发篰之佻时。十巫骈其陟降兮,即丰沮而筮疑。曰天道其泂远兮,盍探册而挈机。绎灵训而祎㥨兮,栖六籍而宅思。聆痈音于璧流兮,相施化于时台。天宗恍其御中兮,存五精于太微。

依三统之序生兮,諏六沴之会批。允休祥之斳袭兮,谌瑞裁之弗兼。昧丧马之勿逐兮,珍亢龙之恒潜。幡渊志而和情兮,述形想于洪瀁。康衡泌之西逸兮,谓介岑之嶔岩。陟峤山而无扐兮,燔沛泽而昧炎。死生弛其絜括兮,夫何贞悔之足觇。重曰:

　　白石邻邻,德不渝兮;积疑张弧,蒙短狐兮。狐狸而苍,紫夺朱兮;迪遭寋涟,马殷如兮。相彼哲命,贻生初兮;依福依灾,坊不逾兮。正位以俟,寡沦胥兮;舆困有终,来茶茶兮。载魄抱一,周六虚兮;谦轻豫怡,葆元符兮。

论"奴性的逻辑"

我近作《西洋哲学史大纲》的《导言》,内中有一段,似乎可提出来,供《新青年》的读者的讨论,所以我把他钞在下面:

　　(上略)第四,除了这三种用处之外,研究西洋哲学史,还有一层大用处:还可以救正今日中平国思想界和言论界的"奴性逻辑"。什么叫做奴性的逻辑呢?例如甲引"妇人,伏于人也",以为男女不当平等;乙又引"妻者,齐也",以为男女应当平等。这便是奴性的逻辑。如今的人,往往拿西洋的学说,来做自己的议论的护身符。例如你引霍布士来驳我,我便引卢骚来驳你;甲引哈蒲浩来辩护自由主义,乙便引海智尔来辩护君主政体,丙又引柏拉图来辩护贤人政治。却不知道霍布士有霍布士的时势,卢骚有卢骚的时势,哈蒲浩海智尔、柏拉图又各有他们不同的境遇时代。因为他们所处的时势,境遇,社会,各不相同,所以他们怀抱的救世方法便也各不相同。不去研究中国今日的现状应该用什么救济方法,却去引那些西洋学者的陈言来辩护自己的偏见:这已是大错了。至于引那些合我脾胃的西洋哲人,来驳那些不合我脾胃的西洋哲人,全不管这些哲人和那些哲人是否可以相提并论,是否于中国今日的问题有可以引证的理由,——这不是奴性的逻辑吗?要救正这种奴性逻辑,须多习西洋哲学史。懂得西洋哲学史,然后知道柏拉图、卢骚、霍布士、海智尔……的学说,都由个人的时势不同,才性不同,所受的教育又不同;所他们的学说都有个性的区别,都有个性的限制;并不能施诸四海而皆准,也不能推诸万世而不悖,更不能胡乱供给中国今日的政客作言论的根据了。

我说这段话,并不是说一切学理都不配作根据。我但说:大凡一个哲学家的学说,百分之中,有几分是守着师承的旧说;有几分是对于前人的革命反动;有几分是受了时人的攻击,有激而发的;有几分是自己的怪僻才性的结果;有几分是为当时的学术所限,以致眼光不远,看得差了;有几分是眼光太远,当时虽不能适用后世却可实行的;有几分是针对当时的弊病下的猛药,只可施于那时代,不能行于别地别时代的。研究哲学史的人,须要把这几层仔细分别出来;譬如披沙拣金,要知那一分是沙石,那一分是真金;要知那一分是个人的偏见,那一分是一时一国的危言,那一分是百世可传的学理。这才是历史的眼光,这才是研究哲学史最大的益处。

(原载1918年3月15日《新青年》第4卷第3号)

《中国今后之文字问题》的附识

独秀先生所问"仅废中国文字乎?抑并废中国言语乎?"实是根本的问题。独秀先生主张"先废汉文,且存汉语,而改用罗马字母书之"的办法,我极赞成。凡事有个进行次序。我以为中国将来应有拼音的文字。但是文言中单音太多,决不能变成拼音文字。所以必须先用白话文字来代文言的文字;然后把白话的文字变成拼音的文字。至于将来中国的拼音字母是否即用罗马字母,这另是一个问题,我是言语学的门外汉,不配说话了。

(原载1918年4月15日《新青年》第4卷第4号)

《论 Esperanto》按语

我对于"世界语"和 Esperanto 两个问题,始终守中立的态度。但是现在孟和先生已说是"最末次之答辨",孙先生也说是"最后之答言"了。我这个中立国可以出来说一句中立话:我劝还有那几位交战团体中的人,也可以宣告这两个问题的"讨论终止"了。

适　八月七日

（原载 1918 年 8 月 15 日《新青年》第 5 卷第 2 号）

文学的考据

前天在报看见一首二十四韵的长律,起首的九韵是:

> 正会鸾仪肃,三元凤历新。玑衡今建丑,几杖老逢辰。飓拜明哉首,安危倚乃身。殷征嗟葛始,虞舞望苗驯。鹏展垂天翼,鲸潜跋海鳞。方隅宁割夏,台宇已熙春。闾阎销兵气,都畿秉化钧。尧宫谦避席,汉诏煦如沦。淑景随铜辇,条风扇紫宸。

我看了这首诗,把这一段钞了下来,拿去给朋友看,请他们猜猜这是那一朝代的诗人作的。大家都说,这不消说得。一定是翰苑词臣的元旦应制诗了。但这年代可不容易确定。有的人说,据"殷征嗟葛始,虞舞望苗驯"以下到"闾阎销兵气"两句看来,好像是前清雍正乾隆极盛时代的诗。只是"方隅宁割夏"一句又不大像。还有"尧宫谦避席"一句又好像是太上皇还在的诗。清朝只有乾隆曾做了几年的太上皇。如此看来,这夸一定是嘉庆元一三年的元旦应制诗了。

我听了他们的考据,几乎把肚子都笑痛了。原来这首诗乃是当今大诗翁樊樊山先生做的中华民国八年"元旦大总统招集四照堂,即席赋呈二十四韵"。可见文学上的考据不是一件容易下手的事?

(原载1919年2月2日《每周评论》第7号)

胡思聪的《一片哭声》按语

　　我的侄儿思聪看见我做小说,他就做了三篇给我看。我觉他这些小说无论怎样不周到,总比他在中学堂做的"汉文帝唐太宗优劣论"一类的文字强多了。因此我替他选了一篇登在这里。列位作家莫见笑。

　　　　　　　　　　(原载1919年8月17日《每周评论》第35号)

一篇绝妙的平民文学

7月30日在火车上读北京《益世报》,发现了一篇绝妙的歌谣:

蒲棍子草,(原注,大车上搭席棚的)

呱达达,

一摇鞭,到了家。

爹看见,抱包袱;

娘看见,抱娃娃。

哥哥看见瞅一瞅,

嫂子看见扭一扭。

不用你瞅,

不用你扭,

今天来了明天走。

爹死了,我念经;

娘死了,我唱戏;

哥哥死了,烧张纸;

嫂子死了,棺材上边抹狗矢!

近来见的歌谣颇不少,但像这种绝妙的歌谣确是不可多得。

(原载1922年8月20日《努力周报》第16期"编辑余谈")

诗中丑的字句

近来有人主张诗中不可用"丑的字句",如小便之类。其实美丑本无定评;在我们眼里,最丑的莫如从前人认为冠冕典雅的馆阁应制诗;而粪堆灰篓里却往往有真美存在。即如上边引的诗里的"狗矢"因为他可以表示一个人的一肚子真怨气,所以绝不丑。又如苏轼"被酒独行,编至诸黎之舍"一首中"但寻牛矢觅归路,家在牛栏西后西",虽用"牛矢""牛栏",何当不是好诗?

(原载1922年8月20日《努力周报》第16期"编辑余谈")

骂人

上海创造社出的《创造》季刊的第二期有郁达夫先生的《夕阳楼日记》,是批评译书的。译书是我近来想做而未能的事业,所以我很想看看郁先生的批评。他的引论里说:

> 我并非是那一种无学问的思想家,专爱说说大话,以寻人错处嘲弄古代的道德为本职的。我也不是那一种卑鄙的文人,专欲抑人之善而扬己之德的。
>
> 我之所以不能默默者,只为一般丑类,白昼横行,目空中外,欺人太甚的缘故。……"吾岂好辩哉?吾不得已也。"
>
> 我们中国的新闻杂志界的人物,都同清水粪坑里的蛆虫一样,身体虽然肥胖得很,胸中却一点儿学问也没有。……
>
> 天国近了,你们应当悔改!

这都是很厉害的教训。我更要看看他骂的是谁。原来他下文批评的是中华书局的新文化丛书内的《人生之意义与价值》。他举这书的开端五句作例列举英文、原译文和郁先生自己的译文。我们细细考察以后,不能不替原译者(余家菊)说一句公道话:余先生固然也不免有错误,郁先生的改本却几乎句句是大错的。我且把英文原本和他们的译本都写在下面,并且指出他们的错误:

(一)原文 Has human life any meaning and value? In asking this question, we are under no illusion, we know that we can not pose today as possessors of a truth which we have but to unfold, The question confronts us as a problem that is still unsolved, whilst we may not renounce the attempt to solve it. That our modern ear lacks all assurance in regard to its solution is a point we shall have to establish more in detail。

（二）余译本："人生有无何等意义与价值？有此种怀疑的，并非为幻想所支配。我们有自知之明，知道我们不能冒充真理的主人，不过必须从事于真理的发现而已。烦扰我们的，是这个未曾解答的问题，然而我们对于解决的尝试决不可加以厌弃。关于这个问题的解答，以前各派说全无一点确实，往后我们要详细的指明。"

（三）郁改本："人生究竟有无什么意义与价值？问到这个问题，我们大家都是明白的了。目下我们能求那一种真理的发明的时候，我们知道我们不能装作已经是会得那一种真理的人。这个问题在我们的面前，还是一个未曾解决的问题，所以我们不应该把解决这个问题的尝试来拒绝了。我们现代：关于这个问题的解答，还缺少种种确实的地方，这就是教我们将来不得不更加详细造就之处。"

这里共五句，第一句是独立的，第二句是起下的，不是承上的。郁君把五句看作四句，把第二句看作承上的，便错了。第二句余译"有此种怀疑的"，确是错的；但 under no illusion，余译尚无大误，郁译为"大家都是明白的了"，却是错的（改正译本见下）。

第三句余译错在把"一个真理"看作"真理"，全句意思也不大明了。但郁君的改本竟是全不通了。他把句末 which we have but to unfold 一个形容词的分句，搬到前面去，变成表"时候"的副词分句，更是错的。

第四句余君似乎真是把 confront 认作了 confound（如郁君所说）：郁君修正前半句不误，但他把 whilst 译为"所以"，那可错了。此字在此地与 although 相等，当译为"虽"，在中文里"虽然"的分句应该移在前面去。

第五句余译"以前各派说"是错的，但文法大体却不错。郁君君不知 establish 一字在此处当如余君译为"说明"，而直译为"造就"，又加上一个"教"字，便大错了。

我现在且把这五句重译一遍，请余、郁两位的指正：

人生有什么意义和价值吗？我们发这疑问时，并不存什么妄想。我们知道我们现在不能自以为已得了一种真理，只须把他发挥出来就是了。我们虽不可把解决这问题的尝试抛弃了，然而这个问题现在还只是一个未曾解决的问题。我们这个时代对于这个问题的解答，竟全无把握：这一层是我们往后要详细说明的。

译书是一件难事，骂人是一件大事。译书有错误，是很难免的。自己不曾完全了解原书，便大胆翻译出来，固是有罪。但有些人是为糊口计，也有些人确是为介绍思想计：这两种人都可以原谅的。批评家随时指出他们的错误，那也是一种正当的责任。但译书的错误其实算不得十分大罪恶：拿错误的译书来出版，和拿浅薄无聊的创作来出版，同是一种不自觉的误人子弟。又何必彼此拿"清水粪坑里的蛆虫"来比喻呢？况且现在我们也都是初出学堂门的学生，彼此之间相去实在有限，有话好说，何必破口骂人？

（原载1922年9月17日《努力周报》第20期"编辑余谈"）

浅薄无聊的创作

第二十期的余谈里,曾说"拿错误的译书来出版,和拿浅薄无聊的创作来出版,同是一种不自觉的误人子弟"。会读书的人自然能看出这句话重在"错误的""浅薄无聊的"两个形容词;凡自以为译书不错误的,和自以为创作不浅薄无聊的,尽可以不必介意。况且这句话只是泛论两桩罪过的均等,并不专指什么人的创作。前日上海一家报上有一位先生很忿忿的指出我自己的几首诗和几篇译的小说,说是"浅薄无聊的创作"。那几首诗的浅薄无聊正用不着我自己的辩护;但我要声明,我始终不敢叫它们做"创作"。我也羡慕那"创作"二字的尊贵,但我始终没有那胆子,所以只好自居于卑卑的"尝试",始终不敢自居于"创作"之列。浅薄的罪名,我可以受;僭妄的罪名是我要上诉的,至于那几篇译稿自有原著者负内容的责任,我更不必替他们申辩了。

(原载 1922 年 10 月 8 日《努力周报》第 23 期"编辑余谈")

译书

《努力》第二十期里我的一条《骂人》，竟引起一班不通英文的人来和我讨论译书。我没有闲工夫来答辩这种强不知以为知的评论，现且述一段小小故事，略见译书真不是一件容易事。《努力》第四十三期快付印的时候，我手里还没有一篇可登的稿子，我着了急，只好把手头旧的译莫理孙的"陋巷故事"，拣了一篇，译出付印。全篇不过三千字，然而已译的我叫苦不了。我译书稍有疑难，必查辞书，然而最完备的辞书往往不敷一篇短篇小说的参考！这一篇里，有"翎毛"一物，我问了几十个留英学生，还不能使我做一条小注，说明它在出丧时的用法。第二句里有 block-maker 一个字；block 这个字有几十种用法，我们在今日已很难确定三十年前的小说家用此字的意义了。我用的是"现代丛书"（Modern Library）的本子，不料这样一本好看的本子竟有许多错字。第一页上（原一五四）便有三个错字。street 错成 secret，我译时已更正了。第二句的 no shame 错成 a shame，故我译为"不屑住在他们的工场所在的区域"；后来我疑此 a 字是 no 字之误，写信去托北京大学英文学教授陈源先生，请他用别本一校，果然是错了。故此句应改为"还不至于不屑住……"。陈先生因此又发现同页"and treacherous holes lurked in the carpet of road-soil on the stairs and in the passage"一句中的 of 乃是 or 之误，所以译文"楼梯上和走道的地毯上一个一个的都是绊人的破洞"，应改为"地毯上一个一个的都是绊人的破洞；楼梯上和走道上到处都是泥污。"我又自己发现第十三段"执事人至少也要半镑金钱"之下，遗漏了"另外还得请他们喝酒"半句。

这都是无可疑的。陈先生答我的信上，还指出三个可以商酌之点。

（1）An' wot with ' arf-pintso, milk an' 一句，伸长完满之，便是 And what with half pints of milk, and this, that, and th' other, I have not a single penny left to buy anything, not to Say a bottle of costly wine. 老妇人是诉他的穷苦；他已经因为许多半升的牛乳和药材，费了许多钱！再没有余钱可以买那贵重的红酒。……老妇人虽愚，断不至那样胡涂，要求以牛乳代酒。所以我想"可不可给他半升牛乳和……"一句有商议的余地。

这一点我认为很是。那一句应改作"一天一天的半升牛乳，还要这样，还要那样，还要……"

（2）Wealthy young men do not devil for east end doctors 一语，译为"有钱的少年人不会到东头医生队里来鬼混"，漂亮极了。再要嚼字咬句的批评这一句，未免大煞风景。然而 devil 一字实在难以"鬼混"解释。一个 legal devil 或 literary devil 是代人作事，不得其名，不获其利的苦命人。这个少年明是代医生跑苦差使。

我用"鬼混"译 devil，本是想用一个稍有风趣的中国字来达这个很有风趣的英文字。"鬼混"用在职业生活上，本含有劳碌而不得相当报酬的意思。陈先生似乎嫌这个字还不够用，我也愿意改为"有钱的少年人不会来替东头医生当白差"，只是风趣稍逊了。若改"白差"为"苦差"，风趣更没有了。

（3）He did not foresee the career of persecution whereon he was entering at his own expense and of his own motion 译为"想不到他会自己去寻晦气"，似乎太简单了一些。Career of persecution 所指，大约是到伦敦做医生事业。我亦想到另一解释，但是没有这一个圆满。

这一点似乎还有商量余地。这一句确是十分难译，但我觉得他必不是指到伦敦做医生事业。因为这一句的前面还有 being inexperienced 二字作形容语，而下文即紧接摸出钱来，所以我那样翻译。"寻晦气"或者太晦了，我想改为"况且他是新来没有阅历的人，想不到他会自己投去上当"。陈先生以为如何？

陈先生是北京中国学者中最研究西洋文学的一个人，我很感谢他的指教。

我不怕读者的厌倦，详细叙述这一篇短译文的经过，要使同志的朋友们知道译书的难处。我自己作文，一点钟平均可写八九百字；译书每点钟平均只能写四百多字。自己作文只求对自己负责任，对读者负责任，就够了。译书第一要对原作者负责任，求不失原意；第二要对读者负责任，求他们能懂；第三要对自己负责任，求不致自欺欺人。这三重担子好重啊！

（原载 1923 年 4 月 1 日《努力周报》第 46 期"编辑余谈"）

翻译之难

1 徐志摩先生近得英国剑桥大学中国文学教授解尔斯（H. A. Giles）先生寄来他翻译我的《景不徙》三章

Phenomena Realities.

(From the *Chinese by Hu Shih*, a Present day Poeti)

A bird flies o'er a stream—is gone,

Casting a shadow in its trace;

The bird has passed, the stream flows on...

How can a shadow change its place?

A breeze skims o'er a mirrored mere,

And wavelets r'se, that breeze the cause

When now those wavelets disappear,

How can that mere be as it was;

I venture to suggest a thought;

If these phenomena persist,

Each always to fulfilment brought,

They are not phantoms—they exist!

其首二章很好，第三章竟全错了，以致题目也全错了。题为"现象实际"，竟把一首言情的诗化成一首谈玄的诗了。他的第三章，若重译出来，可得这样的大意：

　　此虽皆现象，

　　历久而不改。

故知影与皱,
非幻而实在。

这也可见翻译实在不是一件容易的事。

为便利读者起见,我们把《景不徙篇》三章的原文附录于此。

飞鸟过江来,投影在江水。鸟游水长流,此影何尝徙。
风过镜平湖,湖面生轻绉。湖更镜平时,毕竟难如旧,
为他起一念,十年终不改。有召即重来,若亡而实在。

记者

2 近人有许多奇妙的翻译:有时我一天可以发现几十条。最妙的如《学灯》六,四,十六有蓝孕欧先生的《进化的意义——解释和评论》中有云:

哲学家康德已被拉胡载教授所指示,在许多他的概念里已是一个进化论家了。

这句话已不通了。下句更妙:

黑格儿的方言的三剧连戏(Dialectic Trilogy)里却含着一个简要的进化论。

这真是什么话!

(原载1924年12月《现代评论》1卷1期)

新月社灯谜

这一晚灯会,我的灯可落逊了。我只好写我做的几个灯谜,给我自己解解嘲。

　　双燕归来细雨中(字一)　　　　　　　　　　　　　　两

　　为人隆准而龙颜,美须髯,左股有七十二黑子。时饮醉卧,武负见其上常有怪。(社员姓名一)　　　　　　　　　　王徵

　　惟使君与操耳(今人名一)　　　　　　　　　　　许世英

　　乃瞻衡宇　载欣载奔。僮仆欢迎,稚子候门。(古人名一,或今人名一)　　　　　　　　　　　　　　　　　方回方还

　　新月一钓斜,玉手纤纤指。郎心爱妾不?道个真传示。(字一)　　　　　　　　　　　　　　　　　　　　　　　祭

　　花解语(对偶格)(汉魏诗一句)对酒当歌　对牛弹琴(对偶格)(京戏名一)　　　　　　　　　　　　　　　　鱼藏剑

(原载1925年2月10日《晨报副镌》)

胡说(一)

我常对我的翻译班学生说:"你们宁可少进一年学堂,千万省下几个钱来买一部好字典。那是你们的真先生,终身可以跟你们跑。"

我又常对朋友说:"读书不但要眼到,口到,心到。最要紧的是手到。手到的工夫很多,第一要紧的是动手翻字典。"

我怕我的朋友和学生不记得我这句话,所以有一天我编了一支《劝善歌》:

少花几个钱,
多卖两亩田,
千万买部好字典!
它跟你到天边;
只要你常常请教它,
包管你可以少丢几次脸!

今天我偶然翻开上海《时事新报》副刊的"文学"第一百六十九期,内有王统照先生翻译的郎弗楼(Longfellow)的《克司台凯莱的盲女》一篇长诗。我没有细看全文,顺手翻过来,篇末有两条小注引起了我的注意。一条注说:

此句原文为 This old Te Deum,按提单姆为苏格兰的一地方名。

这真是荒谬了。Te Deum 是一只最普通,最著名的颂圣歌,Te 是你,Deum 是上帝。原文第一句为 Te Deum laudamus(上帝呵,我们颂赞你),因此得篇名。这是天主教一切节日及礼拜日必用的歌,所以什么小字典里都有此字。我们正不须翻大字典,即翻商务印书馆的《英华合解辞汇》(页一二三三),便有此字。这又不是什么僻字,王统照先生为什么不肯高抬贵手,翻一翻这种袖珍字典呢?为什么他却捏造一个"苏格兰的一地方名"的谬解呢?

第二条注说:

> 此处原 De Profundis 系拉丁文,表悲哀及烦郁之意。

这又是荒谬了。这两个拉丁字,也是一篇诗歌之名,即是《旧约》里《诗篇》的第一百三十首,拉丁译文首二字为 De Profundis,译言"从深处",今官话译本译为"我从深处向你求告。"此亦非僻典,诗人常用此题;袖珍的《英华合解辞汇》(页一四七〇)也有解释。王统照先生何以看轻字典而过信他自己的"腹笥"呢?

我因此二注,便忍不住去翻翻他的译文。译文是完全不可读的。开始第四行便大错;一直到底,错误不通之处,指不胜指。我试举一个例:

> 当我倾听着歌声,
> 我想我回来的是早些时,
> 你知道那是在 Whitsuntide 那里。
> 你的邀请单可证明永无止息时;

我们读这几句完全不通的话,正不用看原文,便可知其大错大谬。果然,原文是

> And, as I listened to the song,
> I thought my turn would come ere long,
> Thou knowest it is at Whitsuntide.
> Thy cards forsooth can never lie.
> (我听这歌时,
> 我就想,不久就要轮着我了,
> 你知道我的日期是在圣灵降临节的。
> 你的纸牌(算命的用牌)是不会说谎的。)

这四句里有多少错误,turn 并非僻字,译为"回来",一错也。ere long 是常见的习语,译为"早些时",二错也。Whitsun tide 乃是一个大节,什么小字典都可查,《英华双解辞汇》页一三七五并不难翻;今不译义,而加"那里"二字,可见译者又把此字当作"苏格兰的一地方名"

了,三误也。这番话是盲女对那预言婆子说的,故说她的纸牌不会说诳。今译 cards 为"邀请单",不知这位穷婆子邀请什么客？四误也。Lie 更非僻字,译作"止息",五误也。Forsooth 译作"可证明",六误也。即使老婆子发出邀请单,邀请单怎么会"证明永无止息时"呢？此七大误而一大不通也。

全篇像这样大谬的地方太多了,我再举一句作例罢：

　　他已来到！ 来到在末次！

原文是：

　　He has arrived! arrived at last!

这样的句子尚不能翻译,而妄想译诗,这真是大胆妄为了！

一千八百年前有位姓王的说：

　　世间书传多若等类,浮妄虚伪,没夺正是。心溃涌,笔手扰,安能不论。(《论衡·对作》篇)

近来翻译家犯的罪过确也不少了。但我们的朋友,负一时文誉如王统照先生者,也会做这种自欺欺人的事,我真有点"心溃涌,笔手扰"了。

十四,四,二五夜

（原载 1925 年 5 月 2 日《现代评论》1 卷 21 期）

"老章又反叛了!"

章士钊君在民国十二年八月间发表了他的《评新文化运动》(上海《新闻报》8月21,22日)。那时我在烟霞洞养病。有一天,潘大道君上山来玩,对我说:"行严说你许久没有作文章了,这回他给你出了题目,你总不能不做文章答他了。"我问他出了什么题目,潘君说是《评新文化运动》一文。当时我对潘君说:"请你转告行严,这个题目我只好交白卷了,因为行严那篇文章不值得一驳。"潘君问:"'不值一驳'这四个字可以老实告诉他吗?"我说:"请务必达到。"

但潘君终不曾把这四个字达到。后来我回到上海,有一个老朋友请章君和陈独秀君和我吃饭,我才把这句话当面告诉章君。

那一晚客散后,主人汪君说:"行严真有点雅量;你那样说,他居然没有生气。"我对主人说:"你只知其一,不知其二。行严只有小雅量,其实没有大雅量;他能装做不生气,而其实他的文章处处是悻悻然和我们生气。"汪君不明白我这句话;我解释道:"行严是一个时代的落伍者;而却又虽落伍而不甘落魄,总想在落伍之后谋一个首领做做。所以他就变成了一个反动派,立志要做落伍者的首领了。梁任公也是不甘心落伍的;但任公这几年来,颇能努力跟一班少年人向前跑。他的脚力也许有时差跌,但他的兴致是可爱的。行严却没有向前跑的兴致了。他已甘心落伍,只希望在一般落伍者之中出点头地,所以不能不向我们宣战。他在《评新文化运动》一文里,曾骂一般少年人'以适之为天帝,以绩溪为上京,一味于《胡氏文存》中求文章义法,于《尝试集》中求诗歌律令。'其实行严自己,却真是梦想人人'以秋桐为上帝,以长沙为上京,一味于《甲寅杂志》中求文章义法!'我们试翻开那篇文章看看。他骂我们做白话的人'如饮狂泉'。'智出英伦小儿女之下','以鄙俗妄为之笔,窃高文美艺之名,以就下走圹之狂,隳载道行远之业,……'这不都是悻悻然和我们生气吗?这岂是'雅量'的表现吗?"

汪君和章君是几十年的老朋友,他也说我这个判断不错。

我们观察章士钊君,不可不明白他的心理。他的心理就是,一个时代落伍者对于行伍中人的悻悻然不甘心的心理。他受过英国社会的一点影响,学得一点吴稚晖先生说的"Gentleman 的臭架子",所以我当面说他不值一驳,他能全不生气。但他学的不彻底,他不知道一个真正 Gentleman 必须有 Sportmanship,可译作豪爽,豪爽的一种表现,就是肯服输。一个人不肯服输,就使能隐忍于一时,终不免有悻悻然诟骂的一天的。

我再述一件事,更可以形容章君的心理。今年 2 月里,我有一天在撷英饭馆席上遇着章君,他说他那一天约了一家照像馆饭后给他照相,他邀我和他同拍一照。饭后我们同去照了一张相。相片印成之后,他题了一首白话诗写给我,全诗如下:

　　你姓胡,我姓章,
　　你讲什么新文学,
　　我开口还是我的老腔。
　　你不攻来我不驳,
　　双双并座,各有各的心肠。
　　将来三五十年后,
　　这个相片好作文学纪念看。
　　哈,哈,
　　我写白话歪词送把你,
　　总算是老章投了降。

一四,二,五

这样豪爽的投降,几乎使我要信汪君说的"行严的雅量"了!他要我题一首文言诗答他,我就写了这样的四句:

　　"但开风气不为师",
　　龚生此言吾最喜。

> 同是曾开风气人,
> 愿长相亲不相鄙。
>
> 一四,二,九

然而"行严的雅量"终是很有限的;他终不免露出他那悻悻然生气的本色来。他的投降原来只是诈降,他现在又反叛了!

我手下这员降将虽然还不曾对我直下攻击,然而他在《甲寅周刊》里,早已屡次对于白话文学下攻击了。他的广告里就说:

> 文字须求雅驯,白话恕不刊布。

这真是悻悻然小丈夫的气度。

再看看他攻击白话文学的话:

> 白话文字之不通。(一,页十六)

> 陈源……喜作流行恶滥之白话文(二,页二十四)。文以载道,先哲名言。漱冥之所著录,不为不精,断非白话芜词所能抒发。近年士气日非,文词鄙俚。国家未灭,文字先亡。梁任公献媚小生,从风而靡,天下病之。不谓漱冥亦复不自检制,同然一辞。(一,页十九)

> 计自白话文体怪行而后,髦士为俚语为自足,小生求不学而名家,文事之鄙陋干枯,迥出寻常拟议之外。黄茅白苇,一往无余;诲盗诲淫,无所不至。此诚国命之大创,而学术之深忧!(五,页二)

他这些话无一句不是悻悻的怒骂,无一句是平心静气研究的结果。有时候,他似乎气急了,连自己文字里的矛盾都顾不得了。例如他说陈源君"屡有佳文,愚揿弗读,读亦弗卒,即嘻嘻吗呢为之障也。"既"揿弗读,读亦弗卒",章君又何以知是"佳文"呢?有"嘻嘻吗呢为之障",而仍可得"佳文"的美称,章君又何以骂他作"恶滥之白话文"呢?这种地方都可以看出章君全失"雅量",只闹意气,全不讲逻辑了。

林纾先生在十年前曾说:"古文之不当废,吾知其理,而不能言其所以然。"当时我读了这话,忍不住大笑。现在我们读章士钊君反对白话的文字,似乎字里行间都告诉我们道:"白话文之不当作,吾知其理,而不能言其所以然!"苦哉!苦!他只好骂几句出出气罢!

我们要正告章士钊君：白话文学的运动，是一个很严重的运动，有历史的根据，有时代的要求。有他本身文学的美，可以使天下人睁开眼睛的共见共赏。这个运动不是用意气打得倒的。今日一部分人的漫骂也许赶得跑章士钊君；而章士钊君的漫骂，决不能使陈源、胡适不做白话文，更不能打倒白话文学的大运动。

我们要正告他："愚摈弗读，读亦弗卒"，这八个字代表的态度完全是小丈夫悻悻然闹意气的态度。这种态度可以对付一些造谣诬蔑的报章，而不能对付今日的白话运动。我虽不希望章君"于《胡氏文存》中求文章义法"，我却希望章君至少能于《胡适文存》中求一点白话运动所以能成立的理由。我们提倡白话的人很诚恳地欢迎反对派的批评，但自夸"摈白话弗读，读亦弗卒"的人，是万万不配反对白话的！

章君自己不曾说过吗？"愚所引为学界之大耻者，乃读书人不言理而言势"（五，十五）。我们请问章君："'愚摈弗读，读亦弗卒'，这是讲理的读书人的态度吗？"

我的"受降城"是永远四门大开的。但我现在改定我的受降条件了：凡自夸"摈白话弗读，读亦弗卒"的人，即使他牵羊担酒，衔璧舆榇，捧着"白话歪词"来投降，我决不收受了！

十四，八，二十七夜

（原载 1925 年 8 月 30 日《国语周刊》第 12 期）

介绍几部新出的史学书

近来杂志上的"书评",似乎偏向指摘谬误的方面,很少从积极方面介绍新书的。今日(七月二十四)火车在贝加尔湖边上行,一边是轻蓝色镜平的湖光,一边是巉巉的岩石;这是我离开中国境的第三日了,怀念国中几个治历史的朋友,所以写这篇短文,介绍他们的几部新书。

第一部是陈垣(援庵)先生的《二十史朔闰表》,附西历回历,北京大学研究所国学门出版,价四圆。

这是一部"工具"类的书,治史学的人均不可不备一册。陈先生近年治中国宗教史,方法最精密,搜记最勤苦,所以成绩很大。他的旧作一赐乐业教考,也里可温考,摩尼教入中国考,火祆教入中国考,都已成了史学者公认的名著。他在这种工作上感觉中西回三种历有合拢作一个比较长历的必要,所以他发愤作成一部二十卷的中西回史日历(不久也可出版)。他在做那部大著作之先,曾先考定中国史上二千年的朔闰,遂成这一部二十史朔闰表。便可以推定日历;故此书实在是一部最简便的中西二千年日历。

此表起于汉高祖元年(罗马548年,西历前206年),每月有朔日的甲子,故推下月朔日的甲子,便知本月的大小;闰年则增闰某月,也记其朔日的甲子。

汉平帝元年以后,加上每月朔与西历相当之月日。如晋惠帝永平元年(西291)下:

正	二
二乙 16 酉	三甲 17 寅

我们便知是年正月初一等于西历291年的2月16,二月初一等于三月十七。

唐高祖武德五年(西622)以后,添注回历的岁首等于中历某月某日。回历系纯太阳历,月法有一定,单月皆三十日,双月皆二十九日,无有闰月,逢闰年则十二月添一日,故平年为三百五十四日,闰年为三百五十五日。其计算最容易,故但注岁首便够了。闰年则旁加黑点。

故此书不但是中史二千年日历,实在是一部最简明最方便的"中西回三史合历"。

西历与回历皆有礼拜日,因有置闰或失闰的历史的原因,推算须有变化。此书附有七个"日曜表",按表检查,便知某日是星期几。

此书在史学上的用处,凡做过精密的考证的人皆能明瞭,无须我们一一指出。为普通的读者起见,我们引陈先生自己举的几个例:

(1)例如陆九渊之卒在宋绍熙三年,据普通年表为西历之1192年,然九渊之卒在十二月十四日,以西历纪之,当为1193年1月18日。……苟欲实事求是,非有精密之中西长历为工具不可。

(2)西历如此,回历尤甚。……回历则以不置闰月之故,岁首无定,积百年即与中西历差三年。……洪武甲子(西1384)为回历786年。明史历志由洪武甲子上推七八六年,误以中历计算,遂谓回历起于隋开皇己未(西历599)!不知以回历计算,实起于唐武德五年壬午(西622)六月三日也。盖积七百八十六年,回历与中西历已生二十三年之差异。不有中回长历,何以释明史之误耶?

我们应该感谢陈先生这一番苦工夫,作出这种精密的工具来供治史学者之用。我们并且预先欢迎他那二十卷《中西回史日历》出世。这种勤苦的工作,不但给杜预、刘义叟、钱侗、汪曰桢诸人的"长术"研究作一个总结果,并且可以给世界治史学的人作一种极有用的工具。

（2）顾颉刚先生的《古史辨》第一册，北京景山东街朴社出版，平装本价乙圆八角，精装本二圆四角。

这是中国史学界的一部革命的书，又是一部讨论史学方法的书。此书可以解放人的思想，可以指示做学问的途径，可以提倡那"深彻猛烈的真实"的精神。治历史的人，想整理国故的人，想真实地做学问的人，都应该读这部有趣味的书。

这一册的本身分为三篇：上篇是顾先生与钱玄同先生和我往来讨论的信札；中篇是民国十二年《读书杂志》上发表的讨论古史的文字；下篇是《读书杂志》停刊以后的论文与通信。三篇共有六十四篇长短不齐的文字，长的有几万字的，最短的不满五十个字。

为普通读者的便利计，我劝他们先读下列的几篇：

（1）《自述整理中国历史意见书》（页34—37）
（2）《与钱玄同先生论古史书》（页59—66）
（3）《答刘胡两先生书》（页96—102）
（4）《研究国学应该首先知道的事》（页102—105）
（5）《古历讨论的读后感》（页189—198）

读了这几篇，可以得着这书的根本出发点和根本方法，然后从容去看全书的其他部分，便更觉得有趣味，更容易了解了。

但无论是谁，都不可不读顾先生的《自序》。这篇六万多字的《自序》，是作者的自传，是中国文学史上从来不曾有的自传。他在这篇自传篇里，很坦白地叙述他个人的身世，遭际的困难，师友的影响，兴趣的变迁，思想的演进，工作的计划。我的朋友 Hummel 先生读了这篇《自序》，写信给作者，说此篇应该译为英文，因为这虽是一个人三十年中的历史，却又是中国近三十年中思潮变迁的最好的记载。我很赞同这个意思。顾先生少年时曾入社会党；进北大预科时曾做几年的"戏迷"；曾做古文家的信徒，又变为今文家；他因为精神上的不安宁，想求一个根本的解决，所以进了哲学系；在哲学系里毕业之后，才逐渐地回到史学的路上去。他是一个真正好学的人，读书"像瞎猫拖死鸡"一样，所以三十年国内的学术思想的变迁都一一地在他身上留下了深刻的印痕。他又是一个"性情太喜欢完备"的人，凡事都要"打碎乌盆问到底",所以他无论做什么事都不肯浅尝,不肯苟且,所以他的"兴之所之"都能有高深的成绩。他的搜集吴歌,研究孟姜女,讨论古史,都表现他的性情的这两方面:一方面是虚心好学,一方面是刻意求精。

承顾先生的好意,把我的一封四十八个字的短信作为他的《古史辨》的第一篇。我这四十八个字居然能引出这三十万字的一部大书,居然把顾先生逼上了古史的终身事业的大路上去,这是我当日梦想不到的事。然而这样"一本万利"的收获,也只有顾先生这样勤苦的农夫做得到。当民国九年十一月我请他点读《古今伪书考》的时候,我不过因为他的经济困难,想他可以借此得点钱。他答应我"至慢也不过二十天"(页六)。但他不肯因为经济上的困难而做一点点苟且潦草的事。他一定要"想对于他征引的书,都去注明卷帙,版本;对于他征引的人都去注明生卒,地域"(页14)。因为这个原故,他天天和宋,元,明,三代的"辨伪"学者相接触,于是我们有《辨伪丛刊》的计划。先是辨"伪书",后转到辨"伪事"。颉刚从此走上了辨"伪史"的路。

到民国十年一月,我们才得读崔述的《考信录》。我们那时便决定,颉刚的"伪史考"即可继《考信录》而起(页22)。崔述推翻了"传记",回到几部他认为可信的"经"。我们决定连"经"都应该"考而后信"。在这一方面,我们得着钱玄同先生的助力最大。

到十年的六月,颉刚早已超过《辨伪丛刊》的计划了。他自己想做三种书:

(1) 伪史源,

(2) 伪史例,

(3) 伪史对鞫(看页36)。

这三种之中,他的"伪史源"的见解于他这五年史学研究有最大的影响。他说:

> 所谓"源"者,其始不过一人倡之,……不幸十人和之,展转应用,不知其所自始,甚至愈放愈胖,说来更像,遂至信为真史。现在要考那一个人是第一个说的,那许多人是学舌的,看他渐渐

的递变之迹。

这是这部《古史辨》的基本方法。他用这个方法，下了两年的苦功，然后发表他的"层累地造成的中国古史"。

"层累地造成的中国古史"有三个涵义：

（1）可以说明为什么时代愈后，传说的古史期愈长。

（2）可以说明为什么时代愈后，传说中的中心人物愈放愈大。

（3）我们在这上，即使不能知道某一件事的真确的状况，至少可以知道那件事在传说中最早的状况。

他应用这个方法，得着一些结论：

（1）春秋以前的人对于古代还没有悠久的推测。

（2）后来方才有一个禹。禹先是一个神，逐渐变为人王。

（3）更后来，才有尧舜。

（4）尧舜的翁婿关系，舜禹的君臣关系，都是更后来才造成的。

（5）从战国到西汉，尧舜之前又添上了许多古帝王。先添一个黄帝，又添一个神农，又添一个庖牺，……一直添到盘古！

这些结论，在我们看来，都是很可以成立的。但几千年传统的思想的权威却使一般保守的学者出来反对。南京出来一位刘掞藜先生；连我的家乡，万山之中的乡村，也出来一位胡堇人先生。这些人的驳诘却使颉刚格外勤慎地去寻求新证据来坚固他的壁垒。结果便是此书中篇的讨论与下篇的一部分。

这些讨论至今未完。但我们可以说，颉刚的"层累地造成的中国古史"一个中心学说已替中国史学界开了一个新纪元了。中国的古史是逐渐地，层累地，堆砌起来的，——"譬如积薪，后来居上"——这是决无可讳的事实。崔述在十八世纪的晚年，用了"考而后信"的一把大斧头，一劈就削去了几百万年的上古史（他的补上古考信录是很可佩服的）。但崔述还留下了不少的古帝王；凡是《经》里有名的，他都不敢推翻。颉刚现在拿了一把更大的斧头，胆子更大了，一劈直劈到禹，把禹以前的古帝王（连尧带舜）都送上封神台上去！连禹和后稷都不免发生问题了。故在中国古史学上，崔述是第一次革命，顾颉刚是第二次革命，这是不须辩护的事实。

颉刚近年正在继续做辨证古史的工作,他已有了近百万言的稿本了。他的《古史辨》第二册已约略编成,第三册以下也有了底子。他将来在史学界的贡献是不可限量的。他自己说:

> 我在辨证伪古史上,有很清楚的自觉心,有极坚强的自信力,我的眼底有许多可走的道路,我的心中常悬着许多待解的问题;我深信这一方面如能容我发展,我自能餍人之心而不但胜人之口。(《自序》页66)

他的结论也许不能完全没有错误;他举的例也许有错的(例如他说"社祀起于西周",这句话的错误,他自己在《自序》里已更正了。又如他《自序》,页71,说"阎罗"与尼罗的声音相合;这是大错的。阎罗本为阎摩罗梵文为 Yama-raja,raja 为王,言是 Yama 天之王。此为印度古吠陀时代的一个天神,本在极乐天上,后来逐渐演变,从慈祥变为惨酷,从最高天掉到地狱里。这与埃及的尼罗河绝无关系)。但他的基本方法是不能推翻的。他的做学问的基本精神是永远不能埋没的。他在本书的首页引罗丹(Rodin)的话道:

> 要深彻猛烈的真实。你自己想得到的话,永远不要踌躇着不说,即使你觉得违抗了世人公认的思想的时候。起初别人也许不能了解你,但是你的孤寂决不会长久。你的同志不久就会前来找你,因为一个人的真理就是大家的真理。

读颉刚这部书的,不可不领会这种"深彻猛烈的真实"的精神。

(3)陈衡哲女士的《西洋史》下册,商务印书馆出版,价乙元一角。

近年以来,研究中国史的学者颇有逐渐上了科学方法的路的趋势;但研究西洋史的中国学者却没有什么贡献。这大概是因为中国学者觉得这条路上不容易有什么创作的机会,所以不能感觉多大的兴趣,所以不曾有多么重要的作品。

依我看来,其实不然。研究西洋史正可以训练我们的治史方法,正可以增加我们治东洋史的见识。著述西洋史,初看来似乎不见得有创作的贡献,其实大可以有充分创作的机会。

史学有两方面:一方面是科学的,重在史料的搜集与整理;一方面是艺术的,重在史实的叙述与解释。我们治西洋史,在科学的方面也许不容易有什么重大的贡献。但我们以东方人的眼光来治西洋史,脱离了西洋史家不自觉的成见,减少了宗教上与思想上的传统观念的权威,在叙述与解释的方面我们正多驰骋的余地。试看今日最通行的西洋通史只是用西洋人眼光给西洋人做的通史;宗教史只是基督教某派的信徒做的西洋宗教史;哲学史只是某一学派的哲学家做的西洋哲学史。我们若能秉着公心,重新演述西洋的史实,这里面的创作的机会正多呢。

陈衡哲女士的《西洋史》是一部带有创作的野心的著作。在史料的方面她不能不倚赖西洋史家的供给。但在叙述与解释的方面,她确然做了一番精心结构的工夫。这部书可以说是中国治西史的学者给中国读者精心著述的第一部《西洋史》。在这一方面说,此书也是一部开山的作品。

可惜我匆匆出门,不曾带得此书的上册。单就下册说,陈女士把六百年的近世史并作十个大题目;每一题目,她都能注重史实的前因后果,使读者在纷繁的事实里面忘不了一个大运动或大趋势的线索。有时候她自己还造作许多图表,帮助文字的叙述。

在这十章之中,有几章格外见精彩。"宗教革命"的两章,"法国革命"的一章,要算全书中最有精彩的。陈女士本是喜欢文艺的,所以她作历史叙述的文字也很有文学的意味。叙述夹议论的文字,在白话文里还不多见。陈女士在这一方面的努力很可以给我们开一个新方向。我们试举第三章的两段作个例:

> 总而言之,亘中古之世,宗教不啻是欧洲人生唯一元素。他如天罗地网一样,任你高飞深蹈,出生入死,终休想逃出他的范围来。但这个张网特权,也自有他的代价。教会的所以能获到如此大权,实是由于中古初年时,他能保护人民,维持秩序,和继续燃烧那将息未息的一星古文化。换句话说,教会的大权,乃是他的功绩换来的;但此时他却忘了他的责任,但知暖衣美食,去

享他的快乐幸福。这已在无形中取消了他那张网的权利了。而适在这个时候,从前因蛮族入寇而消灭的几个权府,却又重兴起来,向教皇索取那久假不归的种种权势。于是新兴的列国国君,便向他要回法庭独立权,要回敕封主教权,要回国家在教会产业上的收税权;人民也举手来,向他要回思想自由权,读书自由权,判断善恶的自由权,生的权和死的权;一般困苦的农民,更是额皮流血的叩求教会,去减少他们的担负。可怜那个气焰熏天,不可一世的教会,此时竟是四面受敌了。

但这又何足奇呢?教会的实力,本只是一个基督教义。他如小小的一颗明珠,本来是应该让他自由发光的。可恨此时他已是不但重锦袭裹,被他的收藏家埋藏起来,并且那个收藏家,又是匣外加匣,造巨屋,筑围城的去把他看守着,致使一般人士不见明珠的光华,但见一个围城重重,厚壁坚墙的巨堡;堡外所见的是守卒卫兵的横行肆虐。所以宗教革命的意义,不啻便是这个折城毁壁的事业。国王欲取回本来属于他们的城砖屋瓦,人民要挥走那般如狼如虎的守卒,信徒又要看一看那光华久藏的明珠。于是一声高呼,群众立集,虽各怀各的目的,但他们的摩拳擦掌,却是一致的。他们的共同目的,乃是在折毁这个巨堡。因此之故,宗教革命的范围便如是其广大,位置便如是其重要,影响便如是其深远了。"(页88—89)

这样综合的,有断制的叙述,可以见作者的见解与天才。历史要这样做,方才有趣味,方才有精彩。西洋史要这样做方才不算是仅仅抄书,方才可以在记述与判断的方面自己有所贡献。

叙述西洋史近世史,最容易挑动民族的感情。陈女士是倾向国际主义与世界和平的人,所以她能充分赏识国家主义的贡献,同时又能平心静气地指出国际和平是人类自救的唯一道路。

用十万字记述六百年的西洋近世史,本是不容易的事。陈女士的书自然不能完全避免些些的错误。例如第一章第四节中,前面(页36)已说加立里(Galileo)发明了望远镜,于是哥白尼(Gopernicns)的学说"乃得靠了科学的方法而益证实";下文(页37)却又说

"科学方法却仍不曾改良;他们所用的仍是亚里斯多德的演绎方法。……直到勿兰息斯培根(Ferancis Bacon)时,科学方法才得到了一个大革命。这是错的。科学方法的改善是科学家逐渐做到的,与培根无关;没有一个科学家是跟培根学方法的。页291说哈阜(Harvey)发明血液循环之理在十八世纪,也是错的。可惜我行箧中没有参考书,不能细细为此书校勘了。

此书是一部很用气力的著述。他的长处在用公平的眼光,用自己的语言,重新叙述西洋的史实。作者的努力至少可以使我们知道西洋史的研究里尽可以容我们充分运用历史的想像力与文学的天才来做创作的贡献。

十五,七,二十七车到Tiumen时脱稿

(原载1926年9月4日、11日《现代评论》第4卷第91、92两期)

"软体动物"的公演

七月十一夜,我看了北平小剧院公演赵元任先生译的"软体动物",觉得这是小剧院的最大成功,也是中国新剧运动的一大成功,所以我想说几句话,表示我的敬礼。

第一,我要贺各位演员的演剧成绩。马静蕴女士扮白太太,真能描摹出那位迷人的软体动物的神气。我们在台下看她的软劲儿,听她的软劲儿的说话,真好像可以想像她当年"在摇篮里就整天的躺着,张着大嘴看苍蝇飞"的味儿。小剧院发现了这一位天才的演员,是很可贺的。听说马女士不久就要结婚了;我们很盼望,如果她不是"到柯罗省去",她还能继续给中国新剧运动努力。

顾曼侠女士扮罗小姐,也有很大的成功。她说的话里湖南字音很多,我想不到湖南话在戏台上有这样妩媚好听!这一点给我们一个教训:与其太费工夫在尖团青真那些问题上,不如老实用各人的本地的字音,而注重北京的字调语调。

上次公演"压迫"时,余上沅君如果放胆用了这种"乡音国调"的糊弄局儿的办法,我想她的成绩一定更好。

邓承勋君的白先生,看得出是很用过一番揣摩的工夫的,他的表情语调也很确当,不过全体的表演似乎还欠融和一点,这也许是因为这次公演的预备的时间太匆促的缘故吧?

王瑞麟君的陈茂棠,也是很用气力的。如果他的成绩稍稍不如其余的演员,恐怕那是因为他不曾严格的描摹剧本中所注的音调罢?

合起来说,这次公演远胜于上次的三个短剧。上次还不免有点"顽票儿"的意味。这一次才可算是认真做戏了。

第二,我要贺赵元任翻译的大成功。元任先生的翻译,都是可以给我们做模范的。这一次他翻译巴茂女士注音注调的"软体动物"，我们在台下听了，差不多全不觉得这是一部翻译出来的剧本。我今天借了他的油印本子来看，才知道他的注音注调的法子是个什么样子。注音的如"那(ney)天到底出了什么事情了？哪(neni)天？"

注调的如"哦！（低高低）像个父亲似的！阿！（高降）像一个老太太。"

最重要的是赵先生充分用"虚字"来表情的方法。他说："英文用调表情的地方，中文不是用调，而往往是用副词或是助词来表示的"，这本戏里用的虚字真不在少处！例如"咱们现在只好还是就这么样了。"

又如"哦，那么你到底还打算好的，可是？"

又如"再不然等到他自各儿也遇见什么麻烦的事情，那你看看吧，他才不来找你呐。"

这些地方的副词和助字，哪一个是可以省略了的？本来虚字是语言的血脉神经，一切神气的表现都得靠他们的运用。翻译的困难不在那些三寸长的难字，而在这些"一丁颠点的"小虚字。做小说和编剧本，都得十分注意这些传神表情的副词和助词。《红楼梦》和《儿女英雄传》《海上花》和《醒世姻缘》，他们的言语妙天下，也只是因为他们的作者不肯放松一个半个"一丁颠点的"小虚字。所以我想元任先生的译本不但是翻译的模范，简直是编戏剧对话的人的顶好模范。

我们颂扬这一次公演的成功，不要忘了这些米米小的虚字是这个成功的诀窍。

胡适　二十,七,十四

（原载1931年7月19日北平《晨报·剧刊》）

《茶花女》的小说与剧本

中国翻译西洋小说,最早的要算陶以耳的《福尔摩斯侦探案》和小仲马的《茶花女》。《茶花女》小说的影响最大,爱读的人最多。二十多年前,春柳社提倡新戏,曾演过《茶花女》新戏,好像是用日本译的小仲马的《茶花女》剧本改造的。后来上海又有一出"中国之新茶花女"新戏,是演一个爱国妓女的故事。但小仲马的《茶花女》剧本在当时并没有中文译本。

近几年始有人从法文译出《茶花女》剧本。又隔了好几年,到现在才有北平小剧院试演这戏。

平心而论,《茶花女》剧本的文学价值远不如小说。

小说中有许多是哀艳沉痛的文字,在剧本里都无法表现出来。然而五六年前我在巴黎 Odeon 剧场看演此戏,观众中有许多人呜咽哭泣。这可见剧本虽然删去了不少的材料,究竟因为戏剧是实地表演,其感人之力比读小说更强,所以能弥补其文字上的缺陷,仍能使观众呜咽涕泣。

西洋的有名小说往往有改作戏剧的。但一部文学名著的小说和剧本两种形式全翻译成中文的,至今还只有《茶花女》一部。

我觉得这回小剧院试演这戏是很值得注意的。不但在演剧的艺术上这是一次很重要的试验。——关于这一点,我不配多谈。——单就编剧的技术上,这戏一定可以给我们很多的教训。我们试想,如果把《茶花女》小说交给上海的麒麟童先生去编作戏剧,他岂不要编成一部三四本或七八本的"连台新戏"?我们更试想,如果把这部小说交给齐如山先生或金仲荪先生去编做戏剧,他们大概可以编成一种什么样子的剧本?有多少情节他们敢大胆删去?有多少情节他们肯忍心删去？有多少地方他们能够为牵就戏剧的限制而大胆增删改造？

我们再看小仲马自己改造他的小说做成剧本，是用何种手段。我们应该学他的剪裁工夫，因为改小说材料做剧本，最要紧的是这剪裁工夫。我们至少从这里可以学学小说与剧本的技术上的根本区别。

（收入耿云志主编：《胡适遗稿及秘藏书信》第11册①）

---

① 编者注：本文是铅印件，原发表出处不详，从文中"五六年前我在巴黎的Odeon剧场看演此剧"一语看，此文可能作于1931—1932年间，故暂系于此。

评柳诒徵编著《中国文化史》①

柳诒徵先生的《中国文化史》，曾在《学衡》杂志上发表，去年由钟山书局印行。本书无序跋，故不详此书创稿于何时；但检《学衡》，柳先生此书第一章发表在四十六期，民国十四年十月出版。自此以后，凡历时七年，始印行全书。但作者似未曾有时间整理修改这些在杂志上发表的初稿；书局急于付印，即用《学衡》原版付印，不但版式与校勘全依原样，且时时有"马哥博罗像见本期插画第二幅"（下，页一五〇），"参观本期插画第二幅"（下，页二七七）等语，均沿杂志旧文，而图像均已删去，此皆可证全书付印时不曾经过作者的校勘与修改。

此书约有六十余万字，是近年中国出版界的一部大书。中国文化史之试作虽有几位学者计划过，至今未有成书。坊间所出小册子，更不足论。柳先生的书可算是中国文化史的开山之作，读者评者都应该记得这一点。因为是开山之作，我们都佩服作者的勇气与毅力，感谢他为中国文化史立下了一个草创的规模，替一般读者搜集了一些很方便有用的材料。但又因为是开山之作，此书是不免有一些可指摘的地方的。

这书依中国文化史的三大时期分作三编；第一编自邃古至两汉，为吾国创造独立的文化的时期；第二编自东汉至明季，为印度文化与吾国固有文化由冲突而融合的时期；第三编自明末至今日，为远西文化渐次输入，与中印文化"相激相荡而卒相合"的时期。作者明说这种分段不过是"略分畛畦，以便寻绎"，所以我们也不妨承认这个为

---

① 编者注：此标题系编者所加。

方便起见的分段。但在全书里,第一时期占去四百二十八页,过全书十分之四的篇幅;第二期只占三百六十页,第三期只占二百六十页了。这样详于古代而太略于近世,与史料的详略恰成反比例,实在使我们不能不感觉作者对于古代传说的兴趣太深,而对于后世较详而又较可信的文化史料则兴趣太淡薄。试看第一编第十九章"周之礼制"一章,全用《周礼》作材料,凡占八十六页,共占全书十二分之一的篇幅。然唐朝一代的文学史,则仅有寥寥十一行(下,页四三),尚不满一页! 而此大半页之中,引《困学纪闻》占一行,引《新唐书》占五行,作者自己叙述唐代文学,仅一百五十八个字而已! 我们姑不论《周礼》是否可以用作史料;作者既盛夸"论文与诗,莫盛于唐"何以那三百年的文学史,在那一千页的文化史上只能占一千五百分之一的地位呢?

这样不均匀的分配,是此书的一个大缺陷。约略言之,此书之前二十一章,约占全书四分之一,其所据材料多很可疑,其论断也多不很可信,为全书最无价值的部分。太古文化史决非依据传说所能为功;治此学者当存敬慎的态度,细心研究石器金器及同时代的其他实物,下及甲骨文,金文,证以后世较可信之史料,或可得一种简略的概论。近年新旧石器时代的文化都有多量的发现,殷虚史料的研究也有长足的进步,金文的研究也同时有不少的新成绩,这都是《学衡》杂志时代所能预料的。我们盼望此书重版时,柳先生能利用近十余年来的新材料彻底修正这太古部分的文化史。与其滥用精力去讨论"洪水以前"的制作,或臆断《王制》、《周礼》所载的制度何者为殷礼何者为周礼,远不如多用力于整理后世的文化史料。此书后面的大半部也太偏重文字上的制度,而太忽略了经济的情形与生活的状态。如"书法"一项,在此书中时时提到;然人民的生计岂不能比写字的重要吗? 又如佛教宗派固然也可算文化史的一部分,然而和尚尼姑过的什么生活,焚身遗身在中古时代怎样盛行,某一时代的民间迷信是怎样的荒诞,这些方面的考索与描写岂不比钞引杨文会谢无量等人的宗派空论为更有文化史的价值吗?

柳先生是一位不曾学过近代史学训练的人,所以他对于史料的估价,材料的整理,都不很谨严。例如研究佛教史,材料何患缺乏,何至于征引到杨文会的《十宗略说》和谢无量的《佛学大纲》?此种间接而又间接的书,岂可用作史料?又如王充的《论衡》是汉代第一奇书,今日已为中外学者所公认,而柳先生(上,页四一一)论此书云:

《论衡》专事诋諆,仅足以供游谈之助。

他所引据,只是《后汉书·王充传》注引的袁山松书一条!《论衡》并非僻书,我们在今日衡量此书的价值,岂可不依据原书,而仅依据袁山松的妄说耶?又如书中论元代戏曲云:

推其所以特盛之故,则由出于考试。(下,页一八五)此所依据为臧晋叔《元曲选》序中"或谓元取士有填词科"一语。此种臆说,臧氏自己也不敢深信,故只说"或谓"如此,柳先生岂可遽信为史实?此类滥用间接材料的毛病,书中甚多,殊可惋惜。今日各种专史(如民族史,经济史,宗教史,学术史,艺术史等)尚多未有可信赖的名著,所以编文化通史的人一定感觉大困难;既不能一人兼精文化史的一切方面,有时自不能不依靠一些间接材料。然而此种间接材料最宜审慎引用。如顾炎武之《日知录》,赵翼之《陔余丛考》,《廿二史札记》,俞正燮之《癸巳类稿》,此等书中考据历史制度,其可信赖的程度较高。其方法不谨严的闲谈野史,或囿于成见的官书或私家著述,非经过严格的考订,似不宜用作史料。

关于材料的整理,我们在此书中时时发现很疏忽,或很潦草的地方。如上文提及的述唐代文学的一页,引用唐书文艺传序论,有"王杨为之伯","燕许擅其宗"之语,同页论书家,又泛举"欧虞"。此等处为初学者计,皆宜加注。又如论政党一章内云"赵留朱察等亦未尝标榜政策"(下,页一二一),书中此类语句皆不加注,殊不便初学。此等处尚属细小疏忽。书中所用材料有时因不及审慎整理,就致自误误人。如"西教之传来"一章(下,页二七六以下)所举唐之景教,宋之一赐乐业,元之也里可温,及明季东来之耶稣会,柳先生一概称为"西教",而不加区别;有时又泛称为"耶教"。他引的材料中,有陈垣的精密考证,也有教外人的妄说"如页二八〇罗振玉之语即不知辨别景教与犹太教与回教),又引日本史家的两种书,其中名词之紊乱，不但读者不易分别，其实作者自己也不曾弄明白。陈垣本已明白指出景教为聂斯托尔派，非罗马派；又指出一赐乐业教为犹太教，绝非基督教；然而柳先生似乎全不了解，仍沿用前人（如叶奕苞等）之误说，把这些宗教看作同教。其中基督教泛称"耶教"，也易使人误会。其所引书中，"基督教"，"天主教"，"如特力克"，"罗马教"，各种异译也都不及统一，不加注释。又如 Xavier 一名，在页二八一译为赛维儿，在页三一七则译为方济各。异教而混为一教，同名而有数异译，一人而译为二名，凡此皆由于作者疏忽潦草，不曾先有细心之研究，仅能拉杂援引一大堆不曾整理过的母材料，就自误而又误人了。

这样一部大书，编著时即随时付杂志发表，最后成书时又全不经过校勘与修改，其中可指摘之点自然不少。例如书中述各时代的宗教，佛道之外，祆摩尼景教皆有略述，然重要回教独无一语提及，此类的遗漏是必须增补的。

以上所说，多偏重指摘柳先生此书的疵漏。此书虽有疵漏，然不失为一部很方便的参考书。中国文化史在今日本无法写定，良好的中国文化史必有待于较远的将来。柳先生的书列举了无数的参考书籍，使好学的读者可以依着他的指引，进一步去寻求他引用的原书，更进一步去寻求他不曾引用的材料。这正是开山的工作。柳先生的论断也许有许多是我们不能赞同的。但他的方法是一种"纲目"法，纲是他的论断，目是他的材料；此法的用意是每下一句论断必须引用材料作根据。读者若能了解此种方法的好处，然后考虑作者的论断是否都有可靠的依据，那才能得着此书的益处。

（原载1933年6月《清华学报》第8卷第2期）

《歌谣》周刊复刊词

北京大学开始征集歌谣是在民国七年(1918)的二月。从七年五月底起,刘半农先生的《歌谣选》陆续在《北大日刊》上发表,前后共计登出了一百四十八首。

民国九年冬天成立了"歌谣研究会",由沈兼士周作人两先生主持。民国十一年十二月十七日,是北京大学的二十五周年纪念日,北大研究所国学门举办了一次成绩展览,并在这一天刊行了第一期《歌谣》周刊。

《歌谣》周刊是歌谣研究会主编的,编辑最出力的是常惠先生,顾颉刚先生,魏建功先生,董作宾先生这一班朋友。这个周刊继续了两年半(学校假期内停刊),共出了九十七期。字数至少有一百万。其中有研究古今歌谣和民俗学的论文,有各地歌谣选,有歌谣专集。据徐芳女士的统计,《歌谣》周刊里发表的歌谣总数是二千二百二十六首。无疑的,这个周刊是中国歌谣征集与歌谣研究的唯一工作中心。

《歌谣》周刊是民国十四年(1925)六月二十八日停刊的。当时因为北大研究所要出一个《研究所国学门周刊》,歌谣也列为这个综合的大周刊的一门,所以没有单出《歌谣周刊》的必要了。

《歌谣》周刊停办,正当上海"五卅"惨案震荡全国人心的时候。从此以后,北京教育界时时受了时局的震撼,研究所国学门的一班朋友不久也都散在各地了。歌谣的征集也停顿了,《歌谣周刊》一停就停了十年多。

民国二十四年,北大文科研究所决定恢复歌谣研究会,聘请周作人,魏建功,罗常培,顾颉刚,常惠,胡适诸位先生为歌谣研究会委员。

因时局不安定,这个委员会直到今年(二十五年)二月才能召集第一次会议。会议的结果有这样几项决议:

(1)重办《歌谣》周刊。

(2)编辑《新国风》丛书,专收各地歌谣专集,由北大出版组印行。

(3)发起组织一个风谣学会。

(4)整理《歌谣》周刊前九十七期的材料,分类编纂印行。

根据第一项决议,我们现在请徐芳,李素英两位女士编辑《歌谣周刊》。从第九十八期(改称第二卷第一期)起,这个中断了十年半的刊物又可以和世人相见了。

以上略说《歌谣》周刊的历史和恢复的经过。现在我要说我个人对于搜集和保存歌谣的意见。

我以为歌谣的收集与保存,最大的目的是要替中国文学扩大范围,增添范本。我当然不看轻歌谣在民俗学和方言研究上的重要,但我总觉得这个文学的用途是最大的,最根本的。《诗》三百篇的结集,最伟大最永久的影响当然是他们在中国文学上的影响,虽然我们至今还可以用他们作古代社会史料。我们的韵文史上,一切新的花样都是从民间来的。《三百篇》中的《国风》、《二南》和《小雅》中的一部分,是从民间来的歌唱。《楚辞》中的《九歌》也是从民间来的。词与曲子也都是从民间来的。这些都是文学史上划分时代的文学范本。我们今日的新文学,特别是新诗,也需要一些新的范本。中国新诗的范本,有两个来源:一个是外国的文学,一个就是我们自己的民间歌唱。二十年来的新诗运动,似乎是太偏重了前者而太忽略了后者。其实在这个时候,能读外国诗的人实在太少了,翻译外国诗的工作只算得刚开始,大部分作新诗的人至多只可说是全凭一点天才,在黑暗中自己摸索一点道路,差不多没有什么伟大的作品可以供他们的参考取法。我们纵观这二十年的新诗,不能不感觉他们的技术上、音节上,甚至于在语言上,都显出很大的缺陷。我们深信,民间歌唱的最优美的作品往往有很灵巧的技术,很美丽的音节,很流利漂亮的

语言,可以供今日新诗人的学习师法。去年我在广西漓江船上听了几十首山歌,其中有这样的一首:

> 买米要买一斩白,
> 连双要连好脚色。
> 十字街头背锁链,
> 傍[旁]人取笑也抵得!

我听了之后,真觉得这种民歌不但有语言技术上可以给我们文人做范本,就是在感情的真实,思想的大胆两点上,也都可以叫我们低头佩服。

前天我翻开《歌谣》周刊的合订本,在第四、五期上看见这样一首好诗:

> 白纸扇,折落折。
> 讨个老婆乌漆抹黑。
> 人人叫我丢了他,
> 我又割心割肝舍不得!

(湖北汉川歌谣)

后来我又看见罗莘田先生在我的家乡绩溪县收得的歌谣之中也有这样的一首:

> 芭蕉扇,折搭折。
> 娶了个老婆黑锅铁。
> 人人说我老婆黑,
> 我说老婆紫檀色。
> 人人叫我休了罢,
> 肝心肝胆舍不得。

寥寥几十个字里。语言的漂亮,意思的忠厚,风趣的诙谐,都可以叫我们自命文人的人们诚心佩服。这样的诗,才是地道的白话诗,才是刮刮叫的大众语的诗。

有人说:"现在我们住的是一个新鲜世界,生活太复杂了,感情思想也太复杂了,决不是民歌的简单语言能够表现出来的。民歌的语言技术都太简单了,只可以用来描写那幼稚社会生活的简单儿女情绪,不配做这个新时代的诗歌的范本。"这话是不对的。诗的艺术正在能用简单纯净的语言来表现繁复深刻的思想情绪。这就是古人说的"深入而浅出"。复杂的情绪若不能简单化,深刻的思想若不能寻得一个浅显的说法,那就用不着诗的艺术了。两个月前,我在一本清朝初期的小说《豆棚闲话》(中国杂志公司排印本)里,看见这一首明末流寇时代民间的革命歌谣:

> 老天爷,你年纪大,
> 耳又聋来眼又花,
> 你看不见人,听不见话!
> 杀人放火的享着荣华,
> 吃素看经的活活饿杀!
> 老天爷,你不会做天,你塌了罢!
> 你不会做天,你塌了罢!

我读到末两行,真不能不诚心佩服三百年前的"普罗文学"的技术的高明!现在高喊"大众语"的新诗人若想做出这样有力的革命歌,必须投在民众歌谣的学堂里,细心静气的研究民歌作者怎样用漂亮朴素的语言来发表他们的革命情绪!

所以我们现在做这种整理流传歌谣的事业,为的是要给中国新文学开辟一块新的园地。这园地里,地面上到处是玲珑圆润的小宝石,地底下还蕴藏着无穷尽的宝矿。聪明的园丁可以徘徊赏玩;勤苦的园丁可以掘下去,越掘的深时,他的发现越多,他的酬也越大。

廿五,三,九

(原载1936年4月4日《歌谣》周刊第2卷第1期)

全国歌谣调查的建议

我在这里说的"调查",不仅是零星的收集,乃是像"地质调查"、"生物调查"、"土壤调查"、"方音调查"那样的有计划有系统的调查。全国歌谣调查的目的是要知道全国的各省各县流行的是些什么样子的歌谣。我们要知道全国总共有多少种类的歌谣;我们更要知道这多少种类的歌谣分布在各省各县的情形,——正如同我们要知道各种植物或各种矿物如何分布在各省各县一样;正如我们要知道"黄土区域"或"吴语区域"起于何省何地迄于何省何地一样。

试举例子来说明。我们知道唐朝以来的七言绝句体最初是从民间的歌谣来的。从现在已收集的歌谣看来,我们可以知道这个七言绝句体(四句,每句七字,第一第二第四句押韵)至今还是西南各省民歌的最普遍体裁。西南各省之外,如武夷山的采茶歌,如吴歌,也都保存这个七言绝句体裁。吴歌虽然已有自由添字的倾向,有时一句可以拉长到十六七个字,然而山歌的组织和节奏都还是用七言绝句体做基本的。所以我们可以说:四川,云南,贵州,广西,广东,福建的武夷山,苏州的歌谣的最普遍形式是七言四句的"山歌"体裁。这个七言四句的"山歌"体就是中国歌谣的一个大"种类"(Species),就像植物里的稻,麦,或矿物里的煤,铁,或方言里的"吴语","客话"一样。因为我们没有一个总调查,所以我们现在还不能知道究竟这一个大种类——"山歌体"——分布流行的区域有多么大;究竟北边到什么地方,西边到什么地方;究竟湖南江西的若干地方在这山歌区域之内;究竟福建除武夷山的采茶歌之外还有多少地方也在这山歌区域之内;究竟浙江有几县在这区域内;究竟这个山歌区域是否可以说是"从四川沿西南东南各省直到苏州而始变成自由添字的吴歌"。

歌谣调查的一个结果是要帮助我们用精确的统计图表来解答这些问题。

再举一个例子。三百年前，冯梦龙印行了一部《山歌》（有顾颉刚，朱瑞轩两先生的校点排印本），后面附了一卷《桐城时兴歌》。这种《桐城时兴歌》的特别色彩是他们的七言五句体，第一，二，四，五句押韵，例如

> 新生月儿似银钩，
> 钩住嫦娥在里头。
> 嫦娥也被勾住了，
> 不愁冤家不上钩：——
> 团圆日子在后头。

很明显的，这是七言四句的山歌体的变体，加上一句押韵的第五句，往往这最后一句是全首里的最精采的部分。这个变体，在歌谣里就好像生物学上的"变种"，我们可以叫他做"桐城歌体"。奇怪的很，如果我们检查北京大学所藏的各地歌谣，我们就可以知道台静农先生所收集的几百首"淮南民歌"，通行在安徽的西北部，完全是这种七言五句体；曾广西先生所收集的几百首"豫南民歌"——从豫南带到南京的句容县的，——也完全是这种七言五句体。于是我们才知道这种"桐城歌体"，在三百年中，已经流传很广了，北边到豫南，南边到句容县。最近储皖峰先生到皖南的休宁县，在一个安庆工人的嘴里记录出了四百二十首歌谣，也都是这种"桐城歌体"！于是我们又知道这种三百年前"时兴"的变体已被劳农的移动带到徽州山中去了。如果我们有歌谣调查，我们就可以精确的知道这种七言五句的"桐城歌体"的区域究竟有多么大了。

以上略说"全国歌谣调查"的功用。至于下手的准备，我提议先从已收集（已发表或未发表）的歌谣分省分县统计做起。我们应该先把现已收集的歌谣分省分县做一个详细统计（除去重复并分析体裁的种类）。然后根据这些分县统计，做一个初步的"全国歌谣分布区域图"。

有了这个歌谣分布的初步地图，我们至少可以知道那些区域的

歌谣收集还不曾开始，或不曾努力。我们就可以计划以后的歌谣收集工作应该向那些区域集中努力。这样有计划的做去，在二三十年内我们大概可以完成全国各省县的歌谣收集和调查。到了那时候，我们就可以做成更大规模的，更精密的"全国歌谣分布流传区域图"了。

我盼望国中留意歌谣的各位朋友大家考虑这个建议，所以我把他写出来做"歌谣"复活后一周岁的寿礼。

廿六，三，廿五夜

（原载 1937 年 4 月 3 日《歌谣》周刊第 3 卷第 1 期）

黄谷仙论文审查报告

本论文为《韩退之传》,凡分七章。其八、九两章均是选录作品,只可作为附录。

这篇传屡经改稿,此为最后改定稿,每章之末有"辨异",对旧谱传颇多辨正。其辨韩会非退之"从父兄",辨退之非七岁能文,辨他随裴度出征在元和十二年而非十一年,辨退之《原道》诸篇应从朱子说,作于贬阳山之时,在元和十二年而非十一年,皆甚确当。

此传文字颇平实,征引材料亦颇详备,于退之一生事迹,叙述甚有条理。但综合观之,此传尚多缺陷,分别论列如下:

第一,退之一生有三大贡献,此传都不曾充分记叙。所谓三大贡献者:一为排斥佛教,二为提倡古文,三为诗歌上的创体。此传于排佛一事,稍有叙述,而无甚发挥。如用《原道》而不能指出其中之"划时代之精义";如用论《谏迎佛骨表》,仅摘其中一段,而不用其中最大胆的部分,皆为失当。提倡古文虽不始于退之,而退之所以被推为"文起八代之衰,而道济天下之溺",必有其故。此传于此事,几乎无一语提及,仅于附录中摘抄退之论文诸条。为退之作详传,遗此一大事,则全传所记皆成细碎琐屑,未免有买椟还珠的遗憾了。退之的诗,用作文的方法,用说话的口气,实开百余年后"宋诗"的风气。此传颇用退之诗作传记材料,但于他的诗歌的文学的价值,及其演变的痕迹,均无所发明,亦是一桩缺陷。(作者另有《骈文时代的散文》一篇,其中有"提倡古文不起于韩愈"各章,均应抽出作为本传的一部分,或可补此传之不足)。

第二,此传的原料都是学者习见的材料,若没有敏锐的眼光来作新鲜的解释,此传必无所发明。作者功力甚勤,而识力不足,往往不能抓住材料的重要性,因此往往不能充分利用所得的材料。例如张籍规劝退之两书及退之答书两篇,都是绝好传记材料,陈寅恪先生曾举出其中之一个小点,著为专文,甚有所发明。而此传于引此四札之前,仅作"退之喜口头论道,与人争论,张籍写信劝他"寥寥十七字的引论,岂非辜负此一组绝好史料?其实此四札所示,约有五六端,皆关重要:(一)张籍第一书开端即云"顷承论于执事",此下长论,重述退之之言,即是《原道》一篇的缩本,最可以考见退之此时的思想。(二)籍书又云:"自扬子云作《法言》至今近千载,莫有言圣人之道者,言之者惟执事焉耳。"此可见退之的根本见解在此时已时时向朋友谈说,朋友之中,"习俗者闻之多怪而不信";但知心的朋友,如张籍之徒,已承认他是扬子云之后的第一人,承认他"言论文章不谬于古人","聪明文章与孟轲,扬雄相若"。此是何等重要的传记史料!(三)退之答书说明所以不著书之故,第一书说"惧吾力之未至",第二书才直说是畏祸:说是不敢"昌言排之",说是顾虑"其身之不能恤"。这又是何等重要史料!(四)退之喜"为博塞之戏,与人竞财"。(五)退之"多尚驳杂无实之说,使人陈之于前以为欢","每见其说,亦拊抃呼笑"。陈寅恪先生考证此二书所谓"驳杂无实之说"即是当时盛行的传奇小说。(六)退之与人"商论之际,或不容人之短,如任私尚胜者"。——以上六事,作者皆未能充分利用,甚为可惜。举此一例,可见其余,余如《原道》《论佛骨表》之未能充分利用,已见上节了。此病为此传最大毛病,其病根在识力见解之平凡。如退之《送无本》一诗,作者仅引其"家住幽都远,未识气先感。来寻吾何能?无殊嗜昌歜",四句!如《山石》一诗,作者仅引其最末六句。此病不易医也。

　　第三,关于体例,此传也可商榷。中国传记旧体,以"年谱"为最详。其实"年谱"只是编排材料时的分档草稿,还不是"传记"。编"年谱"时,凡有年代可考的材料,细大都不可捐弃,皆须分年编排。但作"传记"时,当着重"剪裁",当抓住传主的最大事业,最要主张,最热闹或最有代表性的事件,其余的细碎琐事,无论如何艰难得来,无论考定如何费力,都不妨忍痛舍弃。其不在舍弃之列者,必是因为此种细碎琐事有可以描写或渲染"传主"的功用。中国"年谱"之作，起于"诗谱"、"文谱"，往往偏于细碎，而忽略大体。此传原稿是"年谱"体，今虽改作，而细碎之病未除，剪裁之功不足，故于"传主"之一生大事业都不能用力渲染。改善之法，当于编年记叙之外，另列专题的专篇，如"排佛"，如"古文"，如"诗歌"，或可有生色。

总之，此传功力甚勤，而识力不足，虽可作为乙种论文，当须大大的改作，始能成一部可读的传记。

廿五，六，廿一　胡适

（收入耿云志主编：《胡适遗稿及秘藏书信》第5册）

《文史》的引子

《文史》副刊是我们几个爱读书的朋友们凑合的一个"读书俱乐部"。我们想在这里提出我们自己研究文史的一些小问题，一些小成绩。我们欢迎各地研究文史的朋友借这个小刊物发表他们的心得，我们盼望各地的朋友——认识的或不认识的——批评我们的结论，指摘我们的方法，矫正我们的错误。

我们用的"文史"一个名词，可以说是泛指文化史的各个方面。我们当然不想在这个小刊物里讨论文化史的大问题，我们只想就各人平日的兴趣，提出一些范围比较狭小的问题，做一点细密的考究，寻求一些我们认为值得讨论的结论。

文化是一点一滴的造成的。文化史的研究，依我们的愚见，总免不了无数细小问题的解答。高明的思想家尽可以提出各种大假设来做文化史的概括见解。但文史学者的主要工作还只是寻求无数细小问题的细密解答。文化史的写定终得倚靠这种一点一滴的努力。

我们没有什么共同的历史观。但我们颇盼望我们自己能够努力做到一条方法上的共同戒律："有几分证据，说几分话。"有五分证据，只可说五分的话，有十分证据，才可说十分的话。

三十五，十，四

（原载 1946 年 10 月 16 日天津《大公报·文史周刊》第 1 期）

京师大学堂开办的日期

北大的校庆究竟应该在那一天？

民国四十九年十二月十七日，台北的北京大学同学同事们在静心乐园纪念北大的第六十二周年。因为那天也是我六十九岁生日，照我们下江的算法，就是七十岁生日了，所以布置会场的老同学就在台上挂了两个大"寿"字，开会时大家还给我贺生日。

我在演说里曾说：今天一进门，李石曾先生就问我："怎么你的生日跟北大的校庆同一天？"我是光绪十七年辛卯十一月十七日生的；在五十年前（1910），我到上海美国总领事馆签证，就得检查中西历对照表，把生日换算阳历，就是1891年的12月17日。五十年前，我没有想到我将来和北京大学会发生几十年的亲切关系，当然绝对没有想到北大会和我同一个生日。

我民国六年到北大。六年十二月我告假回家乡结婚；七年十一月底，我母亲死了，我赶回家乡去，所以我在北大的头两年完全不知道北大校庆是那一天。

到民国八年十二月，我才知道北大校庆是12月17日。我当时就问北大的老辈，那个校庆日子是怎样推算出来的。我得到的答案都不能使我完全满意。因此，这几十年来，我时常想考考北大的生日究竟是那一天。

十二年前，北大五十周年，我曾请京师大学堂毕业的前辈同学邹树文先生写一篇回忆在校生活的文字，邹先生在那篇文字里曾提出12月17日的校庆日子的问题。他的猜想是：我们现在纪念的日子可能不是光绪戊戌（1898）年京师大学堂开办的日子，戊戌开办的日子可能是无从查考了，12月17日可能是京师大学堂经过拳匪之乱停办了两年光绪壬寅(1902)年重开学的日子。邹先生在校名应宪,他是壬寅年入学的,他还记得他初到大学堂时,每天清早点蜡烛吃早饭,正是冬天日短的情形;开学不多时,就放年假了。所以他颇相信我们认作北大校庆的12月17日可能是1902年12月17日。

今年北大校庆,我讲了这段话,就向在场的二百多位北大同学建议,请罗家伦、劳干、吴相湘、全汉升……诸位有历史兴趣的朋友们考考这个问题,究竟京师大学堂创办的日子是那一天?

这几天,我收到了吴相湘先生和劳干先生考查得的资料。吴先生用的是民国二十四年国立编译馆编的《中国近七十年来教育记事》,其中有一条是:

> 壬寅十一月十八日(即1902年12月17日),京师大学堂招生开学。计取仕学馆生五十七名,师范馆生七十九名。

这就给邹树文先生的假设寻得证实了:北大用的校庆日子果然是壬寅年复校的日子换算阳历的。

我们还可以进一步查问:京师大学堂究竟是戊戌年什么日子筹备完成的?什么日子开学的?那年的"百日维新"的新政,慈禧太后再听政(八月初六,西历9月21日),全给推翻了,何以京师大学堂还许存在,还许开学呢?

劳干先生送给我的资料都是从《清德宗实录》四二一及四二二卷抄出的。其中有两条是:

> ①〔戊戌六月〕甲申(初二日,即1898年7月20日)谕:本日奕劻许应骙奏请将地安门内马神庙地方空闲府第作为大学堂暂时开办之所一折:著总管内务府大臣量为修葺拨用。

> ② 甲辰(廿二日,1898年8月9日)谕:孙家鼐奏筹办大学堂大概情形一折:所拟章程八条,……与前拟定办法间有变通之处,缕晰条分,尚属妥协。即著孙家鼐按照所拟各节认真办理,以专责成。其学堂房舍,业经准令暂拨公所应用,交内务府量为修葺。著内务府克日修理,交管理大学堂大臣,以便及时开办,毋稍延缓,……至派充西学总教习丁韪良(W. A. P. Martin)……,著赏

给二品顶戴,以示殊荣。
因此,劳先生主张:

> 故北京大学创立之日应为光绪二十四年戊戌六月初二日(即1898年7月20日)。

但此时正值暑假,且壬寅年复校之日作为校庆,通行已久,改订或有不便。

我翻检恒慕义先生(A. W. Hummel)编辑的《清代名人传略》里的孙家鼐传,此传是房兆楹先生写的,传中说:

> 京师大学堂是1898年8月9日创立的,第一任校长是孙家鼐,丁韪良博士被聘为总教习。选定的校舍是福隆安的旧邸,修葺的工程立即开始了(第二册六七四页)。

房先生根据的大概也就是上文劳先生引的《实录》六月廿二日甲辰一条,此日批准了修改的大学堂章程八条,决定了〔西学〕总教习,故他说京师大学堂的创立是在1898年8月9日,即阴历六月廿二日。

我昨天也翻检了《清实录》的光绪丙申、丁酉、戊戌三年全部,也查了《七十年来教育记事》,又查了何炳松的《三十五年来中国之大学教育》(在商务印书馆三十五周年纪念出版的《最近三十五年之中国教育》里),又查了梁启超的《戊戌政变记》。我用实录为主,摘出下列的一些日子及文件,试作京师大学堂筹办时期的简史:

㈠ 光绪廿二年丙申(1896),五月丙申(初二,西历6月12日)谕:〔刑部左侍郎〕李端棻奏请推广学校以励人才一折:著内阁议奏。适按李端棻是梁启超的妻兄,相传此折是任公先生代拟的,全文见《经世文》三编卷四十一,其大旨主张全国应设府州县学,省学,与京师大学堂。京师大学堂之议始于此折。

㈡ 廿四年戊戌(1898),四月己巳(廿三日,西历6月12日)下所谓"定国是"的诏书,其中说,"京师大学堂为各行省之倡,尤应首先举办。著军机大臣,总理各国事务王大臣会同妥速议奏。……"

㈢ 戊戌五月庚申(初八,西历6月27日)谕:"前因京师大学堂为各行省之倡,特降谕旨令军机大臣,总理各国事务王大臣会同议奏。即著迅速复奏,毋稍迟延!……"

㈣ 戊戌五月丁卯(十五日,西历7月4日)谕:军机大臣,总理各国事务王大臣奏,遵旨筹办京师大学堂并拟详细章程缮单呈览一折:京师大学堂为各行省之倡,必须规模闳远。现据该王大臣详拟章程,……纲举目张,尚属周备,即著照所议办理。派孙家鼐管理大学堂事务。办事各员由该大臣慎选奏派。至总教习综司功课,尤须选择学赅中外之士,奏请简派。其分教习各员,亦一体精选,中西并用。所需兴办经费及常年用款,著户部分别筹拨。……

适按,此谕批准了拟定的大学堂章程,任命了孙家鼐为管理大学堂事务大臣,授权由他选择办事各员及总教习,分教习,并命户部筹拨开办费及常年用款。当时奏上的章程八十余条,是梁启超起草的。梁先生跋此五月十五日谕旨说:

……李端棻之奏,……虽奉明诏而束高阁者三年矣。皇上……注意学校,诸大臣奉严旨令速拟章程,咸仓皇不知所出。……当时军机大臣及总署大臣咸饬人来属梁启超代草,梁乃略取日本学规,参以本国情形,草定规则八十余条,至是上之,皇上俞允,而学校之举乃粗定。即此一事,……凡历三年,仅乃有成,其难如此!(《戊戌政变记》一)

㈤ 戊戌五月戊辰(十六日,西历7月5日)谕:建设大学堂工程事务,著派庆亲王奕劻,礼部尚书许应骙迅速办理。

㈥ 戊戌五月戊辰(十六日,西历7月5日),孙家鼐奏委派教习各员,……均依议行。

㈦ 戊戌六月甲申(初二日,西历7月20日)谕:本日奕劻许应骙奏请将地安门内马神庙地方空闲府第作为大学堂暂时开办之所。著总管内务府大臣量为修葺拨用。

适按 这就是"四公主府",四公主是乾隆帝的第四女和嘉公主,其夫为福隆安,是傅恒的第二子。

㈧ 戊戌六月甲辰(廿二日,西历8月9日)谕:孙家鼐奏筹办大学堂大概情形一折:(此谕已见上文劳干先生引的第二条,故不再引了。)

适按 孙氏此折全文见《皇朝蓄艾文编》卷十五,此书尚未觅得。何炳松文中摘出新拟八条要点,是修正五月十五日的大学堂章程。八条之中,一为拟立仕学院,后称仕学馆;一为中西学分门宜变通,每门各立子目,多寡听人自认;一为西学宜设总教习,故此日谕旨给西学通教习丁韪良二品顶戴。何炳松又引此折中说:"惟房舍一日不交,即学堂一日不能开办。拟请饬催赶办,以期早日竣工,学务得以速举。"所以此日谕旨有"著内务府克日修理,毋稍延缓"的话。六月廿九日谕又有"大学堂借拨公所,叠经谕令内务府克日修葺移交,即著赶紧督催"的话。

㈨ 戊戌七月乙丑(十四日,西历8月30日),有人奏请裁同文馆,并入大学堂。孙家鼐会同总理各国事务王大臣覆奏:"查同文馆规模较大,经始甚难。现京师大学堂开课需时,未便将该馆先行裁撤。应俟大学堂规制大定,再行查酌办理。"从之。

看这九条资料,京师大学堂在戊戌五月十五日有了批准的章程,有了第一任"管理大学堂事务大臣",有了经费;五月廿九日已奏派了教习各员;六月初二日又奉旨准拨用马神庙的四公主府作校舍;六月廿二日又批准了修改的章程,奏派了西学总教习丁韪良。但到了七月中旬,房舍还没有移交,所以大学堂开课还得"需时"。

过了三个星期之后,慈禧太后忽然自己收回政权,又"垂帘听政"了(八月初六,西历9月21日)。太后下旨捉拿康有为康广仁兄弟交刑部治罪(同日),又捉拿张荫桓、徐致靖、杨深秀、杨锐、谭嗣同、刘光第等人解刑部治罪(初九日,西历9月24日)。八月十三日(西历9月28日),康广仁、谭嗣同等六人以"大逆不道"的罪名被杀了。

光绪戊戌年的"百日维新"的新政,全被推翻了。然而八月十一日(西历9月26日)取消一切新政的谕旨里,还给大学堂留了一点余地:"大学堂为培植人才之地,除京师及各省会已次第兴办外,其余各府州县议设之小学堂,著该地方官斟酌情形,听民自便。"

《德宗实录》卷四百卅二，第七叶下，有短短的一条二十个字：

〔戊戌十月〕庚子（十月二十日，西历 12 月 3 日），协办大学士孙家鼐奏开办京师大学堂。报闻。

"报闻"就是批"知道了"。这二十个字使我们知道那个筹备了许久的京师大学堂居然在 10 月 20 日开学了。

经过了绝大的政变，孙家鼐还是协办大学士，还是管理大学堂事务大臣。《碑传集补》卷一有夏孙桐《书孙文正公事》一篇，其中有这一段：

孝钦（慈禧太后）训政，罢新法，悉复旧制，独留京师大学堂一事，以公为管学大臣。公举黄学士绍箕为总办，事多倚之。所用多翰林旧人。时朝廷□戒更张，姑以兴学餍众望。而枢臣刚毅，大学士徐桐犹嫉视，时相龃龉。赖荣文忠（荣禄）调护未罢。

总结这篇小史，我们可以指出三个日子似乎有资格可以作为京师大学堂的成立纪念日：

① 戊戌五月十五日（1898 年 7 月 4 日），大学堂章程成立，任命孙家鼐为管理大学堂事务大臣。

② 戊戌六月初二日（1898 年 7 月 20 日），批准拨马神庙四公主府为大学堂校址。

③ 戊戌十月二十日（1898 年 12 月 3 日），京师大学堂在困难的政治环境里开学。

我并不主张改订北京大学几十年来沿用的校庆日子。但我们应该知道 12 月 17 日确是壬寅年复校的纪念日，而不是戊戌年京师大学堂创立的日子。

1960，12，26 夜在南港

（原载 1961 年 1 月 1 日台北《民主潮》第 11 卷第 1 期）